I0200001

ROBERT FAURISSON

ÉCRITS RÉVISIONNISTES

VOLUME III

OMNIA VERITAS

ROBERT FAURISSON
(1929-2018)

Écrits révisionnistes
Volume III
1990-1992

Publié par
Omnia Veritas Ltd

ℰMNIA VERITAS

www.omnia-veritas.com

1990

6 février 1990

RÉVISIONNISTES EN PRISON

En Suède, Ahmed Rami, directeur de *Radio Islam*, vient d'être condamné à six mois de prison pour cause de révisionnisme et sa station de radio a été fermée. Déjà, en 1982, le révisionniste Ditlieb Felderer avait fait six mois de prison à la suite d'une condamnation prononcée par un tribunal de Stockholm.

En Autriche, le D_r Herbert Schweiger vient d'être condamné à un an de prison, au terme d'un procès expéditif, pour avoir dit que les chambres à gaz n'ont pas existé ; il avait déjà fait trois mois de prison préventive.

Au Canada, Ernst Zündel vient d'entrer en prison (le 5 février) pour y accomplir une peine de neuf mois d'emprisonnement. Le tribunal de Toronto lui reproche d'avoir diffusé une brochure en anglais dont le titre signifie : « En est-il vraiment mort six millions ? ». Cette brochure, écrite par un Anglais et imprimée en Angleterre depuis 1974, n'a fait dans ce pays l'objet d'aucune poursuite du fait de la justice anglaise qui, comme on le sait, est représentée par « Elisabeth Regina ». Pourtant, au Canada, c'est au nom même d'« Elisabeth Regina » qu'Ernst Zündel a été poursuivi et condamné. La salle du tribunal était décorée aux armes de la reine d'Angleterre et le procureur était appelé « The Crown » (la Couronne). Ce que la reine permet en Angleterre, elle ne le tolère pas dans son dominion du Canada.

En Espagne, il en va autrement. Tuvia Friedmann avait porté plainte contre Léon Degrelle parce que celui-ci avait mis en doute l'existence des chambres à gaz. Elle a perdu son procès en première instance, en appel et, récemment (décision du 5 décembre 1989), devant le Tribunal suprême.

En France, les révisionnistes ont fini par avoir gain de cause devant les tribunaux et, comme vient de l'admettre *La Lettre télégraphique juive* (20 décembre 1989), « la négation de la Shoa n'est plus punie par la loi ».

***

15 février 1990

MON AMI ERNST ZÜNDEL

Mon ami Ernst Zündel vient d'être définitivement condamné à neuf mois de prison parce qu'il a, sur le prétendu Holocauste des juifs et sur les prétendues chambres à gaz homicides du III_e Reich, exactement la même opinion que moi

Je considère donc que je viens en quelque sorte d'être moi aussi condamné à neuf mois de prison pour « délit d'opinion ». J'ai assisté mon ami tout au long de ses différents procès. Jamais, depuis 1945, les révisionnistes n'ont à ce point accumulé devant des tribunaux une masse aussi impressionnante de preuves de ce que nous avons raison et de ce que les tenants de l'histoire officielle ont tort. Le « rapport Leuchter » constitue l'une de ces preuves mais il y en a bien d'autres. C'est précisément parce que nous avons **trop** raison que les gens en place prennent peur devant les énormes conséquences du révisionnisme et c'est cette peur qui leur dicte des condamnations comme celle d'Ernst Zündel par des magistrats canadiens.

Le Canada se ridiculise et se déshonore. Ce que la reine d'Angleterre permet en Angleterre, elle l'interdit au Canada. Je m'explique. E. Zündel s'était contenté de diffuser en 1981 une brochure imprimée et librement diffusée en Angleterre dès 1975 : *Did Six Million Really Die ?* et signée Richard Harwood (nom de plume d'un citoyen britannique). Jamais la Justice anglaise, en la personne de la reine Elizabeth, n'a poursuivi l'auteur de cette brochure. En revanche, la Justice canadienne, en la personne d'« Elizabeth Regina », a poursuivi, jugé, condamné et emprisonné E. Zündel, simple diffuseur d'un écrit autorisé en Angleterre depuis quinze ans. Dans la salle du tribunal de Toronto, il y avait, au-dessus de la tête du juge, le blason de la reine d'Angleterre avec les formules françaises bien connues : « Honi soit qui mal y pense » [*sic*] et « Dieu et mon droit ». Le procureur était appelé « The Crown » (la Couronne). Les témoins recevaient une convocation lancée par « Elizabeth Regina ». Je suis donc en droit d'affirmer que, ce que la reine d'Angleterre autorise en son royaume, elle le refuse en son *dominion*. Une liberté accordée à Londres est refusée à Toronto, et cela par la même personne. Voilà une absurdité parmi cent autres où conduit la défense frénétique d'un mensonge.

Les juges canadiens ont osé soutenir qu'en condamnant E. Zündel ils ne condamnaient pas une opinion mais… un acte : l'acte de propager une information que l'on sait être fausse. La Justice canadienne qui n'a pas froid aux yeux, tranche de tout en histoire, en psychologie et en sociologie. En histoire, elle a décrété souverainement que l'Holocauste des juifs a existé. En psychologie, elle a sondé le cœur et les reins d'E.

Zündel et découvert, sans l'ombre d'une hésitation que ce dernier, *sait* qu'il ment quand il dit que ledit Holocauste n'a pas existé. En sociologie, elle a prononcé, sans aucune enquête préalable, que ce prétendu mensonge d'E. Zündel trouble ou est de nature à troubler l'harmonie raciale et sociale du Canada tout entier.

Les juges de la cour d'appel (Justices Brooke, Morden et Galligan) se sont livrés dans leur arrêt à de stupéfiantes attaques contre Douglas Christie, l'intrépide avocat de l'accusé. On cherche manifestement à intimider tout avocat qui se porterait à la défense d'un révisionniste ou de tout autre tenant d'une vue impopulaire. Nous devons manifester notre réprobation par des manifestations, des lettres, des appels téléphoniques auprès des ambassades du Canada, des consulats, des médias, des instances judiciaires canadiennes et, en particulier, par l'envoi de lettres au

Judicial Council in Canada Room 450
112, Kent Street
Ottawa, Ontario K1A 0W8 (Canada)

En plus de l'action ci-dessus, je recommande une autre action dont j'ai eu l'occasion de remarquer qu'elle embarrasse les autorités canadiennes ou les simples citoyens du Canada. Je leur écris la lettre suivante :

« J'ai entendu dire que, dans votre pays, on *risque* d'aller en prison si on rend public son doute sur l'Holocauste des juifs et sur les chambres à gaz ou, plus simplement, si on se contente de poser la question suivante : Est-il vraiment mort six millions de juifs durant la seconde guerre mondiale ?

Je me permets de vous demander respectueusement si ce que j'ai entendu dire là est vrai ou non.

Veuillez, je vous prie, trouver ci-joint une enveloppe à mon nom pour votre réponse. »

Actuellement le développement rapide du révisionnisme provoque une tétanisation de l'adversaire. Si la répression s'accroît, c'est le signe que nous sommes en train de gagner. Nul n'a fait plus qu'Ernst Zündel et Douglas Christie pour la défense de quelques-unes de nos libertés. Nous leur devons notre aide.

✳✳✳

27 février 1990

LETTRE À ERNST NOLTE

Cher Collègue,

J'espère que vous avez bien reçu ma lettre du 4 février. Je vous confirme mon jugement du livre de Pressac. J'ajoute que j'en connaissais déjà tous les documents, à l'exception de quelques-uns qui ne sont que des « frères » de ceux que je connaissais.

J'ai lu votre article de *Junge Freiheit* de ce mois.

Je me permets de vous signaler qu'il n'a **jamais** existé d'expertise des « chambres à gaz » par les Polonais ou les Soviétiques. Ainsi que je le rappelais dans ma *Réponse à Pierre Vidal-Naquet* publiée en 1982, ce que le juge d'instruction Jan Sehn a ordonné, c'est une expertise de six pièces de zinc dont il affirme qu'elles provenaient du *Leichenkeller*-1 du Krema-II (la fameuse « chambre à gaz » en sous-sol !!!) et vingt-cinq kilos et demi de cheveux (avec quelques barrettes, une paire de lunettes, etc.). Comme vous le verrez par la photocopie que je vous envoie ci-joint, l'expertise avait été rédigée [en polonais] le 15 décembre 1945 par le D$_r$ Jan Z. Robel, directeur de l'Institut d'expertises judiciaires, 7, rue Copernic, à Cracovie. Si vous le désirez, je peux vous envoyer copie d'une traduction en français de cette expertise qui signale la présence de restes d'acide cyanhydrique (cyanures). Rien d'étonnant à cela. Ce qui est **remarquable**, c'est précisément l'absence de toute expertise de l'arme du crime de la part d'un… institut d'expertises judiciaires. Une « chambre à gaz » en sous-sol, c'est tellement inepte que même un fanatique comme Jan Sehn ou un menteur comme Davidowski devaient s'en rendre compte. Le fameux toxicologue français Truffert avait eu un haut-le-corps quand je lui avais montré le plan et la situation de cette prétendue « chambre à gaz ».

Je vous trouve imprudent de mentionner le livre de Pressac sans l'avoir lu. Cher collègue, je travaille depuis tant d'années sur ce sujet que vous devez bien vous douter que je le connais assez bien et qu'il serait, par exemple, peu vraisemblable qu'un document important m'ait échappé. Je vous fais une proposition : bien que débordé de travail et de soucis, je m'engage à répondre à vos consultations. Je ne pourrai certes pas vous envoyer beaucoup de documents parce que je n'en ai pas le temps mais demandez-moi seulement de vous donner brièvement mon avis. Cela ne vous engage à rien.

Les condamnations et les violences pleuvent. Ma santé est mauvaise. Mais je me battrai jusqu'à mon dernier souffle, jusqu'en janvier 1994. J'arrêterai alors, si je suis encore en vie, ce dont je doute fortement. *Ihr ergebener.*

4 mars 1990

LETTRE À DANIEL VERNET, *LE MONDE*

À publier
[Cette lettre a été envoyée avant la parution, je suppose, du Monde
diplomatique *de mars ou à peu près au même moment. NdA]*
Monsieur,
Pour des raisons qu'il me paraît inutile de préciser, il devient
indispensable de ne pas exagérer l'estimation des pertes juives durant la
seconde guerre mondiale. Dans votre numéro du 28 février (p. 3), vous
affirmez que, dans le camp de Majdanek, près de Lublin, « les nazis ont
exterminé près d'un demi-million de Juifs ». Or, Raul Hilberg, dans *La
Destruction des Juifs d'Europe* (Fayard, 1988), évalue le nombre total
des morts juives dans ce camp à cinquante mille (p. 774 et 1045). Dans
votre numéro daté du 4-5 mars (p. 2), Thomas Schreiber affirme que les
juifs de Hongrie auraient compté « six cent dix-huit mille déportés et
tués ». Or, Raul Hilberg évalue le nombre total des morts juives, déportés
et non déportés compris, à « plus de cent quatre-vingt mille » pour la
Hongrie proprement dite (et à deux cent soixante-dix mille pour la
Roumanie) (p. 1046).
Les exagérations du style « Timisoara » doivent être évitées à tout
prix.

***

7 mars 1990

LETTRE À OLIVIER MATHIEU
(ET, S'IL LE VEUT, À SES AVOCATS)

Cher ami,
Votre adversaire parle de « faits historiques faisant pourtant l'objet
d'un consensus au sein de toutes les nations ».
Il est probable qu'il entend par le mot de « consensus » ce que les
Latins appelaient le *consensus omnium,* c'est-à-dire le consentement
universel. C'est en appeler à la voix publique. Il faudrait d'abord prouver
qu'il existe un tel consentement par toute la terre et que, d'une seule voix,
les peuples du monde libéral, du monde arabo-musulman, du monde

africain, du monde asiatique, du monde communiste proclament que Hitler a utilisé des chambres à gaz pour tuer des juifs. Soit !

Ensuite, il faudrait prouver que, parce que tout le monde le dit, tout le monde le pense (et le pense pour y avoir réfléchi). Soit !. Puis, il conviendrait de démontrer que, parce que tout le monde le dit et le pense, c'est exact (j'éviterais le mot de « vrai », qui est galvaudé).

Pas un seul État n'a jusqu'ici érigé en loi qu'il fallait croire à ces chambres, pas même dans les pays où il arrive à la justice de condamner des gens qui disent qu'ils ne croient pas aux dites chambres à gaz. Ces gens-là, soit dit en passant, sont des preuves vivantes de ce que le *consensus omnium* est une fiction. Même en RFA, il n'existe pas de loi en ce sens. La loi dite du « mensonge d'Auschwitz » (15 juin 1985) ne parle ni de génocide, ni de chambres à gaz, ni d'Auschwitz ; elle sanctionne « l'atteinte à la mémoire des morts » lorsque le mort a été la « victime d'un gouvernement de violence et d'arbitraire national-socialiste ou autre » et elle permet – c'est là la véritable innovation – une assignation directe par le ministère public sans qu'aucun individu ou aucune association ait à porter plainte. Cette loi a des côtés inavouables : elle est faite 1) pour réprimer les révisionnistes ; 2) pour éviter aux juifs d'apparaître comme de constants accusateurs et de dépenser leur propre argent. Dans cette loi (article 194 du code pénal, nouvelle mouture), ni les révisionnistes (les vraies victimes), ni les juifs (les vrais bénéficiaires) ne sont nommés.

Les révisionnistes ne sont jamais condamnés pour le vrai motif mais pour des motifs d'emprunt ou de circonstance : injure raciale, dommage à autrui, apologie de crimes, propagation de fausses nouvelles, cruauté mentale… s'ils tombent sous le coup de la loi, ce n'est pas directement, mais indirectement. (Je suppose que, de 1550 à 1650, quand on a condamné tant d'hommes et de femmes parce qu'ils avaient « commerce avec le diable », c'était aussi au nom de lois qui ne réprimaient pas, *expressis verbis,* le « commerce avec le diable »).

Mais vous sentez bien que ces considérations et bien d'autres considérations touchant à la loi, au droit, aux principes, aux belles idées, n'auraient aucune portée aussi longtemps qu'elles s'adresseraient à des magistrats qui, dans leur tête, dans leur cœur, dans leur « âme », persisteraient à croire aux magiques chambres à gaz. Ce qu'il faut, c'est briser ou endommager le joujou magique. Il faut les conduire à douter de ce joujou. Alors, et alors seulement, ils vous écouteront. Ils sont obnubilés, sidérés, offusqués. Ils sont sourds. Ouvrez-leur les yeux et les oreilles. Dites-leur que le roi est nu et que les chambres à gaz n'ont pas existé. Ils se débattront d'abord. Ils protesteront. Ils pousseront l'audace jusqu'à dire que c'est un sujet d'histoire et qu'ils ne sont pas compétents en matière d'histoire. C'est le faux-fuyant habituel. Les avocats aiment à faire chorus. Ce sont là des réactions dictées par la peur de l'inconnu et par l'amour des habitudes. Ce sont des réactions de paresse intellectuelle.

Il faut être brutal. Vous devez leur secouer les puces. Ils ont besoin d'un happening. Mais soyez habile. Prenez-les à revers. Dites-leur : vous avez raison. Il y a un consensus. Ce consensus date de 1945 et du Tribunal militaire international de Nuremberg. *Eh bien, précisément, parce qu'il y avait un consensus dès cette époque, on s'est dispensé alors d'apporter la preuve de l'existence des chambres à gaz.* C'est le moment de réciter à ces juges les stupéfiants articles 19 et 21 du statut du TMI et, pour couronner cela, de leur rappeler le double aveu de Serge Klarsfeld, dans *VSD* et dans *Le Monde Juif.* Cela donne :

> *TMI, article 19 :* « Le Tribunal ne sera pas lié par les règles techniques, relatives à l'administration des preuves […]. »
>
> *TMI, article 21 :* « Le Tribunal n'exigera pas que soit rapportée la preuve de faits de notoriété publique, mais les tiendra pour acquis […]. »
>
> *Klarsfeld :* « [En 1986, pour l'existence des chambres à gaz, il n'y avait pas encore de vraies preuves.] Il y avait des débuts de preuves qui embarrassaient les faurissonniens […]. »
>
> *Klarsfeld encore :* « Il est évident que dans les années qui ont suivi 1945 les aspects techniques des chambres à gaz ont été un sujet négligé parce que personne alors n'imaginait qu'un jour on aurait à prouver leur existence. »

Puis, vous mettrez au défi les magistrats de réclamer à votre adversaire ce que tout tribunal exige pour le moindre des assassinats : une expertise de l'arme du crime, établissant que tel local aujourd'hui à l'état originel (Struthof, Mauthausen, Auschwitz-I, Majdanek) ou à l'état de ruines (Auschwitz-II ou Birkenau) a bien été un abattoir chimique, et un rapport d'autopsie établissant que tel parmi des milliers de cadavres autopsiés à partir de la fin 1943 (début en URSS des procès pour « gazages ») a bien été le cadavre d'une personne tuée par gaz-poison.

Quand on demandera des **preuves** à votre adversaire, il ne faudra pas qu'ils répondent par des **témoignages** ou des **aveux**, car la justice a besoin d'abord de preuves, aussi matérielles que possible, **et** de témoignages, ensuite, éventuellement.

Vous, vous apportez le « rapport Leuchter ». Et, en face, qu'apporte-ton ?

Le gros livre récemment publié en anglais par Jean-Claude Pressac (et Serge Klarsfeld), c'est la montagne qui accouche d'une souris. Ce livre apporte mille preuves de ce qu'il a existé un camp, celui d'Auschwitz, avec crématoires, fours, chambres à gaz de désinfection, Zyklon, installations de toutes sortes mais il ne fournit pas une seule preuve de l'existence d'une seule chambre à gaz homicide. Klarsfeld voulait nous faire croire que pendant quarante-cinq ans, ou peu s'en faut, on n'avait pas encore trouvé de « vraies preuves » mais seulement des « débuts de preuves » et puis que, soudain, J.-C. Pressac avait découvert dans un fond de tiroir un document qui, à ses yeux, était la preuve d'un gigantesque massacre. C'est idiot.

Sarfatti vous accuse. C'est à lui de fournir des preuves de ce qu'il avance. Il ne faut pas inverser les rôles.

Empressez-vous de rectifier l'image que les juges peuvent avoir des photos choisies par les Alliés en 1945 ; il s'agit de photos de victimes des épidémies de typhus, de dysenterie, etc. : soit des morts, soit des mourants, soit des malades. C'est du « Timisoara » 1945.

Et puis, comment Sarfatti peut-il expliquer qu'en 1988, soit quarante-trois ans après la fin de la guerre, Arno J. Mayer, juif, professeur d'histoire à Princeton, ait pu admettre que « les sources pour l'étude des chambres à gaz sont à la fois **rares** et **douteuses** » et que « [les] témoignages doivent être scrutés avec soin, vu qu'ils peuvent avoir été influencés par des facteurs d'une grande complexité ».

Si votre procès a lieu, il est indispensable que je puisse venir témoigner en votre faveur. Je viendrai avec le livre de Pressac, notamment, et on s'amusera.

Vous serez condamné parce que la Belgique fait partie des territoires occupés et qu'elle a tout de même une belle tradition de bassesse dans la répression des hérétiques de votre espèce. Mais vous vous serez battu.

Comptez sur moi tant que je serai en vie (il n'y en a probablement plus pour longtemps) et tant que vous garderez la tête haute et n'accepterez pas d'entrer dans le jeu des pleutres et des paresseux.

Bien à vous.

S. : Attention au piège des mots ! Nous ne *nions* pas l'existence des chambres à gaz mais nous *affirmons,* avec des preuves et des raisons, que ces chambres à gaz n'ont pas existé. À l'exemple de l'esprit de la Renaissance, l'esprit du Révisionnisme est perçu comme négateur parce qu'il est en fait positif et « positiviste ».

***

14 mars 1990

PRISON OU TÉLÉVISION

Le 14 mars 1990, la cour d'appel de Versailles a condamné à un mois de prison ferme Alain Guionnet pour avoir apposé à Issy-les-Moulineaux trois ou quatre autocollants contre la circoncision et contre le mythe des chambres à gaz :

« Les coupeurs de verge à la grande vergue ! »
« Rapport Leuchter : Finies les chambres à gaz »

En première instance, le tribunal de la XVe chambre de Nanterre avait, le 8 juin 1989, condamné A. Guionnet à cinq mille francs d'amende et au versement de dommages-intérêts pour la LICRA.

Il faut probablement remonter au cas d'Alain Geismar en 1971 pour rencontrer un cas identique de condamnation *en appel* à une peine de prison ferme pour délit de presse.

Le 13 mars, les trois juifs impliqués dans l'attaque des manifestants de l'Œuvre française le 8 mai 1988 ont été condamnés à… deux mois de prison avec sursis ! Il y avait eu des blessés **graves**...

Le 13 mars, vers minuit, à « Ciel, mon mardi ! », dans une séquence consacrée aux supporters de football, Y. B. Tilleron dit : « On a cassé la mâchoire du professeur Faurisson pour l'empêcher de parler à la Mutualité. » Dechavanne a répliqué : « Ah non ! on ne va pas reparler du professeur Faurisson ! » Et l'émission a été arrêtée.

***

Printemps 1990

MON EXPÉRIENCE DU RÉVISIONNISME (SEPTEMBRE 1983 SEPTEMBRE 1987)

Ce qu'il est convenu d'appeler « l'affaire Faurisson » a commencé le 16 novembre 1978 avec la parution d'un article dans *Le Matin de Paris*. Je savais depuis plusieurs années que, le jour où la presse rendrait publiques mes opinions révisionnistes, j'affronterais une tempête. Par sa nature même, le révisionnisme ne peut que troubler l'ordre public ; là où règnent les certitudes tranquilles, l'esprit de libre examen est un intrus et il fait scandale. La première tâche des tribunaux est moins de défendre la justice que de préserver l'ordre public. La vérité, au sens où j'entends ce mot (c'est-à-dire : ce qui est vérifiable), n'intéresse les magistrats que si elle ne provoque pas un trouble profond de l'ordre public. Je ne me faisais pas d'illusion : on me traînerait en justice et je serais condamné, et cela en plus des agressions physiques, des campagnes de presse et du bouleversement de ma vie personnelle, familiale et professionnelle.

Ma précédente conférence a eu lieu en septembre 1983 ; le titre en était : « *Revisionism on Trial : Developments in France, 1979-1983* » (« Le révisionnisme devant les tribunaux français, 1979-1983 »).[1] La présente conférence en est la suite ; je lui ai donné pour titre : « Mon expérience du révisionnisme (septembre 1983-septembre 1987) ». Ce qui avait marqué en France la période 1979-1983, c'était l'activité judiciaire déployée contre le révisionnisme. La période 1983-1987 se signale par un ralentissement de cette activité, laquelle, je le crains, va reprendre à partir de 1987-1988. En France, les organisations juives, initiatrices des poursuites judiciaires, ont été fortement déçues et même déconcertées par la légèreté relative de ma condamnation en avril 1983. Elles attendaient mieux de la justice française. Elles voulaient ma « peau » et elles n'ont obtenu qu'une livre de ma chair. Elles souhaitaient que les magistrats déclarent : Faurisson est un faussaire de l'histoire ; son travail sur les chambres à gaz est plein de légèretés, de négligences, d'ignorances délibérées et de mensonges ; Faurisson est malveillant et dangereux. Or, le 26 avril 1983, les magistrats de la première chambre de la cour d'appel de Paris en quelque sorte concluaient : Faurisson est un chercheur sérieux ; nous ne trouvons dans son travail sur les chambres à gaz ni légèreté, ni négligence, ni ignorance délibérée, ni mensonge ; mais Faurisson est peut-être malveillant et il est certainement dangereux ; nous le condamnons pour cette probable malveillance et pour ce danger, mais nous ne condamnons pas son travail sur les chambres à gaz, qui est sérieux. Au contraire, vu le sérieux de ce travail, nous garantissons à tout Français le droit de dire, si telle est son opinion, que les chambres à gaz n'ont pas existé.

Ce que les organisations juives n'ont pas pu réaliser en France de 1979 à 1983, elles l'ont ensuite tenté dans d'autres pays et, notamment, au Canada, avec l'énorme procès intenté à Ernst Zündel. J'ai activement participé en 1984 et 1985 à la défense d'Ernst Zündel et, dans la première partie de mon exposé, je traiterai de ce procès qui a eu, malgré tout, l'avantage de faire faire un bond en avant à la recherche historique. La deuxième partie de mon exposé portera sur les multiples « affaires », comme on les appelle, qui, principalement en France, ont marqué à la fois

---

[1] Ce texte est reproduit dans le volume II à la page 861.

l'échec de ceux qui veulent bloquer la recherche historique (les exterminationnistes) et le succès de ceux qui prônent cette recherche (les révisionnistes). Dans une troisième partie, je tenterai de faire le point des acquisitions du révisionnisme historique à ce jour et de vous dire quelles sont, à mon avis, nos perspectives d'avenir.

Mon impression générale est la suivante : je suis optimiste pour l'avenir du révisionnisme mais pessimiste pour celui des révisionnistes. Le révisionnisme connaît aujourd'hui une telle vigueur que rien ne l'arrêtera plus ; nous n'avons plus à craindre le silence. Mais les chercheurs révisionnistes vont payer cher ce développement de leurs idées et il n'est pas exclu que, dans certains pays, nous ne soyons contraints à une activité de samizdat pour des raisons de danger accru et de pauvreté croissante (en particulier à cause des frais de justice et des condamnations judiciaires).

I. Le procès Zündel (1985) ou « le procès du procès de Nuremberg »

L'année 1985 marquera une grande date de l'histoire du révisionnisme. Elle restera l'année du procès Zündel ou, pour être plus précis, du premier procès Zündel puisque un second procès est actuellement en préparation.

Je crois connaître assez bien Ernst Zündel. J'ai fait sa connaissance à Los Angeles en 1979 au premier colloque de notre Institute for Historical Review. Nous sommes restés en bons termes et, en juin 1984, je me suis rendu à Toronto, où il habite, pour l'assister dans son « pre-trial » (au Canada, procédure d'instruction publique où un magistrat décide de l'opportunité d'ouvrir ou non un véritable procès devant un juge et un jury). Je suis retourné à Toronto en janvier 1985 et, pendant presque tout le temps de son procès, lequel a duré sept semaines, j'ai de nouveau assisté Ernst Zündel. À l'avenir, je continuerai de l'aider dans la mesure de mes compétences. L'homme est exceptionnel.

Jusqu'à cette époque, il exerçait à Toronto la profession de graphiste et de publicitaire. Il est âgé de quarante-neuf ans. Né en Allemagne en 1938, il a conservé la nationalité allemande. Sa vie a connu de graves bouleversements du jour où, au début des années quatre-vingts, il a commencé à diffuser la brochure révisionniste de Richard Harwood : *Did Six Million Really Die ?* Cette brochure avait été publiée pour la première fois en Grande-Bretagne en 1974 et elle avait suscité l'année suivante une longue controverse dans *Books and Bookmen*. Sur intervention de la communauté juive sud-africaine, elle fut interdite en Afrique du Sud.

En 1984, au Canada, Sabina Citron, responsable d'une Association pour le souvenir de l'Holocauste (*Holocaust Remembrance Association*), provoqua de violentes manifestations contre E. Zündel. Un attentat eut lieu contre son domicile. L'administration des postes canadiennes, assimilant la littérature révisionniste à la littérature pornographique, lui refusa tout envoi et toute réception de courrier et il ne recouvra ses droits postaux qu'au terme d'une année de procédures judiciaires. Entre-temps, son affaire commerciale avait périclité malgré l'excellente réputation dont il jouissait dans le milieu professionnel. À l'instigation de Sabina Citron, le procureur général de l'Ontario déposa contre lui une plainte pour publication de fausse déclaration, histoire ou nouvelle (*publishing false statement, tale or news*) de nature à troubler l'ordre public. La section 177 du *Canadian Criminal Code* prononce exactement :

> « Est coupable d'un acte criminel et passible d'un emprisonnement de deux ans quiconque, volontairement, publie une déclaration, une histoire ou une nouvelle qu'il sait fausse et qui cause, ou est de nature à causer, une atteinte ou du tort à quelque intérêt public. (*Everyone who wilfully publishes a statement, tale or news that he knows is false and that causes, or is likely to cause, injury or mischief to a public interest, is guilty of an indictable offense and is liable to imprisonment for two years*). »

L'accusation tenait le raisonnement suivant : l'inculpé avait abusé de son droit à la liberté d'expression ; en diffusant la brochure de R. Harwood, il propageait une information qu'il **savait** être fausse ; en effet, il ne pouvait pas ignorer que le « génocide des juifs » et les « chambres à gaz » sont un fait établi. Cette diffusion « affectait ou était de nature à affecter la tolérance sociale et raciale dans la communauté canadienne ».[2]

E. Zündel était également inculpé pour avoir personnellement écrit et diffusé une lettre de même inspiration que la brochure.

Les frais du procès incombèrent au contribuable canadien et non pas à l'association de Sabina Citron.

Le juge s'appelait Hugh Locke et le procureur, Peter Griffiths. Ernst Zündel était défendu par un avocat de Colombie britannique, Douglas Christie, assisté de Keltie Zubko. Le jury était de douze membres. Les médias anglophones couvrirent abondamment le procès.

Le jury déclara E. Zündel non coupable pour sa propre lettre mais coupable pour la diffusion de la brochure. Il fut condamné par le juge

---

[2] *Transcription*, p. 1682.

Locke à quinze mois de prison ferme et à l'interdiction de parler ou d'écrire à propos de l'Holocauste. Le consulat allemand de Toronto lui retira son passeport. Le Canada prépara contre lui une procédure dite de déportation. Auparavant, les autorités de la RFA avaient lancé sur tout le territoire allemand une gigantesque opération de descentes de police, le même jour, chez tous ses correspondants allemands.

Mais E. Zündel avait remporté une victoire médiatique. Malgré leur hostilité affichée, les médias et, en particulier, la télévision avaient révélé au grand public canadien de langue anglaise que les révisionnistes possédaient une documentation et une argumentation de première force tandis que les exterminationnistes étaient aux abois.

Dans les quarante années qui ont suivi la fin de la seconde guerre mondiale, une nouvelle religion s'est développée : la religion de l'Holocauste. Celle-ci a pris forme au procès de Nuremberg (1945-1946), lequel a été suivi d'une quantité d'autres procès qui, d'ailleurs, durent encore. De nombreux historiens se sont faits les chantres de cette religion : le premier d'entre eux est incontestablement Raul Hilberg. Une foule de témoins ou prétendus tels sont venus déposer à la barre des tribunaux en faveur de l'existence d'un génocide des juifs et de l'emploi par les Allemands de chambres à gaz homicides : l'un des plus importants aura été Rudolf Vrba.

Or, il se trouve qu'en 1985, au procès Zündel, l'accusation a principalement invoqué le procès de Nuremberg et a obtenu la comparution de R. Hilberg et de R. Vrba. E. Zündel avait prédit que son procès serait « le procès du procès de Nuremberg » et « le Stalingrad des exterminationnistes ». Les événements lui ont donné raison. Le procès de Nuremberg est apparu dans son injustice, R. Hilberg dans son incompétence d'historien et R. Vrba dans son imposture. Je ne parlerai pas des autres témoins appelés à la barre par le procureur Griffiths et, en particulier, d'Arnold Friedman, présenté en témoin des gazages d'Auschwitz ; poussé dans ses retranchements par les questions de l'avocat D. Christie, il finit par confesser qu'il avait bien été à Auschwitz-Birkenau (où, d'ailleurs, il n'avait jamais eu à travailler sauf une fois pour un déchargement de pommes de terre) mais que, pour ce qui était des gazages, il s'en était rapporté à des on-dit.

Injustice du procès de Nuremberg

« Tribunal militaire international » : ces trois mots, comme on l'a fait remarquer, contiennent trois mensonges. Ce « tribunal » n'était pas une juridiction au sens normal du mot mais il ressemblait à une association de vainqueurs décidés à régler son compte au vaincu selon la loi du plus fort. Il n'était pas « militaire » puisque, sur les huit membres qui le présidaient (deux Américains, deux Britanniques, deux Français et deux Soviétiques), seuls les deux Soviétiques étaient des juges militaires, le plus important d'entre eux étant un stalinien notoire, Nikitchenko, qui avait présidé les fameux procès de Moscou (1936-1937). Ce « tribunal » n'était pas « international » mais interallié. Il reposait sur l'Accord de Londres qui avait défini les crimes contre la paix (préparation et déclenchement d'une guerre d'agression), les crimes de guerre et les crimes contre l'humanité ; cet accord datait du 8 août 1945, c'est-à-dire qu'il suivait de deux jours l'atomisation d'Hiroshima par les Alliés et précédait de vingt-quatre heures l'atomisation de Nagasaki tandis que, ce même 8 août, l'Union soviétique agressait le Japon. La bombe atomique avait été préparée essentiellement en vue de son utilisation contre des villes allemandes et on se demande, dans ce cas, quelle leçon morale les Alliés pouvaient prétendre infliger aux Allemands et de quel droit un autre « Tribunal militaire international » jugeait, à Tokyo, les Japonais.

Ce « tribunal » avait recours à la rétroactivité des lois et à la responsabilité collective. Il jugeait sans appel, ce qui signifie qu'il pouvait se permettre d'user d'arbitraire sans craindre un désaveu. Le procès était criminel mais il n'y avait pas de jury. L'accusation disposait de moyens formidables et, notamment, du contrôle des archives de guerre prises à l'ennemi. La défense disposait de moyens dérisoires ; elle était sous contrainte et sous haute surveillance ; les avocats n'avaient, par exemple, pas le droit de parler du Traité de Versailles ni de montrer que le national-socialisme s'était en partie développé comme une réaction aux effets de ce traité. Les articles 19 et 21 du statut prononçaient :

> « Le Tribunal ne sera pas lié par les règles techniques relatives à l'administration des preuves. [...] Le Tribunal n'exigera pas que soit rapportée la preuve de faits de notoriété publique, mais les tiendra pour acquis. »

Le pis était peut-être que ce même article 21 accordait en quelque sorte force de loi aux rapports des commissions des crimes de guerre instituées par les Alliés.

Pour ma part, le procès de Nuremberg me suggère la comparaison suivante : au terme d'un combat de boxe qui a tourné à la boucherie, restent en présence un colosse debout sur ses jambes – il s'agit du vainqueur – et, au tapis, sa victime ensanglantée : le vaincu. Le colosse relève la victime et lui tient ce discours : « Ne crois surtout pas que c'en est fini ! Laisse-moi le temps de me rendre au vestiaire ! Je reviendrai avec la robe du juge et je te jugerai selon ma loi. Tu devras rendre compte de tous les coups que tu m'as portés cependant que, sauf exception que je tolérerai peut-être selon mon bon vouloir, tu n'auras pas le droit de parler des coups que je t'ai administrés. » Ce faisant, les Alliés sont partis en 1945 du mauvais pied. Ils ont agi, à l'égard du vaincu, avec arrogance et cynisme. Ils se sont donné toute liberté d'inventer et de mentir. Ils ont été imprudents. Ils auraient dû chercher, selon les méthodes d'une saine justice, à vérifier leurs accusations. Il existe pour cela des moyens éprouvés. Prenons des exemples. Si les Allemands avaient effectivement ordonné et planifié l'assassinat de tous les juifs, il convenait d'établir l'existence d'un ordre et d'un plan ; autrement dit, il fallait prouver l'intention criminelle. S'ils avaient effectivement mis au point de formidables usines de mort appelées chambres à gaz, il convenait d'établir l'existence de ces abattoirs à gaz ; autrement dit, il fallait prouver la réalité de l'arme du crime : il fallait des expertises. Si les Allemands avaient effectivement utilisé cette arme, il convenait de prouver que des détenus avaient été tués par gaz-poison : il fallait donc des rapports d'autopsie.

Or, ni au cours du procès de Nuremberg, ni lors de tous les procès du même genre, les vainqueurs n'ont produit soit une preuve de l'intention criminelle, soit un rapport d'expertise de l'arme du crime, soit un rapport d'autopsie d'une victime de ce crime. Nous voilà donc en présence d'un prétendu crime, aux proportions gigantesques, mais où l'on ne semble avoir trouvé ni intention criminelle, ni arme, ni cadavre. On s'est contenté d'aveux **non vérifiés** et de témoignages **sans contre-interrogatoire sur la matérialité même des faits.**

Retour aux méthodes d'une saine justice

Le mérite d'E. Zündel est d'avoir compris que les révisionnistes ont raison quand ils proclament que, pour découvrir la vérité sur ce point d'histoire, il suffit de revenir aux méthodes traditionnelles à la fois des juristes et des historiens. L'audace d'E. Zündel est d'avoir mis en pratique de telles évidences. Le génie d'E. Zündel est d'avoir été simple et direct là où, depuis quarante ans, tous les avocats ou défenseurs des prétendus « criminels contre l'humanité » avaient louvoyé. En effet, depuis 1945 et jusqu'en 1987 avec le procès Barbie, je note que pas un seul avocat n'a osé prendre le taureau par les cornes. Pas un n'a exigé de l'accusation qu'elle prouve la réalité du génocide et des chambres à gaz. Tous les avocats ont adopté des méthodes dilatoires. Généralement, ils ont plaidé que leur client n'avait pas été personnellement impliqué dans un tel crime : leur client, disaient-ils, n'était pas sur les lieux du crime ou bien il en était trop éloigné pour en avoir eu une connaissance claire, ou bien il en avait tout ignoré. Même Jacques Vergès a plaidé que Klaus Barbie, selon la formule consacrée, « ne pouvait pas savoir ». Cette formule alambiquée signifie que, pour Me Vergès, l'extermination des juifs a eu lieu à Auschwitz ou ailleurs en Pologne mais que le lieutenant Barbie, résidant à Lyon (France), ne pouvait pas le savoir.

Wilhelm Stäglich, dans son livre sur *Le Mythe d'Auschwitz*, a décrit de façon convaincante comment, au procès de Francfort (1963-1965), les avocats ont ainsi renforcé l'accusation ; ils ont cautionné le mythe de l'extermination. Les motifs de ce comportement peuvent être soit l'intime conviction chez ces avocats, comme chez certains des accusés, que ce crime abominable avait vraiment existé, soit la peur de susciter le scandale par de simples demandes d'éclaircissement sur la réalité du crime. Pour la quasi-totalité des gens, il serait blasphématoire de réclamer dans le procès d'un « nazi » le respect des règles traditionnelles ; il doit être entendu qu'un « nazi » n'est pas un homme « comme un autre » et qu'en conséquence il n'y a pas lieu de le juger « comme un autre ». Mon expérience personnelle des avocats dans des procès de ce genre me conduit à penser que beaucoup d'entre eux sont également effrayés par leur propre incompétence dans le domaine historique ou scientifique. Ils ont l'impression qu'il doit être impossible de répondre aux arguments des exterminationnistes et c'est à peine s'ils ont entendu parler des arguments, en sens contraire, des révisionnistes.

En la personne de D. Christie, E. Zündel a su trouver un avocat qui, plus que courageux, est héroïque. C'est pour cette raison que j'ai accepté de seconder D. Christie, jour après jour, dans les préparatifs et dans l'exécution de sa tâche. Je m'empresse d'ajouter que, sans l'aide de son amie, Keltie Zubko, nous n'aurions pas pu mener à bien cette entreprise exténuante qui m'a laissé un souvenir de cauchemar. L'atmosphère qui régnait dans la salle du tribunal était irrespirable, à cause, en particulier, de l'attitude du juge H. Locke. J'ai assisté à bien des procès dans ma vie, y compris en France à l'époque de l'Épuration. Jamais je n'ai rencontré de magistrat aussi partial, autocratique et violent que le juge H. Locke. La justice anglo-saxonne offre beaucoup plus de garanties que la justice française mais il peut suffire d'un homme pour pervertir le meilleur des systèmes : le juge H. Locke a été cet homme. Je me souviens de Locke criant à mon adresse : « La ferme ! » (*Shut up !*) parce que, de loin, sans dire un mot, je brandissais un document en direction de D. Christie (cette exclamation et quelques autres du même acabit n'ont pas été consignées par la « lady-reporter » dont la charge était pourtant de tout transcrire dans les sténogrammes). Parmi les innombrables crises de colère du juge, je me rappelle aussi celle provoquée par... un mètre carré. Pour faire comprendre au juge l'impossibilité de placer vingt-huit à trente-deux

personnes dans l'espace d'un mètre carré (c'est ce que Kurt Gerstein
disait avoir vu), nous avions préparé quatre tiges d'un mètre et nous nous
disposions à appeler vingt-huit à trente-deux personnes. Le juge avait
bondi, crié ; notre procédé lui apparaissait indigne et il nous avait interdit
de l'employer, ajoutant, pour faire bonne mesure, cette remarque qui
mérite de passer à la postérité :

> « Avant de permettre au jury d'accepter un mètre carré, il me
> faudrait [en l'absence du jury] écouter une quantité de témoins qui
> en ont pris la mesure. »[3]

Notre méthode déconcertait l'adversaire ainsi que le juge ; elle était
résolument matérielle ou matérialiste. Nous avions une abondance de
cartes et de plans des camps de concentration, y compris des
photographies aériennes prises pendant la guerre par les Alliés. Nous
disposions d'une foule de photographies, en particulier grâce au
chercheur suédois Ditlieb Felderer qui connaît les moindres recoins des
camps d'Auschwitz et de Majdanek. Les documents techniques ne
manquaient pas sur la crémation à ciel ouvert ou en fours crématoires,
sur le Zyklon B, sur les chambres à gaz de désinfection. J'avais, pour ma
part, apporté à Toronto cinq valises de livres et de documents mais je
n'étais qu'un chercheur parmi quelques autres qu'E. Zündel avait
rassemblés de différents points du monde.

Locke s'employa à neutraliser nos efforts. C'est ainsi qu'il me refusa
le droit de parler du Zyklon, des photos aériennes, des bâtiments des
crématoires situés à Auschwitz et censés contenir des chambres à gaz
homicides. J'avais été pourtant le premier au monde à publier les plans
de ces bâtiments et à prouver, par la même occasion, que ces prétendues
chambres à gaz n'avaient été en réalité que des dépositoires (*Leichenhalle*
ou *Leichenkeller*). Grâce à ces plans, E. Zündel avait fait fabriquer, pour
les montrer au jury, de grandes maquettes mais, là encore, le juge
s'interposa et nous interdit d'exposer ces maquettes exécutées par un
professionnel. Par-dessus tout, Locke m'interdit de parler des chambres
à gaz d'exécution aux États-Unis. Il ne voyait pas le rapport, disait-il. En
fait, le rapport était le suivant : pour leurs exécutions, les Américains
emploient le gaz cyanhydrique ; or, le Zyklon B, dont les Allemands se
seraient servi pour tuer des millions de détenus, était essentiellement, lui
aussi, du gaz cyanhydrique. Quiconque voulait étudier l'arme du crime
par excellence censément utilisée par les Allemands devait, à mon avis,
examiner les chambres à gaz américaines. C'est ce que j'avais fait, pour

---

[3] *Id.*, p. 912.

ma part, et j'en avais déduit que les gazages homicides attribués aux Allemands constituaient une impossibilité physique et chimique **radicale**. Pourtant, malgré Locke et ses oukases, nous allions, D. Christie et moi-même, réduire à néant l'expertise de Raul Hilberg et le témoignage de Rudolf Vrba.

Incompétence de leur expert n° 1 : Raul Hilberg[4]

Raul Hilberg est né à Vienne (Autriche) en 1926. Il est d'origine juive. Il a obtenu en 1955 un doctorat « in public law and government ». À l'instar de la grande majorité des auteurs, exterminationnistes ou révisionnistes, qui ont écrit sur l'Holocauste, il n'a pas reçu de formation d'historien. Il appartient à l'*Holocaust Memorial Council* « by appointment of President Carter ». Il est membre de « The Jewish Studies Association ». Il est l'auteur d'un ouvrage de référence : *The Destruction of the European Jews,* publié en 1961. Une seconde édition, « revue et définitive », de cet ouvrage allait paraître en 1985, quelques mois seulement après le témoignage de son auteur au procès Zündel. Ce point a son importance et j'y reviendrai.

R. Hilberg déposa à titre d'expert. Il arrivait à Toronto revêtu de son prestige, sans livres, sans notes, sans documents, apparemment sûr de son affaire, en homme habitué à déposer dans de nombreux procès contre des « criminels de guerre ». Il déposa pendant plusieurs jours à raison probablement de cent cinquante dollars de l'heure. Interrogé par le procureur Griffiths, il développa sa thèse de l'extermination des juifs : selon lui, Hitler avait donné des ordres pour exterminer les juifs ; les Allemands avaient suivi un plan ; ils avaient utilisé des chambres à gaz ; le total des pertes juives s'élevait à cinq millions cent mille. Hilberg ne craignit pas de se présenter en ces termes :

> « Je me décrirais comme un empiriste, un analyste de documents… »[5]

Dès que commença le contre-interrogatoire, il perdit pied. Pour la première fois de sa vie, il avait affaire à un accusé décidé à se défendre et capable de se défendre. D. Christie, à côté duquel je me trouvais, le contre-interrogea pendant plusieurs jours sans faiblesse et sans rémission. Ses questions étaient aiguës, précises, impitoyables. J'avais jusqu'ici une

---

[4] La déposition de Hilberg se trouve résumée dans l'ouvrage de B. Kulaszka, *Did Six million…*, aux pages 5 à 80. [NdÉ]

[5] *Id.,* p. 687.

certaine estime pour Hilberg à cause de la quantité, mais non à cause de la qualité, de son travail ; de toute façon, il dominait de quelques coudées les Poliakov et autres Wellers ou Klarsfeld. À cette estime relative se substitua chez moi, au fil des jours, un sentiment d'irritation et de pitié : irritation, parce que Hilberg multipliait les esquives, et pitié parce que, presque à chaque fois, D. Christie finissait par le terrasser.

En tout cas, si un résultat fut clair, c'est que R. Hilberg n'avait rien d'un « empiriste, un analyste de documents » ; il en était exactement le contraire ; il était un homme perdu dans la fumée de ses idées, une sorte de théologien qui s'était construit un univers mental où la matérialité des faits n'avait aucune place ; il n'était qu'un professeur beaucoup trop doctoral, un « historien de papier » à la Vidal-Naquet. Il trébucha dès la première question. D. Christie lui annonça qu'il allait lui lire une liste de camps pour lui demander lesquels il avait examinés et combien de fois. Il se révéla qu'il n'en avait examiné aucun, ni avant de publier la première édition de son ouvrage majeur en 1961, ni depuis cette date et pas même pour l'édition « définitive » de 1985. Vu qu'il avait commencé de travailler sur la question de l'Holocauste en 1948, nous étions donc en présence d'un homme qui s'était acquis la réputation d'être le premier historien au monde dans son propre domaine de recherche sans avoir, une seule fois en trente-sept ans, examiné un seul camp de concentration. Il n'avait visité que deux camps, Auschwitz et Treblinka, en 1979 : « Un jour à Treblinka et peut-être une demi-journée à Auschwitz et une demi-journée à Birkenau »[6] ; encore était-ce à l'occasion de cérémonies. Il n'avait eu la curiosité d'inspecter ni les lieux, ni, sur place, les archives d'Auschwitz. Il n'avait jamais visité les endroits qualifiés de « chambres à gaz ».[7] Prié de fournir quelques explications sur des plans de crématoires, des photographies, des graphiques, il refusa, déclarant :

> « Si vous commencez à me montrer des plans de bâtiments, des photographies, des diagrammes, je n'ai pas [en ces matières] la même compétence que pour des documents écrits. »[8]

Il évaluait à plus d'un million le nombre des juifs et à « peut-être trois cent mille » le nombre des non-juifs morts à Auschwitz, mais il n'expliquait pas comment il était parvenu à ces estimations, ni pourquoi les Polonais et les Soviétiques étaient arrivés à un total de quatre millions, chiffre inscrit sur le monument de Birkenau.[9]

---

[6] *Id.*, p. 774.
[7] *Id.*, p. 771-773 et 822-823.
[8] *Id.*, p. 778.
[9] *Id.*, p. 826.

D. Christie l'interrogea ensuite sur les camps censés avoir contenu des chambres à gaz homicides. Il égrena les noms de ces camps, lui demandant à chaque fois si ce camp avait possédé ou non une ou plusieurs de ces chambres à gaz. La réponse aurait dû être simple pour cet éminent spécialiste mais, là encore, R. Hilberg perdit pied. À côté des camps « avec » et des camps « sans » chambre à gaz, il créa, dans la débâcle de ses improvisations, deux autres catégories de camps : ceux qui avaient « peut-être » eu une chambre à gaz (Dachau, Flossenburg, Neuengamme, Sachsenhausen) et ceux qui avaient eu une « très petite chambre à gaz » » (par exemple, le Struthof-Natzweiler en Alsace), si petite qu'on se demandait s'il valait la peine d'en parler[10] : il ne révéla pas ses critères de distinction entre ces quatre catégories de camps. On lui demanda s'il avait connaissance d'un rapport d'expertise (*expert report*) établissant que telle pièce avait été effectivement une chambre à gaz homicide. Hilberg fit la sourde oreille, puis biaisa et multiplia les réponses les plus inappropriées. Ses manœuvres dilatoires devenaient si manifestes que le juge Locke, généralement si prompt à se porter au secours de l'accusation, se sentit obligé d'intervenir pour demander une réponse. Alors seulement, sans plus chercher de faux-fuyant, Hilberg répondit qu'il n'avait connaissance d'aucun rapport de ce genre. On compte quatorze pages de transcription (p. 968-981) entre le moment où cette embarrassante question est posée et le moment où la réponse est enfin donnée.

Connaissait-il un rapport d'autopsie établissant que tel cadavre d'un détenu était le cadavre d'un individu tué par gaz-poison ? La réponse, là encore, fut : « Non ».[11]

Puisque Hilberg faisait, en revanche, si grand cas des témoignages, il fut interrogé sur celui de Kurt Gerstein. Il tenta de dire que, dans son livre, il n'utilisait guère les confessions de cet officier SS. À quoi D. Christie lui rétorqua que, dans *The Destruction of the European Jews*, le nom de Gerstein apparaissait vingt-trois fois et que le document PS-1553 du même Gerstein était cité à dix reprises. Puis, quelques fragments de ces confessions, sous leurs différentes formes, furent lus devant le jury. Hilberg finit par convenir que certaines parties de ces confessions de Gerstein étaient « un pur non-sens » (*pure nonsense*).[12]

---

[10] *Id.*, p. 896.
[11] *Id.*, p. 983-984.
[12] *Id.*, p. 904. Voici quelques échantillons des réponses de R. Hilberg en ce qui concerne Gerstein :
– Je tiendrais le rapport Gerstein [document PS-1553] pour un [document] appelant la plus grande circonspection. Des parties en sont corroborées ; d'autres sont un pur non-sens (*Transcription*, p. 904).

Même scénario avec les confessions de Höss. Hilberg, effondré, dut admettre en une circonstance : « *It's terrible* »[13], ce qui, dans le contexte, signifiait : « C'est indéfendable ». À propos de la plus importante des « confessions » signées par Höss (doc. NO-1210), il reconnut que nous étions en présence d'un homme qui faisait une déposition dans une langue (l'anglais) autre que sa propre langue (l'allemand), une déposition au contenu totalement inacceptable, « une déposition qui semble avoir été le résumé de choses qu'il avait dites ou qu'il pouvait avoir dites ou qu'il pensait peut-être avoir dites, par quelqu'un qui avait fourré devant lui un résumé qu'il avait signé, ce qui est **malheureux**. »[14] A propos du fait que, d'après cette « confession », deux millions cinq cent mille personnes avaient été gazées à Auschwitz, Hilberg alla jusqu'à dire que c'était là :

> « un chiffre manifestement non vérifié, totalement exagéré, qu'on avait peut-être bien connu et répandu à la suite des

---

– Gerstein était apparemment une personne très prompte à l'excitation. Il était capable de toutes sortes de déclarations qu'il lui est certes arrivé de faire non seulement dans sa déclaration sous serment en cours d'instruction *(affidavit)* mais aussi dans le contexte de celle-ci.

Question de D. Christie : Il n'était pas totalement sain d'esprit ?

Réponse : Je ne saurais juger de sa santé mentale mais je serais circonspect en ce qui concerne ce qu'il a dit (p. 905).

– Dans son excitation, il était capable d'ajouter de l'imaginaire au réel *(imagination to fact)*. Cela ne fait pas de doute (p. 906).

– *Question :* Et nous savons que [sa déclaration selon laquelle Hitler était là] était une déclaration totalement fausse, n'est-ce pas ?

Réponse : Absolument (p. 907).

– Eh bien [dans ma reproduction de ses déclarations, j'ai éliminé tout ce qui ne semblait pas plausible ou crédible, certainement (p. 921).

– [À propos d'une autre déclaration de Gerstein,] Eh bien, des parties en sont vraies et d'autres parties ne sont que pure exagération, une manifeste et patente exagération [...] De la rhétorique (p. 923).

– Gerstein était en quelque sorte enclin à une grande excitabilité (p. 924). – Je ne le caractériserais pas comme totalement rationnel, non, mais cela n'a pas de valeur, vu que je ne suis pas un expert en rationalité (p. 925).

– *Question :* [Il était] un esprit très étrange, enclin à l'exagération ?

Réponse : Oui (p. 928).

– une déclaration loufoque *(a far-out statement)* (p. 934).

– dans l'utilisation de pareilles déclarations sous serment en cours d'instruction *(affidavits),* il faut se montrer extraordinairement circonspect (p. 935).

Il convient de noter que toutes ces concessions ont été arrachées à R. Hilberg avant même la publication des ouvrages de Carlo Mattogno et d'Henri Roques sur Gerstein.

[13] *Id.,* p. 1076.

[14] *Id.,* p. 1230, souligné par moi.

conclusions erronées d'une commission d'enquête soviéto-polonaise sur Auschwitz. »[15]

Sentant qu'il lui fallait lâcher du lest, il ne fit aucune difficulté pour admettre avec D. Christie que des « historiens » comme William Shirer n'avaient pour ainsi dire aucune valeur.[16] On lui demanda son opinion sur le témoignage de Filip Müller, l'auteur de *Trois ans dans une chambre à gaz d'Auschwitz*. Des passages empreints du plus pur antinazisme de sex-shop lui furent lus et D. Christie démontra devant le jury, grâce à une analyse du révisionniste italien Carlo Mattogno, que F. Müller ou son nègre, Helmut Freitag, avait tout simplement commis un plagiat en empruntant tout un épisode, quasiment mot pour mot, à *Médecin à Auschwitz,* ce faux notoire signé de Miklos Nyiszli. Là, R. Hilberg changea subitement de tactique : il feignit l'émotion et, sur un ton pathétique, il déclara que le témoignage de F. Müller était beaucoup trop bouleversant pour qu'on pût en suspecter la sincérité.[17] Mais tout sonnait faux dans ce nouvel Hilberg qui, jusqu'à présent, s'était exprimé sur un ton monocorde et avec la circonspection d'un chat qui craignait la braise. D. Christie ne jugea pas utile d'insister.

En deux circonstances, R. Hilberg fut à la torture : d'abord à propos des prétendus ordres de Hitler d'exterminer les juifs, puis à propos de ce que, personnellement, j'appelle « la pierre angulaire de la thèse de R. Hilberg ». À la page 177 de son livre, Hilberg aborde enfin le cœur de son sujet : la politique d'extermination des juifs. Dans une page qui a valeur d'introduction générale, il jette les bases de sa démonstration. Pour lui, tout a commencé avec **deux** ordres successifs d'Adolf Hitler. Le premier ordre prescrivait d'aller tuer les juifs sur place, notamment en Russie (les *Einsatzgruppen* auraient été chargés de cette mission) ; le second ordre était de se saisir des juifs et de les conduire dans des camps d'extermination (c'était prétendument le rôle d'Eichmann et des siens). Hilberg n'indiquait ni date précise ni référence pour ces deux ordres ; en revanche, il fournissait une date précise (celle du 25 novembre 1944) et une référence (doc. PS-3762) pour un ordre que, selon lui, Himmler, sentant venir la défaite, avait donné d'arrêter l'extermination des juifs.[18]

Il ne manquait rien à cette thèse sinon qu'il fût vrai que ces ordres eussent existé. Or, aucun de ces trois ordres (les deux ordres de Hitler et l'ordre de Himmler) n'avait eu d'existence et tout cela n'était qu'une construction de l'esprit. Mais D. Christie dut livrer une véritable guerre

---

[15] *Id.,* p. 1087.
[16] *Id.,* p. 1202.
[17] *Id.,* p. 1151-1152.
[18] *The Destruction...,* p. 631.

de siège pour que R. Hilberg opérât enfin sa reddition et admît qu'il ne pouvait pas montrer ces ordres. Il s'écoule trente et une pages de transcription (p. 828-858) entre le moment où Hilberg se voit demander où sont ces deux ordres de Hitler et le moment où, de guerre lasse, il admet qu'il n'y en a « pas de trace ». Entretemps, D. Christie lui avait rappelé des propos qu'il avait tenus en février 1983 à l'Avery Fisher Hall, où Hilberg lui-même développait une thèse qui s'accommodait assez mal de l'existence d'un ordre quelconque d'extermination. Celui-ci avait déclaré :

> « *But what began in 1941 was a process of destruction not planned in advance, not organized centrally by any agency. There was no blueprint and there was no budget for destructive measures. They were taken step by step, one step at a time. Thus came not so much a plan being carried out, but an incredible meeting of minds, a consensus-mind reading by a far-flung bureaucracy.* »[19]
>
> (« Mais ce qui commença en 1941 fut un processus de destruction non planifié à l'avance, non organisé et centralisé par une agence quelconque. Il n'y eut pas de projet et il n'y eut pas de budget pour des mesures de destruction. [Ces mesures] furent prises étape par étape, une étape à chaque fois. C'est ainsi qu'apparut moins un plan mené à bien qu'une incroyable rencontre des esprits, une transmission de pensée consensuelle au sein d'une vaste bureaucratie. »)

Cette explication quintessenciée nous plonge en pleine théologie et parapsychologie. L'extermination des juifs – une gigantesque entreprise – se serait faite sans aucun plan, sans le moindre organisme centralisateur, sans projet, sans budget, mais par divination télépathique au sein d'un appareil : la bureaucratie, dont, à mon avis, on peut tout attendre sauf précisément divination et télépathie.

Pour ce qui était de l'ordre venu de Himmler, Hilberg admettait aussi qu'il n'en restait « pas de trace »[20] ; la « référence » qu'il en avait donnée ainsi que la date précise se révélaient donc avoir été une pure tentative d'intimidation du lecteur.

Mais que dire de « la pierre angulaire » de sa thèse ? Dans *The Hoax of the Twentieth Century*, Arthur R. Butz écrit :

---

[19] *Newsday* [Long Island, N.Y.], 23 février 1983, p. 11-13.
[20] *Transcription*, p. 860.

« Le livre de Hilberg réussit ce que les ouvrages d'opposition [les ouvrages révisionnistes] n'auraient jamais pu faire. Grâce à lui, non seulement j'acquis la conviction que la légende des millions de juifs gazés ne pouvait être qu'une imposture mais j'allais en quelque sorte développer un assez bon « flair » pour la remarquable mentalité cabalistique qui avait donné sa forme à ce mensonge (ceux qui veulent prendre une idée du « réveil brutal » que j'ai alors connu peuvent suspendre ici leur lecture et se reporter aux pages 567-571 de Hilberg). »[21]

A.R. Butz désigne ainsi ce qui constitue avec ces pages 567-571 le centre de la thèse de R. Hilberg. À mon tour, j'ai voulu chercher « le centre de ce centre », la « pierre angulaire », si l'on peut dire, de cette construction d'un esprit cabalistique et je pense avoir trouvé ce point au haut de la page 570 où on lit ceci :

« Les quantités [de Zyklon] demandées par Auschwitz, sans être énormes, étaient néanmoins appréciables. La presque totalité des approvisionnements du camp servait au gazage des gens ; très peu servaient à la désinfection. Ce n'était pas l'administration du camp qui achetait le gaz. Les commandes étaient passées par l'Obersturmführer Gerstein, chef de la désinfection au Bureau du chef de l'hygiène de la Waffen-SS (Mrugowski). En règle générale, toutes les commandes passaient par les mains de la Testa, de la Degesch et de Dessau. Les usines de Dessau, qui produisaient le gaz, expédiaient directement celui-ci à la Division d'extermination et de décontamination *(Abteilung Entwesung und Entseuchung)* d'Auschwitz. »

Dans ce passage, Hilberg dit clairement qu'à Auschwitz il y avait deux types d'emploi du Zyklon : pour le gazage des personnes et pour la fumigation des choses. Une seule « division » dirigeait ces deux activités : l'une criminelle et l'autre, sanitaire. Cette division avait même un nom : « *Abteilung Entwesung und Entseuchung* », que Hilberg traduit par : « *Extermination and Fumigation Division* ». Autrement dit, les Allemands ne faisaient pas mystère de l'extermination de gens par les gaz à Auschwitz puisque, dans ce camp, existait une « division » dûment et clairement préposée à cet office criminel. Il n'y avait qu'un malheur pour Hilberg, c'est que « *Entwesung* signifie « désinfestation » et non pas « extermination » d'êtres humains (cependant que « *Entseuchung* »

---

[21] *The Hoax* ..., p. 7.

signifie « décontamination »). Placé devant cette évidence, que nous établissions à l'aide de dictionnaires, Hilberg commit l'erreur de vouloir maintenir sa propre traduction et, lors de son ré-interrogatoire par le procureur Griffiths, il apporta un dictionnaire allemand pour prouver que « *Entwesung* » se compose de « *Ent* » marquant la séparation, et de « *Wesen* », qui se dit de tout « être animé ».[22] C'était confondre – ou, plutôt, affecter de confondre pour les besoins de la cause – étymologie et sens. Même le procureur Griffiths parut consterné par le laborieux subterfuge de son expert, qui était allé choisir un dictionnaire allemand où ne figurait pas le mot de « *Entwesung* » mais seulement celui de « *Wesen* » !

Peu de temps après le procès, je découvris que R. Hilberg avait commis un parjure. En janvier 1985, sous la foi du serment, en présence du juge et du jury, il avait osé affirmer que, dans la nouvelle édition de son livre, alors sous presse, il maintenait l'existence de ces ordres de Hitler dont il venait de reconnaître qu'il ne restait « pas de trace ».[23] Or, il mentait. Dans cette nouvelle édition, dont la préface est datée de septembre 1984 (Hilberg déposait sous serment en janvier 1985), toute mention d'un ordre de Hitler est systématiquement supprimée ; son collègue et ami Christopher Browning en fera lui-même la remarque dans une recension intitulée « The Revised Hilberg » :

> « Dans la nouvelle édition [celle de 1985], toutes les mentions du texte relatives à une décision de Hitler ou à un ordre de Hitler pour la « solution finale » [entendue par Browning au sens d'« extermination »] ont été systématiquement supprimées. Enfouie au bas d'une seule note apparaît une seule et unique mention : « La chronologie et les circonstances donnent à penser qu'il y a eu une décision avant la fin de l'été [1941] ». Dans la nouvelle édition, on ne prend plus de décisions et on ne donne plus d'ordres. »[24]

Le fait est grave. Il prouve que, pour être plus sûr d'obtenir la condamnation d'E. Zündel (dont la thèse est notamment qu'il n'a jamais existé d'ordre de Hitler ou de quiconque d'exterminer les juifs), un professeur d'université n'avait pas craint de recourir au mensonge et au parjure.

---

[22] *Transcription*, p. 1237.
[23] *Id.*, p. 852.
[24] *Simon Wiesenthal Center Annual*, 1986, p. 294.

Tel est R. Hilberg, un professeur et un chercheur à qui il ne restera plus, dans les années qui viennent, qu'à prendre la mesure de l'échec de toute une vie (*the failure of a lifetime*).[25]

Imposture de leur témoin n° 1 : Rudolf Vrba

Le témoin Rudolf Vrba était de notoriété internationale. Juif slovaque, interné à Auschwitz et à Birkenau, il s'était, disait-il, échappé du camp de Birkenau en avril 1944 en compagnie de Fred Wetzler. De retour en Slovaquie, il avait, disait-il encore, dicté un rapport sur Auschwitz, sur Birkenau, sur leurs crématoires et leurs « chambres à gaz ».

Par l'intermédiaire d'instances juives slovaques, hongroises et helvétiques, ce rapport parvint à Washington où il servit de base au fameux *War Refugee Board Report* publié en novembre 1944. C'est ainsi que tout organisme allié chargé de la poursuite des « criminels de guerre » et tout procureur allié responsable de procès de « criminels de guerre » allaient disposer de la version officielle – et mensongère – de l'histoire de ces camps. R. Vrba et son compère F. Wetzler sont à l'origine de l'officialisation du mythe d'Auschwitz ; A. R. Butz en fait admirablement la démonstration (voy. dans *The Hoax...* les références à « Vrba » et au « *WRB Report* »).

Après la guerre, R. Vrba devint citoyen britannique et il publia l'histoire de sa vie sous le titre de *I Cannot Forgive* (Je ne puis pardonner) ; en réalité, ce livre, publié en 1964, avait été écrit par un nègre, Alan Bestic, qui, dans sa préface, osait rendre hommage au « souci considérable [de R. Vrba] pour chaque détail » et à son « respect méticuleux, presque fanatique, pour l'exactitude ».[26]

Le 30 novembre 1964, R. Vrba témoigna au « procès de Francfort ». Puis, il s'établit au Canada et acquit la nationalité canadienne. Il figura dans divers reportages filmés sur Auschwitz et, en particulier, dans *Shoah,* de Claude Lanzmann. Il est aujourd'hui, à Vancouver, « *associate professor in pharmacology at the University of British Columbi*a ».

---

[25] *Transcription*, p. 948. Au domicile d'E. Zündel, dans les rares moments de détente où nous nous retrouvions à plusieurs dizaines autour d'une table, les plaisanteries fusaient sur le compte de R. Hilberg et de sa théorie de l'« incredible meeting of minds ». Nous imaginions à qui mieux mieux un monde où l'« incredible meeting of minds » remplacerait les lettres, les télégrammes, le téléphone et où, à table par exemple, il n'y aurait plus besoin de demander qu'on vous passe la salière ou la carafe d'eau vu que, par une « incroyable rencontre des esprits », le détenteur de ces objets, pratiquant le « consensus dans la divination télépathique », irait à tout instant au-devant de vos désirs inexprimés et vous tendrait de lui-même, au bon moment, la salière ou la carafe.

[26] « *the immense trouble he took over every detail... the meticulous, almost fanatical respect he revealed for accuracy,* » R. Vrba, *I Cannot Forgive*, p. 2.

Tout souriait à ce témoin jusqu'au jour où il eut à affronter D. Christie. Le livre d'A. Butz nous fournissait d'excellents éléments de base pour le contre-interrogatoire et mes documents (en particulier, le « Calendrier des événements du camp d'Auschwitz », les études réunies dans les différents volumes de l'*Anthologie* (bleue) d'Auschwitz, le *Mémorial de la déportation des juifs de France,* de S. Klarsfeld, et différentes pièces provenant des archives du musée d'Auschwitz) permettaient de poser à R. Vrba quelques questions embarrassantes. L'imposteur fut démasqué en particulier sur trois points : sa prétendue connaissance des chambres à gaz et crématoires de Birkenau ; la prétendue visite de Himmler à Birkenau en janvier 1943 pour l'inauguration d'un nouveau crématoire avec, à la clé, un gazage de trois mille personnes ; le prétendu total d'un million sept cent soixante-cinq mille juifs gazés à Birkenau d'avril 1942 à avril 1944.

Sur le premier point, il devint clair que le témoin n'avait jamais mis les pieds dans ces crématoires et « chambres à gaz » dont il était allé jusqu'à donner le plan – totalement faux – dans son rapport du *War Refugee Board* (novembre 1944), plan qu'en 1985 il persistait témérairement à garantir pour vrai. Rien ne correspondait à la vérité : ni la distribution des pièces, ni leurs dimensions, ni le nombre des fours, ni le nombre des moufles ; par exemple, le témoin plaçait sur un même niveau la « chambre à gaz » et la salle des fours, avec, pour les wagonnets *(flat trucks)*, le tracé d'une voie ferrée de l'une à l'autre, alors qu'en réalité la salle des fours se trouvait au niveau du rez-de-chaussée tandis que la « chambre à gaz » (en fait, un dépositoire) se situait au sous-sol et qu'aucune voie ferrée n'aurait pu joindre une pièce située en sous-sol à une pièce située en rez-de-chaussée.

Sur le deuxième point, R. Vrba avait également tout inventé. La dernière visite de Himmler s'était située en juillet 1942 et, en janvier 1943, le premier des nouveaux crématoires de Birkenau était loin d'être achevé (nous possédons même des documents du Service de la construction où il est fait mention des difficultés de construction dues au froid de l'hiver 42-43). Le livre de R. Vrba s'ouvrait non sans ostentation sur cette visite, racontée avec un grand luxe de détails ; même les réflexions et conversations de Himmler et de son entourage étaient rapportées. Or, tout cela aussi était sorti de l'imagination de R. Vrba.

Le témoin avait un aplomb exceptionnel. Il prétendait avoir été partout à la fois, de jour comme de nuit, dans le vaste camp de Birkenau. Et il avait tout enregistré et retenu grâce, disait-il, à des moyens mnémotechniques spéciaux (*special mnemonic principles*).[27] Selon lui,

---

[27] *Transcription*, p. 1563.

les Allemands avaient « **gazé** », dans le **seul** camp de Birkenau et dans un **seul** espace de vingt-cinq mois (d'avril 1942 à avril 1944), environ 1,765 million de juifs, dont cent cinquante mille venus de France. Or, Serge Klarsfeld, en 1978, dans son *Mémorial* devait conclure que, pour **toute** la durée de la guerre, les Allemands avaient **déporté** vers **tous** les camps de concentration un total de 75.721 juifs de France (français, étrangers ou apatrides). R. Vrba fut prié de s'expliquer sur son estimation particulière de cent cinquante mille et sur son estimation générale de 1,765 million. Il commença par qualifier de faux le chiffre de 75.721 : « D'où tenez-vous ce chiffre ? » demanda-t-il ; « De journaux nazis ? »[28] ; or, ce chiffre venait de Klarsfeld. Puis il tenta d'improviser une justification de ses propres chiffres, mais en vain, ainsi qu'on le verra plus loin.

Malgré son aplomb, il lui fallut battre en retraite sur toute la ligne en ce qui concernait son livre. Au lieu de maintenir que dans ce livre il avait manifesté le plus grand souci de la vérité et de l'exactitude, il déclara qu'il ne s'agissait que d'une tentative littéraire où il avait fait appel à la licence poétique. Il utilisa les expressions suivantes :

> *« an artistic picture », « an attempt for an artistic depiction », « a literary essay », « an artistic attempt », « art piece in literature », « literature », « artist », « licence of a poet », « licentia poetarum ».[29]*

Bref, pour le témoin n° 1 de l'accusation, représentée par le procureur Griffiths, ce contre-interrogatoire fut un désastre. Nous attendions avec curiosité comment Griffiths essaierait, lors du ré-interrogatoire (*reexamination*), de redonner quelque lustre à son témoin. À la surprise générale, Griffiths, probablement épuisé par le procès et exaspéré par les mensonges du témoin sur lequel il comptait tant, exécuta R. Vrba en deux questions qui furent comme deux coups de fusil. Sa première question – attendue dans le plus grand silence – fut la suivante :

> « À plusieurs reprises, lors de la discussion sur votre livre *I Cannot Forgive* (« Je ne puis pardonner »), vous avez dit à M. Christie que vous aviez eu recours à la licence poétique pour écrire

---

[28] *Id.*, p. 1579.
[29] *Id.*, p. 1390, 1391, 1392, 1446-1448.

ce livre. Avez-vous eu recours dans votre témoignage [à la barre]
à la licence poétique ? »[30]

R. Vrba, déconcerté, bredouilla une réponse, après laquelle, sans
désemparer, Griffiths posa sa seconde question :

> « Docteur, pouvez-vous nous dire brièvement comment vous
> êtes parvenu au chiffre d'un million sept cent soixante-cinq
> mille ? »[31]

Pour apprécier à leur juste valeur à la fois la question dans son
ensemble et le mot de « brièvement », il faut se rappeler que R. Vrba
s'était vu poser cette question par D. Christie à de multiples reprises et
que ses tentatives de réponse avaient été, à chaque fois, interminables,
confuses, absurdes et parfois même involontairement cocasses. À la
question de Griffiths, il ne sut guère que répondre sinon par son antienne :

> « J'avais mis au point un système mnémotechnique spécial
> pour me rappeler chaque transport. »[32]

Griffiths, se perdant quelque peu dans sa documentation, annonça
qu'il allait poser une dernière question sur la visite de Himmler. Il
demanda une suspension d'audience. À la reprise, R. Vrba regagna la
barre ou, plus exactement, le box des témoins, situé en hauteur, entre le
juge et le jury. Il attendit le retour du jury et la question sur la visite de
Himmler. C'est alors que Griffiths, s'adressant au juge, déclara :

> « Votre Honneur, juste avant que ne revienne le jury, je n'aurai
> plus de question à poser au Dr Vrba. »[33]

La stupéfaction fut générale. R. Vrba, je puis l'attester, devint livide.
Il descendit du box. Il chancelait. Il gagna la sortie. Autant, le premier
jour, il avait vu journalistes et caméras se presser autour de lui comme

---

[30] « *You told M. Christie several times in discussing your book* I Cannot Forgive *that you
used poetic license in writing that book. Have you used poetic license in your
testimony?* », *Id.*, p. 1636.
[31] « *Could you tell us, Doctor, briefly how you arrived at the number of 1,765,000?* », *Id.*,
p. 1637.
[32] « *I developed a special mnemonical method for remembering each transport* », *Id.*,
p.1639.
[33] « *Just before the jury is brought in, Your Honor, I will have no questions of Dr Vrba.* »,
Id., p. 1641.

autour du témoin qui allait river leur clou aux révisionnistes, autant, le dernier jour, il quitta le palais de justice dans la solitude la plus affreuse. Je ne plains pas R. Vrba ; il a l'arrogance des imposteurs de métier ; il redressera la tête ; il reprendra ses mensonges, j'en suis convaincu.[34]

Défaite et victoire d'E. Zündel

Le procès prenait pour nous bonne tournure. Je ne veux pas dire qu'à cet instant le jury aurait acquitté E. Zündel, car une telle décision aurait exigé, devant le juge, devant les journalistes et devant l'opinion publique un courage qu'il est difficile, pour ne pas dire impossible, de trouver chez douze personnes prises au hasard dans une société qui, pendant quarante ans, a été soumise à la propagande que l'on sait sur les « crimes nazis ». Mais le procureur Griffiths était manifestement abattu. Vinrent ensuite les témoins et les experts de la défense. Griffiths fut plus désemparé encore. Il ne s'attendait pas à une telle richesse d'informations de la part des révisionnistes. Le juge Locke ne décolérait pas. Il menaçait D. Christie d'une procédure pour outrage à magistrat (*contempt for court*) à la fin du procès et cette épée de Damoclès resta, jusqu'au dernier jour, suspendue au-dessus de la tête de notre avocat. C'est alors que se produisit un retournement de situation en faveur de l'accusation. D. Christie décida d'en appeler au témoignage d'E. Zündel lui-même. C'était peut-être une erreur. En effet, Griffiths eut ainsi la possibilité de contre-interroger E. Zündel et le désastre se profila à l'horizon.

Zündel fut certainement digne d'admiration mais, par son refus de condamner le national-socialisme, il se condamna lui-même. Son érudition, son éloquence sans effets, sa sincérité, la hauteur de ses vues furent oubliées au profit de son admiration pour Adolf Hitler, tel qu'il se le représentait, et de sa compassion pour la patrie allemande humiliée et offensée par les vainqueurs. Griffiths, amaigri, nerveux, et, comme nous devions l'apprendre plus tard, épuisé d'insomnie et de tabagisme, reprit espoir. Dans sa plaidoirie finale (*summation*), il décrivit Zündel comme un dangereux nazi. Le juge, dans sa propre adresse finale au jury, fit de même. Le jury suivit. Zündel fut déclaré coupable pour la diffusion de

---

[34] Là encore, au domicile d'E. Zündel, le témoin R. Vrba suscita notre verve. Il devint « le canard vert » (*the green duck*). Il faut entendre par là que l'avocat D. Christie, pendant plusieurs jours, lui avait administré des coups de fusil qui, à chaque fois, avaient fait perdre quelques plumes à l'imposteur, sans lui porter pour autant un coup mortel. Le coup mortel, c'est le procureur Griffiths qui l'avait porté à son propre témoin ; il avait en quelque sorte demandé à D. Christie de lui passer son fusil à deux coups et, de deux coups, il avait abattu le volatile : un canard « vert », de la couleur livide qu'avait prise, au moment de s'effondrer, le « témoin » R. Vrba.

Did Six Million Really Die ? et non coupable pour l'envoi à des particuliers, hors du Canada, d'un texte personnel intitulé : « The West, the War and Islam ». Il fut condamné à quinze mois de prison ferme et à l'interdiction de parler de l'Holocauste.

En janvier 1987, une cour composée de cinq hauts magistrats décida de casser le procès et d'annuler la condamnation de 1985 et cela pour des motifs de **fond :** le juge H. Locke n'avait permis aucune garantie à la défense dans le choix du jury ; il avait abusivement interdit à nos experts l'emploi de documents, de photos et de matériaux divers et il avait, dans son adresse finale, trompé le jury sur le sens même du procès.

E. Zündel et les révisionnistes, une fois de plus, perdaient devant les tribunaux et gagnaient devant l'histoire. Pour reprendre les deux expressions de cet homme héroïque, son procès fut bien « le procès du procès de Nuremberg » et comme « le Stalingrad des exterminationnistes ». Je crains malheureusement que la vie ou la santé d'E. Zündel ne succombent un jour dans cette terrible épreuve ; je le crains d'autant plus que se profile à l'horizon de 1988 un « second procès Zündel », encore plus long et plus lourd que celui de 1985.

II. Affaires judiciaires et autres affaires

En France, de septembre 1983 à septembre 1987, la répression judiciaire contre le révisionnisme a connu une relative accalmie. Les organisations juives, déçues par ma condamnation du 26 avril 1983, décidèrent de s'en prendre au révisionnisme par une voie détournée : elles choisirent pour cible un officier allemand, Klaus Barbie, et elles obtinrent sa condamnation. Le procès de Klaus Barbie et sa condamnation ont été souvent présentés comme une réponse à la montée du révisionnisme.

La presse écrite et parlée a joué, en la circonstance, un rôle essentiel. Les journalistes ont orchestré contre Klaus Barbie une telle campagne que seule une condamnation maximum de l'accusé était possible.

Ils ont, en même temps, pendant ces quatre années, multiplié ce qu'on appelle des « affaires » (« affaire Roques », « affaire Paschoud », « affaire Le Pen » et bien d'autres) qui ont été pour eux autant d'occasions d'en appeler à une nouvelle répression judiciaire. Le journal le plus violent a été *Le Monde*. Le 1er juillet 1987, la Fédération française des sociétés de journalistes a demandé que les autorités judiciaires sanctionnent les révisionnistes et les réduisent au silence. Le 20 septembre, Charles Pasqua, ministre de l'Intérieur, a déclaré que ma place était en prison. Une loi spécifique contre le révisionnisme est en préparation : la « lex Faurissonia ».

Trois autres événements ont marqué, à l'époque considérée, cette montée de l'antirévisionnisme : la projection du film *Shoah*, l'attribution à Élie Wiesel du prix Nobel de la paix et, enfin, le commencement, à Jérusalem, du procès Demjanjuk.

À une exception près (l'affaire du Recueil Dalloz-Sirey), les tribunaux français ont persisté, mais avec une gêne croissante, dans la répression du révisionnisme, une répression exigée par l'ensemble des journalistes français, à l'instigation de Claude Lanzmann.

Je vais maintenant revenir dans le détail sur ces différentes affaires judiciaires et non judiciaires.

J'obtiens la condamnation du Recueil Dalloz-Sirey

Les organisations juives ne furent pas seulement déçues par ma condamnation du 26 avril 1983 ; elles furent aussi déconcertées par le fait que, de mon côté, j'obtenais la condamnation du Recueil juridique Dalloz-Sirey (condamnation en première instance, en appel et en cassation). En France, ce recueil a la réputation d'être « la Bible des juristes ». Il publie, en particulier, des décisions judiciaires marquantes avec des commentaires appelés « notes sous jugement ». Le Dalloz-Sirey s'était empressé de publier le texte de ma condamnation en première instance du 8 juillet 1981 (livraison du 3 février 1982, p. 59-64) ; ce jugement, qui allait être confirmé en appel le 26 avril 1983 mais sensiblement modifié sur le fond, était empreint, à mon avis, d'une certaine fièvre de châtier ; il était rédigé par l'un de mes trois juges, Pierre Drai, qui se trouve être un juif, fidèle abonné d'*Information juive*. Mais il faut croire que M. Pierre Drai ne s'était pas encore exprimé assez durement sur mon compte. Aussi, le rédacteur choisi par Dalloz-Sirey pour présenter le jugement du 8 juillet 1981 et pour commenter celui-ci dans une longue « note sous jugement » décida-t-il d'aller beaucoup plus loin. Il procéda de deux manières : 1. Il falsifia le texte du jugement de manière à me salir encore plus ; 2. Il rédigea une « note sous jugement » d'un ton si violent et si vengeur qu'on l'aurait crue signée d'Ilya Ehrenbourg. Ce rédacteur était un avocat : un ancien communiste, d'origine juive, Bernard Edelman. Ami de Pierre Vidal-Naquet, il me présentait dans sa note comme un champion de la « méthode du mensonge absolu ».

Le Dalloz-Sirey n'avait jamais été condamné depuis sa fondation, au début du XIXe siècle. Cette fois-là, il fut condamné pour « dommage à autrui » pour la manière dont il avait reproduit le jugement du 8 juillet 1981. Il dut publier le texte de sa propre condamnation (livraison du 4 juillet 1985, p. 375-376) et me verser… un franc de dommages-intérêts.

Il fut condamné, en première instance, le 23 novembre 1983 ; en appel, le 8 mars 1985 ; et débouté en cassation, le 15 décembre 1986. B. Edelman avait réalisé le tour de force d'amputer le texte du jugement du 8 juillet 1981 de 57 % de son contenu !

Effets ruineux de mes procès

Presque immanquablement, lorsque je gagne mes procès, je reçois un franc de dommages-intérêts cependant que, lorsque la partie adverse gagne, elle reçoit de moi des sommes importantes, sinon même considérables.

Les attaques contre ma personne prenaient une forme si violente et si mensongère que je décidais d'en appeler à la justice dans deux cas pris parmi quelques milliers de cas possibles. Je portais plainte, d'une part, contre Jean Pierre-Bloch, responsable de la Ligue internationale contre le racisme et l'antisémitisme (LICRA) et auteur d'un livre de mémoires où j'étais présenté comme un nazi et un falsificateur condamné en tant que tel par les tribunaux français et, d'autre part, contre le journal communiste L'Humanité.

Je perdis ces deux procès en première instance et en appel. Les magistrats reconnurent que j'avais été diffamé mais, ajoutaient-ils, mes adversaires m'avaient diffamé de bonne foi ; en conséquence, ils devaient être acquittés et je devais payer tous les frais de ces procès. Le Droit de vivre (février 1985, P. 7), organe de la LICRA, titra triomphalement : « Traiter Faurisson de faussaire, c'est le diffamer mais "de bonne foi" ». C'était inviter à me traiter partout de faussaire et c'est ce qui se produisit.

Par l'arrêt du 26 avril 1983, j'avais été condamné à payer la publication de toute une partie de cet arrêt. Les magistrats évaluaient les frais de publication à soixante mille francs « sous réserve d'une plus juste appréciation au vu des devis et factures », ce qui pouvait signifier que cette somme n'était qu'un minimum. La LICRA procéda, sans m'en soumettre le texte, à une publication dans la revue Historia. Ce texte était gravement falsifié. Je poursuivis la LICRA et obtins un franc de dédommagement. En revanche, je dus verser, malgré tout, vingt mille francs pour cette fausse publication.

Mon salaire était saisi à la hauteur d'environ soixante mille francs. À l'heure présente, la LICRA exige encore et toujours plus d'argent ; elle obtient cet argent mais le garde par-devers elle et ne publie toujours pas l'arrêt.

Procès Barbie

Le procès Barbie et l'hystérie qu'il a provoquée ont été l'occasion de nouvelles offensives sur le plan judiciaire. Jacques Vergès a courageusement défendu Klaus Barbie qui, en France, à l'époque des faits qui lui sont reprochés, n'était qu'un lieutenant de l'armée allemande chargé d'assurer la sécurité de ses compatriotes. En 1939, nous avions déclaré la guerre à l'Allemagne, puis, en 1940, nous avions promis à nos vainqueurs de collaborer avec eux. Si le lieutenant Barbie avait agi à Lyon et dans sa région, en représailles contre l'action des résistants, des communistes et des juifs, de la même manière que les responsables israéliens contre l'action des Palestiniens (c'est-à-dire avec des chapelets de bombes de cinq cents kilos), les pertes en vies humaines et les dégâts de toutes sortes pour la population française auraient été encore plus terribles qu'ils n'ont été.

Jacques Vergès semble avoir démontré que le fameux télégramme d'Izieu (qui est authentique et n'a rien de criminel) ne portait pas la signature de Klaus Barbie mais, personnellement, je ne dispose pas des pièces qui ont servi de base à sa démonstration et qui lui ont permis d'affirmer que Serge Klarsfeld avait été l'auteur de ce faux ; je ne peux donc me prononcer sur ce point. En revanche, je peux dire qu'au procès de Lyon le procureur allemand Holtfort, venu à titre de témoin à charge, et André Cerdini, qui présidait la cour, ont utilisé un document tronqué : la note Dannecker du 13 mai 1942. Cette note se trouve au Centre de documentation juive contemporaine de Paris sous la cote XXVb-29. Dannecker y évoque, en passant, un entretien improvisé avec le *Generalleutnant* Kohl, responsable à Paris des transports par chemins de fer ; au cours de cet entretien, Kohl était apparu à Dannecker comme un ennemi *(Gegner)* des juifs, d'accord à cent pour cent pour « une solution finale de la question juive avec le but d'un anéantissement total de l'ennemi » (*eine Endlösung der Judenfrage mit dem Ziel restloser Vernichtung des Gegners*). Ainsi présentée, cette phrase peut donner à croire que Dannecker et Kohl connaissaient l'existence d'une politique d'extermination des juifs. En réalité, cette phrase signifie que Kohl était à cent pour cent d'accord pour résoudre définitivement la question juive : le juif est un ennemi et, par définition, un ennemi, cela s'anéantit. Mais il n'est pas du tout précisé qu'il s'agit d'un anéantissement physique et même la phrase suivante, qu'on supprime toujours, apporte un éclaircissement : Kohl « se montra aussi un ennemi des Églises politiques » *(Er zeigte sich auch als Gegner der politischen Kirchen)*. Les camps « ennemis » sont ici bien marqués : d'une part, l'Allemagne et, d'autre part, les juifs et les Églises politiques. Kohl voulait anéantir ou éradiquer l'influence ou la puissance de ces deux ennemis de l'Allemagne. Ni dans un cas ni dans l'autre il ne s'agissait d'anéantissement physique. La phrase allemande de neuf mots est toujours supprimée et remplacée par des points de suspension parce qu'elle est trop gênante pour les exterminationnistes.

Parmi les historiens qui ont procédé à ce type d'escamotage, je me contenterai de citer :

– Joseph Billig, « Le Cas du SS-Obersturmführer Kurt Lischka », *Le Monde juif,* juillet-septembre 1974, p. 29 et *La Solution finale de la question juive,* CDJC, 1977, p. 94 ;

– Serge Klarsfeld, *Le Mémorial de la déportation des juifs de France,* 1978, p. 28 ;

– Georges Wellers, « Déportation des Juifs de France. Légendes et réalités », *Le Monde juif,* juillet-septembre 1980, p. 97 ;

– Michaël R. Marrus et Robert O. Paxton, *Vichy et les juifs,* Calmann-Lévy, 1981, p. 320.

Sur place, à Lyon, je faisais remettre à J. Vergès une lettre urgente pour l'informer de la nature de cette tricherie destinée à faire croire que, si Kohl et Dannecker étaient au courant d'une extermination des juifs, Barbie ne pouvait pas ignorer cette extermination. Malheureusement J. Vergès avait décidé de ne pas mettre en cause le dogme de l'extermination des juifs et, jusqu'au bout, il s'en tint à cette politique de prudence. À l'exemple de tant d'avocats allemands, il préféra plaider que Barbie « ne savait pas » que les juifs étaient exterminés.

En marge du procès Barbie

Pendant le procès Barbie, la vie devint difficile pour les révisionnistes, en particulier à Lyon où policiers et journalistes montaient bonne garde. À plusieurs reprises, la police me convoqua mais je refusai de me rendre à ses convocations et déclarai que je préférais la prison plutôt que de « collaborer avec la police et la justice françaises dans la répression du révisionnisme ». Menacé d'arrestation, je restai ferme. Au cinéma, on projetait *Shoah ;* au théâtre, on donnait une pièce sur le procès d'Auschwitz (Francfort, 19631965) ; sur une grande place de Lyon, les juifs organisaient une exposition – essentiellement symbolique – de l'Holocauste ; dans les écoles, on endoctrinait vigoureusement les élèves ; dans la presse locale on excitait à la haine de Barbie et des révisionnistes. Autour du palais de justice, le service d'ordre était là avec talkies-walkies, « juste assez sévère pour décourager les manifestants révisionnistes ».[35]

---

[35] *Le Monde,* 18 juin 1987, p. 14.

Le feu fut mis aux poudres par la parution, juste avant l'ouverture du procès (mais ce n'était qu'un hasard), du premier numéro des *Annales d'histoire révisionniste* et par un tract au ton familier et polémique intitulé : « Info-Intox… Histoire-Intox… ça suffit. CHAMBRES À GAZ = BIDON » et signé d'un « Collectif Lycéens Lyon, Nancy, Strasbourg » ; au verso, ce tract comportait des dessins de Konk prouvant l'impossibilité chimique des gazages à Auschwitz.

Cette atmosphère de chasse aux sorcières, où le journal *Le Monde* se distingua par sa violence, eut parfois des effets cocasses. On crut soudain découvrir des traces de révisionnisme dans un ouvrage scolaire vieux de huit ans, édité par une maison juive, laquelle s'empressa d'annoncer la refonte de l'ouvrage dans les meilleurs délais.[36] Quelques jours plus tard, Serge July, directeur de *Libération*, s'avisant de ce que deux lettres révisionnistes s'étaient glissées dans le courrier des lecteurs, décida de faire saisir dans les kiosques son propre journal, licencia sur-le-champ le responsable du courrier et décida une refonte totale du comité de rédaction.[37] Le député gaulliste Jacques Chaban-Delmas en appelait la jeunesse française à une nouvelle forme de résistance : la résistance contre le révisionnisme.[38] Les facteurs de manuels d'histoire à l'usage des lycées avaient déjà reçu conseils et menaces du « Comité des enseignants amis d'Israël »[39] et il ne fait pas de doute qu'à l'occasion de l'affaire Barbie « les éditeurs scolaires n'ont pas dû rester insensibles à d'éventuelles remarques critiques ou suggestions dont l'inobservance risquait de peser sur la diffusion de leurs publications ».[40]

Les journalistes exigent une répression judiciaire immédiate

Claude Lanzmann était désemparé par l'insuccès en France de son film *Shoah* et par l'impossibilité de m'attaquer en justice pour le texte, riche de preuves et de références, que j'avais consacré à ce monument de propagande. P. Guillaume avait, en effet, publié et diffusé ce texte sous un titre emprunté à une formule des journées de mai 1968 : « Ouvrez les yeux, cassez la télé ! »[41] C. Lanzmann se tourna vers l'Agence France-Presse (AFP) et obtint de cette dernière une initiative qui fera date dans l'histoire de la presse mondiale. Le 1er juillet 1987, l'AFP publia un long communiqué où elle faisait part de son émoi devant les critiques

---

[36] *Le Matin de Paris*, 21 mai 1987, p. 12 ; *Le Monde*, 24-25 mai 1987 p. 10.
[37] *Libération*, 28 mai 1987 p. 34 ; 29 mai 1987, p. 45 ; *Le Monde*, 3 juin 1987, p. 48.
[38] D'après *Rivarol*, 29 mai 1987, p. 8.
[39] *Sens*, décembre 1986, p. 323-329.
[40] *Ibid*, p. 325.
[41] Reproduit dans le volume II.

révisionnistes adressées à *Shoah* et demandait, en conséquence, « un arrêt immédiat des agissements des révisionnistes » par les autorités judiciaires et cela au nom… « du respect de l'information et des Droits de l'homme ».

Mon analyse de *Shoah* était dénoncée comme une infamie. Le texte du communiqué portait ensuite :

> « Des individus comme Robert Faurisson, estime la Fédération [française des sociétés de journalistes], ne devraient pas pouvoir écrire impunément ce qu'ils écrivent et diffusent. L'infamie et le racisme ont des limites. La déontologie de l'information interdit qu'on puisse écrire n'importe quoi, les contre-vérités les plus folles, au mépris de la vérité et donc de la liberté de savoir, en connaissance de cause. Salir un film comme *Shoah,* que personne ne peut voir qu'avec un terrible effroi et une infinie compassion, relève de l'atteinte pure et simple aux Droits de l'homme, écrit la Fédération, ajoutant : « Le journaliste est toujours témoin de son temps, et en ce sens Claude Lanzmann a fait œuvre admirable de journaliste, recueillant dix années durant les plus effarants témoignages, non seulement des victimes, mais de leurs bourreaux, et des Polonais voisins des camps. C'est horrible, et c'est sans doute ce qui gêne ces révisionnistes-là, qui apparemment ne se sont toujours pas remis de la défaite nazie.
>
> En plein procès Barbie, et alors que les tentatives révisionnistes se multiplient, conclut la Fédération, il est urgent que les autorités judiciaires au nom du respect de l'information et des Droits de l'homme sanctionnent de tels tracts infamants et leurs auteurs, en les empêchant de récidiver.
>
> La Fédération française des sociétés de journalistes regroupe plus de vingt sociétés (notamment TFI, A-2, FR-3, L'Agence France-Presse, *Le Monde, Sud-Ouest, L'Équipe*…,) soit plus de deux mille journalistes au total. »

Ce communiqué allait avoir de graves conséquences. TFI, A-2 et FR-3 sont les trois principales chaînes de la télévision française ; l'Agence France-Presse est notre première agence de presse ; *Le Monde* est le plus prestigieux de nos journaux ; *Sud-Ouest* est le quotidien le plus vendu en France ; *L'Équipe* est le plus lu et le plus populaire des journaux sportifs. Je me trouvais donc condamné par ce qu'on est en droit de considérer comme l'unanimité des grands médias de mon pays ; même les journalistes sportifs portaient condamnation du révisionnisme. Les révisionnistes étaient décrits comme des individus aux arguments infâmes, diffusant l'infamie et le racisme, écrivant n'importe quoi – les contre-vérités les plus folles – méprisant la vérité et la liberté de savoir, portant atteinte aux droits de l'homme et ne se remettant toujours pas de la défaite nazie. En particulier, les révisionnistes passaient pour salir un film irrécusable et admirable, que personne ne pouvait voir qu'avec un terrible effroi et une infinie compassion.

Saisie des Annales d'histoire révisionniste *et inculpation (Auch)*

À l'unanimité, les grands médias appelaient donc les juges à leur secours. *Le Monde* se distinguait par la violence de ses attaques ; en moins de deux mois, il mentionnait les révisionnistes en plus de vingt articles uniformément hostiles ; Bruno Frappat dénonçait pour sa part « les fortes têtes du mensonge, les gangsters de l'histoire » *(Le Monde, 5-6 juillet 1987, p. 31)*.

La machine judiciaire se remettait immédiatement en branle. Déjà le 25 mai 1987, avec une remarquable promptitude, le juge des référés de Paris, Gérard Pluyette, avait procédé à la saisie du numéro 1 des *Annales*, sur intervention de Jean Pierre-Bloch. Le 3 juillet, j'étais inculpé d'apologie de crimes de guerre et de propagation de fausses nouvelles par un certain Legname, juge d'instruction à Auch (département du Gers), en raison de deux articles publiés dans ce premier numéro des *Annales* : l'un s'intitulait « Comment les Britanniques ont obtenu les aveux de Rudolf Höss, commandant d'Auschwitz », et l'autre « Le Savon juif ».[42] P. Guillaume était inculpé pour le même motif en tant que responsable des *Annales*. Carlo Mattogno était, lui aussi, inculpé pour son étude sur « Le Mythe de l'extermination des juifs » ; citoyen italien, il était, le 10 août, l'objet d'un mandat d'arrêt international. Toute cette procédure avait été déclenchée par un certain Robin, procureur à Auch, sur l'intervention de Mme Lydie Dupuis, une responsable de la Ligue des droits de l'Homme et parente de François Mitterrand, président de la République.

Le 20 septembre 1987, Charles Pasqua, ministre de l'Intérieur, déclarait à la radio que, s'il ne dépendait que de lui, la place du professeur Faurisson serait en prison.[43]

Une loi spécifique est actuellement en préparation contre les révisionnistes (« lex Faurissonia ») ; elle est encore plus sévère que la loi allemande de juin 1985 *(« Auschwitzlüge-Gesetz »)*.

---

[42] Textes reproduits dans le second volume.
[43] Charles Pasqua : « Les thèses révisionnistes, véritable délit », *Le Figaro,* 21 septembre 1987, p. 7.

Les affaires non judiciaires furent nombreuses ; en France, la plus importante fut l'affaire Le Pen.

Affaire Roques

Je ne m'attarderai pas sur l'affaire Roques puisque Henri Roques, ici présent, en fera lui-même l'exposé. Pour ma part, je n'en relèverai qu'un point qui montre le progrès du révisionnisme. En février 1979, Léon Poliakov et Pierre Vidal-Naquet, tous deux d'origine juive, avaient réussi à mobiliser trente-deux personnes, présentées comme « historiens », pour signer une pétition contre moi : c'est ce qu'on a appelé la « déclaration des trente-quatre historiens »[44] ; certaines de ces personnes n'étaient pas d'origine juive. En 1986, François Bédarida, chrétien d'origine juive, ne parvint à mobiliser contre H. Roques que cinq « historiens » (P. Vidal-Naquet et quatre autres personnes également d'origine juive), un rabbin et, enfin, un personnage médiatique du nom de Harlem Désir qui est, lui aussi, peut-être, d'origine juive.[45]

Affaire Paschoud (Suisse)

En Suisse allait éclater l'affaire Paschoud. Mariette Paschoud, trente-neuf ans, habite Lausanne. Elle enseignait l'histoire et la littérature au lycée de la ville. Elle est aussi capitaine de l'armée suisse et juge militaire auxiliaire. Elle s'était rendue à Paris pour y présider une conférence où H. Roques devait exposer sa thèse sur les confessions de Kurt Gerstein. Elle ne prenait pas fait et cause pour la thèse révisionniste mais elle plaidait en faveur du droit au doute et à la recherche. La presse helvétique se déchaîna contre cette belle femme avec une telle violence que les autorités du canton de Vaud, dont elle dépendait, crurent devoir prendre de rapides sanctions : Mariette Paschoud n'eut plus le droit d'enseigner l'histoire. Mais le rabbin Vadnaï jugea la sanction insuffisante. Une nouvelle campagne se déchaîna : Mariette Paschoud n'a maintenant plus le droit d'enseigner ni l'histoire, ni la littérature, et son mari a été renvoyé de l'école privée où il donnait des cours de droit.

Affaire de Nyon (Suisse)

Toujours en Suisse, Pierre Guillaume et moi-même, nous nous rendîmes, sur invitation, au Festival du film documentaire de Nyon. Les

---

[44] *Le Monde,* 21 février 1979, p. 23.
[45] Voy. *Libération,* 31 mai 1986, p. 12 ; *Le Monde,* 3 juin 1986, p. 14.

organisateurs pensaient nous tendre un piège : ils allaient inviter des historiens exterminationnistes pour nous donner la réplique et projeter les films *Nuit et Brouillard* ainsi que *Le Temps du ghetto*. Apprenant que nous étions arrivés sur place, les exterminationnistes envoyèrent au dernier moment un télégramme : ils refusaient de nous rencontrer et toute l'opération tourna à notre avantage malgré un scandale suscité à la fin par une célébrité locale de la télévision qui, constatant notre emprise sur les auditeurs, cria qu'il trouvait notre prestation « obscène ». Quelques journaux suisses firent leur grand titre de l'événement. Les organisateurs du festival découvraient, mais un peu tard, le caractère « sérieux et dangereux » du révisionnisme.

Ultérieurement, P. Guillaume retourna en Suisse avec H. Roques pour y donner une conférence. La conférence eut lieu dans des conditions difficiles et, par la suite, le gouvernement helvétique prononça l'interdiction d'accès au territoire de la Suisse (et du Liechtenstein) à l'encontre de P. Guillaume et d'H. Roques pour une durée de trois ans.[46]

Affaire Konk

Konk est un caricaturiste célèbre, venu du journal *Le Monde* et passé à l'hebdomadaire *L'Événement du jeudi*, dirigé par J.-F. Kahn. Il est considéré comme gauchiste. Il s'est aussi révélé comme un révisionniste. Dans une bande dessinée intitulée *Aux Voleurs !* (Albin Michel, 1986), dénonçant le vol, le mensonge et l'imposture sous différentes formes, il a, en quelques dessins et légendes, résumé avec pertinence mon argumentation sur l'impossibilité chimique des « gazages » d'Auschwitz. Je conseille la lecture des trois pages finales de cette bande dessinée à ceux qui souhaitent avoir du révisionnisme un résumé percutant que même de jeunes écoliers pourraient comprendre et goûter.

Konk a été chassé de *L'Événement du jeudi* par J.-F. Kahn. Récemment, il a laissé publier une interview où il se livre à une sorte de rétractation.[47] La veille de la publication de cette interview, il m'a téléphoné pour me prévenir et, en même temps, pour m'expliquer que, chassé de partout et ne trouvant plus de travail, il s'était trouvé réduit à cette extrémité. *Le Figaro* publie de temps en temps un dessin de Konk mais aucun vrai contrat ne lie le journal et le dessinateur.

Affaire Folco

---

[46] *Le Monde*, 6 décembre 1986, p. 7.
[47] *Le Nouvel Observateur*, 25 septembre 1987, p. 93.

Michel Folco est journaliste et photographe. Il travaille notamment pour un mensuel satirique, *Zéro*, dirigé par Cavanna, dont l'inspiration est libertaire. Sous une apparence désinvolte, il est un enquêteur scrupuleux et minutieux. Parti d'une enquête sur Mauthausen, il en est arrivé à rassembler sur la controverse entre révisionnistes et exterminationnistes une quantité d'informations nouvelles que les historiens de l'avenir ne pourront pas ignorer. Ses interviews de Georges Wellers, de Pierre Vidal-Naquet et de Germaine Tillion éclairent toute une face cachée du camp exterminationniste. Il est regrettable que Cavanna ait brusquement mis fin à ces articles de Michel Folco par crainte des réactions suscitées auprès de certaines personnes.[48]

Affaire de l'Union des Athées

L'Holocauste est une religion. Il faut chercher à se protéger de son caractère conquérant et intolérant. J'ai voulu savoir si au sein de l'Union des Athées, qui groupe en France environ deux mille cinq cents personnes, il était possible de mener une action contre cette religion-là. J'ai adhéré à l'Union des Athées, dont le statut précise que n'importe qui peut en faire partie sans aucune condition, même financière, et dont personne ne peut être exclu. Mon adhésion a provoqué des remous, que la grande presse a amplifiés. Une centaine de démissions ont suivi, par protestation contre mon entrée. Le président, Albert Beaughon, m'a demandé de présenter ma démission. J'ai refusé. Le congrès annuel de l'Union des Athées s'est déroulé dans le tumulte. J'ai maintenu mon refus et j'attends la suite. Pour reprendre une expression de P. Guillaume, « ces athées-là ont voulu [m']excommunier parce qu'ils ne [me] trouvaient pas trop catholique ». Mais je dois dire aussi que j'ai constaté que bon nombre d'athées, au sein de cette association, m'ont défendu par souci de tolérance et, parfois, par conviction révisionniste.[49]

Affaires Guionnet

Alain Guionnet est libertaire et révisionniste. Il multiplie des tracts qu'il signe de « L'Aigle noir ». Il les distribue lui-même, courageusement. Il est l'objet de multiples plaintes en justice. Les organisations juives et les autorités policières et judiciaires sont désemparées devant le phénomène que constitue à lui seul cet homme au

---

[48] Voy., en particulier, *Zéro* d'avril 1987, p. 51-57, et de mai 1987, p. 7075.
[49] Voy., en particulier, *Libération*, 6-7 juin 1987, et 8 juin 1987, p. 18.

parler franc, parfois argotique, parfois recherché, et d'un caractère difficile et imprévisible.

Affaires Michel Polac et Annette Lévy-Willard

Michel Polac est une vedette de la télévision française. D'origine juive, il a toujours milité contre le révisionnisme. Depuis plusieurs années, il multipliait ses attaques contre ma personne. En mai 1987, il déclarait à la télévision que je méritais d'être giflé. Le 12 septembre, il projetait un court extrait du vidéo-film d'Annette Lévy-Willard, *L'Espion qui venait de l'extrême-droite*, consacré, en partie, à notre congrès de septembre 1983. En juin 1983, Annette Lévy-Willard m'avait adjuré de lui donner l'adresse de l'hôtel de Los Angeles où allait se tenir ce congrès. Avec l'autorisation de Willis Carto, l'adresse lui était communiquée en septembre. Sur place, ses interviews se déroulèrent de telle sorte et avec une telle animosité antirévisionniste que je refusais de lui accorder moi-même une interview. Je proposais de faire devant sa caméra une déclaration d'une minute. Elle accepta mais, une fois devant la caméra, elle m'empêcha de prononcer cette déclaration. Je partis, refusant de répondre à ses questions. Furieuse, elle m'apostropha dans le hall du « Grand Hôtel » d'Anaheim, disant à plusieurs reprises qu'elle se vengerait ; Tom Marcellus, notre directeur, était présent. La vengeance de la dame prit la forme de ce vidéo-film où elle prétend nous avoir découverts tenant clandestinement à Los Angeles une assemblée de néo-nazis et de membres du Ku-Klux-Klan. On me voyait, disait-elle, en train de chercher à me cacher (*sic*) !

Michel Polac avait promis à la fin de sa propre émission qu'il accorderait pour la semaine suivante un droit de réponse aux personnes qui estimeraient avoir à présenter leur défense. J'en fis donc la demande par téléphone mais il me fut refusé. Je me rendis alors à Paris la semaine suivante devant les studios d'enregistrement avec mes deux avocats. Michel Polac, tout simplement, nous fit barrer la route par les vigiles et nous envoya la police en civil et la police en uniforme.

Affaire Jacques Chancel et Gilbert Salomon

Jacques Chancel est une autre vedette de la radio et de la télévision françaises. Il m'invita à venir affronter à la radio, le 18 septembre 1987, un certain Gilbert Salomon. J'acceptais avec empressement. Une fois arrivé à Paris, j'apprenais que ma présence à cette émission serait « intolérable » et je dus regagner Vichy. L'émission n'eut lieu qu'entre J. Chancel, G. Salomon, le journaliste Michel Meyer et quelques autres personnes résolument antirévisionnistes. L'absent fut copieusement insulté. G. Salomon alla jusqu'à reconnaître que, si j'avais été sur place, il m'aurait probablement frappé. Il était présenté par son « ami intime et presque frère » Jacques Chancel comme ayant été interné à Auschwitz deux ans jour pour jour, du 11 avril 1943 au 11 avril 1945, et il affirmait être le seul rescapé d'un convoi de 1.100 juifs. La réalité était qu'il était arrivé à Auschwitz le 1er mai 1944, soit plus d'un an après la date qu'il avait donnée, qu'il avait été transféré de ce camp vers celui de Buchenwald, que son convoi avait compté mille quatre juifs et que Serge Klarsfeld, malgré ses manipulations de statistiques, était bien obligé de reconnaître, dans son *Mémorial de la déportation des juifs de France* (et ses *Additifs*), qu'au moins cinquante et un juifs de ce convoi étaient venus spontanément, dès 1945, se déclarer vivants au ministère des Prisonniers. Au surplus, je découvrais que G. Salomon était comptabilisé par Serge Klarsfeld parmi... les gazés ! Le nom de G. Salomon, un millionnaire appelé aujourd'hui en France « le roi de la viande », figure donc au titre de gazé sur un monument de Jérusalem où sont reproduits tous les noms répertoriés dans ledit *Mémorial*, comme s'il s'agissait de juifs morts en déportation.

Affaire Le Pen

Jean-Marie Le Pen est le responsable du Front national, mouvement populiste qui compte plus de trente députés à l'Assemblée nationale ; il est candidat à la présidence de la République. Le 13 septembre 1987, à l'émission télévisée *Grand Jury RTL-Le Monde*, il était soudainement interrogé sur « les thèses de MM. Faurisson et Roques ». Au cours de sa réponse, il fut amené à dire :

> « Je suis passionné par l'histoire de la deuxième guerre mondiale. Je me pose un certain nombre de questions. Je ne dis pas que les chambres à gaz n'ont pas existé. Je n'ai pas pu moi-même en voir. Je n'ai pas étudié spécialement la question. Mais je crois que c'est un point de détail de l'histoire de la deuxième guerre mondiale. »

Il faut écouter avec soin tout l'enregistrement de cette interview, plutôt confuse, pour bien saisir la situation où se trouvait J.-M. Le Pen et le sens de sa pensée. Les transcriptions parues dans la presse sont fautives. J'ai personnellement écouté mot à mot les paroles de J.-M. Le Pen et celles des journalistes qui l'interrompaient à plusieurs reprises. Pour moi, il est clair que l'interviewé a, dès la première question, perdu son sang-froid ; il a pris conscience de la gravité du sujet abordé et un gouffre s'est ouvert sous ses pieds. Il a repris ses esprits à mesure qu'il parlait mais les interruptions des journalistes lui ont fait perdre le fil de sa pensée. Il avait employé l'expression de « point de détail ». L'expression était fâcheuse et elle rendait mal compte de ce qu'il cherchait à dire. Car, ce qu'il cherchait à dire, c'est ce que beaucoup d'exterminationnistes finissaient par me déclarer dans les discussions qu'il m'arrivait d'avoir avec eux : « Que les chambres à gaz aient existé ou non, c'est un détail ». Vingt fois, j'avais entendu des tenants de la thèse de l'extermination utiliser cet argument quand ils finissaient par se rendre compte, au cours de la discussion, que ces chambres à gaz, après tout, pouvaient bien ne pas avoir existé. J.-M. Le Pen, à son tour, défendait l'opinion que le **moyen** de faire disparaître les juifs n'était qu'un point de détail par rapport au **résultat** de cette disparition. Effectivement, si on admet qu'il y a eu, par exemple, un assassinat, l'arme du crime est d'une importance relative par rapport à l'assassinat lui-même. L'ironie a voulu qu'un argument invoqué par les exterminationnistes pour défendre leur thèse de l'extermination des juifs soit imputé à crime à J.-M. Le Pen, qu'on soupçonnait – non sans raison, selon moi – de révisionnisme.

Une autre ironie veut qu'aucun révisionniste ne sera d'accord pour affirmer avec J.-M. Le Pen que les chambres à gaz sont un point de détail de l'histoire de la deuxième guerre mondiale. En effet, **sans cette arme spécifique, le crime spécifique du génocide est matériellement inconcevable. Sans un système de destruction, il n'y a pas de destruction systématique. Sans chambre à gaz, il n'y a plus d'Holocauste juif.** Les chambres à gaz ne sont donc pas un point de détail.

Une dernière ironie veut que Claude Malhuret, secrétaire d'État chargé de la défense des droits de l'Homme, ait déclaré en réponse à J.-M. Le Pen que « les chambres à gaz sont une des clés de l'histoire du XXe siècle ».[50] Tout révisionniste sera d'accord avec cette formule, à ceci près qu'il s'agit d'une clé… de faussaire. Les chambres à gaz sont un mythe essentiel, un mensonge essentiel. Les chambres à gaz sont moins qu'un point de détail, puisqu'elles n'ont pas même existé, mais le **mythe** des chambres à gaz est bien « une des clés de l'histoire du XXe siècle ».

Cinq jours après sa déclaration, J.-M. Le Pen s'est plus ou moins rétracté. Dans une mise au point destinée à la presse, il a mentionné « les chambres à gaz » comme une arme, parmi d'autres, en laquelle il disait

---

[50] *Libération,* 15 septembre 1987, p. 6.

croire. Mais la presse, dans son ardeur à l'accabler, ne voulut pas entendre ces explications là.

Dans l'ensemble, pour les révisionnistes, le solde de l'affaire Le Pen est positif : grâce à cet homme politique, tous les Français ont entendu parler de ceux qui doutent de l'existence des chambres à gaz et savent maintenant, plus ou moins confusément, que ces sceptiques s'appellent des « révisionnistes » ; aujourd'hui, quand un inconnu cherche, au cours d'une conversation sur la seconde guerre mondiale, à me situer, je peux me contenter de lui dire : « Je suis révisionniste » ; avant l'affaire Le Pen, cette étiquette n'aurait été comprise que d'un nombre infime de Français.

Les exterminationnistes ne peuvent plus soutenir l'argument que, de plus en plus, ces derniers temps, ils avaient tendance à utiliser pour se tirer d'embarras ; ils ne peuvent plus dire : « Les chambres à gaz sont un point de détail » ; les chambres à gaz vont devenir leur tunique de Nessus ; il leur faudra, jusqu'au bout, soutenir une thèse insoutenable (l'existence des chambres à gaz) comme on cherche à soutenir le pilier central de tout un édifice (ici : un édifice de mensonges).

Les révisionnistes, interdits de médias

Le bilan de mes passages à la télévision française est simple : en neuf ans, on m'a vu et entendu une seule fois, pendant trente à quarante secondes, un soir de juin 1987 à 22 h 15 sur la troisième chaîne ; la présentatrice, Jacqueline Alexandre, prenait d'ailleurs le soin de prévenir les téléspectateurs que j'étais une sorte de monstre et, après mon passage, elle leur confirmait qu'on venait de voir et d'entendre une sorte de monstre. La radio et les journaux nous sont interdits. Rarement un groupe d'hommes aussi peu nombreux aura-t-il à ce point fait parler de lui, mais seulement en mal et sans pouvoir présenter sa défense.

En neuf ans, je n'ai jamais été en mesure de tenir en France une seule conférence vraiment publique. Même certaines de mes conférences « sur invitation » n'ont pas pu avoir lieu, et cela à cause de l'intervention de la police (par exemple à Périgueux sur la demande d'Yves Guéna et, à Bordeaux, sur celle de Jacques Chaban-Delmas, tous deux députés de la droite « gaulliste »). En France, les révisionnistes tiennent le rôle du diable : on en entend beaucoup parler, toujours en mal, et on ne les voit jamais. En revanche, je ne compte plus les attaques physiques dont Pierre Guillaume, quelques révisionnistes et moi-même avons été l'objet. Personnellement, je crois que je pourrais demander mon inscription au livre Guinness des *Records* au titre du professeur le plus insulté du monde dans toute la presse occidentale.

Trois événements du Shoah-business

Trois événements spectaculaires ont été parfois présentés dans la presse française comme une réplique à la montée du révisionnisme : la projection de *Shoah,* la remise à Élie Wiesel du prix Nobel de la paix et le procès Demjanjuk à Jérusalem.

Shoah

Je ne reviendrai pas sur le cas de *Shoah* dont j'ai traité dans le supplément du numéro 1 des *Annales d'histoire révisionniste,* intitulé par P. Guillaume « Ouvrez les yeux, cassez la télé ! ».[51] Ce film a connu en France un tel échec par rapport à la publicité dont il a bénéficié de toutes les façons imaginables, qu'on peut, à mon avis, parler ici d'un « krach du Shoah-business ». Je mentionnerai seulement une interview parue dans *VSD* où Claude Lanzmann révèle, non sans plaisir, les filouteries dont il a usé pour interroger les « témoins » allemands qu'on voit dans son film.[52] Il s'était inventé un nom : celui de Claude-Marie Sorel ; un titre : celui de docteur en histoire ; un institut : le « Centre de recherches et d'études pour l'histoire contemporaine » ; du papier à faux en-tête portant : « Académie de Paris » (il devait savoir que son amie Mme Ahrweiler, recteur de l'Académie de Paris, ne porterait pas plainte) et, pour finir, il avait grassement payé ses témoins : trois mille deutschmarks par tête, soit environ dix mille francs. Claude Lanzmann va participer en décembre 1987 au Colloque international de la Sorbonne organisé par Mme Ahrweiler contre les révisionnistes français.

Élie Wiesel reçoit le prix Nobel (Oslo)

Élie Wiesel a reçu en décembre 1986 le prix Nobel de la paix. Dans *Le Monde* du 17 octobre 1986, en première page, sous le titre « Un Nobel éloquent », on souligne que cette récompense vient à point car :

> « On a vu ces dernières années, au nom d'un prétendu "révisionnisme historique", s'élaborer des thèses, notamment françaises, visant à remettre en cause l'existence des chambres à gaz nazies et, peut-être au-delà, le génocide juif lui-même. »

---

[51] Voy. *The Journal of Historical Review,* printemps 1988, p. 85-92. Cette étude de *Shoah* a été reproduite dans *AHR,* n° 4, printemps 1988, p. 169177.
[52] *VSD,* 9 juillet 1987, p. 11.

Dans ma conférence de septembre 1983, je disais :

« Élie Wiesel, si l'on me passe cette expression familière, souffre d'une terrible épine au pied : l'épine révisionniste. Par tous les moyens il a essayé de s'en débarrasser. Il n'y est pas parvenu. Il voit de moins en moins comment il pourra s'en débarrasser. En cela, il est comme les révisionnistes qui, eux non plus, ne voient pas du tout comment Élie Wiesel se débarrassera de l'épine révisionniste. »[53]

En décembre 1986, je publiais un texte intitulé : « Un grand faux témoin : Élie Wiesel ».[54] J'y rappelais que, dans son autobiographie (*La Nuit*), ce grand témoin d'Auschwitz ne mentionnait pas même l'existence de « chambres à gaz » à Auschwitz. Pour lui, les Allemands exterminaient les juifs mais... par le feu, en les jetant vivants dans des fournaises en plein air au vu et au su de tous les déportés. J'aurais pu ajouter qu'en janvier 1945, ayant la possibilité, offerte par les Allemands, soit de rester dans le camp et d'attendre l'arrivée des Soviétiques, soit d'évacuer le camp avec ses gardiens, Élie Wiesel avait choisi de partir avec les « exterminateurs » allemands plutôt que d'accueillir les « libérateurs » soviétiques. Son père et lui avaient fait ensemble le même choix alors que tous deux pouvaient rester à l'hôpital de Birkenau, le jeune Élie, comme le convalescent dorloté d'une petite opération chirurgicale, et son père, soit en tant que faux malade, soit en tant que faux infirmier.[55]

En décembre 1986, Pierre Guillaume, Serge Thion et moi-même, nous nous rendîmes à Oslo pour les cérémonies du prix Nobel. Le texte « Un grand faux témoin : Élie Wiesel » fut distribué sur place, en français, en anglais et en suédois, y compris à des sommités politiques, dont M_{me} Mitterrand, ainsi qu'à É. Wiesel lui-même.

Procès Demjanjuk (Israël)

Le procès Demjanjuk illustre, une fois de plus, la loi selon laquelle les avocats des « nazis » ou de leurs « complices » entrent dans le jeu de l'accusation. Ici, ces avocats refusent de mettre en cause le dogme de l'extermination et font comme s'ils croyaient vraiment que Treblinka a

---

[53] *The Journal of Historical Review,* été 1985, p. 178 et *AHR,* n° 7, p. 109.
[54] Ce texte consacré à Élie Wiesel a été reproduit dans *AHR,* n° 4, p. 163-168. Voir ci-dessus.
[55] É. Wiesel, *La Nuit,* p. 123-130.

été un camp d'extermination. Il s'agissait, en réalité, d'un très modeste camp de transit, qui n'avait rien de secret. Il était bâti, à quatre-vingt-dix kilomètres de Varsovie, à proximité d'une petite voie ferrée desservant une sablière. Une simple étude topographique démolirait en quelques minutes le mythe des formidables gazages secrets et des non moins formidables incinérations en plein air de sept cent mille à un million et demi juifs. Mais les « historiens de papier », ainsi que les juges et les avocats de Jérusalem, ne se risqueront pas à commencer par le commencement, c'est-à-dire par une étude de l'emplacement du « crime » historique. « Treblinka » est devenu le comble du grand mensonge historique, plus encore qu'« Auschwitz ».[56]

III.– Acquis du révisionnisme historique

En janvier 1987, un hebdomadaire juif bien connu écrivait :

> « Pour Henri Roques, Mariette Paschoud, Pierre Guillaume et Robert Faurisson, 1986 a été une année couronnée de succès. En France et en Suisse, leurs noms étaient dans toutes les bouches ».[57]

En fait, toute la période dont je traite ici (septembre 1983 à septembre 1987) a été faste pour le révisionnisme européen. D'une façon plus générale, si l'on prend en considération ce qui s'est passé aux États-Unis, au Canada et en Europe, on peut dire que durant ces quatre années les avancées du révisionnisme ont été importantes tandis que le recul des exterminationnistes s'est aggravé.

Avancées du révisionnisme

Le 4 juillet 1984, un incendie criminel ravageait de fond en comble notre *Institute for Historical Review*, situé à Torrance, Californie. Willis Carto, Tom Marcellus et leur équipe parvenaient, au prix d'efforts considérables, à redonner vie – une vie forcément ralentie – à notre institut. Malgré cet incendie criminel et malgré les effets nocifs de l'opération menée par Melmerstein, le *Journal of Historical Review* est parvenu aujourd'hui à sa vingt-huitième livraison. En France, Pierre

---

[56] L'avocat israélien de Demjanjuk croyait et croit sans doute encore aujourd'hui qu'une « chambre à gaz » que faisaient fonctionner **deux** personnes seulement a servi à tuer neuf cent mille personnes en un peu plus d'un an. Voir son récit : Y. Sheftel, *L'Affaire Demjanjuk*, p. 170 et 366. [NdÉ]
[57] *Allgemeine Jüdische Wochenzeitung,* 23 janvier 1987, p. 12.

Guillaume vient de créer une revue trimestrielle : les *Annales d'histoire révisionniste ;* la première livraison, saisie par la justice, a fait sensation ; la grande presse et même la télévision en ont mentionné le contenu et, en particulier, l'étude de Carlo Mattogno : « Le Mythe de l'extermination des juifs ». P. Guillaume a également publié en 1986 son propre livre, *Droit et histoire,* ainsi que la traduction-adaptation en français de *Der Auschwitz-Mythos (Le Mythe d'Auschwitz),* de Wilhelm Stäglich, avec un supplément de vingt-cinq pages où je commente personnellement des photos et une documentation en rapport avec ce mythe.

La France est le premier pays au monde où a pu être soutenue (en juin 1985) une thèse révisionniste : celle d'Henri Roques sur les confessions de Gerstein. La même année paraissait en Italie, de C. Mattogno, *Il rapporto Gerstein, Anatomia di un falso,* qui est un ouvrage plus approfondi et plus complet que la thèse d'Henri Roques qui, elle, n'avait pas d'autre prétention que d'étudier les **textes** attribués à Gerstein. C. Mattogno est une sorte d'érudit à la façon de ses ancêtres de la Renaissance ; il est méticuleux et prolifique ; il figurera dans l'avenir au premier rang des révisionnistes. Il est possible que, dans les années à venir, l'Espagnol Enrique Aynat Eknès parvienne au même niveau pour son travail sur Auschwitz. Dans deux ans, le Français Pierre Marais publiera sans doute le résultat de ses recherches sur le mythe des camions à gaz homicides.[58] Aux États-Unis, notre institut a publié les ouvrages de W. Sanning *(The Dissolution of Eastern European Jewry)* et celui du doyen des historiens révisionnistes, James J. Martin : *The Man Who Invented Genocide ;* la traduction en anglais du livre de W. Stäglich est en préparation.

Hommage de Michel de Boüard

Michel de Boüard a été interné à Mauthausen. Professeur d'histoire du Moyen Age et, aussi, membre du Comité d'histoire de la deuxième guerre mondiale (Paris), il a terminé sa carrière universitaire comme doyen de la Faculté des lettres de l'université de Caen. Il est membre de l'Institut de France. En 1986, il a pris la défense d'H. Roques et il a, plus généralement, critiqué la littérature exterminationniste et dit son estime pour la qualité des études révisionnistes. Un journaliste d'*Ouest-France* (2-3 août 1986, p. 6) lui a demandé :

---

[58] Ce travail a été publié en 1994 sous le titre : *Les Camions à gaz en question.*

« Vous avez présidé l'Association des déportés du Calvados et vous en avez démissionné en mai 85. Pourquoi ? »

Il a répondu :

« Je me trouvais déchiré entre ma conscience d'historien et les devoirs qu'elle me fait et l'appartenance à un groupe de camarades que j'aime profondément mais qui ne veulent pas reconnaître la nécessité de traiter ce fait historique qu'est la déportation selon les méthodes d'une saine Histoire.

Je suis hanté par la pensée que, dans cent ans ou même cinquante, les historiens s'interrogent sur cet aspect de la Seconde Guerre mondiale qu'est le système concentrationnaire et de ce qu'ils découvriront. Le dossier est pourri. Il y a, d'une part, énormément d'affabulations, d'inexactitudes, obstinément répétées, notamment sur le plan numérique, d'amalgames, de généralisations et, d'autre part, des études critiques très serrées pour démontrer l'inanité de ces exagérations. Je crains que ces historiens ne se disent alors que la déportation, finalement, a dû être un mythe. Voilà le danger. Cette idée me hante. »

Les révisionnistes, qu'on s'acharne à dénoncer comme esprits négatifs, font une œuvre positive : ils montrent **ce qui s'est vraiment passé.** Ils donnent aussi une leçon de « positivisme » en ce sens que leurs arguments sont souvent d'ordre physique, chimique, topographique, architectural et documentaire et parce qu'ils n'appellent vérité que ce qui est vérifiable. Ils défendent l'histoire pendant que leurs adversaires ont abandonné l'histoire pour ce que les juifs appellent « la mémoire », c'est-à-dire, en fait, leur tradition mythologique.

Recul de l'exterminationnisme

Dans les années 1983-1987, la thèse exterminationniste a bénéficié d'une mobilisation financière, politique et médiatique aussi impressionnante qu'inefficace.

Un désastre moral pour Hilberg, Vrba, Wiesel et Lanzmann

Pour Raul Hilberg, Rudolf Vrba, Élie Wiesel et Claude Lanzmann, ces années ont été riches d'argent, de publicité et d'honneurs divers mais désastreuses sur le plan du crédit moral.

R. Hilberg, le meilleur « expert » de la thèse exterminationniste, s'est effondré au procès de Toronto et il s'est rendu coupable d'un tel parjure qu'à mon avis il ne courra pas le risque de venir à nouveau témoigner dans un procès de ce genre.

R. Vrba, le témoin n° 1 de la thèse exterminationniste, s'est révélé une sorte d'imposteur : son « témoignage » écrit, il a dû en convenir lui-même au procès de Toronto, était en grande partie, sinon peut-être même en totalité, une œuvre de fiction.

É. Wiesel, le plus illustre des commis voyageurs du Shoah-business, est discrédité auprès des siens. Quelques mois après une première publication et une diffusion importante de mon texte sur « Un grand faux-témoin : Élie Wiesel »[59], Pierre Vidal-Naquet en personne était conduit à déclarer :

> « Par exemple, vous avez le rabbin Kahane, cet extrémiste juif, qui est moins dangereux qu'un homme comme Élie Wiesel, qui raconte **n'importe quoi**... Il suffit de lire certaine description de *La Nuit* pour savoir que certaines de ses descriptions ne sont pas exactes et qu'il finit par se transformer en marchand de Shoah... Eh bien, lui aussi porte un tort, et un tort immense, à la vérité historique. »[60]

– C. Lanzmann était attendu comme le Messie. Depuis dix ans, il promettait de répondre définitivement aux arguments révisionnistes avec son film *Shoah* ; or, en France, ce film a eu l'effet contraire ; il a rendu patente l'absence d'arguments rationnels en faveur de la thèse exterminationniste et il a relancé le révisionnisme à tel point que, pris de panique, C. Lanzmann en a appelé, par le truchement de la Fédération française des sociétés de journalistes, à la répression judiciaire contre les révisionnistes.

Le « fonctionnalisme » est une concession de taille faite au révisionnisme et les « intentionnalistes » ont pour ainsi dire disparu.

Bilan de faillite en dix points

Le bilan de faillite de l'exterminationnisme peut s'établir en ces termes : les exterminationnistes sont désormais contraints de reconnaître qu'on ne trouve aucun document (ni allemand, ni allié) pour soutenir leur thèse :

---

[59] Texte reproduit dans le volume II.
[60] *Zéro*, avril 1987, p. 57.

1) ni un **ordre** d'exterminer les juifs,
2) ni un **plan** pour mener à bien cette extermination,
3) ni un **organisme centralisateur** pour en coordonner l'exécution,
4) ni un **budget** ; or, rien ne se fait sans argent ou sans crédits,
5) S) ni un **organe de contrôle** ; or, dans un pays en guerre, tout doit se contrôler ;
6) ni une **arme,** car il n'existe aucune expertise de l'arme du crime : soit la chambre à gaz homicide, soit le camion à gaz homicide,
7) ni un **cadavre,** car on ne possède aucun rapport d'autopsie prouvant un assassinat par gaz-poison,
8) ni un **procès-verbal de reconstitution** du crime, alors qu'en France une enquête sur un assassinat s'accompagne normalement de la reconstitution de la scène du crime,
9) ni un **témoin contre-interrogé sur la matérialité même du crime** car, au procès de Toronto (1985) où, pour la première fois, on a osé ce type de contre-interrogatoire, les meilleurs « témoins » ont été confondus.
10) ni un **aveu vérifié,** car les confessions de Gerstein et les aveux de R. Höss, enfin analysés, se sont révélés dénués de valeur et impossibles à défendre, même aux yeux d'un R. Hilberg.

Je crains que la rapidité de cette énumération ne cache l'importance de chacun de ces dix éléments. Je m'arrêterai donc un instant au premier d'entre eux : l'absence – aujourd'hui admise par tout le monde – d'un ordre d'exterminer les juifs.

De 1945 à 1980, on a vilipendé ceux qui osaient émettre l'idée que cet ordre n'avait jamais existé. Ou bien cet ordre existait et il fallait le montrer, ou bien il n'avait pas existé et il fallait en convenir : c'est ce que dit le sens commun mais c'est aussi ce que personne parmi les spectateurs de la controverse (journalistes, historiens, professeurs) n'a osé dire. Pendant trente-cinq ans, les exterminationnistes ont maintenu une imposture. Ils ont bloqué la recherche historique et ils ont paralysé toute réaction de bon sens. La leçon vaut d'être méditée. L'affaire Waldheim, pour ne prendre qu'elle, ne fait que répéter cette leçon : si le lieutenant Waldheim s'est rendu coupable d'un « crime de guerre » ou d'un « crime contre l'humanité », il faut qu'Edgar Bronfman, président du Congrès juif mondial, nous dise avec précision quel est ce crime dont il accuse Waldheim et qu'il en présente une preuve. Tout le reste n'est que tapage médiatique, terrorisme intellectuel ou production de faux documents.

Révision de « Wannsee »

Pendant plus de trente-cinq ans, on nous a imposé de croire que le procès-verbal de Wannsee (20 janvier 1942) prévoyait l'extermination des juifs. Puis, sans mot dire, on a abandonné cette prétention. Le document en lui-même est suspect. Beaucoup de révisionnistes refusent, en conséquence, de lui attribuer la moindre valeur. C'était mon cas ; ce ne l'est plus. Je crois surtout que ce document a été mal lu, y compris par moi-même. Nous avons tous été victimes d'un tel conditionnement psychologique que nous n'avons pas su voir dans les deux paragraphes cruciaux[61] des mots comme *Freilassung* (remise en liberté) et *Aufbaues* (renaissance) ainsi que la phrase placée entre parenthèses : « *Siehe die Erfahrung der Geschichte* » (Voyez la leçon de l'histoire). À la lumière de ces mots, qu'on fait parfois disparaître quand on prétend reproduire le procès-verbal, je dis que ce que Heydrich a envisagé à la réunion de Berlin-Wannsee, c'est une **remise en liberté** *(Freilassung)* des juifs qui survivraient à la guerre et un **renouveau juif** *(jüdischen Aufbaues)* après la terrible épreuve de la guerre et du travail forcé ; l'histoire est pleine de ces épreuves physiques et morales d'où un peuple sort, dit-on, régénéré. Les nationaux-socialistes, proches en cela des sionistes, pensaient qu'après la guerre « les meilleurs » parmi les juifs constitueraient une élite : la cellule germinative d'un renouveau juif où le travail physique, les colonies agricoles, le sentiment d'une destinée commune permettraient la création d'un foyer national juif ; les juifs constitueraient

---

[61] Voici ces deux paragraphes tels qu'ils figurent respectivement au bas de la page 7 et au haut de la page 8 du procès-verbal. J'en souligne les mots que, d'habitude, on supprime ou ignore :

> *Unter entsprechender Leitung sollen nun im Zuge der Endlösung die Juden in geeigneter Weise im Osten zum Arbeitseinsatz kommen. In großen Arbeitskolonnen, unter Trennung der Geschlechter, werden die arbeitsfähigen Juden straßenbauend in diese Gebiete geführt, wobei zweifellos ein Großteil durch natürliche Verminderung ausfallen wird.*
> *Der allfällig endlich verbleibende Restbestand wird, da es sich bei diesem zweifellos um den widerstandsfähigsten Teil handelt, entsprechend behandelt werden müssen, da dieser, eine natürliche Auslese darstellend,* **bei Freilassung** *als Keimzelle* **eines neuen jüdischen Aufbaues** *anzusprechen ist.* **(Siehe die Erfahrung der Geschichte).**

Dans le cadre de la solution finale, les juifs seront emmenés vers l'Est sous bonne escorte et de la manière qui convient pour y être affectés au service du travail. Formés en grandes colonnes de travail, hommes d'un côté, femmes de l'autre, les juifs aptes au travail seront conduits dans ces territoires tout en construisant des routes ; sans doute une grande partie d'entre eux s'éliminera-telle par réduction naturelle.

Ce qu'il en restera de toute façon à la fin, c'est-à-dire sans doute la partie la plus capable de résistance, devra être traité de façon appropriée parce que, constituant une sélection naturelle, ce reste, **à sa remise en liberté,** sera à considérer comme portant en germe les éléments **d'une nouvelle renaissance juive. (Voyez la leçon de l'Histoire).**

enfin une nation parmi d'autres nations au lieu d'être des « parasites ». Je rappelle qu'encore en mars 1942 et peut-être après cette date il existait au moins un *kibboutz* à Neuendorf, en Allemagne nationale-socialiste.[62]

Hilberg et Browning réduits au « rien »

Le recul des exterminationnistes sur une période de trente-cinq ans se mesure aux explications successives qu'ils ont fournies de l'ordre prétendument donné par Hitler d'exterminer les juifs. On nous a d'abord laissé croire qu'il existait un ordre **écrit,** puis cet ordre nous a été présenté comme **oral ;** aujourd'hui on nous demande de croire que cet ordre aurait consisté en un simple « **signe de tête** » (*nod*) *(sic)* de Hitler qui, en vertu d'un consensus télépathique (*mind reading),* aurait été instantanément compris de toute une bureaucratie. La théorie du « signe de tête » revient à Christopher Browning[63] et celle du consensus télépathique à Raul Hilberg. Nous atteignons ainsi au domaine du **rien**. Hilberg, qui avait été un tenant de l'ordre écrit (et même de deux ordres écrits), s'était en un premier temps aperçu qu'il ne pouvait fournir aucune preuve de l'existence de cet ordre (ou de ces ordres). En un deuxième temps, qui se situe vers 1984, il s'apercevait que la théorie de l'ordre oral était, elle aussi, insoutenable ; au colloque de Stuttgart (3-5 mai 1984), il prenait en

---

[62] *Documents on the Holocaust,* Yad Vashem, 1981, p. 155.

[63] Cette théorie du *nod* n'a pas de sens en soi et ne repose pas sur le moindre document. Elle semble avoir fait son apparition chez Browning en 1984 quand il écrivait :

> Himmler et Heydrich avaient besoin d'un peu plus que d'un signe de tête venant de Hitler pour saisir que le moment était venu d'étendre le processus de la tuerie aux juifs européens (« A Reply to Martin Broszat Regarding the Origins of the Final Solution », p. 124).

Dans *Fateful Months*, Browning utilise au moins à deux reprises cette théorie : d'abord à la page 22 puis à la page 36 où il écrit :

> Si un signe de tête venant de Hitler pouvait mettre en mouvement Himmler et Heydrich, d'autres guettaient avec impatience des signes similaires.

En 1987, Browning déclarait :

> […] il ne fallait pas plus qu'un signe de tête venant de Hitler pour donner « le feu vert » indiquant que le meurtre de masse pouvait maintenant s'étendre aux juifs européens. Il ne s'agissait là pas tant d'un ordre explicite que d'un acte d'incitation. Hitler sollicitait une « étude de faisabilité » ; il donnait mission de dresser un plan de génocide. Comment se fit la communication, nous ne le savons pas et ne le saurons jamais (« Historians, Hitler and the Holocaust », communication dont le texte a été obtenu grâce au Dr Frankel, de l'Oregon Holocaust Resource Center, Oregon).

On pourrait faire observer à Browning qu'en la circonstance, si nous ne savons pas et ne saurons jamais comment se fit la communication, il est impossible de dire que la communication elle-même a existé.

effet à son compte un argument révisionniste et déclarait à propos de l'ordre oral prétendument reçu par Eichmann ou par Höss :

> « Eichmann et Höss n'ont pas eux-mêmes parlé avec le Führer. Ainsi entendons-nous d'un homme –Eichmann – qui l'avait entendu de Heydrich, qui l'avait entendu de Himmler, ce que Hitler avait dit. Pour l'historien, ce n'est certainement pas la meilleure des sources. »[64]

Klarsfeld réduit à tricherie et aveu

Serge Klarsfeld a involontairement contribué au recul de l'exterminationnisme. Pour soutenir la thèse des prétendus gazages homicides d'Auschwitz-Birkenau, il fut réduit à utiliser une grossière supercherie.

En 1980, il publia un album de près de 190 photographies qui avaient été prises à Auschwitz en 1944 par un photographe allemand. Un certain nombre de ces photos étaient déjà connues. L'ensemble aurait dû être publié dès 1945 ; il était si riche d'informations que je ne connais personnellement rien de plus éclairant sur la réalité d'Auschwitz que ces étonnantes photographies. À cette première édition, relativement honnête, Klarsfeld donna le titre de *The Auschwitz Album. Lili Jacob's Album* (New York, The Beate Klarsfeld Foundation, préface du 5 août 1980). Cette édition ne fut pas mise dans le commerce mais, semble-t-il, réservée à de grandes bibliothèques et aux plus importantes organisations juives (*to major libraries around the world as well as to major Jewish organizations*).

L'année suivante, il publia les mêmes photographies sous le titre suivant : *The Auschwitz Album. A Book Based Upon an Album Discovered by a Concentration Camp Survivor, Lili Meier*, Text by Peter Hellman, New York, Random House, 1981. Cette fois-ci, la présentation du livre et le commentaire des photos manquaient d'honnêteté.

C'est avec l'édition française que S. Klarsfeld tomba dans la pure et simple tricherie. Il faut dire qu'il y fut aidé par un personnage étrange : un pharmacien du nom de Jean-Claude Pressac, dont même Georges Wellers, qui l'avait d'abord employé, avait fini par refuser les services. Le titre en était : *L'Album d'Auschwitz, d'après un album découvert par Lili Meier, survivante du camp de concentration*, texte de Peter Hellman, traduit de l'américain par Guy Casaril, édition française établie et complétée par Anne Freyer et Jean-Claude Pressac (éditions du Seuil,

---

[64] *Der Mord an den Juden im Zweiten Weltkrieg*, DVA, 1985, p. 187.

1983). L'ordre des photos était totalement bouleversé en vue d'illustrer la thèse exterminationniste. Certains titres des différentes sections de l'album original avaient été transformés ; de nouveaux titres avaient même été forgés de manière à faire croire qu'ils étaient d'origine ; les commentaires relevaient du pur arbitraire. Un plan de Birkenau avait été ajouté (p. 42) mais ce plan était **délibérément falsifié**. C'est ainsi que, pour faire croire au lecteur que les groupes de femmes et d'enfants juifs surpris par le photographe entre les crématoires-II et III ne pouvaient pas aller plus loin et allaient donc finir dans les « chambres à gaz » de ces crématoires, S. Klarsfeld et J.-C. Pressac avaient tout bonnement coupé là un chemin qui, en réalité, se poursuivait jusqu'au grand établissement de douches (situé au-delà de la zone des crématoires et où se rendaient ces femmes et ces enfants). Par un autre subterfuge, ils avaient supprimé toute mention de l'existence d'un terrain de football *(Sportplatz)* longeant le crématoire-III : cette aire de jeu se conciliait mal avec la proximité d'un endroit où, chaque jour, des milliers de juifs auraient été gazés.

Le 29 mai 1986, dans un entretien accordé à l'hebdomadaire *VSD*, S. Klarsfeld admettait qu'on n'avait pas encore publié de « vraies preuves » de l'existence des chambres à gaz mais seulement, disait-il, « des débuts de preuves qui embarrassaient les faurissonniens mais ne les avaient pas encore réduits au silence ».[65] Ainsi, de l'aveu même de ce justicier, on avait fait l'obligation au monde entier de croire à ces chambres à gaz, sans aucune preuve publiée, en tout cas jusqu'au mois de mai 1986, c'est-à-dire encore plus de quarante ans après la fin de la guerre ! C'était implicitement admettre que Georges Wellers n'avait pas publié de « vraies preuves » dans son livre de 1981, *Les Chambres à gaz ont existé. Des documents, des témoignages, des chiffres* ; effectivement, ce que cet ouvrage démontrait, c'était l'existence de fours crématoires. S. Klarsfeld reconnaissait aussi, par cette déclaration, qu'un autre ouvrage avait été un échec : *Les Chambres à gaz, secret d'État.*[66] Effectivement, cet ouvrage se fondait sur la théorie suivante : les chambres à gaz ayant été le plus grand de tous les secrets possibles, le secret d'État, il ne fallait pas s'attendre à découvrir des preuves au sens ordinaire du mot. La page de couverture présentait… une boîte de Zyklon. Selon une formule que j'ai entendue de la bouche du professeur Michel de Boüard, « dans ce livre on nous fusille de références et il n'y a pour ainsi dire pas de sources ». Personnellement, j'ajouterais que ces références n'ont pas de valeur scientifique ; elles renvoient, pour la plupart, à des déclarations de

---

[65] *VSD*, 29 mai 1986, p. 37.
[66] Rédigé par vingt-quatre auteurs, dont G. Wellers, éd. de Minuit, 1984 ; l'édition originale allemande, publiée par Fischer Verlag en 1983, s'intitulait : *NS-Massentötungen durch Giftgas.*

procureurs ou de juges allemands sur Auschwitz, Treblinka, Sobibor, etc. Or, ce que l'on nous cache, c'est que toutes ces déclarations ont une source commune : une officine située à Ludwigsburg et dirigée, à l'époque, par Adalbert Rückerl (*Landesjustizverwaltung zur Aufklärung von NS-Verbrechen*). Autrement dit, A. Rückerl, l'un des principaux auteurs du livre, ne cesse de se citer lui-même pour prouver qu'il a raison !

En 1987, le journaliste Michel Folco me rendait visite. Je lui montrais l'interview de S. Klarsfeld. Je lui signalais que j'avais envoyé à *VSD* un texte en « droit de réponse » qui m'avait été finalement refusé. Michel Folco allait ensuite rendre visite, d'une part, à G. Wellers et, d'autre part, à S. Klarsfeld. G. Wellers était au courant de cette interview de Klarsfeld dans *VSD* et la trouvait fâcheuse et déplorable. Il s'ensuivait un remue-ménage au terme duquel S. Klarsfeld adressait le 23 mars 1987 (soit dix mois après l'interview) un démenti, mais un démenti qui valait confirmation et qui, au lieu de paraître dans *VSD,* paraissait dans la revue de Georges Wellers, *Le Monde Juif.*[67] S. Klarsfeld écrivait au passage :

> « Il est évident que dans les années qui ont suivi 1945 les aspects techniques des chambres à gaz ont été un sujet négligé parce que **personne n'imaginait qu'un jour on aurait à prouver leur existence.** » [souligné par RF]

L'aveu est significatif. Selon S. Klarsfeld lui-même, on avait « négligé » les « aspects techniques » de l'arme du crime et on n'avait pas songé à en « prouver l'existence » ! Pas un tribunal, à commencer par celui de Nuremberg, ne s'était vraiment soucié de respecter la procédure en usage dans tout procès criminel de ce type. La chambre à gaz était le pilier central de tout l'édifice des crimes attribués aux Allemands ; or, on avait « négligé » de l'étudier dans ses « aspects techniques ».

Conséquences d'un aveu de Jean Daniel

En France, *Le Nouvel Observateur*, de Jean Daniel, était l'hebdomadaire à grand tirage le plus acharné à combattre le révisionnisme. À plus d'une reprise, il avait publié des photos dites de « chambres à gaz ». Mais, de guerre lasse, le 26 avril 1983, il admettait :

---

[67] *Le Monde juif,* janvier-mars 1987, p. 1.

« Il n'existe aucune photographie de chambre à gaz… »[68]

Ce qui veut dire que ce qu'on persiste à présenter encore aujourd'hui aux touristes en fait de chambres à gaz au Struthof, à Mauthausen, à Hartheim, à Dachau, à Majdanek, à Auschwitz n'est qu'un leurre. De septembre 1983 à septembre 1987, la presse française a pour ainsi dire renoncé à présenter des photos de chambres à gaz, ce qui est un progrès sur la presse américaine qui, elle, continue à publier des photos dites de « chambres à gaz ».

Peur de révéler des documents

En 1986 était publié par un avocat juif américain, Gerald L. Posner, un livre intitulé *Mengele, The Complete Story* (en collaboration avec John Ware, New York, McGraw-Hill). Le titre est fallacieux en ce sens que l'auteur nous cache manifestement ce que Mengele a pu écrire, après la guerre, sur Auschwitz. À la page 48, il est dit que, selon son fils Rolf, Mengele se montrait « tout à fait sans repentir » et ne manifestait « nulle honte » (*quite unrepentant, no shame*) à propos des années passées à Auschwitz. Pour ma part, je suis porté à croire que Mengele n'éprouvait ni repentir, ni honte, parce qu'il n'y avait lieu ni à repentir, ni à honte. Je suis convaincu que ses papiers personnels confirment pleinement les vues révisionnistes et que, pour cette raison, les exterminationnistes qui ont pu s'approprier ces papiers par l'intermédiaire de son fils Rolf refusent d'en dévoiler le contenu.[69] Je songe, en particulier, à un écrit intitulé *Fiat Lux* (mentionné p. 316) ; le titre donne à penser que Mengele y fait la lumière sur la réalité d'Auschwitz. Je ne suis pas le seul à estimer que Gerald Posner, Rolf Mengele et toute une équipe de prétendus experts ou chercheurs nous cachent des documents. On lit dans *Holocaust and Genocide Studies* :

> « [Mengele] qui ne se repentait de rien, n'a-t-il vraiment rien écrit sur ces années décisives ? Et, s'il a écrit sur ces années, qui a détruit ou caché ces notes ? »[70]

Je considère que le traitement ainsi réservé aux écrits du Dr Mengele constitue une preuve implicite de ce que les révisionnistes ont raison

---

[68] *Le Nouvel Observateur*, 26 avril 1983 p. 33.
[69] « Dans l'appartement de Rolf se trouvaient deux valises contenant plus de trente livres d'écrits personnels de Mengele », G. L. Posner, *Mengele, The Complete Story,* p. 302.
[70] *Holocaust and Genocide Studies*, vol. 2, n° 1, 1987, p. 9.

quand ils affirment que des documents essentiels sont soustraits à l'examen des historiens. La vérité sur Auschwitz se trouve à Moscou, à Arolsen (Allemagne de l'Ouest) et à New York : à New York (ou quelque part en RFA) avec les manuscrits de Mengele ; à Arolsen, au Service international de recherches, fermé depuis 1978 aux révisionnistes et qui est riche d'inappréciables documents sur le sort particulier de chaque individu interné à Auschwitz ; et à Moscou, où jusqu'ici l'on détient à l'abri des regards de tous la presque totalité des registres mortuaires *(Totenbücher)* établis par les Allemands à Auschwitz de 1940 à 1945 (le reste des registres – au nombre de deux ou trois – se trouvant au musée d'Auschwitz et peut-être aussi sous forme de photocopies à Arolsen, mais là encore toute consultation est interdite).

Ma question est : pourquoi les historiens de l'Holocauste cautionnent-ils cette rétention systématique de documents depuis des dizaines d'années ? Qu'attendent-ils pour publier ces documents ?

Révélations (involontaires) sur la naissance du mythe

En 1985 (copyright 1984), David S. Wyman a publié *The Abandonment of the Jews. America and the Holocaust, 1941-1945*. Cet ouvrage, qui s'inscrit dans la tradition des ouvrages identiques d'Arthur Morse, de Walter Laqueur ou de Martin Gilbert consacrés à la connaissance que les Alliés pouvaient avoir d'Auschwitz ou d'autres « camps d'extermination » pendant la guerre, manifeste chez son auteur une crédulité et même une niaiserie que les Européens ont tendance à qualifier d'« américaines ». La préface est due au faux témoin Élie Wiesel et le témoignage sur lequel s'ouvre le livre est de Hermann Gräbe, faux témoin notoire.[71] Pour Wyman, les Alliés auraient dû croire à ce qu'ils entendaient dire d'Auschwitz ou de Treblinka mais ils n'y ont pas vraiment cru. Même à Moscou, en mai 1945, les correspondants de presse américains étaient apparemment inattentifs ou sceptiques. Il écrit :

> « En plus, apparemment, les correspondants américains ignoraient ou ne croyaient pas les rapports antérieurs sur Auschwitz [antérieurs au fameux rapport soviétique du 6 mai 1945], y compris celui lancé à grande publicité par le *War Refugee Board* en novembre [1944]. »[72]

---

[71] Voy. *Der Spiegel*, 29 décembre 1965, p. 26-28.
[72] *The Abandonment of the Jews...*, p. 326 n.

Les Alliés avaient bien raison de se comporter ainsi[73] et de ne croire ni au *WRB Report* de novembre 1944, dû principalement à Rudolf Vrba, ni au rapport officiel des Soviétiques sur Auschwitz du 6 mai 1945, c'est-à-dire au document URSS-008, qui, parmi ses quatre signataires, comptait le biologiste Lyssenko et le métropolite Nikolaus ou Nikolaï ; le premier allait, après la guerre, être démasqué comme un faussaire, tandis que le second avait poussé la complaisance jusqu'à signer la fausse expertise du 24 janvier 1944 attribuant aux Allemands le massacre de Katyn (doc. URSS-054). Page après page, David S. Wyman contribue involontairement à montrer que les révisionnistes ont raison sur deux points essentiels :

---

[73] Je rappelle que les responsables alliés n'ont jamais mentionné les chambres à gaz dans leurs déclarations. Staline, Roosevelt et Churchill ont failli le faire dans leur fameuse déclaration du 1er novembre 1943 sur les « atrocités » allemandes mais s'en sont abstenus sur la recommandation du Gouvernement britannique (B. Wasserstein, *Britain and the Jews of Europe...*, p. 296). Quelques mois auparavant, les Américains avaient projeté de publier une « Déclaration sur les Crimes allemands en Pologne », qu'ils proposaient aux Britanniques et aux Soviétiques de publier le même jour qu'eux. Cette déclaration contenait l'alinéa suivant :

> « Ces mesures [des Allemands contre les Polonais] sont exécutées avec la pire brutalité. Beaucoup de victimes sont tuées sur place. Le reste est séparé de force. Les hommes de 14 à 50 ans sont emmenés en Allemagne pour y travailler. Des enfants sont tués sur place, d'autres sont séparés de leurs parents et ou bien envoyés en Allemagne pour y être élevés en Allemands ou bien vendus à des colons allemands, ou expédiés avec les femmes et les vieillards dans des camps de concentration, où ils sont actuellement systématiquement mis à mort dans des chambres à gaz. »

Cordell Hull envoyait ce texte aux Britanniques. Il en prévenait l'ambassadeur américain à Moscou par un télégramme du 27 août. Trois jours plus tard, il avertissait le même ambassadeur qu'il y avait maldonne et, dans un télégramme du 30 août, il expliquait que :

> « À la suggestion du gouvernement britannique qui dit qu'il n'y a pas de preuve suffisante pour justifier la déclaration concernant les exécutions en chambres à gaz, un accord est intervenu pour éliminer la dernière phrase de l'alinéa 2 de la "Déclaration sur les Crimes allemands en Pologne" commençant par "où" (*where*) ; ainsi le second alinéa prendra-t-il fin avec "camps de concentration" » *(Foreign Relations of the United States, Diplomatic Papers 1943*, US Government Printing Office, Washington, 1963, vol. I, p. 416-7).

C'est sous cette forme que *The New York Times* allait publier la déclaration sous le titre « U.S. and Britain Warn Nazi Killers » (30 août 1943, p. 3).

Les responsables alliés se sont donc montrés, en fin de compte, prudents et avisés. S'ils avaient mentionné les prétendues chambres à gaz dans une déclaration officielle d'une telle portée internationale, la face du monde en eût été changée : les autorités allemandes auraient vigoureusement dénoncé cet infâme et ridicule bobard de guerre, qui aurait alors eu ses ailes coupées, car les Alliés, mis au défi de prouver leur allégation, auraient été confondus devant le monde entier.

1. Les prétendues « informations » sur l'extermination des juifs n'étaient que de confuses rumeurs, vagues, contradictoires, absurdes ;
2. Les organisations juives et, en particulier, le Congrès juif mondial, présidé par le rabbin Stephen Wise, multipliaient les pressions auprès des pouvoirs publics et des médias pour présenter ces rumeurs comme des informations.

Le mot de « *pressure* **» (pression) revient à tout instant dans cet ouvrage.** La prétendue indifférence ou inaction des organisations juives américaines pendant « l'Holocauste » est un mythe ; la réalité, c'est que, malgré leurs incessantes pressions, ces organisations ont rencontré un grand scepticisme, tout à fait normal quand on considère le manque de substance des prétendues « informations » sur « l'extermination des juifs ». En tout état de cause, ce livre révèle, malgré la volonté de son auteur, comment est né et s'est développé durant la guerre le mythe de l'Holocauste et des chambres à gaz. David Wyman se serait épargné bien du travail s'il avait lu le merveilleux texte d'Arthur R. Butz, « Context and Perspective in the "Holocaust" Controversy », présenté à la conférence révisionniste de 1982 et reproduit à la fin des récentes éditions de *The Hoax*...

Concessions de P. Vidal-Naquet

Pierre Vidal-Naquet vient de rééditer ses écrits antirévisionnistes. L'ouvrage s'intitule *Les Assassins de la mémoire*. L'auteur fait un certain nombre de concessions aux révisionnistes, la première consistant à leur reprocher, en son langage, d'assassiner non pas l'histoire, mais « la mémoire ». Il leur donne aussi raison sur toutes sortes de sujets :
– sur le caractère plus que suspect du témoignage attribué au SS Pery Broad[74] ;
– sur la valeur du « matériel engrangé à Nuremberg »[75] ;
– sur le fait que Simone Veil ait été comptabilisée sous le nom de Simone Jacob comme gazée[76] (soit dit en passant, cela a été aussi le cas du responsable communiste de la plus grande centrale ouvrière française, Henri Krasucki, et de la mère de ce dernier ; ainsi que de Gilbert Salomon, dit en France aujourd'hui « le roi de la viande », ainsi que de quelques milliers d'autres juifs de France moins célèbres que ces personnages) ;

---

[74] *Id.*, p. 45.
[75] *Id.*, p. 47.
[76] *Id.*, p. 65.

– sur la sacralisation du peuple juif grâce à Auschwitz et sur le profit qu'en tirent Israël et certains groupes juifs[77] ;

– sur le témoignage du SS Gerstein « bourré d'invraisemblances et de contradictions »[78] ;

– sur le chiffre des victimes d'Auschwitz : quatre millions d'après les Polonais et les Soviétiques, « autour de trois millions et demi » pour Lanzmann, mais un million pour Vidal-Naquet (personnellement, je croirais plutôt à cinquante à soixante mille morts mais aucune enquête n'a encore été faite et les registres mortuaires d'Auschwitz sont toujours tenus cachés par les Alliés) ;

– sur les « chambres à gaz imaginaires.[79]

La plus intéressante concession est celle qui porte sur Auschwitz-I : Vidal-Naquet ne croit plus à l'authenticité de la chambre à gaz de ce camp, laquelle est pourtant visitée par des millions de touristes à qui elle est présentée comme authentique.[80] Je rappelle ici que la première personne, parmi les historiens d'origine juive, qui ait affirmé l'inexistence d'une chambre à gaz à Auschwitz-I est Olga Wormser-Migot, dès 1968 ; elle écrivait alors : « Auschwitz-I [...] sans chambre à gaz ».[81]

Vidal-Naquet a agi en procureur contre les révisionnistes. Il est allé jusqu'à me charger devant un tribunal dans l'affaire Poliakov.[82] Pour lui, « on doit discuter sur les révisionnistes... on ne discute pas avec les révisionnistes ».[83] Pour prendre une comparaison avec le sport, Vidal-Naquet estime qu'il est bien plus fort que Faurisson au tennis et que, d'ailleurs, Faurisson triche au tennis. Mais si ce dernier lui propose un match, devant un arbitre et un public, Vidal-Naquet répond qu'il veut bien jouer mais à condition de n'avoir pas d'adversaire en face de lui. Il demande au juge de le déclarer d'avance vainqueur et le public n'aura qu'à entériner le jugement.

Vidal-Naquet est un partisan de la répression contre ceux qu'il appelle « les assassins », « la petite bande abjecte », « les excréments ». Mais, expérience faite, la répression sous sa forme judiciaire lui semble malheureusement dangereuse ; pour tout dire, les juges de France

---

[77] *Id.* p. 125, 130, 162, 214, notes 90 et 93, 223, note 90.
[78] *Id.*, p. 154.
[79] P. Vidal-Naquet, *Les Assassins de la mémoire*, p. 219, n. 44.
[80] *Id.*, p. 131-2 et n°94 de la p. 214
[81] O. Wormser-Migot, *Le Système concentrationnaire nazi...*, p. 157.
[82] Voy. « Le révisionnisme devant les tribunaux français », reproduit dans le volume II p.885-895.
[83] *Les Assassins de la mémoire*, p. 10.

condamnent les révisionnistes comme on le leur demande mais non aussi sévèrement que l'espéraient Vidal-Naquet et ses amis. Il écrit :

> « La répression judiciaire est une arme dangereuse et qui peut se retourner contre ceux qui la manient. Le procès intenté en 197[9] à Faurisson par diverses associations antiracistes a abouti à un arrêt de la cour d'appel de Paris en date du 26 avril 1983, qui a reconnu le sérieux du travail de Faurisson, ce qui est un comble, et ne l'a en somme condamné que pour avoir agi avec malveillance en résumant ses thèses en slogans. »[84]

Ici, le recul des exterminationnistes se mesure au fait que ces derniers sont enfin contraints d'admettre, quatre ans après l'événement, que la cour de Paris avait reconnu le sérieux de mon travail et ne m'avait en somme condamné (lourdement !) que pour avoir, à son avis, agi avec malveillance en résumant mes thèses en slogans. Il ne faut pas oublier que, pendant quatre ans, de 1983 à 1987, on a réussi à cacher le contenu de cet arrêt du 26 avril 1983 ou à le dénaturer jusqu'à dire que j'avais été condamné pour falsification de l'histoire.

Autres concessions

En France, certains auteurs juifs ne croient plus aux chambres à gaz ou conseillent de ne pas trop s'appesantir sur un examen de l'existence de cette arme prodigieuse.

C'est le cas de Joseph Gabel qui écrit que c'est « avec une réelle habileté que Faurisson a su exploiter les fautes de ses adversaires » et su « faire dévier le débat vers les positions les moins solides des "exterminationnistes" (*sic*) : le chiffre exact des victimes et les problèmes techniques posés par le fonctionnement des chambres à gaz ». Il ajoute :

> « Il était inutile et dangereux d'entrer dans un tel débat [sur les problèmes techniques posés par le fonctionnement des chambres à gaz]. Il suffit de constater que le gazage en masse pose des problèmes techniques [...] qu'il n'appartient pas aux victimes d'en fournir la clé [...] Cette discussion sur les aspects techniques du génocide, devant un public plus riche en préjugés qu'en connaissances, a constitué une faute tactique. MM. Vidal-Naquet,

---

[84] *Id.*, p. 182.

Wellers et leurs collègues se sont battus sur le terrain choisi par l'adversaire. »[85]

Le périodique *Article 31* n'a pas hésité à publier une lettre d'Ida Zajdel et de Marc Ascione[86] qui développe la thèse selon laquelle les chambres à gaz n'ont jamais existé ; elles ont été inventées par l'imagination de certains SS qui ont ainsi glissé dans certaines de leurs « confessions » une « bombe à retardement » contre les juifs.

Une revue de niveau universitaire comme *Holocaust and Genocide Studies,* de fondation toute récente, manifeste que même les responsables de Yad Vashem ont maintenant conscience qu'il n'est plus possible pour les historiens d'écrire l'histoire de l'Holocauste avec le mépris de la vérité qui, jusqu'ici, était de règle. Je conseille aux révisionnistes une lecture attentive de cette revue dont les responsables sont Yehuda Bauer et Harry James Cargas. J'observais depuis quelques années les publications de Yehuda Bauer ; je notais chez ce dernier une tendance « révisionniste » à s'interroger sur la politique nationale-socialiste vis-à-vis des juifs et sur certains éléments qui suggèrent que celle-ci visait à garder pendant toute la guerre des contacts avec les juifs des milieux internationaux afin de faciliter une émigration et non une extermination des juifs européens (« Europa-Plan », rôle modérateur de Himmler, affaire Joël Brand, tractations avec les juifs tchèques, suédois, suisses, hongrois). Même sur la question des *Einsatzgruppen,* on a conscience que presque tout ce que propageaient les exterminationnistes est à revoir et, en particulier, les chiffres des exécutions.[87]

Conclusion

Seuls des révisionnistes de fraîche date peuvent s'imaginer que le révisionnisme l'emportera sur l'exterminationnisme comme le jour finit par l'emporter sur la nuit. En réalité, les mensonges de l'exterminationnisme continueront de s'imposer dans le grand public pendant des dizaines d'années. Pour venir à bout des fables d'une guerre, il semble qu'il faille une autre guerre. Sans le dernier conflit mondial (1939-1945), peut-être la fable des enfants belges aux mains coupées par les « Boches » durant la première guerre mondiale resterait-il vivace aujourd'hui encore dans l'esprit du grand public. Comme l'a montré

---

[85] *Réflexions sur l'avenir des juifs*, Klincksieck, 1987, p. 135-136.
[86] *Article 31*, janvier-février 1987, p. 22.
[87] *Holocaust and Genocide Studies,* vol. 2, n° 2, 1987, en particulier les pages 234-235.

Arthur R. Butz, la légende de l'Holocauste repose sur des pieds d'argile.[88] Ce colosse peut encore encombrer notre horizon pendant un temps considérable. Plus les révisionnistes chuchoteront que ses pieds sont d'argile, plus les religionnaires de l'Holocauste nous assourdiront de leur tam-tam. Sur le plan universitaire, ils affecteront de multiplier les « colloques » qui ne seront, en fait, que des soliloques. Déjà, pour le proche avenir, s'annoncent le nouveau « colloque de la Sorbonne » (10-13 décembre 1987), qui n'est pas à confondre avec le premier « colloque de la Sorbonne » (29 juin2 juillet 1982) et, surtout, le « colloque d'Oxford » (10-14 juillet 1988). Ce dernier se déroulera sous l'égide de M_me Maxwell ou, plus exactement, de son époux Robert Maxwell, le magnat de la presse britannique, un milliardaire d'origine juive. Il est destiné à faire honte aux chrétiens de leur prétendue indifférence au prétendu Holocauste des juifs.

Je doute que, sur le plan universitaire, le lobby exterminationniste parvienne à un succès autre que d'intimidation des historiens. Il va devenir de plus en plus clair que ce lobby n'apporte rien à la science historique : ni un document nouveau, ni une idée nouvelle. Les historiens exterminationnistes ne peuvent à la rigueur évoluer que dans le sens du révisionnisme. C'est ainsi qu'on a vu surgir le « fonctionnalisme » par opposition à l'« intentionnalisme » et c'est ainsi que, depuis peu, se développe en Allemagne avec Hillgruber, Nolte, Fest…, une nouvelle appréciation (et relativisation) de l'Holocauste que, pour ma part, j'ai immédiatement qualifiée, en allemand, d'*Ersatzrevisionismus*. À la lisière de ce « succédané de révisionnisme » et du véritable révisionnisme, on voit se tapir, dans l'attente de jours meilleurs, des historiens de valeur comme Helmut Diwald, Alfred Schickel et David Irving. Chez les révisionnistes, une nouvelle génération se lève avec, en particulier, Mark Weber (États-Unis), Carlo Mattogno (Italie) et Enrique Aynat Eknès (Espagne). Je connais d'autres noms que, pour des raisons d'opportunité, je préfère ne pas donner encore.

Le Shoah-business va prospérer. Les musées de l'Holocauste vont se multiplier et la propagande holocaustique va envahir les lycées et les universités. Les camps de concentration vont devenir des attractions comparables à Disneyland. Il suffit de visiter aujourd'hui ces camps pour se rendre compte que, dans deux ou trois cents ans, ils seront encore là : leur valeur touristique est manifeste. La Pologne n'attire guère les touristes à monnaie capitaliste sauf pour Auschwitz, Majdanek, Treblinka et quelques autres camps. Les « *touroperators* » commencent à mesurer le profit qu'ils peuvent tirer de ces endroits où il n'y a rien à voir dans la

---

[88] *The Journal of Historical Review,* printemps 1980, p. 9.

réalité mais où on multipliera, par conséquent, les « symboles ». Moins il y aura à voir par les yeux, plus on donnera à voir en imagination. À ce point de vue, Treblinka est un lieu idéal. Tout y est symbolique : l'entrée du camp, ses limites, les rails de chemin de fer, la rampe d'accès, le chemin vers les chambres à gaz et vers les bûchers de plein air, l'emplacement de ces chambres et de ces bûchers. À Treblinka, on songe au mot de l'humoriste Alphonse Allais :

« Saint Bol, priez pour nous ! » Les autorités polonaises créeront, par conséquent, sur place un musée d'autant plus gigantesque que le camp proprement dit, dans sa réalité, était exigu (pas même deux cents mètres par cinquante). Déjà, en Allemagne de l'Ouest, en Allemagne de l'Est et en Autriche, il n'existe probablement plus un seul écolier, ni un seul soldat ou policier qui n'ait eu à visiter un ou plusieurs camps de concentration pour s'y pénétrer des horreurs du national-socialisme et, par comparaison, pour s'y convaincre des vertus des régimes « démocratiques » en place. On n'imagine pas un gouvernement qui prendrait la responsabilité de renoncer un jour à cette forme, si aisée, d'endoctrinement idéologique.

Il n'y a pas de raison qu'Israël et le Congrès juif mondial atténuent leurs exigences et leurs efforts dans la promotion de la religion holocaustique. Des milliardaires d'origine juive comme, en France, le baron Rothschild, en Grande-Bretagne Robert Maxwell, en Italie Carlo de Benedetti, en Australie Rupert Murdoch, à Moscou Armand Hammer, aux États-Unis et au Canada Edgar Bronfman, vont probablement obtenir de plus en plus d'argent (car il est douteux qu'ils en dépensent eux-mêmes) pour contrecarrer les effets du scepticisme révisionniste. La fortune personnelle d'E. Bronfman, président du Congrès juif mondial et empereur de l'alcool, est évaluée à trois milliards six cents millions de dollars. Les révisionnistes français, eux, pèsent pour ainsi dire trois francs six sous. Mieux vaut donc ne pas entretenir d'illusions sur les chances d'un succès du révisionnisme auprès d'un grand public dont la presse est contrôlée par ces magnats.

On me dira qu'un miracle est toujours possible. La situation politique mondiale peut évoluer dans un sens favorable au révisionnisme. Qui sait si le monde arabo-musulman ne se lassera pas un jour de répéter sur l'Holocauste des juifs la leçon qu'on lui a apprise ? Qui sait si le monde communiste, avec les brusques changements de cap de sa politique intérieure et extérieure, ne jugera pas le moment venu de « rectifier » l'histoire officielle de Katyn et d'Auschwitz et de donner libre accès, par exemple, aux *Totenbücher* d'Auschwitz ? Qui sait si les historiens du Tiers-Monde ou de l'ex-Tiers-Monde ne vont pas, un jour, tenter d'écrire de leur point de vue l'histoire de la seconde guerre mondiale sans trop se soucier des tabous du monde occidental ?

Le destin des révisionnistes sera pour longtemps de travailler dans l'obscurité et le danger. Leur aventure s'apparente à celle de la Renaissance où quelques esprits, un peu partout en Europe, de manière simultanée et spontanée, se sont pris à lutter contre l'obscurantisme.[89] Ces chercheurs de la Renaissance pratiquaient le retour aux textes, l'analyse critique, la vérification matérialiste ; ils préféraient le doute à la croyance ; ils allaient de la foi à la raison. C'est dans le même esprit que le révisionnisme se trouve remettre en cause tout un système de croyances propres au monde occidental et tout un ensemble de tabous religieux et politiques. En ce sens, il est, selon le mot de l'avocat Pierre Pécastaing, « la grande aventure intellectuelle de la fin de ce siècle ».[90]

[Étude publiée en anglais à l'occasion de la huitième conférence internationale révisionniste, 9-11 septembre 1987, tenue sous les auspices de l'Institute for Historical Review à Los Angeles : « My Life as a Revisionist : September 1983 to September 1987 », *The Journal of Historical Review*, Spring 1989, p. 5-63.]

***

Printemps 1990

[CONCLUSIONS DANS L'AFFAIRE WELLERS] PLAISE AU TRIBUNAL

---

[89] Yosef Hayim Yerushalmi dirige le *Jewish and Israeli Studies Center* à la Columbia University de New York. Il écrivait en 1982 :

> « L'Holocauste a déjà suscité plus de recherches historiques que tout autre événement de l'histoire juive, mais je ne doute pas que l'image qui s'en dégage, loin d'être forgée sur l'enclume de l'historien, soit fondue dans le creuset du romancier. Bien des choses ont changé depuis le XVIe siècle, mais une seule, curieusement, est demeurée : aujourd'hui comme hier, il apparaît que, si les Juifs ne rejettent pas l'histoire, ils ne sont pas pour autant préparés à lui faire face ; ils semblent, au contraire, attendre un mythe nouveau, métahistorique. Au moins les romans leur apportent-ils temporairement un substitut pour notre époque. »
> *(Zakhor, Jewish History and Jewish Memory*, p. 98).

[90] Lors de ma conférence de 1983, j'avais rendu hommage au courage et à la sagacité de l'un de mes avocats : Éric Delcroix. Je tiens à renouveler ici cet hommage. De 1979 à ce jour, É. Delcroix s'est porté à la défense des révisionnistes devant les tribunaux et ailleurs, par la parole, par l'écrit et même par sa présence physique là où il y avait du danger.

Nous donnons, ci-après, le texte des conclusions déposées devant le tribunal de Paris à l'appui de la plainte de M. Robert Faurisson à l'encontre de M. Georges Wellers et sa réponse aux propres conclusions déposées par celui-ci. Le texte permet de suivre tous les éléments de la controverse.

Le tribunal a rendu son jugement le 14 février 1990. M. Robert Faurisson est débouté de sa demande et fait appel de ce jugement qui interrompt la série des décisions récentes rendant justice aux révisionnistes.

Demander à la justice de condamner le diffamateur Georges Wellers était probablement demander un peu trop et un peu trop tôt.

Conclusions devant le tribunal de grande instance de Paris

Pour M. Robert Faurisson, professeur d'université, de nationalité française, né le 25 janvier 1929 à Shepperton (Grande-Bretagne), et demeurant à Vichy (Allier) ;

Demandeur, ayant pour avocat Me Éric Delcroix, du barreau de Paris. CONTRE 1. M. Georges Wellers, pris en sa qualité de directeur de la publication *Le Monde Juif,* 17, rue Geoffroy-L'Asnier à Paris IV$_e$; – 2. Le Centre de documentation juive contemporaine, ou CDJC, dont le siège est 17, rue Geoffroy-L'Asnier, à Paris IV$_e$.

Défendeurs, ayant pour avocat Me Bernard Jouanneau du barreau de Paris.

PLAISE AU TRIBUNAL

Attendu que, par conclusions en date du 23 août 1989, Georges Wellers et le CDJC prétendent justifier un jugement de débouté à l'encontre de Robert Faurisson (leurs conclusions, projet de dispositif, p. 19) ;

Attendu que les prétendues réfutations contenues dans lesdites conclusions ne sont ni recevables, ni de toute manière fondées, ainsi qu'on va le voir au cours d'une analyse de ces réfutations prises une à une dans l'ordre, autant que possible, où elles sont présentées par G. Wellers ;

Attendu, *sur la prétendue prescription* trimestrielle, que M. Wellers et le CDJC montrent d'emblée leur mauvaise foi en soutenant que :

> « il incombe au demandeur de prouver que le numéro litigieux n'a pas été mis en circulation avant le 1$_{er}$ janvier 1989 pour justifier une assignation tardive et hors du délai de prescription. »

Attendu qu'en procédant de la sorte les défendeurs non seulement inversent la charge de la preuve puisque c'est à celui qui se permet une allégation utile à ses intérêts d'en administrer la preuve, mais aussi font montre de mauvaise volonté à l'égard des juges eux-mêmes ;

Attendu, en effet, que les responsables de la publication *Le Monde Juif* sont tenus, comme tout publicateur de périodiques, à l'obligation du dépôt légal et qu'ils sont seuls à disposer nécessairement des pièces justificatives d'imprimerie et de routage, pièces qu'ils se sont – on verra pourquoi – dispensés de verser au débat ;

Attendu, néanmoins, que le professeur Faurisson, qui n'a jamais cherché à cacher quelque information que ce fût à la justice et à la science, établit pour sa part, d'une manière éminemment vraisemblable, le retard de routage du *Monde Juif* par rapport à sa date théorique de parution ;

Attendu, en effet, que, comme l'attestent les cachets de la poste portés sur les enveloppes d'expédition « Routage 206 », reçues par un abonné type, que, pour l'année 1988, les dates effectives d'expédition, pour l'année 1988, ont été respectivement les suivantes :
- pour la livraison datée de « janvier-mars », celle du 11 mai ;
- pour la livraison datée d'« avril-juin », celle du 21 juillet ;
- pour la livraison datée de « juillet-septembre », celle du 3 novembre ;
- pour la livraison datée d'« octobre-décembre », celle du 2 février 1989 ; Attendu que toutes ces livraisons ont donc été faites entre 3 et 6 semaines après la dernière date affichée, le retard étant, pour la livraison ici en cause, exactement de 33 jours ;

Attendu que l'assignation introductive d'instance a été délivrée le 23 février 1989, soit seulement 21 jours après la date *d'expédition* (la date légale de « publication » étant celle de la réception) ;

Attendu, cela étant et pour aborder le fond, que G. Wellers indique en propres termes qu'il « maintient l'expression [de falsificateur] pour désigner le professeur Faurisson » (p. 2, al. 9[91]) et qu'il admet que « cette expression [est] effectivement de nature à porter atteinte, si ce n'est à [l']honneur [du professeur], du moins à sa considération » (p. 2, al. 10) ;

Attendu que, selon lui, cette expression, dont il reconnaît qu'elle est diffamatoire, aurait été portée par un homme de bonne foi ;

Attendu que G. Wellers assure n'avoir « pas cherché à régler un compte personnel avec M. Faurisson envers lequel », affirme-t-il, « il ne nourrit *a priori* aucune animosité particulière » (p. 19, al. 2), mais qu'en réalité son attitude à l'égard du professeur a été constamment, et cela

---

[91] Les références entre parenthèses, s.l., s.d., renvoient aux conclusions de G. Wellers que nous ne reproduisons pas ici. [NdÉ]

depuis douze ans, celle de la malveillance et, accessoirement, du refus de tout débat ;

Attendu, avant de répondre à tous les arguments avancés par les défendeurs, qu'il convient de remarquer que, dans leur intolérance, ceux-ci imputent à une volonté de « falsification » tout désaccord avec leur vulgate ;

Attendu, *sur le fond et sans rien éluder,* que, selon ses principes et habitudes, le professeur Faurisson entend maintenant répondre sans feinte et point par point aux assertions de G. Wellers ;

Attendu qu'en conséquence il abordera successivement les points suivants :

I. G. Wellers accuse R. Faurisson d'être un falsificateur ; sens et modalités de cette accusation

Le Monde Juif, revue du Centre de documentation juive contemporaine, nomme et désigne systématiquement le professeur R. Faurisson comme un « falsificateur » ; M. Faurisson est toujours défini comme tel ; cela fait partie de son identité ; aussi sûrement qu'il est un professeur d'université, il est un falsificateur. Il est un « falsificateur patenté » (p. 18, al. 3).

Faurisson Robert, professeur de lettres à l'université de Lyon II, falsificateur de l'histoire des camps d'extermination de juifs à l'époque nazie, pp. 25-29 *(Le Monde Juif,* oct. déc. 1986, p. 179).

Faurisson Robert, professeur de lettres à l'université de Lyon-II, falsificateur de l'histoire des camps d'extermination de juifs à l'époque nazie, pp. 5, 56, 64, 73, 76, 77, 80, 84, 85, 89, 99,

101 *(Le Monde Juif,* oct.-déc. 1987, p. 192).

Faurisson Robert, professeur de lettres à l'université Lyon-II, chef de l'école révisionniste en France, falsificateur de l'histoire des Juifs pendant la période nazie, pp. 94-116, 128.[92]

Le falsificateur est une personne qui falsifie ; falsifier, c'est dénaturer dans le dessein de tromper ; cela suppose toujours une action expresse et volontaire.[93] Pour G. Wellers, R. Faurisson est un professeur falsificateur, un universitaire qui dénature dans le dessein de tromper ; son intention est expresse, c'est-à-dire formelle ; G. Wellers l'a répété pendant trois années consécutives : 1986, 1987 et 1988 ; il doit être en mesure de le prouver de manière péremptoire et décisive.

Dans ses conclusions, G. Wellers :

« maintient l'expression qu'il a employée pour désigner le professeur et qui lui paraît correspondre à la définition exacte de son comportement dans ses écrits concernant le génocide juif commis par les nazis sous le 3.Reich (p. 2, al. 9) »

et G. Wellers ajoute que :

« cette expression [est] effectivement de nature à porter atteinte, si ce n'est à [l']honneur [du professeur], du moins à sa considération (p. 2, al. 10). »

---

[92] *Le Monde juif,* oct.-déc. 1988, p. 214-215.
[93] Voy. les définitions de « falsification » et de « falsifier » dans le *Dictionnaire des synonymes de la langue française,* par René Bailly, Larousse, 1971.

Il maintient que cette expression correspond à la vérité et qu'elle procède [de la part de G. Wellers] d'une analyse argumentée et étayée par ses recherches et les documents qu'il produit *(ibid.)*.

Il signale ce qu'il appelle un exemple récent et éclatant de la falsification de Faurisson (p. 3, al. 4).

Pour lui, R. Faurisson, de mauvaise foi, a tronqué [d]es informations et données de base et il a eu une démarche malhonnête et déloyale (p. 5, al. 3 et 5).

Il dénonce dans le professeur un falsificateur (p. 5, al. 6) qui travestit gravement la réalité et le sens des décisions de justice rendues à son encontre qui l'ont soit condamné, soit débouté (p. 6, al. 3).

Il déclare que « Falsificateur » de l'histoire, [le professeur] l'est aussi de la jurisprudence (p. 6, al. 4)

> « le tribunal, la cour d'appel et la cour de cassation ont considéré qu'il n'y avait pas de diffamation à le traiter de *manipulateur* et même de *fabricateur* de textes (cf. procès Poliakov) (p. 6, al. 6). »

R. Faurisson ne peut invoquer la « bonne foi » (p. 6, al. 7). Le professeur est responsable d'une « imposture » (p. 6, al. 8).

Sa méthode porte en elle-même la trace de sa déloyauté (p. 7, al. 3). Il est à mettre au nombre des « imposteurs » (p. 8, al. 1).

Il fait partie des « falsificateurs de l'histoire » (p. 8, al. 11).

G. Wellers revient sur la mention de falsificateur qu'il réserve dans *Le Monde Juif* à Faurisson (p. 9, al. 7).

Il évoque toutes les falsifications de Faurisson qu'il a décelées (p. 9, al. 8) et parle de nouveau à son propos de « *falsification* » (p. 9, al. 10).

Il annonce : Il m'appartient de justifier cette appellation [de « falsificateur »] et je le ferai (p. 10, al. 3).

Il dénonce la technique classique d'un falsificateur ! (p. 14, al. 4). Il déclare que R. Faurisson falsifie la vérité historique et mérite pleinement d'être traité de falsificateur (p. 17, al. 4) et que le professeur en devient un « falsificateur » patenté (p. 18, al. 3).

Pour finir, G. Wellers déclare à propos du professeur qu'il se trouve moralement obligé de le dénoncer à l'attention de tous comme un falsificateur (p 19, al. 2).

II. G. Wellers invoque à tort le « rapport Leuchter » contre R. Faurisson

(de la p. 3, al. 4, à la p. 5, al. 5)

G. Wellers commence par proposer « un exemple récent et éclatant de la falsification de Faurisson » (p. 3, al. 4).

Cependant, au cours de son exposé, qui porte sur « le procès Zündel » et « le rapport Leuchter », il n'est plus question de falsification mais d'« omission » ou d'« abstention volontaire » (p. 4, al. 6) de la part du professeur qui aurait « omis de porter à la connaissance de l'expert américain » (p. 4, al. 5) deux arguments de G. Wellers.

G. Wellers n'apporte aucune preuve à l'appui de son accusation ; il ne prouve pas qu'il y ait eu « omission » ou « abstention » à deux reprises ni qu'à deux reprises cette « omission » et cette « abstention » aient été « volontaires ». Une « omission » ou une « abstention » volontaires non prouvées ne sauraient apporter la preuve d'une falsification.

L'exposé de G. Wellers appelle les remarques suivantes.

G. Wellers parle des locaux décrits comme « chambres à gaz » dont les plans sont encore disponibles (p. 3, al. 5).

Cette phrase donne à entendre qu'il existerait des plans allemands où des locaux seraient décrits comme « chambres à gaz ». En réalité, ces plans qui, pour la plupart, étaient tenus cachés aux historiens jusqu'au jour où le professeur Faurisson en personne les a découverts en 1976 et publiés en 1979, montrent que les bâtiments des crématoires d'Auschwitz censés contenir des chambres à gaz homicides ne contenaient en fait qu'une « *Leichenhalle* » (dépositoire) ou des « *Leichenkeller* » (dépositoires en sous-sol) que les exterminationnistes ont arbitrairement qualifiés, selon les besoins de leur démonstration, de « vestiaires pour les futurs gazés » ou de « chambres à gaz homicides ».

G. Wellers entreprend de résumer les arguments du professeur et il les qualifie de « postulats » (p. 3, al. 5 et 9). En réalité, il ne présente – sans précision – que trois arguments du professeur prélevés dans une masse considérable d'arguments révisionnistes d'ordre physique, chimique, topographique, architectural et documentaire ; il n'y a pas de « postulats » chez le professeur mais une démonstration fondée, ici, sur des documents d'architecture confirmés par l'observation, encore aujourd'hui, sur place, des dimensions de ces locaux ou sur des documents relatifs à la nature du Zyklon B, à sa dangerosité, aux difficultés extrêmes de ventilabilité vu que ce gaz (l'acide cyanhydrique) adhère longuement aux surfaces (doc. du procès de Nuremberg NI-9098 et NI-9912).

G. Wellers dit que le professeur :

> « a pris des contacts avec les différents pénitenciers américains où se produisent encore des exécutions capitales par le gaz et

exprimé le vœu qu'une expertise scientifique soit effectuée sur place [dans les camps de concentration] pour les vérifier [pour vérifier si les locaux désignés comme chambres à gaz homicides ont vraiment été des chambres à gaz homicides] (p. 3, al. 9) »

et il affirme que le professeur a agi de cette manière

« Pour donner un semblant de vérité à ces postulats (*ibid.*). »

Outre le fait que, comme on l'a vu, ces prétendus postulats sont le résultat d'une recherche *scientifique,* on notera que, du propre aveu de G. Wellers, le professeur, poursuivant dans la voie *scientifique,* a pris contact avec des spécialistes *scientifiques* et souhaité une expertise *scientifique.*

L'alinéa consacré aux deux procès Zündel (p. 4, al. 1) appelle les remarques suivantes :

Fred Leuchter, et non « Ernst » Leuchter, n'est pas un technicien mais un ingénieur ; il n'a pas été mandaté par le professeur ; c'est Ernst Zündel qui lui a demandé de se rendre à Auschwitz, à Birkenau et à Majdanek avec toute une équipe pour y examiner les « présumées chambres à gaz ».

Le professeur a été appelé à déposer comme expert. Les guillemets apposés à ce dernier mot par G. Wellers donnent à entendre que cet expert n'était pas vraiment un expert ; et, de fait, le professeur, à la différence de F. Leuchter, n'est pas un expert des chambres à gaz. Le professeur a déposé comme expert de « l'histoire de l'Holocauste », au même titre que Raul Hilberg ou Christopher Browning. Cette qualité ne lui a été reconnue, comme c'est l'usage, que par une décision des juges du tribunal de Toronto en 1985 et en 1988 au terme d'un interrogatoire, d'un contre-interrogatoire et d'un nouvel interrogatoire menés en l'absence des jurys. Quant à ses dépositions devant les juges, elles ont duré plusieurs jours.

G. Wellers affirme que le rapport présenté par F. Leuchter au tribunal de Toronto a été publié in extenso dans le n° 5 des *Annales d'histoire révisionniste* (p. 4, al. 1).

Il commet là une grave erreur – dont on verra plus loin les conséquences – et qui est d'autant moins excusable qu'à la page 52 du n° 5 des *AHR,* avant même la préface du rapport Leuchter, l'éditeur avertit le lecteur en ces termes :

« Le rapport original remis à la Cour de Toronto comporte 192 pages dont des annexes techniques destinées aux spécialistes. Nous publions ici la traduction des 26 premières pages qui constituent la synthèse des recherches conduites par Fred A. Leuchter. Les spécialistes se reporteront au texte du rapport original complet, dont photocopie (reliée) peut être obtenue sur simple demande accompagnée d'un chèque de 300 francs. Nous donnons ci-dessous la préface du professeur Faurisson à l'édition anglaise du rapport. »

G. Wellers affirme que le professeur a présenté ce rapport comme « la mort en direct du mythe des chambres à gaz » *(ibid.)*. En réalité, le professeur dit avoir assisté à cette « mort en direct » le 20 avril 1988, lors de la déposition de F. Leuchter qui a provoqué, à son avis de manière patente, un sentiment de panique chez les accusateurs d'E. Zündel.

G. Wellers reproduit un extrait du rapport Leuchter, non sans diverses fautes ou négligences, comme si cet extrait apparaissait « au terme » dudit rapport (p. 4, al. 2). G. Wellers n'aurait pas dû citer cet extrait, qui figure aux p. 6364 de la revue, mais plutôt ce que F. Leuchter avait vraiment écrit « au terme de son rapport », à la p. 102 de la revue :

« *conclusion*. – Après avoir passé en revue tout le matériel de documentation et inspecté tous les emplacements à Auschwitz, Birkenau et Majdanek, l'auteur trouve que les preuves sont écrasantes : en aucun de ces lieux il n'y a eu de chambre à gaz d'exécution. L'auteur estime, au mieux de ses connaissances techniques, qu'on ne peut pas sérieusement considérer qu'aux emplacements inspectés les présumées chambres à gaz aient été autrefois utilisées ou puissent aujourd'hui fonctionner comme des chambres à gaz d'exécution.
Fait à Malden, Massachusetts, le 5 avril 1988. »

G. Wellers admet que la « conclusion péremptoire » de l'expert américain est une conclusion « rejoignant les analyses révisionnistes faurissonniennes » (p. 4, al. 3) ; on voudra bien prendre acte de cette constatation et la porter au crédit du professeur.

G. Wellers ne remet pas en cause les « constatations », comme il les appelle, de l'expert américain ; dont acte encore une fois ; mais ce qu'il lui reproche, c'est d'en avoir tiré la « conclusion » que l'on sait (p. 4, al. 4). Selon G. Wellers, F. Leuchter a commis là une faute imputable... au professeur Faurisson.

Le raisonnement de G. Wellers est le suivant :
- tout l'acide cyanhydrique était absorbé par les corps... des victimes ;

- c'est pourquoi F. Leuchter n'a pas pu trouver de traces de cyanure, comme cela a été le cas dans la chambre à gaz de désinfection ;
- « à plusieurs reprises, dans ses écrits » (sans autre précision)

G. Wellers avait dit que l'acide cyanhydrique était absorbé par les corps des victimes ;

- Faurisson n'a pas rapporté à Leuchter que G. Wellers avait dit cela ;
- si Faurisson avait rapporté cela, Leuchter n'aurait pas conclu son rapport comme il l'a fait.

Ce raisonnement appelle les remarques suivantes :

- de même que dans une chambre à gaz de désinfection les poux n'attirent ni n'absorbent toutes les molécules d'acide cyanhydrique diffusé dans la pièce et de même que, dans une chambre à gaz d'exécution aux États-Unis, le condamné n'attire ni n'absorbe toutes ces molécules, de même, dans les prétendues chambres à gaz d'Auschwitz, de Birkenau et de Majdanek, les prétendues victimes n'auraient pas pu attirer, monopoliser et absorber les quantités énormes d'acide cyanhydrique (Zyklon B) lancées à la volée dans ces abattoirs locaux.

G. Wellers ignore si le professeur s'est fait son interprète auprès de F. Leuchter. Peut-être s'est-il fait son interprète et F. Leuchter n'a-t-il pas cru devoir prendre en considération un tel argument. Peut-être le professeur n'en a-t-il pas même parlé parce que l'argument lui paraissait dénué de valeur et contraire aux lois les plus banales de la physique et de la chimie.

En tout état de cause, on ne voit pas comment les molécules se seraient en quelque sorte donné le mot pour se répartir docilement sur les corps des victimes et pour ne pas aller s'égarer aussi sur les murs, les portes, les planchers, les plafonds des chambres à gaz. Et cela pendant des années, à raison de plusieurs opérations par jour.

Le second argument que, selon G. Wellers, le professeur n'aurait pas rapporté à F. Leuchter – est le suivant :

> « il n'était pas nécessaire que les chambres à gaz aient été munies d'équipements de chauffage permettant d'y élever la température jusqu'à 25°7 point d'ébullition du Zyklon B pour qu'il parvienne à l'état gazeux, dès lors que la très forte concentration de population à l'intérieur des chambres à gaz suffisait par elle-même à élever le niveau de la température à un degré bien supérieur (p. 4, al. 7). »

Ce raisonnement appelle les mêmes remarques que le premier argument, à quoi s'ajoute qu'une très forte concentration de populations frigorifiées à l'intérieur de caves en béton durant les hivers polonais ne permet probablement pas d'atteindre une température supérieure à 25°7.

G. Wellers rend hommage à F. Leuchter en ces termes :

> « sa démarche scientifique, les prélèvements et analyses qu'il a effectués sont *a priori* à l'abri de tout soupçon (p 5, al. 2). »

D'où il s'ensuit que le professeur – un « falsificateur » pourtant – a, en fin de compte, eu le mérite de découvrir un expert capable de suivre une « démarche scientifique » « a priori à l'abri de tout soupçon » et d'opérer des « prélèvements et des analyses », elles aussi « a priori à l'abri de tout soupçon ». G. Wellers écrit :

> « Le seul fautif en est Robert Faurisson lui-même qui, de mauvaise foi, a tronqué les informations et données de base qu'il a fournies au spécialiste en sollicitant son expertise (p. 5, al. 3). »

Encore une fois, G. Wellers n'apporte aucune preuve à l'appui de cette accusation. Il se livre ici à une spéculation. Il appelle gravement « informations et données de base » les deux spéculations émises plus haut selon lesquelles les molécules d'acide cyanhydrique auraient été entièrement absorbées par les corps des victimes et ces mêmes corps auraient porté en toute saison la température des caves de béton à plus de 25°7.

Allant encore plus loin, il appelle « données historiques » ces deux spéculations (p. 5, al. 4).

Il y a enfin une contradiction à présenter le même F. Leuchter comme un homme capable d'une démarche scientifique mais incapable de raisonner tout seul, sans l'aide de R. Faurisson.

G. Wellers juge le rapport Leuchter, après en avoir lu une trentaine de pages sur un ensemble de 192 pages ; encore ne l'a-t-il lu que dans une traduction, ce qui pour un ouvrage hautement technique est hasardeux. Les *AHR* ont reproduit en traduction les pages 5 à 30 du rapport original en anglais ainsi qu'un graphique de la p. 34. G. Wellers n'a pas pris connaissance de la foule d'« informations et données de base » et même de « données historiques » qui figuraient dans les autres (192 26 =) 166 pages, sans compter les données fournies par le film vidéoscopique et les données qu'on trouve dans les sténogrammes du procès de Toronto, avec interrogatoire, contre-interrogatoire et nouvel interrogatoire de F. Leuchter.

G. Wellers ne dit pas que, devant le même tribunal de Toronto, ce qu'il appelle « les analyses révisionnistes faurissonniennes » sur le sujet concerné (p. 4, al. 3) ont été renforcées aussi par le témoignage à la barre de l'expert Bill Armontrout, directeur d'un pénitencier américain où fonctionne une chambre à gaz, par le témoignage à la barre de l'expert William Lindsey, qui pendant 33 ans a dirigé un laboratoire de recherches chimiques du groupe Dupont, et par le témoignage à la barre de l'expert Ivan Lagacé, directeur des installations de crémation de Calgary (Canada).

III. G. Wellers dénature les décisions de justice contre R. Faurisson

(de la p. 5, al. 6, à la p. 6, al. 5). Selon G. Wellers,

> « Faurisson travestit gravement la réalité et le sens des décisions de justice rendues à son encontre qui l'ont soit condamné, soit débouté (p. 6, al. 3). »

G. Wellers cite le professeur à deux reprises (premier extrait à la p. 5, al. 7, et second extrait à la p. 5, al. 8 et 9, et p. 6, al. 1 et 2). Il commet cinq erreurs de détail ; pour le véritable texte on se reportera aux *AHR*, printemps-été 1989, p. 110 (référence donnée par G. Wellers) et au même ouvrage, p. 93 (référence non donnée par G. Wellers).

Il écrit :

> « Falsificateur ou plus exactement mystificateur, Faurisson l'est encore lorsqu'il présente sa condamnation prononcée par le Tribunal de Paris en 1981 et par la Cour de Paris en 1983 comme la consécration judiciaire de ses thèses révisionnistes et comme l'échec des Ligues qu'il range délibérément et définitivement dans le camp des exterminationnistes, alors que simplement le Tribunal ni la Cour n'ont voulu entrer dans la discussion historique, ni se faire juge des travaux de Faurisson estimant que cette tâche n'incombait pas au juge (p. 5, al. 6). »

Il répète :

> « Falsificateur » de l'histoire, il l'est aussi de la jurisprudence puisque d'une part les tribunaux se sont jusqu'à présent refusés à se prononcer sur la valeur et le mérite de ses travaux (p. 6, al. 4). »

Il ajoute enfin :

> « Si l'on peut à la rigueur admettre que les Tribunaux se soient récusés pour se faire juge de l'histoire et en particulier du douloureux problème des chambres à gaz, Faurisson ne peut de bonne foi se retrancher derrière leurs décisions pour y chercher et prétendre y trouver la caution judiciaire de ses thèses et de ses prises de position (p. 6, al. 5). »

Ce faisant, G. Wellers déforme le jugement du 8 juillet 1981, dénature l'arrêt du 26 avril 1983 et oublie de mentionner un jugement du 16 décembre 1987. Le professeur était accusé par un certain nombre de ligues et d'associations de dommage à autrui par FALSIFICATION DE L'HISTOIRE (accusation portée à l'époque par G. Wellers lui-même et aujourd'hui réitérée par lui).

Le tribunal a répondu, sous la plume de M. Pierre Drai, qu'il n'avait pas

> « à rechercher si un tel discours [celui de R. Faurisson] constitue ou non une « falsification de l'Histoire » (jugement, p. 14, al. 2) »,

mais le même tribunal n'a pas pour autant hésité à « se faire juge des travaux de Faurisson » puisqu'il a même conclu :

> « M. Faurisson, universitaire français, manque aux obligations de prudence, de circonspection objective et de neutralité intellectuelle qui s'imposent au chercheur qu'il veut être (jugement, *ibid.*). »

Dans son arrêt en date du 26 avril 1983, la cour de Paris (président M. Grégoire) a confirmé la condamnation de M. Faurisson pour dommage à autrui mais en réformant le jugement sur la valeur de ses travaux. Elle aussi s'est déclarée compétente sur ce point et, si elle a condamné M. Faurisson pour malveillance ou dangerosité, elle a rendu hommage à la qualité de ses recherches, de sa méthode et de ses travaux sur « le problème des chambres à gaz ». La cour a reconnu l'existence de ce « problème ». Elle a déclaré ne trouver chez M. Faurisson ni légèreté, ni négligence, ni ignorance délibérée, ni mensonge. Elle est allée jusqu'à en tirer une conclusion d'ordre pratique. Au nom du sérieux du professeur et non à cause du droit à la liberté d'opinion, elle a prononcé, en utilisant la conjonction « donc » :

« la valeur des conclusions défendues par M. Faurisson [sur « le problème des chambres à gaz »] relève donc de la seule appréciation des experts, des historiens et du public. »

Le jugement de 1981 avait déçu les adversaires de M. Faurisson parce que les juges avaient refusé de retenir une quelconque « falsification de l'Histoire » ; l'arrêt de 1983 allait les consterner. Les conséquences allaient être les suivantes :

1. Le journal *Le Monde* falsifiait le texte du jugement de 1981 et se trouvait contraint de publier un rectificatif de Me Delcroix, avocat de M. Faurisson ; le même journal tronquait l'arrêt de 1983 en vue d'en faire disparaître la phrase par laquelle la cour déclarait légitime le refus de croire aux chambres à gaz ;

2. Le *Recueil Dalloz-Sirey* falsifiait le texte du jugement et n'allait jamais révéler l'arrêt de 1983 ; cette falsification allait lui valoir une condamnation pour dommage en première instance (1ère chambre du tribunal de grande instance de Paris, jugement du 23 novembre 1983) et en appel (1ère chambre de la cour de Paris, arrêt du 8 février 1985), validée par la Cour de cassation (selon arrêt du 15 décembre 1986) ;

3. Pendant des années, le sort exact du procès intenté au professeur allait être caché par tous les médias, tous les ouvrages spécialisés, tous les historiens jusqu'au jour où, en 1987, Pierre Vidal-Naquet écrivait enfin :

> « La répression judiciaire est une arme dangereuse et qui peut se retourner contre ceux qui la manient. Le procès intenté en 197[9] à Faurisson par diverses associations antiracistes a abouti à un arrêt de la cour d'appel de Paris en date arrêt du 26 avril 1983, qui a reconnu le sérieux du travail de Faurisson, ce qui est un comble, et ne l'a, en somme, condamné que pour avoir agi avec malveillance en résumant ses thèses en slogans. »[94]

4. G. Wellers, lui-même, écrivait :

> « [Faurisson] a été jugé deux fois. Mais en France le tribunal n'est pas qualifié pour se prononcer sur l'existence des chambres à gaz. Cependant il peut se prononcer sur la façon dont les choses sont présentées. En appel, la cour a reconnu qu'il s'était bien

---

[94] P. Vidal-Naquet, *Les Assassins de la mémoire,* La Découverte, 1987, p. 182.

documenté. Ce qui est faux. C'est étonnant que la cour ait marché. »[95]

Ou encore, parlant de l'effort de documentation du professeur, il écrivait ailleurs :

« effort qui, hélas, a impressionné la Cour d'Appel de Paris. »[96]

Sous réserve de ses digressions sur la compétence des juges de France, G. Wellers dit bien, en son langage, que ces juges « ont marché », c'est-à-dire qu'ils ont « cru naïvement » au sérieux du professeur.

Si les juges ont reconnu le sérieux de M. Faurisson et si M. Wellers le déplore, M. Faurisson a le droit de s'en réjouir et d'en faire état et M. Wellers n'a pas le droit de prétendre que M. Faurisson « travestit gravement la réalité et le sens des décisions de justice rendues à son encontre » (p. 6, al. 3) et agit en ce domaine en « "falsificateur" […] de la jurisprudence » (p. 6, al. 4).

G. Wellers oublie de mentionner un jugement du tribunal de grande instance de Paris, 1ère chambre, 1ère section, rendu le 16 décembre 1987 et relatif à la saisie de la première livraison des *AHR*. Le tribunal ordonnait la main-levée de cette saisie attendu que :

« l'exposé même des thèses développées dans la revue de M. Guillaume [le prétendu génocide des juifs et les prétendues chambres à gaz hitlériennes forment un seul et même mensonge historique] et la controverse susceptible de naître à leur sujet relèvent, en l'absence de toute action en responsabilité, de la libre expression des idées et des opinions et d'un débat public entre historiens. »

M. Faurisson est en droit de se féliciter de ce qu'en la circonstance les juges de France aient fini par admettre l'existence et la légitimité d'un « débat public entre historiens » sur la question du génocide et des chambres à gaz.

G. Wellers écrit par ailleurs :

« en tout cas le tribunal, la Cour d'appel et la Cour de Cassation ont considéré qu'il n'y avait pas diffamation à traiter [M.

---

[95] *Le Droit de vivre*, juin-juillet 1987, p. 13.
[96] « Qui est Faurisson ? », *Le Monde Juif,* juillet-septembre 1987, p. 106.

Faurisson] de *"manipulateur* et même de *fabricateur* de textes" (cf. procès Poliakov) » (p. 6, al. 4).

G. Wellers ici renverse les rôles : c'est M. Poliakov qui avait été traité de « manipulateur et même de fabricateur de textes » par M. Faurisson ! Il s'agissait de textes attribués à Kurt Gerstein, et deux ouvrages publiés en 1986 par le Français Henri Roques et l'Italien Carlo Mattogno ont surabondamment prouvé les manipulations et même les fabrications de Léon Poliakov qui, d'ailleurs, s'enferme dans le silence. À l'époque, c'est-à-dire en 1981, L. Poliakov avait eu gain de cause et M. Faurisson avait été condamné pour diffamation. Il devait notamment publier à ses frais les termes du jugement. M. Poliakov se gardait bien de publier le jugement. Il y apparaissait que le tribunal avait relevé chez M. Poliakov des « erreurs fautives » et des « manquements à l'esprit scientifique » ; erreurs et manquements pardonnables, disait le tribunal, vu que M. Poliakov avait agi avec les meilleurs sentiments (jugement de la XVII$_e$ chambre correctionnelle du tribunal de grande instance de Paris, présidé par M. É. Cabié, en date du 3 juillet 1981).

G. Wellers semble avoir commis ici une confusion – révélatrice – avec la conclusion d'un procès intenté par M. Faurisson à M. Jean Pierre-Bloch pour diffamation. Ce dernier avait traité le professeur de « faussaire ». Par un arrêt en date du 16 janvier 1985, la 11$_e$ chambre déboutait M. Faurisson, mais non sans dire que traiter le professeur de faussaire c'était « incontestablement porter atteinte à son honneur et à sa considération » et M. Jean Pierre-Bloch n'avait obtenu gain de cause qu'au bénéfice de « sa bonne foi ».

G. Wellers sait qu'il y a diffamation à traiter ainsi M. Faurisson puisque, directeur du *Monde Juif,* il a reproduit cet arrêt dans la livraison de janvier-mars 1985 (p. 25-29) comme s'il s'agissait d'une publication judiciaire forcée.

G. Wellers sait aussi que *Le Droit de vivre,* publication dans laquelle il écrit, a donné pour titre à un article portant sur cet arrêt (février 1985, p. 7) :

> « Traiter Faurisson de faussaire, c'est le diffamer, mais "de bonne foi". »

G. Wellers sait donc que traiter Faurisson de faussaire, c'est le diffamer et que, selon une comparaison familière et expressive : « La bonne foi est comme les allumettes : elle ne peut servir qu'une fois. »

IV. G. Wellers analyse mal la méthode de R. Faurisson

(de la p. 6, al. 6, à la p. 7, al. 4).

Selon G. Wellers, l'imposture du professeur consisterait

> « à éluder les documents, témoignages, verdicts qui ne corroborent pas les thèses révisionnistes (p. 6, al. 6) »

mais, en réalité, les écrits du professeur ne portent quasiment que sur les documents, les témoignages, les verdicts invoqués par les exterminationnistes ; il ne les élude donc pas.

Selon G. Wellers, l'imposture consisterait également à déconsidérer les juges de Nuremberg et d'ailleurs (p. 6, al. 7) mais, en réalité, le professeur prend en considération tous ces procès, les examine de près et tire, en général, la conclusion que, selon la formule bien connue, « ce n'est pas devant les tribunaux que l'histoire peut trouver ses juges ».

Il est exact que, pour lui, le tribunal de Nuremberg a été le tribunal des vainqueurs. Le procès a été instruit et préparé en quelque cent jours seulement. Il est fondé sur la pratique de la rétroactivité des lois et sur la responsabilité collective. Aucun appel n'était possible. Les vainqueurs jugeaient le vaincu selon des règles hâtivement mises au point par les vainqueurs après la fin du conflit. Les articles 19 et 21 du statut prononçaient que :

> « Le tribunal ne sera pas lié par les règles techniques relatives à l'administration des preuves [...] n'exigera pas que soit rapportée la preuve des faits de notoriété publique mais les tiendra pour acquis [...]. »

Ce tribunal n'a jamais demandé que soit rapportée la preuve de l'existence des chambres à gaz homicides mais a implicitement tenu pour acquise l'existence de celles-ci. Il revient donc à l'historien de rechercher les preuves de ce qui a été affirmé sans être prouvé.

G. Wellers semble prêter au professeur des expressions des juges polonais (ceux de l'au-delà du Rideau de Fer), des juges [allemands] de la honte, des juges israéliens (complices des escrocs juifs) *(ibid)* mais il doit être bien entendu que ces expressions forgées par G. Wellers ne peuvent être mises au compte de M. Faurisson, dont elles déforment la pensée.

G. Wellers, qui critique les juges français, ne semble pas admettre que M. Faurisson ait un jour nommément critiqué un juge canadien ; pourtant ce juge a été sévèrement critiqué et désavoué par l'unanimité des cinq juges de la cour d'appel de l'État d'Ontario qui ont cassé son jugement de condamnation d'Ernst Zündel pour des motifs à la fois de forme et de fond.

G. Wellers, dans le dernier alinéa de la p. 6 et dans les quatre premiers alinéas de la p. 7, énumère un certain nombre de griefs auxquels M. Faurisson ne peut guère répondre parce que ces griefs sont formulés d'une manière trop vague ou même obscure [et] parce qu'ils sont exprimés, comme c'est surtout le cas au dernier alinéa, dans une langue pleine d'impropriétés grammaticales ou syntaxiques.

Il en ressort tout au plus que M. Faurisson fait preuve de « déloyauté » ; cette accusation se concilie certes avec ce que Me Jouanneau, avocat de G. Wellers, a pensé du professeur pendant de longues années mais ne se concilie pas avec l'hommage appuyé que, dans une plaidoirie devant la cour de Paris le 22 novembre 1988, le même Me Jouanneau a cru finalement devoir rendre à la « rigueur » d'esprit de M. Faurisson.

V. G. Wellers spécule sur les sentiments de R. Faurisson

(de la p. 7, al. 5, à la p. 9, al. 7).

Selon G. Wellers, le professeur « ne se résout pas » à marquer « sa considération pour les victimes » (p. 7, al. 5).

En réalité, M. Faurisson au cours d'un colloque d'historiens avait eu les mots suivants, rapportés par *Le Matin de Paris* (16 novembre 1978, p. 17) dans un article que G. Wellers lui-même a déposé en pièce annexe n° 28 de ses conclusions :

> « J'éprouve respect et sympathie pour tous ceux que leurs idées ont conduits en camp de concentration. »

Dans son film vidéoscopique sur « Le Problème des chambres à gaz », M. Faurisson déclarait :

> « Je dois dire que, pour tous ceux qui ont eu à subir ces souffrances, j'ai du respect et de la compassion, et je vous demande de me croire. »

En d'autres circonstances et notamment soit dans ses dépositions devant les tribunaux français et étrangers soit par l'intermédiaire de ses avocats en leurs plaidoiries, il a exprimé son respect, sa sympathie, sa compassion pour les victimes, en même temps, d'ailleurs, que son éloignement pour ceux qui usent et abusent à des fins intéressées de toutes ces souffrances trop réelles.

Jamais un tribunal n'a dit que M. Faurisson rejetait les victimes « dans « le néant des mythes » (p. 7, al. 7) ; il s'agit là d'une dénaturation d'un passage du jugement en date du 8 juillet 1981 (jugement, p. 14).

Jamais M. Faurisson ne s'est présenté comme « l'annonciateur de « bonnes nouvelles pour l'humanité » (p. 7, al. 7). Il a déclaré : « La non-existence des « chambres à gaz » et du « génocide » est une bonne nouvelle »[97] et il a ajouté : « L'homme, pourtant capable de toutes les horreurs, n'a pas été capable de celles-là. Il y a mieux : des millions d'hommes qu'on nous présentait comme des complices d'un crime monstrueux ou comme des lâches ou comme des menteurs ont été honnêtes. J'ai déjà dit que les juifs accusés par leurs enfants de s'être conduits comme des moutons que les Allemands auraient menés à l'abattoir ne méritaient pas cette accusation. J'ajoute que les accusés de Nuremberg et de mille autres procès disaient la vérité quand ils affirmaient à leurs juges-accusateurs ne rien savoir de ces épouvantables massacres. Le Vatican et la Croix-Rouge disaient vrai quand ils confessaient piteusement la même ignorance. Les Américains, les Anglais, les Suisses, les Suédois et tous ces peuples ou gouvernements à qui aujourd'hui des juifs extrémistes reprochent d'avoir été inactifs pendant que, paraît-il, fonctionnaient les abattoirs nazis, n'ont plus à se conduire en coupables repentants. Le résultat le plus méprisable de cette gigantesque imposture était et restera encore pour un certain temps cette mauvaise conscience que les juifs extrémistes ont créée chez tant de peuples et en particulier dans le peuple allemand. »

G. Wellers critique les juges français (p. 7, al. 8) en particulier ceux qui, comme il a été dit plus haut, ont constaté une évidence, à savoir qu'il existe deux écoles historiques sur le problème du génocide et des chambres à gaz et « un débat public entre historiens ».

G. Wellers persiste dans sa critique (p. 8, al. 1 et 2) et, au passage, fait allusion, semble-t-il, à la proposition de loi Fabius-Sarre déposée le 2 avril 1988 « en vue de combattre les thèses révisionnistes » et prévoyant une peine de prison d'un mois à un an et/ou une amende de 2.000 à 300.000 F pour ceux « qui auront porté atteinte à la mémoire ou à l'honneur des victimes de l'holocauste nazi en tentant de le nier ou d'en minimiser la portée » ; cette proposition de loi présente l'avantage de montrer qu'en France les juges ne disposent pas encore d'une loi pour réprimer « les thèses révisionnistes » en tant que telles.

---

[97] S. Thion, *Vérité historique…*, p. 200.

VI. G. Wellers se décrit – faussement – en scientifique ouvert à la discussion et en auteur de publications sérieuses

(de la p. 8, al. 3, à la p. 9, al. 7).

G. Wellers affirme qu'il ne s'est jamais personnellement dérobé à la discussion avec Faurisson (p. 8, al. 3).

En réalité, G. Wellers a toujours refusé toute discussion avec le professeur depuis le jour où ce dernier a été chassé du Centre de documentation juive contemporaine (12 janvier 1978) jusqu'au jour où, lors d'un colloque *(sic)* au grand amphithéâtre de la Sorbonne (12 décembre 1987), G. Wellers lui a publiquement signifié qu'il refusait toute forme de discussion, de dialogue ou de réponse.

Ces deux points sont faciles à prouver. Il suffit de se reporter aux pièces 19 et 32 du propre dossier de pièces annexes assemblées par G. Wellers pour ce tribunal.

Dans la pièce 19 (lettre de G. Wellers à R. Faurisson en date du 27 avril 1978), G. Wellers cherche à justifier l'éviction du professeur. Il rappelle que, dans un article d'*Historia* (août 1977, p. 132), ce dernier a parlé de « l'imposture du génocide ». G. Wellers en a tiré abusivement la conclusion que le professeur tenait pour des « imposteurs » toutes les personnes ajoutant foi à l'existence du génocide. Dans cette lettre, il écrit :

> « j'affirme avec force qu'il est impossible et indigne d'obliger les insultés [dont G. Wellers lui-même] de fréquenter l'insulteur arrogant et décidé à persévérer, à plus forte raison de se mettre ou de se remettre à son service, sauf en violant leur conscience et leur honneur les plus élémentaires. »

Dans la pièce 32 (lettre de G. Wellers à R. Faurisson en date du 11 janvier 1988, soit dix ans plus tard), G. Wellers n'a pas modifié sa position ; il écrit :

> « J'ai bien précisé devant les très nombreuses personnes qui remplissaient le Grand Amphithéâtre [de la Sorbonne] que je refusais de dialoguer avec vous car vous aviez eu l'« audace » de prendre à votre compte l'accusation cynique de Rassinier d'après laquelle les juifs avaient inventé l'« imposture » de six millions de tués et l'emploi de chambres à gaz homicides afin d'arracher à

Adenauer, sans aucune justification, des sommes d'argent astronomiques. »

Dans cette même lettre, G. Wellers dit au professeur qu'il a reçu une lettre anonyme où figure un résumé de la « doctrine révisionniste » et il ajoute :

« Ce résumé est une suprême calomnie qui m'impose le devoir de refuser le moindre contact avec vous. »

G. Wellers a refusé de publier dans sa revue *Le Monde Juif* une lettre que le professeur lui avait envoyée en droit de réponse ; il lui a écrit :

« En général, il ne peut être question ni de publier votre lettre sans réplique de ma part, ni de dialoguer avec un calomniateur, récidiviste. » (11 janvier 1988)

En dix ans, G. Wellers a publiquement mis en cause le professeur Faurisson qu'il a cent fois nommé dans sa revue sans jamais lui accorder de droit de réponse. Les lettres qu'il lui a adressées ont été pour lui signifier son exclusion du CDJC ou pour lui refuser un texte en droit de réponse.

Le professeur, de son côté, a toujours insisté pour avoir un débat public avec G. Wellers et ses amis.[98] Il a toujours protesté contre les résumés caricaturaux qu'on a donnés de sa pensée. Il a toujours précisé que les défenseurs d'une imposture historique peuvent être sincères. Il n'a jamais dit que les juifs avaient inventé cette imposture en vue d'arracher à Adenauer des sommes d'argent astronomiques.[99]

G. Wellers se décrit tout à la fois comme patient, précis, minutieux, humble, courageux et le plus souvent seul (p. 9, al. 6).

Ce dernier qualificatif peut paraître justifié. G. Wellers défend une thèse que défendent également les pouvoirs publics et les médias ; en ce sens il n'est pas seul. Mais il est exact qu'en raison de la médiocre qualité de ses travaux historiques, ses pairs ne le tiennent pas en grande estime ; s'il peut, en cas de difficultés, recevoir tous les appuis désirables, il reste que ses arguments ne sont que très rarement repris dans la littérature de l'Holocauste, sinon jamais. Puisque, aussi bien, G. Wellers a énuméré

---

[98] Voy. « Les Révisionnistes proposent un débat public », vol. II, p. 733.

[99] Nahum Goldmann, président du Congrès juif mondial, a appliqué cet adjectif aux sommes d'argent obtenues du chancelier Adenauer, au titre des « réparations » à verser aux victimes juives du IIIe Reich ; voy. « Profil Nahum Goldmann », TF1, 18 août 1981, transcription, p. 1.

dans ses conclusions (p. 8 et 9) ses deux livres et ses quelques articles, certains de ses écrits ne constituant que des reprises d'écrits anciens ou des traductions en allemand, il convient d'en dire quelques mots.

– *L'Étoile jaune à l'heure de Vichy* est essentiellement la reprise d'un récit publié en 1946 sous le titre *De Drancy à Auschwitz.* L'ouvrage est un mélange de souvenirs, de réflexions diverses et de rappels historiques à peu près dénués de sources et de références. Il ne s'agit pas d'un ouvrage historique. Le titre lui-même est trompeur en ce sens que jamais le régime de Vichy n'a accepté le port de l'étoile jaune.

– « Abondance de preuves » est le titre d'un article publié dans *Le Monde* du 29 décembre 1978 en réplique à l'article dans le même journal et le même jour du professeur Faurisson sur « La Rumeur d'Auschwitz ». G. Wellers prétendait à l'époque que les preuves de l'existence des chambres à gaz homicides étaient abondantes et solides. Dix ans plus tard, comme en écho, le professeur juif américain Arno J. Mayer, ami de Pierre Vidal-Naquet, dans un ouvrage sur « la solution finale » du problème juif, allait écrire :

> « Les sources pour l'étude des chambres à gaz sont à la fois rares et douteuses [Sources for the study of the gas chambers are at once rare and unreliable].[100]

Entre-temps, en 1982, G. Wellers avait participé à la création d'une « Association pour l'étude des Assassinats par Gaz sous le régime national-socialiste (ASSAG) » se proposant de « rechercher et contrôler les éléments apportant la preuve de l'utilisation des gaz toxiques par les responsables du régime national-socialiste en Europe pour tuer les personnes de différentes nationalités ».

– En 1981, G. Wellers avait publié *Les chambres à gaz ont existé, des documents, des témoignages, des chiffres.* L'ouvrage ne contient aucune photo de ces chambres à gaz, soit « en l'état d'origine », soit « à l'état de ruines » (des ruines sont parlantes) qu'on peut voir encore aujourd'hui à Auschwitz, à Birkenau, à Majdanek et en d'autres points d'Europe. G. Wellers se contente de reproduire les plans des crématoires d'Auschwitz, plans découverts et publiés par R. Faurisson. Son livre démontre l'existence de fours crématoires. Il ne démontre nullement l'existence de chambres à gaz, pas même à Auschwitz. Même Serge Klarsfeld allait reconnaître cinq ans plus tard que jusqu'ici on n'avait pas encore publié de « vraies preuves » mais seulement des « débuts de preuves ».[101]

---

[100] A. J. Mayer, *Why Did the Heavens…*, p. 362.
[101] VSD, 29 mai 1986, p. 37, involontairement confirmé par une lettre en forme d'excuses adressée à G. Wellers et publiée dans *Le Monde Juif,* janvier-mars 1987, p. 1.

– G. Wellers a fait partie des vingt-quatre rédacteurs d'un livre intitulé : *Chambres à gaz, secret d'État,* les Éditions de Minuit, 1984. La substance de cet ouvrage composite tient tout entière dans son titre. Ce titre sonne comme un avertissement au lecteur : les chambres à gaz ayant été un secret d'État, c'est-à-dire le plus grand de tous les secrets possibles, le lecteur ne doit pas s'attendre à trouver des preuves de l'existence de ces chambres ! La couverture du livre porte la photo de deux boîtes de Zyklon, c'est-à-dire d'un insecticide. Pour les rédacteurs, les Allemands auraient supprimé toutes les preuves ; ce qu'ils ont laissé par mégarde serait codé ; il faut donc décoder ce qui est codé. Les « preuves » apparemment solides sont des jugements de tribunaux allemands mais, ce qui est caché au lecteur, c'est que les magistrats allemands ont inséré dans leurs jugements la version officielle des faits telle que déterminée par un Office central de recherches des crimes nazis établi à Ludwigsburg et où des procureurs se sont improvisés historiens. L'auteur principal de l'ouvrage est Adalbert Rückerl (aujourd'hui décédé), lui-même procureur et dirigeant de cet office. Le résultat est le suivant : quand, dans ce livre, A. Rückerl cite à l'appui d'une affirmation sur Auschwitz ou sur Treblinka un jugement de tribunal allemand, c'est, en fait, lui-même qu'il cite. On pourrait dire que ce procureur, d'une certaine manière, ne cesse donc de répéter tout au long de l'ouvrage : « Ceci est vrai, parce que je l'ai dit (par personnes interposées) ».

Il est à première vue étrange que G. Wellers n'ait pas cité la version française de cet ouvrage ; cette version est accessible à tout Français. Il a préféré citer la version allemande. Pourquoi ?

On en vient ici à un point particulièrement grave de la personnalité de G. Wellers.

Si ce dernier avait cité la version française (*Chambres à gaz, secret d'État*), il aurait été loisible aux magistrats de cette cour de noter qu'à la page 300 de l'ouvrage, G. Wellers est décrit comme un « professeur de physiologie et de chimie à la Sorbonne, maître de recherches honoraire au Centre national de la recherche scientifique ».

Or, G. Wellers n'a jamais été professeur à la Sorbonne et *il est même probable qu'il est démuni du moindre diplôme universitaire.* Il est probable qu'il a fait carrière au CNRS sans même le baccalauréat. Ce sont les révisionnistes qui ont détecté dans la vie de G. Wellers cette étrange zone d'ombre sur laquelle l'intéressé a jusqu'ici jeté le voile et obstinément refusé d'apporter des éclaircissements.[102]

---

[102] voy. *AHR*, printemps 1987, p. 169 ; *AHR*, printemps 1988, p. 14 et, pour le droit de réponse de G. Wellers, p. 151-152 ; *AHR*, été-automne 1988, p. 113-118 [la réponse, sollicitée, de G. Wellers n'a jamais été obtenue] ; *AHR*, hiver 1988-1989, p. 172-175 [G.

VII. G. Wellers développe ses propres vues générales sur la « solution finale » et ses vues particulières sur le « document Dannecker »

(passim de la p. 10, al. 8, à la p. 18, al. 2, et, en particulier, p. 13, dernier alinéa).

G. Wellers soutient la thèse selon laquelle les expressions de « solution finale de la question juive » et de « traitement spécial » ne seraient que des euphémismes à décoder.

Si tel était le cas, où pourrait être la « falsification » du professeur (p.9, al. 9) ? Si ce dernier refusait de croire à l'existence d'un tel code, et si, de surcroît, il contestait à G. Wellers la qualité d'expert en décodage, où serait la « falsification » ? La différence, ici, entre G. Wellers et R. Faurisson est tout au plus que l'un « décode » et que l'autre ne « décode » pas. G. Wellers affirme que ses propres observations sont fondées sur deux séries de documents :

> « de[s] documents pour la plupart connus de tous et de Faurisson en particulier mais aussi de[s] documents nouveaux découverts depuis 1985 et dont les traductions jurées sont produites aux débats *(ibid.)*. »

Si G. Wellers déclare que la plupart des documents sont connus de tous et, en particulier de R. Faurisson, c'est qu'il a pu constater que R. Faurisson a mentionné et probablement discuté ces documents. Il conviendrait donc que G. Wellers, pour éclairer le tribunal, mentionne un à un ces documents, rappelle où et comment R. Faurisson en a discuté et prouve à l'occasion que R. Faurisson, dans cette discussion, a procédé en falsificateur. Or, à aucun instant, on ne voit G. Wellers éclairer le tribunal en ce sens.

Quant aux « documents nouveaux découverts depuis 1985 », il conviendrait de dire qui les a découverts, où et quand, et s'ils ont été ou non rendus publics de sorte que le professeur Faurisson, là aussi, aurait pu les discuter, éventuellement à la manière d'un falsificateur. Rien ne permet à G. Wellers d'affirmer que tel document qui est nouveau pour lui l'est aussi pour le professeur Faurisson. Peut-être ce dernier, qui a étudié depuis de très longues années la question du génocide et qui a,

---

Wellers refuse de répondre à la question suivante : « Quels diplômes universitaires possédez-vous ? »]

notamment au CDJC, examiné des milliers de documents, connaît-il déjà ces documents qui pour G. Wellers sont nouveaux.

Si, enfin, ces documents étaient vraiment nouveaux, à ce jour, pour R. Faurisson comme ils l'étaient naguère pour G. Wellers, comment pourrait-on reprocher au professeur de ne pas les connaître et, s'il ne les connaissait décidément pas, comment aurait-il pu à leur propos se rendre coupable de falsifications ?

G. Wellers dit :

> « Il m'appartient de justifier cette appellation [de falsificateur] et je le ferai en donnant brièvement quelques exemples [...] » (p.10, al. 3)

Si G. Wellers emploie le futur, c'est qu'il reconnaît que jusqu'ici, c'est-à-dire du début des présentes conclusions jusqu'à cet endroit-ci de la p. 10, cette justification n'a encore été apportée dans aucune des pages qui précèdent.

Selon G. Wellers, l'expression de « solution finale de la question juive » signifierait « l'extermination intégrale des juifs » (p. 10, al. 4) et il en donne pour preuve une note du 13 mai 1942 signée Dannecker concernant le matériel roulant pour le transport de juifs de France vers l'Est (pièce annexe n° 2).

À deux reprises, G. Wellers ne craint pas d'affirmer que le professeur s'est totalement abstenu de parler de ce document :

1. « De même M. Robert Faurisson ne parle jamais du document suivant qui se trouve dans les archives du CDJC sous la cote XXb-29 » (p. 13, dernier alinéa) ;
2. « Comme toujours faute de mieux, M. Faurisson espère naïvement se débarrasser des déclarations de l'un [Himmler] et de l'autre [Dannecker] qui l'accablent, par le mutisme absolu » (p. 14, al. 4).

En réalité, le professeur Faurisson a bel et bien mentionné et commenté cette note.[103]

Le capitaine Theodor Dannecker, un ancien avocat, avait été responsable des affaires juives à Paris de septembre 1940 à septembre 1942, pour le compte de l'Office central de sûreté du Reich à Berlin. Dans

---

[103] Voy. *Réponse à Pierre Vidal-Naquet*, p. 29 ; en outre, l'année précédente, dans une étude dactylographiée en date du 7 février 1981 et intitulée « Les friponneries de Georges Wellers », le professeur s'était longuement étendu sur la manière dont G. Wellers avait reproduit cette note de Dannecker en la tronquant ; R. Faurisson avait envoyé son étude au professeur américain Robert Paxton et au professeur canadien Michaël Marrus qui avaient conjointement publié *Vichy et les juifs*, et avaient commis l'erreur de reproduire la « traduction » de G. Wellers.

sa note du 13 mai 1942, qui ne porte aucun tampon marquant le secret, il rend compte à ses supérieurs d'une conversation fortuite avec le général Kohl, chargé des transports ferroviaires en France. L'entretien – informel – dure une heure et quart. Dannecker en retire la promesse que ce général lui fournira le matériel roulant et les locomotives nécessaires pour le transport des juifs vers l'Est. Au cours de la conversation, le général lui déclare qu'il est en faveur de la solution prochaine de la question juive en France occupée : c'est une nécessité vitale pour les troupes d'occupation [Rappelons ici que les juifs ont effectivement joué un rôle important dans la résistance armée : attentats, sabotages, etc.]. Il est partisan d'un « point de vue radical » [einen radikalen Standpunkt] même au risque de paraître « brutal » aux yeux de « certaines personnes ». Dans le passage dont G. Wellers tire argument, Dannecker écrit :

> « Au cours de notre entretien d'une heure et quart, j'ai donné au général un aperçu de la question juive et de la politique juive en France. J'ai pu alors constater qu'il est un adversaire [Judengegner] sans compromis des juifs et qu'il approuve à 100 % une solution finale de la question juive ayant pour but l'écrasement complet de l'ennemi [restloser Vernichtung des Gegners]. »

Il n'y a là rien qui permette d'affirmer que « solution finale » signifie « programme d'extermination physique » ! Le général parle en militaire. Dès lors qu'il y a un ennemi [Gegner], il ne s'agit pas de ménager celui-ci mais de l'éliminer complètement. Pour la sécurité de ses troupes, il est en faveur d'une élimination des juifs qui sont en zone occupée et cette élimination se fera grâce à une déportation vers l'Est.

Suit une phrase de neuf mots allemands que G. Wellers a supprimée dans l'article qu'il a consacré en 1980 à la « Déportation des juifs en France sous l'occupation. Légendes et réalités ».[104]

Cette phrase, partie intégrante de l'alinéa où le général parle des juifs comme de l'« ennemi » [Gegner], complète l'idée qu'il se fait de cet « ennemi ». La phrase est la suivante :

> « Il s'est aussi montré un ennemi [Gegner] des Églises politiques [Er zeigte sich auch als Gegner der polifischen Kirchen]. »

---

[104] G. Wellers, « Déportation des juifs en France sous l'occupation. Légendes et réalités », p. 97.

Il va de soi que la suppression de cette phrase, où le général est décrit aussi comme un ennemi des églises politiques, permet d'égarer le lecteur et de lui faire croire que dans cette note le capitaine Theodor Dannecker et le lieutenant-général Kohl n'ont qu'un ennemi : les juifs. Or, en réalité, ils ont deux ennemis, situés sur le même plan : les juifs et les tenants des « églises politiques » ; pas plus dans un cas que dans l'autre, il ne s'agit d'assassiner ces ennemis.

(Il est à noter que la traduction jurée est infidèle au texte sur certains points majeurs de cette note qu'il aurait fallu traduire avec le plus grand scrupule, vu l'importance que croit devoir lui accorder G. Wellers.)

La lettre du 15 mai 1942, soit deux jours après la note de Dannecker, confirme bien que le général est un « ennemi absolu des juifs » [*absoluter Judengegner*] et qu'en conséquence le transport des juifs (et non leur extermination !) en sera facilité.

VIII. G. Wellers invoque à tort le discours de Himmler

(p. 10, al 4 ; p. 13, al. 4 et 5 ; p. 14, al. 1).

À trois reprises, G. Wellers fait état d'un discours prononcé par Himmler le 6 octobre 1943 à Posen (p. 10, al. 4 ; p. 13, al. 4 et 5 ; p. 14, al. 1). À propos de ce discours qui, pour lui, est au fondement même de la thèse exterminationniste (pièce annexe n° 1), G. Wellers écrit :

Ce document est ignoré par M. Robert FAURISSON (p. 13, al. 6).

Il récidive en prétendant que le professeur « affirme que le génocide des juifs est un mythe » :

> « Sans jamais faire la moindre allusion aux discours de Himmler, comme s'ils n'existaient pas (p. 14, al. 1). »

En réalité, le professeur Faurisson a mentionné ce document, en a cité l'essentiel de l'extrait cité par G. Wellers, l'a discuté et a également mentionné, cité et discuté d'autres discours de Himmler de même nature.[105]

Ces discours de Himmler, qui n'avaient rien de « secret » contrairement à ce qu'on en dit parfois, s'adressaient à des parterres de généraux ou de responsables civils ou militaires et s'inscrivaient dans un contexte de « guerre totale » où, du côté des Allemands comme du côté des Alliés, on se promettait de ne pas faire de quartier : « les judéo-bolcheviques veulent notre mort, c'est nous qui aurons la leur » ; « un bon Allemand est un Allemand mort » ; « qu'un sang impur abreuve nos

---

[105] Voy. *Réponse à Pierre Vidal-Naquet*, p. 22-25.

sillons », etc. Les *actes* qui suivaient ces *paroles,* M. Faurisson le prouve en particulier à propos d'un discours tenu à Sonthofen[106], même s'ils peuvent être jugés cruels, n'avaient rien à voir avec une politique d'extermination physique des juifs.

IX. G. Wellers livre sa propre interprétation d'une lettre de Göring et du « procès-verbal » de Wannsee

(p. 10, al. 14 et 15J.

Selon G. Wellers, la lettre de Göring à Heydrich du 31 juillet 1941 et le « procès-verbal » de la réunion dite de Wannsee apporteraient la preuve d'une politique d'extermination des juifs appelée « solution finale de la question juive » (p. 10, al. 14).

Les erreurs et omissions accumulées par G. Wellers dans l'alinéa de seize lignes qu'il consacre à ces deux pièces sont trop nombreuses pour être ici relevées et corrigées.

L'expression de « solution finale de la question juive » existait longtemps avant cette lettre de Göring et, à un moment donné, elle s'est appliquée au « plan » ou « projet » de Madagascar. Les Allemands envisageaient le transfert des juifs dans l'île de Madagascar. Cette solution était « territoriale » : en allemand, « territoriale Endlösung ». À quelque époque que ce fût, elle n'a jamais impliqué une extermination des juifs, pas plus que la solution finale du problème palestinien ou la solution finale du chômage ne sauraient impliquer une extermination des Palestiniens ou des chômeurs.

Dès le début des années 80, les historiens ont commencé à abandonner la thèse – encore défendue ici par G. Wellers – selon laquelle ces deux documents, ou d'autres encore, prouveraient l'existence d'un plan d'extermination. Mieux : les historiens en sont progressivement venus à considérer que nous ne possédons aucune preuve de l'existence d'un ordre, d'un plan ou d'un budget d'extermination des juifs. Au début des années 80, ces historiens, d'accord pour continuer d'affirmer l'existence d'un génocide et de chambres à gaz, se sont scindés en « intentionnalistes » et « fonctionnalistes ». Les « intentionnalistes » (en voie de disparition) prétendent qu'il faut *supposer* à l'origine du génocide une « intention » de Hitler. Les « fonctionnalistes » estiment qu'on peut se passer d'une telle hypothèse et que, de la même façon que la fonction crée l'organe, le génocide s'est produit de façon anarchique, sans ordre, sans plan, sans budget, sur des initiatives locales et individuelles. Cette

---

[106] *Id*, p. 25.

controverse, d'allure métaphysique, commence à susciter le scepticisme même parmi ces historiens, mais le résultat est là :

S'il existait une seule preuve scientifique de l'existence d'une politique d'extermination des juifs, la controverse entre « intentionnalistes » et « fonctionnalistes n'aurait jamais existé.

On se trouve, en réalité, de part et d'autre devant des constructions d'hypothèses et de spéculations.[107]

G. Wellers admet implicitement qu'il se livre lui-même à des spéculations sur tout le chapitre de la « solution finale » quand il écrit :

> « Il existe une riche documentation nazie traitant de la "solution finale de la question juive" sans qu'il y soit explicitement dit en quoi consiste cette solution. » (p. 10, al. 5)

Léon Poliakov, que G. Wellers ne saurait récuser et qu'il mentionne dans ses propres conclusions (p. 6, al. 4, et p. 9, al. 2), a écrit qu'à la différence de toute autre action du III$_e$ Reich :

> « Seule, la campagne d'extermination des Juifs reste, en ce qui concerne sa conception, ainsi que sous bien d'autres aspects essentiels, plongée dans le brouillard. Des inférences et considérations psychologiques, des récits de troisième ou de quatrième main, nous permettent d'en reconstituer le développement avec une vraisemblance considérable. »

et il déclare :

> « Aucun document n'est resté, n'a peut-être jamais existé. »[108]

À la réunion de Wannsee, Heydrich réunit quatorze et non seize (p. 10, al. 5) hauts fonctionnaires et leur fit part de son *intention* de procéder à la solution finale de la question juive par l'évacuation (c'est-à-dire la déportation) des juifs vers l'Est. Ceux qui pourraient être affectés au travail y seraient astreints, avec séparation des sexes (comme dans toute prison ou tout camp). Les juifs qui survivraient à cette épreuve seraient après la guerre remis en liberté et constitueraient la cellule germinative

---

[107] Voy. Carlo Mattogno, « Le Mythe de l'extermination des juifs ».
[108] L. Poliakov, *Bréviaire de la haine*, p. 171.

d'un renouveau juif. Tel est l'essentiel de ce texte qui présente, il faut le dire, un défaut majeur : il ne comporte aucun en-tête, aucune signature.[109]

Même en Allemagne et jusqu'à la fin de la guerre (mai 1945), il est resté des juifs en tant que tels, non clandestins et des millions de juifs européens ont survécu à la guerre.

X. G. Wellers développe ses propres vues sur les Einsatzgruppen et le Kommissarbefehl

(p. 11, al. 6, à p. 13, al. finissant par « la question juive »).

Incapable de prouver l'existence d'un ordre, d'un plan ou d'un budget d'extermination des juifs et incapable de produire la moindre preuve de l'existence d'une chambre à gaz homicide ou d'un camion homicide, G. Wellers adopte une position de repli. Pour lui, ce qu'on a pris l'habitude d'appeler « l'ordre des commissaires » contiendrait au détour d'une phrase la preuve qu'on fusillait **tous les juifs** sur le front russe et certains rapports des *Einsatzgruppen* ou troupes d'intervention rendraient compte de ce massacre systématique (p. 11, al. 6 ; p. 12 ; p. 13, première moitié).

Si l'activité des *Einsatzgruppen* avait eu d'aussi claires conséquences, il y a longtemps que les historiens l'auraient souligné et il n'y aurait pas eu de controverse entre « intentionnalistes » et « fonctionnalistes ». En réalité, l'affaire est obscure du propre point de vue de G. Wellers puisqu'il dit qu'il a « entrepris d'élucider » entre 1985 et 1988 le « fait » de « l'extermination de juifs » dans les territoires conquis à l'Est par la Wehrmacht. On remarquera qu'il écrit « l'extermination de juifs » (p. 11, al. 6) et non pas « l'extermination des juifs ». S'il entend par là qu'il y a eu sur le front de l'Est des massacres de juifs, personne ne le lui contestera. La guerre est faite d'une succession de massacres de militaires et de civils, hommes, femmes et enfants confondus. Sur le front de l'Est, la guerre de partisans, à laquelle les juifs ont parfois pris une part très active, a été atroce de part et d'autre ; de part et d'autre, civils et militaires ont payé un lourd tribut dans cette guerre de tous contre tous (« *Bellum omnium contra omnes* »).

À la p. 13 (al. 1), G. Wellers ose présenter, comme s'il s'agissait d'un document allemand, un tableau intitulé :

---

[109] La pièce annexe n° 9 déposée par G. Wellers contient un court article du professeur Faurisson sur « Wannsee ». Quelques fautes commises par le responsable de la revue sont signalées dans *Revision* n° 4, p. 19.

« Résultats de l'exécution du « *Kommissarbefehl* » par l'*Einsatzgruppe* « A » dans les pays baltes et en Ruthénie blanche à la date du 1er février 1942. »

Or, ce titre semble être de l'invention de G. Wellers et les chiffres paraissent résulter d'une compilation.

À l'appui de ces affirmations, G. Wellers invoque l'ouvrage de Krausnick et de Wilhelm sur les Einsatzgruppen (pièce annexe n° 8) mais pas un instant, dans cet ouvrage de 688 pages, les auteurs ne produisent un ordre ou un plan d'extermination des juifs soviétiques. Le « document Jäger » (essentiellement, une pièce qui se présente comme un télégramme rapportant l'exécution de plusieurs centaines de milliers de juifs) n'a jamais été expertisé et, surtout, les sources dont il s'inspire sont inconnues. Krausnick et Wilhelm se sont fiés, trop souvent, à des procès-verbaux du NKVD ou du KGB, qu'ils citent textuellement. Ils ne se soucient pas de répondre aux arguments et à l'enquête que Reginald Paget, avocat du maréchal Manstein mais pas du tout révisionniste, avait rendus publics en 1951 dans *Manstein, His Campaign and His Trial*. Cet avocat, rappelant qu'il n'y avait jamais eu plus de trois mille hommes et femmes dans ces groupes d'intervention tout le long de l'immense front russe, y compris le personnel d'administration, les secrétaires, télétypistes, radios, interprètes et chauffeurs de camions, avait prouvé que ces groupes n'étaient pas organisés pour exterminer la population juive de la Russie occupée. D'ailleurs, jusqu'à la fin de l'occupation allemande, il est resté dans cette partie de l'Union soviétique bien des ghettos et bien des camps de travail juifs. Après la guerre, les Soviétiques auraient dû ouvrir les gigantesques charniers où les *Einsatzgruppen* n'auraient pas manqué d'enterrer leurs victimes. Aujourd'hui, en 1989, plus il se découvre de charniers en Union soviétique, plus on s'aperçoit que des massacres mis sur le compte des Allemands étaient, comme à Katyn (mais pas seulement à Katyn), en fait imputables au NKVD.

En temps de guerre, les chiffres des communiqués de guerre sont considérablement gonflés quand il s'agit des pertes ennemies. Ce n'est pas à l'échelon de l'état-major, mais peut-être à celui de la compagnie qu'il faudrait vérifier ces chiffres. R. Paget, examinant le cas de Simferopol où les *Einsatzgruppen* auraient tué dix mille juifs, arrivait après enquête à la conclusion que le véritable nombre se situait aux environs de trois cents :

« Ces 300 n'étaient probablement pas tous juifs mais un ensemble varié de gens suspects d'activités de résistance. »[110]

Au procès de Nuremberg, l'avocat Laternser rappelait le cas d'un « *Volksdeutsche* » exécuté par les Allemands en raison d'un crime commis contre une juive (soit dit en passant, on connaît d'autres cas de ce genre). Il déclarait :

> « [L'affidavit 1637 du général Kittel] D'après cet affidavit, le maire de Marinka, Allemand de l'étranger, à cause d'un crime commis contre une juive, a été condamné par un tribunal militaire et fusillé. Comment pourrait-on comprendre un tel jugement si, d'un autre côté, les chefs militaires avaient ordonné ou toléré l'assassinat de milliers de juifs ? »[111]

On pourrait accumuler ainsi des faits, de dimensions variables, qui viennent contredire l'existence d'une politique d'extermination des juifs en Union soviétique ou même de massacres aux proportions gigantesques.

Une profonde révision de l'histoire des *Einsatzgruppen* est en cours, que G. Wellers ignore probablement. À la fin de 1987, la revue *Holocaust and Genocide Studies,* éditée notamment par Yad Vashem (Jérusalem), a publié une étude, signée Yaacov Lozowick, sur les activités de l'*Einsatzgruppe C*.[112] La version originale de cet article avait été publiée en décembre 1985 dans une revue hébraïque. L'auteur écrit pour commencer :

> « Il importe de noter l'observation de Hans-Heinrich Wilhelm [l'un des deux auteurs de l'ouvrage cité par G. Wellers] selon laquelle les rapports [des *Einsatzgruppen*] qui existent encore sont ceux mis au point à Berlin et non les originaux rédigés au front. »

Dans son chapitre sur « Les *Einsatzgruppe*(n) et la solution finale », l'auteur écrit :

---

[110] R. Paget, *Manstein, His Campaign and His Trial*, p. 170.
[111] *TMI, Débats*, XXI, p. 413.
[112] Y. Lozowicz, « Rollbahn Mord: The Early Activities of *Einsatzgruppe C* ».

« L'importance des *Einsatzgruppen* dans l'évolution de la solution finale, sujet de controverse dans l'historiographie contemporaine, reste à déterminer. »

Après ce début qui montre que ce qui est transparent pour G. Wellers est un sujet de controverse dans la communauté des historiens (exterminationnistes), l'auteur énumère, sur plus de trois pages particulièrement denses, les raisons pour lesquelles il est devenu difficile de croire à une politique d'extermination des juifs de Russie.[113] Certaines de ces raisons avaient été exprimées par les avocats Laternser ou Paget dans les années 1946-1951 ou par des auteurs révisionnistes. D'autres sont nouvelles et, en particulier, l'auteur admet sans difficulté que la fameuse confession à Nuremberg du général SS Ohlendorf, chef de l'*Einsatzgruppe* D – confession qui servait jusqu'ici de base à l'accusation portée par les tribunaux et historiens contre les *Einsatzgruppen* – est trop douteuse pour qu'on en tire argument.

G. Wellers fait état d'un rapport du 19 décembre 1941, qu'il verse au dossier (pièce non numérotée). Il s'agit d'un rapport rédigé à Berlin, et donc sujet à caution pour ce qui est des chiffres mais, tel quel, il montre que les exécutions de juifs ou de non juifs sont présentées justifications à l'appui, ce qui exclut que les *Einsatzgruppen* aient eu carte blanche pour « exterminer les juifs ». D'ailleurs, bien des passages du rapport montrent que les juifs étaient astreints au port de l'étoile, au travail forcé, à la vie en ghetto, etc.

Le « *Kommissarbefehl* » n'a pas existé en tant que tel. On a pris l'habitude de désigner sous ce terme quelques documents concernant les commissaires politiques de l'Armée rouge. Hitler, avant le début de la campagne de Russie, refusait de considérer ces commissaires politiques comme des combattants. Au reste, l'Union soviétique ne pouvait, disait-il, demander à son profit l'application d'accords internationaux (Genève, La Haye) auxquels elle n'avait pas souscrit et dont elle n'entendait pas faire bénéficier les prisonniers allemands.

G. Wellers consacre au « *Kommissarbefehl* » la page 12 de ses conclusions. Dans le premier alinéa, il cite la directive n° 21, « Cas Barbarossa » (pièce annexe n° 4). Cette longue directive ne comporte rien sur les juifs, pas même le mot de « juif ». G. Wellers en cite les deux phrases suivantes :

---

[113] *Id.*, p. 233-236.

« L'armée allemande doit être préparée à abattre la Russie soviétique en une campagne rapide (cas Barbarossa) avant même la fin de la guerre contre l'Angleterre.

L'armée de terre emploiera à cette fin toutes les formations nécessaires, à cette restriction près que les territoires occupés devront être assurés contre les surprises. »

G. Wellers commente : « Phrase obscure, ambiguë ! » Certes, la traduction est embarrassée, mais la phrase n'est ni obscure, ni ambiguë, ni lourde de menaces pour les juifs.

La pièce suivante est signée par le maréchal Keitel et datée du 13 février 1941 (pièce annexe n° 5). Cette longue directive ne comporte, à l'instar de la précédente, rien sur les juifs, pas même le mot de « juif ». G. Wellers en cite l'extrait suivant :

« Dans le territoire d'opération de l'armée, le Reichsführer SS se voit attribuer des tâches spéciales qui découlent de la lutte à mener à sa fin entre deux systèmes politiques opposés. Dans le cadre de ces tâches, le Reichsführer SS agit indépendamment et sous sa propre responsabilité » (p. 12, al. 2).

G. Wellers commente :

« Ainsi les troupes de Himmler, c'est-à-dire les *"Einsatzgruppen"* constitués par des formations SS, sélectionnés et entraînés aux missions brutales, sanglantes, sauvages sont chargés de maintenir l'ordre et la sécurité. »

Mais G. Wellers a omis de traduire un groupe de cinq mots allemands (*zur Vorbereitung der politischen Verwaltung*) qui permettent de comprendre que Himmler se voyait attribuer des tâches spéciales « en vue de la préparation de l'administration politique ». À l'administration communiste allait succéder une administration nationale-socialiste. Où sont les préparatifs d'une extermination systématique des juifs ? Les SS étaient en nette minorité dans les *Einsatzgruppen* et la plupart des subalternes et des chefs étaient « inaptes au service armé » et « relativement âgés ».[114]

G. Wellers fait état d'un « très long discours » prononcé par Hitler le 30 janvier 1941 « devant un parterre d'officiers de haut rang » (p. 12, al.3) et il en cite un extrait de soixante-cinq mots.

---

[114] R. Hilberg, *La Destruction des juifs d'Europe*, p. 251 et 285.

Mais, vérification faite, il s'agit d'un extrait de l'« *adaptation* » française d'un ouvrage du général Walter Warlimont et celui qui parle ici, selon toute apparence, n'est pas même le général allemand mais un colonel belge et le co-auteur de l' » *adaptation* ».[115] D'ailleurs, la lecture attentive des p. 99-103 de cet ouvrage permet de contester la thèse de G. Wellers. Par exemple :

– p. 99, al. 4 : « Warlimont s'exécuta. Sa nouvelle version gardait toutefois le silence sur le sort à réserver aux autorités bolcheviques et aux commissaires » ;

– p. 100, al. 2 : « Aucun des officiers mêlés aux conversations et à l'élaboration des ordres ne pouvait soupçonner le moins du monde que les « Détachements Spéciaux de la Police de Sécurité » (*Einsatzgruppen*) allaient entreprendre dès le début de la campagne, sous le couvert de ces conventions et sur ordre secret de Hitler à Himmler, l'extermination massive et systématique des juifs dans les zones arrière à l'Est » ;

– p. 102, al. 3 : « Wagner ajouta cependant que l'OKH veillerait à ce que tout abus soit évité » ;

– p. 103, al. 1 : « À son retour de Paris, fin mai [1941], Warlimont trouva sur sa table la version définitive, approuvée par Hitler, de l'« ordre des commissaires » ; les restrictions suggérées par lui y étaient reprises presque mot à mot ;

– p. 103, al. 4 : « Il est incontestable que l'ordre fut suivi pendant les premières semaines de campagne, mais sur une échelle réduite, ainsi que le montre le nombre élevé de commissaires recensés dans les camps de prisonniers au cours de l'été 1941. En décembre [1941], avec le début de la "crise d'hiver", il avait perdu toute valeur pratique ».

G. Wellers mentionne enfin une directive, très connue des historiens sous la cote PS-502, cote du tribunal de Nuremberg (pièce annexe de G. Wellers, n° 7). Il affirme que dans ce document il est prescrit d'exécuter « *tous les juifs* » (« *alle Juden* ») sans jugement (p. 12, al. 4). Il en présente une traduction dont il n'indique pas la source et qui est la suivante : Henri Monneray, *La Persécution des juifs dans les pays de l'Est, présentée à Nuremberg*, p. 102-105. G. Wellers a-t-il cherché à dissimuler le fait que cette traduction provenait du CDJC, auquel il appartient ? Cette traduction est entièrement à revoir. On trouvera une

---

[115] Voy. pièce annexe de G. Wellers n° 6, p. 100, les six dernières lignes et, p. 101, les deux premiers mots.

analyse de cette traduction (adoptée par G. Wellers non sans dénaturations complémentaires) dans l'article susmentionné du professeur Faurisson sur « Les friponneries de Georges Wellers », du 7 février 1981, qui portait essentiellement sur une étude de ce dernier dans *Le Monde Juif* d'octobre-décembre 1980, p. 117-127 et intitulé : « Le "traitement spécial" – "*Sonderbehandlung*" – qu'est-ce que c'est ? » Dans ce document PS-502, il n'est aucunement question d'exécuter tous les juifs là où les *Einsatzgruppen* les trouveront, c'est-à-dire sur place en Union soviétique ! Cette directive ordonne une enquête dans les camps de prisonniers de guerre russes. Selon la directive, il faudra procéder à une vérification de tous les prisonniers, à un tri (*Aussonderung*) et à un traitement (*Behandlung :* mot traduit par « traitement spécial ») ultérieur en conséquence : d'une part les éléments indésirables, d'autre part les personnes susceptibles d'être employées à la reconstruction des territoires occupés. En premier lieu, il faudra **découvrir** (*ausfindig machen*), et non pas **exécuter**, tous les **fonctionnaires importants** de l'État et du parti communiste, **en particulier** (*insbesondere :* mot supprimé dans la traduction)… Suivent des personnes de neuf catégories différentes, l'expression « tous les juifs » étant mentionnée dans la huitième catégorie. Chaque semaine il faudra informer Berlin du nombre de personnes *suspectes* et du nombre de personnes *non suspectes* et communiquer les noms de toute personne découverte comme étant fonctionnaire du Komintern, haut fonctionnaire du Parti, commissaire du peuple, personnalité influente et commissaire politique. Les juifs en tant que tels ne sont pas mentionnés. Ultérieurement, Berlin décidera des exécutions éventuelles dont il faudra rendre compte, nom par nom. Ici, les exécutions sont appelées soit « *Exekutionen* » soit « *Sonderbehandlung* » (traitement spécial). Auparavant le mot de « *Behandlung* » ne pouvait être traduit que par « traitement » : un traitement pour les éléments indésirables ou dangereux (criminels, etc.) et un autre traitement pour les personnes récupérables dans ces camps.

Le 12 décembre 1987, au colloque antirévisionniste de la Sorbonne, G. Wellers utilisait une fois de plus l'argument du document PS-502 (qu'il ne nommait pas) pour affirmer que les Allemands avaient rédigé une directive pour tuer sur place, sur le front russe, « tous les juifs ». À la présidente de séance et à G. Wellers, le professeur Faurisson faisait remettre une question écrite ; il demandait dans quel contexte apparaissaient les mots « tous les juifs » ; G. Wellers répondit qu'il refusait de dialoguer avec un négateur du génocide (voy. sa pièce annexe n° 32, lettre du 11 janvier 1988, où il revendique ce refus « de dialogue », ainsi que p. 14, al. 3).

XI. G. Wellers parle des révisionnistes Ernst Zündel et Richard Harwood

(p. 11, al. 1).

G. Wellers se laisse entraîner à des digressions sur Ernst Zündel et Richard Harwood (p. 11, al. 1-5 ; p. 14, al. 3) ; en annexe n° 3, il dépose la pièce décrite comme « *Brochure*. Publiée GB. Zündel ; ».

La brochure en question est une traduction de *Did Six Million Really Die ?* (trente-cinq pages) publiée en Grande-Bretagne vers 1974. G. Wellers en cite de très courts fragments des seules pages 5 et 6. En annexe, il dépose curieusement la photocopie des vingt-neuf premières pages ; les six pages finales ne sont pas fournies. Est-ce à cause de la p. 30 qui reproduit une photo particulièrement significative des falsifications auxquelles se livrent couramment les amis de G. Wellers ? Ou est-ce, aussi, à cause du chapitre consacré à la Croix-Rouge et du chapitre intitulé « Enfin la vérité ! L'œuvre de Paul Rassinier » ?

G. Wellers écrit :

> « Dans cette brochure on peut lire « […] que la politique envers les juifs avait changé pendant la guerre uniquement pour des raisons de sécurité militaire » (p. 11, al. 2). »

Par une habile coupure du texte, G. Wellers cache à son lecteur que R. Harwood donne ici une source et rapporte une observation faite par Himmler à Mussolini. En effet, le texte de la brochure (p. 5, col. A, al. 3) porte :

> « Le 11 octobre 1942, Himmler fit savoir à Mussolini que la politique allemande envers les Juifs avait changé pendant la guerre uniquement pour des raisons de sécurité militaire. »

G. Wellers procède au même type de coupure pour l'extrait qu'il reproduit à la p. 11, al. 3. Cette fois-ci, la volonté de présenter R. Harwood comme un auteur qui s'autorise de pures affirmations sans indiquer aucune source est patente.

On se reportera à la brochure, p. 6, col. A, al. 3. G. Wellers a commencé par supprimer tous les mots par lesquels R. Harwood dit qu'il rapporte une « décision » signifiée le 10 février 1942 au personnel du ministère des affaires étrangères allemand par [Franz] Rademacher, adjoint de [Martin] Luther. Pour mieux offusquer encore la réalité, G. Wellers récidive en supprimant ensuite les mots : « Il est dit dans cette directive ». Le résultat est qu'il a totalement occulté cette « décision » ou cette « directive » et fait passer Harwood pour une sorte d'historien à « pseudo-idées » partagées par Robert Faurisson (p. 11, al. 4).

Sur sa lancée, il qualifie ces « pseudo-idées » de « divagations » qu'il attribue à E. Zündel que R. Faurisson, ce « falsificateur », vient défendre à Toronto.

E. Zündel ayant été condamné à quinze mois de prison ferme pour « fausses informations », le lien est ainsi fait entre Harwood, Zündel et Faurisson, c'est-à-dire entre des « pseudo-idées », des « divagations » et de « fausses informations » (*ibid.*).

Ce que cache ici G. Wellers, c'est que la condamnation d'E. Zündel a été cassée pour des motifs de forme et de fond et qu'un nouveau procès a eu lieu en 1988, qui s'est terminé, comme le dit G. Wellers, par une condamnation à neuf mois de prison ; mais, là encore, une procédure a été engagée pour obtenir la cassation d'un procès mené dans les mêmes conditions que le premier : le juge, cette fois-ci, pour sauver une accusation en totale perdition, a osé prendre « notification judiciaire » (*judicial notice*) de ce que l'holocauste des juifs avait existé, ce qui a paralysé le jury dans la décision qu'il avait à prendre. Le résultat de cet appel sera peut-être connu à la fin de 1989.

Les procès Zündel (1985 et 1988) ont été le procès du procès de Nuremberg par la masse des révélations apportées sur le mythe de l'extermination des juifs, sur l'imposture des chambres à gaz et sur la manière dont avaient été conduits le procès de Nuremberg et bien d'autres procès où on s'était uniformément dispensé d'apporter la preuve des faits dits « de notoriété publique ». En 1985, les « témoins », pour la première fois contre-interrogés sur la matérialité des faits, ont subi une telle déroute qu'en 1988 le procureur a renoncé à en appeler un seul pour subir le contre-interrogatoire de l'avocat d'E. Zündel, aidé notamment du professeur Faurisson. Dans une lettre confidentielle – mais qu'il a fallu révéler – Raul Hilberg, expert n° 1 mondial de l'histoire de l'Holocauste, a refusé de revenir en 1988 par crainte d'être à nouveau mis à l'épreuve par l'avocat d'E. Zündel comme il l'avait été en 1985 au premier procès Zündel.

XII. G. Wellers développe ses propres vues sur le « traitement spécial »

(de la p. 15, al. 2, à la p. 18, al. 2).

Tout le développement consacré par G. Wellers au « traitement spécial » est entaché de l'erreur suivante : partant de l'idée que cette expression peut avoir *quelquefois* le sens d'exécution, il en infère qu'elle a *toujours* ce sens et, pour faire bonne mesure, qu'elle désigne *aussi* une extermination massive dans des chambres à gaz homicides ! Il s'agit là d'une spéculation.

À cela s'ajoute que G. Wellers, une fois de plus, accuse le professeur Faurisson de n'avoir fait « aucune allusion » à des documents dont, en réalité, il a discuté dans ses écrits.

G. Wellers déclare que :

> « Dans le cadre de la "solution finale de la question juive" de nombreux documents parlent du "traitement spécial" (« *Sonderbehandlung* ») appliqué aux juifs sans préciser, toutefois, le sens à donner à ce terme parfaitement neutre et qui pouvait tout aussi bien désigner un "traitement privilégié" qu'un "traitement meurtrier" » (p. 15, al. 2).

G. Wellers reconnaît donc que ce terme pouvait désigner un « traitement privilégié » des juifs, et cela dans le cadre même de la « solution finale de la question juive » !

On attend qu'il fournisse le critère de la distinction. Ce critère ne viendra jamais. G. Wellers ne donnera que des exemples où, à son avis, le terme signifiera, à tout moment, « traitement meurtrier ». Pour lui, les Allemands ont, à dessein, donné deux sens opposés à un même mot (*Sonderbehandlung*). Et si, selon G. Wellers, parfois ce mot avait effectivement un sens tout à fait avouable, c'était pour cacher que, dans d'autres cas, il avait un sens inavouable *(ibid)*. Comment alors s'y reconnaître ?

Il écrit :

> « Depuis toujours, M. Faurisson affirmait que la signification du terme "traitement spécial" et de dérivés est "bénigne" [etc.] et de renvoyer aux pages 21 et 31 du *Mémoire en défense* du professeur. Or, si l'on se reporte à ces pages, on s'aperçoit qu'il n'y est pas question de « traitement spécial » et de dérivés mais uniquement de l'expression "*action* spéciale" et que, par "bénin", le professeur entendait ce que G. Wellers qualifie lui-même de "parfaitement neutre". »

M. Faurisson ne peut pas avoir varié dans son interprétation du journal du Dr Johann-Paul Kremer pour la raison que peu de temps après avoir publié cette interprétation dans son *Mémoire en défense* il a trouvé des éléments d'information propres, selon lui, à étayer cette interprétation.[116]

G. Wellers prétend que les Allemands usaient d'un « langage codé » (p. 15, al. 4) et il se fait fort de « déchiffrer avec certitude » le terme de « traitement spécial »... « de deux façons indirectes » (p. 15, al. 5).

Il passe ensuite en revue quelques documents dont il ne prouve pas qu'ils sont « codés » et dont le déchiffrement est, en effet, pour le moins « indirect » (p. 16 et p. 17, al. 1-3).

Il affirme que :

> « M. Faurisson ne fait aucune allusion à ces documents sans aucune ambiguïté » (p. 17, al. 4).

Si ces documents sont « sans aucune ambiguïté », comment seraient-ils codés ? Et pourquoi faudrait-il les « déchiffrer » ? Et cela de « deux façons indirectes » ?

De plus, M. Faurisson a bel et bien mentionné certains de ces documents et il en a traité. Par exemple, il a traité de l'affaire (mentionnée par G. Wellers) des demandes d'autorisation d'effectuer le trajet aller-retour d'Auschwitz à Dessau (endroit où se livrait le *Zyklon B*) pour un camion de cinq tonnes afin d'aller chercher du gaz.[117] Il s'agissait de

> « gaz destiné au gazage du camp, pour lutter contre l'épidémie qui s'est déclenchée. »

Quant au gaz nécessaire pour la « *Sonderbehandlung* » (traitement spécial) des juifs, M. Faurisson en a aussi parlé dans le même ouvrage à la p. 24. Ainsi que le déclarait le statisticien Richard Korherr après la guerre, la « *Sonderbehandlung* » des juifs s'appliquait aux juifs qui étaient « *angesiedelt* », c'est-à-dire transplantés et établis.[118] Dans tous les cas de transplantation, surtout dans les pays de l'Est, on a procédé à la désinfection massive des effets. Il y fallait du Zyklon B. Si les Allemands avait eu plus de Zyklon B (les dernières usines le fabriquant allaient être détruites en octobre 1944 par l'aviation alliée), il y aurait eu moins de morts dans les camps, ravagés par les épidémies de typhus. Précisément, à cause de l'implication sinistre qu'on pouvait donner à « *Sonderbehandlung* », Himmler faisait savoir à Korherr qu'il préférait l'emploi de « *Transportierung von Juden* » (transport de juifs).

---

[116] Voy. conclusions déposées devant la cour d'appel de Paris *in L'Incroyable Affaire Faurisson*, 1982, p. 54-55.

[117] Voy. *Réponse à Pierre Vidal-Naquet*, p. 40.

[118] *Der Spiegel*, 1977, n° 31, p. 13, col. A.

Il ne fait pas de doute que l'armée et la police allemandes, comme toutes les autres polices et armées du monde et comme toutes les administrations (et comme tout le monde dans la vie courante ?), utilisaient des euphémismes. Il n'est pas admissible de soutenir sans preuves directes et concordantes que telle expression comme « traitement spécial » ou « action spéciale » signifie « gazage homicide systématique ». C'est pourtant ce que fait G. Wellers.

XIII. G. Wellers se répète sur quelques sujets et se dit sans animosité particulière à l'égard de R. Faurisson

(de la p. 18, al. 3, à la p. 19, al. 3).

À l'alinéa 3 de la p. 18, G. Wellers qualifie le professeur de « falsificateur » (avec des guillemets) « patenté ». Si l'expression signifie « falsificateur attitré » ou « falsificateur officiellement reconnu comme tel », il convient de dire que les instances officielles que sont les tribunaux français ont jugé les travaux de M. Faurisson pour aboutir à la conclusion que ces travaux, loin d'être le fait d'un falsificateur auquel il faudrait donner le titre ou la patente de falsificateur, sont sérieux. Dans le même alinéa, G. Wellers déclare au sujet du professeur :

> « De toute façon soit sa documentation est lamentable contrairement à ce qu'il dit, soit il cache la vérité pour des raisons qui n'ont rien à voir avec la recherche de la vérité. »

Ce faisant, G. Wellers, loin d'être sûr que M. Faurisson « cache la vérité », envisage l'hypothèse que, plus simplement, « sa documentation est lamentable ». Si c'est le cas, où est la falsification prétendument avérée ?

Dans les alinéas suivants de la p. 18 et au premier alinéa de la p. 19, G. Wellers accumule les redites sur les *Einsatzgruppen*, le « traitement spécial », sur ce que les révisionnistes sont censés dire au sujet des juifs ou des réparations financières et sur le refus du CDJC de servir M. Faurisson depuis 1977.

À l'alinéa 2 de la p. 19, G. Wellers affirme qu'il a dépouillé « tous » les écrits du professeur, ce qui, comme on l'a vu, est faux. Il semble dire qu'il n'a, lui, G. Wellers, « pas cessé à travers les divers articles qu'il a publiés dans *Le Monde juif* d'amener [M. Faurisson] à répondre à ses objections » ; si tel est bien le sens de la phrase et si M. Faurisson a répondu aux objections de G. Wellers, ce point est à porter au crédit du professeur : ce dernier ne s'est pas dérobé au débat et il n'a pas témoigné d'une négligence coupable ; il a lu les articles de G. Wellers, les a étudiés et y a répliqué.

G. Wellers assure qu'il « ne nourrit, *a priori*, aucune animosité particulière » à l'égard de M. Faurisson. L'expression « *a priori* » est vague ; elle ne permet pas de se situer dans le temps. Il est clair en revanche qu'au moins depuis 1977, c'est-à-dire depuis douze ans, G. Wellers poursuit M. Faurisson d'une fiévreuse animosité et le « traque » ; n'écrit-il pas dans ses conclusions (p. 8, al. 3) qu'il est le seul en France « à traquer M. Faurisson » ?

Dans une lettre en date du 27 avril 1978, G. Wellers confirmait au professeur qu'il lui refusait l'accès à la bibliothèque et aux archives du CDJC ; il le traitait déjà d'« insulteur arrogant et décidé à persévérer » (al. 7 de ladite lettre). Depuis cette date (et même auparavant), G. Wellers n'a cessé de manifester son animosité.

Dans la livraison du *Monde juif* de juillet-septembre 1987, expédiée aux abonnés, comme en fait foi le cachet de l'enveloppe d'expédition, le 24 novembre 1987, figure un article de G. Wellers intitulé : « Qui est Faurisson ? » En voici quelques extraits relatifs au professeur ou à ses écrits, des extraits qui manifestent une animosité certaine :

- « la "star" française du négativisme [...] un homme bizarre, extravagant, voire anormal [...] caractère scandaleusement abusif de [sa] thèse » (p. 94) ;
- « gravement disqualifiant : formuler des affirmations fantaisistes, mensongères et condamnables en raison de leur légèreté [...] présentation mensongère, typique pour R. Faurisson, des appréciations de la Cour » (p. 96) ;
- « Tout ceci est artificieux, inconsistant, risible ; tout ceci disqualifie son auteur aux yeux de toute personne avertie même sommairement. Et tout ceci devient **absurde** et **insensé** [caractères gras] » (p. 105) ;
- « "conclusions" mensongères [...] Si encore Faurisson avait été aveugle ! Mais non, il ne l'est pas, sauf d'un aveuglement volontaire, prémédité, pourvu qu'il rapporte ! [...] il a eu le culot, l'impudeur, d'affirmer des sottises évidentes » (p. 106) ;
- « aveugle volontaire » (p. 108) ;
- « faux savant cherchant la contre-vérité, rien que la contre-vérité, toute la contre-vérité, la contre-vérité à tout prix [...] un ignare qui « sait » (on se demande comment) [...] le fantaisiste ou le démagogue qu'est Faurisson (p. 109) ;

- « un cas de confusion mentale qui [relève] de la compétence
  […] des psychiatres […] un cas d'impudence motivée par
  des raisons politico-financières (p. 110) ;
- « un démagogue incorrigible et sans scrupules ! […] ; quand
  on sait avec quelle facilité, avec quel cynisme
- Faurisson « invente » n'importe quoi avec la plus complète
  et évidente mauvaise foi […] ; il n'est pas impossible que
  certaines absurdités de son discours délirant soient dues à
  d'importantes lacunes dans son instruction du niveau du
  baccalauréat, sinon au-dessous, dont il est complètement
  inconscient comme le sont tous les ignorants… de bonne foi
  et sans cervelle » (p. 111) ;
- « grotesque […] ; sa folle et strictement sélective
  imagination » (p. 112) ;
- « stupide et illettré […] ; frappé d'aveuglement irrémédiable
  […] ; phantasme » (p. 113) ;
- « affirme ses fantaisies avec l'inconscience d'un prétentieux
  ignare… de bonne foi […] ; un prétentieux ignare […] ; un
  homme qui joue, consciemment, les attrape-nigauds […] ; il
  s'identifie avec Darquier de Pellepoix, ex-Commissaire
  général aux Questions Juives de Vichy, grossier et violent
  antisémite, escroc et laquais des nazis » (p. 114).

En résumé, dans ce seul article de 1987, G. Wellers juge M.
Faurisson : bizarre – extravagant – anormal – scandaleux – fantaisiste –
menteur – léger – mensonger– artificieux – inconsistant – risible –
absurde – insensé – aveugle volontairement– recherchant ce qui
rapporte– culotté – impudique– sot – faux savant– cherchant la contre-
vérité à tout prix – ignare qui « sait » – démagogue – un cas de confusion
mentale qui relève des psychiatres – impudent – motivé par des raisons
politico-financières – sans scrupules – cynique – de la plus complète et
évidente mauvaise foi – délirant – d'une instruction inférieure à celle du
baccalauréat– inconscient – ignorant – sans cervelle– grotesque– fou –
stupide – illettré – prétentieux ignare – s'identifiant à un grossier et
violent antisémite, escroc et laquais des nazis.

Certaines de ces qualifications sont répétées, parfois à plus d'une
reprise. L'animosité est définie dans le *Petit Larousse* de 1972 comme
« la malveillance, le désir de nuire ; l'emportement et la véhémence dans
une discussion ».

On ne voit pas ce qui dans ces propos de G. Wellers pourrait manquer
pour répondre à cette définition et l'on est en droit de se demander de
quels mots il userait s'il éprouvait une « animosité particulière ».

XIV. G. Wellers invoque abusivement la bonne foi

(p. 19, al. 3)

Dans le dernier alinéa de ses conclusions (avant les mots : « Par ces motifs »), G. Wellers est présenté comme « parfaitement loyal au plan de la bonne foi ». C'est « de bonne foi » qu'il accuserait M. Faurisson d'être un falsificateur. S'il invoque la « bonne foi », serait-ce qu'il a conscience de n'avoir fourni aucune preuve de ce que R. Faurisson serait un falsificateur ? Depuis de longues années il traite le professeur de « falsificateur ». Il a donc eu tout loisir de réunir des *preuves*. Il ne peut avoir l'excuse ni du manque de temps, ni de l'emportement passager, ni de la créance accordée à une rumeur diffamatoire. Dans ces conditions, quel argument pourrait-il invoquer pour exciper de sa bonne foi ?

Au surplus, il ne peut pas invoquer la bonne foi pour les raisons suivantes :

1. Il affirme que l'assignation introduite par R. Faurisson à son encontre est trop tardive. Selon lui, la livraison en cause du *Monde Juif,* datée d'octobre-décembre 1988, serait parue au début d'octobre 1988 et, par conséquent, l'assignation, délivrée le 23 février 1989, serait survenue bien après le délai légal de trois mois ; or, G. Wellers sait pertinemment que cette livraison n'a été expédiée que le 2 février 1989 et que, de ce fait, l'assignation lui a été délivrée trois semaines plus tard, c'est-à-dire largement dans le délai prévu par la loi ;

2. Il prétend que c'est à R. Faurisson de prouver la date d'envoi de ladite livraison du *Monde Juif* alors qu'il sait que c'est à lui, G. Wellers, qu'il revient de prouver cette date ;

3. Il s'est dispensé de verser au débat les pièces justificatives d'imprimerie et de routage, qu'il est seul à détenir ; s'il avait été de bonne foi, il se serait empressé de produire ces pièces ;

4. Il en appelle à des décisions judiciaires comme à des cautions de sa bonne foi ; or, il sait que, par un jugement en date du 8 juillet 1981, les magistrats ont expressément repoussé l'idée même de rechercher s'il y avait ou non une falsification de l'histoire de la part du professeur et que, par un arrêt en date du 26 avril 1983, ils ont même fini par rendre hommage au sérieux de M. Faurisson dans l'étude de ce que la cour elle-même décidait d'appeler « le problème des chambres à gaz » ;

5. G. Wellers le sait d'autant mieux qu'à deux reprises, dans deux publications distinctes[119], il a fini, en 1987, par admettre, pour le déplorer,

---

[119] *Le Droit de vivre,* juin-juillet 1987, p. 13, et *Le Monde juif,* juillet-septembre 1987, p.106.

que la cour avait « marché » et que l'effort de documentation du professeur avait favorablement « impressionné » la cour ;

6. G. Wellers savait que « traiter Faurisson de faussaire, c'est le diffamer mais de bonne foi »[120] et que la bonne foi étant, ainsi qu'on le dit familièrement, « comme les allumettes, elle ne peut servir qu'une fois » ;

7. G. Wellers avait été dûment prévenu par le professeur (pli RAR du 28 novembre 1988) que, s'il le qualifiait à nouveau de « falsificateur », il serait poursuivi en justice ; à cette occasion, il se voyait rappeler les deux points susmentionnés (ci-dessus, paragr. 5 et 6) ; de surcroît, G. Wellers reconnaît spontanément (p. 2, al. 3) qu'il avait fait l'objet de poursuites correctionnelles à l'initiative du professeur pour une cause du même ordre[121] et que, si ces poursuites n'avaient pu aboutir, c'était seulement parce que, à la suite d'une erreur de son conseil, elles étaient « entachées de nullité » ;

8. G. Wellers ne peut pas en même temps proclamer « *urbi et orbi* » que M. Faurisson est un falsificateur et confier au tribunal, dans les présentes conclusions ou dans les pièces jointes, que, somme toute, ce qu'il a attribué à une volonté de falsification n'est dans bien des cas attribuable, selon lui, qu'à la sottise du professeur, à son ignorance, à des omissions (pas toujours volontaires), à l'emploi d'une documentation lamentable, au désir de déconsidérer tel ou tel, à des rêves, etc. ;

9. G. Wellers ne peut pas prétendre qu'il a lu tous les écrits du professeur quand il est patent à plusieurs reprises qu'il n'a pas lu ce que M. Faurisson a écrit sur les discours de Himmler, le « traitement spécial », etc. ;

10. G. Wellers est incapable de fournir un seul exemple de falsification objectivable de la part du professeur alors que, pendant au moins douze ans, il s'est employé, selon son propre mot, à « traquer » celui-ci ;

M. Faurisson pourrait, à son tour, passer en revue les écrits de G. Wellers ainsi que les publications du CDJC et faire, pour le tribunal, la somme des friponneries de G. Wellers et du CDJC ; mais il s'abstiendra de cette besogne qui est trop aisée, fastidieuse et sans rapport avec la question pendante, laquelle se résume en ces termes : M. Wellers a-t-il apporté la preuve que M. Faurisson est un falsificateur ?

Sur le point particulier de l'honnêteté et de la sincérité de M. Wellers, M. Faurisson se contentera donc d'appeler l'attention du tribunal sur le texte intitulé « Les friponneries de G. Wellers » et sur le fait que la vie et la carrière de ce dernier semblent, ainsi qu'on l'a vu, comporter une zone

---

[120] Procès Pierre-Bloch, arrêt reproduit dans *Le Monde Juif*, janvier-mars 1985, p. 25-29.
[121] Index du *Monde Juif,* octobre-décembre 1987, p. 192.

d'ombre sur laquelle l'intéressé a jusqu'ici obstinément refusé de s'expliquer : une totale absence de diplômes universitaires, qui ne l'aurait pas empêché de faire carrière au CNRS. Ce qu'il ne veut pas révéler aux révisionnistes, l'a-t-il, toute sa vie, caché au CNRS ?

R. Faurisson n'admet plus d'être traité de falsificateur. Cette accusation, qui a pris chez G. Wellers une tournure lancinante, est particulièrement grave. Elle ne peut qu'être intolérable pour un professeur d'université. G. Wellers le sait si bien qu'il n'a jamais manqué, dans les index du *Monde juif* où il nomme R. Faurisson, de juxtaposer en face du nom de ce dernier les deux qualifications de « professeur » et de « falsificateur ».

ANNEXE
Diplômes universitaires, carrière et publications de R. Faurisson.

G. Wellers insiste sur le fait que R. Faurisson serait un « ignare », un « ignorant », un « prétentieux ignare », lui trouve « une instruction inférieure à celle du baccalauréat » et il dresse la liste de ses propres « écrits et articles ».

R. Faurisson, s'étant engagé à lui répliquer point par point, doit donc à son tour mentionner ses propres publications historiques (en français et en anglais) sans faire état de ses publications littéraires. Il doit aussi, en « falsificateur patenté » « d'une instruction inférieure à celle du baccalauréat », évoquer succinctement ses titres universitaires et sa carrière de professeur.

Il doit être entendu que R. Faurisson nourrit à l'égard de la possession des diplômes universitaires ainsi que des titres et grades de toutes sortes une certaine méfiance ; il sait qu'il n'est pire âne que l'âne savant. S'il lui arrive de décliner ses propres diplômes, titres et grades, c'est seulement quand il doit en faire état. Il ne reprochera pas à M. Wellers d'être éventuellement dépourvu de tout diplôme universitaire. Mais il s'interroge sur les motifs qui ont conduit ce dernier à insinuer que M. Faurisson n'avait peut-être pas le baccalauréat.

Cela dit, si G. Wellers le lui demandait, il pourrait lui apporter la preuve qu'il possède le baccalauréat, la licence de lettres classiques, le diplôme d'études supérieures, l'agrégation des lettres, le doctorat ès lettres et sciences humaines (Sorbonne) et qu'après avoir été professeur dans l'enseignement secondaire, il a enseigné à l'ancienne Sorbonne, à la Sorbonne Nouvelle (Paris-III) et à l'université Lyon-II (« Littérature française moderne et contemporaine » ainsi que « Critique de textes et documents »). Il pourrait également lui prouver que sa carrière universitaire a été brisée en 1978-1979 sur l'intervention des organisations juives et, en particulier, du Dr Marc Aron, président du comité de coordination des institutions et organisations juives de Lyon, lequel a mené contre le professeur au sein même de son université de telles actions de commando que, selon les présidents successifs de l'université Lyon-II depuis plus de dix ans, « il est impossible d'assurer la sécurité de M. Faurisson ». Depuis 1979, M. Faurisson ne peut plus enseigner ni à l'université Lyon-II, ni ailleurs. Voici pourtant en quels termes il était officiellement jugé par un coreligionnaire de M. Wellers, Pierre Citron, directeur d'UER à la Sorbonne Nouvelle : « Très brillant professeur – Chercheur très original – Personnalité exceptionnelle ». Sur demande de Mme Alice Saunier-Seïté, ministre des Universités, le recteur de Lyon avait conclu son enquête de 1978 en déclarant que le professeur Faurisson avait eu un comportement « inattaquable ».

La liste complète des publications de R. Faurisson serait fastidieuse et on se contentera d'en citer les principales :

– En collaboration avec Serge Thion : Vérité historique ou vérité politique ? La question des chambres à gaz, 1980 ;

– *Mémoire en défense contre ceux qui m'accusent de falsifier l'histoire. La question des chambres à gaz*, précédé d'un « Avis » de Noam Chomsky, 1980 ;

– *Réponse à Pierre Vidal-Naquet*, 1982 ;

– *L'Incroyable Affaire Faurisson* (contenant les conclusions déposées devant la cour de Paris), 1982 ;

– *Épilogue judiciaire de l'affaire Faurisson*, sous le nom de J. Aitken, 1983 ;

– Collaboration à la traduction du *Mythe d'Auschwitz*, de Wilhelm Stäglich, avec une documentation complémentaire de 23 pages due à R. Faurisson ;

– Nombreuses contributions aux *Annales d'histoire révisionniste* depuis leur première publication en mai 1987 ;

Tous ces écrits sont parus aux éditions de La Vieille Taupe.

– Nombreuses contributions au périodique américain *The Journal of Historical Review,* Los Angeles.

Même ses adversaires les plus déterminés ont parfois rendu hommage à la qualité des recherches de M. Faurisson. C'est le cas du plus prestigieux d'entre eux, Raul Hilberg qui, en 1982, a concédé que R. Faurisson et d'autres révisionnistes

« ont soulevé des questions qui ont eu pour effet d'engager des historiens dans de nouvelles recherches. Ils ont obligé à rassembler davantage d'informations, à réexaminer les documents et à aller plus loin dans la compréhension de ce qui s'est passé. »[122]

En 1986, Michel de Boüard (ancien déporté de Mauthausen, doyen honoraire de la faculté des lettres de Caen, membre du Comité d'histoire de la deuxième guerre mondiale, membre de l'Institut), dans une comparaison entre, d'une part, les écrits exterminationnistes et, d'autre part, les études révisionnistes, a été amené à déclarer :

> « Il y a, d'une part, énormément d'affabulations, d'inexactitudes, obstinément répétées, notamment sur le plan numérique, d'amalgames, de généralisations et, d'autre part, des études critiques très serrées pour démontrer l'inanité de ces exagérations. »[123]

Récemment, Jean Tulard, professeur d'histoire à la Sorbonne (Paris-IV) était interrogé par un journaliste de *RTL* sur R. Faurisson qui venait d'être agressé (le 16 septembre 1989). Voici ses réponses :

> « Faurisson est un professeur de lettres qui s'était fait connaître par un travail très original où, déjà, évidemment, il n'était pas dans le sens courant des interprétations officielles, sur le sonnet des *Voyelles* de Rimbaud, où il s'était opposé à l'interprétation qu'en donnait Étiemble et qui était l'interprétation, si vous me permettez de dire, entre guillemets, "dominante" dans l'Université. Et ensuite il a fait une thèse sur Marivaux. Et Faurisson semblait plutôt être un professeur de sensibilité de gauche qui s'est tout à coup penché sur ce problème des camps de concentration et a donc développé une théorie. Je crois qu'il l'a développée comme il avait développé sa théorie des *Voyelles* : au départ, je ne suis pas assuré qu'il était antisémite ; et puis, bien entendu, c'est devenu l'affaire Faurisson. »
> [Le journaliste – Qu'est-ce qu'il a voulu prouver, ou démontrer ?]
> D'après lui, il n'y aurait pas eu de chambres à gaz dans les camps de concentration. Voilà sa thèse, d'après ce qu'il aurait constaté lui-même en ayant visité des camps. Et il y a une démonstration très rigoureuse, qu'il présente, très logique – évidemment c'est quelqu'un formé par l'Université, c'est

---

[122] *Le Nouvel Observateur*, 3-9 juillet 1982, p. 71.
[123] *Ouest-France*, 2-3 août 1986, p. 6.

parfaitement argumenté – et qui montre qu'il ne pouvait pas y avoir de chambres à gaz dans les camps de concentration, du moins ceux qu'il a vus.

[Le journaliste – Et c'est une logique devenue folle ?]

Eh bien, c'est devenu, la passion s'en mêlant, quelque chose qui a pris les dimensions d'une affaire et, voyez, nous débouchons maintenant – et c'est très regrettable – sur la violence. »

Attendu que le demandeur propose au tribunal de faire comparaître devant lui, en personne, MM. Faurisson et Wellers, en comparution personnelle contradictoire, conformément aux articles 184 et suivants du Nouveau Code de Procédure civile ;

Attendu que cela permettrait surabondamment au tribunal d'apprécier la qualité de chacun des protagonistes au regard même de l'objet de la cause, d'autant plus que G. Wellers fuit, comme on l'a vu plus haut, le débat avec celui qu'il préfère diffamer, faute de pouvoir le combattre sur le terrain scientifique ;

Attendu, de façon plus générale, que toutes ces considérations ainsi que les comparutions sollicitées devraient justifier en totalité aux yeux des magistrats composant le tribunal les demandes formulées ;

PAR CES MOTIFS

Donner acte à Robert Faurisson de ce qu'il propose la comparution personnelle de M. Wellers et sa propre comparution devant le tribunal ;

Faire droit à la demande, purement et simplement, selon les dispositions énoncées dans l'assignation introductive.

SOUS TOUTES RÉSERVES.

[À ces conclusions étaient jointes à l'intention du tribunal vingt-six pièces ou ensembles de pièces.]

***

1er avril 1990

LA DÉPENDANCE DES JOURNALISTES ALLEMANDS

Les journalistes allemands du groupe Springer *(Bild, Die Welt, Hamburger Abenblatt, Berliner Morgenpost)* sont obligés, quand ils entrent dans ce groupe et s'ils veulent y demeurer, d'observer un engagement en quatre points ; le deuxième point exige du journaliste « le soutien du droit à la vie du peuple israélien » (*die Unterstützung der Lebensrechte des israelischen Volks*).[124]

Il n'est pas question du droit à la vie du peuple palestinien. Si l'on en croit Gerhard Frey, éditeur de *Prominente ohne Maske*, p. 428-429, Axel Caesar Springer, né en 1912 et journaliste aux *Altonder Nachrichten*, écrivit ou cautionna dans ce journal, au temps du IIIe Reich des articles qui dénonçaient les juifs et le judéo-bolchevisme.

✱✱✱

4 avril 1990

LE RÉVISIONNISME APPLIQUÉ À LA « RÉVOLUTION ROUMAINE »

La « révolution roumaine » aura donc fait cent fois moins de victimes que nous l'avaient annoncé, dans le feu des événements, les agences de presse hongroise et yougoslave, relayées parfois hâtivement par les médias occidentaux. 689 morts au total et pour toute la Roumanie : ce chiffre a été donné la semaine dernière par les autorités roumaines dans le cadre d'un procès de dignitaires de l'ancien régime. Notons qu'il inclut, sans faire de distinction, l'ensemble des victimes et notamment les membres de la *Securitate* tués par l'armée. « On est loin des soixante mille morts officiellement annoncés lors du procès des époux Ceaucescu. On est encore plus loin des douze mille prétendus morts pour la seule ville de Timisoara [...]. Plus grave encore, il paraît avéré aujourd'hui que les prétendus charniers de Timisoara n'ont jamais existé [...]. Rappelons que, durant cette même semaine de décembre 1989, l'intervention américaine à Panama, passablement négligée par les médias, faisait deux mille victimes. Trois fois plus... »[125]

Libération reproduit la photographie, bien connue, des cadavres avec, en particulier, le bébé placé sur sa mère. « Un homme a placé, par pudeur, le corps d'un bébé sur celui d'une femme pour ne pas le poser à même la voie [...] toutes les [dix-neuf] victimes sont décédées avant le 16 décembre [début de la révolte]. Mis en présence de dix-neuf corps décomposés, la rumeur propage le chiffre de quatre mille six cent trente torturés. [...] Dans un remarquable travail effectué au mois de mars

---

[124] Voy. *Überblick über die Axel Springer* Verlag Aktionsgesellschaft, 1986, p. 6.
[125] J.-C. Guillebaud, « Roumanie. Ces morts disparus », 8 février 1990.

[1990], les étudiants de la faculté de mécanique de Timisoara, après avoir partagé la ville en soixante-neuf zones et envoyé les enquêteurs de porte en porte, ont conclu pour leur part à la mort de cent quarante-sept personnes, parmi lesquelles vingt-cinq disparus, pour quelque trois cent trente-quatre blessés. »[126]

« Les trois cent cinquante mille habitants de Timisoara restent dans leur majorité convaincus que le nombre des victimes de la révolution est beaucoup plus important que le bilan officiel. La terrible photo du cadavre avec l'enfant illustre toujours, à chaque manifestation politique, les affiches clamant "Timisoara, cité martyre de la révolution"[127]. »

***

17 avril 1990

ROBERT FAURISSON, DÉPOSSÉDÉ DE SA CHAIRE D'ENSEIGNEMENT À L'UNIVERSITÉ LYON-II, EST NOMMÉ D'OFFICE PAR LIONEL JOSPIN AU CENTRE NATIONAL D'ENSEIGNEMENT À DISTANCE.

Par un arrêté en date du 17 février, Lionel Jospin, ministre d'État, ministre de l'éducation nationale, de la jeunesse et des sports, a prononcé :

> « M. Robert Faurisson, professeur à l'université de Lyon-II, est, à compter du 1er janvier 1990, affecté au Centre national d'enseignement à distance sur un emploi ouvert dans cet établissement au titre de la loi de finances de 1990. »

R. Faurisson n'a eu connaissance de cet arrêté que le 9 avril par communication de la photocopie de cet arrêté, sans la moindre lettre d'accompagnement, sous enveloppe ordinaire, non recommandée, expédiée par l'université Lyon-II. Ses demandes d'explication, soit auprès du ministère, soit auprès de l'université Lyon-II, se sont heurtées à des fins de non-recevoir, au silence ou à des subterfuges (par exemple,

---

[126] Enquête de *Libération,* 4 avril 1990, p. 8.
[127] *Id.,* p. 7.

l'envoi d'un fax antidaté de quarante-huit heures de M. Jean, directeur des enseignements supérieurs, regrettant que M. Faurisson n'ait pas reçu sa lettre du 24 février). Les personnes responsables de cette affaire, sous les ordres de Lionel Jospin, sont MM. G... et M... ainsi que M_{me} G... Le certificat de cessation de paiement de M. Faurisson a été signé par le président de l'université Lyon-II, Michel Cusin, le 22 février 1990 sans que l'intéressé en sache rien. S'il n'obtempère pas, il ne recevra plus de salaire dès le mois d'avril. Il doit obtempérer le 20 avril au plus tard.

Un professeur d'université est titulaire de sa chaire et ne peut en être éventuellement dépossédé que pour un motif extrêmement grave et cela, au terme d'une procédure administrative et disciplinaire. Ici, on dépossède un professeur de sa chaire pour un motif qui ne lui est pas notifié et il a onze jours pour accepter le nouveau poste qui lui est assigné, faute de quoi il ne recevra plus de salaire et ses cotisations sociales ne seront plus versées.

M. Faurisson a 61 ans, est marié, a trois enfants (qui ne sont plus à sa charge) ; sa femme n'a pas de profession ; il prendra normalement sa retraite à l'âge de 67 ou 68 ans.

R. Faurisson conteste l'existence de chambres à gaz homicides dans les camps de concentration allemands de la dernière guerre. Il s'appuie, en particulier, sur l'expertise de l'ingénieur américain Fred Leuchter.[128] Il est considéré comme le chef de file, en France, du révisionnisme historique, dont le fondateur est Paul Rassinier (1908-1967), ancien déporté, ancien député socialiste, et qui a des représentants en Europe, en Amérique du sud, en Afrique du Nord, au Japon et en Australie.[129]

En 1978-79, de violentes manifestations avaient été organisées dans l'enceinte de l'université Lyon-II contre le professeur Faurisson par le D_r Marc Aron, président du Comité de liaison des institutions et des organisations juives de Lyon, membre du B'naï B'rith (association juive de type maçonnique) et du Congrès juif européen. Depuis 1979, le D_r Marc Aron s'est opposé avec succès au retour du professeur dans son université. Il a été obéi par tous les présidents de la République, les premiers ministres et les ministres de l'Éducation nationale qui se sont succédé depuis onze ans. À chaque fois que le professeur a demandé à reprendre ses cours, la réponse de son université a été qu'on ne disposait pas des moyens d'assurer sa sécurité et qu'en conséquence, si M.

---

[128] Tribunal de Toronto, affaire Zündel, 1988, 192 pages.

[129] Voy., à paraître en mai 1990, la première livraison de la *Revue d'histoire révisionniste*, laquelle fait suite aux huit livraisons des *Annales d'histoire révisionniste*. Pour sa part, l'*Institute for Historical Review*, de Torrance, Californie, a publié jusqu'ici trente-sept livraisons trimestrielles du *Journal of Historical Review*.

Faurisson entendait user d'un droit incontestable, le président de son université ferait opposition. Or, l'État doit protection à ses fonctionnaires.

En onze ans, le professeur Faurisson a été la victime de six agressions physiques : deux fois à Lyon, deux fois à Paris et deux fois à Vichy, où il habite. Jamais ses agresseurs n'ont été inquiétés, même quand ils ont été interpellés. Le 16 septembre 1989, il a été sauvagement agressé par trois jeunes gens qui, dans l'heure qui a suivi, ont revendiqué cette action au nom des « Fils de la mémoire juive ». Il n'a dû la vie qu'à deux personnes dont l'intervention a mis les agresseurs en fuite.

Le 3 avril 1990, sur la « Cinq », un reportage télévisé a montré des milices juives à l'entraînement dans la région parisienne. Celles-ci n'ont pas fait mystère de ce que leur principale cible était les révisionnistes.

En France, les milices armées sont interdites sauf les milices juives. Mme Fabius-Castro a déclaré à une assemblée de socialistes juifs :

> « Extraordinaire nouveauté dans le comportement politique, la gauche a permis à des milices juives de s'installer dans des quartiers à Paris, mais aussi à Toulouse, Marseille, à Strasbourg [et d'avoir] des contacts réguliers avec le ministère de l'Intérieur. »[130]

Le 6 février 1990, le révisionniste Olivier Mathieu, sa fiancée et l'un de ses amis ont été frappés sur le plateau de *TF 1* par les membres d'une milice juive. Le 14 février, Alain Guionnet a été condamné à un mois de prison ferme par la cour d'appel de Versailles pour un délit de presse : il avait apposé des autocollants dont l'un portait : « Rapport Leuchter : finies les chambres à gaz ! ». La liste des universitaires frappés par la répression antirévisionniste était en France de sept ; elle vient de s'allonger de deux noms : ceux de Frédéric Poulon (Bordeaux) et Bernard Notin (Lyon).

Une loi antirévisionniste est actuellement à l'étude sur l'initiative ou avec l'appui de Laurent Fabius, Jean Pierre-Bloch et Serge Klarsfeld. Se sont ralliés à ce projet MM. Pasqua, Santini et Yvon Briant (un ancien partisan de J.-M. Le Pen).

Même Annie Kriegel, qui, par le passé, a provoqué cette chasse aux sorcières, commence à s'inquiéter d'un résultat qui était pourtant bien prévisible. Elle constate :

> « une obsessionnelle chasse aux sorcières qui présente les mêmes excès que n'importe quelle chasse de cette nature, en s'abritant derrière des institutions juives inquiètes pour légitimer

---

[130] *Le Monde,* 7 février 1986, p. 8.

une insupportable police juive de la pensée – par exemple dans un cas navrant récent, où on a suspendu un professeur d'université coupable d'avoir laissé s'exprimer un jeune collègue qui exposait des énormités (comme si l'université, depuis vingt ans, n'avait entendu que des propos équilibrés et raisonnables). »[131]

« Une insupportable police juive de la pensée » : la formule n'a rien d'excessif. Un homme politique français déclare :

> « Je ne connais pas un israélite qui refuse un cadeau qu'on lui offre, si ce cadeau ne lui plaît pas. Et je ne connais pas, pour ma part, un maire qui dise : "Je refuse les voix qui me sont apportées".[132] »

Cette déclaration déclenche un hourvari. Le même jour, on rend publique la déclaration suivante du Prix Nobel de la Paix, Lech Walesa, à l'hebdomadaire hollandais *Elsevier* :

> « Si les Allemands déstabilisent à nouveau l'Europe d'une façon ou d'une autre, alors il ne faudra plus recourir à la partition de l'Allemagne, mais rayer purement et simplement ce pays de la carte. L'Est et l'Ouest disposent de la technologie avancée nécessaire pour exécuter ce verdict. Si l'Allemagne recommence, il n'y a pas d'autre solution. »

Cette fois, c'est le silence ou l'absence de commentaire.

Le dévoilement progressif du mythe des chambres à gaz et du génocide rend vaines les tentatives des responsables du mythe du génocide qui ont cherché par tous les moyens à étouffer la voix des révisionnistes. En pure perte. La communauté juive doit maintenant réagir et ne plus admettre cette chasse aux sorcières. Elle a une responsabilité dans la propagation d'une invention de la propagande de guerre et dans le maintien de cette invention par la violence sous toutes ses formes. Ainsi que l'a dit l'historien David Irving :

> « La communauté juive doit faire son examen de conscience, elle propage quelque chose qui n'est pas vrai. »[133]

---

[131] A. Kriegel, « Le leurre de l'antisémitisme », *Le Figaro,* 3 avril 1990, p. 2.
[132] *Le Monde,* 6 avril 1990, p. 10.
[133] *The Jewish Chronicle,* 23 juin 1989.

Des protestations contre l'arrêté ministériel concernant le professeur Faurisson peuvent être formulées auprès des représentants du monde politique, du monde médiatique et du monde universitaire.

***

1er mai 1990

PROPOSITION DE LOI DE M. JEAN-CLAUDE GAYSSOT TENDANT À RÉPRIMER TOUT ACTE RACISTE, ANTISÉMITE ET XÉNOPHOBE (ASSEMBLÉE NATIONALE, 2 MAI 1990)

Les révisionnistes en prison ?

Sur l'initiative du Parti socialiste et, en particulier, de Laurent Fabius, l'Assemblée nationale examinera demain, 2 mai, une loi proposée par le Parti communiste (Jean-Claude Gayssot) et adoptée par la Commission des lois (François Asensi) qui permettra de jeter en prison ceux qui disent qu'il n'a jamais existé de chambres à gaz autres que de désinfection dans les camps de concentration allemands de la dernière guerre.

Cette loi stalinienne risque d'être votée à l'heure même où le Grand Mensonge communiste s'effondre, même à Moscou, sur la Place Rouge.

Cette loi stalinienne pourrait bâillonner les Français au moment même où les Allemands ont eu, à deux reprises, le droit de voir et d'entendre dans une émission de « Spiegel T.V. » (Radio-Télé Luxembourg) l'ingénieur américain Fred Leuchter, spécialiste des chambres à gaz homicides, qui, dans un rapport de 192 pages déposé devant le Tribunal de Toronto, a établi qu'il n'a jamais existé ni pu exister de telles chambres à gaz à Auschwitz, à Birkenau et à Majdanek. Son rapport s'accompagne d'analyses de fragments recueillis, d'une part, dans une vraie chambre à gaz de désinfection de Birkenau et, d'autre part, dans les prétendues chambres à gaz homicides d'Auschwitz et de Birkenau.

L'Union soviétique et les pays de l'Est se libèrent du Grand Mensonge communiste. L'Allemagne commence à se libérer du Grand Mensonge holocaustique. La France, elle, s'apprête à donner des gages à son Parti communiste, perclus de mensonges, et à l'internationale holocaustique, toute ardente du mensonge des chambres à gaz et du génocide.

La France, « la patrie des droits de l'homme », va devenir la risée du monde entier.

Les révisionnistes ne craignent ni la répression, ni la prison. Le révisionnisme, cette grande aventure de la fin de notre siècle, s'est déjà étendu sur les cinq continents (y compris l'Afrique et l'Asie). Plus rien ne l'arrêtera.

N.B. : À la page 22 du rapport de la Commission des lois figure la perle suivante : Il s'agit donc bien de réprimer ceux qui contestent l'holocauste nazi, et non pas de viser l'ensemble des faits qui, dans tel ou tel pays, peuvent être considérés comme des crimes contre l'humanité.

***

19 mai 1990

PLI RECOMMANDÉ, AVEC ACCUSÉ DE RÉCEPTION, À M. LE DIRECTEUR RESPONSABLE DU JOURNAL *LE MONDE*

Monsieur le Directeur,

En page 10 de votre livraison datée du 17 mai 1990, vous rapportez à mon propos des informations qui sont fausses.

Vous voudrez bien, je vous prie, publier le texte ci-dessous dans son intégralité, sans aucune déformation, dans les délais et dans les conditions ordinaires du « droit de réponse », en application de l'article 13 de la loi du 29 juillet 1881.

Veuillez recevoir, Monsieur le Directeur, mes salutations distinguées.

Texte en droit de réponse

Pour mieux chasser de son université mon collègue Bernard Notin, on ose invoquer les conditions dans lesquelles j'aurais été, selon vos propres termes, « écarté de l'université Lyon-II pour des raisons similaires », c'est-à-dire essentiellement pour délit d'opinion révisionniste.

Selon vous, j'aurais « voici quelques années [fait] formellement la demande » de ma mutation au Centre national d'enseignement à distance (CNED) et, depuis ce temps-là, j'émargerais « toujours » à ce centre.

En réalité, je n'ai jamais demandé ma mutation au CNED[134] et n'y ai jamais enseigné et j'ai toujours émargé à l'université Lyon-II ; j'ai pu continuer mes activités de recherches (un peu à la façon de certains chercheurs du CNRS) mais je n'ai pas pu exercer mon activité d'enseignement à cause des menaces dont je suis l'objet et qui, à ce jour, se sont soldées par six agressions physiques ou tentatives d'assassinat. Il y a onze ans, mon « détachement » au CNED avait été envisagé, avec, bien entendu, conservation de ma chaire d'enseignement à Lyon mais aucune suite n'avait été donnée à ce projet.

En revanche, par une décision sans précédent, M. Jospin vient de me priver de ma chaire d'enseignement à Lyon et de me muter d'office au CNED, sans mon consentement, sans consultation du Conseil national des universités, sans procédure disciplinaire (même de simulacre). Il a usé d'un tour de passepasse dont je vous ai informé dans mes lettres du 10 et du 17 avril 1990.

Je déplore que vous n'ayez pas vérifié des renseignements sur mon compte qui ont été probablement puisés au ministère et que vous ayez, de surcroît, passé sous silence l'ukase que ce même ministère a pris à mon encontre.

Commentaire du journal

[L'information publiée dans notre édition du 17 mai avait été, naturellement, vérifiée. En mai 1979, M. Faurisson avait demandé à être détaché au Centre national de télé-enseignement (CNTE) – ancêtre du CNED – par une lettre adressée au ministre de l'époque. Aucun poste budgétaire n'étant disponible au CNTE, M. Faurisson avait été mis à disposition de ce centre tout en restant administrativement rattaché à l'université Lyon-II. Cette situation s'est prolongée dix années pendant lesquelles

M. Faurisson n'a assuré aucun cours et n'a participé aux activités d'aucun centre de recherche à l'université Lyon-

II. En février 1989, la Cour des comptes a exigé du ministère de l'éducation nationale une remise en ordre générale des emplois dans l'enseignement supérieur, et notamment des mises à disposition. C'est ainsi que M. Faurisson a été informé que son emploi serait transféré au CNED en exécution de la loi de finances de 1990.]

---

[134] J'avais été contraint de demander mon *détachement* à titre provisoire et non ma *mutation*. [NdA]

***

Mai 1990

ÉDITORIAL DE LA *REVUE D'HISTOIRE RÉVISIONNISTE* N° 1

L a première livraison de la *Revue d'histoire révisionniste* paraît dans des circonstances historiques exceptionnelles. Le « Mur de Berlin » s'est écroulé, « Yalta » est remis en cause, l'Union soviétique admet que « Katyn » n'est pas un crime allemand, comme feignaient de le croire les juges de Nuremberg, mais un crime soviétique. Moscou commence à ouvrir ses archives et ses charniers.

Depuis 1945, Moscou, avec l'approbation tacite des Alliés, dissimulait les « registres mortuaires » d'Auschwitz. Les révisionnistes et, en particulier, Robert Faurisson et Ernst Zündel, dénonçaient publiquement en 1988 cette rétention de documents. En 1989, Gorbatchev a bien voulu accorder le droit au Comité international de la Croix-Rouge de consulter enfin ces registres. D'après les indices jusqu'ici recueillis, il ne fait pas de doute que le véritable chiffre des morts d'Auschwitz sera considérablement inférieur à celui de huit millions, comme l'affirmait un document officiel de la République française ; à celui de quatre millions, comme l'indique le monument de Birkenau ; à celui de trois millions, comme le confessait « le commandant d'Auschwitz » ; à ceux d'un million six cent mille, d'un million deux cent cinquante mille ou de huit cent mille comme le prétendent certains auteurs tels que Yehuda Bauer, Raul Hilberg ou Gerald Reitlinger. Ce chiffre dépassera-t-il de beaucoup celui de soixante-quatorze mille qui, d'après ce qu'en dit la presse, représenterait le total des morts enregistrées ? Les vérités du procès de Nuremberg et, à l'autre bout du monde, du procès de Tokyo, sont aujourd'hui revues et corrigées. Jamais peut-être, depuis l'époque de la Renaissance, n'a-t-on à ce point revu, corrigé, rectifié un pareil ensemble de vérités historiques reçues ou imposées. Le dogme du communisme s'effondre. Le dogme de l'Holocauste est en péril.

Tandis qu'à l'Est on change, à l'Ouest on a plutôt tendance à préserver les acquis. Trop d'interdits y pèsent encore sur la recherche historique. On y songe à voter des lois spécifiques contre le révisionnisme, c'est-à-dire contre le droit au doute et à la recherche. Trop de fonds d'archives restent fermés aux chercheurs, en particulier le fonds, extraordinairement riche, du Service international de recherches situé à Arolsen (Allemagne) et qui relève du Comité international de la Croix-Rouge, sis à Genève ; en 1978, devant la montée du révisionnisme, les Alliés, l'État d'Israël et quelques autres pays ont institué un redoutable barrage pour soustraire ces archives à la curiosité des historiens et l'on est allé jusqu'à dissoudre la « Section historique » de cet organisme. Il faudra rouvrir cette « Section historique ». Un organisme international qui se prétend neutre doit recouvrer sa neutralité.

Parmi les archives à ouvrir, citons pêle-mêle celles qui touchent à des sujets aussi divers que la réalité du camp de Treblinka, l'histoire des relations constantes, pendant la guerre, des autorités du III$_e$ Reich avec des organismes juifs européens, américains ou palestiniens en vue de l'émigration des juifs hors d'Europe (*Europa Plan*, etc.) ; la nature exacte des efforts déployés par Churchill et Roosevelt pour entraîner les États-Unis dans une guerre contre le Japon et l'Allemagne ; le nombre véritable des déportés résistants et des déportés politiques, raciaux et non raciaux ; l'affaire Rudolf Hess ; l'Épuration ; la livraison par les Alliés de civils et de militaires russes, après la guerre, à la police militaire soviétique ; la déportation des Allemands de l'Est européen ; le traitement des vaincus par les vainqueurs ; la conduite des procès pour « crimes de guerre », etc.

Le monde arabo-musulman et certains pays du Tiers Monde, accédant à plus d'indépendance et de dignité, refuseront de cautionner une sorte d'histoire officielle artificiellement bâtie par ceux qui, jusqu'ici, détenaient presque exclusivement richesses et connaissances. Venus de ce monde ou de ces pays, des chercheurs indépendants remettront en cause le dogme de l'Holocauste, parmi quelques autres dogmes que les sociétés humaines se forgent de siècle en siècle, dans tous les pays et dans tous les temps.

La *RHR* est ouverte aux auteurs français et étrangers de toute opinion, sans exclusive. Elle publiera des documents et des études relatifs à la seconde guerre mondiale, base sur laquelle s'est fondé, dès 1945, le monde où nous vivons. Mais le révisionnisme ne se cantonne pas dans le temps et toute période de l'histoire l'intéresse, y compris l'actualité.

Quelle meilleure illustration de l'actualité du révisionnisme que les événements de Roumanie ? L'article de Serge Thion montre que si sur le sujet on s'est laissé aller, dans la classe politique et chez les journalistes, à des extravagances, la réaction saine et naturelle qui consiste à s'interroger ensuite sur ces extravagances a été quasi instantanée. On a déliré, puis, très vite, on s'est fait révisionniste. Le procès Ceaucescu aura été un raccourci du procès de Nuremberg et « Timisoara », un condensé d'Auschwitz (p. 9-15).

Lorsque s'écrira l'histoire du révisionnisme, il est probable qu'on parlera du « révisionnisme d'avant Zündel » et du « révisionnisme d'après Zündel ». La figure d'Ernst Zündel, un Allemand établi au Canada, est centrale. Les deux énormes procès qui lui ont été intentés, en 1985 et 1988, ont provoqué une sorte de fracture dans l'édifice de l'Holocauste. On lira le bouleversant récit qui est fait du procès de 1988 par E. Zündel en personne (p. 16-37).

Depuis longtemps, les intellectuels du monde arabo-musulman s'intéressaient au révisionnisme. Aujourd'hui, Mondher Sfar, d'origine tunisienne, franchit le pas et entre de plain-pied dans un domaine où il devient indispensable que s'exprime, à son tour, la subtilité d'esprit des intellectuels de la double culture, islamique et européenne (p. 38-50). Ahmed Rami, de son côté, Berbère d'origine marocaine et vivant à Stockholm, a repris le flambeau transmis par Ditlieb Felderer. Avec une vigueur peu commune, il a réussi, par ses publications et par son action à la tête de Radio Islam, à lancer un débat historique aux répercussions internationales (voy. rubrique « Suède », p. 172-174).

Fred Leuchter, ingénieur américain spécialisé dans les systèmes d'exécution capitale aux États-Unis, avait soumis en 1988 au tribunal de Toronto un rapport technique de cent quatre-vingt-douze pages sur les présumées chambres à gaz d'exécution situées à Auschwitz, Birkenau et Majdanek. Ce rapport contenait les résultats d'analyse d'échantillons confiés à un laboratoire américain. La conclusion était venue : il n'avait jamais pu exister de telles chambres à gaz dans ces trois camps. Aujourd'hui, la *RHR* publie, en avant-première, la version française d'un second rapport Leuchter portant, cette fois-ci, sur les présumées chambres à gaz d'exécution situées à Dachau, Mauthau sen et au château de Hartheim. Pour ces trois emplacements d'Allemagne et d'Autriche, la conclusion est la même que pour les trois camps de Pologne. Robert Faurisson a rédigé la préface de ce rapport et sa bibliographie critique (p. 51-114).

Toute livraison de la *RHR* contiendra un document inédit. Le rapport Mitkiewicz a été tenu secret pendant trente ans par les Américains. Il décrit les modes de combat que la résistance polonaise a pu utiliser contre les civils et les militaires allemands en 1943. La propagation du typhus a été l'une des armes employées. Quand on se décidera à écrire une histoire générale des épidémies de typhus durant la seconde guerre mondiale, on mesurera l'étendue des ravages provoqués par ces épidémies-là, et par quelques autres, dans toute l'Europe en guerre. Ce que les Alliés, à la libération des camps allemands, ont photographié ou filmé consistait pour l'essentiel en un choix, bien compréhensible pour l'époque, de vues montrant des malades, des moribonds ou des morts, victimes de ces épidémies. L'Allemagne, qui se battait sur deux fronts, sans compter le front aérien, luttait aussi sur le front du typhus. Il n'y a que les moralistes pour condamner les « crimes de guerre » des vainqueurs ou des vaincus comme si la guerre elle-même n'était pas, à elle seule, le plus grand des crimes (p. 115-128).

On accable aujourd'hui Staline parce que le monde communiste s'effondre mais on épargne les autres vainqueurs de la seconde guerre mondiale parce que leurs pays restent forts. Roosevelt, il est vrai, a beaucoup perdu de son crédit. Churchill est de plus en plus contesté. De Gaulle paraît moins grand. Les progrès de la recherche historique nous font découvrir leur cynisme ou leur machiavélisme dans la préparation ou la conduite de la guerre (p. 147-149). Sur le comportement des Américains et des Français à l'égard des prisonniers de guerre ou de certains civils allemands après le 8 mai 1945, le livre du Canadien James Bacque fournit des informations qui ne sont certainement pas à l'avantage du général Eisenhower et du général de Gaulle. Et cela à l'heure où le grand public apprend de quelle manière, à l'Est, on a cruellement traité les civils et les militaires allemands vers la fin de la guerre et après la guerre : les vaincus ont repeuplé les camps de concentration et la plus forte déportation qu'ait connue l'histoire, et l'une des plus cruelles, a été celle de ces millions de civils allemands chassés de l'Est par les Russes, les Polonais, les Tchèques (p. 150-160).

Pour le profane qui n'a du révisionnisme que l'image qu'en proposent les grands moyens d'information, il est probable que c'est la dernière partie de cette livraison de la *RHR* qui suscitera le plus d'étonnement. Cette partie commence à la page 161. Nous y renvoyons le lecteur.

Ceux qui s'imaginaient que les historiens avaient, pour l'essentiel, fixé les traits de notre époque, sont en train de découvrir depuis quelque temps qu'il n'en était rien. On commence enfin à écrire l'histoire de la seconde guerre mondiale. Les révisionnistes se chargeront, pour leur propre part, de contribuer à cette renaissance de l'esprit critique et de répondre au besoin, irrépressible malgré tous les interdits, de savoir « ce qui s'est vraiment passé ». C'est en ce sens qu'on a pu dire du révisionnisme historique qu'il est la grande aventure intellectuelle de la fin de ce siècle, de la fin de ce millénaire.

En revanche, par une décision sans précédent, M. Jospin vient de me priver de ma chaire d'enseignement à Lyon et de me muter d'office au CNED, sans mon consentement, sans consultation du Conseil national des universités, sans procédure disciplinaire (même de simulacre). Il a usé d'un tour de passepasse dont je vous ai informé dans mes lettres du 10 et du 17 avril 1990.

Je déplore que vous n'ayez pas vérifié des renseignements sur mon compte qui ont été probablement puisés au ministère et que vous ayez, de surcroît, passé sous silence l'ukase que ce même ministère a pris à mon encontre.

[Publié par *Le Monde* du 16 juin 1990, p. 10, accompagné du commentaire suivant :

L'information publiée dans notre édition du 17 mai avait été, naturellement, vérifiée. En mai 1979, M. Faurisson avait demandé à être détaché au Centre national de télé-enseignement (CNTE) – ancêtre du CNED – par une lettre adressée au ministre de l'époque. Aucun poste budgétaire n'étant disponible au CNTE, M. Faurisson avait été mis à disposition de ce centre tout en restant administrativement rattaché à l'université Lyon-II. Cette situation s'est prolongée dix années pendant lesquelles M. Faurisson n'a assuré aucun cours et n'a participé aux activités d'aucun centre de recherche à l'université Lyon-II. En février 1989, la Cour des comptes a exigé du ministère de l'éducation nationale une remise en ordre générale des emplois dans l'enseignement supérieur, et notamment des mises à disposition. C'est ainsi que M. Faurisson a été informé que son emploi serait transféré au CNED en exécution de la loi de finances de 1990.]

[Publié dans la *RHR* n° 1, mai-juillet 1990, p. 5-8, non signé.]

***

Mai 1990

PRÉFACE AU SECOND RAPPORT LEUCHTER

F red A. Leuchter est un ingénieur américain ; âgé de 46 ans, il vit à Boston où il s'est spécialisé dans l'étude et la fabrication des systèmes d'exécution capitale dans certains pénitenciers de son pays. Il a notamment mis au point la modernisation de la chambre à gaz du pénitencier de Jefferson City (Missouri).

Ernst Zündel est allemand ; âgé de 50 ans, il vit à Toronto où, après une brillante carrière de graphiste et de publicitaire, qu'il a dû abandonner à cause de graves ennuis et du boycottage que lui ont valu ses opinions révisionnistes, il s'est presque entièrement consacré à la lutte contre le mensonge de l'« Holocauste ». Je l'ai assisté dans cette lutte, notamment à l'occasion de deux procès qui lui ont été intentés à l'instigation d'une association juive du Canada, en 1985 et 1988. Le premier procès a duré sept semaines et s'est achevé par une condamnation à quinze mois de prison pour « publication de fausse nouvelle » (*sic*). Ce procès a été cassé en raison d'erreurs graves commises par le juge Hugh Locke. Le second procès a duré quatre mois et, cette fois-ci, E. Zündel a été condamné à neuf mois de prison par le juge Ron Thomas. Ce second procès pourrait, lui aussi, être cassé pour un motif identique.

En 1988, E. Zündel a demandé à F. Leuchter de se rendre en Pologne pour y examiner « les présumées chambres à gaz d'exécution » dans les trois camps d'Auschwitz, de Birkenau et de Majdanek. La conclusion de ce premier rapport Leuchter est formelle : il n'a jamais existé de telles chambres à gaz dans ces trois camps.

En 1989, E. Zündel a demandé à F. Leuchter de se rendre en République fédérale d'Allemagne pour y examiner « la présumée chambre à gaz d'exécution » de Dachau, près de Munich, ainsi qu'en Autriche pour y examiner, près de Linz, « les présumées chambres à gaz d'exécution » de Mauthausen et du château de Hartheim. La conclusion de ce second rapport, qu'on va lire ci-dessous, est tout aussi formelle : il n'a jamais existé de telles chambres à gaz en ces trois points d'Allemagne et d'Autriche.

On a dit du révisionnisme qu'il est la grande aventure intellectuelle de la fin de ce siècle. Cette aventure a commencé en réalité dès le lendemain de la seconde guerre mondiale avec la publication des travaux de Maurice Bardèche et de Paul Rassinier et s'est poursuivie avec la publication en 1976 de l'ouvrage magistral de l'Américain Arthur Robert Butz, *The Hoax of the Twentieth Century*, la publication en 1979 de *Der Auschwitz Mythos* de l'Allemand Wilhelm Stäglich et la première conférence internationale, en 1979 à Los Angeles, de l'Institute for Historical Review. Dans les années 80, grâce, en particulier, à l'action d'E. Zündel, le révisionnisme a connu un tel développement que, selon toute vraisemblance, les historiens de l'avenir parleront du révisionnisme historique **avant** et **après** E. Zündel. D'une certaine manière, ces deux actions judiciaires – qui sont un déshonneur pour le Canada – auront tout changé. E. Zündel avait promis en 1985 que son procès, même s'il devait le perdre, tournerait au procès du procès de Nuremberg et que les calomniateurs de l'Allemagne y connaîtraient leur Stalingrad. Il ne s'est pas trompé.

Avant Ernst Zündel

Contrairement à ce que s'imagine le grand public, jamais les accusateurs de l'Allemagne n'ont songé à prouver l'existence des chambres à gaz. Cette existence, ils l'ont tenue pour prouvée.

Selon Serge Klarsfeld lui-même :

> « Il est évident que dans les années qui ont suivi 1945 les aspects techniques des chambres à gaz ont été un sujet négligé parce que personne n'imaginait qu'un jour on aurait à prouver leur existence. »[135]

Lors des procès de Nuremberg, de Jérusalem, de Francfort comme lors de bien d'autres procès retentissants, dont celui de Klaus Barbie en 1987, on n'a pas davantage cherché à prouver l'horrible accusation qui continue de peser sur le grand vaincu. Ces mascarades judiciaires ont été comme des procès de sorcellerie où les accusés eux-mêmes et leurs avocats, à de rares exceptions près, n'ont pas pu ou n'ont pas voulu remettre en cause le tabou du siècle : celui de la magique chambre à gaz, laquelle défie toutes les lois de la physique et de la chimie. Même Jacques Vergès, courageux mais non héroïque, s'est gardé d'exiger la moindre preuve de l'existence des chambres à gaz auxquelles on ose prétendre que Klaus Barbie aurait envoyé les enfants d'Izieu.

Dans ces procès dits de « crimes de guerre » ou de « crimes contre l'humanité », des nations qui se disent civilisées ont bafoué les règles élémentaires de la criminalistique.

Pour illustrer ce point, prenons l'exemple d'un crime quelconque commis en France. Supposons dans ce cas l'existence d'une arme, d'un cadavre et d'un assassin (ou présumé tel). Sauf exception, la justice française pourra être amenée à exiger quatre rapports de routine :

1. une étude *in situ* (sur le terrain) de tout ce qui a pu être trouvé en fait de corps et d'objets suspects ;
2. une expertise de l'arme du crime ;
3. un rapport d'autopsie ;
4. un procès-verbal de la reconstitution du crime en présence de l'accusé.

À supposer que l'accusé soit passé aux aveux, jamais un magistrat ne décidera que, puisque aveu il y a, on ne souscrira pas à ces formalités. D'ailleurs un aveu n'a, par lui-même, pas grande valeur juridique ; l'aveu doit être **vérifié** et **confirmé**.

Or jamais, en près d'un demi-siècle, on n'a satisfait à ces exigences élémentaires quand il s'est agi, non pas d'un crime banal perpétré à l'encontre d'une seule personne avec une arme ordinaire (arme blanche ou arme à feu), mais d'un crime « sans précédent » censé avoir été perpétré à l'encontre de millions de personnes avec une arme

---

[135] *Le Monde Juif*, janvier-mars 1987, p. 1.

extraordinaire qu'aucun juge n'avait encore vue de sa vie : la « chambre à gaz », véritable abattoir chimique aux prouesses industrielles.

Les premiers procès contre les Allemands accusés d'avoir été employés dans des camps munis de chambres à gaz ou de camions à gaz ont commencé à la fin de 1943 en Union soviétique (procès de Kharkov et de Krasnodar). Ils continuent à ce jour, spécialement en Israël avec le procès Demjanjuk. Or, encore aujourd'hui, après quarante-six ans de tels procès, on ne possède :

1. aucune étude *in situ* de **tout** ce qui a pu être trouvé en fait de corps et d'objets suspects ;

2. aucune expertise concluant que telle pièce ou tel camion a servi pour des gazages homicides ;

3. aucun rapport d'autopsie concluant à un assassinat par gaz-poison ;

4. aucun procès-verbal de reconstitution (ou simulacre) d'une opération de gazage homicide.

Dans le cadre d'un procès dit du Struthof-Natzweiler (Alsace), il y a bien eu expertise de la « chambre à gaz » et autopsie des cadavres de « gazés » conservés à l'hôpital civil de Strasbourg, mais, dans un cas comme dans l'autre, le professeur René Fabre, toxicologue, a conclu négativement. Dans le cas de Dachau, il y a bien eu une forme d'expertise conduite par le capitaine Fribourg, de l'Armée française, mais, alors que le rapport concluait à la nécessité de poursuivre l'examen de la pièce baptisée provisoirement « chambre à gaz », cet examen n'a pas été poursuivi.

Au cours de l'instruction du procès intenté à Rudolf Höss et à d'autres responsables du camp d'Auschwitz, le juge d'instruction Jan Sehn a confié à l'Institut d'expertises judiciaires de la rue Copernic, à Cracovie, l'étude de six fermetures en zinc censées provenir de ce qu'il appelait les orifices de ventilation de la chambre à gaz du Krematorium-II à Birkenau. S'y ajoutait l'expertise de 25,5 kg de cheveux ainsi que d'objets métalliques mêlés à ces cheveux. La présence d'acide cyanhydrique ou de ses composés avait été constatée (Rapports d'expertise du Dr Jan Z. Robel en date du 15 décembre 1945). Rien là que de très normal. Les Allemands utilisaient souvent l'acide cyanhydrique, sous la forme de Zyklon B, pour désinfecter locaux, vêtements, objets. En Pologne, comme dans toute l'Europe en guerre, on collectait les cheveux jusque dans les salons de coiffure pour la confection de textiles, après désinfection. Mais le paradoxe est que, disposant d'un tel institut de recherches, la justice polonaise n'a jamais, apparemment, procédé aux recherches élémentaires dans les pièces qualifiées de « chambres à gaz » homicides.

Des transports de justice ont bien eu lieu à l'occasion de certains procès et notamment celui de Francfort (1963-1965). Le scandale est qu'on y a examiné certains points du camp d'Auschwitz mais non les prétendues chambres à gaz qui étaient pourtant là, soit en l'état d'origine (*sic*), soit à l'état de ruines tout à fait parlantes.[136]

Une reconstitution, qui est par définition un simulacre, aurait été facile à réaliser à Birkenau et elle aurait immédiatement fait apparaître le caractère grotesque des accusations de gazage. On tourne parfois à Birkenau des films hollywoodiens prétendant retracer l'arrivée de convois de juifs sur la rampe de Birkenau, à proximité des bâtiments des crématoires censés contenir (a) un vestiaire de déshabillage des victimes ; (b) une chambre à gaz homicide ; (c) une salle contenant cinq fours crématoires à trois bouches chacun. Chaque fournée de victimes s'élevait, nous dit-on, à 2.000 personnes et il y avait plusieurs fournées par jour pour chaque crématoire. La reconstitution donnerait lieu immédiatement à de fantastiques embouteillages vu la dimension des bâtiments et la configuration des alentours. L'engorgement des crématoires serait spectaculaire : à supposer qu'il faille une moyenne d'une heure et demie pour incinérer un cadavre, on se retrouverait encore, au bout de ce laps de temps, avec 2.000 15 = 1.985 cadavres sans aucun emplacement pour les entreposer avant leur incinération ! La « machinerie de mort » s'arrêterait dès le premier gazage. Il faudrait huit jours et huit nuits pour incinérer ces 2.000 cadavres ; encore un four crématoire ne peut-il pas fonctionner ainsi jour et nuit en continu.

Venons-en à la question des témoins. Dans tous ces procès, des personnes sont venues se présenter en témoins vivants de l'« Holocauste » et des chambres à gaz. Comment ces personnes avaient-elles, pour leur propre compte, échappé aux chambres à gaz ? Leur réponse était bien simple : elles avaient toutes uniformément bénéficié d'un miracle. Chaque survivant était un miraculé ; le plus souvent, comme il était passé successivement par plusieurs camps d'extermination, ce survivant représentait même à lui seul une somme de miracles. Les membres des « *Sonderkommandos* » battaient tous les records ; normalement, selon leur récit, les Allemands les gazaient eux aussi tous les trois mois, ce qui fait qu'au bout du compte, deux ans de séjour à Auschwitz et Birkenau pouvaient représenter pour ces personnes un total de sept ou huit miracles consécutifs. Il est rare que des avocats ou des magistrats aient osé marquer leur surprise devant cette prolifération de miracles. Le champion de la chambre à gaz, Filip Müller (l'immortel auteur de *Trois ans dans une chambre à gaz d'Auschwitz*),

---

[136] Voy. Wilhelm Stäglich, *Le Mythe d'Auschwitz*.

eut quelques ennuis avec le tribunal de Francfort à ce sujet, mais il trouva la parade : l'histoire de la liquidation chronique des membres du « *Sonderkommando* » n'était, voulut-il bien reconnaître en grand seigneur, qu'une légende. Il est consternant que le grand public, les historiens et les magistrats se laissent à ce point abuser par les prétendus témoins de l'« Holocauste ». Simone Veil se présente généralement en témoin vivant et en preuve vivante de l'extermination des juifs à Auschwitz ; or, si elle est la preuve vivante de quelque chose, c'est bien de ce que les Allemands n'exterminaient pas les juifs à Auschwitz. Simone Veil, sa mère et l'une de ses sœurs ont toujours été ensemble : à Drancy, à Auschwitz, à Bobrek (sous-camp d'Auschwitz) et à Bergen-Belsen ; c'est dans ce dernier camp qu'elles ont eu à souffrir du typhus ; la mère de S. Veil en est morte ; elle avait, ainsi que ses deux filles, survécu à Auschwitz ; une autre de ses filles survécut à Ravensbrück.

Personnellement, je n'appelle pas « témoin » celui qui se présente comme tel, à moins qu'il n'ait passé victorieusement devant un tribunal l'épreuve du contre-interrogatoire sur **la matérialité même des faits qu'il rapporte**.

Je demande qu'on me lise ici avec attention : en aucun procès un prétendu témoin de « gazages » n'a été contre-interrogé sur **la matérialité même d'un gazage** auquel il disait avoir participé ou assisté. Même dans le procès des Allemands Tesch et Weinbacher, condamnés à mort et exécutés pour avoir fabriqué ou vendu du Zyklon B, le témoin Charles Sigismond Bendel a échappé à ce type de contre-interrogatoire.[137] Les avocats ont eu pour principe et pour ligne de défense d'éviter le tabou de la chambre à gaz et de se contenter de dire que leurs clients, eux, n'avaient gazé personne.

Après Zündel

Avec l'arrivée d'E. Zündel, le voile de toutes ces impostures s'est déchiré. Cet homme a eu l'audace de ne pas se laisser intimider. Il a montré que le roi était nu. Il a confondu les fripons. Les experts et les témoins de l'accusation ont essuyé là une sévère défaite. Et E. Zündel, passant à la contre-offensive, a administré une superbe leçon aux historiens et aux magistrats : il leur a montré comment il aurait fallu faire. Il aurait fallu en quelque sorte commencer par le commencement, ce qui, comme on le sait, est parfois difficile à faire. Cherchant d'abord et avant tout à établir la matérialité des faits, il a envoyé à ses frais en Pologne un expert des chambres à gaz et son équipe. Cet expert a prélevé des

---

[137] Voy. William B. Lindsey, « Zyklon B, Auschwitz, and the Trial of Dr. Bruno Tesch ».

échantillons des sols, des murs, des plafonds de ces prétendues chambres à gaz et il les a fait analyser par un laboratoire américain.

J'ai raconté ailleurs comment experts et témoins de l'accusation ont été mis à mal lors des procès de 1985 et de 1988 à Toronto.[138] Je n'y reviendrai pas. Je voudrais seulement préciser ici qu'il ne s'agit pas là de ma part d'un jugement subjectif. La preuve que je dis vrai réside dans le fait qu'au procès de 1988 l'expert numéro un de l'exterminationnisme, le professeur Raul Hilberg, a refusé de revenir témoigner tant il gardait un cuisant souvenir de sa défaite de 1985 : il l'avoue dans une correspondance qui aurait dû rester confidentielle mais dont nous avons eu vent et qu'il a bien fallu révéler. Quant au Dr. Rudolf Vrba et autres témoins de 1985, ils ne sont pas non plus revenus au procès de 1988 ; le procureur Pearson, prié par le juge Thomas de dire s'il viendrait des « survivants », a dû répondre piteusement (j'étais présent) qu'il n'en viendrait pas cette fois-ci. Par pitié pour eux, je n'évoquerai pas ici en détail, comme je l'ai déjà fait dans l'article susmentionné, les prestations en 1988 de l'expert Charles Biedermann, un homme honnête apparemment et intelligent mais mal préparé, et du professeur Christopher Browning qui, lui, devait donner une triste image de ce que peuvent être certains universitaires américains : ignorances confondantes, naïveté sans bornes, goût de l'argent et absence de scrupules ; voilà un professeur d'université qui n'a pas hésité à se faire payer cent cinquante dollars de l'heure par le contribuable canadien pour venir à Toronto accabler un homme – E. Zündel – en raison d'une **opinion**, et contribuer à le jeter en prison : le crime d'E. Zündel était d'avoir publié au Canada une étude vieille de quatorze ans (*Did Six Million Really Die ?*), librement diffusée en Grande-Bretagne et dans la patrie même de Ch. Browning : les États-Unis.

À mes yeux, l'un des principaux mérites du premier rapport Leuchter aura été de rendre éclatant le simple fait… qu'aucune expertise de l'arme du crime n'existait encore. Depuis que ce rapport a été révélé, en avril 1988, il ne s'est pas trouvé une seule personne, y compris parmi celles qui manifestaient leur fureur, pour lui opposer un autre rapport qui aurait été établi dans le passé (je ne parle pas, bien entendu, des expertises ordonnées par le Polonais Jan Sehn, qui ont esquivé le sujet). Quant à ceux qui critiqueraient des points de ce rapport, je les invite à établir ou à faire établir leur propre rapport et nous comparerons. Il reste encore une solution préconisée par F. Leuchter lui-même dans sa conférence de février 1989 à Los Angeles lors du 9ᵉ congrès international de l'Institute for Historical Review : la constitution d'un comité international d'experts

---

[138] Voy. Robert Faurisson, « Le Révisionnisme au Canada – Les procès Zündel », reproduit dans le volume II, p. 763.

sur le problème des chambres à gaz. Dès 1982, l'historien français Henri Amouroux, que j'avais mis au courant de mes propres recherches, me confiait qu'il souhaitait cette solution ; il me disait en propres termes que, ce qu'il appelait de ses vœux, c'était une « commission internationale et surtout pas nationale » tant, en France, à son avis, les spécialistes manquaient d'ouverture d'esprit sur la question des chambres à gaz.

Les autorités polonaises, à moins d'un brusque appétit de « *glasnost* », s'opposeront de toutes leurs forces à une enquête de ce genre, comme elles s'opposent à tout accès normal aux archives du musée d'Auschwitz et, en particulier, aux registres de décès (*Totenbücher*) laissés par les Allemands et qui permettraient de se faire une idée du nombre réel des morts d'Auschwitz :

« Si nous faisions des fouilles et si nous ne trouvions aucune preuve de l'existence de chambres à gaz, les juifs nous accuseraient, nous autres Polonais, d'avoir supprimé les traces » : telle fut la réponse en 1987 de Tadeusz Iwaszko, directeur des archives du musée, au journaliste français Michel Folco, et cela en présence du pharmacien Jean-Claude Pressac, ami de Serge Klarsfeld [1].

Il est probable que le premier rapport Leuchter restera longtemps le premier et le dernier mot sur la question des chambres à gaz d'Auschwitz, de Birkenau et de Majdanek. Il a certainement ses défauts puisque, aussi bien, il s'agit de l'œuvre d'un pionnier en la matière et qu'on n'a jamais encore vu de pionnier éviter toute possibilité d'erreur, mais il a le mérite d'ouvrir un champ de recherches particulièrement fertile.

Le second rapport Leuchter

Le second rapport Leuchter constitue, lui aussi, une œuvre de pionnier mais, cette fois-ci, sur la question des chambres à gaz de Dachau, de Mauthausen et de Hartheim.

Je n'avais pas accompagné F. Leuchter et son équipe à Auschwitz, Birkenau et Majdanek. C'est moi qui avais eu l'idée, en 1977, de préconiser l'étude des chambres à gaz américaines (utilisant l'acide cyanhydrique) pour montrer l'absurdité des prétendues chambres à gaz allemandes (utilisant le Zyklon B, un insecticide qui est aussi essentiellement de l'acide cyanhydrique aussi). J'espérais, sans trop y croire, qu'un jour un spécialiste des chambres à gaz américaines pourrait se rendre à Auschwitz pour y réaliser l'expertise physique et chimique qui aurait dû être conduite dans toute enquête juridique ou historique normale. En 1979, lors du premier congrès international de notre *Institute for Historical Review*, je m'étais ouvert de cette idée auprès de quelques personnes et, en particulier, d'Ernst Zündel. Dans les années qui suivirent, j'abandonnai tout espoir. Il faut dire que, même auprès des révisionnistes, je ne trouvais pas grand intérêt pour mon idée, qui peut-être paraissait trop hardie ou trop chimérique. E. Zündel, lui, n'abandonna ni cette idée, ni l'espoir de réussir. Dans la préface du premier rapport Leuchter, j'ai raconté comment, grâce à lui et à l'avocate canadienne Barbara Kulaszka, j'ai pu rencontrer à Boston l'ingénieur F. Leuchter et comment s'organisa l'expédition polonaise.

Pour l'expédition en RFA et en Autriche, je faisais partie de l'équipe de Fred Leuchter. Dans le rapport qu'on va lire, ce dernier nous livre évidemment toutes les informations nécessaires sur les membres de cette équipe et sur la nature et le résultat de sa mission.

Dachau

De 1945 à 1960, la propagande des Alliés et leurs tribunaux nous avaient certifié que des chambres à gaz homicides avaient fonctionné à Dachau, à Mauthausen et à Hartheim. Apparemment, ni les preuves, ni les témoins, ni les aveux ne manquaient.

On insistait particulièrement sur la chambre à gaz de Dachau et sur ses victimes. La propagande américaine avait été si tonitruante que, s'il existe aujourd'hui un pays au monde où les gazages de Dachau passent pour être aussi avérés que les pyramides d'Égypte, ce sont bien les États-Unis.

Au procès de Nuremberg, une journée décisive avait été celle de la projection d'un film sur les camps de concentration allemands où le summum de l'horreur avait été atteint avec une vue de la chambre à gaz de Dachau : le commentateur expliquait le fonctionnement de la machinerie qui était censée gazer « probablement cent personnes à la fois ». On ne dira jamais assez combien ce film – d'une longueur de six mille pieds « choisis » sur quatre-vingt mille pieds – a frappé les imaginations, y compris celles de la plupart des accusés allemands. Il est probable que, plus que tout l'ensemble du procès, les deux événements qui ont le plus contribué à exciter l'opinion contre les vaincus ont été, d'abord, la projection de ce film, puis l'espèce de confession publique, devant le tribunal, du témoin Rudolf Höss, « le commandant d'Auschwitz ». Aujourd'hui, l'on sait que cette confession avait été « dictée » : la substance en avait été inventée par l'imagination malade d'un juif britannique qui avait fait partie des arrestateurs et des tortionnaires de Rudolf Höss.[139]

---

[139] Voy. R. Faurisson, « Comment les Britanniques ont obtenu les aveux de Rudolf Höss, commandant d'Auschwitz », reproduit dans le volume II, p. 657-669.

Mais l'histoire des gazages de Dachau, elle aussi, avait été fabriquée de toutes pièces et il fallut attendre 1960 pour que les défenseurs de l'« Holocauste » en conviennent. Le 19 août 1960, dans *Die Zeit*, Martin Broszat reconnaissait qu'il n'y avait jamais eu de gazage homicide dans ce camp. Cet historien, deux ans auparavant, avait, pour sa courte honte, publié la « confession » de Rudolf Höss en la présentant comme authentique et digne de foi : il s'agissait cette fois-là des mêmes aveux, pour l'essentiel, que ceux obtenus par les Britanniques mais, comme ces derniers avaient entre-temps livré Höss aux communistes polonais, la version Broszat n'était rien d'autre qu'une concoction et une amélioration à la sauce polonaise des inventions britanniques ! (En 1972, Martin Broszat allait devenir directeur de l'Institut d'histoire contemporaine de Munich).

Aujourd'hui, tout visiteur de la chambre à gaz de Dachau peut lire sur un panneau amovible l'inscription suivante en cinq langues :

CHAMBRE À GAZ – « chambre de douche » camouflée – ne fut jamais utilisée. [La version américaine est plus explicite (depuis quelques années) : GAS CHAMBER – disguised as a "shower room" – never used as a gas chamber]. Comme ce panneau est mobile, les cinéastes en mal de sensations peuvent le retirer et filmer ou photographier la pièce sous tous les angles en persistant à dire qu'il s'agit d'une chambre à gaz qui a effectivement servi à gazer des détenus.

Je ne sais s'il faut admirer ici le cynisme des autorités du musée de Dachau ou la naïveté des visiteurs. La formule du panneau n'a aucun sens dans la réalité. En 1980, dans mon *Mémoire en défense contre ceux qui m'accusent de falsifier l'histoire*[140], je pense en avoir fait la démonstration. J'y raconte comment j'ai réduit à *quia* Barbara Distel, responsable du musée, et le Dr Guerisse, président (aujourd'hui décédé) du Comité international de Dachau, sis à Bruxelles. Quand on demande à ces personnes comment il se fait que les Allemands n'aient pas trouvé le temps de terminer cette petite chambre à gaz commencée en 1942, la réponse est que les détenus employés à la construction ont saboté ou boycotté le travail. Mais comment ces détenus, qui jamais de leur vie n'avaient pu voir une arme qui n'existait nulle part au monde (une chambre à gaz pour cent personnes à la fois), pouvaient-ils savoir, dès le début des travaux, qu'une fois ces travaux achevés on aurait là une chambre à gaz homicide ? S'agit-il là d'un miracle de la divination personnelle et de la transmission de pensée ? Les détenus, pendant trois ans, s'étaient-ils passé le mot ? Les Allemands leur avaient donc confié une mission ultra-secrète sans se soucier de la mener à bien ? Et puis,

---

[140] p. 197-222.

comment Barbara Distel et le D$_r$ Guerisse savent-ils qu'il s'agit d'une chambre à gaz inachevée ? Peuvent-ils nous énumérer ce qui manque pour que d'« inachevée » cette chambre à gaz devienne « achevée » ? Où ont-ils puisé leurs connaissances techniques ? Ont-ils déjà vu des chambres à gaz « achevées » ? Où et quand ?

Lors de notre visite du 9 avril 1989, nous avons, Fred Leuchter, Mark Weber et moi-même été filmés par Eugen Ernst d'abord dans la chambre à gaz, puis, à la sortie de celle-ci, sur une esplanade en plein air. C'est sur cette esplanade que nous décidions d'enregistrer nos commentaires de la visite. Les touristes qui venaient eux-mêmes de visiter la « chambre à gaz » nous apercevaient et quelquefois s'arrêtaient et prêtaient l'oreille. F. Leuchter put faire son rapport en paix, à un léger incident près, provoqué par un touriste qui, sur un ton agressif, me demanda si nous n'étions pas en train de douter de la réalité de cette chambre à gaz. J'éludais sa question et il s'éloigna. Quand vinrent mon tour et celui de Mark Weber de commenter notre visite devant la caméra, les touristes commencèrent à s'attrouper en trop grand nombre. Certains se montraient déjà un peu nerveux. Nous aurions pu interrompre notre rapport et le poursuivre en un autre point du camp. Je décidais de rester sur place et d'exploiter la situation. Après tout, nous avions là en face de nous un public rêvé : tous ces gens venaient de « voir une chambre à gaz » et risquaient de raconter ultérieurement à leurs amis : « On ne saurait contester l'existence des chambres à gaz ; j'en ai vu une moi-même à Dachau. » J'engageais donc avec les visiteurs une sorte de débat improvisé. Je leur faisais notamment remarquer qu'ils n'avaient nullement visité une chambre à gaz mais un local que Madame Barbara Distel, directrice du musée, baptisait de ce nom. Cette dame se permettait là une grave accusation à l'appui de laquelle elle n'apportait aucune preuve (les quelques photos ou papiers affichés dans une pièce précédant la chambre à gaz ne démontraient rien du tout). Mais qui osait lui demander des preuves ? Apparemment personne. Je mettais ces touristes en garde contre la tentation d'aller raconter à leur entourage qu'ils avaient vu à Dachau une chambre à gaz ; en réalité, ils n'avaient rien vu de tel. Sur ma lancée, je leur révélais qu'il n'y avait eu, pour nous autres révisionnistes, aucune chambre à gaz homicide, y compris à Auschwitz, ni aucune politique d'extermination des juifs. Le tout prit l'allure d'une sorte de happening. Certains visiteurs se montraient hostiles, d'autres favorables ; tous paraissaient soit indignés, soit intéressés. Un jeune Allemand estima que, pour de tels propos, je méritais la prison. Les plus hostiles trouvèrent l'échappatoire habituelle : « Chambres à gaz ou pas, cela revenait au même » : argument qu'un Français ne peut que trouver étrange vu qu'en France Jean-Marie Le Pen a été lourdement condamné par les tribunaux, à la requête d'organisations juives, pour avoir précisément dit cela.

La magique chambre à gaz est le pilier central de la religion de l'« Holocauste ». Ce ne sont pas les révisionnistes qui, des chambres à gaz, font toute une affaire mais les tenants de cette religion ; c'est donc à ces derniers qu'il faut demander des explications sur leur attachement à la chambre à gaz. Ils sont d'ailleurs logiques dans leur raisonnement ; sans elle, c'est-à-dire sans le **système de destruction spécifique**, il devient impossible de prouver l'existence d'une **destruction systématique et spécifique** des juifs. Sans chambre à gaz, il n'y a plus de génocide. Et, sans génocide, l'histoire de la communauté juive ressemble à l'histoire de toute autre communauté humaine en proie aux horreurs de la seconde guerre mondiale.

Eugen Ernst a su filmer une bonne partie de ce happening qui m'a permis de donner ma première conférence publique en Allemagne sur le tabou des chambres à gaz et du génocide : juste en face de la fausse chambre à gaz de Dachau, un des hauts lieux du Culte.

Mauthausen

La minuscule chambre à gaz de Mauthausen n'a jamais eu beaucoup de fidèles pour la défendre. Elle est indéfendable. En près d'un demi-siècle, je ne vois guère que deux personnages pour avoir **vraiment** essayé de nous faire croire à sa réalité : l'Autrichien Hans Marsalek et le Français Pierre-Serge Choumoff. Dans leurs diverses publications, ils s'abstiennent prudemment de montrer une véritable photo de l'intérieur de la pièce. La raison en est simple : cette pièce a toutes les apparences d'une simple salle de douches et l'on n'aperçoit pas le moindre élément matériel qui donnerait à penser qu'il s'agit d'une chambre à gaz homicide avec toute la machinerie qui, en pareil cas, serait indispensable. Marsalek et Choumoff ne montrent rien du tout ou bien – très rarement – reproduisent en photo l'extérieur de l'une des deux portes (deux portes à une chambre à gaz, c'est-à-dire un redoublement délibéré des problèmes d'étanchéité !), ou bien encore ils laissent vaguement apercevoir un petit fragment de l'intérieur.

En 1978, lors de ma première visite, j'avais demandé à deux responsables du musée, et en particulier au directeur, ancien détenu espagnol, pourquoi, parmi tant de cartes postales du camp proposées aux touristes, il ne s'en trouvait aucune montrant ladite chambre à gaz. La réponse avait été : « Ce serait trop cruel ! » Réponse surprenante quand on songe que tous les musées de camps de concentration, y compris celui de Mauthausen, sont souvent comparables à ces « musées des horreurs » qu'on voit dans les foires et quand on sait que l'antinazisme de sex-shop est l'un des commerces les plus florissants du « Shoah business », dénoncé par bien des juifs.

Lors de la même visite, j'avais aussi voulu savoir pourquoi, dans la chambre à gaz elle-même ou dans le musée, on ne découvrait aucun document, aucune expertise établissant que cette pièce à apparence de douche était, paraît-il, une chambre à gaz homicide. Le directeur du camp avait eu l'audace de me répondre que le texte de l'expertise était bel et bien reproduit dans la chambre à gaz elle-même. C'était faux. Il dut en convenir et me parla d'une expertise qui se trouvait à Linz, sans autre précision. On pense bien que, si une telle expertise avait existé, le texte en serait reproduit dans tous les ouvrages consacrés à Mauthausen et dans toutes les bibliographies de l'« Holocauste ». Lors de notre inspection du 10 avril 1989, un incident allait se produire avec les autorités du camp. Nous nous étions rendus sur place de bonne heure le matin afin de permettre à F. Leuchter d'opérer ses prélèvements d'échantillons sans trop de risques. Il n'eut pas plutôt achevé ce travail, qui provoquait un bruit effrayant, que des groupes de visiteurs commencèrent à se succéder dans la chambre à gaz. Il s'agissait surtout d'enfants des écoles qu'on endoctrine ainsi de façon systématique dans la honte et la haine de ce que les Allemands et les Autrichiens des générations antérieures sont supposés avoir fait pendant la guerre (l'Autriche est le pays d'élection de Simon Wiesenthal). Les guides, c'est-à-dire les officiels du musée ou les professeurs, prodiguaient sur la chambre à gaz et son fonctionnement des explications stéréotypées mais contradictoires en bien des points. Sans nous donner le mot, nous commençâmes, Mark Weber et moi-même, à interroger devant la caméra d'Eugen Ernst l'un des officiels du musée, celui qui nous paraissait le plus compétent. D'abord assez sûr de lui-même, le malheureux, pressé de questions, dut admettre en fin de compte qu'on ne savait pas trop bien comment cette chambre à gaz avait fonctionné. Il se révéla qu'au cours des années le mensonge avait pris des formes extrêmement variées. On avait successivement imposé aux visiteurs trois versions contradictoires de la procédure du gazage :

– procédure n° 1 : le gaz venait du plafond par les pommes de douches (encore existantes) ; cette version, nous dit l'officiel, fut abandonnée quand des gens eurent fait remarquer que, vu le peu de hauteur, il aurait suffi aux victimes d'apposer leurs mains sur ces pommes pour les obturer et empêcher ainsi l'arrivée du gaz ;

– procédure n° 2 : le gaz venait du plafond (et il en repartait au moment de l'évacuation) par une sorte d'ouverture de cheminée (encore existante) située dans la partie ouest ; l'officiel ne sut pas nous dire pourquoi cette version allait être abandonnée à son tour ;

– procédure n° 3 : le gaz venait par un mince tuyau perforé situé sur la paroi est à environ 80 cm du sol, c'est-à-dire qu'il venait de la partie diamétralement opposée à celle de la procédure n° 2 ; il n'existait plus aucune trace de ce tuyau, ni même de l'orifice par lequel il serait provenu d'une salle adjacente où se préparait le gaz ; la salle adjacente était totalement nue et ne recélait rien qui pût donner la moindre idée de sa fonction.

Tout cela était déjà troublant mais le plus troublant était peut-être que la seule explication indiquée sur une plaque de métal dans la chambre à gaz était celle de la procédure n° 2. Je le fis remarquer à l'officiel, qui nous expliqua qu'il s'agissait d'une « erreur » : la procédure décrite sur cette plaque n'était plus la bonne. Je lui fis observer que la procédure n° 3 (celle actuellement retenue comme vraie) se heurtait à une considérable invraisemblance physique. Placé à quatre-vingts centimètres de hauteur, le tuyau perforé, même s'il avait été partiellement inséré dans la paroi pour résister à la pression des corps, aurait été obstrué par les corps des victimes comprimées dans la chambre à gaz : comment le gaz se serait-il diffusé normalement pour tuer toutes les victimes dans l'ensemble de la chambre à gaz ? L'officiel finit par répondre qu'il n'était pas un scientifique et que son explication était celle que fournissait dans son livre… Hans Marsalek. Quelques minutes après son départ, il nous expédia deux agents de police (?) qui nous intimèrent l'ordre de cesser toute prise de vues : on pouvait tout photographier à Mauthausen, nous apprirent-ils, sauf… la chambre à gaz et le four crématoire. Pourtant, nul panneau n'en avertissait les touristes qui, de toute façon, photographiaient par milliers ces deux emplacements au vu et au su des autorités du camp.

À Mauthausen, j'ai eu le sentiment que les autorités du camp vivaient dans une sorte de fièvre obsidionale ; elles paraissent hantées par les progrès du révisionnisme en Autriche et par l'action en ce sens de personnes comme Emil Lachout, Gerd Honsik et Walter Ochensberger (je voudrais au passage rendre ici hommage à la mémoire d'un autre Autrichien, Franz Scheidl, qui a publié dans les années 60, à compte d'auteur, toute une série d'études sous le titre général de *Geschichte der Verfemung Deutschlands* (Histoire de la diffamation de l'Allemagne), laquelle est restée peu connue, même de bien des révisionnistes).

Hartheim

Le château de Hartheim se remarque de loin au milieu d'une plaine. Pour un endroit censé avoir servi aux crimes les plus secrets, il est vraiment impossible à dissimuler. Ce château a été, avant et pendant la guerre, une sorte d'asile et il l'est resté aujourd'hui. Il contient une petite pièce d'apparence inoffensive dont on se demande bien pourquoi on a décidé de la qualifier de « chambre à gaz » homicide. Il s'agit là de l'une des inventions les plus effrontées de la religion de l'« Holocauste ». Je ne lui vois aujourd'hui qu'une utilité : à ceux qui se moquent des superstitions religieuses du passé comme si notre époque était plus éclairée et plus intelligente que les époques passées, je dirais volontiers :

> « Allez visiter la chambre à gaz du château de Hartheim et, après cela, venez me dire si vous ne vous sentez pas humiliés d'être ainsi pris pour des naïfs par ceux qui osent affirmer qu'il s'agit là d'une ancienne chambre à gaz. »

Je ne connais aucune publication qui reproduise une photo de cette minuscule « chambre à gaz », qualifiée par Hans Marsalek, dans la version anglaise de la confession qu'il est censé avoir recueillie de Franz Ziereis, commandant de Mauthausen, de :

> « grande installation de gazage où, selon les estimations de Ziereis, on extermina entre 1 et 1,5 million de personnes [!]. »

L'Intifada révisionniste

Le désarroi actuel des défenseurs de l'« Holocauste » a de curieux effets. Jusqu'à la fin des années 70, ces derniers croyaient détenir, avec Auschwitz, Birkenau et d'autres camps situés en Pologne, de solides preuves de l'existence des chambres à gaz et donc du génocide des juifs. Jusqu'à cette époque, ils pouvaient se permettre de dire qu'il y avait eu des exagérations et que les camps situés hors de l'actuelle Pologne ne possédaient certainement pas ou probablement pas de chambres à gaz. À partir du début des années 80, sous la pression des écrits révisionnistes, les chambres à gaz de Pologne et, en particulier, celles d'Auschwitz et de Birkenau parurent de plus en plus douteuses. Dans un mouvement comparable à celui de l'intégrisme religieux ou politique, les exterminationnistes préconisèrent un retour à la foi et à la doctrine des origines. Ils se remirent à affirmer qu'il avait certainement existé des chambres à gaz à Mauthausen, à Sachsenhausen, à Ravensbrück, à Neuengamme, au Struthof-Natzweiler et peut-être même à Dachau. Je renvoie là-dessus à l'ouvrage d'Adalbert Rückerl, Hermann Langbein, Eugen Kogon et vingt et un autres auteurs, *NS-Massentötungen durch Giftgas* (en français, *Chambres à gaz, secret d'État*).

Dans le cas de Mauthausen, des gens comme Claude Lanzmann ou Yehuda Bauer allèrent jusqu'à la rétractation. En 1982, ce dernier avait clairement écrit : « Aucun gazage n'a pris place à Mauthausen ». Quant à Claude Lanzmann, il avait été tout aussi net : en 1986, à l'occasion d'un violent débat à *Radio Europe n° 1*, sur l'affaire Roques, il avait marqué son désaccord avec le ministre Michel Noir qui s'était permis de parler de la chambre à gaz de Mauthausen. Il avait fermement repris le ministre sur ce point : jamais, lui dit-il, il n'y avait eu de chambre à gaz dans ce camp. Tout cela n'empêcha pas Y. Bauer et C. Lanzmann d'affirmer plus tard qu'il avait bel et bien existé une chambre à gaz à Mauthausen.

Ces rétractations, ces brusques changements de cap, ces explications constamment changeantes constituent une preuve supplémentaire de ce que la chambre à gaz et le génocide ne sont qu'un mythe : un mythe ne cesse de fluctuer au gré des opinions dominantes et des nécessités du moment.[141]

Les exterminationnistes d'aujourd'hui n'ont plus guère que deux refuges, deux points où ils espèrent pouvoir ancrer leur foi : le « camion à gaz » et « Treblinka ».

Sur le premier point, je leur annonce que le Français Pierre Marais va prochainement publier une étude intitulée : *Le Problème des camions à gaz.*[142] Sur le second point, je leur annonce qu'ils vont perdre « Treblinka » comme ils ont perdu « Auschwitz ».

À l'avenir, les tenants de l'« Holocauste » conserveront leur argent, leur puissance, leur capacité de produire des films, de célébrer des cérémonies, de construire des musées : des films, des cérémonies, des musées de plus en plus vides de sens. Ils multiplieront les moyens de répression contre les révisionnistes par les coups et blessures, les campagnes de presse, les procès, le vote de lois spéciales. Ils multiplieront aussi, cinquante ans après la guerre, les poursuites contre ceux qu'ils appellent les « criminels de guerre ». Les révisionnistes, eux, leur répliqueront par des études historiques ou des ouvrages scientifiques et techniques. Ces ouvrages, ces études seront nos pierres, notre Intifada.

Quant aux juifs eux-mêmes, ils auront le choix : ou bien ils suivront l'exemple des rares d'entre eux qui ont eu le courage et le mérite de dénoncer la légende, ou bien ils cautionneront l'activité histrionique des

---

[141] Pour la rétractation de Y. Bauer, voy. les p. 33-34 de l'indigente plaquette publiée en 1989 par le Dokumentationsarchiv des österreichischen Widerstandes sous le titre : *Das Lachout « Dokument », Anatomie einer Fälschung ;* pour la rétraction de C. Lanzmann, on lira la lettre qu'il a publiée dans *Le Monde Juif,* juillet-septembre 1986, p. 97.

[142] Cet ouvrage, intitulé *Les Camions à gaz en question,* est paru en 1994, édition Polémiques, Paris, 325 p. Il indique comme dépositaire principal : Mercure, 146 rue Saint-Honoré, 75001 Paris. [NdÉ]

Élie Wiesel et des Samuel Pisar et les chasses aux sorcières dans le style de Simon Wiesenthal.

David Irving, qui s'est tout récemment rallié à nos positions, vient de déclarer :

> « La communauté juive doit faire son examen de conscience. Elle propage quelque chose qui n'est pas vrai. »[143]

On ne saurait mieux dire.

BIBLIOGRAPHIE CRITIQUE (À PROPOS DU SECOND RAPPORT LEUCHTER)

I. Le premier Rapport Leuchter

- Fred A. Leuchter, *An Engineering Report on the Alleged Execution Gas Chambers at Auschwitz, Birkenau and Majdanek, Poland*, 1988, 192 p. Ce rapport avait été préparé pour Ernst Zündel ; il a été enregistré à son procès (Toronto, Canada, 1988) au titre de « pièce à conviction soumise à examen » (lettered exhibit) ; il contient en copie les certificats originaux d'analyse des échantillons de briques et de mortier prélevés à Auschwitz et à Birkenau.
- Fred A. Leuchter, *The Leuchter Report : The End of a Myth*, préface de Robert Faurisson, Samisdat Publishers Ltd., 1988, 132 p., imprimé sous licence aux États-Unis, P.O. Box 726, Decatur, 35602 Alabama, USA ; édition illustrée du rapport original ; les résultats d'analyse des briques et du mortier sont présentés sous la forme de graphiques.
- Fred A. Leuchter, « Rapport technique sur les présumées chambres à gaz homicides d'Auschwitz, de Birkenau et de Majdanek », *Annales d'histoire révisionniste*, n° 5, été-automne 1988, p. 51-102, préface de Robert Faurisson. Cet article ne reproduit que l'essentiel du rapport, ainsi qu'un graphique et huit tableaux.

II. Dachau

---

[143] *Jewish Chronicle*, 23 juin 1989.

- Doc. L-159 (langue d'origine : anglais) : Document n° 47 du 79e Congrès, 1ère session, Sénat des États-Unis : « Rapport, en date du 15 mai 1945, fait par une commission spéciale du Congrès adressé au Congrès des États-Unis, après la visite des camps de concentration de Buchenwald, Nordhausen et Dachau : situation dans les camps et cruautés qui y ont été commises » (cote d'audience : USA-222)[144] :

« Un trait distinctif du camp de Dachau était la chambre à gaz pour l'exécution de prisonniers et les installations relativement élaborées pour les exécutions par balles. – La chambre à gaz était une grande pièce située au centre du bâtiment du crématoire. C'était une construction de béton. Ses dimensions étaient d'environ 20 x 20 pieds et le plafond était d'une hauteur de quelque 10 pieds ! Deux murs, qui se faisaient face, comportaient des portes étanches par lesquelles on pouvait emmener les prisonniers condamnés dans la chambre à gaz et les en retirer après exécution. L'introduction du gaz dans la chambre était contrôlée par le moyen de deux valves sur l'un des murs extérieurs et, sous les valves, il y avait un petit œilleton muni d'un verre au travers duquel l'opérateur pouvait voir mourir les victimes. Le gaz était introduit dans la chambre par des tuyaux aboutissant à des dispositifs en laiton perforés de trous et fixés au plafond. La chambre était d'une dimension suffisante pour exécuter probablement cent hommes à la fois. »

- Section OSS, 7e Armée (États-Unis) (langue d'origine : anglais), *Dachau Concentration Camp*, préface du colonel William W. Quinn, 1945, p. 33 :

« CHAMBRES À GAZ *[pluriel]* : Les internés qui étaient amenés au camp de Dachau exclusivement pour exécution étaient, dans la plupart des cas, des juifs et des Russes. Ils étaient amenés dans l'enceinte, alignés près des chambres à gaz et ils étaient passés en revue de la même façon que les internés qui venaient à Dachau pour y être emprisonnés. Ensuite, on les conduisait en rangs vers une pièce et ils devaient se déshabiller. Chacun recevait une serviette et un morceau de savon comme s'il allait prendre une

---

[144] *TMI*, XXXVII, p. 621. Le sigle *TMI* (Tribunal militaire international) renvoie à la version française des débats et des documents du *Procès des grands criminels de guerre allemands* (Nuremberg 1945-1946). Le sigle *IMT* (International Military Tribunal) renvoie à la version américaine, laquelle n'est pas à confondre avec la version britannique.

douche. Durant toutes ces opérations, rien ne leur laissait supposer qu'ils allaient être exécutés, vu que la routine était la même pour tous les internés à leur arrivée dans le camp. Ensuite, ils entraient dans la chambre à gaz. Au-dessus de l'entrée, en grosses lettres noires, était écrit « *Brause Bad* » (douches). Il y avait environ quinze pommes de douche, suspendues au plafond, d'où sortait alors le gaz. Il y avait une grande chambre dont la capacité était de deux cents et cinq plus petites chambres, chacune d'une capacité de cinquante. L'exécution prenait approximativement dix minutes. De la chambre à gaz, la porte conduisait au crématoire où les corps étaient transportés par les internés choisis pour ce travail. Les cadavres étaient alors placés dans 5 fours, à raison de deux ou trois corps à la fois.

- Mission militaire française auprès du 6e groupe d'armées, Guerre chimique, nr 23-Z, *Chambre à gaz de Dachau, Rapports du capitaine Fribourg*, 5 et 17 mai 1945, 5 p., 6 planches, 1 photo (25 mai 1945) (langue d'origine : français). Le capitaine Fribourg, après un examen d'une journée à Dachau, n'est parvenu dans son rapport à aucune conclusion définitive. Il a considéré qu'une seconde visite serait nécessaire pour découvrir le système de circulation du gaz toxique et les communications possibles avec les chambres à gaz de désinfection situées à proximité. Il a aussi préconisé un sondage de tous les murs.

- Capitaine P. M. Martinot, 23 mai 1945 (langue d'origine : anglais). Rapport sur les conditions dans les camps de prisonniers, dicté par le capitaine P. M. Martinot le 23 mai 1945, p. 226, Archives Nationales américaines à Suitland, Maryland, R.G. 153, 19-22 BK 37, US War Department, War Crimes Office, Judge Advocate General's Office :

  « Un témoin oculaire m'a parlé de l'extermination massive de juifs qui étaient envoyés dans une chambre à gaz à raison de 500 à la fois et, de là, dans le crématoire, et l'opération était répétée jusqu'à ce que le convoi tout entier de plusieurs milliers de personnes fût liquidé. Au camp d'Auschwitz, la même chose avait lieu mais sur une bien plus grande échelle, avec six crématoires fonctionnant nuit et jour pendant plusieurs jours. Témoin : Wladislaus Malyszko. »

- Quartier Général de la 3e Armée (États-Unis) (langue d'origine : anglais), Équipe n° 1 du Service de renseignements sur le matériel ennemi, Service de la guerre chimique, 22 août 1945, Rapport du sgt Joseph H. Gilbert au major James F. Munn : Sujet : Chambre à gaz de Dachau, p. 3 :

« Sur la base des interviews ci-dessus rapportées et aussi sur la base de l'inspection même de la chambre à gaz de Dachau (apparemment elle n'a pas été utilisée), l'opinion du soussigné est que la chambre à gaz n'a pas répondu aux buts d'exécution et qu'aucune expérimentation n'y a jamais eu lieu. Vu le fait que beaucoup d'informations sûres ont été fournies aux Alliés par d'anciens détenus en ce qui concerne la malaria ainsi que les expériences [de résistance] aux hautes pressions et à l'eau froide, il est raisonnable de supposer que, si de telles expérimentations sur le gaz avaient pris place, on disposerait d'informations similaires. »

- Doc. PS-2430 (langue d'origine : anglais) : *Nazi Concentration and Prisoner-of-War Camps : A Documentary Motion Picture*, film projeté devant le Tribunal de Nuremberg le 29 novembre 1945[145] :

« Dachau-Usine d'horreurs [...] Voici, suspendus en rangées bien ordonnées, les vêtements des prisonniers asphyxiés dans la mortelle chambre à gaz. On les avait persuadés de retirer leurs vêtements sous le prétexte de prendre une douche pour laquelle on leur avait fourni serviettes et savon. Voici le « Brausebad » – la salle de douche. À l'intérieur de la salle de douche : les conduits de gaz. Au plafond : les fausses pommes de douche. Dans la pièce de l'ingénieur : des tuyaux d'admission et d'échappement. Boutons de commande pour contrôler l'entrée et la sortie du gaz. Un volant pour régler la pression. Du cyanure en poudre était utilisé pour produire la fumée mortelle. De la chambre à gaz, les cadavres étaient transportés au crématoire. »

- Philipp Rauscher, *Never Again – Jamais Plus*, Munich, 1945 (?) (langues d'origine : anglais et français) ; contient un plan de la zone du crématoire ; p. 24 :

---

[145] *TMI*, XXX, p. 470.

« La chambre à gaz avait été construite pour les exécutions en masse. On y employait le gaz asphyxiant Cyclon B. »

- Doc. NO-3859/64 et 3884/89 (langue d'origine : allemand) : vingt-huit pages de documents et de plans (1942) au sujet de la « Baracke X » (Staatsarchiv Nürnberg) ; aucun de ces documents ne laisse supposer l'existence d'une chambre à gaz.
- Doc. PS-3249 (langue d'origine : allemand) : témoignage sous serment d'un détenu tchèque, le docteur en médecine Franz Blaha, 9 janvier 1946 :

« Beaucoup d'exécutions se firent par les gaz, les fusillades ou les piqûres, à l'intérieur même du camp. La chambre à gaz fut achevée en 1944, et le Dr. Rascher me chargea d'examiner les premières victimes. Sur les huit ou neuf personnes qui se trouvaient dans la chambre à gaz, il y en avait trois encore en vie ; mais les autres semblaient mortes. Leurs yeux étaient rouges et leurs visages boursouflés. Beaucoup d'internés furent par la suite tués de cette façon ; après on les transportait au four crématoire où je devais examiner leur denture à cause de l'or. »[146]

Deux jours plus tard, le 11 janvier 1946, le D$_r$ Franz Blaha témoigna à la barre du Tribunal de Nuremberg. L'avocat général américain, Thomas J. Dodd, lut son témoignage. Ni l'accusation ni la défense ne demandèrent au témoin d'explication au sujet de la chambre à gaz. Fort probablement, le président du tribunal, le Britannique Lord Justice Lawrence, n'aurait pas autorisé pareille demande d'explication, vu que, **implicitement,** « notification judiciaire » (*judicial notice*) avait été prise de l'existence des chambres à gaz comme l'attestaient les rapports officiels des différentes commissions alliées d'enquêtes sur les « crimes de guerre » (article 21 du Statut du TMI) et vu que les questions estimées trop indiscrètes n'étaient pas réellement permises. Par exemple, quand le D$_r$ Blaha se vit poser une question difficile par M$_e$ Alfred Thomas, avocat d'Alfred Rosenberg, Lord Justice Lawrence l'interrompit pour lui dire : « Il s'agit ici d'un procès rapide ».[147] Encore cette traduction officielle n'est-elle pas exacte. Le président du tribunal a utilisé le mot *expeditious*[148], lequel signifie « expéditif ». La même faute de traduction figure dans la version française de l'article 19 du Statut du TMI, qui

---

[146] *TMI*, XXXII, p. 62.
[147] *TMI*, V, p. 198.
[148] *IMT*, V, p. 159.

définit la procédure comme devant être « rapide » alors qu'en fait elle devait être « expéditive ».

- Sir Hartley Shawcross, procureur général britannique au Tribunal de Nuremberg, le 26 juillet 1946, mentionne (langue d'origine : anglais) « les chambres à gaz et les crématoires » non seulement d'Auschwitz et de Treblinka mais aussi de **Dachau, Buchenwald, Mauthausen, Majdanek et Oranienburg**.[149] Ce procureur est toujours en vie (1989) et habite Londres.

- Lieutenant Hugh C. Daly, *42nd "Rainbow" Infantry Division. A Combat History of World War II*, Army and Navy Publishing Company, Baton Rouge, Louisiane, 1946 (langue d'origine : anglais) :

> « Les prisonniers [étaient] entassés dans les chambres à gaz *[pluriel]* pour mourir [...]. Des milliers d'hommes, de femmes et d'enfants sont morts de cette façon à Dachau [...] ; le système d'assassinat par gaz continuait » (p. 99).

À la page 105, une légende de photo porte :

> « Tués par gaz, ces cadavres sont entassés dans une pièce d'entrepôt en attente de leur crémation, mais on avait fermé les fours par manque de charbon. »

- M.G. Morelli (père dominicain), *Terre de détresse*, Bloud et Gay, 1947, p. 15 (langue d'origine : français) :

> « J'ai posé des yeux pleins d'épouvante sur ce sinistre hublot d'où les bourreaux nazis pouvaient paisiblement voir se tordre les gazés misérables. »

demandèrent au témoin d'explication au sujet de la chambre à gaz. Fort probablement, le président du tribunal, le Britannique Lord Justice Lawrence, n'aurait pas autorisé pareille demande d'explication, vu que, **implicitement**, « notification judiciaire » (*judicial notice*) avait été prise de l'existence des chambres à gaz comme l'attestaient les rapports officiels des différentes commissions alliées d'enquêtes sur les « crimes de guerre » (article 21 du Statut du TMI) et vu que les questions estimées trop indiscrètes n'étaient pas réellement permises. Par exemple, quand le Dr Blaha se vit poser une question difficile par Me Alfred Thomas, avocat

---

[149] *TMI*, XIX, p. 456.

d'Alfred Rosenberg, Lord Justice Lawrence l'interrompit pour lui dire : « Il s'agit ici d'un procès rapide ».[150] Encore cette traduction officielle n'est-elle pas exacte. Le président du tribunal a utilisé le mot *expeditious*[151], lequel signifie « expéditif ». La même faute de traduction figure dans la version française de l'article 19 du Statut du TMI, qui définit la procédure comme devant être « rapide » alors qu'en fait elle devait être « expéditive ».

- Sir Hartley Shawcross, procureur général britannique au Tribunal de Nuremberg, le 26 juillet 1946, mentionne (langue d'origine : anglais) « les chambres à gaz et les crématoires » non seulement d'Auschwitz et de Treblinka mais aussi de **Dachau, Buchenwald, Mauthausen, Majdanek et Oranienburg**.[152] Ce procureur est toujours en vie (1989) et habite Londres.
- Lieutenant Hugh C. Daly, *42nd "Rainbow" Infantry Division. A Combat History of World War II*, Army and Navy Publishing Company, Baton Rouge, Louisiane, 1946 (langue d'origine : anglais) :

> « Les prisonniers [étaient] entassés dans les chambres à gaz *[pluriel]* pour mourir […]. Des milliers d'hommes, de femmes et d'enfants sont morts de cette façon à Dachau […] ; le système d'assassinat par gaz continuait » (p. 99).

À la page 105, une légende de photo porte :

> « Tués par gaz, ces cadavres sont entassés dans une pièce d'entrepôt en attente de leur crémation, mais on avait fermé les fours par manque de charbon. »

- M.G. Morelli (père dominicain), *Terre de détresse*, Bloud et Gay, 1947, p. 15 (langue d'origine : français) :

> « J'ai posé des yeux pleins d'épouvante sur ce sinistre hublot d'où les bourreaux nazis pouvaient paisiblement voir se tordre les gazés misérables. »

À la page 73 :

---

[150] *TMI*, V, p. 198.
[151] *IMT*, V, p. 159.
[152] *TMI*, XIX, p. 456.

« De temps en temps, on prélevait, dans cette foule de malheureux [du block des invalides] les éléments d'un convoi qui seraient dirigés sur une chambre à gaz quelconque. »

- M_gr Gabriel Piguet (évêque de Clermont-Ferrand), *Prison et déportation*, éditions Spes, p. 77 (langue d'origine : français) :

« Je fis un court séjour au bloc 28, occupé par 800 prêtres polonais […]. Plusieurs de leurs vieux prêtres, jugés inutilisables, étaient passés par la chambre à gaz. »

- « Le Document Müller », 1er octobre 1948 (langue d'origine : allemand). Voy. *Annales d'histoire révisionniste,* n° 4, printemps 1988, p. 12. Selon l'Autrichien Emil Lachout, la police militaire alliée et ses auxiliaires autrichiens recevaient régulièrement copie des rapports rédigés par les commissions d'enquête alliées sur les camps de concentration. Ces rapports servaient pour la recherche des « crimes de guerre ». Le 1er octobre 1948, le commandant Anton Müller et son second, Emil Lachout, expédièrent la lettre circulaire suivante de Vienne à toutes les parties intéressées :

« Les commissions d'enquête alliées ont établi à ce jour qu'il n'y a pas eu d'êtres humains tués par gaz-poison dans les camps de concentration suivants : Bergen-Belsen, Buchenwald, Dachau, Flossenburg, Gross-Rosen, Mauthausen et ses camps annexes, Natzweiler, Neuengamme, Niederhagen (Wewelsburg), Ravensbrück, Sachsenhausen, Stutthof, Theresienstadt.
Dans ces cas, on a pu prouver qu'il y avait eu aveux extorqués et faux témoignages. Il y a lieu d'en tenir compte lors des enquêtes et auditions de criminels de guerre. Ce résultat d'enquête devra être porté à la connaissance des anciens détenus des camps de concentration qui lors d'auditions font des déclarations sur l'assassinat de personnes, en particulier de juifs, par gaz-poison, dans ces camps. Au cas où ils persisteraient dans leurs dires, on les assignera pour faux témoignage. »

- Gerald Reitlinger, *The Final Solution : The Attempt to Exterminate the Jews of Europe, 1939-1945*, Londres, Jason Aronson Inc., 1987 (l'édition originale est de 1953), p. 134 (langue d'origine : anglais) :

« Ainsi, en fin de compte, chaque camp de concentration allemand eut sa chambre à gaz en quelque sorte, bien que leur utilisation se révélât difficile. La chambre de Dachau, par exemple, a été préservée par les autorités américaines d'occupation pour servir de leçon, mais sa construction fut entravée et son utilisation réduite à quelques victimes d'expérimentation, des juifs ou des prisonniers de guerre russes confiés par la Gestapo de Munich. »

- Stephen F. Pinter, Lettre sur « Les atrocités allemandes », *Our Sunday Visitor*, 14 juin 1959, p. 15 (langue d'origine : anglais) :

« J'ai passé dix-sept mois à Dachau après la guerre en tant que procureur [ou : avoué ?] attaché au ministère de la Guerre américain et je peux certifier qu'il n'y avait pas de chambre à gaz à Dachau. »

- Martin Broszat, Institut d'histoire contemporaine de Munich, Lettre à *Die Zeit*, 19 août 1960, p. 16 (langue d'origine : allemand) :

« Ni à Dachau, ni à Bergen-Belsen, ni à Buchenwald, des juifs ou d'autres détenus n'ont été gazés. La chambre à gaz de Dachau n'a jamais été complètement terminée et mise "en service". »

- *Common Sense*, (New Jersey, USA), 1er juin 1962, p. 2, publié d'après *Combat*, Londres, G.-B. (langue d'origine : anglais), « La fausse chambre à gaz » :

« Le camp devait avoir une chambre à gaz, alors, comme il n'y en avait pas, on décida de dire que la douche en avait été une. Le capitaine Strauss [de l'armée américaine] et ses prisonniers s'attelèrent à ce travail. Auparavant il y avait des dalles jusqu'à environ quatre pieds [1,20 m] de haut. On prit des dalles identiques dans la salle de séchage voisine pour les mettre au-dessus de celles de la douche et un nouveau plafond, plus bas, fut réalisé au sommet de cette seconde série de dalles qu'on équipa d'entonnoirs métalliques (pour les entrées de gaz). »

- Paul Berben, *Histoire du camp de concentration de Dachau (1933-1945)*, Bruxelles, Comité international de Dachau, 1976 (langue d'origine : français) (l'édition originale est de 1968). Comme l'indique la jaquette, il s'agit de « L'Histoire officielle » du camp. Cet ouvrage de 329 pages ne contient, sur la chambre à gaz, que quelques alinéas, particulièrement confus, aux pages 13 et 201-202. La chambre à gaz aurait été conçue, à des fins homicides (?), dès le début de 1942 mais, en avril 1945, à la libération du camp, elle n'avait toujours pas fonctionné en tant que telle « suite, **dans une certaine mesure, semble-t-il** [souligné par moi], au sabotage effectué par l'équipe de détenus chargés de l'installation » (p. 13) !

Ce qui est troublant, c'est que cette équipe de détenus semble avoir été chargée de l'installation, à cet endroit, d'une chambre de **désinfection** à partir d'octobre 1944 : « En octobre de 1944, le kommando "Montages et réparations" prélevé sur celui du chauffage ("Kesselhaus" [chaufferie]) reçut mission d'installer les conduites de la chambre à gaz » (p. 202). « Pendant l'hiver de 1944-45, l'équipe de désinfection procéda [en ce lieu], avec l'autorisation du médecin-chef SS, à la désinfection au gaz de monceaux de vêtements grouillant de vermine » (p. 13).

On me permettra une hypothèse et quelques questions :

Hypothèse

Cette mystérieuse pièce de Dachau qui, pour des raisons évidentes données par Fred Leuchter, n'a pas pu servir à gazer des hommes n'aurait-elle pas été, dans un premier temps, une douche (d'où l'inscription « Brausebad » située à l'extérieur) et, dans un second temps, à partir de la fin de 1944, une chambre de désinfection ? L'équipe de la chaufferie n'aurait-elle pas transformé une douche en chambre de désinfection (et l'inscription « Brausebad » aurait été laissée à l'extérieur) ? Cette désinfection ne se serait-elle pas faite à la vapeur d'eau ? À Auschwitz, les désinfections se pratiquaient soit dans des chambres à gaz (fonctionnant, par exemple, au Zyklon B), soit dans des chambres à vapeur. On aurait ainsi eu, à Dachau, une batterie de quatre petites chambres à gaz (Zyklon B) et une chambre à la vapeur d'eau : toutes pour la désinfection des vêtements.

Questions

1) Un panneau installé dans la pièce porte, à l'attention des visiteurs, l'inscription suivante : « CHAMBRE À GAZ : "chambre de douche" camouflée – ne fut jamais utilisée ». Pourquoi cache-t-on aux visiteurs que cette pièce a bel et bien été utilisée mais... pour la désinfection des vêtements ?

2) Derrière cette chambre, on soustrait à la curiosité des visiteurs toute la partie du bâtiment où se trouve une énorme conduite isolée, un volant comme de chaudière et d'autres éléments de chaufferie ; on en a un vague aperçu dans le film de Nuremberg (voy. ci-dessus PS-2430) et, aujourd'hui, on peut apercevoir cette partie à travers les vitres de la partie arrière du bâtiment. Pourquoi interdit-on aux visiteurs l'accès normal à cette partie ? Est-ce parce qu'il serait trop évident à certains spécialistes de l'isolation et du chauffage que l'installation d'ensemble est relativement banale ? Pourquoi la salle d'où provenait apparemment l'énorme conduite isolée est-elle fermée à toute visite ?

3) Paul Berben ne cite manifestement pas toutes les sources dont il dispose pour retracer, à sa façon, l'histoire de cette mystérieuse pièce. Il se contente surtout de renvoyer à un témoignage, celui d'un certain Karl Nonnengesser. Pourquoi ?

- *Encyclopedia Judaica*, Jérusalem, 1971, art. « Dachau » (langue d'origine : anglais) :

   « Des chambres à gaz *[pluriel]* furent construites à Dachau mais jamais utilisées. »

- Nerin E. Gun, *The Day of the Americans*, New York, Fleet, 1966, après p. 64 (langue d'origine : anglais), une légende photographique porte :

   « La "douche". Photographiée par Gun [ancien détenu] avec un appareil volé. C'était, bien sûr, la chambre à gaz. »

Voy. aussi : « 3 166 [détenus] furent gazés » (p. 129) et les deux photos précédant la page 129 ; celles-ci montrent deux différentes chambres à gaz, dont l'une fonctionnant avec une « bombe » (*sic*) de Zyklon B !

- Earl F. Ziemke (professeur d'histoire à l'université de Géorgie), *The U.S. Army in the Occupation of Germany, 1944-1946*, Washington D.C., Center of Military History, U.S. Army, 1975, p.252 (langue d'origine : anglais), mentionne « la chambre à gaz » comme si elle avait fonctionné.
- G. Tillion, *Ravensbrück*, Seuil, 1973, p. 249-51 (langue d'origine : français). G. Tillion maintient fermement qu'il y avait une chambre à gaz à Dachau et que celle-ci a fonctionné. Elle reproche à Martin Broszat d'avoir écrit dans *Die Zeit* qu'il n'y avait pas d'inscription « Brausebad », mais M. Broszat n'avait rien écrit de tel (voy. ci-dessus). Elle présente le rapport du capitaine Fribourg

comme établissant sans aucun doute l'existence et le fonctionnement de cette chambre à gaz, mais le capitaine Fribourg n'avait, lui non plus, rien écrit de tel (voy. ci-dessus).

- Paul W. Valentine, « WW II Veteran Recalls His Sad Duty at Dachau », *The Washington Post*, 21 avril 1978, B3 (langue d'origine : anglais) : interview de « George R. Rodericks, jeune capitaine de l'armée américaine au mois de mai 1945 quand son unité eut pour mission de dénombrer les cadavres à Dachau [...], assistant du général adjoint de la 7ᵉ Armée en Allemagne [...], commandant de l'Unité statistiques 52 chargée de la tenue des inventaires du personnel américain ». Ce G. R. Rodericks, censé être un statisticien, fournit des chiffres extravagants de cadavres (vingt mille entassés dans un entrepôt) et de fours à gaz (cinquante à soixante) et parle d'« installations de "douches" où [les prisonniers] étaient exécutés par le gaz ».

- Arthur Suzman et Denis Diamond, *Six Million Did Die – The Truth Shall Prevail*, Johannesburg, Publication du Comité des représentants juifs d'Afrique du Sud, 1978, 2ᵉ édition (langue d'origine : anglais). En page 117 figure une citation extraite d'un « rapport sur le camp de concentration de Dachau [...] signé de C. S. Coetzee et de R. J. Montgomery qui visitèrent le camp le, ou aux environs du, 7 mai 1945 » :

« La chambre à gaz, de vingt pieds sur vingt, offre toutes les caractéristiques d'une salle de douches commune ordinaire avec environ cinquante pommes de douche dans le toit, un plafond en ciment et un sol en ciment. Mais il n'y a pas la ventilation habituelle et les pommes déversaient du gaz-poison. On a remarqué que les portes, tout comme la petite fenêtre, étaient garnies de caoutchouc et qu'il y avait un œilleton protégé par un verre placé à un endroit pratique pour permettre au contrôleur de voir à quel moment le gaz pouvait être arrêté. De la chambre de mort une porte mène au crématoire. Nous avons fait l'inspection du système compliqué des boutons de commande et des tuyauteries qui menaient à la chambre.

« Derrière le crématoire il y avait un lieu d'exécution pour ceux qui devaient être fusillés par balle ; et il y avait bien des signes que cet endroit avait fréquemment servi. »

À la page 122, une légende porte :

> « Des victimes de la chambre à gaz de
> Dachau étaient entassées jusqu'au plafond dans le
> crématoire. »

Le doc. L-159 est cité aux pages 127 et 129.

- Comité international de Dachau, *Konzentrationslager Dachau,
  1933-1945*, 1978, 5 e édition (langue d'origine : allemand) ; p.
  165 :

> « Camouflée en salle de douches, la chambre à gaz n'a jamais
> servi. Des milliers de détenus à exterminer furent envoyés dans
> d'autres camps ou au Château de Hartheim, près de Linz, pour y
> être gazés. »

- Robert Faurisson, *Mémoire en défense contre ceux qui m'accusent
  de falsifier l'Histoire*, Paris, La Vieille Taupe, 1980 (langue
  d'origine : français). L'auteur traite, aux pages 204-209, de la
  correspondance qu'il a échangée en 1977 et 1978 avec Barbara
  Distel, directrice du musée de Dachau, et le Dr A. Guerisse,
  président du Comité international de Dachau de Bruxelles, et de
  l'impossibilité dans laquelle ces personnes se sont trouvées de lui
  fournir la moindre preuve de l'existence d'une chambre à gaz
  d'exécution à Dachau.
- Robert Faurisson, *Réponse à Pierre Vidal-Naquet*, 2e édition, Paris,
  La Vieille Taupe, 1980. À la page 62, l'auteur analyse le
  témoignage de Fernand Grenier contenu dans l'ouvrage de ce
  dernier, *C'était ainsi (1940-1945)*, Éditions sociales, 7e édition,
  1970, et rapporté en ces termes (p. 267) :

> « À côté des quatre fours crématoires qui ne s'éteignaient
> jamais, une chambre : des douches avec, au plafond, des pommes
> d'arrosoir. L'année précédente [1944] on avait remis à cent vingt
> enfants de huit à quatorze ans une serviette et un savon. Ils étaient
> entrés tout joyeux. On ferma les portes. Des douches s'échappèrent
> des gaz asphyxiants. Dix minutes après, la mort avait tué ces
> innocents que les fours crématoires réduisaient en cendres une
> heure après. »

- René Lévesque, *Memoirs*, Toronto, McClelland & Stewart
  Limited, 1986, p. 192-193 (langue d'origine : anglais) :

« Avant de mettre au travail leurs prisonniers [à Dachau], les Allemands leur enlevaient tout ce qu'ils possédaient, y compris leurs dents en or. Puis, ils les faisaient travailler jusqu'à la mort, surtout la dernière année quand les rations ont commencé à se raréfier. Au bout du chemin on les envoyait aux « bains » (Baden), des cabanes de pauvre apparence reliés à un réservoir par quelques tuyaux. Quand les bains étaient pleins à craquer on ouvrait le gaz et ensuite, quand les derniers gémissements avaient cessé, on transportait les cadavres vers les fours de la pièce voisine. – Quand ces nouvelles parvinrent au Québec, et pendant quelque temps encore, les gens se refusèrent à y croire. Des histoires pareilles, qui dépassaient l'entendement, rencontraient beaucoup de scepticisme… Je peux vous dire que c'était bien vrai pourtant, que la chambre à gaz était réelle dans son irréalité cauchemardesque. Les pourvoyeurs étaient partis, en essayant de sauver leur peau, laissant derrière eux leur dernier chargement de cadavres, nus comme des vers dans leur drap mortuaire fait de boue. »

Ces vingt-huit références ne constituent que l'esquisse d'une bibliographie de la prétendue « chambre à gaz » de Dachau. Un chercheur aurait à conduire des investigations au musée de Dachau et dans différents centres de recherches des États-Unis ou d'Allemagne pour y étudier les sténogrammes des procédures d'instruction judiciaire et des procès contre, par exemple, Martin Gottfried Weiss ou Oswald Pohl. On pourrait également collationner les photographies censées représenter la ou les chambre(s) à gaz de Dachau ; trois de ces photographies sont bien connues : **1.** Celle d'un G.I. portant un casque et contemplant les chambres de désinfection censées, à l'époque de la photographie, représenter les chambres à gaz homicides de Dachau ; **2.** Deux G.I. en bonnet de police face à la « douche » *(Brausebad)* censée, ensuite, avoir été **la** chambre à gaz ; **3.** Quelques G.I. ainsi que des sénateurs ou représentants américains visitant l'intérieur de ladite « chambre à gaz ».

Complément [1990]

- Yad Vashem, *Encyclopedia of the Holocaust*, New York, MacMillan, 1990, art. « Dachau », rédigé par Barbara Distel, directrice du musée de Dachau (langue d'origine : anglais) :

« À Dachau il n'y a pas eu de programme d'extermination par le gaz-poison […]. En 1942 une chambre à gaz a été construite à Dachau mais elle n'a pas été mise en service. »

III. Mauthausen

- Doc. PS-499, 8 mai 1945. Une partie de ce document est constituée d'un « Exposé sur les différents types de meurtre des détenus dans le camp de concentration de Mauthausen » (langue d'origine : allemand) ; p. 2 :

> « Chambre à gaz.
> Les détenus malades, faibles et inaptes au travail étaient, de temps en temps, gazés ; s'y ajoutaient des prisonniers politiques à supprimer. On comprimait dans la chambre à gaz jusqu'à 120 détenus nus et on introduisait alors du "Cyklon B". La mort ne survenait pas avant des heures. À travers une vitre dans la porte du local, les assassins SS surveillaient le processus. »

- Doc. PS-2285, 13 mai 1945. Déposition sous serment du lieutenant-colonel Guivante de Saint-Gaste et du lieutenant Jean Veith, tous deux appartenant à l'Armée française (langue d'origine : anglais)[153] :

> « Ces prisonniers "K" étaient aussitôt dirigés sur la prison. On leur retirait leurs vêtements et on les menait aux "salles de douches" [pluriel]. Cette salle de douches, située dans les caves de la prison, à proximité du four crématoire, était spécialement conçue pour l'exécution de prisonniers soit par balle, soit par asphyxie. On utilisait à cet effet une toise tout à fait spéciale. Le prisonnier était placé sous cette toise qui automatiquement lui lâchait une balle dans la nuque dès qu'elle atteignait le sommet du crâne.
> Lorsqu'un arrivage de prisonniers « K » était trop important, au lieu de perdre du temps à les mesurer, on les exterminait par asphyxie au moyen de gaz envoyé dans la salle de douches par les canalisations d'eau. »

---

[153] *TMI*, XXX, p. 142.

Le texte original de cette déposition sous serment est, curieusement, en anglais. Les auteurs n'en ont été ni interrogés, ni contre-interrogés devant le tribunal. Le procureur américain, le colonel Robert G. Storey, en a donné lecture le 2 janvier 1946. La traduction française officielle est fautive.[154]

- Doc. PS-1515, 24 mai 1945 (langue d'origine : allemand). Prétendue « Déposition du commandant du camp de concentration de Mauthausen, le colonel SS *(Standartenführer)* Franz Ziereis ». Dans sa forme originale, ce document de dix pages, tapé à la machine en allemand, ne porte pas de signature. Il mentionne ceci : Franz Ziereis, couché sur une paillasse, blessé à l'estomac et au bras gauche par deux balles, a fait la déclaration suivante en réponse à des questions que lui posaient deux personnes du Service de Renseignements (« Intelligence Confidence »). Franz Ziereis a été interrogé pendant six à huit heures, puis il est mort. Cette séance de torture a pris place en présence du général américain Seibel, commandant de la 11e Division blindée (toujours vivant, en 1989, à Defiance, dans l'Ohio). L'un des deux interrogateurs était Hans Marsalek, ancien détenu, qui habite actuellement [1989] à Vienne, en Autriche, haut fonctionnaire dans la police et auteur de nombreux ouvrages sur Mauthausen :

  « Par ordre du SS-Hauptsturmführer Dr. Krebsbach, une chambre camouflée en salle de bains a été construite dans le camp de concentration de Mauthausen. Les détenus étaient gazés dans cette salle de bains camouflée [...]. En réalité la chambre à gaz a été construite à Mauthausen par ordre du SS-Obergruppenführer Glücks, qui faisait valoir qu'il était plus humain de gazer des prisonniers que de les fusiller. »

Cette « déposition » est parfois entrecoupée de remarques de la part des interrogateurs, par exemple sur l'« arrogance insolente » de Ziereis. Elle se termine par les mots suivants : « De plus, Ziereis déclare que, selon ses estimations, quelque seize millions (??) de personnes ont été mises à mort dans l'ensemble du territoire de Varsovie, de Kowno, de Riga et de Libau ».

Pour les propos qu'aurait tenus Ziereis sur le Château de Hartheim, voy. ci-dessous « Château de Hartheim ».

---

[154] *TMI*, IV, p. 270.

Sur une page supplémentaire on peut lire : « Ne pas utiliser 1515-PS – Cette déclaration a été corrigée et remplacée. – Voy. = 3870-PS. Signé : D. Spencer. »

- Doc. PS-2176, 17 juin 1945. « Report of Investigation of Alleged War Crimes » [Rapport d'enquête des crimes de guerre présumés] du major Eugene S. Cohen, Investigating Officer [Officier chargé de l'instruction], Office of the Judge Advocate [Bureau du commissaire du gouvernement] (3e Armée américaine) (langue d'origine : anglais). On en trouve des extraits dans *TMI*, XXIX, 308-314. Ce rapport semble être le principal document concernant Mauthausen et le Château de Hartheim. On peut le trouver aux Archives nationales de Washington, Record Group 238, « US Councel for the Prosecution of Axis Criminality Nuremberg Papers [Documents de Nuremberg du Conseil américain pour la poursuite des crimes de l'Axe] », Boîte 26, mais un grand nombre des documents ou pièces à conviction n'étaient pas disponibles à l'époque de notre recherche. Les pièces 75 et 77 sont supposées être des déclarations faites par Ziereis. La pièce 216 est un « Spécimen de gaz-poison utilisé dans la chambre à gaz de Mauthausen et de Gusen n° 1 et n° 2 » (en réalité, une boîte de désinfectant Zyklon B).

- Doc. F-274, avant octobre 1945 (langue d'origine : français). Rapport officiel du gouvernement français, *TMI*, XXXVII, p. 118 :

  « [...] déportés politiques [tués] dans les chambres à gaz de Mauthausen. »

- Doc. PS-2223, 3 août 1945 (?) (langue d'origine : anglais). « Report of Investigation of Alleged War Crimes [Rapport d'enquête des crimes de guerre présumés] ». Parmi une vingtaine de rapports ou dépositions sous serment, un rapport daté 13-14 février 1945 sur l'interrogatoire de deux déserteurs polonais, tous deux anciens membres de l'armée polonaise, qui racontent leurs expériences à Mauthausen et à Gusen :

  « Une chambre à gaz d'une capacité de 200 prenait soin de beaucoup d'autres victimes ; beaucoup de femmes, parmi les patriotes tchèques, soupçonnées de sabotage et se refusant à livrer des renseignements, y ont été gazées. »

- Doc. PS-2753, 7 novembre 1945 (langue d'origine : allemand). Témoignage d'un SS, Alois Höllriegl, *TMI*, XXXI, p. 9 :

« Le bruit qui accompagnait le processus du gazage m'était familier. »

Le 4 janvier 1946, au tribunal, le procureur adjoint américain, le colonel John Harlan Amen, fit subir un interrogatoire à Alois Höllriegl. Aucune question ne fut posée sur le mécanisme du gazage. Les « aveux » d'Alois Höllriegl sur les gazages de Mauthausen jouèrent le même rôle que les « aveux » de Rudolf Höss sur les gazages d'Auschwitz. Dans les deux cas, l'interrogatoire a été conduit par Amen dans l'intention d'accabler Ernst Kaltenbrunner.

- Résumé d'instruction TMI, 20 novembre 1945 (langue d'origine : anglais). Des officiers français, après leur tentative d'évasion de camps de prisonniers de guerre, furent transférés à Mauthausen[155] :

« Quand ils arrivèrent au camp, ils furent, soit fusillés, soit conduits à la chambre à gaz. »

- Doc. PS-2430, (langue d'origine : anglais) : *Nazi Concentration and Prisoner-of-War Camps : A Documentary Motion Picture*, film projeté le 29 novembre 1945, *TMI*, XXX, p. 468. À la différence de l'extrait du film qui traite de Dachau, l'extrait relatif à Mauthausen ne contient aucune vue d'une quelconque « chambre à gaz ». Le film se contente de montrer un lieutenant de vaisseau américain de Hollywood, en Californie, qui affirme que des gens ont été exécutés par le gaz dans le camp : parmi eux, un officier de l'armée américaine fait prisonnier par les Allemands.
- Doc. PS-3846, 30 novembre et 3 décembre 1945 (langue d'origine : anglais). Interrogatoire de Johann Kanduth, ancien détenu[156] :

« Ils étaient tués d'une balle dans la nuque. Il y avait aussi des femmes. Certaines étaient tuées dans la chambre à gaz [...]. [*Gissriegl*] avait conduit les malades à la chambre à gaz [...]. Altfudisch [...] conduisait les femmes vers la pièce où elles se déshabillaient ; ensuite, il amenait les trente suivantes. Elles devaient aller à la chambre à gaz [...]. Un registre [était] tenu des prisonniers du camp de concentration de Mauthausen qui étaient tués par balle, gaz, crémation ou par injections [...]. [Ces notes] sont vraies, à savoir que 2-3.000 ont été tués dans les chambres à

---

155 *TMI*, II, p. 59
156 *TMI*, XXXIII, p. 230-243.

gaz ou dans les transports ; nous n'en connaissons pas le nombre exact […]. Kaltenbrunner [lors d'une visite] entra en riant dans la chambre à gaz. Puis les gens étaient amenés des cachots pour être exécutés ; trois sortes d'exécution avaient alors lieu : la pendaison, la mort par une balle dans la nuque et la chambre à gaz ; après cette démonstration et quand les vapeurs s'étaient dissipées, nous devions enlever les corps. »

L'interrogatoire fut lu par le procureur adjoint américain, le colonel John Harlan Amen, le 12 avril 1946 dans l'intention d'accabler Kaltenbrunner (*TMI*, XI, p. 333-334).

- Doc. PS-3845, 7 décembre 1945 (langue d'origine : allemand). Déposition sous serment d'Albert Tiefenbacher, ancien détenu :

Réponse : Des femmes tchèques ont été gazées mais nous n'avons pas obtenu la liste de leurs noms. Ce n'est pas moi qui m'occupais des livres […].

Question : Vous souvenez-vous de la chambre à gaz camouflée en maison de bains ?

R. : Oui, nous aidions toujours à extraire les morts de la chambre à gaz.

Q. : Il n'y avait pas de douches dans la chambre ?

R. : Si. En principe de l'eau froide et de l'eau chaude en sortaient mais le débit de l'eau pouvait être réglé de l'extérieur et la plupart du temps on arrêtait l'eau chaude. À l'extérieur de la pièce, il y avait le réservoir à gaz et deux tuyaux conduisaient de là à la salle. Il y avait une fente à l'arrière et le gaz s'échappait de cette fente.

Q. : Le gaz ne venait jamais des douches ?

R. : Toutes les douches étaient bouchées. C'était juste pour donner l'impression que les prisonniers entraient dans une salle de bains. […]

Q. : Vous souvenez-vous des 800 dernières personnes qui ont été tuées à coups de bâton ou par noyade ?

R. : Oui, je sais comment on conduisait les gens à la chambre à gaz, et de l'eau chaude et de l'eau froide étaient déversées sur eux, et ensuite ils devaient se mettre en ligne et on les battait jusqu'à ce qu'ils meurent […].

Q. : Kaltenbrunner était-il avec [Himmler pour visiter Mauthausen] ?

R : Kaltenbrunner est un type brun, je le connais du crématoire, mais je ne peux pas dire s'il était avec Himmler. Je me souviens de

Himmler à cause de son monocle. [*On se souviendra que Himmler portait des lunettes.*]

Un très court fragment de la déposition sous serment de A. Tiefenbacher a été lu au tribunal par le colonel Amen à Kaltenbrunner, le 12 avril 1946, fragment dans lequel il prétendait qu'il avait vu Kaltenbrunner trois ou quatre fois à Mauthausen. Kaltenbrunner répliqua que c'était « absolument faux ».[157] Le tribunal n'a pas requis la comparution d'A. Tiefenbacher.

- *TMI*, VI, p. 281, 29 janvier 1946, (langue d'origine : français). Témoignage de F. Boix, un Espagnol réfugié en France et déporté à Mauthausen. Il mentionne « la chambre à gaz » de Mauthausen.
- Doc. PS-3870, 8 avril 1946 (langue d'origine : allemand). Déclaration de Hans Marsalek, faite plus de dix mois après la mort de Ziereis, 23 mai 1945.[158] Hans Marsalek jura que :

> « Franz Ziereis a été interrogé par moi en présence du commandant de la 11e Division blindée (américaine) Seibel ; l'ancien prisonnier et médecin Dr. Koszeinski ; et en présence d'un autre citoyen polonais, d'un nom inconnu, pendant une durée de six à huit heures. L'interrogatoire a pris place dans la nuit du 22 au 23 mai 1945. Franz Ziereis était grièvement blessé – son corps avait été traversé de trois balles – et il savait qu'il allait bientôt mourir, et il m'a dit les choses suivantes : [...] Une installation de gazage a été construite dans le camp de concentration de Mauthausen par ordre de l'ancien docteur de la garnison, le Dr Krebsbach, et camouflée en salle de bains. Des prisonniers étaient gazés dans cette salle de bains camouflée [...]. Le gazage des prisonniers était fait sur la vive recommandation du SS-Hauptsturmführer Dr Krebsbach [...]. L'installation de gazage de Mauthausen avait été en fait construite sur ordre du SS-Obergruppenführer Glücks, parce qu'il estimait qu'il était plus humain de gazer les prisonniers que de les fusiller.

Une partie de cette déclaration a été lue par le procureur adjoint Amen le 12 avril 1946.[159] Kaltenbrunner protesta et insista pour que Hans Marsalek vienne à la barre en vue d'une confrontation mais ce dernier ne vint jamais. Le fait est d'autant plus étrange que Hans Marsalek était en

---

[157] *TMI*, XI, p. 332-333.
[158] Voy. ci-dessus PS-1515. *TMI*, XXXIII, p. 279-286.
[159] *TMI*, XI, p. 339-342.

1945-1946 le témoin n° 1 et l'expert n° 1 de Mauthausen. Il est aujourd'hui l'historien officiel du camp. Il n'a jamais été interrogé ni contre-interrogé devant un tribunal sur l'opération même de gazage à Mauthausen.

> « Pour ce qui concerne ce qu'aurait dit Ziereis, selon H. Marsalek, sur le Château de Hartheim, voy. ci-dessous "Château de Hartheim". »

- Sir Hartley Shawcross, procureur britannique auprès du TMI, 26 juillet 1946 (langue d'origine : anglais), mentionne « les chambres à gaz et les fours » non seulement à Auschwitz et à Treblinka mais aussi à Dachau, Buchenwald, **Mauthausen**, Majdanek et Oranienburg.[160] Il vit encore à Londres [1989].
- Simon Wiesenthal, *KZ-Mauthausen*, Linz & Vienne (Autriche), Ibis Verlag, 1946 (langue d'origine : allemand). L'auteur reproduit ce qu'il nomme les « aveux » du commandant de Mauthausen, p. 7-13. En réalité, il reproduit le doc. PS-1515, mais partiellement et avec d'étranges modifications ; par exemple, le chiffre de seize millions de personnes mises à mort dans l'ensemble du territoire de Varsovie, de Kowno, de Riga est réduit par Wiesenthal à « dix millions » (p. 13).[161]

Voy. également ci-dessous « Château de Hartheim ».

- Gerald Reitlinger, *The Final Solution*, p. 474 :

> « Le 8 mai, lorsque les troupes de Patton entrèrent dans le camp, Ziereis fut identifié dans l'enceinte du camp et on lui tira dans l'estomac. Les aveux qu'il fit avant de mourir furent recueillis par un détenu en présence d'officiers américains qui ne comprenaient pas l'allemand et ne sont donc pas très dignes de foi. »

- Olga Wormser-Migot, *Le Système concentrationnaire nazi, 1933-1945*, Presses Universitaires de France, 1968 (langue d'origine : français). À la page 541, l'auteur de cette thèse de doctorat, une juive, écrit qu'en dépit des aveux de SS *post bellum* et de quelques

---

[160] *TMI*, XIX, p. 456.
[161] À la page 53 de ce même livre, l'auteur reproduit un dessin réalisé par lui et censé montrer trois détenus exécutés par les Allemands à Mauthausen. C'est une invention. Le dessin a été fait à partir d'une photo de trois soldats allemands fusillés comme « espions » par un peloton d'exécution américain et publiée dans *Life Magazine*, 11 juin 1945, p. 50.

« témoignages » faisant état d'une chambre à gaz dans le camp de Mauthausen, elle n'y croit pas et estime que de telles allégations « paraissent de l'ordre du mythe ». Elle dit aussi qu'un grand nombre de détenus nient l'existence d'une telle chambre à gaz mais malheureusement elle ne donne pas le nom de ces détenus. En raison de son incrédulité, O. Wormser-Migot a été vivement persécutée ; elle a été dénoncée particulièrement par Pierre-Serge Choumoff.

- Vincente et Luigi Pappaleterra, novembre 1979, *Storia Illustrata* (mensuel), p. 78 (langue d'origine : italien). Ils prétendent qu'aux douches les prisonniers étaient inondés, non par de l'eau, mais par un gaz mortel qui jaillissait des petits trous. La nature du gaz n'est pas spécifiée.
- *Encyclopedia Judaica*, Jérusalem, 1971, art. « Mauthausen » (langue d'origine : anglais) :

> « On tuait aussi des prisonniers au moyen de piqûres de phénol dans l'installation d'euthanasie de Hartheim jusqu'à ce qu'une chambre à gaz fût construite à Mauthausen. »

- Evelyn Le Chêne, *Mauthausen*, Pierre Belfond, 1974 (traduit de l'anglais), p. 74 :

> « La chambre à gaz de Mauthausen était remplie d'oxyde de carbone, qui était pompé du fourgon à gaz au moment nécessaire. »

- Edith Herman, « Thirty years later "death camp" horror an indelible memory [Trente ans plus tard, l'horreur des "camps de la mort", une mémoire indélébile] », *Chicago Tribune,* 4 mai 1975, section 1 (langue d'origine : anglais) :

> « [Mayer] Markowitz avait vingt-six ans le 4 mai 1945, trois ans après son arrivée à Mauthausen, un « camp de la mort » situé en Autriche. Il n'y avait pas de chambre à gaz en ce lieu, et peut-être était-ce pire, en quelque sorte. »

- Dr Charles E. Goshen, docteur en médecine (professeur à l'école universitaire d'ingénieurs de Vanderbilt). « était capitaine dans le Service sanitaire de l'armée américaine à l'époque des faits qu'il raconte »), *The Tennessean*, 23 avril 1978 (langue d'origine : anglais) :

« Les morts de juifs nous ont amenés à examiner les chambres à gaz. Nous avons trouvé une petite chambre hermétique au sous-sol de la prison principale et, à l'intérieur, plusieurs réservoirs, vides et pleins, de HCN, un gaz très mortel.

Nos amis prisonniers nous ont dit que la chambre avait eu deux usages différents. Les lundis, mercredis et vendredis pour désinfecter la literie et les vêtements de leurs poux ; les mardis, jeudis et samedis pour exécuter des prisonniers.

Les trois victimes de chambre à gaz que nous y avons trouvées avaient été manifestement tuées juste avant la fuite des troupes SS. »

- Pierre-Serge Choumoff, *Les Chambres à gaz de Mauthausen* (*La vérité historique, rétablie par P.S. Choumoff, à la demande de l'Amicale de Mauthausen*), Paris, Amicale, 1972 (langue d'origine : français). Aux pages 17-28, l'auteur traite de la chambre à gaz. La pièce adjacente avait été une pièce de contrôle pour l'arrivée du gaz. La nature du gaz n'est pas spécifiée. Une brique chaude était apportée dans la cellule de gazage. Le gaz était introduit dans la chambre à gaz par un tuyau laqué blanc percé de trous (p. 19). Il est significatif que l'auteur, comme tous ceux qui traitent de ce sujet, évite de fournir des photos de ladite chambre à gaz excepté deux : l'une montre **l'extérieur** de l'une des deux portes et l'autre présente, avec un effet de grossissement destiné à la rendre dramatique, une **toute petite** partie de l'intérieur de la chambre à gaz. Il y a aussi la photo d'une boîte de Zyklon B. Aux pages 83-87, l'auteur s'en prend vivement à Olga Wormser-Migot.
- Hans Marsalek, *Die Geschichte des Konzentrationslagers Mauthausen : Dokumentation*, Österreichische Lagergemeinschaft Mauthausen, Vienne, 1980, réédition, 1ère publication en 1974 (langue d'origine : allemand) ; p. 211 :

« Avant les gazages, un sous-officier SS faisait chauffer une brique dans l'un des fours du Krema et l'apportait dans une petite pièce compartimentée et située près de la chambre à gaz. Cette chambre à gaz contenait une table, des masques à gaz et l'unité d'introduction du gaz reliée à la chambre à gaz au moyen d'un tuyau. La brique chaude était posée au bas de l'unité d'introduction du gaz : ceci avait pour but d'accélérer le processus de transformation des cristaux de Zyklon B en gaz liquide. Quand le gaz dans la chambre était suffisant, la mort par suffocation intervenait au bout de 10 à 20 minutes.

Quand un docteur SS, qui surveillait l'opération au travers d'un œilleton aménagé dans l'une des deux portes de la chambre à gaz, s'était assuré que les gens étaient bien morts, la chambre à gaz était débarrassée du gaz au moyen de ventilateurs qui l'aspiraient pour le rejeter à l'air libre.

Le processus complet du gazage pour un seul groupe, comprenant environ trente personnes, depuis le déshabillage, le prétendu examen médical, la mise à mort, l'évacuation du gaz et le ramassage des cadavres, prenait environ une heure et demie à deux heures et demie. »

Hans Marsalek est considéré comme l'historien « officiel » de Mauthausen. Voy. ci-dessus, doc. PS-1515 et PS-3870.

- Yehuda Bauer, *A History of the Holocaust*, Institute of Contemporary Jewry, Université hébraïque de Jérusalem, assisté de Nili Keren, Franklin Watts Publ., Toronto, 1982 (langue d'origine : anglais) ; p. 209 :

« Bien qu'il n'y ait pas eu de gazages à Mauthausen, beaucoup de juifs, ainsi que des non-juifs, sont morts dans ce camp par un processus que les nazis appelaient "l'extermination par le travail". »

En 1988, Yehuda Bauer a déclaré qu'il avait fait là une « erreur » qui serait corrigée dans les éditions futures de son livre (Dokumentations Archiv des österreichischen Widerstandes, *Das Lachout « Dokument »*, *Anatomie einer Fälschung*, Vienne, 1989, p. 33-34 qui cite une lettre de Y. Bauer du 2 septembre 1988).

- Eugen Kogon, Hermann Langbein, Adalbert Rückerl, *Nationalsozialistische Massentötungen durch Giftgas*, Francfort, S. Fischer, 1983 (langue d'origine : allemand) ; traduction française : *Chambres à gaz, secret d'État*, éd. de Minuit, 1984, p. 222 :

« Dans le camp principal, installé en août 1938 à l'est de Linz, on a commencé en automne 1941 à construire une chambre à gaz dans la cave de l'infirmerie auprès de laquelle se trouvaient aussi les crématoriums. C'était une pièce sans fenêtres de 3,80 m de long et 3,50 m de large camouflée en salle de douche. Un dispositif de ventilation y avait été installé. Les parois étaient en partie carrelées et les deux portes pouvaient être fermées hermétiquement. Tous les commutateurs et robinets pour l'éclairage, la ventilation, l'alimentation en eau et le chauffage se trouvaient hors de la chambre. D'une pièce voisine, dénommée la « cellule des gaz », le gaz était dirigé dans la chambre par un tuyau émaillé qui, sur le côté du mur, c'est-à-dire du côté qu'on ne pouvait apercevoir, était ouvert par une fente d'environ un mètre de long. On peut voir encore aujourd'hui les restes de cette installation de gazage. »

Il est faux qu'on puisse « voir encore aujourd'hui les restes de cette installation de gazage ».

- Pierre Serge Choumoff, *Les Assassinats par gaz à Mauthausen et Gusen, camps de concentration nazis en territoire autrichien*, Amicale des déportés de Mauthausen, 1987 (langue d'origine : français). Il s'agit pour l'essentiel de la même étude que celle qui a été publiée en 1972, mais le désordre est plus grand. P.-S. Choumoff, ingénieur de métier, témoigne d'une extrême confusion pour ce qui concerne les chambres à gaz. Il ne fournit aucune preuve ni aucun détail technique qu'on serait en droit d'attendre de la part d'un ingénieur, mais se contente d'en appeler aux habituels récits de « témoins » (Kanduth, Ornstein, Roth, Reinsdorf...). Il semble considérer que la seule présence d'insecticide Zyklon B dans le camp est une preuve de l'existence de gazages homicides. Choumoff évalue à au moins 3.455 le nombre des personnes qui ont été gazées dans les prétendues chambres à gaz de Mauthausen.
- Michel de Boüard (ancien détenu de Mauthausen), doyen honoraire de la faculté des Lettres de l'université de Caen, membre du Comité d'histoire de la Seconde guerre mondiale, membre de l'Institut : déclaration faite lors d'une interview accordée à *Ouest-France*, 2-3 août 1986, p. 6 (langue d'origine : français) :

> « Dans la monographie sur Mauthausen que j'ai donnée dans *La Revue d'histoire de la Seconde Guerre mondiale* en 54, à deux reprises je parle d'une chambre à gaz. Le temps de la réflexion venu, je me suis dit : où ai-je acquis la conviction qu'il y avait une chambre à gaz à Mauthausen ? Ce n'est pas pendant mon séjour au camp car ni moi ni personne ne soupçonnions qu'il pouvait y en avoir, c'est donc un « bagage » que j'ai reçu après la guerre, c'était admis. Puis j'ai remarqué que dans mon texte – alors que j'appuie la plupart de mes affirmations par des références – il n'y en avait pas concernant la chambre à gaz... »

- La plaque exposée dans la chambre à gaz de Mauthausen [en avril 1989] est ainsi rédigée (version française) :

« La Chambre à gaz – camouflée en salle de douches. À travers un tuyau d'aspiration se trouvant dans le coin de droite le gaz cyclon B y pénétrait. C'était exécuté dans une petite salle de maniement. Peu avant le 29 avril 1945 le tuyau d'aspiration avait été démonté par les SS. »

Lors de l'enquête faite par l'équipe de Fred Leuchter, le 10 avril 1989, sur la « chambre à gaz » de Mauthausen, un fonctionnaire du musée déclara que l'explication figurant sur la plaque à propos du tuyau d'aspiration était inexacte. Il expliqua que le gaz était, en réalité, introduit par un tuyau perforé provenant d'une pièce voisine. Le tuyau n'était plus là et on ne retrouvait plus de traces de son existence. Le fonctionnaire déclara que la première explication fournie sur le fonctionnement de la chambre provenait de détenus, qui avaient dit que le gaz entrait dans la chambre par les pommes de douche ; cette explication, disait-il, avait été abandonnée depuis longtemps.

Complément [1990]

- Yad Vashem, *Encyclopedia of the Holocaust*, art. « Mauthausen » (langue d'origine : anglais). Cette encyclopédie récente est extrêmement vague sur le sujet de la chambre à gaz de Mauthausen ; p. 948, 950 :

    « […] la chambre à gaz […] était déguisée en salle de douches […]. [Des femmes tchèques] furent emmenées en groupes à la chambre à gaz. »

Il s'agit là d'une esquisse de bibliographie sur la prétendue « chambre à gaz » de Mauthausen. Un chercheur aurait à conduire des investigations dans les archives du musée de Mauthausen et dans différents fonds d'archives des États-Unis et d'Allemagne.

IV. Château de Hartheim

- Doc. PS-1515, 24 mai 1945 : *[Franz Ziereis est censé déclarer :]*

    « Par ordre du D$_r$ Lohnauer et du D$_r$ Re[na]ult, les professionnels du crime, non amendables, étaient classés comme malades mentaux et envoyés à Hartheim près de Linz où ils étaient exterminés au moyen d'un système spécial du Hauptsturmführer

Krebsbach [...] Le SS-Gruppenführer Glücks donnait l'ordre de désigner comme malades mentaux les prisonniers faibles et de les tuer par le gaz dans une grande installation. Là, environ un million – un million et demi de personnes ont été tuées. L'endroit en question se nomme Hartheim et il est situé à 10 km en direction de Passau [...]. Les [fous] étaient emmenés à l'Institution provinciale (*Landesanstalt*) de Hartheim près de Linz. Je compte [moi, Franz Ziereis] qu'avec au moins vingt-mille détenus, en même temps que les vrais malades mentaux, il a dû y avoir au cours de l'année, d'après mon estimation (car j'ai vu les piles de dossiers dans la cave), environ quatre millions de gazés. L'établissement en question à Hartheim utilisait l'oxyde de carbone. La pièce en question était carrelée et camouflée en salle de bains. L'exécution de ce travail n'était pas confiée aux SS, à l'exception du D[r] L[ohnauer] et du D[r] Reyna[u]d, mais aux officiers de police. »

- Doc. PS-2176, 17 juin 1945, pièce à conviction 213. Cette pièce n'a pu être retrouvée aux Archives nationales de Washington. Elle émanait d'un détenu du nom de Adam Golebsk ou Adam Golebski. Evelyn Le Chêne la mentionne[162] et Pierre-Serge Choumoff est censé la reproduire dans une traduction française.[163] Selon ce qu'indiquent Evelyn Le Chêne et Pierre-Serge Choumoff, l'auteur de cette pièce prétend que, le 13 décembre 1944, il s'est rendu, en compagnie de vingt détenus de Mauthausen, au château de Hartheim pour transformer tout l'emplacement en home d'enfants. Leur travail a duré dix-huit jours. Il a vu une pièce qui avait l'apparence d'une petite salle de bains ; la porte en fer était isolée avec du caoutchouc ; la fermeture était formée par des verrous-leviers massifs et, dans la porte, il y avait un petit hublot rond. Les murs de cette pièce étaient couverts à moitié avec des carreaux. Il y avait six douches. De cette pièce une porte similaire menait à une autre petite chambre où se trouvait l'appareillage pour le gazage, bouteilles à gaz et différents compteurs.
- Doc. F-274, avant octobre 1945, p. 176 :

« Des détenus étaient emmenés de Mauthausen au château de Hartheim pour y être gazés. »

---

[162] E. Le Chêne, *Mauthausen*, 1971, p. 104-107.
[163] P.-S. Choumoff, *Les Chambres à gaz de Mauthausen*, p. 40-42.

- Doc. PS-3870, 8 avril 1946, *op. cit.* :[*Franz Ziereis est censé déclarer :*]

« Sur l'ordre du D_r Lohnauer, les professionnels du crime, non amendables, étaient expédiés comme malades mentaux à Hartheim près de Linz où ils étaient anéantis au moyen d'un système spécial du SS-Hauptsturmführer Krebsbach [...]. Le SS-Gruppenführer Glücks donna l'ordre de classer comme mentalement dérangés les prisonniers faibles et de les tuer dans une installation de gazage qui existait au château de Hartheim près de Linz. Là, environ un million – un million et demi d'êtres humains ont été tués [...]. Le nombre de prisonniers qui ont été mis à mort à Hartheim m'est inconnu, mais le nombre de victimes à Hartheim est d'environ un million – un million et demi en tenant compte des civils qui étaient livrés à Hartheim. »

- Simon Wiesenthal, *KZ Mauthausen*, 1946. De même que pour Mauthausen, l'auteur reproduit le PS-1515 mais avec d'étranges différences.
- Gerald Reitlinger, *The Final Solution*, 1971 (édition originale en 1953), p. 141 :

« Des centaines de détenus de Dachau, aryens ou juifs, ont été gazés au Schloss Hartheim au début de 1942, après avoir été jugés uniquement sur leur passé politique. »

- Olga Wormser-Migot, *Le Système concentrationnaire nazi, 1933-1945*, 1968. L'auteur mentionne Hartheim de manière extrêmement vague en tant que lieu d'« extermination » (p. 154, 538, 540).
- *Encyclopedia Judaica*, 1971, art. « Mauthausen » : voy. citation ci-dessus.
- Evelyn Le Chêne, *Mauthausen*, 1971. Voy. ci-dessus doc. PS-2176, pièce à conviction 213. Un plan du rez-de-chaussée de Hartheim, réalisé par l'auteur, se trouve en page 105.
- Pierre-Serge Choumoff, *Les Chambres à gaz de Mauthausen*, 1972. Voy. ci-dessus doc. PS-2176, pièce à conviction 213. Un plan du rez-de-chaussée de Hartheim se trouve à la page 38. Il est censé provenir d'un détenu de Mauthausen : Bahier. Il est daté « Linz, 6 septembre 1945 » et se trouve dans les dossiers de la Police criminelle de Linz (réf. TGB NRK 2081/85).

- Lucy S. Dawidowicz, *The War Against the Jews, 1933-1945*, New York, Bantam Books, 1975 (langue d'origine : anglais) ; p. 178-179 :

  « Les malades désignés à la mort [...] étaient alors transférés à l'un des six centres d'« euthanasie » (à Bernburg, Brandenburg, Grafeneck, Hadamar, Hartheim et Sonnenstein) [...]. La procédure était pratique, simple et tout à fait trompeuse. En groupes de vingt à trente, les patients étaient introduits dans une chambre camouflée en salle de douches. C'était une pièce ordinaire, équipée de portes et de fenêtres étanches, dans laquelle on avait posé des conduites de gaz. Le récipient de gaz comprimé et les appareils de réglage étaient situés à l'extérieur. Conduits vers l'intérieur de la chambre sous le prétexte de prendre une douche, les malades étaient gazés par le docteur de service. »

Aucune source n'est indiquée pour la description de ce processus.

- Hans Marsalek, *Die Geschichte...*, 1980, p. 213 :

  « Dès qu'un groupe se trouvait dans la chambre à gaz, les portes d'acier étaient fermées, le gaz introduit et les victimes tuées. Ensuite la pièce était ventilée à l'aide de ventilateurs. »

L'auteur ne précise pas la nature du gaz employé. Il ajoute que l'Allemand Vincenz Nohel a avoué, avant d'être pendu par les Américains, que trente mille personnes avaient été tuées au Château de Hartheim au cours de l'« Action Euthanasie ».

- Eugen Kogon, Hermann Langbein, Adalbert Rückerl, *NS-Massentötungen...*, 1983. Dans ce livre, qui est censé passer en revue tous les gazages de masse, Hartheim n'est mentionné que dans le chapitre consacré à l'euthanasie (voy. p. 62, 76-79) ; ni le type de gaz employé (CO ?), ni le nombre total des victimes ne sont clairement précisés.
- Raul Hilberg, *The Destruction of the European Jews*, 1985, p. 872-873. L'auteur, qui ne mentionne aucune chambre à gaz pour Mauthausen, affirme que Hartheim était l'un des nombreux « instituts d'euthanasie pourvus de chambres à gaz utilisant du monoxyde de carbone pur en bouteille ».
- Pierre-Serge Choumoff, *Les Assassinats par gaz...*, 1987, ne donne aucune précision sur la chambre à gaz de Hartheim. Il écrit que, d'après les aveux de l'Allemand Vincenz Nohel, huit mille détenus

en provenance de Mauthausen et de Gusen ont été gazés au Château de Hartheim.

- Hans Marsalek, *Hartheim, Establishment for Euthanasia and Gassing : Accessory Camp to the KZ (Concentration Camp) of Mauthausen* (version abrégée pour la Communauté autrichienne du *Camp de Mauthausen*, traduit en anglais par Peter Reinberg), 4 p. Disponible au château de Hartheim [1989]. Cet opuscule fait état du gazage à Hartheim de 30 000 personnes au moyen de gaz « Zyklon B ».

Complément [1990]

- Yad Vashem, *Encyclopedia of the Holocaust.* Cette encyclopédie en quatre volumes ne contient pas d'entrée *s.v.* « Hartheim », mais seulement des mentions qui se rencontrent aux pages 342, 452, 632, 952, 968, 1129 et 1408. Le type de gaz employé à Hartheim aurait été non pas le Zyklon mais l'oxyde de carbone (p. 1129). Les victimes, en plus des malades mentaux, auraient été des internés transférés de Dachau (p. 342) et de sous-camps de Mauthausen comme Gusen (p. 632) ou Melk (p. 968).

V. 1988 : Des historiens juifs face au problème des chambres à gaz

- Olga Wormser-Migot, *Le Système concentrationnaire nazi (1933-1945)*, Paris, 1968 (langue d'origine : français). Une section de cette thèse est intitulée : « Le Problème des Chambres à Gaz » ; elle représente l'équivalent de trois pages (entre les p. 541 et 545). L'auteur ne croit pas à l'existence de chambres à gaz à Dachau ni à Mauthausen.
- Lucy Dawidowicz, *The War Against the Jews 1933-1945*, New York, Bantam Books, 1975 (langue d'origine : anglais). L'auteur ne mentionne pas de chambres à gaz ou de gazages à Dachau ni à Mauthausen.
- Raul Hilberg, *The Destruction of the European Jews*, édition revue et définitive, New York, Holmes & Meier, 1985 (langue d'origine : anglais). Dans cet ouvrage « définitif » en trois volumes et 1.274 pages, Hilberg ne fait nulle part mention de chambres à gaz ou de gazages à Dachau ni à Mauthausen.

- Arno J. Mayer, *Why Did the Heavens Not Darken ? – The "Final Solution" in History*, New York, Pantheon Books, 1988 (langue d'origine : anglais) ; p. 362-363 :

« Les sources pour l'étude des chambres à gaz sont à la fois rares et douteuses […]. La plus grande partie de ce que l'on sait est fondée sur les dépositions des officiels et des exécutants nazis lors des procès d'après-guerre et sur le souvenir des survivants et des spectateurs. Ce genre de témoignage est à filtrer avec soin vu qu'il peut être influencé par des facteurs d'une grande complexité. Les journaux intimes sont rares, ainsi que les documents authentiques relatifs à la fabrication, la transmission et la mise à exécution de la politique d'extermination. Mais des preuves nouvelles peuvent encore être mises à jour. Des journaux privés et des papiers officiels sont susceptibles de venir à la surface. Étant donné qu'Auschwitz et Majdanek, tout comme les quatre centres d'extermination totale, ont été libérés par l'Armée rouge, les archives soviétiques peuvent fort bien livrer des indices et des preuves quand elles seront ouvertes. En outre, des fouilles à l'emplacement des lieux d'extermination ainsi que dans leurs environs immédiats peuvent aussi apporter de nouveaux renseignements. »

[Publié dans la *RHR*, n° 1, p. 51-114.]

***

Paris, le 3 juin 1990

LETTRE À M. TEDJINI HADDAM, RECTEUR DE LA MOSQUÉE DE PARIS

Monsieur le Recteur,

Vous voudrez bien, je vous prie, trouver ci-joints un exemplaire de la première et récente livraison de la *Revue d'histoire révisionniste* ainsi qu'un dépliant intitulé « Faut-il interdire les révisionnistes ? »

Je me permets d'appeler votre attention sur l'alinéa suivant de la page 7 de notre revue :

« Depuis longtemps, les intellectuels du monde arabo-
musulman s'intéressaient au révisionnisme. Aujourd'hui,
Mondher Sfar, d'origine tunisienne, franchit le pas et entre de
plain-pied dans un domaine où il devient indispensable que
s'exprime, à son tour, la subtilité d'esprit des intellectuels de la
double culture, islamique et européenne (p. 38-50). Ahmed Rami,
de son côté, Berbère d'origine marocaine et vivant à Stockholm, a
repris le flambeau transmis par Ditlieb Felderer. Avec une vigueur
peu commune, il a réussi, par ses publications et par son action à
la tête de Radio Islam, à lancer un débat historique aux
répercussions internationales. »[164]

Il vous intéressera peut-être de savoir que, le 17 décembre 1980, lors
d'un entretien avec Ivan Levaï sur les ondes d'*Europe n° 1*, je résumais
en une phrase de soixante mots les conclusions des recherches
révisionnistes. Voici cette phrase, que je faisais précéder d'une mise en
garde pour signaler qu'aucun de ces mots ne m'était inspiré par une
sympathie ou une antipathie politiques :

« Les prétendues chambres à gaz hitlériennes et le prétendu
génocide des juifs forment un seul et même mensonge historique
qui a permis une gigantesque escroquerie politico-financière dont
les principaux bénéficiaires sont l'État d'Israël et le sionisme
international et dont les principales victimes sont le peuple
allemand, mais non pas ses dirigeants, et le peuple palestinien tout
entier. »

Je souhaite qu'une lecture attentive de tous ces mots et de leur
agencement permette de voir que je ne reprends nullement à mon compte
la thèse du « complot juif ». Pour nous, il n'existe pas de « complot juif »
ni, d'ailleurs, de « complot contre les juifs ». Il existe, tout au plus, une
conjuration des imaginations, une croyance générale, une conviction
sincère. De plus, je ne prends la défense ni de l'Allemagne ni du peuple
palestinien, mais de la vérité, un bien grand mot peut-être, que je
définirais comme « ce qui est vérifiable », « ce qui est exact », « ce qui
est le contraire du mensonge ». Parmi les victimes « non principales » de
ce mensonge historique, il va de soi que figurent les jeunes générations
juives élevées dans les croyances aberrantes de la religion de
l'« Holocauste ».

---

[164] *RHR*, n° 1, rubrique « Suède », p. 172-174.

Dans une lettre publiée par *Le Monde* du 2 juin (p. 2), M. Théo Klein qui, à la fois, critique et sollicite M. Hamadi Essid en appelle à l'union des Arabes et des juifs contre le révisionnisme. C'est précisément cette lettre et cet appel qui m'ont inspiré l'idée de vous écrire.

***

7 juin 1990

LETTRE À JEAN TULARD

Mon cher collègue,

J'ai sous les yeux un texte que *Le Monde* de ce jour présente, en page 2, comme une lettre de vous. Je suppose qu'il ne s'agit que d'un extrait et je vois que le titre n'appartient qu'au journal. Auriez-vous l'obligeance de m'envoyer une copie intégrale de votre lettre, si vous le voulez bien ?

On m'avait fait entendre votre interview à RTL aux informations de midi du 16 septembre 1989. Tout ce que vous disiez sur mon compte était élogieux. Vous avez notamment déclaré en propres termes : « Et il y a [chez Faurisson] une démonstration enfin très très rigoureuse qu'il présente, très très logique ; évidemment, c'est quelqu'un formé par l'université – c'est parfaitement argumenté – et qui montre qu'il ne pouvait pas y avoir de chambres à gaz dans les camps de concentration, du moins ceux qu'il a vus. » Les auteurs du dépliant intitulé : « Faut-il interdire les révisionnistes ? » ont correctement reproduit ces propos que rien dans le contexte ne vient démentir et que tout dans ce même contexte corrobore. Ils ont seulement supprimé le mot d'« enfin » et les répétitions de « très ».

Ces propos étaient largement publics.

Je conserve un bon souvenir de l'entrevue que vous m'aviez accordée le 21 novembre 1986 à la Sorbonne. Je déplore cette lettre ou cet extrait de lettre du *Monde*.

***

Août 1990

ÉDITORIAL DE LA *REVUE D'HISTOIRE RÉVISIONNISTE* N°2

La deuxième livraison de la *Revue d'histoire Révisionniste* paraît en un moment où se confirme la tournure prise par les événements internationaux lors de la sortie de notre première livraison, en mai 1990.

L'hégémonie des quatre grands vainqueurs de 1945 est remise en cause par la montée en puissance des deux grands vaincus, l'Allemagne et le Japon. Le monde arabe, de son côté, accepte de moins en moins une conséquence indirecte de la victoire des Alliés : la loi israélienne en terre de Palestine. Il s'ensuit une remise en cause générale de l'histoire de la seconde guerre mondiale, telle que les vainqueurs de 1945 l'avaient écrite et imposée au reste du monde. Les vaincus, nous disait-on, avaient eu la responsabilité unilatérale de la guerre et ils avaient, unilatéralement, commis des crimes sans précédent dans l'histoire ; l'Allemagne, en particulier, avait programmé et entrepris l'extermination systématique du peuple juif ; à maux exceptionnels, remède exceptionnel : une portion de la planète, pourtant occupée en grande partie par le peuple de Palestine, avait été, quelques années plus tard, dévolue au peuple juif.

L'Allemagne et le Japon n'admettront plus longtemps les vérités forgées au tribunal de Nuremberg et au tribunal de Tokyo. Le rapport des forces économiques a trop changé pour que le rapport des forces morales ne change pas à son tour.

Depuis quelques mois l'histoire officielle, telle que croyait l'avoir fixée le tribunal de Nuremberg, procède d'elle-même à une série de révisions ; la plus spectaculaire touche à ce qu'on appelle le « communisme ». Aujourd'hui, celui-ci nous est décrit, y compris par la plupart des pays « communistes », comme un fléau. Or, en dehors de l'Espagne, le seul pays européen qui ait vraiment combattu le « communisme » est l'Allemagne, tandis que les Alliés lui prodiguaient armes, argent et technologie. On ne peut donc plus tout à fait juger l'Allemagne comme elle l'a été à Nuremberg, quoi qu'on pense par ailleurs du régime politique qu'elle s'était choisi pour combattre un tel « fléau ».

Le tribut payé par le peuple allemand à ses vainqueurs, « communistes » ou non « communistes », paraît aujourd'hui de plus en plus lourd. Amputée d'un tiers, scindée en deux, occupée par quatre grandes puissances, l'Allemagne a été mise en coupe réglée. Des millions de ses fils et de ses filles, qui avaient survécu à la fournaise de la guerre, ont été jetés dans des camps de prisonniers ou des camps de concentration sur l'horreur desquels la lumière commence à poindre. La plus forte et peut-être la plus mortelle des déportations de l'histoire a décimé les populations allemandes de l'Est européen. On a fait main basse sur les savants, les brevets, les usines de tout un pays. Mais surtout, c'est l'âme de l'Allemagne qu'on a cherché à tuer. La patrie de Goethe et de Beethoven s'est vu reprocher un crime inouï, atroce, sans véritable précédent dans l'histoire : elle avait arbitrairement choisi un groupe humain, les juifs, et, lui reprochant d'être né, elle en avait entrepris l'extermination systématique, en particulier grâce à un système abominable, celui de la chambre à gaz. Submergée par une réprobation quasi universelle, l'Allemagne était mise au ban des nations. Elle n'avait d'autre ressource que de baisser la tête et de se battre la coulpe. Mieux : elle collaborait avec ses vainqueurs. Soumise en tout, l'Allemagne de l'Ouest faisait entendre la voix de ses vainqueurs de l'Ouest, et l'Allemagne de l'Est, la voix de son vainqueur de l'Est.

En l'espace de moins d'une année – on vient de le voir –, l'édifice s'est écroulé. L'avenir nous dira peut-être exactement pourquoi et comment.

« Le Tribunal ne sera pas lié par les règles techniques relatives à l'administration des preuves [...] » ; « Le Tribunal n'exigera pas que soit rapportée la preuve des faits de notoriété publique [...] ». C'est au nom de tels principes, exprimés par les articles 19 et 21 de son statut, que le Tribunal militaire international de Nuremberg allait accorder valeur de « preuve authentique » aux rapports des commissions d'enquête alliées concluant que « Katyn » était un crime allemand, qu' « Auschwitz » signifiait quatre millions de meurtres et qu' » Auschwitz » encore – figure emblématique – était le lieu où les Allemands avaient inscrit, jusque dans la conception même de deux grands crématoires (les crématoires-II et III, situés à Birkenau), leur volonté d'exterminer les juifs dans de vastes chambres à gaz homicides.

Or, en quelques mois, l'histoire officielle révise son jugement sur ces trois points et s'apprête vraisemblablement à opérer bien d'autres rectifications. Elle décrète aujourd'hui que « Katyn » est un crime soviétique, qu'« Auschwitz » signifie un million de morts (en attendant d'autres révisions à la baisse) et que les crématoires en question n'auraient été conçus que comme des crématoires, dont les chambres froides, très tardivement, auraient été « bricolées » en chambres à gaz homicides ! Mais la liste des rectifications officielles va bien au-delà de ces trois exemples.

C'est le moment que choisit la France pour créer une loi qui interdise qu'on touche au dogme de Nuremberg et pour proclamer à la face du monde que la vérité historique sur la seconde guerre mondiale a été, une fois pour toutes, établie par un quarteron de juges français, américains, britanniques et soviétiques en 1945-1946 ainsi que par quelques tribunaux français qui se sont inspirés de l'esprit de Nuremberg. Cette loi est parue au *Journal officiel de la République française* le 14 juillet 1990 ;

elle charge la police, la gendarmerie, les magistrats et les gardiens de prison de protéger le décalogue et le catéchisme de Nuremberg.

Au siècle dernier, c'est quand l'Église catholique romaine s'est sentie en crise devant l'incrédulité montante qu'elle a, en 1870, proclamé le dogme de l'infaillibilité pontificale. En 1990, c'est parce que les tenants de la religion de l'Holocauste, rendus anxieux par la montée du scepticisme révisionniste, ne savent plus à quel saint se vouer qu'ils instituent, sur l'initiative de Laurent Fabius et par l'entremise du Parti communiste, le dogme de l'infaillibilité du tribunal de Nuremberg.

Ce dogme fixe à jamais l'histoire des années 1941-1944 tandis que tout ce qui précède ou suit cette période relève de la libre appréciation de chacun.

On a peur des révisionnistes mais on prend modèle sur eux. On les place sous haute surveillance mais on les imite. Sans leurs découvertes (en particulier sans le rapport Leuchter), jamais l'histoire officielle n'aurait consenti de telles rectifications. La poussée révisionniste est puissante parce qu'elle se combine avec une loi naturelle : celle qui veut que le temps fasse son office et apaise les passions.

L'histoire, peu à peu, recouvrera ses droits. Pour paraphraser les articles 19 et 21 du statut du Tribunal militaire international de Nuremberg, on peut dire que « l'historien est lié par les règles techniques relatives à l'administration des preuves » et que « l'historien exige que soit rapportée la preuve des faits de notoriété publique ». Les révisionnistes marqueront plus de respect pour ces principes séculaires que pour telle loi de rencontre. Les historiens officiels n'ont d'autre ressource que d'en faire autant. Nous les y aiderons, quoi qu'il doive nous en coûter.

**

Août 1990

CONTRE LE RÉVISIONNISME HISTORIQUE, LA LOI FABIUS ALIAS GAYSSOT

L e 14 juillet 1990 est paru au *Journal officiel de la République française* le texte des nouvelles dispositions législatives prises à l'encontre du révisionnisme historique. L'essentiel de ces dispositions tient en les lignes suivantes dont nous soulignons les mots qui paraissent importants :

« Seront punis des peines prévues par le sixième alinéa de l'article 24 ceux qui auront *contesté*, par un des moyens énoncés à l'article 23, *l'existence d'un ou plusieurs crimes contre l'humanité* tels qu'ils sont définis par l'article 6 du tribunal militaire international annexé à l'accord de Londres du 8 août 1945 et qui ont été commis soit par les membres d'une organisation déclarée criminelle en application de l'article 9 dudit statut, soit par une personne reconnue coupable de tels crimes par une juridiction française ou internationale. »

Le sixième alinéa de l'article 24 prévoit une peine d'un mois à un an de prison et/ou une amende de deux mille à trois cent mille francs ainsi que l'obligation d'affichage et de publication aux frais du condamné. L'accord de Londres du 8 août 1945 a créé le tribunal militaire international qui allait siéger, à Nuremberg, pour y juger les Allemands et, à Tokyo, pour y juger les Japonais. Des vainqueurs allaient juger des vaincus en vertu, par exemple, des articles 19 et 21 d'un statut prévoyant :

« Le Tribunal ne sera pas lié par les règles techniques relatives à l'administration des preuves. [...] Le Tribunal n'exigera pas que soit rapportée la preuve des faits de notoriété publique mais les tiendra pour acquis. »

La nouvelle loi sera d'application difficile à cause du fragment « et qui ont été commis » ; elle exigera, de la part des plaignants, des recherches d'ordre à la fois juridique et historique, qui pourront se révéler infructueuses ; il leur faudra, de plus, se limiter aux ressources offertes par la juridiction « française ou internationale », à l'exclusion des juridictions étrangères (allemande, israélienne, américaine, britannique...). Ils devront, par exemple, chercher des cas de personnes condamnées pour crime de « gazage » ou crime de « génocide » (assassinat dans le cadre d'une politique d'extermination systématique). À supposer que de tels cas précis puissent être trouvés, il faudra les exposer et les analyser. À ce moment-là, on révélera aux yeux de tous, et en particulier à ceux des juges français d'aujourd'hui, l'étendue du désastre : dans tous ces procès, on ne s'était guère soucié d'établir la matérialité des faits, d'expertiser l'arme du crime, de prouver l'existence d'une intention criminelle prenant la forme d'une politique d'extermination systématique. Dans le cas du « procès du Struthof », on avait, par exception, songé à expertiser la prétendue chambre à gaz et les prétendus gazés : les résultats avaient été négatifs. Chaque procès antirévisionniste deviendra pour les révisionnistes l'occasion de démontrer quel degré de cynisme et de désinvolture ont atteint les juges de Nuremberg ainsi que les juges de France qui ont eu à traiter de ces affaires.

Les juges de Nuremberg ont été conduits à qualifier de « vérités établies » les « erreurs » suivantes parmi bien d'autres :

- Katyn est un crime allemand (c'est un crime de nos alliés soviétiques) ;
- Le nombre des victimes d'Auschwitz s'élève à quatre millions (aujourd'hui on nous dit un million) ;
- Le total des victimes juives de la seconde guerre mondiale s'élève à cinq millions sept cent mille ou six millions (aujourd'hui ces chiffres sont tenus pour « symboliques ») ;
- Les Allemands fabriquaient du savon à partir de graisse humaine (bobard de la première guerre mondiale recyclé en 1945) ;
- Les Allemands ont fabriqué des têtes réduites ainsi que des abat-jour en peau humaine (la tête réduite montrée au tribunal avait été volée à un musée d'ethnographie ; la peau était de chèvre) ;
- À Treblinka, on exterminait les juifs à la vapeur d'eau (on nous dit aujourd'hui : au diesel) ;
- Hitler a donné l'ordre d'exterminer les juifs (cet ordre n'a jamais existé). On serait en droit, au nom de la nouvelle loi, de poursuivre les historiens qui sont aujourd'hui d'accord avec nous pour dire que toutes ces vérités de 194546, et bien d'autres encore, sont autant d'erreurs historiques.

L'un des premiers chez qui ait germé l'idée d'une telle loi semble avoir été l'avocat Serge Klarsfeld. Ce dernier allait, dans les années soixante-dix, lancer en Allemagne le projet d'une loi dite « du mensonge d'Auschwitz ». Au terme de longues années de discussions, le Bundestag votait l'adoption de l'article 194 du code pénal allemand. Contrairement à ce que prétendent ceux qui, en France, suggéreront d'imiter « le modèle allemand », cet article n'est, en définitive, qu'une pâle copie de son projet. L'article 194 n'interdit nullement la contestation des « crimes – du vaincu – contre l'humanité ». Il autorise seulement un procureur à déposer plainte pour dommage causé « au membre d'un groupe qui a été persécuté sous un gouvernement de violence ou d'arbitraire, national-socialiste ou autre » ; le mot « autre » vise, par exemple, le gouvernement d'un pays communiste.

Le premier groupe d'intellectuels qui, en France, ait proclamé son désir de voir instituer dans notre pays une loi spéciale contre le révisionnisme est celui qui s'est constitué autour de Pierre Vidal-Naquet et de François Bédarida, avec Serge Klarsfeld, Georges Wellers (directeur du *Monde Juif*, revue du CDJC), le grand rabbin Sirat, M$_{me}$

Ahrweiler, Harlem Désir et J.-P. Azéma. De ces personnes, le bulletin quotidien de l'Agence télégraphique juive du 2 juin 1986 dira, en première page :

> « Ils ont aussi formulé l'espoir d'une extension à tous les pays européens de la loi allemande interdisant la mise en doute du génocide. »

Pour appuyer leur suggestion, ces personnes inventaient une loi qui ne figure nullement dans le code pénal allemand ; l'argument servira souvent par la suite et il a, en grande partie, facilité le passage de la loi française. Cette loi sera-t-elle étendue à « tous les pays européens » ? On peut en douter mais il n'est pas dit qu'avec une bonne orchestration de « carpentrasseries » à répétition on n'y parvienne pas.

En attendant, la France se trouve être le seul pays à avoir une telle législation.

En 1987, Laurent Fabius prenait l'initiative de proposer au Parlement une « loi contre les négateurs ». Il est le père fondateur de la nouvelle loi. Il n'y a pas à proprement parler de « loi Gayssot » mais une loi « Fabius alias Gayssot ». Le 2 avril 1988, L. Fabius faisait déposer par Georges Sarre une proposition de loi socialiste contre les révisionnistes. C'est cette proposition qui, avec quelques changements, a été glissée dans la loi contre le racisme prévue par le Parti communiste et J.-C. Gayssot.

Dès qu'il est apparu, en 1987, que la France adopterait l'idée de Pierre Vidal-Naquet et de F. Bédarida, ces deux derniers affectaient de prendre leurs distances. Trop tard, le train était lancé.

À l'arrivée, P. Vidal-Naquet recevait la Légion d'honneur. La même livraison du *Journal officiel* qui publie le texte de la nouvelle loi se trouve annoncer, quelques pages plus loin, l'attribution à P. Vidal-Naquet du grade de chevalier de la Légion d'honneur sur proposition du ministre Jack Lang.

La République française a donc décidé, le jour même où « la Patrie des droits de l'homme » célèbre sa fête nationale, d'instituer et de fixer une vérité historique officielle, sous la signature de François Mitterrand, maréchaliste éminent, puis grand résistant, juriste de formation.

Cette vérité qu'il faudra respecter – avec la récompense des bons et la punition des méchants – ne porte essentiellement que sur les années 1941-1944. Pour tout le reste de nos quatre mille ans d'histoire, on pourra s'exprimer à peu près librement.

Des voix s'étaient élevées, y compris dans la communauté juive, contre l'institution d'une telle loi. Mais, quand l'affaire de Carpentras est apparue, ces voix se sont tues et, depuis l'adoption de cette étrange loi, aucun de nos hommes politiques n'a osé saisir le Conseil constitutionnel, présidé, il est vrai, par Robert Badinter, partisan farouche d'une répression du révisionnisme.

Comme le faisait remarquer François Terré, à la veille du vote définitif de la loi par l'Assemblée nationale[165] :

> « Face à la proposition Gayssot [encore une fois, il faudrait dire : « la proposition Fabius alias Gayssot »] le silence infini de presque tous les juristes, de presque tous les historiens effraie. »

Le journaliste Alain Rollat ne connaît pas d'historiens révisionnistes mais seulement de « prétendus historiens révisionnistes » qu'il ne manque pas une occasion de flétrir. Pourtant, dans *Le Monde* en date du 27 juillet, sous le titre « Une belle occasion manquée », il écrivait :

> « Mais comment ne pas relever, surtout, pour souligner encore davantage l'absurdité de la situation, que la période parlementaire de printemps s'achève ainsi sous la forme d'un pied de nez, sans que personne ait osé soumettre au Conseil constitutionnel la loi "tendant à réprimer tout acte raciste, antisémite ou xénophobe" ? Voilà un texte qui, d'un point de vue strictement juridique, soulève une question fondamentale, au regard de la liberté d'opinion et d'expression, puisqu'il voue aux tribunaux, en visant les prétendus historiens "révisionnistes", les citoyens "qui auront contesté l'existence d'un ou plusieurs crimes contre l'humanité". Or, faute de saisine du Conseil constitutionnel, cette question ne sera pas tranchée. Sauf peut-être, si, un jour, quelque avocat avisé se tourne vers les institutions européennes pour pallier cette anomalie. »[166]

Ont-ils craint de paraître s'aligner sur le Front national ? Ont-ils eu peur des éventuelles réactions des organisations antiracistes ? En préférant occulter un débat qui méritait pourtant d'avoir lieu dans un pays qui se prévaut de l'état de droit, les parlementaires ont, en tout cas, laissé passer, une nouvelle fois, une belle occasion de rehausser leur image.

Le révisionnisme poursuivra sa route.

---

[165] *Le Figaro*, 29 juin 1990, p. 2.
[166] *Le Monde,* 27 juillet 1990, p. 6.

La *Revue d'histoire révisionniste* continuera, sous la forme que décidera son destin.[167]

Quelques prises de position hostiles à une loi antirévisionniste

Simone Veil, Joseph Rovan (qui se reniera), Jacques Julliard, Philippe Boucher (trois fois), Théo Klein, Yves Jouffa (qui se reniera), Jacques Chirac (qui se reniera), *Le Droit de vivre* (qui se reniera), Jean Kahn (qui se reniera), Pierre-André Taguieff, Michel Rocard (qui se reniera), Bernard Cahen, Annie Kriegel (?), Charles Millon…

« Souhaitez-vous l'adoption, par la France, d'une loi transformant en délit toute remise en question de l'existence des chambres à gaz ?

– Non. Il n'existe pas de loi pour interdire d'affirmer que Jeanne d'Arc n'a pas existé ou que Verdun n'a pas eu lieu. Si l'on fait une loi, c'est que le débat est ouvert. Ce n'est pas le cas, même si quelques olibrius prétendent le contraire.

(Propos de Simone Veil recueillis par Dominique de Montvallon, *L'Express*, 25 septembre 1987, p. 23)

« La France doit-elle imiter la République fédérale et, comme le suggère Charles Pasqua, faire de la négation du génocide un délit ? L'historien Joseph Rovan, l'un des meilleurs spécialistes de l'Allemagne, directeur de la revue *Documents*, donne son point de vue.

– Je suis contre toutes les lois d'exception. Un nouveau texte législatif donnerait, en France, de l'importance à des phénomènes qui, pour l'instant, ne sont pas contagieux.

(Propos de Joseph Rovan recueillis par Évelyne Fallot, *L'Express*, 25 septembre 1987, p. 26)

« L'idée d'une loi réprimant toute dénégation des crimes nazis fait son chemin puisqu'elle paraît avoir séduit des esprits aussi différents que ceux de Charles Pasqua et de François Mitterrand. C'est une fausse bonne idée. Et quel triomphe pour l'antisémite

---

[167] Pour les débats au Parlement au sujet de la loi Fabius-Gayssot, on consultera le *Journal Officiel* (1990) aux dates suivantes :
– 3 mai, *Ass. nat.*, p. 897-973 – 12 juin, *Sénat*, p. 1445-1464 – 29 juin, *Ass. nat.*, p. 3103-3116, 3122-3142 – 30 juin, *Ass. nat.*, p. 3195-3201 – 30 juin, *Sénat*, p. 2308-2313 – 1er juillet, *Sénat*, p. 2341-2344, 2349-2350 – 1er juillet, *Ass. nat.*, p. 3207-3209 – 14 juillet, *Lois et décrets*, p. 8333-8334.

Faurisson, pour tous les pervers et tous les cerveaux malades du révisionnisme que le recours au bras séculier pour venir à bout de leurs aberrations ! Ne leur offrons pas l'injuste privilège de se comparer à Galilée. »

(La chronique de Jacques Julliard, *Le Nouvel Observateur*, 25 septembre 1987, p. 39)

« Pareille confusion des registres n'est pas moins perceptible dans la suggestion émise par M. Pasqua de faire de la négation des crimes nazis un délit. D'abord parce que, c'est l'humour noir de la chose, cela reviendrait à faire entrer dans la législation pénale française un étrange "délit de révisionnisme", ce dont feu Joseph Staline pourrait se dire *post mortem* très satisfait.

Ensuite, au bon prétexte de préserver la morale, ce serait enrégimenter l'histoire. Or celle-ci ne se porte pas bien si sa vérité n'est admise que sous la protection des juges et de la maréchaussée.

Le président de la République a sans doute parlé un peu vite, lorsqu'il a approuvé la semaine dernière sur TF 1 l'idée de "son" ministre de l'Intérieur. Comme si une idée de ministre de l'Intérieur n'appelait pas l'inventaire avant l'approbation.

À l'appui de sa proposition, M. Pasqua invoqua l'exemple allemand. Il est dans le vrai. Mais, outre que cela ne change rien à l'affaire, les circonstances allemandes ne sont pas les françaises et il n'est pas besoin d'en dire plus. À suivre un tel précédent, ne faudrait-il pas imiter l'Allemagne (de l'Ouest) dans toutes ses interdictions et, aussi, écarter les communistes de la fonction publique ? À défaut de pouvoir établir que le Front national cousine de trop près avec le parti des chemises brunes, hors la loi, lui aussi, de l'autre côté du Rhin.

Assurément, il est aussi bête qu'ignoble de nier la réalité des camps de concentration et du génocide qui y fut entrepris ; ou encore de traiter cela du bout des lèvres, comme on le ferait d'une mythologie.

Malheureusement, contester, douter, sont des droits qui ne se divisent pas. Il ne saurait y avoir de canon pour distinguer le doute permis et la contestation légitime. Au risque pour celui qui s'aventure à tort de subir la vindicte et la réprobation qu'appellent ses thèses ou ses soupçons.

Le droit de douter ne peut pas davantage être réservé aux esprits honnêtes et subtils. Quelle loi le dirait ? Il appartient aussi, quoi qu'on en pense, aux crétins et aux malfaisants.

De plus, comme l'a judicieusement fait observer un lecteur du *Monde* (ils sont décidément très bien !), où devrait-on s'arrêter en pareil chemin ? De quelle sanction faudrait-il punir celui qui soutiendrait que Jeanne d'Arc finit grand-mère et non pas pucelle embrasée ?

De plus encore, à partir de quel critère jugerait-on que le délit est avéré ? Où commencerait la négation ? Où finirait la critique ? Où serait la divergence, ou bien la simple interprétation ? Quand on sait combien il est difficile de prouver le caractère raciste d'un propos (et il en est au moins un pour s'en réjouir), l'arme de la loi est un sabre de bois. S'il n'y avait plus que la loi pour empêcher que l'on doute à haute voix de l'étendue des horreurs nazies, la société française donnerait des idées d'exil. »

(Philippe Boucher, « Limites », *Le Monde*, 27-28 septembre 1987, p. 8)

« Pensez-vous nécessaires des sanctions pénales contre la négation des crimes nazis ?

– On ne peut pas édicter des vérités historiques par la voix législative ou réglementaire.[168] On peut, en revanche, condamner ceux qui incitent à des actes criminels ou ceux qui portent atteinte à la mémoire des gens qui ont souffert. Les protections légales peuvent peut-être, sur ces deux points, être améliorées. »

(Propos de Théo Klein, président du CRIF, recueillis par Patrick Jarreau, *Le Monde*, 30 septembre 1987, p. 2)

« D'une part, nous ne pensons pas que la ratification de l'article 24-3 de la loi du 29 juillet 1881 tendant à créer un délit de négation des crimes contre l'Humanité soit de nature à faciliter la lutte contre certains écrits racistes. Par contre, cela risque de poser de sérieux problèmes, tant au regard de la Liberté de la Presse, qu'au regard de la libre recherche universitaire ou historique.

Plus que de modifier la loi du 29 juillet 1881, il serait plus utile que les Parquets exercent systématiquement des poursuites lorsque des écrits manifestement antisémites, ou faisant directement ou indirectement l'apologie des crimes nazis, comme le tract dénommé L'Aigle Noir, leur sont signalés par nos sections.

D'autre part, nous ne pouvons accepter que vous envisagiez de renforcer les pouvoirs de l'Administration en ce qui concerne la saisie des publications. »

(« Lettre du Président de la Ligue des Droits de l'Homme [Me Yves Jouffa] au ministre de l'Intérieur, Charles Pasqua », *Après-*

---

[168] Maître Klein a sans doute voulu parler de la « voie législative ». Ce Jarreau n'a rien compris. [NdÉ]

demain, organe de la Ligue des Droits de l'Homme, octobre-novembre 1987, p. 1)

« Les grands esprits se rencontrent. [Ma chronique appelée] « l'Amateur » intitulée « Limites » doutait qu'il fût opportun d'incriminer pénalement les historiens mettant en cause l'existence des chambres à gaz. Au même moment, M. Yves Jouffa, président de la Ligue des droits de l'homme, écrivait ceci à M. Pasqua, auteur d'une telle suggestion : « Nous ne pensons pas que la modification de l'article 24-3 de la loi du 29 juillet 1881, tendant à créer un délit de négation des crimes contre l'humanité, soit de nature à faciliter la lutte contre certains écrits racistes. Par contre, cela risque de poser de sérieux problèmes, tant au regard de la liberté de la presse qu'au regard de la libre recherche universitaire ou historique. Plutôt que de modifier la loi du 29 juillet 1881, il serait plus utile que les parquets exercent systématiquement des poursuites lorsque des écrits manifestement antisémites, ou faisant directement ou indirectement l'apologie des crimes nazis, comme le tract dénommé L'Aigle Noir, leur sont signalés par nos sections. »

(Philippe Boucher, « Odeur », *Le Monde*, 10 octobre 1987, p.6)

« Une loi existe en RFA qui condamne toute action révisionniste en ce qui concerne la Choa. M. Pasqua, ministre de l'Intérieur, a laissé entendre qu'une telle loi pouvait être proposée en France. Qu'en est-il ?

– J. C. : Je comprends parfaitement l'indignation légitime de toute la communauté juive, à laquelle s'associe d'ailleurs l'ensemble du peuple français, quand on entend, ici et là, les discours révisionnistes. Je crois qu'il faut tout faire pour sensibiliser l'opinion à la tragédie qu'a été la Choa et faire en sorte que son souvenir ne s'éteigne jamais. Je m'y emploie, et j'ai pris des initiatives dans ce sens. Je ne crois pas pour autant, à titre personnel, qu'il faille aller jusqu'à transformer la négation du génocide en délit passible de sanctions pénales, car cela pourrait s'apparenter au délit d'opinion. Ce ne serait pas, dans mon sentiment, la manière la plus efficace de combattre ces thèses odieuses.

(Propos de Jacques Chirac recueillis par Roger Ascot et Haïm Musicant, *L'Arche*, novembre 1987, p. 46)

« M. Étienne Trocmé, président de la Conférence des présidents d'universités, président de la fédération du Bas-Rhin de la LICRA, présentait en conclusion une synthèse de ce colloque sur le révisionnisme autour de cinq points :

1) Le colloque a réaffirmé une base solide, une certitude incontournable : Les travaux des Faurisson n'ont aucune valeur scientifique, ils constituent une déformation des documents, une utilisation abusive des sources. On ne peut leur opposer une réfutation scientifique qui s'abaisserait. La véritable réplique aux négateurs est la poursuite d'un travail acharné, historique, sur les témoignages, les documents, les preuves inébranlables de ce phénomène unique.

2) Résister à la tentation de certains d'encourager une loi qui serait suffisante pour réprimer les négateurs. Nous ne sommes pas favorables à une telle loi au nom de nos convictions démocratiques et libérales. En effet, une loi peut être détournée. Quelques condamnations ne réduiraient pas les dangers insidieux de personnes habiles venant des extrêmes de droite ou de gauche qui accuseraient de cacher " une" vérité.

3) Il faudrait entreprendre une réflexion européenne, par exemple dans le cadre du Conseil de l'Europe et de la Commission des droits de l'homme. Une déclaration précisant des règles communes serait plus féconde qu'une législation nationale. La LICRA devrait y réfléchir et en prendre l'initiative dans les prochains mois. »

(Colloque de Strasbourg sur le révisionnisme, « Synthèse du président Trocmé. Priorité à l'éducation pour lutter contre les négateurs », *Le Droit de vivre*, organe de la LICRA, novembre-décembre 1987, p. 19)

« Le ministre a voulu rassurer les élus du Front national sur la portée des amendements introduits par le garde des sceaux, M. Albin Chalandon, en première lecture, amendements qui avaient déclenché la fureur de l'extrême droite. Le premier condamne l'apologie des crimes contre l'humanité, la loi sur la presse ne réprimant jusqu'à présent que l'apologie des crimes de guerre. Cette nouvelle incrimination « ne modifie en rien les règles applicables à la recherche historique, même quand les conclusions de celles-ci apparaissent comme des plus contestables », a affirmé M. Pandraud, en faisant implicitement allusion aux thèses dites "révisionnistes". Quant à l'interdiction à l'exposition et à la vente aux mineurs des publications incitant à la haine raciale, le ministre a expliqué qu'il s'agissait avant tout de "protéger la jeunesse". »

(« La fin de la session parlementaire [...]. Textes définitivement adoptés [...] Répression du trafic de drogue », *Le Monde*, 22 décembre 1987, p. 10)

« La loi antiraciste de 1972 constitue-t-elle un arsenal législatif suffisant ?

– Nous avions souhaité qu'elle fût étendue à la négation du génocide et aux falsifications de l'Histoire. Mais les juristes ont estimé que cela aurait été créer un délit d'opinion. Ce qui nous paraît important, aujourd'hui, c'est que dans l'Europe qui se forme, il y ait une harmonisation des législations des divers pays, tendant à combattre la diffamation raciale, l'antisémitisme, les attaques contre les minorités.

(« Un entretien avec M. Jean Kahn, président du CRIF [successeur de Théo Klein] », propos recueillis par Patrick Jarreau et Henri Tincq, Le Monde, 3 octobre 1989, p. 16)

« Ensuite, il y a le cas des révisionnistes. On peut condamner quelqu'un qui fait l'apologie de crimes contre l'humanité ; mais quand ces crimes sont niés, que peut-on faire ? Là aussi, il faudra réfléchir sur la loi de 1972, de manière que l'on puisse poursuivre des gens comme Faurisson sans limiter pour autant la liberté d'expression. Je ne cache pas que c'est un énorme problème. »

(Propos de Pierre-André Taguieff recueillis par Albert Drandov, Politis, 26 octobre 1989, p. 37)

« Pour lutter contre la banalisation de l'antisémitisme, le premier ministre souhaite également créer un délit spécifique sanctionnant la négation des « crimes contre l'humanité ». Mais il ne serait pas question de condamner le révisionnisme, ni même l'apologie du révisionnisme, qui continueraient à être combattus dans le cadre du débat d'opinion. »

(Robert Solé, « M. Rocard suggère de modifier la législation pour mieux combattre le racisme », Le Monde, 29 mars 1990, p. 10)

« Propositions donnant lieu à controverses et nécessitant un consensus des familles politiques :

– Faut-il extraire la législation contre le racisme de la loi de 1881 sur la presse, pour la traiter selon la procédure du droit commun ?

– Faut-il créer un délit spécifique sanctionnant la négation des « crimes contre l'humanité » ?

– Faut-il incriminer le mobile raciste ?

(« Prévenir et réprimer » [le plan que M. Rocard soumettra à ses interlocuteurs politiques], *Le Monde*, 29 mars 1990, p. 10)

« Il y a de l'Église dans tout cela ; de celle qui, incapable de prouver qu'elle avait raison, fulminait que l'adversaire avait tort par nature. Le racisme a tort, mais c'est d'autant moins aux tribunaux de le dire qu'ils ne le peuvent pas.

Pas plus qu'il n'y a lieu, comme on le prévoit, de les saisir du procès du révisionnisme. Mais comment démontrer que c'est une fausse bonne idée ? Que, saisis d'une telle loi, directement ou plus tard grâce à sa réforme à venir, le conseil constitutionnel pourrait la juger contraire aux principes généraux du droit, en particulier aux libertés de pensée, d'expression et de diffusion ?

Qu'est-ce qu'une société, qu'est-ce qu'une démocratie sans droit à l'erreur, sans droit à la sottise ? Qu'est-ce qu'une démocratie où un comportement jugé erratique par la collectivité vaut qu'on en bannisse son auteur et qu'on rétablisse à son intention la « mort civile » que Napoléon s'était bien gardé de supprimer ? L'horrible société où régnerait la perfection. L'ambitieux gouvernement qui croit y parvenir. L'imprudent gouvernement qui ignore que l'eau pure est médicalement imbuvable.

Contre les historiens fous qui nient l'existence des camps nazis et de leurs millions de morts, faisons donner les historiens sensés qui savent ce qu'il en fut. Si ceux-là devaient ne pas convaincre, croit-on que c'est un articula de loi qui vaincrait là où l'intelligence et l'honnêteté auraient échoué ? N'attendons rien des magistrats qui, étonnante découverte, se prononceront en juges ; c'est-à-dire en droit et non selon l'équité, pour dire le droit et non pas la vérité.

Ce « trop d'État » dont se plaignent les libéraux façon xxe siècle, il est là tout autant que dans l'économie sous la forme d'ailleurs d'un « trop de lois » plutôt que d'un « trop d'action ». Quand on ne sait comment agir, on fait charger la loi. Quand la politique patauge, elle légifère, elle décrète. Elle interdit plutôt que de convaincre. »

(Philippe Boucher, « Vertu », *Le Monde*, 31 mars 1990, p. 15)

« Reste que Michel Rocard n'exclut pas d'alourdir le dispositif répressif en créant un délit spécifique « sanctionnant la négation des crimes contre l'humanité ». La proposition est entourée d'un grand luxe de précautions oratoires tant elle est sujette à controverse. Pour le gouvernement, « seul un large consensus des familles politiques » permettrait de la prendre en considération. On ne cache pas à Matignon que l'on veut à tout prix éviter « le grief dit de l'"histoire officielle" ». Pas question, donc, de condamner le révisionnisme en lui-même. »

(« Matignon veut armer la justice contre la haine raciale »,
Libération, 28 mars 1990, p. 8)

Bernard Cahen : « Sur le principe, je suis opposé à une loi
spécifique. Je regrette qu'en démocratie, à chaque fois qu'on vote
un nouveau texte, il s'agisse d'un texte répressif. Pour dépasser le
débat, je ne crois pas qu'une démocratie puisse vivre longtemps en
reposant sur des textes de répression. J'oppose ce principe aux
propositions de la LICRA. Nous avons eu un débat au RAJF et
nous sommes tombés d'accord sur la conclusion suivante : les
textes actuels sont suffisants, ils ont permis de condamner tous les
négateurs, il n'y en a pas eu de relaxés pour insuffisance de
texte... »

Serge Klarsfeld : ... Si. A Auschwitz.

Bernard Cahen : À cause de l'interprétation des magistrats, pas
du texte en lui-même. Enfin, nous avons très peur que l'on crée
une sorte d'histoire officielle. Ce serait très dangereux. C'est
pourquoi je rends hommage à la proposition de la LICRA qui a su
éviter cet écueil. J'y suis sensible et c'est la raison pour laquelle je
suis prêt à faire un pas.

J'émets une dernière réserve. Ce texte est ce qu'il est
aujourd'hui. Comment sera-t-il après les amendements que ne
manquera pas de voter l'Assemblée Nationale ?

Patrick Quentin : Limiter un texte nouveau à la Shoah ne
correspond pas, à mon sens, à l'esprit du législateur républicain qui
est là pour statuer sur des textes d'application générale...

Bernard Cahen : ... C'est une loi d'exception qui serait
proposée...

Patrick Quentin : Et nous donnerions des arguments grand
public à nos ennemis.

(Fragments d'une discussion entre Mes Patrick Quentin,
président de la Commission exécutive de la LICRA, Serge
Klarsfeld, président de l'Association des Fils et Filles des Déportés
juifs de France, et Bernard Cahen, président du Rassemblement
des avocats juifs de France, *Actualité juive hebdo*, 28 mars 1990,
p. 5-6)

« Les effets pervers de cette pratique de l'interdit sont éclatants.
En confiant au pouvoir judiciaire la tâche détestable de paraître
traquer le délit d'opinion et d'expression, en espérant de la
concurrence entre organisations « antiracistes » une
obsessionnelle chasse aux sorcières qui présente les mêmes excès
que n'importe quelle chasse de cette nature, en s'abritant derrière
des institutions juives inquiètes pour légitimer une insupportable

police juive de la pensée – par exemple dans un cas navrant récent où on a suspendu un professeur d'université coupable d'avoir laissé s'exprimer un jeune collègue qui exposait des énormités (comme si l'université, depuis vingt ans, n'avait entendu que des propos équilibrés et raisonnables) – Michel Rocard devrait s'interroger en conscience s'il ne se prête pas à une assez répugnante instrumentalisation des concepts de racisme et d'antisémitisme en vue d'objectifs peu avouables. »

(« Sommet » antiraciste aujourd'hui à Matignon. Annie Kriegel : « Le Leurre de l'antisémitisme », *Le Figaro*, 3 avril 1990, p. 2.)

« Charles Pasqua se dit « content » d'être là, suscite des sourires quand il affirme qu'il n'est toujours pas prêt à faire campagne pour les socialistes, reconnaît qu'« il n'est pas facile de combattre le racisme » et se déclare partisan de la qualification d'un délit nouveau pour la négation du génocide. Charles Millon veut croire que désormais le racisme ne pourra plus être un « enjeu partisan » et dénonce « les mouvements qui spéculent sur le racisme comme sur l'antiracisme ». Il dit son opposition à toute « pénalisation du délit de révisionnisme ». Point de vue partagé par Michel Rocard. »

(« Racisme : la table ronde arrondit les angles », *Libération*, 4 avril 1990, p. 11)

« À l'exception de Charles Pasqua et du CNI, partisans de la qualification d'un délit nouveau pour la négation du génocide, l'opposition manifeste une grande réticence. »

(*Libération*, 5 avril 1990, p. 4)

« Au nom du groupe UDF de l'Assemblée nationale, Charles Millon, faisant écho à André Santini, s'interroge, avec le souci de préserver la liberté de la recherche scientifique, sur l'opportunité de sanctionner les "révisionnistes". »

(*Le Monde*, 5 avril 1990, p. 9)

Sur le sujet de la loi antirévisionniste, il est conseillé de lire :

– Georges-Paul Wagner, « Il n'appartient pas aux législateurs d'écrire l'histoire ni aux historiens de dire le droit », *Présent*, 27 septembre 1989, p. 3 ;

– Gérard Spitéri, « Le PS, le droit d'expression et la lutte antiraciste. Les révisionnistes en prison ? », *Le Quotidien de Paris*, 16-17 décembre 1989, p. 8.

Lettre circulaire adressée par M. Faurisson à sept cents correspondants le 14 juillet 1989

Monsieur, Madame,

MM. Laurent Fabius et Jacques Chirac se sont prononcés pour des mesures législatives permettant de poursuivre et de condamner les auteurs d'écrits révisionnistes (*Le Monde*, 26-27 mars 1989, p. 18).

Une proposition de loi déposée par les députés socialistes en vue de « combattre les thèses révisionnistes » prévoit contre les auteurs de ces thèses une peine d'emprisonnement d'un mois à un an, une amende de 2.000 à 300.000 F ou l'une de ces deux peines seulement, et les frais afférents de publication judiciaire forcée (*Journal officiel*, Assemblée Nationale, n° 1247, 2 avril 1988).

Ainsi la France pourrait-elle légiférer contre la libre recherche historique à l'heure où, aux États-Unis, s'instaure un débat public autour de l'ouvrage d'Arno J. Mayer, historien juif de l'université de Princeton, qui écrit à propos d'Auschwitz :

> « Les sources pour l'étude des chambres à gaz sont à la fois rares et douteuses. »[169]

[Cet ouvrage de cinq cents pages, qui défend la thèse du « judéocide », a été lu en manuscrit par les trois historiens d'origine juive : Raul Hilberg (États-Unis), Hans Mommsen (RFA) et Pierre Vidal-Naquet (France) ; ce dernier tient à y saluer « le plus important effort jamais fait par un historien pour penser l'impensable, de façon critique ».]

Visé, comme bien d'autres, par cette tentative de répression, je me permets de vous poser les questions suivantes :

1) Approuvez-vous le principe de telles mesures ?
2) Si vous réprouvez ces mesures (qui conduiraient, par exemple, à envoyer un professeur en prison parce qu'il ne croit pas aux « chambres à gaz »), comment entendez-vous manifester votre réprobation ?
3) M'autorisez-vous à faire état de votre réponse dans l'étude que je me propose de publier sur le sujet ?

Je vous remercie de l'attention que vous voudrez bien accorder au dossier ci-joint ainsi que de votre réponse à mes questions.

Veuillez recevoir,...

P.J. : – Texte de la proposition de loi L. Fabius-G. Sarre (deux pages)
– « Le révisionnisme français après le Rapport Leuchter » (trois pages)

---

[169] A. J. Mayer, *The "Final Solution"...*, p. 362.

– « Pour qui ne croirait pas aux chambres à gaz : la prison ! » (deux pages).

Sept premières réponses

MICHEL RACHLINE

(Secrétaire Général, Directeur des Éditions Albin Michel)

Monsieur le Professeur,

J'ai bien reçu les documents que vous m'avez adressés et je vous en remercie.

J'ai apprécié la subtilité due, je le pense, à une action de votre inconscient concernant la phrase de votre carte de visite : "Pour Michel Rachline [...] et à qui j'offre une dernière occasion d'agir", rectifiée par "à qui s'offre une dernière occasion d'agir".

Pour en terminer avec ces reproches que vous m'adressez souvent, je me permets de vous rappeler que j'ai écrit et publié, en 1974, un ouvrage intitulé : *Un Juif libre* dans lequel je prenais un certain nombre de positions qui m'ont valu scandales, contestations, semi-persécutions et interdictions d'être vendu dans certaines librairies.

J'y attaquais, entre autres, la politique sioniste, et j'y exprimais instinctivement de sérieux doutes sur les chiffres avancés officiellement des victimes juives dans les camps de concentration.

Depuis, j'ai lu, relu, et relu encore vos textes, et bien que j'aie pu acquérir de la sorte un esprit critique et de très graves inquiétudes quant à la réalité du génocide et des chambres à gaz, je me demande toujours quelle différence peut faire, pour un mort, d'être mort dans une chambre à gaz ou dans de tout autres circonstances, en opposition avec la loi, telles que les camps de concentration. À moins que, ce que vous n'avez jamais fait à ma connaissance, on ne nie également l'existence de tels camps.

Une phrase m'a particulièrement touché dans votre lettre du 1er janvier 1989 intitulée : « Le révisionnisme français après le rapport Leuchter ». Cette phrase de la page 2 indique que le vrai sens du révisionnisme n'a rien à voir avec le racisme. Or, étant abonné à *Revision*, il n'est pas de lecture que je fasse d'aucun numéro de cette revue qui ne me dégoûte profondément par la trivialité, la stupidité et le racisme constants de ses propos. Si le révisionnisme doit conduire à de telles insanités, alors le révisionnisme est une mauvaise action.

Cependant, votre message a un sens précis. Il s'agit de répondre à trois questions.

Premièrement, concernant la tentative de répression exercée par des parlementaires à travers une proposition de loi nouvelle : je vous réponds donc : je désapprouve le principe de telles mesures, ce qui revient à dire que, si je ne partage pas toujours les vues du révisionnisme, j'estime nécessaire la liberté, qu'elle soit exprimée sous une forme ou sous une autre, selon la forme de pensée de leurs auteurs.

Deuxième question : vous me demandez comment j'entends manifester ma réprobation : très précisément en répondant à votre troisième question qui consiste à vous autoriser à faire état de mes réponses dans votre étude. En outre, je vous signale que je publierai le 10 septembre prochain un ouvrage dans lequel figure un important chapitre sur la question juive telle que je la conçois, en référence naturellement à la situation créée entre 1933 et aujourd'hui.

Enfin, j'aimerais vous poser à mon tour une dernière question, Monsieur le Professeur, et cette question concerne le rapport Leuchter. Il est, je pense, de notoriété publique que les chambres à gaz prétendues ou non homicides des camps de concentration situés en Pologne, et notamment à Auschwitz et à Birkenau, sont des reconstitutions à l'initiative des Soviétiques ou des Polonais. Dans ces conditions, je vois mal comment M. Leuchter aurait pu déceler dans des reconstitutions des traces d'exécution par les gaz. Je vous remercie de bien vouloir me donner une réponse à cette question peut-être stupide, et dans l'attente du plaisir de vos nouvelles, je vous renouvelle, Monsieur le Professeur, mon soutien intellectuel pour la liberté de vos entreprises.

Michel RACHLINE

Cette lettre a été suivie d'un échange de correspondance entre son auteur et son destinataire.

JACQUES ROBICHEZ

Mon cher collègue,
Je réponds à votre lettre du 14.

Vous savez que je trouve inique la persécution dont vous êtes victime et dont je me suis efforcé, sans succès, de vous défendre quand je présidais le CCU.[170]

Je trouve, d'autre part, insupportable qu'une loi prétende limiter, sur quelque question que ce soit, les droits de la recherche historique.

Mais je regrette que vous ayez, historien de la littérature française, abandonné votre domaine pour vous vouer à l'histoire des chambres à gaz, – ou du mythe des chambres à gaz.

Estimez-vous, oui ou non, qu'Hitler a persécuté les Juifs et que cette persécution était inexcusable ? Si vous dites « pas persécuté » ou « a eu raison de les persécuter », alors je me sépare de vous catégoriquement. Si vous admettez qu'il y a eu persécution, à quoi bon passer sa vie à se demander si les victimes ont été empoisonnées, gazées ou pendues ? Je ne comprends pas cette espèce de monomanie à la Balthazar Claes. Les circonstances de l'exécution du massacre sont évidemment d'une importance mineure par rapport à l'importance majeure du massacre.

Publiez ma réponse, si vous voulez, à condition de la publier intégralement, et croyez, je vous prie, à mes sentiments les plus cordiaux.

Jacques ROBICHEZ

Cette lettre d'un professeur honoraire à la Sorbonne a été suivie d'un échange de correspondance entre son auteur et son destinataire.

MARCEL RENOULET

(Directeur de publication de « L'Homme Libre »)

Monsieur,

Voici les réponses aux trois questions que vous me posez par votre lettre en date du 14 juillet 1989.

1/– Je n'approuve pas le principe de mesures législatives qui seraient une atteinte grave à la liberté individuelle, ainsi qu'aux droits de l'homme, que les politiciens de toutes nuances prétendent défendre !

---

[170] Comité consultatif des universités.

2/– Je compte manifester ma réprobation, chaque fois que j'aurai l'occasion, contre toute condamnation des auteurs d'écrits révisionnistes.

3/– Je connais particulièrement la question, depuis la publication du livre de mon ami Paul Rassinier : *Le Mensonge d'Ulysse*. J'avais organisé pour lui une conférence à la Bourse du Travail de Saint-Étienne.

Je vous autorise à faire état de ma réponse dans l'étude que vous devez publier.

Recevez, Monsieur, mes salutations distinguées.

Marcel Renoulet

Marcel Renoulet est militant anarchiste.

JACQUES WILLEQUET

Je soussigné, professeur honoraire à l'Université Libre de Bruxelles, déclare qu'au stade actuel de mes recherches, je ne puis m'associer aux thèses de mon collègue Robert Faurisson, parce que je les trouve pointillistes et parcellaires.

Cette circonstance me met d'autant plus à l'aise pour condamner, avec indignation et ahurissement, certaine proposition de loi qui tendrait à considérer comme nuls et non avenus quatre siècles de progrès, à priver davantage encore les historiens de leur liberté académique, à nuire donc gravement à la cause juive elle-même, et à donner une interprétation inattendue de toutes les déclarations officielles qui ont émaillé le bicentenaire de la Révolution française.

Pas la France, ou pas cela.

Jacques WILLEQUET

Jacques Willequet est l'auteur d'ouvrages de référence sur la seconde guerre mondiale. Dans une carte d'accompagnement de cette lettre, il autorisait R. Faurisson à faire état de sa réponse.

GEORGES CONCHON

Cher Monsieur,

Parce qu'aucun auteur, fût-ce parmi ceux que vous citez, ne m'a porté à douter un instant de l'extermination systématique par les nazis des Juifs et des Tziganes ; parce que, plus précisément, je suis allé il y a peu à Auschwitz, où tout parle de l'holocauste et des chambres à gaz, j'ose espérer que vous ne m'accuserez pas d'aveuglement (ou de lâcheté, mais je ne suis pas historien), si mes réponses à votre questionnaire sont les suivantes :

Question n° 1 : Oui. Question n°2 : Sans objet.

Question n°3 : Oui.

Croyez, en tout cas, que je garde un excellent souvenir de notre rencontre au lycée de Clermont-Ferrand.

Georges CONCHON

G. Conchon, romancier, « prix Goncourt » 1964, essayiste politique, est mort un an après cette réponse.

VLADIMIR VOLKOFF

Monsieur,

En réponse à votre lettre du 14 juillet 1989, j'ai l'honneur de vous prier d'abord de m'excuser de ne pas connaître vos travaux, et d'être par conséquent incapable de porter un jugement sur le fond du débat.

Mais, pour répondre à votre première question, il me paraît évident que tout groupe ou toute personne souscrivant à la Déclaration des droits de l'homme se doit de laisser s'exprimer librement toute opinion, quelle qu'elle soit, et qu'il est à la fois absurde et déshonorant pour un soi-disant démocrate d'envisager de poursuivre au pénal un historien, quel qu'il soit, défendant la thèse même la plus invraisemblable ou la plus offensante pour quiconque. Il devrait suffire, me semble-t-il – mais je ne suis pas un homme politique –, de démontrer à l'opinion publique qu'il se trompe. S'il se trompe.

Absurde et déshonorant, mais non pas inédit, hélas.

Je vous autorise, bien entendu, à « faire état de ma réponse » à condition naturellement de la citer en totalité, et, pour répondre à votre deuxième question, ce sera là ma manière de « manifester ma réprobation ».

Veuillez recevoir, Monsieur, toutes mes salutations.

Vladimir VOLKOFF

JACQUES SOUSTELLE

(de l'Académie Française)

Monsieur le Professeur,

Je réponds à votre circulaire du 14 juillet, et je le ferai en toute franchise.

En premier lieu, je suis en désaccord avec vous et avec les « révisionnistes » en général. Je considère qu'il est impossible de nier le fait du génocide, autrement dit la mise en application de la « solution finale » par l'extermination systématique du peuple juif. Je comprends mal l'acharnement que certains apportent à effacer cette réalité. Pour ce qui est des « chambres à gaz », je ne mets pas en doute les témoignages, notamment ceux de déportés que j'ai connus personnellement ; j'ajoute que la controverse sur le point précis de savoir si les millions d'infortunés disparus dans les camps sont morts gazés plutôt que pendus ou fusillés me paraît macabre et déplacée.

En deuxième lieu, je tiens à préciser que le racisme sous toutes ses formes, y compris l'antisémitisme et aussi le racisme anti-occidental et anti-français camouflé en antiracisme, est à mes yeux odieux et condamnable.

Troisièmement, je réprouve toute mesure autoritaire, législative ou policière, tendant à interdire l'expression d'une opinion, même si cette opinion me paraît profondément erronée. Laissons les ayatollahs fanatiques du chiisme dénoncer et menacer de mort quiconque ne pense pas comme eux. Autrement dit, Monsieur le Professeur, je peux me sentir en complet désaccord avec vos thèses, mais je ne saurais admettre qu'on fasse appel à la police ou à la gendarmerie pour vous faire taire.

Ma réponse comporte, vous le voyez, trois éléments que je tiens pour inséparables. Dès lors, à moins de la publier intégralement – et elle est malheureusement fort longue – je n'autorise pas qu'il en soit fait état.

Veuillez agréer, Monsieur le Professeur, l'expression de mes sentiments distingués.

Jacques SOUSTELLE, de l'Académie Française

[Publié dans la *RHR*, n°2, août-oct.1990, p. 16-35.]

***

Août 1990

L'AFFAIRE NOTIN (II)

L e dimanche 29 avril, devant les représentants des associations de résistants et de déportés de Lyon, le maire de la ville, Michel Noir, déclarait : « Il est hors de question que nous donnions à cette université (Lyon-III) de nouveaux locaux, la Manufacture des tabacs, si devaient continuer à y enseigner les "Notin" et autres falsificateurs de l'histoire. »

Quelques jours plus tard, le 7 mai, le même M. Noir communiquait à la presse le texte d'une lettre qu'il avait écrite au ministre de l'Éducation nationale, le 6 avril, et dans laquelle il lui demandait « d'étudier la possibilité de prendre les mesures qui s'imposent à l'encontre de Bernard Notin ».

Le chantage aux locaux n'était pas apprécié des présidents des trois universités lyonnaises, qui publiaient un communiqué commun le 4 mai dans lequel ils rappelaient « qu'après une concertation entre les trois universités et M. le Recteur, [...] dans laquelle la municipalité de Lyon avait été partie prenante, un accord était intervenu ».

D'autres réactions étaient enregistrées : en particulier celles de Raymond Barre pour qui « l'autonomie des universités ne peut se pratiquer que si le respect de l'indépendance est assuré », de Bruno Gollnisch (député européen du Front National), qui critiquait « le chantage peu ragoûtant de M. Noir », et, enfin, de Yannick Simbron (secrétaire général de la Fédération de l'éducation nationale), indiquant pour sa part que « le SNI (Syndicat national des instituteurs) s'est créé d'abord contre la tyrannie des élus locaux ».

Le ministre de l'Éducation nationale répondait, le 7 mai, sur *Radio Monte-Carlo*, à la lettre de M. Noir : « Je dois [...] rester dans la mesure de mes pouvoirs. » Il précisait ensuite qu'il n'interviendrait qu'après que les instances disciplinaires de Lyon-III se seraient réunies, et révélait aussi qu'il avait demandé au recteur d'intervenir dans ce sens auprès du président de l'université.

Le 11 mai, le président P. Vialle et le recteur M. Niveau étaient convoqués au ministère, dans l'ambiance hystérique créée par l'exploitation de la profanation du cimetière juif de Carpentras. Le 12 mai, Bernard Notin se rendait chez le président P. Vialle qui lui suggérait de demander lui-même son détachement pour apaiser la campagne politico-médiatique qui s'abattait sur l'université et en tenant compte de ce qu'il lui serait très difficile d'enseigner normalement à la rentrée : le maire, d'une part, les étudiants juifs, d'autre part, menaçant l'université de désordres et de suppression de subventions. La demande était rédigée le 14 mai. Parallèlement, les médias et l'essentiel de la classe politique adhéraient émotionnellement à l'équivalence : Carpentras = Front National = Révisionnisme = Lyon-III.

Conditionné par la campagne médiatique, le conseil d'administration de l'université se réunissait le mardi 15 mai et son président capitulait : il demandait la convocation du conseil de discipline (ce qu'il avait promis de ne pas faire, estimant ce dernier incompétent) et demandait au ministre de l'Éducation nationale d'agir en sorte que « Bernard Notin n'exerce plus ses fonctions à l'université Jean-Moulin (Université Lyon-III) à compter de la prochaine rentrée universitaire ».

Début juin, Me Gilbert Collard, avocat au barreau de Marseille, acceptait de défendre Bernard Notin devant l'instance disciplinaire, « au nom de la liberté d'expression ». Le 13 juin, le MRAP, dont Me Collard était secrétaire national, publiait un communiqué annonçant une procédure de suspension de l'avocat. Le 14 juin, G. Collard et B. Notin tenaient une conférence de presse. L'avocat marseillais mettait en avant trois points : « Tant qu'une idée, une thèse, ne constitue pas une infraction, elle appartient au débat » ; « Depuis Vichy, l'université n'a poursuivi personne pour des textes » ; « Même si je me sens profondément isolé, je préfère être du côté de Voltaire plutôt que du côté des bien-pensants » (allusion au maire de Lyon). Bernard Notin rappelait qu'il n'était ni membre du Front National, ni antisémite, que son texte traitait des médias et non de la seconde guerre mondiale, et que, vu les développements de cette affaire, l'exemple des chambres à gaz utilisé par lui dans son article avait été maladroit.

La première réunion de la commission d'instruction composée de trois membres (Colette Demaizière, doyenne de la Faculté des Lettres ; Laurent Boyer, doyen de la Faculté de Droit ; Luc Saidj, maître de conférences en finances publiques) se déroulait le 19 juin durant une heure et demie. L'interrogatoire portait sur trois points : la forme du texte (expressions utilisées, tonalité de l'article) ; les conditions de publication du texte ; le psychisme de l'auteur : est-il raciste, antisémite, etc. G. Collard déclarait à la commission : « Je prie pour que Le Pen n'arrive jamais au pouvoir car alors il aurait à sa disposition la jurisprudence Notin pour nous faire taire. »

La seconde réunion de la commission d'instruction se tenait le 29 juin et permettait d'éclairer les conditions de publication du texte, par l'intermédiaire des réponses écrites fournies par Frédéric Poulon, coordonnateur du numéro spécial, *La France Vassale*, qui avait publié l'article de B. Notin. Me Collard annonçait le dépôt d'un recours auprès du tribunal administratif contre la décision du président de l'université pour excès de pouvoir, recours déposé le jour même.

Le 11 juin, battant tous les records de célérité en matière de procédure juridique, la 1ère chambre du tribunal de grande instance de Paris, présidée par M. Jean Favard, estimait que, dans le procès intenté par le MRAP à B. Notin, il n'y avait pas à retenir le délit de diffamation ni celui de racisme, mais l'universitaire était condamné à verser 20.000 F de dommages au MRAP pour « faute » au sens de l'article 1382 du Code Civil, sans compter 5.000 F de complément. Dans les conclusions rédigées par Me Ducroux, avocat de B. Notin dans ce procès, il avait été rappelé que son client n'avait pas pris position sur le fond (existence ou non-existence des chambres à gaz) :

> « M. Notin dans ce paragraphe ne nie pas l'existence des chambres à gaz, comme une lecture succincte et parcellaire de son article scientifique pourrait le faire croire, mais énonce simplement que certains faits que l'on tient pour acquis peuvent faire l'objet d'une étude scientifique sans pour autant que leur auteur puisse être taxé de révisionnisme. »

La commission de discipline de l'université Lyon-III rendait son verdict le 18 juillet vers 16 h 30. Présidée par J. Bonnet, professeur de géographie, composée de Laurent Boyer, Colette Demaizière, Jacques Fayette (professeur de gestion), Luc Saidj, Guy Daude (maître de conférences en géographie), Jean-Louis Chauzit (maître de conférences en italien), elle décidait à l'encontre de B. Notin l'interdiction de toute fonction pendant un an, avec suspension de la moitié de son traitement, en raison d'un article de nature à jeter le discrédit sur l'université, le doute sur la probité, la neutralité, l'objectivité, la tolérance de l'auteur et donc de l'institution, et la mise en cause de leur crédibilité scientifique. Ces sanctions étaient prises après que la soirée précédente et la matinée eurent été occupées par des tractations avec les responsables des pressions et chantages des mois écoulés. La veille, la commission avait auditionné, à charge, le professeur Cusin, président de Lyon-II, et, à décharge, Mme Christiane Pigacé, maître de conférences en sciences politiques à l'IEP d'Aix-en-Provence. Les professeurs P. Chaunu et J. Freund s'étaient manifestés par écrit pour apporter leur soutien à la cause de la liberté d'expression.

Dans sa plaidoirie, Me Collard avait demandé à la commission de se déclarer incompétente.

Mercredi 19 juillet, en début de soirée, Bernard Notin faisait parvenir à l'AFP le communiqué suivant :

« Bernard Notin ne comprend pas comment sept universitaires ont pu décider, sans honte, de ruiner sa vie. S'il s'agit de réduire au silence quelqu'un qui a la passion du mouvement des idées en l'obligeant à se vendre pour survivre, Bernard Notin espère que l'instance d'appel, loin des marchandages lyonnais, fera respecter l'indépendance intellectuelle et la tolérance à son égard. La condamnation pour des idées que l'on a volontairement caricaturées, en oubliant des années d'enseignement et de recherche, ne peut que laisser un goût amer aux hommes libres. »

Le 30 juillet, M. Noir signait « l'acte d'achat à la SEITA de l'ancienne Manufacture des tabacs. Le site, qui comprend quarante-six mille mètres carrés de bâtiments répartis sur près de trois hectares, abritera à partir de 1992 une partie des locaux de l'université Lyon-III ».[171]

On se reportera, pour mémoire, à l'article que nous avions publié dans la première livraison de la *Revue d'histoire Révisionniste* sous le titre de « L'Affaire Notin ». Rappelons que ce jeune maître de conférences dispose d'un salaire unique et qu'il élève, avec sa femme, cinq enfants en bas âge. La sanction financière prise à son encontre par la section disciplinaire de son université s'ajoute à la perte du salaire perçu pour ses heures complémentaires d'enseignement à la faculté de Droit, et cela sans compter d'autres sanctions diverses et les menaces pesant sur sa vie, sur celle de sa femme et de ses enfants, sur sa maison, sur sa voiture. Le MRAP a enregistré « avec satisfaction » les sanctions infligées à B. Notin mais les instances juives en ont déploré la « clémence ». C'est, en particulier, le cas du président du consistoire sépharade de Lyon, Émile Azoulay. L'Union des étudiants juifs de France a estimé que « ces sanctions paraissent extrêmement modérées et sans rapport avec le préjudice moral occasionné aux victimes du nazisme ».[172]

Lydie Cusin, peut-être apparentée à Michel Cusin (président de l'université Lyon-II), est secrétaire générale de l'Association des étudiants en histoire de l'université Lyon-III (Association Marc Bloch). Elle s'est étonnée de « la légèreté de la peine prononcée » et a constaté « avec amertume la faiblesse des sanctions qui ne contribuera pas à blanchir la réputation de l'université Jean Moulin ». Elle s'est cependant réjouie de ce que les « falsificateurs de l'histoire » « savent désormais à quoi ils s'exposent s'ils soutiennent leurs thèses révisionnistes, même en dehors de l'université ».[173]

---

[171] *Le Monde*, 1 er août 1990, p. 20.
[172] *Le Figaro*, 20 juillet 1990, p. 7.
[173] *Ibid.*

Michel Cusin a été le seul témoin à charge venu s'exprimer devant la section disciplinaire. Afin de mieux accabler B. Notin, il a évoqué le cas du professeur Faurisson et les prétendus « cours de révisionnisme » de ce dernier à l'université Lyon-II en 1978-1979. Il a ainsi rendu un faux témoignage aux conséquences incalculables. Apprenant sans doute que M. Faurisson s'apprêtait à l'attraire en justice, il a, le 23 juillet 1990, fait envoyer à ce dernier un texte daté du 18 juillet, dont B. Notin et son avocat, Me Collard, n'ont pas reçu copie et dont on ignore à quelles personnes, en dehors de M. Faurisson, et à quelles instances il a pu également être expédié. Voici ce texte dénué de tout titre :

> « À la suite de son témoignage devant la Section Disciplinaire de l'Université Lyon-III ayant à statuer sur le cas de M. Notin, le Président Cusin tient à préciser que c'est par erreur ou abus de langage qu'il a évoqué les « cours de révisionnisme » de M. Faurisson. Il doit être clair à tous que M. Faurisson n'a jamais fait référence en cours, ni d'une manière générale dans l'enceinte de l'université Lyon-II, à ses thèses révisionnistes, et que c'est là précisément l'une des raisons pour lesquelles il n'a pas paru fondé, à l'époque, de faire comparaître M. Faurisson devant la Section disciplinaire de l'université. M. Cusin regrette l'ambiguïté de ses propos et tient à rétablir la vérité des faits concernant M. Faurisson, pour l'information complète de la Section disciplinaire de l'université Lyon-III. »

Lyon, le 18 juillet 1990
M. Cusin
P.O. le Vice-Président chargé des
Relations Internationales
et de la Communication
A. Bony

Ce texte appelle de notre part les commentaires suivants :
De son propre aveu, Michel Cusin, président d'université, a commis devant une instance universitaire, dans un témoignage à charge contre un universitaire (Bernard Notin) et au sujet d'un autre universitaire (Robert Faurisson), une « erreur » ou un « abus », un « abus de langage » ; il n'a pas été « clair » ; il a fait preuve d'« ambiguïté » ; il le « regrette » ; il n'a pas respecté « la vérité », la « vérité des faits » puisque, aussi bien, il lui faut maintenant « rétablir la vérité » ; la section disciplinaire devant laquelle il déposait avait bien reçu une « information » mais celle-ci n'était pas « complète ».

En 1978-1979, « il n'a pas paru fondé » de faire comparaître M. Faurisson devant la section disciplinaire de l'université Lyon-II entre autres raisons parce qu'il n'avait pas donné de « cours de révisionnisme » et parce qu'il n'avait « jamais fait référence » au révisionnisme « d'une manière générale dans l'enceinte de l'université Lyon-II ».

On peut donc être surpris de ce que B. Notin, qui n'a jamais donné de « cours de révisionnisme » et n'a jamais fait référence au révisionnisme « en cours, ni d'une manière générale dans l'enceinte de l'université (Lyon-III) », ait dû comparaître devant une section disciplinaire. Aurait-il commis des fautes que n'avait pas commises M. Faurisson ? Certainement pas. M. Faurisson avait publié un article dans *Le Monde*, quotidien à grand tirage ; B. Notin, lui, avait publié son étude dans une revue confidentielle au tirage de sept cent cinquante exemplaires.

On notera, par ailleurs, dans ce texte de M. Cusin, une pétition de principe ou un sous-entendu : le révisionnisme est un délit ; on aimerait savoir de l'autorité administrative ou de l'autorité judiciaire quelle est (ou quelle était) la loi qui spécifie (ou spécifiait) ce point.

L'attitude de Michel Cusin est paradoxale. Il y a quelques années, il avait reçu dans son bureau de la présidence de l'université Lyon-II, en présence de son secrétaire général, le professeur Faurisson accompagné de son avocat, Me Burdeyron. Il avait spontanément déclaré qu'il pouvait comprendre l'amertume du professeur vis-à-vis de l'université Lyon-II, vu la manière dont celle-ci l'avait traité dans les années 1978-1979. Et il avait pris quelques initiatives – modestes, à vrai dire – pour remédier à la politique d'isolement de M. Faurisson au sein de sa propre université.

Par la suite, M. Cusin, en connivence avec Lionel Jospin, obtenait, au prix d'un subterfuge, que M. Faurisson fût dépossédé de sa chaire d'enseignement et nommé d'office au Centre de télé-enseignement de Vanves. Il rompait ainsi un engagement formel pris en 1979 par l'université Lyon-II à l'égard du professeur, engagement aux termes duquel M. Faurisson resterait en toute circonstance titulaire de sa chaire.

M. Cusin renoue avec la tradition des présidents de l'université Lyon-II. En 1978-1979, M. Maurice Bernadet, socialiste, président, à l'époque, de cette université, avait personnellement organisé une campagne contre M. Faurisson en accord avec le Dr Marc Aron, président du comité de liaison des institutions et des organisations juives de Lyon et aussi avec l'Union des étudiants juifs de Lyon.

Interrogé par le tribunal administratif de Lyon et par le Conseil d'État sur les raisons pour lesquelles il avait interrompu le déroulement normal de la carrière de M. Faurisson dès avant 1978, M. Bernadet n'avait pas craint de répondre (dans une lettre signée Dubuis, comme la lettre susmentionnée est signée Bony) que c'était notamment parce que M.

Faurisson était un professeur qui n'avait aucune publication à son actif et qui, d'ailleurs, reconnaissait lui-même cette anomalie. Devant le Conseil d'État, M. Faurisson avait pu aisément faire litière de ces mensonges. Mais le Conseil d'État était passé outre et avait déclaré qu'il n'y avait rien de matériellement inexact dans les faits allégués par M. Bernadet !

Si nous croyons devoir rappeler ces événements des années passées, c'est à la fois pour éclairer ceux de l'année en cours et pour qu'on mesure à quel point les révisionnistes ne peuvent compter ni sur la protection de la loi, ni sur les franchises universitaires, ni même sur les usages en vigueur chez les honnêtes gens. Ni foi, ni loi, ni droit n'existent pour ceux qui, par conviction ou par peur, combattent le révisionnisme.

[Publié dans la *RHR* n° 2, août-octobre 1990, p. 155-162.]

***

Août 1990

KATYN À NUREMBERG

L e 8 août 1945, par l'« Accord de Londres », la France, les États-Unis, la Grande-Bretagne et l'URSS établissaient un Tribunal militaire international (TMI) pour juger les criminels de guerre allemands.

Le Statut annexé à cet Accord et formant partie intégrante de l'Accord comporte deux articles qu'il convient de rappeler pour la bonne compréhension du procès en général ainsi que des erreurs historiques commises par ce Tribunal (y compris l'« affaire de Katyn », telle qu'elle a été jugée par ce Tribunal).

Voici ces articles dans leur version française officielle, laquelle exige quelques observations qu'on trouvera plus loin :

> « *Article 19 :* **Le Tribunal ne sera pas lié par les règles techniques relatives à l'administration des preuves.** Il adoptera et appliquera autant que possible une procédure rapide et non formaliste et admettra tout moyen qu'il estimera avoir une valeur probante [souligné par nous].
>
> *Article 21 :* **Le Tribunal n'exigera pas que soit rapportée la preuve de faits de notoriété publique, mais les tiendra pour acquis.** Il considérera également comme preuves authentiques les documents et rapports officiels des Gouvernements des Nations Unies, y compris ceux dressés par les Commissions établies dans

les divers pays alliés pour les enquêtes sur les crimes de guerre ainsi que les procès-verbaux des audiences et les décisions des tribunaux militaires ou autres tribunaux de l'une quelconque des Nations Unies [souligné par nous]. »

L'article 19 prévoit, dit le texte français, une procédure « rapide ». Il s'agit là d'une erreur de traduction. Le texte anglais, auquel le président du TMI, Lord Justice Lawrence, renverra souvent, prévoit une procédure « expéditive » (en anglais : « *expeditious* »).

L'article 21 est peu compréhensible pour qui ignore ce que le droit anglo-saxon entend par « *to take judicial notice* » (prendre connaissance d'office ou prendre note d'office). Dans ce droit, il faut tout prouver sauf ce qui, avec la permission du juge, peut n'être pas prouvé parce qu'il s'agirait d'un fait de notoriété publique à tenir pour acquis : par exemple, « le jour succède à la nuit », « la capitale du Royaume-Uni s'appelle Londres ». Mais, dans le cas du TMI, on verra les juges étendre l'emploi de ce procédé bien au-delà des limites habituelles. La seconde phrase de l'article 21 va jusqu'à donner valeur de preuves authentiques (une « valeur d'office » ou une « valeur officielle ») à une foule de documents et de rapports officiels rédigés à la hâte par les commissions d'enquête ou les tribunaux de l'une quelconque des Nations Unies (les quatre principales nations et dix-neuf autres nations).

C'est ainsi que le rapport rédigé par la commission d'enquête soviétique en janvier 1944 sur l'affaire de Katyn a, le 8 août 1945, pris rétroactivement valeur de « preuve authentique » indiscutable, et cela avec l'assentiment, dans l'ordre, de la France, des États-Unis, de la Grande-Bretagne et de l'URSS. Ce document porte la cote URSS-54 et il figure intégralement dans le volume XXXIX du *TMI* (p. 290-332) dans une version allemande. Il a été au centre du débat d'environ un jour trois quarts consacré à l'affaire de Katyn.

On a parfois fait remarquer, à la décharge de ce Tribunal, que dans le jugement final le nom de Katyn ne figure pas. C'est exact. Mais ce jugement se contente souvent de rappeler les crimes allemands dans leur généralité. Par exemple, seuls trois camps de concentration y sont nommés : Flossenbürg, Treblinka et Auschwitz.

L'acte d'accusation, lui, porte en toutes lettres :

« En septembre 1941, onze mille officiers polonais, prisonniers de guerre, furent tués dans la forêt de Katyn près de Smolensk. »[174]

---

[174] *TMI*, I, p. 57.

Cet acte d'accusation a été rédigé en commun par les quatre ministères publics. Celui de la France comprenait Edgar Faure. Il est donc faux de dire qu'au procès de Nuremberg seuls les Soviétiques ont accusé les Allemands de ce crime.

Ce qui est vrai, c'est que le juge soviétique, auprès duquel n'avaient pas craint de siéger, pour la France, le professeur Henry Donnedieu de Vabres ; pour les États-Unis, Francis Biddle ; pour le Royaume-Uni, Lord Justice Geoffrey Lawrence, n'était autre que le major général I. T. Nikitchenko, qui avait, en 1936, présidé le tribunal des « procès de Moscou ».

Ce qui est également vrai, c'est que l'instruction de ce procès a été expéditive. Entre le 8 août 1945 et l'audience d'ouverture du tribunal le 18 octobre 1945, il s'est écoulé soixante et onze jours. Il est intéressant de savoir que l'audience d'ouverture a été tenue à Berlin sous la présidence du major général Nikitchenko lui-même. C'est lors de cette audience qu'il sera décidé que :

« Lord Justice Lawrence présidera le procès de Nuremberg. »[175]

Lors de ce procès, les vainqueurs ont jugé le vaincu, selon leur loi (une loi forgée en toute hâte), sans possibilité d'appel, en violant le principe de non-rétroactivité de la peine et en adoptant le principe de la responsabilité collective (tout membre d'une association déclarée criminelle, comme par exemple le cabinet du Reich, l'état-major, les SS, était présumé coupable, rétroactivement).

Pour ce qui est de la France, dans l'affaire de Katyn,
- elle a accusé les Allemands de ce crime ;
- elle a affirmé que le nombre des victimes était de onze mille ;
- elle a admis d'office comme « preuve authentique » le rapport de la commission d'enquête soviétique déclarant que les Allemands étaient coupables de ces onze mille assassinats ;
- elle a admis que le président du Tribunal, le juge britannique Lawrence, fasse obstruction à la défense des accusés allemands ;
- elle a admis que le juge soviétique (l'ancien président du tribunal des « procès de Moscou ») intervienne en procureur.

Conclusion

---

[175] *TMI*, I, p. 27.

La France, les États-Unis, le Royaume-Uni et l'Union soviétique ont, dans l'acte d'accusation commun à ces quatre nations, **accusé** l'Allemagne d'avoir assassiné onze mille officiers polonais à Katyn. Puis, ces mêmes nations ont en fin de compte **jugé** l'Allemagne coupable de cet assassinat lorsqu'elles ont déclaré, en s'appuyant sur l'article 21 du statut du Tribunal militaire international, que le rapport de la commission d'enquête soviétique avait valeur de « preuve authentique » indiscutable et irrécusable.

Récapitulation
(Katyn dans les procès du TMI[176])

Tome I, p. 57 : Acte d'accusation dressé par **tous** les Alliés[177] :
« En septembre 1941, onze mille officiers polonais, prisonniers de guerre, furent tués dans la forêt de Katyn près de Smolensk. »
N.B. : C'est ce chiffre de onze mille qui sera toujours cité ; à Katyn, on dénombrera, en fait, quatre mille cent trente-quatre (ou quatre mille deux cent cinquante-trois) cadavres ; dix mille autres Polonais, internés dans deux autres camps d'URSS, ont disparu.
Tome VII, p. 430-433 : Le colonel Pokrovski, procureur général adjoint (URSS) parle (14 février 1946) :

> « La lecture de l'Acte d'accusation nous révèle qu'**un des plus importants forfaits** dont ont à répondre les principaux criminels de guerre consiste dans l'exécution massive par les envahisseurs germano-fascistes de prisonniers de guerre polonais, dans la forêt de Katyn, près de Smolensk. » [souligné par nous]

La preuve présentée est le document URSS-54 qui est le rapport de la commission spéciale soviétique, en date du 24 janvier 1944. Ce rapport figure, en allemand, parmi les documents du TMI.[178] Selon la version soviétique, les fusillades ont été accomplies au cours de l'automne 1941 par le régiment du génie allemand 537 ; au printemps 1943, en exigeant de faux témoignages et par d'autres moyens, les Allemands ont tenté d'attribuer au NKVD soviétique la fusillade des onze mille victimes.

---

[176] *Procès des grands criminels de guerre devant le Tribunal militaire international*, Nuremberg, 14 novembre 1945-1er octobre 1946, édité à Nuremberg, 1947-1949, quarante-deux volumes ; la version française ne compte, en réalité, que quarante et un volumes : l'un des deux volumes d'index n'a jamais été publié.
[177] Pour la France, François de Menthon, Auguste Champetier de Ribes, Charles Dubost, Edgar Faure, Serge Fuster (« Casamayor »)...
[178] *TMI*, XXXIX, p. 290-332.

La commission était composée de treize personnalités éminentes, dont le métropolite Nicolas (de Kiev), le même qui, avec le biologiste Lyssenko, attestera de ce qu'il y a eu à Auschwitz des chambres à gaz homicides (doc. URSS-008 du 6 mai 1945).

Tome IX, p. 9-10 : L'avocat de Hermann Göring, D⸱ Stahmer parle (8 mars 1946). Il dit qu'il n'a toujours pas reçu le document URSS-54. Il sollicite l'autorisation de faire convoquer un certain nombre de témoins de ce régiment du génie ainsi que le professeur Naville :

> « Le professeur Naville, professeur de médecine légale à l'université de Genève, qui a fait partie à l'époque [avril 1943] d'une commission internationale chargée de procéder à l'examen des cadavres à Smolensk a établi, d'après l'état de conservation des cadavres et d'après les notes et autres pièces à conviction trouvées dans les poches des vêtements, que l'exécution remontait à 1940. »

N.B. : En 1940, la région était occupée par les Soviétiques.

Le président, le Britannique Lord Justice Lawrence, demande à l'avocat allemand de présenter ces requêtes par écrit. Le Tribunal les examinera.

Tome XII, p. 40 : Sans intérêt.

Tome XIII, p. 451-452 : Le colonel Pokrovski parle (11 mai 1946) :

> « Je n'ai aucunement l'intention de traiter à fond l'incident [*sic*] de Katyn. Le ministère public soviétique a, dès le début, considéré le cas de Katyn comme un fait notoirement connu, et le Tribunal, en constatant le peu de place que nous avons réservé à ce crime dans notre acte d'accusation, comme aussi le fait que nous n'avons lu que quelques extraits de l'exposé de la commission, a pu discerner que nous n'y attachons qu'un caractère épisodique. »

N.B. : Par « notre » acte d'accusation, le procureur soviétique entend l'acte d'accusation qui « nous » est commun (dans l'ordre : France, États-Unis, Grande-Bretagne, URSS). Les mots « un fait notoirement connu » (le traducteur aurait dû dire : « un fait de notoriété publique ») renvoient à l'article 21 du statut. Ils signifient que le procureur invoque ici le droit de n'avoir pas à démontrer que le massacre de Katyn est un crime allemand parce qu'un rapport dressé par une commission alliée (ici : soviétique) établit que telle est la vérité. Comme on le verra ci-dessous, ce droit ne lui sera pas contesté, même par l'avocat allemand D⸱ Stahmer.

Tome XV, p. 299-303 : Le général Rudenko, procureur général soviétique, parle (3 juin 1946) :

« Ce document [le rapport dressé par la commission soviétique] a été présenté par le ministère public soviétique sous le numéro URSS-54, le 14 février 1946, et a été accepté par le Tribunal ; et d'après l'article 21 du Statut, il ne saurait faire l'objet de contestations. »[179]

L'avocat allemand, Dr Stahmer, déclare :

« Le général Rudenko désire rejeter ma demande de preuves en invoquant, je crois, l'article 21 du Statut. Je ne crois pas que les stipulations de cet article puissent infirmer cette demande. Il est évidemment exact que les rapports officiels constituent des modes de preuves... »[180]

Le Président interrompt l'avocat et déclare :

« Docteur Stahmer, je crois que le Tribunal a déjà décidé que cet article n'empêchait pas la citation de témoins. Mais en plus de l'argument tiré de l'article 21, le général Rudenko a également donné les raisons particulières qui s'opposent à la citation de ces témoins.[181]

Tome XV, p. 433 : Sans intérêt.

Tome XVII, p. 277-380 : À l'extrême fin de l'audience du 29 juin 1946, le président fait savoir au Dr Stahmer qu'il n'aura le droit de faire comparaître que trois témoins. L'affaire de Katyn occupera l'audience du lundi 1er juillet et une bonne partie de l'audience du 2 juillet. Tout au long de cette journée et de ces trois-quarts de journée, le Président fera obstruction aux avocats allemands et facilitera la tâche des Soviétiques. Quand un avocat allemand, le Dr Laternser, avocat de l'État-Major allemand, dira :

« Je voudrais demander au Ministère Public à qui [à quel accusé au juste] doit être imputée l'affaire de Katyn... »,

---

[179] *TMI*, tome XV, p. 300.
[180] *Id.,* p. 302.
[181] *Ibid.*

le président répondra :

« Je n'ai pas l'intention de répondre à des questions de ce genre. »[182]

Le juge soviétique était le général Nikitchenko, célèbre pour avoir présidé les « procès de Moscou » en 1936. Il interviendra à plusieurs reprises, à la façon d'un procureur.[183] Les avocats allemands ne pourront faire venir à la barre que trois officiers allemands qui étaient sur place à Katyn en 1941-1943. Ils ne pourront convoquer aucun membre de la Commission allemande d'enquête ou de la Commission internationale d'enquête ou de la Commission polonaise d'enquête. Même le professeur Naville, suisse, ne pourra venir. La tactique des avocats allemands sera purement défensive.

L'accusation soviétique changera de cible à trois reprises en quelques heures. Elle accusera d'abord le colonel Ahrens, du régiment 537. Puis elle accusera le prédécesseur de cet officier allemand, le colonel Bedenck. Puis elle accusera le SD. La défense allemande en sera déconcertée, s'en plaindra mais le Président fera la sourde oreille.[184]

Les Soviétiques convoquent comme témoin un professeur d'astronomie (Boris Bazilevski), ancien maire-adjoint de Smolensk. Puis ils feront venir le pro fesseur Markov, un Bulgare, qui avait fait partie de la Commission internationale d'enquête et avait donc chargé les Soviétiques. Celui-ci **se rétractera** et dira que son expertise n'avait pas la signification que lui donnaient les Allemands. Le troisième témoin sera le président de la commission d'enquête soviétique.[185]

Le Dr Stahmer obtiendra que soit versé au dossier le *Livre blanc* rédigé par les Allemands en 1943 et chargeant les Soviétiques, mais cette pièce n'aura qu'une « valeur probante » éventuelle (article 19 du Statut) et non pas la valeur d'une « preuve authentique » irrécusable (article 21), ce qui était le cas du rapport soviétique URSS-54. Cette distinction fondamentale – et fatale pour les Allemands – le Président la rappellera.[186]

Le 13 avril 1990, la presse internationale annonçait que, selon les autorités soviétiques, le crime de Katyn avait eu pour auteurs Beria, Merkoulov et leurs agents du NKVD. Ce camouflet infligé à l'histoire officielle, telle que les vainqueurs l'avaient écrite à Nuremberg et telle

---

[182] *Id.*, p. 293. Voyez aussi p. 311.
[183] *Id.*, p. 302-303.
[184] *Id.*, p. 316.
[185] Doc. URSS-54.
[186] *TMI*, XVII, p. 367.

que la loi Fabius alias Gayssot voudrait la perpétuer, montre une fois de plus qu'il n'appartient pas à un tribunal, fût-il militaire et international, d'écrire l'histoire.

[Publié dans la *RHR* n° 2, août-octobre 1990, p. 198-144.]

***

Août 1990

LE « PROTOCOLE SECRET » GERMANO-SOVIÉTIQUE ET LE TRIBUNAL MILITAIRE INTERNATIONAL DE NUREMBERG

O n appelle « protocole secret » ou « protocole additionnel secret » ou « pacte secret » un protocole annexe au pacte de non-agression entre l'Allemagne et l'URSS signé à Moscou le 23 août 1939 par Ribbentrop et Molotov.[187]

Aux termes de ce protocole, l'Allemagne et l'URSS se partageaient Finlande, Estonie, Lettonie, Lituanie, Pologne et Bessarabie en « sphères d'intérêts ».

Toujours à Moscou, le 23 septembre 1939, soit exactement un mois plus tard, Ribbentrop et Molotov signaient un « protocole additionnel secret » prévoyant notamment que la Lituanie qui, un mois plus tôt, avait été cédée à la « sphère d'intérêts » de l'Allemagne, serait cédée à la « sphère d'intérêts » de l'URSS.

Encore à Moscou, le 10 janvier 1941, le comte von der Schulenburg et Molotov signaient un « protocole secret » accordant à l'URSS la partie de la Lituanie accordée à l'Allemagne le 23 septembre 1939, et cela pour la somme de sept millions et demi de dollars-or payables notamment par la livraison à l'Allemagne de métaux non-ferreux [qui permettront de faire la guerre au Royaume Uni].

Tous ces protocoles secrets étaient connus du Dr Alfred Seidl, avocat de Rudolf Hess et de Hans Frank devant le Tribunal militaire international de Nuremberg. Le Dr Seidl multiplia les efforts pour produire ces documents, surtout celui du 23 août 1939. Il se heurta au refus du Tribunal qui, après en avoir délibéré, renouvela son refus. Prétexte fut pris par Lord Justice Lawrence de ce que l'avocat allemand

---

[187] Voy. *Le Monde*, 1er août 1989, p. 5.

n'avait pas consenti à révéler le nom d'un « allié » qui lui avait remis copie du document en question.

Le paradoxe est que le Tribunal autorisa la production et l'utilisation du pacte de non-agression lui-même pour prouver que l'Allemagne avait agressé l'Union soviétique ![188]

On a donc là un exemple de falsification délibérée de l'histoire par refus de laisser produire des documents accablants pour l'Union soviétique et ses alliés.

D'une manière générale, dans son « jugement », où on le voit faire l'historique de la seconde guerre mondiale, le Tribunal passe sous silence toutes les agressions, occupations de territoires ou annexions dues aux Alliés et, en particulier, à l'Union soviétique.

[Publié dans la *RHR* n° 2, août-octobre 1990, p. 145-146.]

***

Août 1990

GRAPHIQUES ET PHOTOS DE DACHAU

Les deux graphiques ci-après (voy. le cahier photographique, à paraître) représentent la mortalité du camp de Dachau. L'un est d'origine française et l'autre, d'origine américaine.

Le premier (pièce n° 1) a été découvert dans des circonstances qu'il ne nous appartient pas de révéler. Il s'agit apparemment (voy. le vide du second cartouche sans doute prévu pour recevoir une inscription, par exemple, sur la provenance des chiffres) du projet d'une instance officielle française, que nous connaissons et qui se manifestera peut-être à la parution de ce graphique dans notre revue.

Le second (pièce n° 2) a été établi sur la demande du professeur Faurisson à partir d'un document américain cité en référence.

On remarquera la concordance d'ensemble des deux graphiques.

Le premier porte sur la période du 11 mai 1941 à la fin août 1945. L'original est bicolore et indique en rouge le nombre des Français morts dans ce camp (et ses sous-camps) ; le camp ayant été libéré le 29 avril 1945, les chiffres de mai, juin, juillet et août 1945 concernent les morts durant la présence américaine.

Le second porte sur la période du 18 février 1940 à la fin avril 1945.

---

[188] Références : *TMI*, III, p. 339 ; V, p. 10-11 ; X, p. 13-15 et 326-329 ; XI, p. 612-614 ; XIV, p. 299-303 ; XXXIX, p. 559.

De mars 1933, date de la création du camp principal, à la fin avril 1945, il est entré au camp principal de Dachau et dans ses sous-camps deux cent six mille deux cent six détenus. En douze ans, il est mort environ trente-deux mille détenus. Le pourcentage des survivants est donc d'environ 85 % et celui des morts d'environ 15 %. Ces chiffres paraissent aujourd'hui à peu près admis aussi bien par le Service international de recherches (Comité international de la Croix-Rouge) sis à Arolsen Waldeck (RFA) que par les autorités du musée de Dachau. Rappelons que le chiffre des victimes était parfois évalué, à la fin de la guerre, à environ deux centre trente-huit mille !

L'*Encyclopædia Judaica* (1971) pour sa part, dans son article « Dachau », parle encore de quarante mille *tués* dont 80 % à 90 % auraient été juifs !

Il est manifeste, au vu de ces graphiques, que la situation de Dachau – comme celle de tous les autres camps – est devenue catastrophique dans les derniers mois de la guerre. L'Allemagne tout entière, ses soldats, ses civils, ses prisonniers ou détenus connaissaient l'apocalypse. Vivres et médicaments manquaient. Les transports étaient frappés de paralysie.

Lorsque les GI américains découvrirent le camp, le 29 avril 1945, leurs sentiments allèrent de la stupéfaction à la révolte. Dans la zone du crématoire, les cadavres s'entassaient. Les wagons d'un train, qui avait erré à travers l'Allemagne sous les bombardements alliés avec son chargement de détenus vivants, ne contenaient plus que des cadavres. La puanteur était affreuse. Les soldats américains ne firent pas de quartier ; avec l'aide d'anciens détenus, ils massacrèrent au fusil, à la mitrailleuse, à la pelle et à la pioche cinq cent vingt soldats allemands qui, peu de jours auparavant, étaient venus prendre la relève des gardiens de Dachau. Les chiens furent égorgés.[189]

Il est probable qu'en découvrant les horreurs du 29 avril 1945 les Américains durent penser que Dachau avait toujours offert à peu près le même spectacle depuis sa création et qu'un camp de concentration ne pouvait être qu'un lieu d'extermination programmée.

Si nous publions ces graphiques, c'est d'abord pour rectifier cette impression. On sait aujourd'hui que le brusque accroissement de mortalité de l'été 1942 était dû au typhus ; qu'en 1943, à la suite de mesures draconiennes prises selon les ordres de Heinrich Himmler et d'Oswald Pohl par le service de santé des camps de concentration, cette mortalité connut une baisse sensible malgré l'augmentation progressive du nombre des détenus pour faits de « terrorisme » ou de « Résistance » ; et que l'hiver 19441945 tourna à la catastrophe.

---

[189] Howard A. Buechner, *Dachau. The Hour of the Avenger... ;* compte rendu par Jessie Aitken, « Dachau. L'Heure du Vengeur », p. 27-29.

Nous publions ces graphiques pour une autre raison. Ainsi qu'on le voit, nous avons marqué d'une flèche le mois de juin 1941 et celui de novembre 1944. La raison en est que, selon la légende, Adolf Hitler aurait donné vers juin 1941 l'ordre d'exterminer les juifs et Heinrich Himmler aurait, en novembre 1944, ordonné l'arrêt de cette extermination.[190] Il suffit d'un simple coup d'œil à ces graphiques pour se rendre compte que les faits démentent la légende. À moins, bien sûr, qu'on ne veuille nous faire croire que les responsables du camp de Dachau se sont ingéniés à désobéir d'abord à Adolf Hitler, puis à Heinrich Himmler et ont voulu prendre le contre-pied des ordres reçus, des ordres dont, il faut le rappeler, on n'a jamais trouvé trace.

Un document américain qui, aux Archives nationales des États-Unis, accompagne le document que nous avons utilisé pour l'établissement du second graphique, prouve que dans les dix-sept premiers jours du mois de mai 1945, les troupes américaines ayant pris le commandement du camp, il est mort 1.588 détenus, c'est-à-dire plus de détenus qu'il n'en est mort pendant toute l'année 1943 du temps de la présence allemande (1.100 décès en 365 jours). Ce fait, à lui seul, illustre combien des horreurs que l'on serait tenté de mettre au compte de l'un ou de l'autre des belligérants sont surtout à porter au compte de la guerre et des fléaux qui l'accompagnent : épidémies, famine…

À Dachau, les Américains ont aussi découvert des détenus en bonne santé que la presse mondiale s'est, en général, abstenue de montrer (pièces n° 3, 4 et 5).

La photo des juives hongroises et de leurs poupons (pièce n° 3) n'a, à notre connaissance, jamais été publiée. Elle tend à prouver, en dépit de la légende dont l'affuble la propagande de l'époque, que l'extermination des juifs en général et des femmes et des enfants en particulier est pour le moins douteuse.

Les Archives nationales des États-Unis (Record Group 238, VII US Army, Signal Corps) accompagnent cette photo de la légende suivante :

Photo n° 205488 : « Quand les Allemands commencèrent à retraiter de Hongrie, ils emmenèrent avec eux beaucoup de gens pour aller travailler dans les usines allemandes. Les sections de travail forcé comprenaient beaucoup de femmes juives – dont certaines étaient enceintes. Au début ces femmes enceintes étaient contraintes à l'avortement mais, dans les derniers mois, on autorisa les mères à garder leurs enfants. On voit ici un groupe de juives

---

[190] En réalité, comme cet ordre n'a jamais existé, les historiens exterminationnistes ont proposé bien d'autres dates, sur une période de… deux ans ! Celle de l'été 1941 ou de juin 1941 est la plus courante.

hongroises : des mères avec leurs enfants. Dachau, Allemagne, 13 juin 1945. »

Les photos n° 4 et 5 représentent des prisonniers acclamant leurs libérateurs de la VIIe armée américaine à leur entrée dans le camp de concentration de Dachau, le 13 avril 1945. La photo n° 4 a déjà été publiée ; la photo n° 5 est inédite.

[Publié dans la *RHR*, n°2, août-octobre 1990, p. 147-150.]

***

Août 1990

SIGNES ANNONCIATEURS

Depuis quelques années, on voyait se dessiner chez les historiens israéliens une tentative pour mettre sur le compte soit des communistes, soit des nationaux-socialistes les inventions et les exagérations de l'histoire de l'Holocauste.

Déjà en 1987, Ida Zajdel et Marc Ascione développaient la thèse selon laquelle les chambres à gaz n'ont jamais existé et ont été inventées par l'imagination de certains SS qui auraient ainsi glissé dans certaines « confessions » une « bombe à retardement » contre les juifs ![191]

Shmuel Krakowski, responsable des recherches historiques au mémorial Yad Vashem de Jérusalem, et ses collaborateurs commencent à déclarer que le chiffre des morts d'Auschwitz constitue une exagération des communistes polonais et ils ajoutent que, grâce aux chercheurs israéliens, on peut aujourd'hui diviser ce chiffre par quatre. Ils mettent aussi en cause le commandant d'Auschwitz, Rudolf Höss qui, dans ses « confessions », avait glissé des chiffres fantastiques.[192]

Dans l'ouvrage de J.-C. Pressac patronné par Serge Klarsfeld, la même tentative affleure çà et là de porter au compte des SS d'Auschwitz, de leur « vantardise » et de leur « propagande », des faits ou des chiffres concernant les « chambres à gaz » ou le rendement des crématoires.

---

[191] *Article 31*, janv.-fév. 1987, p. 22 ; *AHR* n° 8, p. 75-76.

[192] « *Poland reduces Auschwitz death toll estimate to 1 million* », *The Washington Times*, 17 juillet 1990. Les révisionnistes, et notamment Paul Rassinier, ont prouvé depuis longtemps que ses confessions ou aveux avaient été extorqués à R. Höss par ses gardiens britanniques, puis polonais (voy. aussi, R. Faurisson, « Comment les Britanniques ont obtenu les aveux de Rudolf Höss, commandant d'Auschwitz », reproduit dans le vol. II.

Fred Leuchter, en 1988, n'avait trouvé pour ainsi dire aucune trace de l'insecticide Zyklon B ; dans les prétendues chambres à gaz d'Auschwitz et de Birkenau et, en particulier, dans les ruines des crématoires-II et III, mais il n'est pas sûr que, dans quelques années, on ne verra pas apparaître les fameuses traces bleuâtres dues aux ferro-cyanures. On apprend que les autorités actuelles du musée estiment qu'il leur faut « surveiller les crématoires dont quelques murs commençaient à s'affaisser et les arroser de produits chimiques contre les insectes ».[193] Cette opération, qui consiste à arroser le béton d'insecticide (!), aurait commencé à la fin des années soixante-dix. Faut-il le croire ? Quel est cet insecticide ? Cette opération aurait-elle vraiment commencé avec l'apparition spectaculaire du révisionnisme à la fin des années soixante-dix ou bien aurait-elle débuté après la publication du rapport Leuchter en avril 1988 ?

La pression des révisionnistes, d'une part, et le recul du temps, d'autre part, conduisent tous les chercheurs, même les plus attachés d'entre eux à l'histoire officielle d'Auschwitz, à revoir et à corriger les données essentielles de cette histoire.

[Publié dans la *RHR*, n° 2, août-octobre 1990, p. 176-177.]

***

1er août 1990

UN MENSONGE GROS COMME LE SIÈCLE

Michel Castex, président de la société des rédacteurs de l'Agence France-Presse, est chef adjoint des informations générales de cette agence. Il vient de publier *Un Mensonge gros comme le siècle. Roumanie, histoire d'une manipulation*. En décembre 1989, depuis Bucarest, il avait dirigé l'équipe de journalistes de l'AFP chargée de couvrir la « révolution roumaine » lorsque, nous disait-on, les combats faisaient rage en de nombreux points de Roumanie. Dans le présent ouvrage, il confesse qu'il a, en fin de compte, grossièrement mystifié, avec ses collègues français et étrangers, les lecteurs, les auditeurs et les téléspectateurs de tout le monde occidental. C'est ainsi qu'il avoue avoir personnellement participé au mensonge, « gros comme le siècle », de Timisoara.

---

[193] J.-C. Szurek, « Le Musée d'Auschwitz », p. 70, d'après des informations qui auraient été recueillies auprès de M. Smrek, responsable du secteur « conservation » au musée d'Auschwitz.

Un révisionniste ne peut que se délecter à suivre les explications d'un journaliste qui raconte comment il a donné dans un tel panneau. Après tout, le mythe d'Auschwitz ne présente pas de différence essentielle avec celui de Timisoara. La manipulation est identique ; seules les proportions diffèrent. Au « panthéon de l'arnaque », pour reprendre une image de M. Castex, « Auschwitz » éclipse même « Timisoara », à tous points de vue.

Nul doute que M. Castex se croit aujourd'hui plus clairvoyant. Il s'imagine qu'il s'est laissé prendre comme un nigaud mais qu'on ne l'y reprendra pas. Il se trompe : il a été et il reste un nigaud qui, simplement, croit avoir été déniaisé. Il garde tous les traits du parfait journaliste de l'orthodoxie en cours. Je suis convaincu que, formé ou plutôt déformé comme il l'est, il continuera, au sein de l'AFP, à souffler dans le sens du vent, à nous servir les mêmes billevesées, à gonfler, comme il le dit, les mêmes « poupées », à manifester la même servilité à l'égard des puissants du jour et à faire preuve de la même crédulité. Il fait songer à ces marchands de bons sentiments, toujours à prôner le respect des grands principes, toujours à dénoncer l'intolérance et qui ne s'avisent pas un seul instant qu'ils sont, dans la pratique, inhumains, cyniques et intolérants à l'égard de leurs frères humains palestiniens, nationaux-socialistes, révisionnistes ou simplement non juifs. J'ignore si M. Castex est juif mais je lui trouve un fanatisme et un aveuglement d'ayatorah.

Fanatisme et aveuglement de M. Castex

En juin 1987, Pierre Guillaume diffusait un tract qu'il avait intitulé : « Ouvrez les yeux, cassez la télé ! » Ce tract reproduisait un texte auquel j'avais, pour ma part, donné le titre de : « *Shoah*, film de C. Lanzmann ». Le 1er juillet, l'AFP publiait un communiqué signé de M. Castex. En voici l'intégralité :

Shoah-*réactions*

La Fédération française des sociétés de journalistes demande un arrêt immédiat des agissements des « révisionnistes ».

> PARIS, 1er juil. (AFP) — La Fédération française des sociétés de journalistes a demandé mercredi qu'il soit mis un terme immédiat aux agissements des « révisionnistes » qui s'emploient à nouveau à nier le génocide des juifs par les nazis, en attaquant cette fois « de façon infâme » le film « irrécusable » de Claude Lanzmann, *Shoah*, actuellement diffusé sur TF1.

Cette attaque est notamment contenue dans un tract où apparaît le nom de M. Robert Faurisson, intitulé « Ouvrez les yeux et cassez la télé ».

« Des individus comme Robert Faurisson, estime la Fédération, ne devraient pas pouvoir écrire impunément ce qu'ils écrivent et diffusent. L'infamie et le racisme ont des limites. La déontologie de l'information interdit qu'on puisse écrire n'importe quoi, les contre-vérités les plus folles, au mépris de la vérité et donc de la liberté de savoir, en connaissance de cause ».

« Salir un film comme *Shoah*, que personne ne peut voir qu'avec un terrible effroi et une infinie compassion, relève de l'atteinte pure et simple aux Droits de l'Homme », écrit la Fédération, ajoutant : « Le journaliste est toujours témoin de son temps, et en ce sens Claude Lanzmann a fait œuvre admirable de journaliste, recueillant dix années durant les plus effarants témoignages, non seulement des victimes, mais de leurs bourreaux, et des Polonais voisins des camps. C'est horrible, et c'est sans doute ce qui gêne ces révisionnistes-là, qui apparemment, ne se sont toujours pas remis de la défaite nazie ».

« En plein procès Barbie, et alors que les tentatives révisionnistes se multiplient, conclut la Fédération, il est urgent que les autorités judiciaires au nom du respect de l'information et des Droits de l'homme, sanctionnent de tels tracts infamants et leurs auteurs, en les empêchant de récidiver ».

La Fédération française des Sociétés de journalistes, regroupe plus de vingt sociétés (notamment TF1, A-2, FR3, l'Agence France Presse, *Le Monde*, *Sud-Ouest*, *L'Équipe…*), soit plus de 2.000 journalistes au total.

MIC/dl

Ce communiqué reflète l'intolérance, l'aveuglement, l'esprit de délation qui sont de règle chez les journalistes aux ordres d'« une insupportable police juive de la pensée » (Annie Kriegel).

Mais venons-en au livre même de M. Castex. Le style en est vulgaire ; la pensée, basse ; le ton est celui du bateleur d'estrade mais le tout est instructif et divertissant. Il n'est pas une page qui ne pourrait s'appliquer au mensonge d'Auschwitz quoique l'auteur n'en ait, bien sûr, pas le moindre soupçon. Il ressemble au bouffon de scène, au matamore, qui narre ses exploits avec la plus vive satisfaction sans se rendre compte que, plus il croit fournir de preuves de sa supériorité ou de sa perspicacité, plus il montre sa niaiserie et son aveuglement.

Mensonges des journalistes et réalité des faits

Pour commencer, M. Castex rappelle que le chiffre des morts de la « révolution roumaine » a été, dans les médias, multiplié par près de cent.

« Roumanie : Ceaucescu et sa femme jugés et exécutés. Après l'horreur, la vengeance. Un premier bilan : soixante mille morts depuis le début des émeutes »[194] : tel avait été le titre d'un journal de l'époque. M. Castex écrit :

« Soyons sérieux. Aujourd'hui le bilan le plus récent des victimes, évoqué entre deux virgules lors du procès récent de quatre misérables et veules caciques du régime défunt, fait état de 689 morts. On se réjouit de la baisse ; après l'irrésistible flambée des cours de décembre [1989], elle assainit enfin le marché des valeurs, à la bourse des morts de Bucarest. »[195] M. Castex n'a pas, bien sûr, une pensée pour « la bourse des morts » d'Auschwitz. Il décrit « une intoxication remarquable, sans précédent, à laquelle se sont laissé prendre les médias occidentaux, qui ont relayé comme un seul homme les informations les plus folles, tétanisant une opinion qui ne demandait qu'à croire à toutes ces horreurs, dès lors qu'elles étaient attribuées à un dirigeant honni, dont la chute était souhaitée par tous, de part et d'autre de l'ancien rideau de fer ».[196] M. Castex ne voit pas que cette intoxication remarquable a eu un précédent : Auschwitz, et qu'à partir de 1945 les médias occidentaux ont tétanisé une opinion qui ne demandait qu'à croire toutes les horreurs inventées sur le compte d'Adolf Hitler. Il ne voit pas non plus que ce qu'il dit des récits démentiels colportés sur les hôpitaux, les cadavres, les tortures, les disparitions de morts, les atrocités en tout genre, les femmes éventrées, les enfants ou les bébés achevés, les empoisonnements généralisés par le cyanure se trouvait déjà, dès 1945, dans le mythe d'Auschwitz, tel que celui-ci a d'abord été forgé par Hollywood et par Moscou, puis tel qu'il s'est enrichi au cours de ces quarante-cinq dernières années. Le procès du couple Ceaucescu n'a été, en raccourci, qu'une réplique du procès, à Nuremberg, en 1945-1946, des dirigeants du III$_e$ Reich, puis, en 1947-1949, des médecins allemands, des industriels allemands, des officiers ou des bureaucrates allemands, tous vaincus et soumis à l'arbitraire des vainqueurs qu'enivrait leur propre propagande à base de récits d'atrocités.

---

[194] M. Castex, *Un Mensonge gros comme le siècle*, p. 12.
[195] *Ibid.*
[196] *Id.*, p. 13.

Page après page, la ressemblance avec « Auschwitz »

Glanons, en suivant l'ordre du récit, quelques éléments qui, concernant ici « Timisoara », s'appliqueraient tout aussi bien à « Auschwitz » et relevons quelques commentaires de M. Castex qui trouveraient tout aussi bien leur place dans un ouvrage révisionniste sur le rôle des médias dans la propagation de certains mensonges de la seconde guerre mondiale :

« L'accusation [au procès Ceaucescu, le 25 décembre 1989] : Aujourd'hui, il y a plus de soixante-quatre victimes dans toutes les villes. »[197] [La même accusation s'adressant à Elenea Ceaucescu :] « Dernière question, j'ai vu la villa de votre fille (Zoia), elle avait une balance en or avec laquelle elle pesait la viande apportée de l'étranger ». [Réplique d'E. Ceaucescu :] « Quelle villa ? Elle vit dans un appartement comme tout le monde. Elle n'a rien. Elle vivait comme tout le monde. Extraordinaire ! Quelle honte ! ».[198] [Toujours l'accusation s'adressant au couple Ceaucescu :] « Des enfants innocents ont été écrasés par des tanks. Vous avez habillé les officiers de la *Securitate* avec des uniformes de l'armée pour dresser le peuple contre elle. Si encore vous aviez fusillé des vieux comme vous. Mais vous avez arraché les tubes d'oxygène dans les hôpitaux, vous avez fait exploser les dépôts de plasma sanguin. »[199]

« La femme et l'enfant : [la photographie] fit la "une" de tous les médias épouvantés. Ils ne s'étaient pas trompés sur le symbole, offert sur fond de charnier, avec même une fois cette légende à l'insoutenable photo : une femme enceinte éventrée et son bébé assassiné. Mais la légende, hélas, n'était qu'une légende, dans le pire sens du terme, et c'est une chose qu'on ne devra jamais oublier, ni pardonner. — Comme pour le prétendu génocide à l'échelle du pays, on nous a menti sur celui de Timisoara. On nous a parlé de charniers de 4.630 corps, on nous a jeté en pâture cinq mille morts, et même douze mille. On nous disait le 20 décembre [1989] que tous les étudiants de la ville avaient été déportés dans des camions. On nous a pris pour des cons. »[200]

« [La femme et l'enfant] Il s'agissait en fait d'une Roumaine décédée d'une intoxication alcoolique et d'un enfant qui ne lui était pas apparenté, ont déclaré [trois médecins de l'hôpital de Timisoara]. Ces médecins ont affirmé avoir reconnu treize des corps montrés à la télévision, dont

---

[197] *Id.*, p. 39.
[198] *Id.*, p. 41.
[199] *Id.*, p. 45.
[200] *Id.*, p. 67.

certains, selon eux, portaient clairement des cicatrices dues à l'autopsie. »[201]

« Alors on ranima, ce n'était pas la première fois, le spectre du grand exterminateur que fut Adolf Hitler. On se souvint de ses techniques. La rumeur prétendit alors que, dépassées par l'énormité de leurs crimes, la *Securitate*, du moins les "unités spéciales", version roumaine des SS, avaient appliqué les mêmes méthodes. Et [c'est ainsi qu'on inventa que] des milliers de corps trop gênants, car attestant l'horreur à la face du monde s'ils avaient été retrouvés, s'étaient envolés en fumée : incinérés un peu partout dans le pays, à Bucarest notamment, après avoir été transportés avec les moyens du bord, par exemple en réquisitionnant des camions frigorifiques. – L'ombre d'Auschwitz plana sur Timisoara [...]. Et nul ne se posa réellement les bonnes questions, en particulier sur l'entreprise gigantesque d'une telle liquidation, et l'organisation que cela impliquait. Car escamoter aussi vite plus de quatre mille personnes n'est pas une mince affaire. Il y faut d'importants effectifs, pour la seule manutention des cadavres. Il y faut au moins des dizaines de camions, qu'ils soient ou non frigos ; tout un dispositif technique, que ce soit pour incinérer ou creuser des fosses communes géantes. »[202] Le paradoxe est ici que M. Castex, précisément alerté par les énormités qu'il découvre dans l'histoire de Timisoara, ne s'avise pas un seul instant que ces énormités sont identiques à celles d'Auschwitz, de Treblinka ou de Babi Yar et que les « escamotages » sont dans tous les cas aussi invraisemblables ; on aimerait qu'il nous explique quelles « techniques » ou « méthodes » Hitler a utilisées pour faire disparaître à Auschwitz non pas quatre mille personnes mais quatre millions de personnes selon la thèse du musée ou 1.250.000 personnes selon la thèse de Raul Hilberg.

« Pourquoi n'enverrait-on pas sur place, à Timisoara, une commission d'enquête internationale afin de faire toute la lumière sur ce qui s'est passé dans cette ville qui fut le détonateur de la Révolution roumaine ? »[203]

M. Castex sait-il que, depuis quarante-cinq ans, Auschwitz, Treblinka, Babi Yar attendent encore leur « commission d'enquête internationale » ? Va-t-il demander l'envoi, enfin, d'une telle commission sur place, envoi que les juges de Nuremberg et d'ailleurs auraient dû ordonner ?

Le quatrième chapitre est consacré au mythe du bateau des mercenaires étrangers.[204] M. Castex place le mot de bateau entre

---

[201] *Id.*, p. 68.
[202] *Id.*, p. 70-71.
[203] *Id.*, p. 73.
[204] *Id.*, p. 75-84.

guillemets. A-t-il jamais songé à l'énorme « bateau », au mythe d'Auschwitz ?

Le cinquième chapitre[205] porte sur le mythe de la Securitate qui, en particulier, « avait injecté des doses massives de cyanure dans les canalisations d'eau de la capitale ».[206] M. Castex s'est-il interrogé sur la thèse selon laquelle, à Auschwitz ou en d'autres camps, les Allemands auraient injecté des doses massives dans les canalisations des prétendues chambres à gaz homicides (thèse concurrente de celle du déversement de granulés de Zyklon B) ?

La deuxième partie du livre s'intitule « Les maîtres du mensonge »[207] : « ...à d'infimes exceptions près, tous les grands mensonges fondateurs sont venus des pays de l'Est ; ce sont eux les maîtres du mensonge. »[208] « Eugène Ionesco, académicien français d'origine roumaine, fait de fracassantes révélations à la radio israélienne : "Selon les témoignages de Hongrois et de Yougoslaves, les soldats roumains ont refusé de tirer sur la foule en Roumanie, et ce sont les soldats nord-coréens qui ont ouvert le feu"[209]. » « À Paris, le ministre des Affaires étrangères, Roland Dumas, fait une déclaration remarquée : la France serait prête à intervenir en Roumanie "si on lui en fait la demande". "Moi, dit-il, je verrais bien la constitution d'une brigade de volontaires ; si des Roumains en exil, si des Français, voulaient se constituer en corps de volontaires, nous faciliterions la tâche"[210]. » M. Castex ignore-t-il que le document officiel de référence sur Auschwitz, aux yeux des juges de Nuremberg, provient de l'Est (document URSS-008 du 6 mai 1945) ?

Moscou attendait seulement l'occasion d'agir sans apparaître ouvertement dans le jeu. Et l'occasion fut Timisoara. Elle fut exploitée aussitôt, et donna lieu à l'entreprise d'intox médiatique la plus fantastique que je connaisse. Je passe « [...] sur les trafiquants de cadavres de Timisoara qui nous firent croire quelques jours, le temps que ce fut nécessaire, à la plus totale ignominie du régime ».[211] M. Castex ne se rappelle pas qu'arrivés à Auschwitz le 27 janvier 1945 les Soviétiques découvrirent sur place un camp si différent de la description dantesque fournie par les officines de la propagande alliée qu'ils en restèrent cois pendant plusieurs jours et eurent besoin de plusieurs mois pour mettre au

---

[205] *Id.*, p. 85-122.
[206] *Id.*, p. 85.
[207] *Id.*, p. 123.
[208] *Id.*, p. 125.
[209] *Id.*, p. 130-131.
[210] *Id.*, p. 136.
[211] *Id.*, p. 156-157.

point et lancer, après les juifs européens et américains, le 6 mai 1945, le mythe des chambres à gaz d'Auschwitz et de Birkenau.

« A partir de ce moment, nous fûmes en Occident sous transfusion vingt-quatre heures sur vingt-quatre. »[212] Que pourrait dire M. Castex d'une autre transfusion qui, elle, dure depuis quarante-cinq ans ?

L'écrasante responsabilité des médias

M. Castex affecte de battre sa coulpe. Il estime que le commun des mortels a fait preuve de plus de perspicacité que les journalistes. C'est découvrir la lune. L'homme de la rue ment moins que le journaliste de la grande presse parce qu'il n'a pas autant d'*intérêt* à le faire tandis que le journaliste, lui, peut trouver profit à mentir, à inventer, à fabriquer de toutes pièces des récits qui donneront la chair de poule. M. Castex écrit :

> « J'ai rencontré bien d'autres personnes. Non journalistes. Et je dois dire qu'à les entendre il semble bien qu'elles se soient en général méfiées beaucoup plus vite que nous. Nous passons pourtant pour être plus sceptiques que nos concitoyens moins bien informés ; on nous crédite d'un sens critique aiguisé par le souci de comprendre en profondeur l'événement, de prendre du recul, de relever à chaque fois les contradictions, les invraisemblances. Eh bien non, cette fois nous avions perdu toutes ces qualités de base, c'est vrai nous avions été nazes, je fais partie du lot. »[213]

« Cette fois » ? « Cette fois » seulement ? Pour lui emprunter son langage, M. Castex et ses confrères n'ont-ils pas été et ne sont-ils pas encore aujourd'hui « nazes » au dernier degré dans leur incessante évocation des « nazis » ? Il ajoute :

> « Nous avons répercuté l'intox en lui donnant un écho surmultiplié. Ce faisant, et cela requiert qu'on y songe sérieusement, nous sommes devenus, pour la première fois à ce degré, des acteurs de la manipulation. Oh, je sais bien que ce fut involontaire, et que la meilleure bonne foi présida à notre aveugle entrain ; nous avons cru sincèrement aux mensonges qu'on nous faisait rapporter, nous avons été sincèrement scandalisés et horrifiés. — Mais il est impossible aujourd'hui de ne pas se demander comment une telle cécité fut possible [...]. Ce que je dis

---

[212] *Id.*, p. 158-159.
[213] *Id.*, p. 176.

ici vaut pour tous les médias, je n'exclus pas la presse écrite, non plus que les grandes agences, dont la mienne, qui furent en amont des sous-traitants, les premiers « grossistes » du mensonge répercuté. »

Il écrit encore :

> « Nous avons préféré imaginer d'abracadabrants scénarios d'escamotage immédiats et massifs de dizaines de milliers de cadavres […]. Nous voulions Auschwitz à toute force. Nous eûmes donc Auschwitz. »[214]

M. Castex ne croit pas si bien dire. En fait, « Auschwitz » et « Timisoara » ont été fabriqués selon les mêmes méthodes à partir, dans les deux cas, de réalités suffisamment horribles pour que l'honnête homme, lui, ne se croie pas obligé d'en rajouter.

La fin du neuvième chapitre intitulé « Ceaucescoop, méditations d'un intoxiqué » serait tout entière à citer.[215] L'auteur explique successivement comment on a « été jusqu'à tresser des lauriers aux menteurs », à quoi peut conduire le « [péché] du scoop et du sensationnel » et de quelle manière les journalistes, dans leur crainte de livrer des faits ou des chiffres moins sensationnels que ceux d'un confrère, sont amenés à tout exagérer. Par exemple, pour le chiffre des morts, M. Castex conseille à l'apprenti journaliste d'exagérer d'emblée, quitte à devoir ultérieurement corriger ce chiffre à la baisse. Il écrit exactement :

> « Si j'étais cynique, ce qu'à Dieu ne plaise, je donnerais ce conseil : « Prenez garde aux morts, débrouillez-vous toujours pour avoir une courte tête d'avance. » Quitte à devoir réviser à la baisse un peu plus tard. On vous le reprochera, mais moins de toute manière que d'avoir toujours été à la traîne des cadavres, comme un coureur qui n'arrive pas à recoller au peloton. »[216]

M. Castex consacre un développement à la préposition « selon », sorte de mot magique qui permet toutes les élucubrations. On écrit : « Selon le journaliste présent sur place », « selon Budapest », « selon Belgrade », « selon telle agence » et on peut ainsi, à loisir, produire telle information

---

[214] *Id.*, p. 180.
[215] *Id.*, p. 181-188.
[216] *Id.*, p. 183.

de pure fantaisie. M. Castex cite d'autres cas d'exagérations spectaculaires qui sont sans rapport avec la Roumanie et Timisoara. Il évoque « la prime au mensonge ».[217] Pour conclure, il se moque des formules qu'on peut trouver dans les manuels de la profession sur l'honneur des journalistes ; il écrit : « …"l'honneur d'un journaliste", larirette, larirette. »[218]

M. Castex au service du mensonge d'Auschwitz

Après la lecture d'*Un Mensonge gros comme le siècle*, il est plaisant de retourner au communiqué de l'AFP du 1er juillet 1987. À cette époque, il n'y avait pas, pour l'auteur, de « larirette, larirette » quand on évoquait « l'honneur d'un journaliste ». Ledit communiqué en appelait gravement à « la déontologie de l'information » qui « interdit qu'on puisse écrire n'importe quoi, les contrevérités les plus folles ». Il proclamait : « Le journaliste est toujours témoin de son temps, et en ce sens Claude Lanzmann a fait œuvre admirable de journaliste. »

À ceux qui objecteraient que « Timisoara » n'a duré que quelques semaines tandis qu'« Auschwitz » dure depuis près d'un demi-siècle, on répondra que, dans le premier cas, le mensonge a très vite perdu son *intérêt politique*, tandis que, dans le second cas, *les intérêts politiques et financiers* à maintenir le mensonge – tout en lui apportant année après année quelques corrections inévitables – sont proprement gigantesques. Dès janvier 1990, l'ordre du monde n'avait plus besoin de « Timisoara » alors que, depuis janvier 1945, l'ordre du monde a un besoin vital d'« Auschwitz ». Ce besoin est devenu tel qu'en France, par exemple, on vient d'instituer, dans une loi « sur la liberté de la presse », une disposition qui prévoit peine de prison ou amende pour quiconque se permettrait de contester « Auschwitz ». Le vote d'une telle loi de censure s'annonçait laborieux mais, providentiellement, une sorte de « Timisoara » à la française a levé tous les obstacles : en mai de cette année, la violation – réelle – du cimetière juif de Carpentras a donné lieu à une telle manipulation des esprits par la police juive de la pensée, par certains hommes politiques et par tous les grands médias, que l'accouchement de cette loi monstrueuse a pu se faire sans aucune douleur.

Là encore, l'AFP et les journalistes dans leur ensemble ont rempli leur office, comme le dit l'intéressé, de « maquilleurs de la mort ». Ils ont, sans aucune preuve, attribué cette profanation au Front national et aux

---

[217] *Id.*, p. 186.
[218] *Id.*, p. 187.

révisionnistes. M. Castex a récidivé dans le commerce de ce qu'il appelle « la poupée gonflable ». Il lui suffira de répéter un jour : « Emportés par la vague de l'émotion, nous avons surfé sur elle avec une déconcertante légèreté. Sans rien vérifier. »[219] Cette phrase, il pourra la replacer dans un gros ouvrage sur l'arnaque d'« Auschwitz » ou dans un petit livre sur l'exploitation politique de « Carpentras ».

***

Septembre 1990

INTERVIEW DU PROFESSEUR R. FAURISSON PAR *LE CHOC DU MOIS*

Quelle opinion avez-vous de la loi Gayssot visant le racisme et le révisionnisme ?

Pour moi, il n'y a pas à proprement parler de « loi Gayssot » mais une « loi Fabius, alias Gayssot ». Gayssot est communiste, c'est-à-dire qu'il n'est à peu près plus rien. Je crois savoir que le parti communiste envisageait à l'origine une loi antiraciste sans disposition antirévisionniste. C'est Fabius, en tout cas, qui au sein du parti socialiste a revendiqué l'initiative d'une mesure législative contre le révisionnisme. Il est à l'origine de la proposition de loi Georges Sarre (*JO* du 2 avril 1988) qu'on retrouve deux ans plus tard transposée dans la loi dite Gayssot. Il est probable que le parti socialiste s'est engagé à faire voter la proposition de loi communiste à condition qu'elle intègre la proposition de loi Fabius-Sarre contre les révisionnistes.

Je ne vous donnerai pas mon sentiment sur les dispositions antiracistes de cette loi Fabius alias Gayssot mais seulement sur la clause antirévisionniste. Cette dernière prévoit une peine de prison d'un mois à un an et/ou une amende de deux mille à trois cent mille francs, sans oublier les frais d'insertion du jugement dans la presse, frais parfois considérables. Il s'agit de punir ceux qui auront contesté (pas même nié) l'existence d'un ou plusieurs crimes contre l'humanité tels que ceux-ci sont définis par la charte qui a fondé en 1945 le tribunal militaire international de Nuremberg, et qui ont été commis par des vaincus condamnés pour ces crimes par leurs vainqueurs.

Le texte de ce qui est désormais l'article 24 bis de la loi du 29 juillet 1881 « sur la liberté de la presse » (*sic*) est particulièrement alambiqué.

---

[219] *Id.*, p. 69.

Il s'agit d'une fabrication hétéroclite qui s'insère mal dans le cadre juridique existant et que les tribunaux auront, en conséquence, de la peine à appliquer.

N'est-ce pas rétablir la censure et instituer une version officielle d'une période déterminée de notre histoire ?

Du point de vue historique, cette clause antirévisionniste va à contresens de l'évolution des mœurs. Elle rétablit clairement la censure. Elle institue une vérité historique officielle protégée par la police, la gendarmerie, les magistrats et les gardiens de prison. Elle crée un dogme, un catéchisme, un décalogue : celui de Nuremberg. Vous connaissez le vieil adage : « Ce n'est pas devant les tribunaux que l'histoire peut trouver ses juges ». On renie cet adage et on veut nous faire croire qu'un tribunal – un tribunal « militaire » – aurait, lui, écrit l'histoire une fois pour toutes.

Il sévissait depuis longtemps une histoire officielle de la seconde guerre mondiale. Quand je le disais, nos tartuffes se récriaient. Aujourd'hui, ils ne peuvent plus protester. Il y a un an, j'avais envoyé à près de sept cents personnes une lettre circulaire datée expressément de « Paris, le 14 juillet 1989 » ; j'appelais l'attention de mes correspondants sur le danger d'une telle loi. Les événements m'ont malheureusement donné raison. Lisez le *Journal officiel de la République française* (Lois et décrets) du 14 juillet 1990. Aux pages 8333-8334, vous trouverez le texte de la clause antirévisionniste ; huit pages plus loin, vous verrez que Pierre Vidal-Naquet, qui aime à nous traiter d'« excréments », est nommé chevalier de la Légion d'honneur sur proposition du ministre Jack Lang : d'un côté, menace d'amende et de prison pour les révisionnistes et, de l'autre, Légion d'honneur pour les servants de la religion de l'Holocauste. Et cela dans un journal officiel de l'État, le jour même où la « Patrie des droits de l'homme » célèbre sa fête nationale. L'histoire officielle a fait son entrée au *Journal officiel* sous la signature de F. Mitterrand, maréchaliste éminent, puis grand Résistant, juriste de formation.

Dans quels esprits, selon vous, l'idée d'une telle loi a-t-elle pu germer ?

Dès 1986, en première page du bulletin quotidien de *La Lettre Télégraphique Juive* (2 juin 1986), on lisait à propos de F. Bédarida, G. Wellers, J.-P. Azéma, P. Vidal-Naquet, S. Klarsfeld, du rabbin Sirat, de Mme Ahrweiler et d'Harlem Désir : « Ils ont aussi formulé l'espoir d'une extension à tous les pays européens de la loi allemande interdisant la mise en doute du génocide. » Leurs vœux sont aujourd'hui comblés pour ce qui est de la France, et de la France seule. Mais, contrairement à ce qu'ils osaient dire pour mieux pousser leur pion, il n'a jamais existé en Allemagne de loi interdisant la mise en doute du génocide. Ce qui était supposé devenir la loi dite du « mensonge d'Auschwitz » s'est trouvé réduit à un article qui autorise éventuellement un procureur à déposer plainte pour dommage causé « au membre d'un groupe qui a été persécuté sous un gouvernement de violence ou d'arbitraire, national-socialiste ou autre » (article 194, 13 juin 1985). Le mot « autre » vise, par exemple, le gouvernement d'un pays communiste. La France est donc bien le premier pays au monde à adopter une disposition législative spécifique contre le révisionnisme historique. Selon son habitude, P. Vidal-Naquet a affecté la réprobation une fois qu'il a été sûr que la loi serait adoptée. Il a agi de même au sujet de mes procès ; dans ces cas, sa main droite ignore ce que fait sa main gauche. Il a attendu que le sort de B. Notin soit scellé pour le défendre et dire qu'il fallait poursuivre J.-P. Allard…

Comment expliquer ce raidissement dogmatique ?

Nous faisons peur à la camarilla en place. C'est quand l'Église s'est sentie en perte de vitesse devant l'incrédulité montante qu'elle a, en 1870, institué le dogme de l'infaillibilité pontificale. C'est parce que Fabius et les siens ne savent plus à quel saint se vouer qu'ils instituent le dogme de l'infaillibilité du Tribunal de Nuremberg.

En quoi ce tribunal s'est-il fait juge de l'Histoire ?

Ce tribunal a été créé par les Alliés le 8 août 1945. Il s'agissait de punir chez les vaincus les crimes contre la paix (préparation et lancement d'une guerre d'agression), les crimes de guerre et les crimes contre l'humanité (c'est-à-dire essentiellement contre les juifs). Je vous laisse à juger de leur cynisme. Deux jours auparavant, les Américains avaient commis « Hiroshima » ; le jour même du 8 août, les Soviétiques, auteurs de « Katyn », lançaient une guerre d'agression contre un Japon exsangue ; le lendemain, les Américains commettaient « Nagasaki ».

La guerre de 1939-1945 a été une immense boucherie au terme de laquelle les vainqueurs se sont arrogé le droit de juger les vaincus : à Nuremberg, les Allemands et, à Tokyo, les Japonais (notez qu'on n'envisage pas de jeter en prison ceux qui contesteront les « crimes » des Japonais). Les vainqueurs ensanglantés ont fabriqué une législation *ad hoc,* ont revêtu la robe du juge, ont condamné au nom de lois rétroactives, n'ont pas craint d'utiliser le principe aberrant de la responsabilité collective, ont refusé toute possibilité d'appel, ont bâillonné la défense, ont décrété : « *Le Tribunal ne sera pas lié par les règles techniques relatives à l'administration des preuves…* » et « *Le Tribunal n'exigera pas que soit rapportée la preuve des faits de notoriété publique mais les tiendra pour acquis…* » Ils ont qualifié de vérités établies les « erreurs » suivantes parmi bien d'autres :

– Katyn est un crime allemand (c'est un crime de nos alliés soviétiques) ;

– Le nombre des victimes d'Auschwitz s'élève à quatre millions (aujourd'hui, on nous dit : un million) ;

– Le total des victimes juives de la seconde guerre mondiale s'élève à cinq millions cent mille ou six millions (aujourd'hui ces chiffres sont tenus pour « symboliques ») ;

– Les Allemands fabriquaient du savon à partir de graisse humaine (bobard de la première guerre mondiale recyclé en 1945) ;

– Les Allemands ont fabriqué des têtes réduites ainsi que des abat-jour en peau humaine (la tête réduite montrée au tribunal avait été volée à un musée d'ethnographie ; la peau était de chèvre) ;

– A Treblinka, on exterminait les juifs à la vapeur d'eau (on nous dit aujourd'hui : au diesel) ;

– Hitler a donné l'ordre d'exterminer les juifs (cet ordre n'a jamais existé). J'attends qu'au nom de la loi Fabius dite Gayssot on poursuive les historiens, en particulier juifs, qui sont aujourd'hui d'accord avec nous pour dire que toutes ces vérités de 1945-1946 sont autant de mensonges historiques.

Les historiens officiels persistent à croire ou font semblant de croire (pour combien de temps encore ?) que deux vérités de Nuremberg restent vraies :

– Les Allemands ont eu une politique de destruction physique des juifs ;

– Ils ont, pour mener à bien cette politique, principalement utilisé des chambres ou des camions à gaz.

Quelle attitude allez-vous adopter à l'égard de ces vérités officielles ?

J'ai le regret de dire que je contesterai ces vérités-là. Les duettistes de Carpentras, MM. Fabius et Joxe, ne me feront pas pousser leur chanson. On ne me fera pas dire que deux et deux font cinq, que la terre est plate, que le Tribunal de Nuremberg est infaillible. J'ai d'excellentes raisons de ne pas croire à cette politique d'extermination des juifs ou à la magique chambre à gaz et on ne me promènera pas en camion à gaz. Quatre mille ans d'histoire peuvent s'étudier en toute liberté ; curieusement, seules les années 1941 à 1944 seraient placées sous haute surveillance par une loi de la République française en date du 14 juillet 1990. Je ne vois pas pourquoi je me plierais à cet ukase.

Vous prenez des risques. Fabius et Joxe vous guettent...

Je ne sais trop l'origine du couple Fabius-Joxe. Pour moi, je suis d'origine écossaise. En Écosse, nous avons le monstre du Loch Ness qu'affectueusement nous appelons Nessie ; notre crédulité (pour les touristes) ne va guère plus loin. Pour le reste, nous n'aimons pas qu'on nous dicte ce qu'il faut croire ou ne pas croire. Inutile d'insister. Nous avons mauvais caractère. Je ne chercherai pas à tourner la nouvelle loi ; je lui ferai front. Dans cette loi et à Carpentras, Fabius et Joxe ont, comme on dit en anglais, « *laissé le chat sauter hors du sac* » ; en français, on dit qu'ils « *ont mangé le morceau* ». Ils ont commis une faute révélatrice. Pour eux, l'heure est grave. Comme le dit *Jour J, Quotidien juif* en titre de son numéro du 15 juin 1990 : « *Sondage. Un tiers des Français doute de l'existence des chambres à gaz* ». Ce n'est qu'un début. Les révisionnistes poursuivront leurs travaux.

Je souhaite que tous les Français se rendent compte que le mythe des chambres à gaz est une gredinerie, entérinée en 1945-46 par les vainqueurs de Nuremberg et officialisée le 14 juillet 1990 par le gouvernement en place de la République française, avec l'approbation des historiens de cour.

Comme le faisait remarquer François Terré à la veille du vote définitif de la loi par l'Assemblée nationale[220] : « Face à la proposition Gayssot, le silence infini de presque tous les juristes, de presque tous les historiens, effraie ».

11 août 1990
(Propos recueillis par Catherine Barnay)

✴✴✴

4-5 novembre 1990

DEMANDE D'OUVERTURE D'UNE ENQUÊTE INTERNATIONALE SUR LA QUESTION DE L'« HOLOCAUSTE » DES JUIFS

L'« Holocauste » des juifs peut se définir comme la destruction systématique, ordonnée et planifiée, de six millions de juifs, durant la seconde guerre mondiale, par le fait des Allemands, notamment grâce à l'emploi de chambres à gaz homicides et, accessoirement, de camions à gaz homicides. C'est, pour l'essentiel, en compensation de ce désastre (« shoah ») que les juifs ont obtenu, en 1947, le feu vert de l'Organisation des Nations Unies pour la création de l'État d'Israël, le 14 mai 1948, et que cet État a reçu de la République fédérale

---

[220] *Le Figaro,* 29 juin 1990, p. 2.

d'Allemagne de colossales « réparations » financières en vertu de l'accord de Luxembourg, signé le 10 septembre 1952 et ratifié le 21 mars 1953.

L'« Holocauste » constitue depuis 1948 l'arme numéro un de la propagande de l'État d'Israël et des organisations sionistes mondiales telles que le *World Jewish Congress*, l'*American Jewish Congress* et la *World Zionist Organization*.

Sans vouloir remettre en cause le fait même que les juifs ont cruellement souffert de la politique et de l'action des autorités du IIIᵉ Reich, nous exigeons de savoir ce qu'il y a de vrai et ce qu'il y a de faux dans l'histoire de l'« Holocauste » des juifs.

Nous en appelons à la création d'un comité international d'experts pour l'ouverture et la conduite d'une enquête sur l'« Holocauste » des juifs.

Ce qui, de manière explicite ou implicite, a été accepté pour vrai en 1947 par l'Organisation des Nations Unies et, en 1952-1953, par la République fédérale d'Allemagne correspond-il encore aujourd'hui à la vérité telle que celle-ci a pu se faire jour à l'occasion d'enquêtes, de découvertes et de controverses historiques dont l'ampleur ne peut plus être négligée par la communauté des nations ?

La gravité des événements au Moyen-Orient nous fait une obligation d'apporter une réponse à cette question fondamentale pour la compréhension du passé et pour l'intelligence de l'avenir.

Contribution à une enquête internationale sur la question de l'« Holocauste » des juifs

Une enquête sur la question de l'« Holocauste » des juifs devrait apporter une réponse claire et brève, non assortie d'exégèses, aux questions suivantes :

1. Existe-t-il un document explicite, signé d'Adolf Hitler ou d'une autorité quelconque du IIIᵉ Reich, qui constitue un ordre de détruire physiquement les juifs ?

2. Existe-t-il un document explicite qui constitue un plan de destruction physique des juifs ?

3. Existe-t-il un document explicite qui prouve que, dans un pays en guerre comme l'était l'Allemagne, où l'économie entière était contrôlée et où budget et matières premières étaient sévèrement limités, un budget a été établi pendant plusieurs années et des matières premières ont été délivrées pour mener à bien une formidable entreprise d'extermination aux proportions industrielles ?

4. Existe-t-il une expertise de l'arme du crime prouvant que telle pièce d'habitation (à l'état d'origine, à l'état de reconstruction ou à l'état de ruine) a été une chambre à gaz homicide ou que tel camion (à l'état de plan ou à l'état de réalisation) a été un camion homicide ?

5. Existe-t-il un rapport d'autopsie établissant, dans le cas d'une mort imputable aux Allemands du III_e Reich que tel cadavre était celui d'une personne tuée par gaz-poison ?

6. Est-il vrai que le chiffre de six millions de morts juives n'est que symbolique et que ce chiffre, aussi bien que ceux de cinq millions cent mille ou de quatre millions quatre cent mille proposés par tel ou tel historien, ne reposent que sur des spéculations et que jusqu'à présent, malgré les possibilités offertes par les moyens modernes de calcul, aucune étude n'a encore été entreprise par les défenseurs de la thèse de l' « Holocauste » pour essayer de déterminer scientifiquement le total des morts juives de la dernière guerre, qu'il s'agisse de morts naturelles ou de morts non naturelles ?

7. Est-il vrai que le Service international de recherches d'Arolsen-Waldeck, situé en Allemagne, mais dépendant du Comité international de la Croix-Rouge (CICR) et étroitement surveillé par dix pays dont l'État d'Israël, possède une énorme documentation propre à fournir une première et indispensable réponse à la question du nombre des morts juives et des survivants juifs mais que cette institution se refuse ou se voit contrainte de refuser tout accès aux chercheurs – sauf à quelques privilégiés – et qu'elle est allée à la fin des années soixante-dix jusqu'à fermer sa section historique *(Historische Abteilung)* et à s'interdire toute publication de statistiques pour s'être aperçue que certaines recherches ou statistiques risquaient de provoquer trop de remises en cause ?

***

Novembre 1990

ÉDITORIAL DE LA *REVUE D'HISTOIRE RÉVISIONNISTE*, N°3

Succédant à une année d'heureux changements, l'année 1990 a vu se confirmer à travers le monde un mouvement de révision générale de l'histoire contemporaine. Il est sûr qu'en 1991 ce mouvement s'accélérera.

Avec l'Union des républiques socialistes soviétiques (ou ce qu'il en reste), le dogme communiste a subi une telle révision qu'il est en voie d'effondrement. Ainsi que nous le notions dans l'éditorial de la précédente livraison, l'Allemagne, partiellement réunifiée, tend à devenir la première puissance économique du monde et ne pourra pas longtemps rester ce nain politique qui complaisamment répète les leçons de morale et d'histoire que les vainqueurs de 1945 ont voulu lui inculquer au procès de Nuremberg ; des signes montrent qu'elle est en train de récrire son histoire. Le Japon, lui aussi, se libère de ses entraves, conquiert pacifiquement ses vainqueurs et révise progressivement le procès de Tokyo. Les États-Unis persistent dans leur rôle de gendarme du monde mais l'incertitude les mine ; ils continuent de faire cause commune avec l'État d'Israël jusqu'à risquer une sorte d'aventure coloniale au Moyen-Orient mais ils pourraient bien revoir l'assistance politique et financière qu'ils prodiguent aux Israéliens et réviser leur position sur le problème palestinien. L'État d'Israël – le plus riche mendiant de la planète – aggrave son cas ; il accroît le nombre de ses colons, il tue trop d'enfants, il pousse à la croisade ; il peut voir remettre en question son mythe fondateur, celui de la triade du « génocide », des « chambres à gaz » et des « six millions ». Le monde arabo-musulman rentre dans le siècle et commence à découvrir le révisionnisme historique et ses formidables implications.

Poussé par ces vents nouveaux, le révisionnisme historique renforce son influence dans le monde entier. La répression dont il est l'objet est illusoire. Dans le domaine des idées, toute répression, on le sait, finit par se retourner contre les censeurs. L'exemple, en Suède, du procès Rami est parlant. Sans la condamnation, à Stockholm, d'Ahmed Rami, réfugié politique en Suède et citoyen suédois, et sans la suspension pour un an de Radio-Islam, le monde arabo-musulman continuerait d'ignorer le révisionnisme. Aujourd'hui, alertés par ces mesures de répression, des Algériens, des Iraniens et des Palestiniens commencent à découvrir le révisionnisme historique et à s'en faire les porte-parole.[221]

En France, la répression antirévisionniste est administrative et judiciaire. Pierre Joxe, ministre de l'Intérieur, délaisse les problèmes les plus graves au profit de la lutte antirévisionniste. Tous les moyens lui sont bons, qu'il s'agisse du montage de « Carpentras » ou des initiatives, arbitraires et cyniques, de Sarra Ouaknine, fille de rabbin, comme elle tient à le préciser, et responsable d'une cellule policière chargée notamment de réprimer la libre expression du révisionnisme. Le ministère de la Justice, passé des mains de M. Arpaillange à celles d'H. Nallet et de G. Kiejman, est submergé ; les tribunaux ne peuvent plus, pour maintes raisons, rendre une justice normale ; mais on mobilise, avec

---

[221] Renvoi aux pages 221-222 de la *RHR*, n°3.

une extraordinaire célérité, les procureurs et, en particulier à Paris, le zélé substitut Marc Domingo, contre le révisionnisme ; non moins rapidement, le juge Claude Grellier et ses assesseurs de la XVIIe chambre tranchent dans le sens souhaité par les députés communistes et socialistes qui, profitant du montage de Carpentras, ont voté la loi exorbitante du 13 juillet 1990 ; les censeurs n'ont pas à craindre de recours auprès du Conseil constitutionnel dirigé par Robert Badinter.

C'est dans une atmosphère d'enthousiasme que, du 13 au 15 octobre 1990, s'est tenu à Washington le dixième congrès international de l'*Institute for Historical Review*. Les participants ont été unanimes à constater que le révisionnisme avait fait un bond en avant dans le monde occidental et s'étendait au reste du monde. L'intervention de l'historien britannique David Irving sur l'agonie du mythe d'Auschwitz a fait sensation et la participation de l'historien américain John Toland a créé l'événement.

Le livre d'Arno Mayer sur La « *Solution finale* » *dans l'histoire*, enfin traduit en français et doté d'une préface de Pierre Vidal-Naquet (le Torquemada du révisionnisme), conteste vigoureusement les vérités officielles édictées à Nuremberg et officialisées depuis peu par François Mitterrand. Dans cet ouvrage d'un historien juif, professeur à Princeton, les Français verront que « Les sources dont nous disposons pour étudier les chambres à gaz sont à la fois rares et peu sûres » et qu'à Auschwitz « les causes dites "naturelles" tuèrent plus de juifs que les causes "non naturelles" ».[222] Le jour viendra où, comparant « Auschwitz » à « Dresde » ou à « Hiroshima », on sera enfin libre de conclure qu'il est probablement mort moins de juifs à Auschwitz que d'Allemands à Dresde ou de Japonais à Hiroshima. Encore ajoutera-t-on, pour être précis comme le veut l'histoire, que, si cent cinquante mille (?) juifs sont ainsi morts à Auschwitz en plusieurs années, principalement de causes « naturelles » (faim, froid, épidémies…), en revanche, à Dresde, en deux jours, on a tué par le feu plus de deux cent mille (?) Allemands et, à Hiroshima, en quelques heures d'abord et en un demi-siècle ensuite, on a tué plus de deux cent mille (?) Japonais par le feu nucléaire. Le véritable « holocauste » n'aura donc pas été celui que l'on croyait.

Les Klarsfeld, Poliakov, Vidal-Naquet, Wellers, Bédarida, les Jean Pierre Bloch et les Jean Kahn avaient répété à la communauté juive que les révisionnistes n'étaient qu'une secte méprisable de faussaires, faciles à réduire au silence par un amas de preuves. Or, les révisionnistes sont plus nombreux et vivaces que jamais et aucun argument scientifique ni

---

[222] A. Mayer, La « *Solution finale* », p. 406 et 410. L'original anglais de ces deux phrases est plus révisionniste encore.

aucune preuve n'ont pu leur être opposés.[223] On leur a répondu par des ouvrages faits de vide, de vent ou de spéculations cabalistiques. En ce domaine, le summum vient d'être atteint avec un livre de Jean-Claude Pressac dont on lira ci-dessous une recension. La communauté juive doit résister aux appels à la violence d'un Jacques Lanzmann ou d'un Serge Klarsfeld. Le premier incite les juifs « à s'armer – non de patience mais de fusils d'assaut » et à « manier la kalachnikov »[224] tandis que le second invite les jeunes juifs à « passer aux actes ».[225] Ces appels sont d'autant plus graves qu'en France la communauté juive est la seule à disposer de milices armées.[226]

Sans avoir vocation à défendre une cause politique quelconque, fût-ce celle de la paix, le révisionnisme peut, par sa nature même, favoriser la paix au sein des communautés et entre les nations. Il analyse les conflits ; il en recherche les causes ; il en observe le déroulement. Il décrit le rôle essentiel des mythes et des mensonges dans la propagande préalable à tout conflit. Lorsque deux camps vont s'affronter, ils mettent au point des campagnes d'information qui se ressemblent ; dans les deux cas, il s'agit d'abord de se décrire soi-même en représentant du droit, en défenseur des principes, en justicier, puis, de dénoncer en l'adversaire un délinquant ou un criminel à mettre au ban de l'humanité. Les médias orchestrent ces thèmes et, si le conflit se déclenche et se prolonge, il leur faut amplifier cette propagande et ajouter le mensonge au mensonge. Le civil qu'on mobilise et qu'on envoie, revêtu de l'uniforme, sur la ligne de front a besoin de croire que précisément au-delà de cette ligne commence « l'empire du mal », sinon il ne risquerait pas sa vie pour abattre d'autres civils revêtus d'un autre uniforme. Il existe des procédés, vieux comme la guerre, pour nourrir chez les combattants ce besoin de croire à n'importe quoi et il n'est pas de responsables politiques pour renoncer à de tels procédés.

Le révisionnisme se méfie des propagandes guerrières. Juste ou injuste, une guerre reste une boucherie où, soit dit en passant, la première victime est toujours la vérité.

---

[223] On notera que la télévision française n'a jamais pris le risque de montrer vraiment l'image d'une chambre à gaz à Auschwitz ou ailleurs, même si, par le commentaire des images ou par un subterfuge quelconque dans le style de Frédéric Rossif, elle a parfois pu donner l'impression du contraire. On aboutit au paradoxe suivant : cinquante-huit millions de Français se voient interdire, par une loi spéciale, le droit de « contester » l'existence d'une prétendue réalité qu'on ne leur montre jamais, même à la télévision.

[224] *VSD*, 17 mai 1990, p. 82.

[225] *Le Progrès* [de Lyon], 2 novembre 1990, p. 6.

[226] Voy. la déclaration de Mme Fabius Castro, *Le Monde*, 7 mars 1986, p. 8, et la photographie publiée dans *Libération* du 14 octobre 1986, p. 56.

En cette fin d'année 1990 où certains, pour la millième fois dans l'histoire de l'humanité, nous promettent une guerre qui, par une étonnante exception, serait, à les en croire, brève comme l'éclair et ne laisserait pas les suites les plus graves, la *Revue d'Histoire Révisionniste* souhaite à ses lecteurs une année sans trop de guerres (du Golfe persique ou d'ailleurs), sans trop de gros mensonges (comme celui de Carpentras), sans trop de haine raciste ou antiraciste.

Elle ne peut malheureusement s'attendre à une année sans répression et sans violences contre les révisionnistes. En 1991, les maximalistes de la « Shoah » aggraveront cette répression et ces violences qui leur semblent aussi nécessaires qu'à d'autres le droit au doute et à la recherche.

Le 21 mars 1991, à 13 h 30, le professeur Faurisson comparaîtra devant la XVIIe chambre correctionnelle du tribunal de grande instance de Paris, présidée par Claude Grellier. Georges Wellers et le substitut Marc Domingo lui font grief d'une interview parue dans *Le Choc du Mois* de septembre et invoquent la loi du 13 juillet 1990 qui prévoit une peine d'un mois à un an d'emprisonnement et une amende de deux mille à trois cent mille francs pour celui qui « conteste » les « crimes contre l'humanité » tels que définis par les vainqueurs de 1945. Une semaine plus tard, le 28 mars, R. Faurisson comparaîtra à nouveau devant la même chambre et le même juge pour la même interview mais, cette fois-ci, sur plainte de Jean Pierre-Bloch et de l'immanquable substitut Marc Domingo, qui, pour le coup, invoqueront la loi antiraciste du 1er juillet 1972.

Venant à la suite de tant d'autres procès, de cinq agressions physiques et d'une tentative d'assassinat, ce double procès ne changera probablement rien à la détermination de l'universitaire révisionniste. Il ne changera sûrement rien à la marche en avant du révisionnisme historique, en France et dans le reste du monde.

20 décembre 1990

***

Novembre 1990

UN FAUX :
« LA PRIÈRE DE JEAN XXIII POUR LES JUIFS »

« Nous sommes aujourd'hui conscients de ce que beaucoup, beaucoup de siècles d'aveuglement ont offusqué nos yeux de sorte que nous ne pouvons plus ni voir la beauté de Ton Peuple Élu ni reconnaître sur leurs faces les traits de nos frères privilégiés. Nous nous rendons compte de ce que la marque de Caïn est inscrite sur nos fronts. Au cours des siècles, notre frère Abel est resté étendu dans le sang que nous avions versé ou a répandu les larmes que nous provoquions par notre oubli de Ton Amour. Pardonne-nous la malédiction que nous avons faussement attachée à leur nom de juifs. Pardonne-nous de T'avoir une seconde fois crucifié dans leur chair. Car nous ne savions pas ce que nous faisions… » (Traduit de l'anglais.)

Cette « prière pour les juifs » attribuée au pape Jean XXIII, mort le 3 juin 1963, est un faux. Ce faux est apparu en janvier 1964 dans un « rapport » de la revue juive américaine *Commentary* intitulé « Vatican II and the Jews » (Vatican II et les juifs) sous la signature de F. E. Cartus, présenté par ladite revue comme « le pseudonyme d'un observateur catholique romain qui a suivi de très près les développements du concile œcuménique ».[227]

Le seul contenu de ce texte aurait dû donner à penser qu'un pape, même très favorable aux juifs comme l'était Angelo Roncalli (1881-1963), ne pouvait guère s'exprimer en ces termes sur le compte des catholiques. Cette « prière » revient, en effet, à dire : les juifs sont beaux ; ils sont le peuple élu de Dieu ; ils portent sur leurs visages les traits de nos frères privilégiés. Pendant des siècles les juifs ont versé sang et larmes. Nous, catholiques, nous avons été aveugles à tout cela. Nos visages à nous sont hideux en ce qu'ils portent la marque de Caïn. Nous sommes responsables du sang et des larmes versés par les juifs. Nous avons oublié l'amour de Dieu. Nous avons menti en inventant que Dieu avait maudit les juifs. C'est nous – et non les juifs – qui avons crucifié Dieu. Nous étions des inconscients.

Ce texte est excessif ; il en transpire trop de haine pour les uns et trop d'amour pour les autres.

À suivre chronologiquement le destin de cette « prière » dans la seule presse française de 1966 à nos jours, on s'aperçoit que le faux a d'abord été très vite dénoncé, puis que, devant les assauts répétés de certains en faveur d'un texte si intéressant pour la cause des juifs, on a d'abord tu la vérité, puis laissé croire qu'il s'agissait d'un document authentique. Le

---

[227] *Commentary*, mensuel de l'*American Jewish Committee* (New York, Chicago, Los Angeles), janvier 1965, n° 1, vol. 39, p. 19-29 ; la « prière » figure à la page 21.

journal *Le Monde*, par exemple, essaiera pendant quelques années de mettre ses lecteurs en garde contre le faux, qu'il présentera prudemment comme « apocryphe », puis il renoncera à toute mise au point et même, ainsi qu'on va le voir, il finira par donner implicitement sa caution au faux.

Année 1966

Sous le titre « Une Prière de Jean XXIII pour les juifs », *La Documentation catholique* publiait un texte présenté comme la reproduction d'un article de *La Liberté* de Fribourg (Suisse) du 9 septembre 1966. Le texte commençait ainsi :

> « Les milieux du Vatican ont confirmé le 7 septembre l'existence et l'authenticité d'une prière composée par Jean XXIII quelques jours seulement avant sa mort et dans laquelle le Pape demande pardon à Dieu pour toutes les souffrances que l'Église catholique a fait subir aux juifs.
>
> L'existence de cette prière qui, selon les intentions de son auteur, aurait dû être récitée dans toutes les églises, avait été annoncée récemment au cours d'une conférence à Chicago par M$_{gr}$ John S. Quinn, qui fut un des experts du Concile. »[228]

Suivait le texte de la « prière ». Aucune précision n'était fournie sur « les milieux du Vatican » qui avaient, paraît-il, confirmé l'authenticité de la pièce, ni sur la source permettant d'affirmer que, selon les intentions du pape, la « prière » devait être récitée dans toutes les églises.

Un mois plus tard, *La Documentation catholique* publiait un démenti sous le titre : « La Prière de Jean XXIII pour les juifs est un faux ». Voici le texte intégral du démenti :

> « La Secrétairerie d'État a publié, le 26 octobre, le communiqué suivant au sujet de la soi-disant prière de Jean XXIII publiée dans notre numéro du 2 octobre, col. 1728, en nous faisant l'écho d'une information de presse à laquelle nous n'ajoutions aucun commentaire personnel :
> *La Documentation Catholique* (2 oct. 1966, n° 1479, col. 1728) reproduit, d'après *La Liberté* de Fribourg, du 9 septembre précédent, une « prière de Jean XXIII pour les Juifs » et affirme que les milieux du Vatican en auraient confirmé l'authenticité.

---

[228] *La Documentation catholique*, 2 octobre 1966, col. 1728.

Il s'agit, en réalité, d'un faux.

La Liberté de Fribourg a repris ce texte du journal hollandais *De Tijd* du 18 mars 1965. Le *Tijd* le tenait de *American Commentary* de Chicago (organe de l'« American Jewish Committee ») de janvier 1965, signé d'un pseudonyme (« F. E. Cartus ») sans aucune indication de source ni d'authentification. Le fait même de publier la chose sous un pseudonyme aurait dû mettre en garde. Mgr Quinn, qui est de Chicago, fit sienne cette prière (en toute bonne foi, on peut le croire) et en parla à une réunion interconfessionnelle.

Aucun bureau du Vatican ne peut avoir confirmé l'authenticité de cette prière, qui n'existe ni à la Pénitencerie apostolique, ni dans les écrits, tant imprimés qu'inédits, du Pape Jean XXIII.

Mgr Louis Capovilla, qui est le dépositaire de ces derniers, dément sans hésiter l'authenticité de cette prière.

L'examen attentif du texte fait d'ailleurs apparaître qu'elle est étrangère au style et au vocabulaire du regretté Pontife. »[229]

Peu auparavant, le journal *Le Monde* avait publié un article intitulé : « La Prière pour les juifs attribuée à Jean XXIII est apocryphe ». L'article était présenté comme provenant du correspondant particulier du journal à Rome et il était daté du 26 octobre. Il commençait en ces termes :

> « "La prière pour les juifs attribuée au pape Jean XXIII est apocryphe." Telle est l'assertion catégorique que nous tenons d'une source compétente du Vatican. »

Le reste de l'article montrait que le correspondant du *Monde* et l'auteur de l'article publié dans *La Documentation catholique* du 6 novembre avaient puisé à la même source, à Rome. Mais *Le Monde* procédait à trois gommages. Au lieu d'un titre clair, il choisissait un titre obscur et inexact ; « apocryphe », mot rare, signifie : dont l'authenticité est douteuse. Au lieu de préciser que le texte provenait de *Commentary*, organe de l'« *American Jewish Committee* », il se contentait de dire : « [Cette prière] a été publiée aux États-Unis ». Enfin, pour atténuer un peu plus la valeur de ce qu'il appelait « l'assertion » (proposition que l'on avance comme vraie) d'une source compétente du Vatican, le journal ajoutait le commentaire que voici :

---

[229] *La Documentation catholique*, 6 novembre 1966, col. 1908-1909.

« Ce démenti ne touche très précisément que ce texte. Il ne saurait remettre en cause l'attitude du pape Jean qui exprima, on le sait, sa volonté d'inclure dans les documents du concile une déclaration sur les juifs dont le cardinal Béa fut le principal auteur. »[230]

Année 1967

Six mois après cet avertissement du *Monde*, Henri Fesquet, envoyé spécial du journal à Lyon au congrès de l'amitié judéo-chrétienne de France, n'en commençait pas moins son papier en ces termes :

« L'épopée de la renaissance de l'État d'Israël, malgré l'ambiguïté de sa signification, a forcé l'attente du monde tandis que l'Église romaine se donnait peu après un pape vraiment attentif aux requêtes de Jules Isaac, l'auteur de *L'Enseignement du mépris ;* Jean XXIII n'avouait-il pas : *"Le signe de Caïn est gravé sur nos fronts. Des siècles et des siècles d'aveuglement ont fermé nos yeux. Pardonne-nous, Seigneur, de t'avoir crucifié une seconde fois dans la chair des juifs. Car nous ne savions pas ce que nous faisions''* »[231]

On comparera la version d'Henri Fesquet à la version originale des faussaires. Quelques jours plus tard, *Le Monde* publiait un rectificatif sous le simple titre de « Jean XXIII et les juifs ». Il confiait que le fragment de la « prière », cité par son correspondant, avait été « puisé dans l'ouvrage *Rome et les juifs* de M. P. E. Lapide, qui vient d'être publié – traduit de l'anglais – par les éditions du Seuil ». Après cette publicité pour un ouvrage contenant un faux, il ajoutait que Mgr Capovilla avait « démenti tardivement [*sic*] l'authenticité [de la prière] ».[232]

Années 1974-1975

Le 31 décembre 1974, *Le Monde* publiait une correspondance de « M. Paul Samuel, de Paris » sous le titre « L'UNESCO, le Vatican et Israël ». Il s'agissait d'une protestation contre l'attribution par le Vatican du prix Jean XXIII à l'UNESCO. M. Samuel estimait que l'UNESCO avait, en excluant Israël, obéi « à la dictature du totalitarisme pétrolier » ; quant à

---

[230] *Le Monde*, 27 octobre 1966, p. 9.
[231] *Le Monde*, 21 avril 1967, p. 11.
[232] *Le Monde*, 7-8 mai 1967, p. 17.

la décision du Vatican, il la critiquait, jugeant que « le plus grand pape du vingtième siècle, Jean XXIII, n'aurait pas agi ainsi ». Et de citer le texte de la « prière ». *Le Monde* acceptait de publier cette lettre alors que celle-ci contenait un faux : un faux contre lequel le journal n'estimait plus nécessaire de mettre en garde ses lecteurs.[233]

L'ironie voulut que des juifs, probablement émus et ravis de découvrir la « prière », écrivissent au journal pour s'étonner du silence entourant ce document. Tel fut le cas de « M. et Mme Léon Zack, de Vanves ». Il fallut bien se résoudre à démentir. Mais le démenti du *Monde* prit une telle forme que le lecteur pouvait croire que le « texte apocryphe » avait été diffusé avec la même bonne (ou mauvaise) foi par *Commentary* (sans indication du caractère juif de la publication) et « différents organes d'Europe, y compris *La Documentation catholique* ». Titre choisi : « A propos de la prière apocryphe de Jean XXIII sur les juifs. »[234]

Année 1983

Le 30 janvier 1983, Alexandre Szombati publiait dans *Le Monde* une prétendue « Enquête sur le meurtre de Theodor Erich von Furtenbach qui se disait nazi ». Il écrivait :

> « Après la guerre, l'Église a renié ses égarements et un pape lui-même a reconnu "le signe de Caïn sur nos fronts". »

Ces paroles étaient attribuées à un « témoin » de l'assassinat, un assassinat qui, soit dit en passant, allait valoir à l'assassin un seul jour de prison ; ce dernier avait fait œuvre pie.[235]

Année 1989

En septembre 1989, dans une émission de *La Cinq* sur le carmel d'Auschwitz, Jean Kahn, président du Conseil représentatif des institutions juives de France (CRIF), lut devant le père Martelet la « prière » de Jean XXIII. Le père Martelet se garda bien de signaler qu'il s'agissait d'un faux.

---

[233] *Le Monde*, 31 décembre 1974, p. 4.
[234] *Le Monde*, 2 février 1975, p. 8.
[235] *Le Monde*, 30 janvier 1983, Supplément, p. I, IV-V. Sur le personnage qui signe « Szombati », on pourra lire un article que je lui ai consacré sous le titre : « Une enquête du *Monde diplomatique* sur les chambres à gaz » dans les *AHR*, reproduit dans le volume II à la page 751.

Le mois suivant, à l'occasion du nouvel an juif, le même Jean Kahn accordait un entretien à deux journalistes du *Monde*, Patrice Jarreau et Henri Tincq. Au cours de l'entretien, il déclarait :

« [M$_{gr}$ Decourtray] a décidé, aussi, de transmettre à toutes les paroisses la dernière prière rédigée par Jean XXIII, regrettant les siècles de mépris de l'Église à l'encontre du peuple juif, afin qu'elle y soit lue par les curés. »[236]

Un lecteur du *Monde* écrivit le lendemain une courte lettre à André Fontaine, directeur du journal :

« Jean Kahn, président du Conseil représentatif des institutions juives de France (CRIF), vous a déclaré (*Le Monde*, 3 octobre 1989) que le cardinal Decourtray aurait décidé de transmettre à toutes les paroisses "la prière de Jean XXIII pour les juifs". Je suis surpris qu'à cette occasion votre journal, qui recueillait là un "entretien" avec Jean Kahn, n'ait pas cru devoir rappeler, comme il l'avait fait au moins en une autre circonstance, vers 1974, que cette prière n'est qu'un faux ; pudiquement, vous parliez de texte "apocryphe". – J'attends votre rectification. »[237]

La rectification ne vint jamais et la lettre « à publier » ne fut pas publiée. J'ignore si le cardinal Decourtray eut jamais l'intention de diffuser le faux ou s'il s'agit là d'un projet que lui prêtait abusivement J. Kahn. Peut-être le cardinal de Lyon a-t-il eu cette intention et peut-être même l'a-t-il mise à exécution. J. Kahn est un cas. Il serait doté d'une « sensibilité particulière » et d'un « supplément d'âme » ; chez ses coreligionnaires il existerait, en effet, « une sensibilité particulière qui fait que l'électeur juif est un électeur avec un supplément d'âme ».[238] Pour lui, les juifs français sont « des Français souvent plus patriotes que les autres ».[239]

---

[236] *Le Monde*, 3 octobre 1989, p. 16.
[237] Lettre de M. G. D., aimablement communiquée par son auteur.
[238] *Le Quotidien de Paris*, 11 février 1986, p. 6.
[239] *Le Figaro*, 20 novembre 1989, p. 16. À rapprocher d'un article d'A. Glucksmann : « L'Europe sera "juive" ou ne sera pas » (*Libération*, 16 avril 1982, p. 14) et d'une déclaration du grand rabbin Sitruk : « Chaque juif français est un représentant d'Israël » (*Le Monde*, AFP, 12 juillet 1990, p. 7), propos qui sera déformé et atténué par deux journalistes du *Monde* qui demanderont au grand rabbin : « Lors de votre dernier voyage en Israël, n'aviez-vous pas déclaré que tout juif français *devait se considérer* comme un représentant d'Israël ? » (*Le Monde*, propos recueillis par Jean-Michel Dumay et Henri Tincq, 30 septembre 1990, p. 9.)

Quant au journal *Le Monde*, tout au long des années 1966-1989, il aura donc, selon une tradition qui lui est propre en pareil cas, traité le sujet de manière oblique.

Les responsables de l'American Jewish Committee participaient, dans leur style, à la campagne menée auprès du Vatican et de Paul VI pour que l'Église catholique en vînt à décharger les juifs de leur responsabilité dans « la condamnation à mort de Jésus-Christ ». Les textes de l'office du Vendredi Saint dénoncent les « juifs perfides » qui exigèrent de Ponce Pilate cette condamnation :

> « [Les juifs] voulaient rejeter l'injustice de leur forfait sur la personne du juge [romain] ; mais pouvaient-ils tromper Dieu qui est juge aussi ? Pilate a été participant de leur crime dans la mesure de ce qu'il a fait ; mais, si on le compare à eux, on le trouve beaucoup moins criminel. »[240]

En 1965, les juifs espéraient que le concile œcuménique Vatican II déclarerait sans ambiguïté la non perfidie des juifs et leur absence de responsabilité dans la condamnation à mort du Christ. Mais, plus le concile se prolongeait, plus il apparaissait que le Vatican hésitait, surtout sous la pression des catholiques d'Orient. En fin de compte, la « Déclaration sur les relations de l'Église avec les religions non chrétiennes » du 28 octobre 1965 fit de larges concessions aux juifs mais les déçut. Ce point est peu connu et, aujourd'hui, la rumeur veut que l'Église ait, en 1965, déchargé les juifs de l'accusation de perfidie et de toute responsabilité dans la condamnation du Christ. La vérité est différente. Le Concile rappela « le lien qui relie spirituellement le peuple du Nouveau Testament avec la lignée d'Abraham », réprouva et déplora l'antisémitisme, dit que le Christ « en vertu de son immense amour » s'était « soumis volontairement à la Passion et à la mort à cause des péchés de tous les hommes et pour que tous les hommes obtiennent le salut ». Il insista pour que les juifs ne fussent pas « présentés comme réprouvés par Dieu ni maudits, comme si cela découlait de la Sainte Écriture ».

Mais quelques mots – huit mots dans le texte latin – rappelaient tout de même, à l'intérieur d'une proposition concessive, que « les autorités juives, avec leurs partisans poussèrent à la mort du Christ » (*auctoritates Judæorum cum suis asseclis mortem Christi urserunt*). Les pères

---

[240] Dom Gaspard Lefebvre, *Missel vespéral romain (quotidien)*, 1946 [1920], Vendredi Saint, Office des Ténèbres, 6e leçon, p. 674.

conciliaires ne pouvaient tout de même pas altérer le contenu du récit évangélique.[241]

Jacob Kaplan, grand rabbin de France de 1955 à 1980, devait écrire, tout en se félicitant de certains aspects de la déclaration conciliaire :

> « Ce qui était espéré de Vatican II, c'était surtout le rejet de l'accusation de déicide portée contre les juifs. On était en droit de l'espérer. Comme on le sait, il y eut trois projets sur la question. Le premier en 1963, le second en 1964, le dernier qui devint définitif en 1965. Or, la version de 1964 (la deuxième) rejetait effectivement l'accusation de déicide, mais dans la dernière il n'en fut pas question. Il a été tout simplement supprimé. Que s'était-il passé ? Un article dans *Le Monde* (19 juin 1987) nous le fait savoir. Dans le compte rendu du livre écrit en anglais d'un orientaliste qui fait autorité, Bernard Lewis, on donne un passage de son ouvrage *Sémites et Antisémites* où il fait état de pressions de nations arabes sur la Papauté afin que ne fussent pas disculpés les juifs du crime de déicide. Le Vatican céda. Regrettant cette suppression, le cardinal Liénart, de Lille, ne put s'empêcher de dire : "L'on pourrait croire que le Concile ne veut pas laver le peuple juif de l'accusation de déicide." »[242]

Année 1990

Aujourd'hui d'autres combats mobilisent les juifs dans leurs exigences à l'égard des catholiques.

Un récent article d'Henri Tincq dans *Le Monde* rappelle que, dans l'affaire du Carmel d'Auschwitz, les juifs ont obtenu satisfaction et que les carmélites devront quitter leur lieu de prière en lisière du camp pour un centre de dialogue et de recherche sur la Shoah.[243] Les catholiques ont déjà versé de fortes sommes pour l'édification de ce centre mais le pape Jean-Paul II annonce le déblocage d'un complément de cent mille dollars pour hâter la construction. Cependant, le pape reste suspect et, comme le dit le journaliste du *Monde*, « le procès de "révisionnisme" a été intenté à Jean-Paul II ». Le pape tarde trop à publier un document qu'il avait promis, en septembre 1987, de rédiger sur l'« Holocauste » et qui

---

[241] *Concile œcuménique Vatican-II*, éd. du Centurion, 1989, p. 698.

[242] « Dossier juifs et catholiques en dialogue », *La Documentation catholique*, 3 juillet 1988, p. 680.

[243] *Le Monde,* 7 décembre 1990, p. 1 et 14.

cautionnerait la thèse de la réalité des chambres à gaz hitlériennes.[244] Il s'intéresse trop au projet de béatification d'Isabelle la Catholique. Les juifs, avec l'appui de M$_{gr}$Lustiger, s'efforcent d'empêcher la béatification d'une reine « trop catholique », coupable d'avoir, en 1492, signé l'édit de bannissement des juifs de son royaume, et cela sous l'influence de Torquemada, inquisiteur général qui, dit-on, avait abjuré sa foi d'origine : la foi juive.

Le mythe de « la prière de Jean XXIII pour les juifs » n'est guère vivace ; mais il demeure et, en raison même de sa discrétion, il risque de survivre bien des années encore.

Quant à l'*American Jewish Committee*, continuant sur sa lancée, il vient d'annoncer deux fausses nouvelles : selon son correspondant (?) à Paris, Roger Kaplan, la loi Fabius-Gayssot n'est pas passée et Faurisson est décédé.[245]

[Publié dans la *RHR*, n°3, novembre1990-janvier 1991, p. 20-32.]

***

Novembre 1990

AUSCHWITZ: TECHNIQUE AND OPERATION OF THE GAS CHAMBERS OU BRICOLAGE ET « GAZOUILLAGES » À AUSCHWITZ ET À BIRKENAU SELON J.-C. PRESSAC (1989)

L'énorme ouvrage que Jean-Claude Pressac consacre aux chambres à gaz homicides d'Auschwitz et de Birkenau est paru il y a plus d'un an. S'il avait réellement apporté la moindre preuve de l'existence de ces prétendues chambres à gaz, les médias du monde entier auraient retenti de la nouvelle. Or, au lieu du vacarme, c'est le silence. L'explication de ce silence tient au fait que l'auteur, loin

---

[244] Le 27 septembre 1990, *L'Osservatore Romano* publiait, cependant, en première page un article sur une « méditation du pape à Jasna Góra [Pologne] ». Jean-Paul II, parlant des juifs, aurait déclaré en polonais : « Ce peuple a été frappé par la mort terrible de millions de ses fils et de ses filles. D'abord, on les a marqués d'un signe particulier. Puis, on les a jetés dans des ghettos, des quartiers isolés. Puis on les a portés aux chambres à gaz, leur donnant la mort – seulement parce qu'ils étaient des fils de ce peuple (*Poi portati alle camere a gas, dando loro la morte – soltanto perchè erano figli di questo popolo*) ». À moins d'une erreur de ma part, Jean-Paul II aura donc été le premier pape à cautionner ainsi – timidement, il est vrai – l'existence des chambres à gaz homicides.

[245] *Commentary*, août 1990, p. 49 et 51.

d'apporter la preuve attendue, prouve involontairement que les révisionnistes avaient raison de conclure de leurs propres recherches que ces chambres à gaz n'étaient qu'un mythe. Ainsi qu'on va le voir, le livre de Pressac est une calamité pour les exterminationnistes, une aubaine pour les révisionnistes.

Depuis 1978, innombrables ont été les livres, les documents, les films censés nous prouver, enfin, la réalité des chambres à gaz hitlériennes. De leur côté, les professeurs ou les chercheurs, qui se portaient de conférences sur l'« Holocauste » en colloques sur la « Shoah », nous promettaient que, sur ce chapitre, on allait voir ce qu'on allait voir. Mais rien en définitive n'est venu combler les espoirs ainsi créés. Rien. Jamais.

Pourtant, la parution de ces livres, de ces documents, de ces films ainsi que la tenue de ces conférences ou de ces colloques étaient généralement accompagnées d'un éphémère brouhaha médiatique ou d'une apparence d'agitation intellectuelle comme s'il se produisait vraiment du nouveau. La fièvre retombait vite mais au moins avait-on, pendant quelques jours, créé l'illusion d'un événement.

Rien de tel avec le livre de Pressac. Le silence, cette fois-ci, est écrasant. Un seul journaliste a commenté l'ouvrage. Il s'agit de l'Américain Richard Bernstein dont l'article est paru dans le *New York Times*.[246] Le titre de cet article et la photographie extraite du livre et choisie pour illustrer l'article sont significatifs de l'embarras du journaliste new-yorkais. Le titre porte :

> « Un nouveau livre réfute, dit-on, l'opinion révisionniste sur l'Holocauste. » (*A New Book Is Said to Refute Revisionist View of Holocaust*).

La photographie représente une porte de bois avec un encadrement métallique et, au centre, un judas ; on note, par ailleurs, des inscriptions à la craie en allemand et en russe. Voici la légende du *New York Times* :

> « Une photographie d'une porte de chambre à gaz provenant du livre *Auschwitz : Technique and Operation of the Gas Chambers*. Un avertissement écrit sur la porte après la libération du camp porte : "Attention ! Danger ! Entrée interdite !" »

Le journaliste est assez honnête pour souligner que l'inscription est postérieure à la guerre mais, ce qu'il ne révèle pas à son lecteur, c'est que cette photographie est présentée par Pressac lui-même dans le chapitre

---

[246] *New York Times* du 18 décembre 1989, section C, p. 11, 14.

des chambres à gaz… de *désinfection* (p. 50). La vérité oblige à dire que le malheureux journaliste ne pouvait trouver mieux : parmi les centaines de photographies et de documents du fastidieux pensum, il est impossible de découvrir *une seule pièce* qu'on puisse décemment présenter comme une preuve de l'existence d'une seule chambre à gaz homicide. Le même jour, dans une autre édition du *New York Times*[247], le même article paraissait sous un autre titre :

> « Auschwitz : un sceptique confirme l'horreur. » (*Auschwitz: A Doubter Verifies The Horror*).

Cette fois-ci, R. Bernstein prélevait une photographie qui présentait un plan-projet de crématoire et une photographie qui montrait un petit groupe d'hommes nus sortant d'une grande salle de douches. La première photographie provient de la page 141 du livre où le plan-projet est dit concerner un crématoire *sans chambre à gaz homicide*. La seconde photographie est extraite de la page 80 où il est dit que ces hommes nus sont des prisonniers qui, les chaussures à la main, passent d'une salle de douches vers la « Salle de séchage ; Côté propre », et cela dans un vaste ensemble de douches et de désinfection.

Le contenu de l'article mériterait d'être intégralement reproduit pour la circonspection de son auteur vis-à-vis de Pressac. Et, comme on le voit, aucune des trois photographies n'illustre la thèse d'une extermination en chambres à gaz.

En France, on note de-ci, de-là, quelques brèves mentions du gros ouvrage. On y sent l'expression d'un dernier et fol espoir en une planche de salut. De ce point de vue, le cas de Pierre Vidal-Naquet est déchirant. Cet universitaire aura, durant ces dernières années, soutenu deux auteurs sur lesquels il comptait pour répliquer aux révisionnistes : Arno Mayer et Jean-Claude Pressac ou, comme il le dit lui-même, un historien juif américain « enseignant dans l'université très élitiste de Princeton » et un Français, « pharmacien de banlieue, connaissant et pratiquant la chimie ».[248] Son collègue et ami Arno Mayer vient de lui jouer un tour pendable en écrivant :

---

[247] *Id.*, section B, p. 1 et 4.
[248] A. Mayer, *La « Solution finale » dans l'histoire*, Préface de Pierre Vidal-Naquet. Voy. R. Faurisson, « USA : un universitaire juif s'engage dans la voie révisionniste » reproduit dans le volume II à la page 916.

« Les sources dont nous disposons pour étudier les chambres à gaz sont à la fois rares et peu sûres. »[249]

Ce qui fait écrire à P. Vidal-Naquet :

« Personne en tout cas, désormais – je veux dire : après le livre de Jean-Claude Pressac – ne pourra plus parler à propos des chambres à gaz d'Auschwitz de sources « rares et peu sûres » comme le fait Mayer. »[250]

Mais ce que P. Vidal-Naquet préfère passer sous silence, c'est que Pressac, lui aussi, le tourne involontairement en ridicule !

Ni Arno Mayer, ni Jean-Claude Pressac ne sont parvenus à découvrir la moindre preuve de l'existence de chambres à gaz homicides à Auschwitz ou à Birkenau.

Un auteur et un livre qu'on nous cache

J.-C. Pressac est donc pharmacien. Il exerce dans la banlieue parisienne à la Ville du Bois (Essonne). Vers 1979-1980, il avait d'abord offert ses services aux révisionnistes, qui avaient fini par le congédier ; vers 1981-1982, il avait ensuite assiégé Georges Wellers, directeur du *Monde Juif*, qui, finalement, s'était débarrassé de lui ; enfin, il était allé présenter ses services au couple Klarsfeld qui l'emploie encore aujourd'hui, mais de façon curieuse. Serge et Beate Klarsfeld n'ont pas publié l'ouvrage dans sa version française originale mais dans une traduction américaine. Celle-ci est introuvable à l'adresse indiquée.[251] On dirait que ce curieux ouvrage est placé sous clé, en quelques tabernacles, et qu'il n'est accessible qu'à quelques élus. En janvier 1990, j'en obtenais, par chance, un exemplaire.

En octobre 1990, de passage à Washington, je me rendais dans ces deux sanctuaires de la recherche internationale que sont la Bibliothèque du Congrès et les Archives nationales et, par simple curiosité, je voulus m'y faire communiquer l'ouvrage. Impossible : il était, certes, répertorié dans le fichier général, mais curieusement absent des rayons, sans qu'on pût m'expliquer les raisons de cette absence.

---

[249] *Id.*, p. 406. Le texte anglais dit exactement : « Les sources pour l'étude des chambres à gaz sont à la fois rares et douteuses [ou : sujettes à caution] » (*Sources for the study of the gas chambers are at once rare and unreliable* A. Mayer, *Why did the Heavens ?* p.362).

[250] A. Mayer, La « *Solution finale*, préface, p. IX.

[251] *The Beate Klarsfeld Foundation*, 515 Madison Avenue, New York, N.Y. 10002.

Quand il arrive à Pressac, qui brûle de prendre la parole à la radio ou dans des colloques, d'y faire des apparitions, on a le sentiment que ses cornacs s'ingénient soit à lui couper la parole, soit à le maintenir dans le silence. C'est ainsi que, récemment, invité à un colloque antirévisionniste organisé à Lyon par l'Union des étudiants juifs de France et le Conseil représentatif des institutions juives de France, il a été interdit de parole ; un journaliste écrit : « [J.-C. Pressac], présent, n'a même pas pu présenter son travail, hier, et il l'a mal pris ».[252]

Ses amis ont de bonnes raisons pour le cantonner dans un rôle d'utilité ; ils savent que, dès que Pressac ouvre la bouche, ils ont à craindre le pire pour leur propre cause : tout le monde peut alors se rendre compte que le malheureux pharmacien éprouve de graves difficultés à s'exprimer, soutient une thèse horriblement confuse et manie la gaffe avec un réel bonheur.

Une aubaine pour les révisionnistes

Je parlerai longuement de son ouvrage pour les raisons suivantes :

1° L'ouvrage est absurde jusqu'à la loufoquerie et, à ce titre, il constitue une curiosité historique et littéraire que l'historien n'a pas le droit d'ignorer ; la fragilité mentale de l'auteur, jointe à son goût pour la manipulation des données, pour les comptes d'apothicaire, pour la poudre aux yeux et pour les affirmations sans preuves constituent pour l'amateur d'insolite un régal en soi ;

2° La thèse défendue par Pressac illustre l'état de décomposition où en est arrivée la théorie de l'extermination des juifs ; selon notre pharmacien, on ne peut plus soutenir, comme l'ont fait les juges de Nuremberg et les autorités du Musée d'Auschwitz, que les Allemands ont bâti dans ce camp, de propos délibéré, de vastes chambres à gaz, véritables usines à gazer qui, des années durant, auraient impeccablement fonctionné ; pour lui, les Allemands auraient bricolé des pièces inoffensives pour les transformer tant bien que mal en chambres à gaz homicides (c'est le cas de deux grands crématoires) et procédé à des gazages improvisés et épisodiques (c'est le cas de deux autres crématoires) ; en somme, pour reprendre des expressions que j'ai maintes fois entendues dans la bouche de notre homme, il se trouve qu'à Auschwitz et à Birkenau on aurait plutôt bricolé et « gazouillé » ; bricolage et « gazouillages » : tout Pressac est là ;

3° Cette volumineuse compilation est comme une montagne qui aurait accouché d'une souris, et la souris est révisionniste ; en effet, le peu de

---

[252] *Lyon Matin*, 24 avril 1990, p. 7.

substance qu'on retire de la lecture de Pressac confirme pleinement que les révisionnistes étaient – et sont – dans le vrai ;

4° Pour la première fois, un exterminationniste accepte, du moins en apparence, un débat avec les révisionnistes sur le terrain qui leur est cher : celui de l'argumentation scientifique et technique ; l'occasion est trop belle de démontrer l'impuissance des exterminationnistes sur ce terrain-là, aussi.

Un titre trompeur

Pressac a choisi pour son ouvrage un titre trompeur. Il ne consacre en fait pas un seul chapitre aux chambres à gaz *homicides* et encore moins à la « technique » ou au « fonctionnement » desdites chambres. Il ne cesse d'affirmer que ces chambres ont existé mais nulle part il ne le démontre. Je me livre souvent à l'expérience suivante : je fais ouvrir l'ouvrage à une demi-douzaine de pages différentes et j'invite à constater qu'à chaque fois, immanquablement, ou bien il n'est pas du tout question de chambres à gaz homicides, ou bien il en est question *en même temps que d'autre chose* ou bien, enfin, il s'agit, d'après l'auteur lui-même, non pas de « preuves » mais d'« indices » ou de « traces » de chambres à gaz. Des chapitres sont dévolus au Zyklon B, aux installations de désinfection, au *Zentral Sauna* (grand complexe de douches et de désinfection situé à Birkenau), aux crématoires, aux témoignages, aux révisionnistes, à la ville d'Auschwitz, à la vie privée de J.-C. Pressac. Des développements sont consacrés à des détails, toujours confus, de robinetterie, de plomberie, de ventilation, d'escalier, de maçonnerie, de chauffage ou encore à des confidences d'ordre plus ou moins intime, le tout dans le pire désordre et dans un langage constamment embarrassé. Mais, sur les chambres à gaz qualifiées d'*homicides*, on ne trouve *aucun chapitre en tant que tel ni même aucun développement autonome* qu'on puisse détacher un instant de cet ensemble pour l'examiner en lui-même.

Pressac veut nous faire prendre des vessies pour des lanternes ; ou encore des douches, des chambres à gaz de désinfection, des dépositoires pour des chambres à gaz homicides.

Méthode de gribouille : chambres à gaz de désinfection ou chambres à gaz homicides ?

Pressac ne respecte aucunement le plan de son ouvrage. Le désordre est général. Les redites pullulent. Les considérations techniques sont décousues. On était en droit d'attendre, vu le titre de l'ouvrage, un exposé technique, particulièrement documenté, sur « l'arme du crime ».

Puisque, selon l'auteur, il a existé à Auschwitz et à Birkenau un nombre considérable de chambres à gaz de désinfection[253] et que de telles chambres ne pouvaient pas, pour d'évidentes raisons matérielles, servir à un usage homicide, en quoi une chambre à gaz homicide se distinguait-elle d'une chambre à gaz de désinfection ?

Puisque, toujours selon l'auteur, dans tel document[254] les mots de « *Gaskammer* » (chambre à gaz), de « *Gastür* » ou de « *gasdichte Tür* » (porte étanche au gaz), de « *Rahmen* » (châssis), de « *Spion* » (judas) s'emploient communément pour un gazage de désinfection, comment les seuls mots de « *gasdichte Tür* » pourraient-ils soudain, dans tel autre document[255], apporter la preuve d'un gazage homicide ?

Ne risque-t-on pas, à chaque instant, de croire découvrir une chambre à gaz homicide là où, en réalité, il n'était question dans tel document allemand que d'une chambre à gaz de désinfection ? Sans un critère, sans le moindre viatique, nous voici, dès les premières pages d'un livre où règne le désordre, condamnés au doute, à l'incertitude, aux pires méprises, et cela dans un dédale de considérations hétéroclites.

J'attendais avec curiosité la réponse de Pressac à ces questions élémentaires. Non seulement, il ne nous fournit aucune réponse mais il confesse son propre embarras et, comme on va le voir, il invente, pour se tirer d'affaire, une pitoyable explication technique. Voici ce qu'il écrit à ce sujet :

> « Comme les chambres à gaz homicides et de désinfection utilisant le Zyklon B avaient été installées et équipées selon le même principe, elles avaient des portes étanches au gaz de caractère identique, fabriquées dans les mêmes ateliers [d'Auschwitz]. La confusion [dont furent victimes les Soviétiques qui, en 1945, présentèrent comme preuves de gazages une chambre à gaz de désinfection] était inévitable vu qu'à cette époque on ne savait pas distinguer entre les deux types de chambres à gaz [...]. La seule différence est dans les portes étanches : il y a à l'intérieur des portes des chambres à gaz homicides une grille hémisphérique protégeant le judas. »[256]

---

[253] J.-C. Pressac, *Auschwitz: Technique and Operation...*, p. 550.
[254] *Id.*, p. 28.
[255] *Id.*, p. 430.
[256] *Id.*, p. 41.

L'auteur reviendra sur ce sujet à la page 49 et surtout à la page 50, comme s'il détenait là une preuve technique, une preuve matérielle de l'existence de formidables chambres à gaz homicides à Auschwitz. Cette apparence de preuve tient en deux photographies de mauvaise qualité. À gauche, l'extérieur d'une porte étanche au gaz avec un judas et, à droite, l'intérieur de cette même porte avec un judas protégé par une grille hémisphérique. C'est cette grille qui ferait la différence entre une porte de chambre à gaz homicide et une porte de chambre à gaz de désinfection : elle protège le judas ; grâce à elle, les victimes n'auraient pu briser le verre par lequel les SS les observaient ! À la page 50, Pressac n'est pas trop affirmatif et il écrit que cette grille de protection permet de conclure « raisonnablement » à un usage homicide (« *makes it reasonable to conclude a homicidal use* »). Mais, cent-cinquante pages plus loin, il reproduira à nouveau ces deux photographies avec une légende différente ; cette fois-ci, s'enhardissant, il déclarera sans ambages qu'il s'agit (indiscutablement) d'une « porte étanche de chambre à gaz homicide ainsi qu'on peut le voir par la lourde grille hémisphérique protégeant le judas à l'intérieur ».[257] On a là un exemple caractéristique, chez Pressac, de son incapacité à mettre de l'ordre dans ses remarques, de ses redites perpétuelles, de sa manie de passer de l'affirmation hypothétique à la pure affirmation sur un même sujet. La confusion du lecteur s'accroît quand, encore cent-vingt pages plus loin, celui-ci découvre la photographie d'une porte de bois avec la légende suivante :

> « Une porte étanche au gaz, presque intacte, dans les ruines de la partie ouest du *Krema V* [...]. *Cette porte n'a pas de judas* bien qu'elle ait été utilisée pour des gazages homicides. »[258]

Comment Pressac sait-il alors que cette porte a été utilisée [*sic*] pour de tels gazages ?

Et la confusion pressacoise atteint probablement le comble quand, à la fin de l'ouvrage, la photographie d'un petit bâtiment de briques du Stutthof-Danzig nous est présentée en ces termes :

> « [...] Cette chambre, utilisée à l'origine pour la désinfection des effets, fut plus tard utilisée comme chambre à gaz homicide. Cet usage mixte est un exemple extrême de la confusion créée sur une période de trente années et, plus encore, par la difficulté de

[257] *Id.*, p. 232.
[258] *Id.*, p. 425.

distinguer ou par le refus délibéré de distinguer entre des chambres à gaz de désinfection et des chambres à gaz homicides. »[259]

En fin de compte, le lecteur ne voit plus du tout quelles sont, pour Pressac, les caractéristiques physiques d'une chambre à gaz homicide d'Auschwitz, ni même d'une simple porte de chambre à gaz homicide dans ce camp. C'est notre homme qui, selon son caprice, décide de qualifier d'homicide telle chambre ou telle porte qui, en réalité, pouvaient être totalement inoffensives. Mais, pour en revenir à cette grille qui le préoccupe si fort, notre pharmacien aurait dû consulter un spécialiste des chambres à gaz de désinfection et lui poser, par exemple, la question suivante : ces grilles ne protégeaient-elles pas tout simplement soit l'extrémité d'un dispositif prévu pour mesurer la température de la chambre, soit un cylindre pour tester chimiquement la densité du gaz dans le local ?[260]

La confusion entre gazages de désinfection et gazages homicides se poursuit avec l'affaire des camions partant d'Auschwitz pour aller chercher des boîtes de Zyklon B à l'usine de Dessau, ville située au sud de Berlin. Pressac cite cinq « autorisations de route », parfaitement connues des révisionnistes.[261] Dans ma *Réponse à Pierre Vidal-Naquet*[262], je reproduisais le texte d'un message-radio en date du 22 juillet 1942 adressé sous la signature du général Glücks au camp d'Auschwitz :

> « Par le présent [message-radio] j'accorde l'autorisation d'effectuer le trajet aller/retour d'Auschwitz à Dessau pour un camion de cinq tonnes afin d'aller y chercher du gaz destiné au gazage du camp pour lutter contre l'épidémie qui s'est déclenchée. »

Les mots allemands sont « *Gas für Vergasung* » : du gaz pour gazage. Ici, et dans deux autres documents du même genre, il est expressément question de gazage pour désinfection.[263] Entre-temps, les 26 août et 2 octobre 1942, deux autres documents du même genre parlent de « matériel pour traitement spécial » et de « matériel pour le transfert des juifs ». Pressac y voit la preuve qu'il s'agissait, *ces deux fois-là*, de gaz

---

[259] *Id.*, p. 541.
[260] Voy. le rapport Leuchter, *AHR*, n° 5, p. 97, section 17.004, et, de J.-C. Pressac lui-même, « Les Carences et incohérences du rapport Leuchter », P. VIII, où se trouve mentionné le « thermomètre » d'une chambre à gaz de désinfection à Majdanek.
[261] J.-C. Pressac, *op. cit.*, p. 188.
[262] R. Faurisson, *Réponse...*, p. 40.
[263] 22 et 29 juillet 1942 ainsi que 7 janvier 1943.

pour *tuer* les juifs ! Il n'en est rien. Il s'agit, comme le montre le contexte général (les trois autres textes de même nature), de gaz pour la désinfection des vêtements ou des locaux à cause de l'arrivée des juifs déportés. Le terme de « traitement spécial » (*Son derbehandlung*) désignait ici le « transport » des juifs (*Transportierung*).[264] Plus il arrivait de monde à Auschwitz, plaque tournante pour la réexpédition d'un grand nombre de déportés vers d'autres camps après une période de quarantaine, plus il fallait de Zyklon B.

Les six lieux de gazage selon l'histoire traditionnelle et selon Pressac

Ces six lieux sont, d'abord, le *Krematorium-I* ou *Krema-I* (également appelé *Altes Krematorium* ou vieux crématoire) situé dans le camp principal d'Auschwitz et visité par d'innombrables touristes (présenté comme en état d'origine) ; ensuite, situés à Birkenau, le *Bunker-1* et le *Bunker-2* (on ne sait trop où les situer), les *Krematorium* ou *Krema-II* et *III* (à l'état de ruines permettant des investigations) et les *Krematorium* ou *Krema-IV* et *V* (à l'état de vestiges).

Selon Pressac, le *Krema-I* aurait été conçu dans une intention criminelle et les gazages homicides dans ce crématoire constitueraient un « fait établi ». Mais il s'agit là de sa part d'affirmations qu'il n'étaye d'aucun argument, d'aucun document et, dans les trente-huit pages qu'il consacre à ce *bâtiment*, il se contente essentiellement de rapporter des *témoignages* de gazages et non des preuves.[265] Ces témoignages, sur lesquels je reviendrai, le laissent pourtant tout à fait insatisfait. Il rappelle, à la suite des révisionnistes, comment, après la libération du camp, les Polonais ont transformé et maquillé ce crématoire pour mieux convaincre les visiteurs de l'existence d'une chambre à gaz homicide. Les supercheries ont été nombreuses. C'est, par exemple, pour cacher certaines d'entre celles-ci que les Polonais, nous révèle-t-il, ont étendu sur le toit un carton bitumé.[266] La plus belle de ces supercheries, découverte par les révisionnistes et reprise par Pressac[267], est celle de la prétendue porte d'entrée des victimes dans la chambre à gaz ; en réalité, cette porte avait été ouverte très tardivement par les Allemands comme un accès à l'abri antiaérien qu'était devenu l'endroit. Bref, pour Pressac, ce que les touristes visitent aujourd'hui est à considérer comme un

---

[264] R. Faurisson, *op. cit.*, p. 24.
[265] J.-C. Pressac, *op. cit.*, p. 123-160.
[266] *Id.*, p. 133.
[267] *Id.*, p. 147.

« authentique symbole des gazages homicides d'Auschwitz » (p. 133), c'est-à-dire comme une représentation imaginaire puisque, ici, un symbole n'est pas une réalité et qu'un « authentique symbole » est encore plus loin de la réalité.

Dans sa conclusion, il réalise un véritable tour de bonneteau. Il en appelle au rapport Leuchter comme à la preuve matérielle – la seule – de la réalité de gazages homicides en cet endroit. Il dit que Fred Leuchter, dont il décline les qualifications, a prélevé sept échantillons de briques et de ciment et qu'à l'analyse six d'entre eux ont révélé la présence de cyanure ; puis il écrit en caractères gras :

> « Ces résultats, virtuellement tous (6 sur 7) positifs, prouvent l'usage d'acide cyanhydrique dans la *Leichenhalle* du *Krematorium I,* d'où son usage en tant que chambre à gaz homicide. »[268]

Pressac s'abstient de dire que Leuchter :
– a abouti exactement à la conclusion inverse : pour ce dernier, il n'a existé, ni pu exister de chambre à gaz homicide en cet endroit ;
– a fondé sa démonstration sur une série de constatations physiques ;
– a renforcé cette démonstration par des analyses chimiques confiées à un laboratoire américain ; ces analyses ont révélé que, dans la prétendue chambre à gaz homicide, les quantités de ferrocyanures étaient, soit nulles, soit infinitésimales par comparaison avec l'échantillon prélevé dans une chambre à gaz de désinfection, reconnue comme telle par les autorités du musée, et qui révélait une quantité de ferrocyanures égale à 1.050 mg par kilo, c'est-à-dire, en moyenne, cent trente-trois fois plus que les quantités trouvées dans les prétendues chambres à gaz homicides.

Je reviendrai plus loin sur le rapport Leuchter et l'usage qu'en fait Pressac.[269] Notons, pour l'instant, que notre homme utilise à son profit ce rapport et les analyses chimiques qu'il contient. Georges Wellers agit de même, qui estime que « les résultats des analyses chimiques sont obtenus par un spécialiste très compétent et consciencieux [Fred Leuchter] » mais que « sa compréhension du problème posé est au-dessous de tout ».[270] P. Vidal-Naquet abusait donc de la crédulité générale quand, devant un

---

[268] *Id.*, p. 133.
[269] Voy. ci-dessous, Additif 1.
[270] G. Wellers, « A propos du "rapport Leuchter"… », p. 45-53 et p. 48.

parterre d'élèves du lycée Henri-IV, à Paris, il déclarait, le 24 septembre 1990, à propos du rapport Leuchter :

> « C'est un document grotesque qui ne démontre rien. Wellers et Pressac ont dit ce qu'il faut en penser. »

Ajoutons que Pressac dit que Leuchter a été « commissionné » par les révisionnistes, laissant ainsi entendre que ceux-ci ont été pris à leur propre jeu et que l'ingénieur américain a cruellement déçu ses « commanditaires ». Or, Leuchter a bel et bien démontré que les révisionnistes avaient raison et il a agi en toute indépendance d'esprit, comme un homme qui jusqu'alors croyait à la réalité des chambres à gaz homicides allemandes.

Puisque Pressac admet que les Polonais ont fortement maquillé les lieux, il lui appartenait d'examiner la question des gazages dans la prétendue chambre à gaz *telle qu'elle était à l'origine avant tout maquillage, d'après les plans qu'il nous en présente, des plans que j'avais découverts en 1976, publiés en 1980, et dont il m'est redevable.* Or, il n'en fait rien parce qu'il lui aurait fallu admettre l'évidence : de vastes opérations de gazage, tout près de la salle des fours et à vingt mètres de l'hôpital SS, auraient tourné à la catastrophe générale.

Le local a pu être désinfecté au Zyklon B, comme il convient pour un dépositoire où l'on entassait, notamment, des cadavres de typhiques ; d'où, sans doute, ces infinitésimales traces de ferrocyanures.

Ni Gerald Reitlinger, ni Raul Hilberg, ni Pierre Vidal-Naquet ne paraissent croire qu'il a existé là une chambre à gaz homicide ; quant à Olga Wormser Migot, elle dit expressément dans sa thèse qu'Auschwitz-I était *sans* chambre à gaz (homicide).[271]

Pressac est donc peut-être le dernier tenant de la « chambre à gaz homicide du *Krema I* ». Du moins officiellement, car, en privé, devant Pierre Guillaume et moi-même, je me souviens qu'il en faisait des gorges chaudes.

Pour ce qui est du *Bunker 1*, il admet qu'en fin de compte même l'emplacement matériel nous en est inconnu.[272] Il ajoute qu'on ne possède ni traces matérielles, ni plan d'origine.[273] Quant aux charniers qui auraient été proches de ce *Bunker* et dont l'odeur aurait été insupportable, il estime qu'ils sont un produit de l'imagination des « témoins » et que l'odeur en question était celle de bassins de décantation (p. 51, 161).

---

[271] O. Wormser-Migot, *Le Système concentrationnaire...*, p. 157.
[272] J.-C. Pressac, *op. cit.*, p. 163.
[273] *Id.*, p. 165.

Pour le *Bunker-2*, on n'aurait pas non plus de preuves. Pressac pense avoir retrouvé les vestiges de cette maison et il ne fournit que des « témoignages » qu'il juge lui-même peu plausibles ; ces témoignages sont parfois accompagnés de dessins ; s'y ajoutent de vagues plans de situation dus à une commission soviétique.[274]

Le bilan jusqu'ici établi par Pressac est effrayant si l'on songe qu'une bonne partie de l'histoire des gazages homicides d'Auschwitz est fondée sur la *certitude* que des Allemands ont procédé en ces trois points (*Krema-I, Krema-I, Bunker-2*) à des gazages massifs. Cette certitude, dont on voit aujourd'hui qu'elle n'était fondée sur aucune preuve, a envahi les livres d'histoire et les rôles des prétoires : des Allemands ont été condamnés en grand nombre pour ces prétendus gazages dans le *Krema-I* et dans le *Bunker-2*.

Le *Krema-II* aurait été conçu **sans** chambre à gaz homicide.[275] C'est là que la thèse pressacoise diffère totalement de la thèse traditionnelle. Les Allemands, selon lui, auraient transformé une inoffensive chambre froide semi-enterrée (*Leichenkeller-1*) en une chambre à gaz homicide. Ils auraient procédé, pour cela, à des bricolages mais sans modifier la ventilation ; celle-ci serait restée conforme à celle d'une chambre froide avec évacuation de l'air vicié par le bas ; elle aurait donc été contraire à celle d'une chambre à gaz à l'acide cyanhydrique, où l'air chaud et le gaz auraient exigé une évacuation de l'air vicié par le haut.

Le *Krematorium-II* aurait fonctionné comme chambre à gaz homicide et comme installation de crémation du 15 mars 1943, avant son entrée en service officielle le 31 mars [1943], jusqu'au 27 novembre 1944, « anéantissant un total d'approximativement quatre cent mille personnes, la plupart d'entre elles étant des femmes, des enfants et des vieillards juifs ».[276]

Pressac n'offre pas de preuves à l'appui de telles affirmations. Il affirme même que l'extermination « industrielle » des juifs à Auschwitz-Birkenau fut « planifiée entre juin et août 1942 et effectivement réalisée entre mars et juin 1943 par l'entrée en service des quatre crématoires ».[277] Ces dates sont connues pour être celles où les Allemands, alarmés par les ravages du typhus, ont décidé de bâtir ces crématoires, puis ont fini de les bâtir, mais on ne voit pas ce qui permet à Pressac d'affirmer, *en plus*, que ces dates coïncident avec une décision de gazer et la mise en œuvre de gazages ! Nulle part il ne nous révèle qui a pris une pareille décision, quand, comment, pourquoi, quels auraient été les autorisations, les

---

[274] *Id.*, p. 171-182.
[275] *Id.*, p. 200.
[276] *Id.* p. 183.
[277] *Id.* p. 184.

instructions, les crédits financiers et, aussi, quels sont les gens qui, sur place, auraient été réquisitionnés pour une telle entreprise et qu'il aurait bien fallu mettre au courant des modalités de ce gigantesque assassinat. Il dit qu'on manque de document pour préciser à quelle date la décision a été prise d'une transformation « criminelle » ![278]

Le *Krema-III* aurait été, lui aussi, conçu **sans** chambre à gaz homicide.[279] Les Allemands auraient procédé aux mêmes travaux de bricolage que dans le *Krema-II*. Le *Krema-III*, lui, aurait fonctionné du 25 juin 1943 au 27 novembre 1944, « tuant environ trois cent cinquante mille victimes ».[280]

Les *Krema-IV* et *V* auraient été conçus **avec** chambres à gaz homicides.[281] Ils auraient fonctionné, l'un à partir du 22 mars et l'autre à partir du 4 avril 1943[282] mais ils auraient à peine été utilisés. « Après deux mois, le *Krema-IV* fut complètement hors service. Le *Krema-V* n'entra en service que plus tard mais ne valut guère mieux ».[283] La procédure de gazage aurait été « illogique jusqu'à l'absurdité »[284] et aurait constitué un vrai « numéro de cirque » pour le SS gazeur.[285]

Il importe de rappeler ici qu'en 1982 Pressac soutenait que les *Krema-IV* et *V* avaient été conçus **sans** chambres à gaz homicides ; les Allemands y avaient, selon lui, transformé des pièces inoffensives en chambres à gaz homicides.[286] Il ne nous confie jamais pourquoi il a renoncé à cette thèse pour adopter ici une thèse diamétralement contraire.

En résumé, si l'on en croit notre guide, on obtiendrait, pour les crématoires conçus **avec** ou **sans** chambres à gaz homicides, la séquence suivante selon l'ordre chronologique d'entrée en fonction :

Krema-I : conçu **avec** chambre à gaz homicide
Krema-IV : conçu **avec** (thèse Pressac en 1982 : **sans**)
Krema-II : conçu **sans**
Krema-V : conçu **avec** (thèse Pressac en 1982 : **sans**)
Krema-III : conçu **sans**

La logique et la chronologie ne sauraient se satisfaire de tant de caprices et de tant d'incohérences.

---

[278] *Ibid.*
[279] *Id.*, p. 200.
[280] *Id.*, p. 183.
[281] *Id.*, p. 384.
[282] *Id.*, p. 378.
[283] *Id.*, p. 384, 420.
[284] *Id.*, p. 379.
[285] *Id.*, p. 386 ; voy. ci-dessous, p. 1095-1098.
[286] J.-C. Pressac, « Les "Krematorien" IV et V de Birkenau et leurs chambres à gaz, Construction et fonctionnement ».

Selon Pressac, presque pas de Zyklon B pour tuer les hommes

Selon notre homme, le Zyklon B aurait été utilisé à plus de 95 % pour exterminer la vermine, qui est longue à tuer, et à moins de 5 % pour exterminer les gens, faciles à tuer.[287] Il ne nous révèle pas comment il est parvenu à déterminer ces quantités. On est loin de l'affirmation des exterminationnistes en général, et de Raul Hilberg en particulier qui assure que :

> « La presque totalité des approvisionnements d'Auschwitz [en Zyklon B] servait au gazage des gens ; très peu servaient à la désinfection. »[288]

On imagine la consternation des exterminationnistes sur ce point comme sur bien d'autres si, au lieu de vanter le livre sans l'avoir lu, ils se mettaient à le lire.

Il ne peut expliquer l'absence de taches bleues

Il est vrai que, selon notre pharmacien, si les Allemands ont utilisé si peu de Zyklon à des fins homicides, c'est que, pour gazer un million d'hommes (sept cent cinquante mille dans les *Krema-II* et *III* et deux cent cinquante mille ailleurs, p. 475), il n'en aurait fallu que d'infimes quantités tandis que, pour tuer des insectes, il en fallait beaucoup plus. Pressac tient à ce qu'on le croie sur ce chapitre car c'est pour lui le seul moyen d'expliquer une stupéfiante anomalie physico-chimique : la complète absence de taches bleues dans les locaux d'Auschwitz ou de Birkenau où, paraît-il, on aurait fait usage de Zyklon B pour tuer des êtres humains dans des proportions industrielles tandis qu'on note la présence, aujourd'hui, de grosses taches bleues dans les murs des chambres à gaz de désinfection au Zyklon B, que ce soit à Auschwitz, à Birkenau ou dans d'autres camps de concentration. Ces taches bleues des chambres à gaz de désinfection sont dues à la présence, autrefois, d'acide cyanhydrique ou prussique ; cet acide est resté dans les murs où, se combinant avec le fer contenu dans les briques, il a donné des ferrocyanures. Pressac ose affirmer que, dans le cas des gazages homicides, l'acide cyanhydrique allait directement dans les bouches des victimes sans avoir le temps de se

---

[287] J.-C. Pressac, *Auschwitz.*, p. 15.
[288] R. Hilberg, *The Destruction of the European Jews*, p. 890 ; trad. franç. p. 771.

répandre ailleurs et d'imprégner le plancher, le plafond et les murs.[289] Le gaz ne se serait pas même déposé sur les corps des victimes pour aller ensuite se répandre, par émanation, dans tout le local. Cette naïve explication revient à supposer que le gaz cyanhydrique serait, dans ce cas et dans ce cas seulement, constitué de molécules à têtes chercheuses, organisées au point de se répartir la besogne d'aller se perdre directement dans la bouche de chaque personne, et seulement dans cette bouche.

De l'aveu même de ses fabricants, le Zyklon B (employé dès le début des années vingt et encore en usage aujourd'hui dans le monde entier quoique sous d'autres dénominations) présente l'inconvénient d'être d'une « ventilabilité difficile et longue, vu la forte capacité d'adhérence de ce gaz aux surfaces » (doc. NI-9098). Pressac oublie que, selon sa propre théorie, on aurait gazé dans le seul *Leichenkeller-I* (moins de 210 m_2) du *Krema-I* quatre cent mille personnes en 532 jours[290], ce qui implique que les gazages d'êtres humains se seraient relayés à grande vitesse et de façon quasi continue. Il sait que l'acide cyanhydrique s'absorbe par la peau.[291] Tant de cadavres, représentant une surface de peau beaucoup plus vaste que le corps des insectes et imprégnés, qu'on le veuille ou non, du poison cyanhydrique, auraient constitué comme autant de sources d'émanations du redoutable gaz qui serait allé se fixer partout dans le local. Ces cadavres auraient été, de plus, impossibles à manipuler comme on nous le raconte et je ne reviendrai pas ici sur les précautions extrêmes qu'il faut aujourd'hui, dans les pénitenciers américains, au médecin et à ses deux aides, pour extraire de la chambre à gaz à acide cyanhydrique un seul cadavre cyanuré.

Les ruines du *Krema-II* sont parlantes : elles ne comportent pas la moindre tache bleue de ferrocyanure. Les Allemands n'y ont donc certainement jamais utilisé de Zyklon B dans les quantités nécessaires pour gazer quatre cent mille personnes.

Il admet que le langage codé des Allemands est un mythe

Pressac ouvre une énorme brèche dans l'édifice des historiens traditionnels et notamment dans celui de Georges Wellers quand il récuse la thèse selon laquelle, pour camoufler leur crime, les Allemands auraient utilisé un langage secret ou un « code ». Il dit à deux reprises qu'il s'agit

---

[289] J.-C. Pressac, *op. cit.*, p. 555.
[290] Voy. ci-dessus, p. 1088.
[291] J.-C. Pressac, *op. cit.*, p. 25.

là d'un « mythe » et s'en explique longuement.[292] Il voit bien que le secret d'un tel massacre aurait été impossible à garder. Il apporte, à la suite des révisionnistes, des documents qui prouvent que les camps d'Auschwitz et de Birkenau étaient en quelque sorte transparents. Des milliers de travailleurs civils se mêlaient chaque jour aux prisonniers.[293] De nombreuses firmes civiles, situées en différents points d'Allemagne ou de Pologne, recevaient des commandes, par exemple, pour la construction des crématoires, des chambres à gaz de désinfection ou des portes étanches au gaz. La seule Direction de la construction (*Bauleitung*) comprenait environ cent employés ; des photos montrent des ingénieurs, des architectes, des dessinateurs dans leurs bureaux[294] où – on le savait bien avant Pressac – les plans des crématoires étaient affichés à la vue de tous. Les photos aériennes prises par les Alliés montrent pour Auschwitz, comme d'ailleurs pour Treblinka, que les paysans cultivaient leurs champs tout contre les clôtures des camps. En revanche, il est sûr que les Allemands cherchaient à cacher jalousement leurs activités industrielles à Auschwitz, en vain d'ailleurs. Le paradoxe serait donc le suivant : à Auschwitz, les Allemands se seraient efforcés de dissimuler les activités de toutes leurs usines (armements, pétrole synthétique, caoutchouc synthétique…) sauf… de leurs « usines de mort », censées se trouver à l'emplacement des crématoires.

Affirmations sans preuves et manipulations

Tout au long de l'ouvrage abondent les affirmations sans preuves et les manipulations.

Quelle preuve l'auteur a-t-il pour reprendre à son compte les affirmations, jamais prouvées jusqu'ici, selon lesquelles le 3 septembre 1941 on a, pour la première fois, utilisé le Zyklon B dans les caves du Block 11 à Auschwitz-I pour y tuer huit cent cinquante personnes ?[295] Il affirme que, peu après (?), des prisonniers russes ont été gazés dans la chambre froide (*Leichenhalle*) du *Krema-I*. Il ne fournit aucune preuve. Il dit que, selon la « confession » de Höss, ces prisonniers ont été au nombre de neuf cents, puis il glisse les mots suivants : « en fait entre cinq cents et sept cents ». Le système est caractéristique de Pressac : constatant sans doute que le chiffre de neuf cents est impossible vu la dimension du local, il le « corrige » et, au lieu de dire clairement que c'est

---

[292] *Id.*, p. 247 et 556.

[293] *Id.*, p. 313, 315, 348…

[294] *Id.*, p. 347.

[295] *Id.*, p. 132.

à titre d'hypothèse qu'il propose un chiffre moindre, il *affirme* qu'« en fait » il y a eu de cinq à sept cents victimes. Je pense que je pourrais citer une cinquantaine d'exemples de ce procédé qui consiste à invoquer un témoignage incroyable, à le transformer pour le rendre croyable et, finalement, à accorder un peu plus loin au résultat de cette transformation le statut de « fait établi », sans rappeler qu'il y a eu transformation d'un texte à partir d'une hypothèse.

Pressac change les mots, les chiffres, les dates, parfois en prévenant son lecteur de ces changements laborieusement justifiés, parfois sans crier gare. La page 18 offre un exemple de ces procédés. L'auteur y énumère les différentes caractéristiques de l'acide cyanhydrique (HCN, principale composante du Zyklon B) : poids moléculaire, etc. Soudain, dans une liste de quinze caractéristiques, il glisse la caractéristique suivante : « Concentration utilisée à Birkenau dans gazage homicide : 12 g/m3 (1 %) ou quarante fois la dose létale ». Ce faisant, il donne à croire, dès le début de son livre, que les gazages homicides de Birkenau seraient un fait établi par la science au même titre que le poids moléculaire dudit gaz ; et il veut nous faire croire que la science a pu établir au gramme près combien on utilisait de Zyklon à Birkenau pour y tuer un homme ! Ce procédé, où se combinent rouerie et aplomb, est d'usage courant chez Pressac. La page 227 contient de surprenantes affirmations. Sans fournir la moindre justification, l'auteur déclare que le *Krema-II* a servi à gazer des juifs avant même son achèvement (le vestiaire n'était pas achevé) et avant sa livraison à l'administration du camp le 31 mars 1943. Il assène comme des vérités d'évidence qu'environ six mille neuf cents juifs ont été *gazés* en douze jours. Et il indique avec précision les dates et les quantités respectives : mille cinq cents juifs du ghetto de Cracovie le soir du dimanche 14 mars, deux mille deux cents juifs de Salonique le 20 mars, près de deux mille autres juifs de Salonique le 24 mars et mille deux cents autres le lendemain. Aucune de ces précisions n'est accompagnée d'une indication de source autre que le « calendrier d'Auschwitz » établi par les communistes polonais. Si ces juifs sont bien arrivés au camp à ces dates, de quel droit nous affirme-t-on qu'ils ont été *gazés* ? L'accusation portée ici contre l'Allemagne est d'une gravité exceptionnelle et nécessiterait un faisceau de preuves d'une extrême précision.

À maintes reprises, Pressac mentionne « l'ordre donné par Himmler le 26 novembre 1944 de détruire les *Krema-II* et *III* de Birkenau », « mettant ainsi officiellement fin aux gazages »[296] mais notre autodidacte ne fait ici que reprendre, sans le vérifier, ce qu'affirment d'éminents

---

[296] *Id.*, p. 115, 313, 464, 501, 533...

auteurs juifs (avec des variations sur les dates). Cet ordre n'a jamais existé mais on comprend qu'il ait fallu l'inventer, d'abord en vue d'expliquer pourquoi, à la libération du camp, on n'a trouvé aucune trace du crime et ensuite pour suppléer de cette manière à l'absence de tout ordre de *commencer* les gazages.

De quel droit affirme-t-il que Himmler a assisté en personne à un gazage homicide dans le *Bunker-2*, et cela le 17 juillet 1942 ?[297] Comment peut-il accuser le Dr Grawitz, « responsable de la Croix-Rouge allemande », d'avoir vu de ses propres yeux l'extermination des juifs (en chambres à gaz, indique le contexte) ?[298]

Pour commencer, où a-t-il puisé son esquisse de description de la procédure de gazage homicide à Auschwitz telle qu'elle apparaît, par fragments, à la page 16 ? Cette esquisse est surprenante.

Ce que le lecteur d'un ouvrage intitulé *Auschwitz, technique et fonctionnement des chambres à gaz* attendait, c'était une étude approfondie portant sur la technique et le fonctionnement de ces extraordinaires abattoirs chimiques sans précédent dans l'histoire, puis une description complète de la *procédure de gazage* d'un million de victimes. Or, l'auteur escamote le sujet. Il ne fournit que des indications vagues, fragmentaires et dont on ne voit pas si elles reposent sur des « témoignages », sur des documents ou si elles ne sont pas simplement le résultat d'extrapolations. Nulle part dans son livre il ne reviendra sur ce sujet central de la *procédure* de gazage. Tout juste mentionnera-t-il, mais seulement à propos des *Krema-IV* et *V*, la procédure particulière aux gazages dans ces deux endroits, une procédure si absurde qu'il en parlera comme d'un « numéro de cirque ».[299]

Comment peut-il écrire : « En mai 1942, le gazage à grande échelle des arrivées de juifs par le train commença dans les *Bunker 1* et *2* de Birkenau »[300], surtout étant donné que, comme on l'a vu ci-dessus, il reconnaît ne rien savoir du *Bunker 1* (forme, constitution et même emplacement) ?

Comment sait-il que, lorsqu'on versait du Zyklon B par les orifices de la terrasse du *Krema-I*, les SS qui étaient dans l'hôpital situé tout à côté s'abstenaient de regarder l'opération car « il était alors interdit de regarder par les fenêtres » ?[301]

---

[297] *Id.*, p. 187.
[298] *Id.*, p. 206.
[299] *Id.*, p. 386.
[300] *Id.*, p. 98.
[301] *Id.*, p. 145.

En quoi un amoncellement de chaussures constitue-t-il une preuve qu'il existait des chambres à gaz homicides ?[302]

> Comment peut-il soutenir que les SS auraient envisagé la possibilité d'utiliser alternativement le *Leichenkeller-1* et le *Leichenkeller-2* comme chambres à gaz ?[303]

Comment peut-on proférer l'énormité qui trône au sommet de la page 188 (deuxième colonne) ? Pressac y affirme que les « terribles conditions hygiéniques du camp » exigeaient d'énormes livraisons de Zyklon B et que les SS, pour cacher ces conditions, affectaient de demander du Zyklon B... pour l'extermination des juifs ; ces demandes étaient adressées à des supérieurs qui auraient eu « une connaissance générale » de cette extermination « sans être informés des détails pratiques » !

Le « numéro de cirque » des Krema-IV et V

S'il avait été honnête, l'auteur aurait dû commencer le développement qu'il consacre aux *Krema-V* et *V* par un rappel de son interprétation de 1982. À cette époque, il avait soutenu dans *Le Monde juif*[304] que ces deux *Krema* avaient été conçus dans une intention non criminelle comme de simples stations de crémation ; puis, ultérieurement, les Allemands auraient procédé à des bricolages pour transformer certaines salles de ces stations en chambres à gaz homicides. Encore en 1985, l'auteur soutenait cette thèse.[305]

Mais voici que, dans le présent ouvrage, il opère un retournement à 180°, et cela sans en prévenir son lecteur sinon après coup et en termes obscurs. Comme Pressac est toujours confus, les lecteurs ne peuvent savoir ni les raisons qu'il avait de soutenir son ancienne thèse (ces *Krema* ont été conçus *sans* intention criminelle), ni les raisons qui le conduisent à adopter une nouvelle thèse, diamétralement contraire à l'ancienne (ces *Krema* ont été conçus *dans* une intention criminelle).[306]

---

[302] *Id.*, p. 420.

[303] *Id.*, p. 303.

[304] J.-C. Pressac, « Les "Krematorien" IV et V de Birkenau... ».

[305] J.-C. Pressac, « Étude et réalisation des Krematorien IV et V d'Auschwitz-Birkenau », p. 539-584.

[306] Notre potard manie la gaffe. Je recommande à ce point de vue la page 558. Il y raconte qu'on ne voulait pas ajouter foi à sa première thèse (les *Krema-IV* et *V* ont été conçus *sans* intention criminelle) mais qu'heureusement quelqu'un vint à son secours, quelqu'un qui le « lança » et lui permit de présenter cette thèse au colloque de la Sorbonne de 1982, quelqu'un enfin, veut-il bien nous confier, qui trouva son « exposé clair et remarquable ».

La gêne de l'auteur est considérable. On se demande s'il ne serait pas heureux d'envoyer au diable l'histoire de ces deux *Krema IV* et *V* qui – il insiste sur ce point – n'auraient, pour ainsi dire, pas fonctionné parce qu'ils étaient si mal conçus et construits que les fours furent rapidement mis hors d'usage.[307]

Il écrit qu'à la fin de mai 1944 la plupart des membres du *Sonderkommando* qui vivaient dans une section du « camp des hommes » de Birkenau – et donc, ajouterai-je en passant, au vu et au su de tout le monde – furent transférés « au *Krema-IV,* qui fut converti pour eux en un dortoir ».[308]

Dans la littérature de l'« Holocauste », on présente comme une page d'héroïsme la révolte du *Sonderkommando* juif mettant le feu au *Krema-IV*, le 7 octobre 1944, par désespoir d'avoir à gazer et à brûler des foules de leurs coreligionnaires. Pressac, pour sa part, doute de la « véracité » de ce récit et dit que le *Krema-IV* à cette époque n'était qu'un dortoir et que

> « cette rébellion fut un acte de désespoir de la part de prisonniers qui étaient entassés et inoccupés, qui en avaient trop vu et qui sentaient que leur fin était proche. »[309]

Comme on va tout de suite le voir, la disposition des lieux était telle, dans les *Krema-V* et *V*, qu'elle aurait rendu absurde une opération de gazage homicide.

Prenons l'un quelconque de ces deux *Krema*. Pour commencer, la foule des victimes aurait été introduite, faute de « vestiaire », dans le dépositoire où déjà des cadavres étaient entassés. Là, les victimes se seraient déshabillées face au spectacle des cadavres. Puis, on les aurait fait entrer dans une antichambre, suivie d'un corridor. Sagement, elles seraient passées devant la pièce du médecin, puis devant une réserve de charbon. Ensuite, à l'extrémité du corridor, on les aurait réparties dans deux « chambres à gaz homicides », dotées, pour chacune d'elles, d'un poêle à charbon dont la bouche de chargement donnait sur le corridor. Enfin, un SS, se trouvant à l'extérieur du bâtiment, serait venu déverser les granulés de Zyklon B par les impostes placées sous le toit. Vu la hauteur, il aurait eu à se déplacer avec une échelle. Il aurait déployé son échelle et y serait grimpé autant de fois qu'il y avait d'impostes ; d'une

---

Ce « quelqu'un » qui se trouvait donc soutenir en 1982 une thèse dont Pressac lui-même prend aujourd'hui le contrepied n'était autre que... Pierre Vidal-Naquet !

[307] J.-C. Pressac, *Auschwitz.*, p. 384, 420.
[308] *Id.*, p. 389.
[309] *Id.*, p. 390.

main, il aurait tenu ouverte chaque imposte et, de l'autre, il aurait versé le contenu d'une boîte de Zyklon B. Prestement, il aurait refermé l'imposte et serait passé à la suivante. À la suivante, il aurait agi avec d'autant plus de célérité que, le HCN étant moins dense que l'air, les émanations des granulés de la première boîte auraient rendu l'opération plus dangereuse, même si notre SS était muni d'un masque à gaz.

À la fin de l'opération, il aurait fallu soigneusement et longuement ventiler les pièces. Vu la petitesse des impostes et l'absence de tout appareil de ventilation forcée, on ne voit pas comment l'opération aurait pu se dérouler. Il aurait fallu ouvrir les portes et donc inonder de gaz l'antichambre, la pièce du médecin, etc. Les cadavres auraient été extraits de chacune des deux chambres à gaz ; il aurait fallu les tirer tout le long du vestibule et passer trois portes successives pour finir… dans le dépositoire où bientôt arriveraient d'autres futures victimes.

En 1982, dans son étude du *Monde juif*[310], Pressac écrivait : « On est stupéfait devant ce bricolage » et il en concluait :

« Alors, une évidence s'impose : LES *KREMATORIUM-IV* ET *V* N'ONT PAS ÉTÉ CONÇUS COMME INSTRUMENTS CRIMINELS MAIS ONT ÉTÉ TRANSFORMÉS À CETTE FIN. » [lettres capitales de l'auteur].

Dans son gros ouvrage, il fait une obscure allusion à son sentiment de « 1980 » ; il dit qu'à cette époque il trouvait que l'opération était « illogique jusqu'à l'absurdité ».[311]

Neuf ans plus tard, notre pharmacien serait-il enfin parvenu soit à s'expliquer cette procédure « illogique jusqu'à l'absurdité », soit à découvrir que les Allemands utilisaient, en fait, une autre procédure, logique, sensée, explicable ? Point du tout.

Il commence par raconter que les SS se rendirent compte que leur façon de procéder était « devenue irrationnelle et ridicule ».[312] Le SS gazeur avait à déverser le Zyklon B par six ouvertures (Pressac estime qu'il n'y avait pas deux chambres à gaz mais trois, le corridor faisant office de troisième chambre à gaz !). Ce SS, dit-il, avait à monter ou descendre son échelle à dix-huit reprises avec un masque à gaz sur la figure.

Toujours selon notre guide, après deux ou trois gazages conduits de cette manière, la *Bauleitung* (Direction de la construction) décida qu'une

---

[310] J.-C. Pressac, « Les "Krematorien" IV et V… », p. 126.
[311] J.-C. Pressac, *Auschwitz…* p. 379.
[312] *Id.*, p. 386.

ventilation naturelle était dangereuse et que l'introduction du poison ressemblait à « un numéro de cirque ».

Pour ce qui est de la ventilation, on installa une porte qui eut pour effet, nous assure-t-il, d'empêcher le vent d'ouest de pousser les gaz dans une direction dangereuse et de permettre seulement aux vents du nord ou du sud de ventiler les pièces !

Pour ce qui est du procédé d'introduction du gaz (le « numéro de cirque »), il resta le même, sauf que les impostes furent élargies de dix centimètres. Le plus sérieusement du monde, Pressac écrit que

> « la méthode d'introduction resta la même cependant, les autorités du camp considérant qu'un peu d'exercice physique ferait beaucoup de bien aux soldats du service de santé responsables du gazage. »

Ici, comme ailleurs, notre pharmacien fait preuve d'un merveilleux aplomb et il débite son récit sans fournir au lecteur de référence à une preuve quelconque. Où a-t-il vu, par exemple, que les autorités du camp (lesquelles ? quand ?) ont décidé que ce « numéro de cirque » était absurde mais qu'« un peu d'exercice physique ferait beaucoup de bien aux soldats du service de santé responsables du gazage » des juifs ?

L'une des constantes des écrits de Pressac est la bêtise dont les SS font preuve dans leurs vantardises. Il explique par là beaucoup d'anomalies, d'absurdités, d'inepties contenues dans les récits de gazage homicide. Il est curieux qu'il ne soupçonne apparemment pas que cette « bêtise » pourrait être attribuée à ceux précisément qui nous décrivent ainsi les activités des SS gazeurs. Ou encore, puisque toutes ces opérations seraient empreintes de bêtise, cette bêtise est-elle celle des SS, tels que Pressac nous les décrit, ou celle de Pressac lui-même ?

Il est enfin surprenant qu'avant d'en venir à prétendre que les *Krema-IV* et *V* possédaient, à coup sûr, des chambres à gaz homicides, il ne se soit pas demandé s'ils ne possédaient pas tout simplement là des douches ou des chambres à gaz de désinfection. Je possède dans mes archives un dessin du *Krema-IV* ou *V*, fait par Pressac d'après un plan que je lui avais confié ; je vois, en toutes lettres, de la main de notre homme, les mots de « Douches 1 » et de « Douches 2 » à l'emplacement de ce qu'il appelle aujourd'hui des chambres à gaz homicides. Et, à la place de sa troisième chambre à gaz, je vois « Corridor ».

Au lieu d'une preuve, une seule preuve… trente-neuf prétendus indices

Sur le chapitre des preuves, Pressac capitule d'emblée.

Il a conscience de son échec ; malgré ses rodomontades, il avoue :

> « Le jour où un dessin ou une lettre récemment découverte permettra d'expliquer la réalité noir sur blanc, les "révisionnistes" seront mis en déroute. »[313]

Cette remarque, qui lui échappe sur un point de détail, pourrait s'étendre à tout l'ouvrage : Pressac espère découvrir un jour un « document allemand spécifique » qui prouvera que les révisionnistes ont tort mais, pour l'heure, il n'a encore rien trouvé de tel.

Il rappelle qu'en 1979 je lançais un défi. Je demandais une preuve, une seule preuve de l'existence d'une seule chambre à gaz homicide. Ce défi, il est incapable de le relever. Le titre du chapitre huit est éloquent. Il porte :

> « "Une preuve... une seule preuve" : trente-neuf traces criminelles. »[314]

Pour ma part, je m'attendais à trouver un chapitre qui se serait intitulé : « "Une preuve... une seule preuve" ? Trente-neuf preuves ».

Par « traces criminelles » (*criminal traces*), il convient d'entendre « traces du crime » ou « indices du crime ». Il s'agit, comme le précise l'auteur, de « preuves par présomption » ou de « preuves indirectes ».

Pressac nous dit que, faute de « preuve fondée sur des documents incontestables et irréfutables », une preuve « indirecte » (les guillemets sont de lui) « peut suffire et être valable ». Il ajoute :

> « Par preuve "indirecte", je veux dire un document allemand qui ne déclare pas noir sur blanc qu'une chambre à gaz est à fins **homicides**, mais un [document] contenant la preuve que logiquement il est impossible pour [cette chambre] d'être quoi que ce soit d'autre. »[315]

Et là-dessus le lecteur se voit proposer trente-neuf preuves indirectes. Mais revenons un instant à mon défi, à son sens et à ses raisons. Et voyons aussi en quels termes Pressac admet qu'il ne peut fournir ce qu'il appelle lui-même une « preuve directe » ou une « preuve formelle ».

---

[313] *Id.*, p. 67.
[314] *Id.*, p. 429.
[315] *Id.*, p. 429.

Le 26 février 1979, j'avais adressé sur le sujet une lettre en droit de réponse que *Le Monde* refusa de publier et qui se trouve reproduite dans mon *Mémoire en défense...*[316] J'écrivais alors :

> « Je connais un moyen de faire progresser le débat. Au lieu de répéter à satiété qu'il existe une surabondance de preuves attestant de l'existence des « chambres à gaz » (rappelons-nous la valeur de cette prétendue surabondance pour les « chambres à gaz » – mythiques – de l'ancien Reich), je suggère que, pour commencer par le commencement, on me fournisse une preuve, une seule preuve précise de l'existence réelle d'une « chambre à gaz », d'une seule « chambre à gaz ». Cette preuve, nous l'examinerons ensemble, en public. »

J'étais, cela va de soi, prêt à considérer comme « preuve » ce que l'adversaire lui-même choisirait d'appeler de ce nom. Mon défi s'expliquait par une constatation : les exterminationnistes utilisaient tous le système un peu trop facile des « faisceaux convergents de présomptions » ou encore, comme on disait autrefois, des « adminicules » (éléments de preuve, présomptions, traces). Telle de leurs prétendues preuves, plutôt chancelante, s'appuyait sur une autre preuve, tout aussi fragile. On usait beaucoup de la preuve testimoniale qui est la plus fragile de toutes puisque, comme son nom l'indique, elle ne repose que sur des témoignages. On invoquait « l'essentiel » du témoignage de Kurt Gerstein, en l'appuyant sur « l'essentiel » de la confession de Rudolf Höss, laquelle reposait sur « l'essentiel » d'un journal personnel où, paraît-il, en termes voilés, le Dr Johann-Paul Kremer révélait, tout en la cachant, l'existence des chambres à gaz homicides. En quelque sorte, l'aveugle prenait appui sur le paralytique, guidé par le sourd. Autrefois, lors des procès de sorcellerie, les magistrats faisaient grand usage des adminicules et, pour condamner les sorciers et les sorcières, se livraient à d'étranges comptabilités où un quart de preuve ajouté à un quart de preuve, lui-même ajouté à une demi-preuve, étaient censés égaler une vraie preuve (le film *Les Sorcières de Salem* montre un juge se livrant à ce genre d'arithmétique). Certes, on ne pouvait fournir de preuve formelle de l'existence de Satan et d'une rencontre avec lui. Il était impossible de prouver son existence comme on prouve celle d'un être humain. Ce n'était pas, pensait-on, de la faute des juges mais précisément de la faute de Satan qui, comme bien on pense, était trop malin pour laisser des traces probantes de ses méfaits. De caractère

---

[316] Texte reproduit dans le volume I.

intrinsèquement pervers, Satan ne laissait, tout au plus, que de vagues traces de son passage. Ces traces ne parlaient pas d'elles-mêmes. Il fallait les faire parler. Des esprits particulièrement sagaces s'entendaient à les détecter là où le commun des mortels ne voyait rien. Pour ces esprits, Satan avait cherché à effacer ses traces mais il avait oublié de supprimer les traces de l'effacement de ses traces et, partant de là, de doctes magistrats, aidés de savants professeurs, parvenaient à tout reconstituer.

Il n'en va pas autrement de tous les procès où, depuis 1945, on a jugé des SS pour leur participation, toujours indirecte, à des gazages homicides. Tels des adeptes de Satan, les SS n'avaient laissé aucune trace des gazages mais des esprits exercés (des Poliakov et des Wellers), témoignant par l'écrit ou à la barre des tribunaux, avaient su déjouer les ruses, dénouer l'écheveau et reconstituer le crime dans toute son horreur satanique ; ils avaient tout interprété, déchiffré, décodé, décrypté.

Aucune « preuve directe », finit-il par admettre

Pressac écrit :

> « Les historiens « traditionnels » ont fourni à Faurisson une "abondance de preuves" qui étaient virtuellement toutes fondées sur le témoignage humain. »[317]

Il dit aussi qu'on possède nombre de photographies dont certaines passaient traditionnellement pour prouver l'existence de gazages homicides mais il admet qu'aucune d'entre celles-ci « ne peut être présentée comme une preuve définitive ».[318]

Aucun des nombreux plans qu'on possède des *Krema* d'Auschwitz et de Birkenau n'indique, dit-il, « explicitement » l'emploi de gazages homicides bien que dans des procès on ait utilisé certains de ces plans comme s'ils étaient des éléments à charge explicites.[319]

Restent, dit-il, les divers éléments de correspondances ou divers documents, d'origine allemande, qu'on a, par exemple, utilisés dans le « procès Faurisson » ; mais cela ne constituait toujours pas plus qu'un ensemble convaincant de preuves par présomption.[320]

La liste des trente-neuf « traces criminelles » fait songer à un dénombrement (à la manière de Rabelais ou de Prévert) d'objets

---

[317] J.-C. Pressac, *Auschwitz...*, p. 429.
[318] *Ibid.*
[319] *Ibid.*
[320] *Ibid.*

disparates. On y voit défiler d'inoffensifs termes techniques, appartenant au domaine de l'architecte, du chauffagiste ou du plombier-zingueur, sur lesquels notre pharmacien de la Ville du Bois se torture l'esprit pour découvrir la trace des plus noirs desseins. Pressac n'a pas son pareil pour faire parler les vis, les écrous, les boulons et, même et surtout, les têtes de vis.[321] Il serait fastidieux de passer en revue ces trente-neuf indices. Je m'en tiendrai à ceux qui, selon lui, seraient essentiels.

Des termes techniques inoffensifs

Mais je voudrais auparavant appeler l'attention du lecteur français sur quelques termes techniques allemands qui sont d'un emploi relativement banal.

Pour désigner une chambre à gaz de désinfection (ou une chambre à gaz pour l'entraînement des recrues au port du masque à gaz), les Allemands emploient le mot de *Gaskammer* et, quand le contexte est suffisamment clair, celui de *Kammer*. Une porte étanche aux gaz est appelée *Gastür* (porte à gaz) ou *gasdichte Tür* (porte étanche au gaz) ; les Anglais disent *gasproof door* ou *gastight door ;* ce type de portes peut être utilisé soit pour des chambres à gaz de désinfection, soit pour des sas (par exemple, sas de salle de fours ou sas d'abri anti-aérien).[322] D'une manière plus générale, une porte étanche au gaz peut se trouver en n'importe quel point d'un édifice où il y a des risques d'incendie ou d'explosion ; c'est le cas pour un crématoire où fonctionnent des fours à haute température. Je crois qu'en Allemagne – c'est à vérifier – les portes des caves où se trouve un chauffage d'immeuble sont, généralement sinon obligatoirement, étanches pour préserver de l'incendie, de l'explosion, des émanations de gaz. *Gasprüfer* désigne le détecteur de gaz. *Brausen* signifie pommes d'arrosage (pour arrosoir, pour jet, pour douches). *Auskleideraum* se dit d'une salle de déshabillage et, dans les installations de désinfection, il s'agit de la pièce où, du « côté sale » (*unreine Seite*), on se déshabille ; il n'est pas impossible, mais je ne l'ai

---

[321] À la page 500, il nous présente trois panneaux de bois « étanches au gaz » dont il n'indique pas la provenance mais qui, probablement, appartenaient à une chambre à gaz de désinfection. Il fait remarquer que la barre de blocage est « fixée par deux vis dont les têtes sont dirigées vers l'INTÉRIEUR et les écrous vers l'EXTÉRIEUR » (souligné dans le texte). Et il ajoute : « Sans commentaires... », donnant ainsi à entendre, sans le dire expressément (Pressac use beaucoup de la prétérition), que ces panneaux appartenaient à une chambre à gaz homicide et que, si les écrous avaient été « dirigés vers l'intérieur », les victimes auraient dévissé la barre de blocage et se seraient libérées !

[322] En cas de bombardement, la porte d'un abri anti-aérien est censée prévenir deux effets, parmi d'autres, de l'explosion des bombes : la succion de l'oxygène contenu dans l'abri et la pénétration du CO dans ce même abri.

pas vérifié, que, dans un dépositoire, ce même mot s'applique à la pièce où l'on dépouille les cadavres de leurs vêtements. Pressac fera état de l'existence de mots comme *Drahnetzeinschiebvorrichtung*, qu'il traduit par « dispositif d'introduction en treillis de fil de fer » et *Holzblenden*, « obturateurs ou couvercles de bois » ; je ne pense pas que ces mots appellent un commentaire particulier.

En revanche, il est inadmissible qu'au tout début de son ouvrage où il prétend reproduire les termes employés par la Direction de la construction afin de désigner l'épouillage ou la désinfection, il ait noté les mots d'*Entlausung*, d'*Entwesung* et de *Desinfektion* sans profiter de l'occasion pour rappeler que l'un des termes les plus couramment employés par les Allemands pour désigner ce type d'opération est : *Vergasung*, qu'on traduira par « gazage ». Par exemple, pour s'en tenir aux documents cités par Pressac, le document de Nuremberg NI-9912, que j'ai été le premier à publier et dont il m'est aussi redevable, ne désigne pas autrement le gazage que par *Durchgasung* ou *Vergasung* ; ce dernier mot, qui figure au premier paragraphe de la section III, a reçu en anglais la traduction de *fumigation*.[323] Dans un document cité par Pressac lui-même, le général Glücks parle de « gaz pour gazage » du camp en raison de l'épidémie de typhus : *« Gas für Vergasung »*[324] ; quant au commandant Höss, il désigne les gazages de désinfection par « *Vergasungen* » (voy., ci-dessous).

Je précise, en passant, que, pour la commodité du lecteur, je traduis *Entlausung* et *Entwesung* de la même façon, c'est-à-dire par « désinfection ». Je constate d'ailleurs que, dans le vocabulaire de la *Bauleitung* ou dans les registres de la serrurerie d'Auschwitz, on a tendance à employer un mot pour l'autre sans toujours distinguer entre l'« épouillage » et la « désinsectisation ». Dans les *Krema-II* et *III*, la ventilation de l'ensemble que Pressac ose appeler chambre à gaz homicide alors qu'il s'agissait d'un dépositoire était précisément à contresens – et il l'admet – de ce qu'elle aurait dû être si du Zyklon B y avait été employé. Le Zyklon B est essentiellement de l'acide cyanhydrique, gaz moins dense que l'air. La ventilation aurait donc dû se faire de bas en haut. Or, elle se fait de haut en bas comme… dans un dépositoire. *Pressac ne tente pas d'expliquer cette anomalie, qui détruit sa thèse, à la base si l'on peut dire. Il constate et passe outre.*[325]

---

[323] J.C. Pressac, *Auschwitz…*, p. 18, col. D.
[324] Voy. *supra*, p. 1085.
[325] Cette constatation qui ruine sa thèse, il la fait au moins à trois reprises. À la page 224, il écrit : « Le système de ventilation du *Leichenkeller-1* [la chambre à gaz homicide] avait été initialement conçu pour une *morgue*, avec l'air frais entrant près du plafond et l'air

Quatorze pommes d'arrosage et une porte étanche au gaz

Une découverte dont il s'enorgueillit, la seule à vrai dire qu'il présente comme « définitive »[326] avant de déclarer qu'elle prouve « indirectement »[327] l'existence d'une chambre à gaz homicide, est un bordereau de réception du *Krema-III* pour quatorze pommes d'arrosage (*Brausen*) et une porte étanche au gaz (*gasdichte Tür*). Cédant d'abord à l'enthousiasme, notre inventeur écrit :

> « [CE] DOCUMENT [...] EST LA PREUVE DÉFINITIVE DE LA PRÉSENCE D'UNE CHAMBRE À GAZ *HOMICIDE* DANS LE LEICHENKELLER-1 DU KREMATORIUM-III. »[328]

En 1986, la revue *VSD* avait publié une interview de Serge Klarsfeld sous le titre « Les historiens du mensonge ».[329] Ce dernier y reconnaissait que jusqu'à présent « personne ne [s'était] préoccupé de rassembler des preuves matérielles » de l'existence des chambres à gaz homicides. À la question : « Parce qu'il n'y avait pas encore de vraies preuves ? » il répondait :

> « Il y avait des débuts de preuves qui embarrassaient les faurissoniens mais ne les avaient pas encore réduits au silence. Notamment deux lettres analysées par Georges Wellers, et datant de 1943, qui parlaient, l'une d'une cave à gazage, l'autre de trois portes étanches à poser dans les crématoires. »

---

froid malsain refoulé près du sol. Son utilisation comme chambre à gaz exigeait tout juste le contraire, avec l'air frais entrant près du sol et l'air chaud saturé d'acide cyanhydrique refoulé près du plafond. Mais les SS et [l'ingénieur Prüfer] choisirent de maintenir le système de ventilation d'origine de la "morgue" pour la chambre à gaz, espérant que ce serait suffisamment efficace. » À la page 289, il rappelle cette « réalité technique » d'un système de ventilation « conçu de façon inappropriée pour une chambre à gaz ». À la page 489, il écrit enfin : « Les niveaux [respectifs] des entrées d'air (en haut) et des orifices d'extraction (en bas) prouvent que le système était conçu pour une morgue située en sous-sol et non pour une chambre à gaz, où l'extraction de l'air délétère **chaud** devrait se situer dans la partie **supérieure**. »

[326] J.-C. Pressac, *Auschwitz...* p. 430.

[327] *Id.*, p. 439.

[328] *Id.*, p. 430.

[329] « Les historiens du mensonge », p. 37.

Klarsfeld annonçait qu'allait enfin paraître « un ouvrage monumental de Jean-Claude Pressac sur Auschwitz-Birkenau ». Il ajoutait que l'auteur avait trouvé la « preuve des preuves » :

> « au total il a trouvé trente-sept preuves dont une définitive de l'existence d'une chambre à gaz homicide dans le [*Krema-III*] de Birkenau. »

L'interview s'accompagnait de la « preuve irréfutable » avec la reproduction d'un document ainsi décrit :

> « Sur ce bordereau de réception du [*Krema-III*] signé par le directeur du camp d'Auschwitz, on lit en tête des deux dernières colonnes : quatorze douches (*Brausen*), une porte étanche au gaz (*gasdichtetür*). »

Klarsfeld déclarait, à propos de cette preuve « définitive » ou « irréfutable », qu'il s'agissait d'

> « un document qui mentionne à la fois une porte étanche au gaz et quatorze pommeaux *[sic]* de douches. »

À quoi, il ajoutait en guise de commentaire :

> « Alors, soyons logiques, s'il s'agit d'une salle de douches, pourquoi cette porte étanche au gaz ? La démonstration est imparable. »

La démonstration n'était certainement pas imparable et, d'ailleurs, ainsi qu'on le voit, Klarsfeld usait ici d'un procédé rhétorique cher à Pressac : la prétérition (et, qui plus est, sous la forme interrogative).

J'envoyais à la revue un texte en droit de réponse dont la publication me fut refusée.

Pour commencer, cette interview constituait un aveu. Klarsfeld y reconnaissait que, jusque-là, personne ne s'était préoccupé de rassembler des preuves matérielles. Pressac, de son côté, déclarait à la même époque : « On avait jusqu'ici des témoignages et seulement des témoignages. »[330] Autrement dit, on avait, jusqu'ici, propagé dans le monde entier une terrible affirmation, une atroce accusation contre l'Allemagne, sans véritable preuve, mais seulement avec des « débuts de

---

[330] *Le Matin de Paris*, 24-25 mai 1986, p. 3.

preuves » ou des « témoignages ». L'arme du crime n'avait jamais fait l'objet d'une expertise.

Mon droit de réponse rappelait que des portes étanches au gaz constituaient une banalité et que, par exemple, avant et pendant la guerre, tout local qui, en cas de guerre, pouvait servir de refuge était obligatoirement équipé d'une porte étanche au gaz. J'ajoutais que des portes étanches au gaz n'impliquaient, pas plus que de simples masques à gaz, un gazage homicide.

S. Klarsfeld, embarrassé par le profit que je tirais de son interview dans un texte que je consacrais à Élie Wiesel[331], commit l'erreur de publier une lettre dans *Le Monde Juif*[332] où il affirma que son interview était d'une « rédaction erronée » sur certains points. Mais il y a des démentis qui valent confirmation et tel était le cas puisque Klarsfeld, aggravant son impair, était alors amené à écrire :

> « Il est évident que dans les années qui ont suivi 1945 les aspects techniques des chambres à gaz ont été un sujet négligé parce que personne alors n'imaginait qu'un jour on aurait à prouver leur existence. »

Pressac avait sous les yeux un bordereau dactylographié, probablement tiré à la ronéo, en de nombreux exemplaires. Des rubriques dans le sens vertical énuméraient les différentes parties d'un bâtiment (pièces, cage d'escalier, couloir, WC, etc.) et, dans le sens horizontal, différents objets (lampes, lustres, lanternes, poêles, fiches de prise de courant, etc.). Dans un sens comme dans l'autre, des espaces étaient laissés en blanc pour des inscriptions complémentaires. Le bordereau en question concernait plusieurs pièces du *Krema-III*, dont les *Leichenkeller-1* et *2*. Pour le *Leichenkeller-1*, censé être la chambre à gaz homicide, on avait noté : douze lampes d'un certain type, deux robinets de prise d'eau, quatorze pommes d'arrosage et (addition portée à la plume) une porte étanche au gaz. Pour le *Leichenkeller-2*, censé être le vestiaire, on avait noté vingt-deux lampes et cinq robinets.

Pressac tire de la juxtaposition dans une même pièce (partie constituante d'une morgue) de quatorze pommes d'arrosage et d'une porte étanche au gaz la conclusion qu'on se trouve devant une chambre à gaz *homicide* (!) pourvue de *fausses* pommes de douche ; ces pommes d'arrosage, ajoute-t-il avec un beau sang-froid, seraient « de bois ou d'autres matériaux et peintes » ![333]

---

[331] « Un grand faux témoin : Élie Wiesel », reproduit dans le volume II à la page 606.
[332] *Le Monde Juif*, janvier-mars 1987, p. 1.
[333] J.-C. Pressac, *op. cit.*, p. 429 ; voy. aussi p. 16.

Le raisonnement est déconcertant. Pressac l'amorce expressément dans les termes suivants :

- Une porte étanche au gaz ne peut être prévue que pour une chambre à gaz [sous-entendu : homicide] ;
- Pourquoi une chambre à gaz [sous-entendu : homicide] possède-t-elle des douches ?

Ce raisonnement comporte, en plus de ses sous-entendus, une grave erreur. Une porte étanche au gaz peut se trouver, comme je l'ai déjà dit, en n'importe quel point d'un édifice où, comme c'est le cas pour ce crématoire, il fonctionne des fours à haute température, avec risques d'incendie, d'explosion et d'émanations de gaz. Elle peut aussi se trouver dans un abri anti-aérien, dans une chambre à gaz de désinfection, dans une chambre froide, etc. Enfin, le *Krematorium-III* a pu posséder, en tout ou partie de son *Leichenkeller-1*, une salle de douches ou de lavage (tout crématoire possède une salle de lavage des cadavres). D'ailleurs, en un autre passage, Pressac écrit que Bischoff, responsable de la construction, demanda, le 15 mai 1943, à la maison Topf et fils, spécialiste de la construction des crématoires, de « dessiner les plans pour cent douches utilisant l'eau chauffée par l'incinérateur d'ordures du *Krematorium-III* »[334] : nous savons qu'il existait au rez-de-chaussée une salle de douches car le plan est assez détaillé pour l'indiquer ; en revanche, le plan du sous-sol n'est pas détaillé et n'indique, pour les *Leichenkeller-1* et 2, que leur configuration générale.

Mais Pressac doit être sensible à la faiblesse de son argumentation puisque, son enthousiasme une fois retombé, il écrit, neuf pages plus loin à propos de ce même document :

Ce document est le seul présentement connu qui prouve *indirectement* [souligné par moi], l'existence d'une CHAMBRE À GAZ HOMICIDE dans le *Leichenkeller-1* du *Krematorium-III*.[335]

Notons, par conséquent, qu'il s'agit de la *seule* véritable preuve et que cette preuve est maintenant *indirecte,* alors qu'auparavant elle était décrétée « fondamentale » et « définitive ».[336] Georges Wellers lui-même, pourtant prêt à se satisfaire des « preuves » les plus frelatées, confessait, dès 1987, son total scepticisme à l'endroit de la valeur démonstrative de ce document révélé l'année précédente par *VSD*. Il déclarait à Michel Folco :

---

[334] *Id.*, p. 234.
[335] *Id.*, p. 439.
[336] *Id.*, p. 429 et 430.

« Bon, et l'histoire des pommes de douche du bordereau, vous savez, ce n'est pas la preuve de quoi que ce soit. »[337]

Aussi longtemps qu'on refusera de procéder aux fouilles complètes des *Krema-II* et *III* ou de publier les explications fournies par les ingénieurs-architectes Dejaco et Ertl au procès de Vienne, en 1972, sur la disposition des lieux, on en sera réduit à des spéculations.

Quatre « dispositifs d'introduction »

Quand Pressac découvre dans un autre bordereau qu'il est question de quatre « dispositifs d'introduction en treillis de fil de fer » et de quatre « obturateurs en bois » pour le *Leichenkeller-2*, il émet l'hypothèse qu'il y a erreur sur le bordereau et qu'il faut lire *Leichenkeller-1*.[338] Son hypothèse n'est pas gratuite ; elle est fondée sur une constatation matérielle : une photo aérienne montrant, apparemment, quatre ouvertures dans le toit du *Leichenkeller-1*. Mais il a tort de présenter ensuite son hypothèse comme une certitude et de décider que ces obturateurs appartiennent au *Leichenkeller-1*.[339] Si ces dispositifs avaient servi à introduire des granulés de Zyklon B jusqu'au sol de la prétendue chambre à gaz, comment aurait-on préservé ces dispositifs des pressions exercées par la foule des victimes et comment le gaz aurait-il pu se répandre dans la pièce ? Je rappelle que, dans les opérations de gazage de désinfection, les granulés étaient non pas entassés ou jetés à la volée mais éparpillés sur des napperons pour que le gaz puisse sans contrainte et sans obstacle monter du sol au plafond ; après l'opération, le personnel, toujours pourvu de masques à gaz avec un filtre particulièrement sévère, venait, après un long temps d'aération, récupérer les dangereux granulés en prenant grand soin de ne pas en laisser sur place. Enfin, Pressac a l'air d'ignorer qu'en 1988, au procès Zündel de Toronto, les révisionnistes ont pu montrer que, si les quatre ouvertures *apparentes* existent bien dans l'ouvrage de Brugioni et Poirier à la date de la reconnaissance aérienne du 25 août 1944, curieusement elles n'apparaissent plus sur la photographie aérienne « 6V2 » du 13 septembre 1944 non publiée par Brugioni et Poirier. S'agissait-il de taches ? de retouches ? de décolorations ? Il faut lire là-dessus le témoignage de l'expert Kenneth Wilson.[340] L'imposant tablier de béton qui constitue le toit du

---

[337] *Zéro*, Interview, mai 1987, p. 73.
[338] J.-C. Pressac, *Auschwitz*, p. 232 et 430.
[339] *Id.*, p. 431.
[340] R. Lenski, *The Holocaust on Trial*, p. 356-360, avec photo de l'expert à son travail, p.361.

Leichenkeller-1 et qu'on peut aujourd'hui inspecter sur sa face extérieure comme sur sa face intérieure ne porte aucune trace de ces mystérieuses ouvertures. Quant aux colonnes de soutènement, elles étaient entièrement de béton et non pas creuses. Enfin, si le bordereau indique que ces « dispositifs » et « obturateurs » appartenaient au *Leichenkeller-2*, il est malhonnête de les transposer d'autorité au *Leichenkeller-1* comme le fait Pressac sur son « plan récapitulatif pour les crématoires-II et III » de la page 431.

Vergasungskeller

Pressac reprend à son compte, mais non sans hésitation, l'argument éculé de la présence du mot « *Vergasungskeller* » dans une lettre de routine que la Direction de la construction d'Auschwitz adresse aux autorités compétentes de Berlin (doc. NO-4473). Cette lettre, datée du 29 janvier 1943, qui n'a rien de confidentiel et qui ne porte pas même le tampon « Secret », annonce que malgré les difficultés de toutes sortes et, en particulier, malgré le froid on a presque achevé la construction du *Krema-II* (en réalité, ce *Krema-*ne sera opérationnel que deux mois plus tard). On y précise qu'à cause du gel le toit de béton du *Leichenkeller-* (sans précision de chiffre) n'a pas encore été décoffré mais que cela n'est pas grave, vu que le *Vergasungskeller* pourra être utilisé comme morgue provisoire.[341] Pour Pressac, l'emploi, dans cette lettre, du mot *Vergasungskeller* constitue une « énorme gaffe », révélatrice de l'existence d'une « cave à gazage homicide » qui ne pourrait être que le *Leichenkeller-1*.[342]

Comme le mot de « *Vergasung* » est courant dans la langue technique allemande pour désigner soit le phénomène de gazéification[343], soit la carburation d'un moteur, soit le gazage de désinfection (traduit en anglais par « *fumigation* » ; voy., ci-dessus), on ne voit pas comment, d'une part à Auschwitz, chez l'auteur de la lettre, et, d'autre part, à Berlin, chez le destinataire de cette lettre, une communication de pensée se serait opérée

---

[341] J.-C. Pressac, *op. cit.*, p. 211-217 et 432.

[342] *Id.*, p. 217.

[343] Voy. « die Vergasung der Koks » (la gazéification du coke) dans un ouvrage technique sur les crématoires paru en 1907 : *Handbuch der Architektur* (Heft 3 : Bestattungsanlagen), Stuttgart, Alfred Körner Verlag, 1907, p. 239. Je relève dans cet ouvrage de nombreuses informations sur « Leichenkeller », « Leichenkammer », « Leichenhalle », « Sezierraum » (salle de dissection), sur les règles d'hygiène, d'aération, de désinfection, sur les précautions particulières concernant les cadavres infectés (salle séparée avec aération particulière et température inférieure), sur les douches, sur la salle du médecin, sur la salle de lavage, sur la durée des crémations. En fin de compte, les *Krema-II* et *III* de Birkenau étaient tout simplement « classiques ».

pour comprendre qu'il s'agissait ici, pour la première et la dernière fois, d'un gazage… homicide ! Si Pressac a raison de dire, en s'appuyant sur un autre document, que le *Leichenkeller*-en question ne peut pas être le *Leichenkeller2*, il a tort de déduire qu'en conséquence il ne peut s'agir que du *Leichenkeller-1* (qu'il appelle la chambre à gaz homicide). Il n'examine pas sérieusement une autre hypothèse : celle du *Leichenkeller-3* avec ses trois pièces.

Si je me place dans le cadre de son hypothèse et si le mot de « *Vergasung* » est à prendre ici au sens de « gazage », Pressac doit, avant de conclure précipitamment à un gazage homicide, envisager que le mot puisse désigner un gazage de désinfection et, puisque, toujours pour me placer dans le cadre de son livre, il fait grand cas du témoignage du cordonnier juif Henryk Tauber, je lui rappelle que, d'après ce témoignage, *tel que le lit Pressac lui-même*, on entreposait dans une des pièces du *Leichenkeller-3* les boîtes de Zyklon B. Selon lui, la pièce dont parle H. Tauber serait celle qui, sur les plans que nous possédons, est marquée « *Goldarb[eit]* » ; peut-être estime-t-il que cette pièce, avant de devenir celle où l'on fondait l'or dentaire[344], servait d'entrepôt aux boîtes de Zyklon mais peut-être s'agissait-il d'une autre pièce du *Leichenkeller-3*.[345] Ce qui est sûr, c'est que le matériel de gazage (*Vergasung*) devait être entreposé, si possible, dans des endroits abrités (de la chaleur et de l'humidité), normalement aérés et fermés à clé ; une cave était recommandée.

Autrement dit, *toujours dans le cadre même de ce qu'écrit Pressac*, la lettre du 29 janvier 1943 pourrait signifier que le dépositoire ne peut pas encore être utilisé mais qu'en attendant les cadavres peuvent être placés dans l'entrepôt prévu pour le matériel de gazage : dans le *Vergasungskeller*, c'est-à-dire le « cellier à gazage » (comme on dit *Vorratskeller* pour le « cellier à provisions »).

En revanche, *si* on faisait de *Vergasungskeller* une cave à gazage homicide, *si* cette cave était le *Leichenkeller-1,* et *si* les Allemands envisageaient d'en faire un dépositoire à titre provisoire, où aurait-on gazé les victimes ? Le *Leichenkeller-1* n'aurait pas pu être à la fois une chambre à gaz homicide et un dépositoire.

Je note aux pages 503 et 505 que Pressac croit que j'ai donné dans mes écrits trois affectations successives et différentes au *Leichenkeller 1*.

---

[344] Pressac a raison de rappeler, au sujet de cette pratique (banale en temps de guerre où l'on procède partout à la « récupération des métaux non ferreux »), que la « récupération de l'or sur les cadavres est de pratique courante, même si cela peut être tenu pour répugnant » (p. 294) ; les carabins d'amphithéâtre savent qu'il ne s'agit pas là d'une activité spéciale aux SS !

[345] J.-C. Pressac, *op. cit.*, p. 483 et plan annoté de la page 485, chiffre 8.

J'aurais successivement vu dans cette pièce une salle de carburation, puis un dépositoire et, enfin, une chambre à gaz de désinfection. Il n'en est rien. En un premier temps, j'ai rappelé l'interprétation d'Arthur R. Butz pour le mot de *Vergasung* au sens de « gazéification » ou de « carburation » mais ni Butz, ni moi nous n'avons localisé ce *Vergasungskeller* qui, de toute façon, aurait dû être proche de la salle des fours et non dans une dépendance éloignée des fours. En un second temps, j'ai rappelé à P. Vidal-Naquet que le mot de *Leichenkeller* signifiait dépositoire ou chambre froide et je précisais : « Une chambre froide, cela se désinfecte ».[346] J'ajoutais qu'une analyse chimique pourrait révéler des traces de cyanure puisque le Zyklon B est un insecticide à base d'acide cyanhydrique. Des pièces appelées à contenir des cadavres, en particulier de typhiques, devaient être désinfectées (je rappelle ici que j'use du mot de désinfection aussi bien pour la désinfection proprement dite que pour la désinsectisation).

On notera que R. Hilberg mentionne ce document NO-4473 et en cite trois extraits en allemand mais qu'il s'abstient de reproduire le mot de *Vergasungskeller*.[347] Je suppose qu'en bon connaisseur de la langue allemande il voyait que, si les Allemands avaient voulu parler d'une chambre à gaz, ils auraient employé les mots de « *Gaskammer* » ou de « *Gaskeller* » (?) et non celui de « *Vergasungskeller* » qu'à moins de malhonnêteté on ne peut traduire par « chambre à gaz ». D'ailleurs, parvenu à la fin de son livre, Pressac lui-même se résigne à écrire que le document *Vergasungskeller* « ne constitue pas une preuve absolue de l'existence d'une chambre à gaz homicide dans la cave du *Krematorium-II* de Birkenau ».[348]

Quatre portes étanches au gaz

À la page 447, au titre de la vingt-deuxième « trace du crime », Pressac cite un document qui mentionne, pour le *Krema-IV*, quatre portes étanches au gaz. Pour d'obscures raisons, il décide, cette fois-ci, que ce document *ne* constitue *pas* une preuve « concluante » de l'existence d'une chambre à gaz homicide. Cet aveu tend à retirer beaucoup de sa valeur à sa première et fondamentale « trace du crime » où il faisait état de la mention d'une seule porte étanche au gaz sur un bordereau

---

[346] R. Faurisson, *Réponse à Pierre Vidal-Naquet*, p. 35.
[347] R. Hilberg, *The Destruction...* p. 885 ; trad. franç. p. 767.
[348] J.-C. Pressac, *op. cit.*, p. 505.

concernant le *Krema-III* comme s'il s'agissait d'une preuve concluante.[349]

Une clé pour chambre à gaz

À la page 456, il nous présente comme trente-troisième « trace du crime » un document concernant une « clé pour chambre à gaz ». Il en conçoit quelque embarras. On le comprend. Imagine-t-on l'emplacement d'une clé dans la porte, étanche, d'un local lui-même supposé être étanche ? Il dit que c'est « incompréhensible dans l'état présent de nos connaissances » ; mais alors pourquoi fait-il de ce document une « trace du crime » ? Cette clé pourrait être celle qui fermait le local où étaient entreposées les boîtes de Zyklon B.

Un judas pour chambre à gaz

Toujours à la page 456, il avoue que la trente-quatrième « trace du crime » n'en est pas une, contrairement à ce qu'on croyait. Il s'agit d'une commande concernant « les garnitures pour une porte avec châssis, étanche, avec judas pour chambre à gaz » (*Die Beschläge zu1 Tür mit Rahmen, luftdicht mit Spion für Gaskammer*). En 1980, dans le procès qu'ils m'avaient intenté, la LICRA et tous autres avaient présenté ce document comme la preuve de l'existence de chambres à gaz homicides. Or, Pressac reconnaît qu'il s'agit ici d'une commande concernant une chambre à gaz *de désinfection*, comme je l'avais d'ailleurs signalé dans ma *Réponse à Pierre Vidal-Naquet*.[350]

Autres fausses découvertes

Ces trente-troisième et trente-quatrième « traces du crime » n'auraient jamais dû figurer dans le tableau récapitulatif des « 39 traces du crime ». En effet, l'une nous est présentée comme « incompréhensible dans l'état présent de nos connaissances » et l'autre prouve, ainsi que le reconnaît Pressac, l'existence d'une chambre à gaz de désinfection et non pas d'une chambre à gaz homicide.

L'histoire des dix détecteurs de gaz, telle qu'on nous la mentionne à la page 432, s'était déjà détruite elle-même à la page 371 où Pressac ne nous cachait pas que la firme Topf et fils, fabriquant des fours

---

[349] Voy., ci-dessus, « Quatorze pommes d'arrosage et une porte étanche au gaz », p. 1103.
[350] R. Faurisson, *op. cit.*, p. 80.

crématoires, fournissait normalement des détecteurs de CO et de CO_2 ;
pourquoi essayer de nous faire croire qu'une firme de ce genre, recevant
une commande de « détecteurs de gaz », aurait compris par transmission
de pensée qu'il s'agissait, cette fois-ci, de fournir des détecteurs de HCN
(et non de CO et de CO_2) et... qu'elle aurait été en mesure de fournir un
matériel qu'elle ne fabriquait pas ?

Aux pages 223 et 432, Pressac découvre qu'à en croire un document
du 23 mars 1943 le *Leichenkeller--1* des *Krema-II* et *III* devait être
« préchauffé ». Il triomphe. Comment irait-on préchauffer une morgue ?
Et de laisser entendre que ce qu'on voulait préchauffer c'était... une
chambre à gaz homicide. Mais, dix-neuf jours plus tard, soit le 25 mars
1943, les autorités apprennent que ce préchauffage ne sera pas
possible.[351]

À la page 302, Pressac régalait son lecteur d'une histoire de
déplacement d'escalier qu'il renonce, vers la fin de son livre, à faire
figurer dans les « trente-neuf traces du crime ».

Il aurait fallu méditer la leçon du procès Dejaco-Ertl (1972)

J'ai eu l'occasion de dire que le vrai « procès d'Auschwitz » n'avait
pas été celui de Francfort (1963-1965) contre certains « gardiens
d'Auschwitz » mais le procès à Vienne (Autriche), en 1972, de deux
responsables de la construction des crématoires d'Auschwitz et surtout
de Birkenau, Walter Dejaco et Fritz Ertl, ingénieurs-architectes. Tous
deux furent acquittés.

Si la moindre des pièces présentées ici par Pressac et, ainsi qu'il
l'admet, déjà connues à l'époque avait pu démontrer l'existence de
chambres à gaz homicides, on aurait mené grand bruit autour de ce procès
et les deux hommes auraient été lourdement condamnés. Le procès, long
et méticuleux, d'abord annoncé avec fracas, surtout par Simon
Wiesenthal, apporta la preuve – Pressac en convient – que l'expert
désigné par l'accusation ne put mettre en difficultés les deux accusés ;
ledit expert « virtuellement admit sa défaite ».[352] En juillet 1978, je rendis
visite à Fritz Ertl (Dejaco était mort en janvier). J'espérais obtenir de lui
quelques éclaircissements sur les plans des crématoires que j'avais
découverts au musée d'Auschwitz. Je rencontrais un vieillard affolé à la
perspective de voir ses ennuis recommencer. Il refusa obstinément de me
livrer le moindre renseignement mais il me dit tout de même qu'il n'avait,

---

[351] J.-C. Pressac, *op. cit.*, p. 227.
[352] *Id.*, p. 303.

pour sa part, jamais vu de chambres à gaz homicides à Auschwitz ni à Birkenau.

Je ne cache pas que je serais heureux d'avoir communication des pièces de l'instruction du procès et des sténogrammes des débats du procès Dejaco-Ertl. Je suis convaincu qu'on y découvrirait une réponse circonstanciée sur l'architecture des crématoires de Birkenau, sur la disposition des lieux, sur leur destination et, enfin, sur les transformations éventuelles de ces lieux. On oublie vraiment trop ce procès Dejaco-Ertl, dont l'instruction commença en 1968 à Reutte (Tyrol) et qui provoqua, pour la première fois, une mobilisation générale pour essayer de prouver l'existence de chambres à gaz homicides à Auschwitz. Pour la première fois, en effet, l'Union soviétique se mit vraiment de la partie et fournit de précieux documents. On vit même s'établir une sorte de ligne directe entre Moscou et Vienne par l'intermédiaire de Varsovie (Commission des crimes de guerre hitlériens) et d'Oswiecim (archives du musée d'Auschwitz).[353] Les responsables de la communauté juive mondiale, alertés par Simon Wiesenthal, ne ménagèrent pas leurs efforts. Les deux malheureux ingénieurs-architectes virent ainsi se liguer contre eux des forces immenses. Ajoutons à cela que, comme ils ignoraient tout des impossibilités physiques et chimiques d'un gazage homicide dans les locaux qu'ils avaient construits, ils plaidèrent qu'ils avaient édifié des bâtiments parfaitement normaux mais qu'après tout peut-être certains Allemands en avaient fait un usage criminel. Dejaco alla jusqu'à dire : « Et puis, de toute grande pièce on peut faire une chambre à gaz. De cette salle d'audience aussi bien ».[354] Dejaco se trompait lourdement puisqu'une chambre à gaz homicide ne peut être qu'un petit local exigeant une technologie très compliquée et une machinerie spécifique, mais personne ne releva l'erreur. C'est durant ce procès (18 janvier-10 mars 1972) que le seul « témoin » juif des gazages, le trop fameux Szlamy Dragon, « s'évanouit » à la barre et ne revint plus témoigner.[355] Pressac dit qu'il se révéla d'une « totale confusion ».[356]

Il aurait fallu visiter le **Leichenkeller** *de* **Sachsenhausen**

Pour avoir une idée des *Leichenkeller-*de Birkenau, Pressac aurait dû visiter le *Leichenkeller-*du camp de concentration de Sachsenhausen, qui

---

[353] *Id.*, p. 71.
[354] *Kurier*, 20 janvier 1972.
[355] *AZ*, 3 mars 1972.
[356] J.-C. Pressac, *op. cit.*, p. 172.

est intact, et qui, transformé et remis à neuf en 1940-1941, constitue une sorte de modèle typique de ce genre d'édifice : au niveau du sol se trouvent salle de dissection, bureau médical, etc., et, au sous-sol, trois pièces dont la superficie totale est d'environ deux cent trente mètres carrés. On peut y entreposer deux cents cadavres. Chaque pièce a sa destination. L'une est prévue pour quatre-vingts cadavres à déshabiller et à mettre en bière ; l'autre est pour cent cadavres mis en bière ; la troisième est pour vingt cadavres infectés. On ne prétend pas qu'il y ait eu là de chambre à gaz homicide. Pressac pourrait vérifier sur place qu'un *Leichenkeller*, qui doit être frais, possède *aussi* des sources de chaleur, un appareillage chargé de fournir de l'air humide, un système particulier d'isolation pour les cadavres infectés (pas de raccordement direct au système des égouts), un plan incliné (*Rutsche*) tout à fait comparable à celui des *Krema-II* et *III* de Birkenau avec, de part et d'autre, des marches pour le personnel qui descend ou remonte le chariot transportant les corps. Enfin, il se confirme à Sachsenhausen que le mot même de *Leichenkeller*-est générique et s'applique à tout un corps de bâtiment avec rez-de-chaussée et cave. Ce point de vocabulaire à lui seul doit nous rendre prudents sur le compte de tout bordereau, de toute feuille de travail, de toute pièce comptable qui, concernant en apparence une pièce située en sous-sol, concerne peut-être en fait une pièce située au rez-de-chaussée. Par exemple, à Sachsenhausen, la lumineuse salle de dissection ou la salle de consultation du médecin, toutes deux situées au rez-de-chaussée, sont censées appartenir à un *Leichenkeller*- (morgue enterrée).

Il aurait fallu travailler aux archives de Coblence

Aux archives fédérales de Coblence, Pressac aurait pu découvrir, comme cela a été mon cas, l'extraordinaire ensemble de documents NS-3/377, relatif à la modernisation, en 1940, du *Leichenkeller*-de Sachsenhausen. Les trois plans, pour les fondations, pour le sous-sol et pour le rez-de-chaussée sont dignes d'une réalisation artistique. S'y ajoute un ensemble de quatre-vingt-dix pages détaillant la fourniture des matériaux et le calcul des frais ; Pressac y trouverait peut-être l'explication de mots auxquels il donne abusivement un sens sinistre quand il les trouve dans les registres des ateliers d'Auschwitz. Soit dit en passant, je possède aussi des extraits des registres des ateliers d'Auschwitz, soigneusement prélevés par l'accusation polonaise : on y constate que les Allemands et, sous leurs ordres, les internés notaient scrupuleusement les moindres commandes et travaux ; il y est souvent question de chambres à gaz de désinfection.

Il aurait fallu visiter un Leichenkeller *de Berlin*

Pressac qui, dans son livre, parle plus des crématoires et de leurs fours que des chambres à gaz, devrait peut-être visiter le crématoire Ruhleben à Berlin-Charlottenburg pour voir ce qu'est aujourd'hui un *Leichenkeller*-pouvant recevoir cinq cents cadavres à la fois.[357]

Il aurait fallu réfléchir à l'exemple de Stutthof-Danzig

Vers la fin de son livre[358], il consacre un développement au petit bâtiment de briques qui, au camp de Stutthof-Danzig (à ne pas confondre avec le camp du Struthof-Natzweiler, en Alsace), est parfois présenté dans la littérature de l'« Holocauste » comme une chambre à gaz homicide alors qu'il s'agit manifestement, avec son fourneau à l'extérieur, d'une chambre à gaz de désinfection. Pressac tient des propos incohérents. Il commence par dire, avec raison, que, vu la présence de ce fourneau, il s'agit d'une chambre à gaz pour l'épouillage des vêtements des prisonniers.[359] Puis, soudain, sans aucune preuve à l'appui, il affirme que, du 22 juin 1944 (on admirera la précision) au début de novembre 1944, le bâtiment a servi de chambre à gaz homicide pour l'exécution de groupes de cent personnes. Enfin, à la page suivante, se ravisant, il conclut qu'on n'a jamais fait d'expertise scientifique de l'arme du crime, d'où il conclut judicieusement :

> « ce qui signifie que nous ne savons pas comment la chambre a fonctionné en tant qu'installation d'épouillage et [que] nous sommes incapables de fournir une preuve matérielle de son usage criminel. »[360]

On fera remarquer à Pressac qu'il n'avait donc pas le droit de porter quelques lignes plus haut l'accusation de gazage homicide. **De plus, ce qui vaut pour ce camp proche de Danzig est aussi valable pour le camp d'Auschwitz et il est inadmissible, là comme ailleurs, d'accuser les Allemands d'avoir utilisé une arme abominable sans qu'on ait même expertisé cette arme.**

---

[357] H.-K. Boehlke, *Friedhofsbauten*, p. 117 où peut se voir le plan.
[358] J.-C. Pressac, *op. cit.*, p. 539-541.
[359] *Id.*, p. 539.
[360] *Id.*, p. 540.

Aucune expertise de l'arme du crime
Aucune vraie fouille

Jusqu'en 1988, on n'avait jamais expertisé les chambres à gaz d'Auschwitz et de Birkenau. Il fallut attendre avril 1988 pour que l'Américain Fred Leuchter, spécialiste des chambres à gaz d'exécution dans les pénitenciers américains, rendît public un rapport de cent quatre-vingt-douze pages sur « les présumées chambres à gaz d'exécution d'Auschwitz, de Birkenau et de Majdanek ». Ernst Zündel, un Allemand établi à Toronto (Canada), avait chargé Fred Leuchter d'examiner ces chambres à gaz et d'y prélever des échantillons. Le résultat allait être spectaculaire : il n'y avait jamais eu de chambres à gaz homicides dans ces camps. Seul l'échantillon prélevé dans une chambre à gaz de Birkenau – officiellement reconnue par les autorités du camp comme ayant servi à la désinfection par Zyklon B – comportait des traces importantes, et même considérables, de cyanure ; d'ailleurs, cette chambre possédait les taches bleues révélatrices de l'usage du gaz cyanhydrique ou prussique.

P. Vidal-Naquet osait affirmer en 1980 qu'une expertise avait été « réalisée en juin 1945 sur les orifices de ventilation de la chambre à gaz de Birkenau [*Krema-II*], sur vingt-cinq kilos de cheveux de femmes et sur les objets métalliques trouvés dans ces cheveux ».[361]

Je lui répliquais :

> « Je connais ces expertises commandées par le juge d'instruction Jan Sehn et menées par le laboratoire situé rue Copernic à Cracovie. **Ce ne sont justement pas des expertises établissant que tel bâtiment était une chambre à gaz homicide.** »[362]

Je passe ici sur les explications que je donnais de la présence possible de trace de gaz cyanhydrique dans les orifices de ventilation, dans les cheveux ou dans d'autres objets. S. Klarsfeld connaissait cette expertise mais en savait aussi les limites puisque, dans son interview de 1986[363], il admettait qu'on n'avait toujours pas publié à cette date de vraie preuve ; or, une expertise aurait constitué une vraie preuve. Pressac mentionne l'expertise de 1945 et il est bien loin de partager les vues de P. Vidal-Naquet puisqu'il fait remarquer que, s'il y a eu analyse des produits de

---

[361] Réédité dans P. Vidal-Naquet, *Les Juifs, la mémoire…*, p. 222, n. 41
[362] R. Faurisson, *Réponse à Pierre Vidal-Naquet*, p. 35.
[363] *VSD*, 29 mai 1986.

grattage de certains objets métalliques présentés comme plaques galvanisées provenant du *Leichenkeller-1* du *Krema-II*, cette analyse, révélant une présence de composés de cyanure, est seulement *qualitative*[364], alors qu'elle aurait dû être impérativement qualitative *et quantitative*.

Pressac nous apprend que l'association allemande de « réconciliation avec les juifs » et de « repentance », *Sühnezeichen*, avait commencé en 1968 des fouilles dans les ruines de la « chambre à gaz » du *Krema-II* ; je serais curieux de savoir pourquoi ces fouilles ont été presque aussitôt interrompues. En 1987, le journaliste français Michel Folco m'avait fait une révélation. Lors d'un voyage organisé pour Auschwitz en commun avec Pressac, ils avaient tous deux eu un entretien avec Tadeusz Iwaszko, responsable des archives du musée d'Auschwitz, dont j'avais personnellement fait la connaissance en 1976. M. Folco avait demandé pourquoi les Polonais ne se décidaient toujours pas à entreprendre des fouilles et une expertise qui permettraient, par leurs résultats, de faire taire les révisionnistes. T. Iwaszko avait répondu que, si l'on ne trouvait pas de preuves du crime, les juifs accuseraient les Polonais d'avoir supprimé ces preuves. Pressac écrit qu'en 1980 T. Iwaszko lui avait déjà répondu que des fouilles seraient sans valeur parce que, de toute façon, quels que fussent les résultats, on accuserait les Polonais d'avoir « arrangé » les lieux.[365]

Voilà bien où le bât blesse les accusateurs : ils redoutent le résultat de fouilles et d'analyses. Les révisionnistes, eux, ont couru le risque de faire entreprendre de telles recherches et ils en ont été récompensés par le rapport Leuchter, qui prouve qu'il n'y a jamais eu de chambres à gaz homicides à Auschwitz, à Birkenau et à Majdanek.[366]

Les leçons d'un terrain de football et d'une piscine

En 1983, S. Klarsfeld et Pressac avaient publié une version française de *L'Album d'Auschwitz*. Pressac avait dessiné un faux plan de Birkenau (p. 43) où il dissimulait, en particulier, l'environnement des grands crématoires de Birkenau. En particulier, il cachait à ses lecteurs que, tout contre le *Krema-III*, se trouvait un stade (*Sportplatz*) qui servait de terrain de football aux détenus, puis que, tout contre ce stade, s'étendait un grand secteur hospitalier. Ces simples spécifications topographiques (sur lesquelles Pressac est plutôt discret dans son gros livre) rendent ridicule

---

[364] J.-C. Pressac, *op. cit.*, p. 233, mot souligné par Pressac lui-même.
[365] *Id.*, p. 545.
[366] « Rapport Leuchter », *AHR*, n° 5.

la thèse selon laquelle les crématoires auraient été le haut lieu d'une formidable extermination au milieu des cris, des feux, des flammes et des odeurs de chair brûlée. Imagine-t-on des équipes de joueurs de football et des foules de spectateurs des différents matches à deux pas de ces horreurs ?

Pressac commet une imprudence quand il met les révisionnistes au défi de prouver que, dans le camp central, la piscine était utilisée par les internés. Pour lui répondre, je donnerai la parole à un ancien interné d'Auschwitz, professeur à la faculté de médecine de Strasbourg, qui, tout en accordant sa caution – de façon plutôt vague – aux gazages homicides d'Auschwitz, n'en écrivait pas moins ceci au sujet des distractions laissées aux détenus :

> « Le dimanche après-midi, il y avait des séances de football, de basket-ball, de *water-polo* [souligné par RF] sous les acclamations bruyantes des spectateurs : il faut extrêmement peu de chose à l'homme pour le distraire des dangers les plus immédiats ! L'administration SS avait permis des distractions régulières pour les détenus, même les jours de semaine. Un cinéma projetait des actualités nazies et des films sentimentaux et un cabaret fort prisé donnait des représentations fréquentées souvent par les autorités SS. Enfin il existait un orchestre très honorable, composé au début uniquement de musiciens polonais et remplacé ultérieurement par une nouvelle équipe de haute classe composée de musiciens de toutes nationalités, en majorité juifs. »[367]

Je pourrais accumuler les exemples d'activités de ce genre ; je m'en abstiendrai parce que, là où l'on concentre des êtres humains, la vie devient insupportable en dépit de tout ; la promiscuité, les épidémies, la lutte pour la vie et pour les avantages individuels rendent cette existence affreuse, surtout en temps de guerre. Mais il ne faut pas ajouter de fausses horreurs aux horreurs vraies et les camps dirigés par les Soviétiques, y compris les camps qu'ils ont « libérés » en Allemagne avant de les remplir de leurs adversaires politiques, au premier rang desquels figuraient les nationaux-socialistes, ont été plus horribles encore aux dires de ceux qui, telle Marguerite Buber-Neumann, ont fait la double expérience.

Pressac donne pour titre à l'un de ses chapitres « Auschwitz selon les révisionnistes. Exposition photographique du fameux camp de vacances,

---

[367] M. Klein, *Observations et réflexions...*, p. 31.

KL Auschwitz ».[368] Cette ironie et cette insinuation calomnieuse cachent la gêne qu'il éprouve à reproduire des photographies qui ne cadrent pas du tout avec la galerie d'horreurs en tous genres qu'aurait contenues ce camp. Encore cherche-t-il à jeter la suspicion sur certaines de ces photographies en précisant qu'elles sont de « source révisionniste ». Il ignore manifestement que beaucoup d'entre celles-ci proviennent de l'album de l'ingénieur Dürrfeld qui était l'un des hauts responsables des usines d'Auschwitz : la cote « DUE » (pour DUERRFELD) aurait pu le mettre sur la voie ; le procès Dürrfeld est connu des historiens d'Auschwitz, mais apparemment pas de notre autodidacte.

Apports involontaires au révisionnisme

Au fil du texte, on recueille des informations (sous la forme, assez souvent, de documents photographiques) qui tendent à renforcer la position des révisionnistes. En voici quelques échantillons :

- Le récit de l'interné Rablin, employé à la désinfection par Zyklon B, prouve à quel point l'utilisation de ce gaz est dangereuse. Rablin, légèrement atteint par ce terrible gaz, est hospitalisé et il met deux mois à guérir[369] ; il est paradoxal que les Allemands aient cherché à guérir d'un empoisonnement par le gaz un homme qu'ils auraient dû, paraît-il, tuer par ce même gaz ;
- La déposition de l'interné Joseph Odi décrit la procédure d'utilisation du Zyklon B dans les chambres à gaz de désinfection, une procédure au demeurant souvent décrite par les révisionnistes et qui montre les dangers de l'opération. Applicable à des vêtements, elle serait inapplicable à des êtres humains. Mais, surtout, le témoin raconte que les caisses contenant les boîtes de Zyklon B étaient entreposées au *Theatergebäude* (bâtiment du théâtre) et que le transport de cet endroit vers les chambres à gaz en question se faisait en présence d'un véhicule du service de santé. Les révisionnistes savaient tout cela mais il est intéressant de voir rappeler dans le livre de Pressac deux points qui devraient contribuer à décharger à la fois les carmélites d'Auschwitz et la « Croix-Rouge » des accusations dont on les accable trop souvent. Aux carmélites, on reproche d'occuper aujourd'hui un endroit où les Allemands auraient entreposé du gaz employé à tuer des êtres humains ; en réalité, ce gaz servait à tuer les poux et donc à protéger la santé des hommes. La voiture de la « Croix-Rouge »

---

[368] J.-C. Pressac, *op. cit.*, p. 507.
[369] *Id.*, p. 25.

était là pour parer aux accidents toujours possibles avec le Zyklon B : elle ne participait pas à un meurtre ; elle aussi, elle veillait à la santé des hommes[370] (il est remarquable que J. Odi soit précis quand il parle des chambres à gaz de désinfection et tout à fait vague au sujet des chambres à gaz homicides ; d'ailleurs, il croit qu'on gazait les hommes dans des chambres à gaz de désinfection !) ;

- La belle photographie montrant un impressionnant combiné de huit chambres à gaz de désinfection dans la partie de Birkenau appelée traditionnellement « le camp des Tsiganes » (*Entwesungsanlagezigeunerlager*) contredit la thèse de la volonté chez les Allemands d'exterminer les Tsiganes[371] ;

- Une étonnante photographie prise au *Zentral Sauna* montre un groupe de prisonniers nus, et bien portants, passant, leurs chaussures à la main, d'une vaste salle de douches (cinquante pommes de douches) à la salle de séchage du côté « propre » de la désinfection (*Trockenraum, reine Seite*) : scène impensable dans un « camp d'extermination »[372] ;

- Une photographie montre des détenus en tenue rayée employés à la désinfection des vêtements devant une batterie de trois autoclaves ; ici la désinfection se fait à la vapeur ; ailleurs, elle peut se faire à l'air chaud, au Zyklon B, à d'autres gaz encore ; la véritable préoccupation des Allemands était d'exterminer par tous les moyens la vermine et non les hommes[373] ; on ne dira jamais assez leur hantise du typhus ; « il y avait en fait dans le camp à peu près 25 chambres à gaz [de désinfection] de différentes dimensions fonctionnant au Zyklon B » (p. 550) et une quantité de chambres de désinfection fonctionnant autrement ;

- Une feuille d'instruction concernant l'emploi des fours crématoires rappelle que chaque soir les scories doivent être retirées ; ces fours, nous dit Pressac, ne pouvaient fonctionner que douze heures sur vingt-quatre et non vingt-quatre heures sur vingt-quatre comme l'affirment les tenants du mythe[374] ;

- Pour remplacer le *Krema-I*, les Allemands avaient envisagé la construction d'un « nouveau *Krema* » qui, à peu de distance de là, aurait été édifié à proximité de l'hôpital SS et de la *Kommandantur* ; Pressac reconnaît que ce « nouveau *Krema* »

---

[370] *Id.*, p. 41.
[371] *Id.*, p. 63.
[372] *Id.*, p. 80 ; voy., ci-dessus.
[373] *Id.*, p. 82.
[374] *Id.*, p. 136, 224, 227.

n'avait aucune chambre à gaz homicide ; il dit que, finalement, la construction a été transférée à Birkenau et que le *Krema-II* et le *Krema-III* de Birkenau ne sont que la transposition de ce qui était prévu d'abord à Auschwitz-I ; le plan est resté le même ; en conséquence, les *Krema-II* et *III* ont été conçus *sans* chambres à gaz homicides[375] ;

- La page 143 est particulièrement intéressante ; Pressac ne voit sur ce plan que d'inoffensifs *Leichenkeller* mais, lorsque ce même plan sert à la construction des *Krema* de Birkenau, voici que ces *Leichenkeller* sont par lui arbitrairement qualifiés soit de « vestiaires » pour les victimes, soit de « chambres à gaz homicides » ; en réalité, l'existence de ce plan prouve que, dans l'esprit des Allemands et, en particulier, de Walter Dejaco, les *Krema-II* et *III* de Birkenau, simples transpositions d'un nouveau *Krema* prévu au camp central d'Auschwitz près de la *Kommandantur* et de l'hôpital SS, ne pouvaient avoir aucune destination homicide (ce point est confirmé à la page 200 où on lit que les *Krema-I* et *III* ont été « conçus sans chambres à gaz homicides ») ;

- Une surprenante photographie, datant probablement de mai 1945, prouve que le toit du *Krema-I* a servi de piste de danse, décorée d'une étoile rouge avec la faucille et le marteau ainsi que de drapeaux soviétiques et polonais ; les gens, dit Pressac, ont dansé sur le toit de la « chambre à gaz » ; je suggère que si, à cette époque, on avait ajouté foi au mythe des gazages, on ne se serait pas permis une telle profanation ; le mythe des chambres à gaz, quelques mois après la libération d'Auschwitz, n'avait pas encore vraiment pris la forme que nous lui connaissons aujourd'hui[376] ;

- Pressac reproduit toute une série de documents provenant des archives de Weimar et concernant l'ingénieur Kurt Prüfer, responsable de la conception et de la construction des fours « Topf et fils » ; Prüfer a été arrêté, emprisonné, interrogé après la guerre ; rien, ni dans ses papiers, ni dans ses interrogatoires ne fournit la moindre preuve de l'existence de chambres à gaz homicides dans les crématoires[377] ; or, si les documents dont fait état Pressac étaient comme autant d'indices du crime, Kurt Prüfer et d'autres membres du personnel de la firme auraient été facilement confondus ;

---

[375] *Id.*, p. 33, 140-143.
[376] *Id.*, p. 149.
[377] *Id.*, p. 93, 94, 191, 371.

- Le 12 août 1942, le commandant Höss fait diffuser à quarante exemplaires un *Sonderbefehl* (ordre spécial) rédigé en ces termes :

« Aujourd'hui s'est produit un accident de santé accompagné de légères manifestations d'empoisonnement par acide cyanhydrique, qui conduit à rappeler à tout participant aux gazages (*Vergasungen*) ainsi qu'à tout autre membre de la SS que, particulièrement à l'ouverture des locaux pleins de gaz, les membres de la SS doivent, au moins pendant cinq heures, se tenir à quinze mètres de la chambre [à gaz]. Faire alors spécialement attention à la direction du vent. Le gaz utilisé à présent contient moins de composant odorant et il est donc particulièrement dangereux. Le médecin de la garnison SS décline toute responsabilité pour les accidents qui surviendraient là où des membres de la SS n'observeraient pas ces directives. »[378]

Le mot employé pour désigner les gazages de désinfection est *Vergasungen*. Cette directive confirme ce que les révisionnistes n'ont cessé de dire sur le danger d'utilisation du Zyklon B. Si, à Auschwitz, on s'était livré à d'incessantes et massives opérations de gazage, surtout dans les conditions où on nous le raconte, les accidents touchant le personnel SS auraient été innombrables. Ni le commandant du camp, ni le médecin chef responsable de la garnison, ni les autres médecins, ni les SS n'auraient toléré pareils accidents[379] ; et, s'il fallait à tout prix se placer au point de vue de la légende, les « gazages homicides » n'auraient pu se dérouler normalement puisque le personnel juif n'aurait pu accomplir la tâche d'entrer dans un local cyanuré pour en retirer des milliers de cadavres cyanurés et, faute de personnel pour la mener à bien, la criminelle entreprise serait immédiatement tombée en panne[380] ;

---

[378] *Id.*, p. 201.

[379] *Id.*, p. 201.

[380] Cette directive de R. Höss confirme également ce que j'avais spécifié à propos des « confessions » de ce dernier (Entretien avec *Storia Illustrata*, *in* S. Thion, *Vérité historique…* p. 203, n. 10 ; reproduit ici vol. I, p. 160-161, n°1). Höss « confessait » que les membres du *Sonderkommando* entraient dans les « chambres à gaz » tout de suite après le « gazage » et en retiraient les cadavres en mangeant et en fumant, c'est-à-dire sans masques à gaz, ce qui aurait été radicalement impossible. Le 2 avril 1946, dans sa prison de Nuremberg, il répondait en ces termes à son interrogateur américain S. Jaari :
Q. : Mais n'était-ce pas un travail tout à fait dangereux pour ces détenus d'entrer dans ces chambres et de travailler au milieu des cadavres et au milieu des émanations de gaz ?
R. : Non.
Q. : Portaient-ils des masques à gaz ?

- Un télex du 18 décembre 1942 montre que, pendant le mois de décembre, le travail, aussi bien des détenus que des travailleurs civils libres, a dû être interrompu à plusieurs reprises pour procéder à des mesures d'épouillage et de désinsectisation (*Entlausung und Entwesung*). Il a fallu isoler le camp. Les travailleurs civils n'ont pu quitter le camp depuis six mois. Il faudra prévoir une période de vacances du 23 décembre 1942 au 4 janvier 1943[381] ;

- Dans les archives du mémorial Yad Vashem, à Jérusalem, se trouve un album de trois cent quatre-vingt-dix-sept photos prises par les Allemands eux-mêmes pendant la guerre et montrant les constructions d'Auschwitz, y compris celle des crématoires. Cette information est la plus importante du livre de Pressac. Il est inadmissible que cet album ait été si longtemps tenu caché et que la publication des photographies se fasse au compte-gouttes comme cela avait été le cas pour celles de l'*Album d'Auschwitz*. Cette fois-ci, il s'agit du *Bauleitung Album* (album de la Direction de la construction). Ces photographies nous confirment qu'Auschwitz était un camp de prisonniers ou d'internés sans rien d'extraordinaire. Pressac reconnaît que tous les détenus qu'on aperçoit au travail paraissent dans un état de santé comparable à celui des ouvriers civils.[382] Nous dissimulerait-il des photographies de cet album qui permettraient de préciser ou de rectifier ce que nous croyons savoir de chaque pièce des grands *Krema*- et des transformations éventuelles apportées à ces pièces ?

- À propos d'une feuille de présence indiquant la composition d'une équipe travaillant à la construction d'une cheminée du *Krema-IV* ou *V*, Pressac fait remarquer que « la composition de l'équipe employée est typique avec ses douze civils et vingt prisonniers travaillant à la pose des briques »[383] ; il n'y avait donc aucune possibilité de secret de ce côté-là non plus ;

R. : Ils en avaient mais ils ne les utilisaient pas, vu qu'il n'arrivait jamais rien (John Mendelsohn, ed., *The Holocaust*, vol. 12, p. 113; *Pretrial Interrogation of R. Höss*, 2 April 1946, p. 17).

La directive du 12 août 1942, signée de Höss et montrant les dangers considérables d'une opération de gazage prouve que ce dernier, lorsqu'il fut, quatre ans plus tard, interrogé par les Américains dans sa prison de Nuremberg, leur fit des réponses ineptes; il avait été dressé, ainsi que j'ai pu le démontrer, par ses premiers interrogateurs et geôliers: des juifs de la sécurité militaire britannique qui l'avaient torturé à Minden avant de l'envoyer à la prison de Nuremberg. R. Höss craignait par-dessus tout d'être livré aux communistes polonais (voy. R. Faurisson, « Comment les Britanniques ont obtenu les aveux de Rudolf Höss... » vol. II p. 657).

[381] J.-C. Pressac, *op. cit.*, p. 210.

[382] *Id.*, p. 331, 339.

[383] *Id.*, p. 412.

- Un plan prouve que les Allemands projetaient de construire un énorme secteur hospitalier dans toute la partie connue, à Birkenau, sous le nom de « Mexico ». Pressac dit qu'il s'agit là d'« une véritable aubaine pour les révisionnistes ». Il reconnaît qu'« il y a INCOMPATIBILITÉ [il écrit le mot en capitales] dans la création d'un camp sanitaire à quelques centaines de mètres de quatre crématoires où, selon l'histoire officielle, on exterminait des gens à grande échelle ».[384] Et son commentaire se poursuit dans le même sens. On attend sa parade. Elle ne vient pas. L'embarras de Pressac est manifeste. Tout juste pense-t-il peut-être se tirer de ce mauvais pas en disant qu'il ne faudrait pas méconnaître la capacité de « double pensée » dans la hiérarchie SS, qui exécutait aveuglément les ordres même quand ils étaient totalement contradictoires. Je rappelle que, comme je le disais ci-dessus, Pressac a passé sous silence l'existence, près des crématoires, d'un vaste secteur hospitalier de dix-sept baraquements[385] ; le plus fort est que, dans son gros ouvrage, il persiste à cacher l'existence de ce secteur hospitalier. Un plan-projet du 21 juin 1944 montre que les Allemands envisageaient la construction, à Birkenau, le long de la rampe de chemin de fer, d'un ensemble de six hangars à légumes de 930 m3 chacun : curieuse initiative dans un « camp d'extermination ».[386]

La faillite, pour Pressac, de l'histoire traditionnelle

Pressac dresse un constat de faillite : personne avant lui n'a été en mesure de prouver l'existence des chambres à gaz homicides d'Auschwitz et de Birkenau. Il reconnaît que les historiens, les juges, les Soviétiques, les Polonais, les accusateurs des « criminels de guerre » ainsi que les accusateurs des révisionnistes ont accumulé de fausses preuves et des arguments sans valeur (les révisionnistes, eux aussi,

---

[384] *Id.*, p. 512.

[385] Dans les cités allemandes, les hôpitaux subsistaient, mais ils étaient en grande partie « évacués » à la campagne sous la forme de baraquements sanitaires sur le modèle de ceux qu'on construisait dans les camps de concentration. À la page 513, Pressac reproduit le plan d'un baraquement hospitalier d'Auschwitz et indique comme source le Centre de documentation juive contemporaine de Paris. En réalité, il s'agit là de l'un des multiples documents dont il m'est redevable : le document provient des Archives nationales américaines et porte la cote de Nuremberg NO-4470.

[386] J.-C. Pressac, *op. cit.*, p. 530-531.

d'ailleurs, auraient échoué dans leur entreprise). Il écrit à la fin de son étude (toute la suite étant composée d'annexes) :

> « Cette étude démontre d'ores et déjà la complète faillite de l'histoire traditionnelle (*the complete bankruptcy of the traditional history*) (et, de là, aussi des méthodes et des critiques des révisionnistes), une histoire fondée principalement sur des témoignages, assemblés pour les besoins du moment, tronqués pour correspondre à une vérité arbitraire et parsemés de quelques documents allemands de valeur inégale et sans lien les uns avec les autres. »[387]

Du célèbre ouvrage d'Eugène Aroneanu, *Camps de concentration*, qui a si longtemps constitué une sorte de bible exterminationniste, il dit que c'est « une monstruosité historique », « un ensemble incohérent qui se contredit lui-même ».[388] Sur les procès d'après-guerre, il écrit que « les tonnes de Zyklon B commandées par les camps se voyaient attribuer, sans aucune vérification, une utilisation homicide ». Et, ainsi que je le mentionnais ci-dessus, il ajoute cette remarque propre à bouleverser ses amis exterminationnistes :

> « De loin, la plus grande partie [du Zyklon B] (plus de 95 %) était destinée à la destruction de la vermine (effets et bâtiments), cependant qu'une toute petite quantité seulement (moins de 5 %) a été employée à des gazages homicides. »[389]

Il estime que le procès conduit par les Américains contre Bruno Tesch, l'un des responsables de la société Degesch et donc de la fabrication du Zyklon B, fut une « mascarade » ; on ne se soucia pas de la question technique mais on se contenta du témoignage de ses employés. En 1946, dit Pressac, un simple ragot malveillant pouvait conduire à la pendaison d'un accusé. Ce fut le cas pour B. Tesch (et, ajouterai-je, pour son associé K. Weinbacher)[390] ; *cf.* à ce propos l'article révélateur de William B. Lindsey, « Zyklon B, Auschwitz and the Trial of Dr Bruno Tesch ».

Le film soviétique *Chroniques de la libération du camp, 1945* montre une porte étanche au gaz comme appartenant à une chambre à gaz homicide ; vu son emplacement, dit Pressac, il s'agissait d'une porte de

---

[387] *Id.*, p. 264.
[388] *Id.*, p. 15.
[389] J.-C. Pressac, *op. cit.*, p. 15.
[390] *Id.*, p. 16-17.

chambre à gaz de désinfection.[391] Plus loin, il parle à propos d'un travail de la commission d'enquête soviétique de « coup monté » et de « montage "historique" »[392] ; le malheur est que le Tribunal de Nuremberg reconnut à ce travail « valeur de preuve authentique » au nom de l'article 21 de son statut.

À Birkenau, la vaste salle du *Zentral Sauna* où se déshabillaient les détenus (*Auskleideraum*) avant la douche possédait une impressionnante quantité de radiateurs (serpentins). Les Polonais ont enlevé ces radiateurs parce que, dit Pressac, ce souci de confort pour les prisonniers se combinait mal, dans l'esprit des visiteurs d'aujourd'hui, avec, à cent mètres de là, les ruines du *Krema-IV* et de ses chambres à gaz[393] ; il aurait pu ajouter que les Polonais avaient procédé de même pour les « cellules d'arrestation » du Bloc 11, que les touristes visitent en grand nombre ; c'est moi qui avais appelé l'attention de Pressac sur cette manie, chez les Polonais, d'enlever le matériel de chauffage soit pour leur propre usage, soit pour donner une idée plus cruelle des conditions dans lesquelles les détenus étaient censés vivre.

Au tribunal de Nuremberg, on a présenté comme preuve du crime tel document allemand, tout à fait banal, sur les fours crématoires. Pressac voit là un exemple de « la façon stupide selon laquelle les documents du vaincu ont été "évalués" par un tribunal des vainqueurs ».[394]

Telle reconstitution par les Polonais après la guerre est « loin d'être une fidèle reproduction » de l'original à cause de ses exagérations et de ses simplifications.[395]

Tel fait (ici le fait, selon Pressac, qu'à une époque donnée de 1942 on ait utilisé 2 à 3 % du Zyklon B pour tuer et 97 % ou 98 % pour désinfecter) « infirme totalement » telle interprétation de certains documents par « les historiens traditionnels ».[396]

Parfois sans le nommer et parfois en le nommant, Pressac souligne les erreurs ou les tricheries de Georges Wellers. Chez ce dernier, l'argumentation fondée sur le système de ventilation des *Leichenkeller* est, pour Pressac, contredite par les faits et elle s'effondre totalement.[397] Cette argumentation « totalement erronée » et « tout à fait infondée » a abusé les avocats de la LICRA qui ont plaidé contre Faurisson.[398] Dans la transcription des témoignages, G. Wellers procède à des coupures sans

---

[391] *Id.*, p. 41.
[392] *Id.*, p. 46.
[393] *Id.*, p. 78.
[394] *Id.*, p. 106.
[395] *Id.*, p. 108.
[396] *Id.*, p. 188.
[397] *Id.*, p. 289.
[398] *Id.*, p. 355.

en prévenir le lecteur quand ces témoignages contiennent des invraisemblances.[399] Le plan qu'il a donné d'Auschwitz[400] est d'« une très médiocre qualité en ce qui concerne bien des détails » sans que Pressac se permette d'aller jusqu'à parler de « falsification »[401] ; ce qui laisse songeur, c'est qu'il s'agit du plan qui trônait dans la salle du procès de Francfort et que H. Langbein reproduit dans son livre sur ce procès.[402]

Le prétendu camouflage autour des *Krema-II* et *III* est, pour Pressac, un produit de l'imagination des « historiens traditionnels ».[403]

Jan Sehn, le juge d'instruction polonais qui a instruit le procès de R. Höss et de bien d'autres SS, a « retouché » un document allemand en le reproduisant sous la forme d'une copie prétendument conforme à l'original[404] ; néanmoins, Pressac prend soin de ménager ce juge d'instruction à qui nous sommes redevables de cent mensonges sur Auschwitz ; c'est à lui que nous devons le mensonge des « près de soixante mille personnes par vingt-quatre heures » gazées à Birkenau[405] ; c'est également à lui que nous devons les « fosses gigantesques » en plein air (au nombre de huit ?) où, « en août 1944, on atteignit le chiffre de vingt-quatre mille incinérations par jour » (avec ou sans les crématoires ?)[406] ; or, les photographies aériennes prises par les Alliés le 25 août 1944 ne montrent absolument rien de tel.[407]

En 1981 se déroula à Paris le procès que m'avaient intenté la LICRA et bien d'autres organisations. Le principal avocat de la LICRA était Me Bernard Jouanneau. Des pages consacrées à ce procès et à cet avocat il ressort qu'on a invoqué contre moi, selon Pressac lui-même, beaucoup de documents qui, en réalité, ne prouvaient pas du tout l'existence de chambres à gaz homicides. Me Jouanneau a surtout invoqué des témoignages dont pas un, selon Pressac, n'avait de vraie valeur. Quant aux arguments techniques de Me Jouanneau, ils étaient dénués de toute valeur et parfois « désastreux ». Enfin, l'avocat a outrageusement abusé de la théorie selon laquelle les Allemands, pour dissimuler leur crime, usaient de « code » ou de « camouflage ».[408]

---

[399] *Id.*, p. 479.
[400] G. Wellers, *Les chambres à gaz ont existé...*, p. 12-13.
[401] *Id.*, p. 165-166.
[402] H. Langbein, *Der Auschwitz Prozess...*, p. 932-933, et non 930-931 comme l'indique Pressac par erreur.
[403] J.-C. Pressac, *op. cit.*, p. 341.
[404] *Id.*, p. 454.
[405] J. Sehn, *Le Camp de concentration d'Oswiecim-Brzezinka...*, p. 132.
[406] *Id.*, p. 148.
[407] D. Brugioni et R. Poirier, *The Holocaust Revisited*, p. 9-11.
[408] J.-C. Pressac, *op. cit.*, p. 554-556.

Les incohérences de Pressac ont des effets divertissants. Il constate la malhonnêteté ou l'incompétence des exterminationnistes mais, en même temps, il veut à tout prix sauver la théorie exterminationniste. Il lui reste pour seule ressource de flatter ses amis pour des qualités censées compenser leurs défauts. Et quand il flatte, il ne flatte pas à demi : il flagorne ; la démonstration de Mᵉ Jouanneau reposait sur une foule d'erreurs mais elle était... « superbe ».[409]

Manipulation des témoignages

Dans un ouvrage qui se prétend technique, on devrait d'abord décrire les lieux du crime, puis analyser l'arme du crime et les preuves matérielles de ce crime pour, enfin, passer en revue les témoignages. Pressac, qui n'a aucun sens de la méthode, ouvre tous ses chapitres sur... les témoignages. Il y a là un moyen, il faut le dire, de mettre le lecteur dans des conditions propres à obnubiler ses capacités normales de jugement, puisque ces « témoignages » posent comme une vérité de principe l'existence des chambres à gaz homicides. La qualité des témoignages qu'invoque Pressac est affligeante. Il en convient parfois lui-même mais il cherche souvent à sauver ces témoignages du discrédit, et cela par les expédients les plus alambiqués.

Rudolf Höss est censé avoir écrit *J'étais commandant à Auschwitz* et Miklos Nyiszli, lui, aurait écrit *J'étais médecin à Auschwitz* : deux témoignages présentés comme essentiels. Höss a vécu plusieurs années à Auschwitz et Nyiszli y aurait vécu six mois, en tant que détenu. Or, ce qu'écrivent ces deux « témoins », par exemple sur la ventilation des chambres à gaz homicides, constituerait, selon Pressac, une énorme erreur technique ; ils auraient dit sur ce point le contraire de « la vérité ».[410]

Alter Fajnzylberg, Filip Müller et Rudolf Höss affirment des choses « pratiquement impossibles », ne correspondant pas aux faits, « douteuses », « erronées », contraires à la réalité, « invraisemblables ».[411] Les « erreurs » commises par Höss « tout au long de son autobiographie » ont une explication que Pressac brandit fièrement et souligne en caractères gras : *il était présent, sans voir*.[412] Il n'était donc pas un témoin ! Comment pouvait-il être présent et ne pas voir ? Comment peut-on être le commandant d'un « camp

---

[409] *Id.*, p. 556.
[410] *Id.*, p. 16.
[411] *Id.*, p. 126-127.
[412] *Id.*, p. 128.

d'extermination » et ne pas voir l'instrument d'« extermination » d'un million (?) de personnes au moins ? Comment ce commandant a-t-il pu mettre l'accent sur les dangers du Zyklon en 1942 et décréter en 1946 que ces dangers étaient inexistants.

Quant au témoignage, si souvent invoqué, du SS Pery Broad, la forme et le ton, nous dit Pressac, en « sonnent faux ». Ses écrits, que nous devons aux Polonais, ne peuvent être sincères. Ils sont « colorés d'un patriotisme polonais passablement trop flagrant ». On ne connaît pas le manuscrit. Tout cela a été « légèrement » retravaillé par les Polonais (les guillemets impliquent ici que le travail n'a pas été léger !). Mais qu'importe, dit Pressac, malgré les divergences entre ces différents témoins, des gazages homicides ont eu lieu dans le *Krema-I* ; c'est un fait établi[413] ; « établi » par qui ? par quoi ? Il ne le précise pas.

Le témoignage de Szlamy Dragon nous vaut le commentaire suivant :

> « Il y a là une impossibilité physique [...]. Je ne pense pas que ce témoin nous trompait intentionnellement, mais il suivait la tendance à exagérer qui semble avoir été de règle à l'époque de la libération et qui a donné naissance au chiffre de 4 millions de victimes pour le camp d'Auschwitz, un chiffre aujourd'hui considéré comme de pure propagande. Il devrait être divisé par quatre pour approcher de la réalité. »[414]

En 1972, au procès Dejaco-Ertl, ce témoin s'est révélé d'une « totale confusion ».[415]

Les témoignages de P. Broad, de R. Höss, du Dr Johann-Paul Kremer et du SS Hölblinger (que Pressac écrit Höblinger) sur les *Bunker* font l'objet de réserves qui s'expriment dans les termes suivants : « entièrement imaginaires », « impossibilité physique », « impossible de situer la scène ».[416]

Le témoignage de Nyiszli serait valable à condition... de diviser les chiffres par quatre, mais pas toujours. Pressac parle à propos de Nyiszli de « son "nombre quatre" » ; il dit que ses chiffres sont « inquiétants ».[417]

En 1980, on a mené grand bruit autour du livre de Filip Müller, *Trois ans dans une chambre à gaz d'Auschwitz*. Le livre obtenait de Jean Pierre-Bloch le prix de la LICRA. F. Müller fut l'un des témoins vedettes

---

[413] *Id.*, p. 128.
[414] *Id.*, p. 171.
[415] *Id.*, p. 172.
[416] *Id.*, p. 174.
[417] *Id.*, p. 179.

du procès d'Auschwitz (1963-1965) et du film *Shoah*. En réalité, F. Müller est un mythomane et même Pressac s'en rend compte, qui écrit :

> « [dans son livre] il a accumulé les erreurs, rendant ainsi son compte rendu douteux sur le plan historique. La meilleure façon de l'aborder est de lire [ce livre] comme un roman fondé sur une histoire vraie. »[418]

Si des membres du *Sonderkommando* affirment que, dans une seule bouche de four crématoire on enfournait cinq, sept ou douze corps à la fois, Pressac, lui, suggère qu'il y a là une exagération et qu'on pouvait probablement enfourner seulement trois corps à la fois, et encore bien maigres.[419] Il dit qu'aujourd'hui le touriste, « après une prière silencieuse » (*sic !*) devant le *Krema-I*, doit bien se rendre compte qu'on est là « devant le fameux coefficient multiplicateur par quatre utilisé par le D*r* Miklos Nyiszli ».[420]

À Auschwitz, les visiteurs peuvent voir dans l'ancien « Block 4 » une maquette prétendant reproduire un *Krema*-en pleine scène de gazage. La reconstitution, il faut le dire, montre involontairement les impossibilités physiques des gazages homicides et, en particulier, l'exiguïté des lieux et les encombrements qui en auraient résulté dès le premier « gazage ». S'ajoute à cela le fait que des documents révélés ultérieurement et surtout les photographies aériennes prises par les Alliés en 1943-1944 et publiées en 1979 soulignent les « erreurs » de cette maquette. Peu importe pour Pressac, qui voit dans cette reconstitution la « puissante évocation d'un gazage massif » (p. 378).

À partir de la page 459, l'auteur essaie de sauver du désastre l'absurde *War Refugee Board Report* de novembre 1944, aussi appelé *Protocoles d'Auschwitz*. Les seules critiques qu'il est bien obligé d'en faire discréditent totalement cette œuvre mensongère due en grande partie à Rudolf Vrba, aujourd'hui professeur de pharmacologie dans une université de Vancouver (Canada).[421]

Les dessins d'un certain David Olère ont la faveur de Pressac, qui connaît personnellement l'auteur, mais ces dessins, grotesques en tous points, semblent inspirés principalement par un antinazisme de sex-shop. Pressac les tient pour des « chefs-d'œuvre d'authenticité »[422] mais... il

---

[418] *Id.*, p. 181.

[419] *Id.*, p. 229.

[420] *Id.*, p. 483.

[421] R. Faurisson, « Le Révisionnisme au Canada ; les procès Zündel », p. 35-37 reproduit dans le volume II.

[422] J.-C. Pressac, *op. cit.*, p. 554.

fait des réserves sur leur valeur documentaire et sur la sincérité du témoin.[423] Avec des mines de Père-la-Pudeur, il va jusqu'à s'interdire de reproduire certains dessins.[424] Le même David Olère assure que les SS fabriquaient des saucisses de chair humaine qu'ils appelaient « *Kremawurst* » : saucisse de *Krema*.[425] Sa mémoire souffre d'une certaine « détérioration » et il est sujet à ce que Pressac appelle le « *Krematorium delirium* ».[426]

Le témoin préféré de l'auteur est le cordonnier juif Henryk Tauber. Mais ce témoin, lui aussi, a tendance à utiliser « le fameux coefficient multiplicateur par quatre ».[427] *Il n'a pas vu de gazage mais, ou bien on lui en a parlé*[428], ou bien il a vu les cadavres de ceux qu'il appelle des gazés.[429] Un jour, par une fenêtre, il a vu un SS verser du Zyklon B dans la chambre à gaz.[430] Si, en tant d'années, il n'a rien vu de plus, c'est que, pendant les opérations de gazage, les SS enfermaient systématiquement les membres du *Sonderkommando* dans… la cokerie. C'est aussi l'explication d'Alter Fajnzylberg. Les SS voulaient leur cacher l'existence des gazages mais non celle des gazés !

Tauber raconte l'histoire d'un juif du nom de Lejb. Un jour, les Allemands suspendirent Lejb, mains liées dans le dos, à une barre de fer au-dessus des foyers en feu. Pendant une heure. Puis, ils lui délièrent les mains et le jetèrent dans un four froid. On versa de l'essence dans le cendrier qui était en dessous. On y mit le feu. Les flammes atteignirent le four. Pendant plusieurs minutes. On ouvrit la porte du four. L'homme en émergea et courut, couvert de brûlures. On lui ordonna de faire le tour de la cour au pas de course en criant qu'il était un voleur. Finalement, on le força à grimper au fil de fer barbelé où il fut tué d'un coup de feu !

Tauber parle aussi d'une fosse pleine de graisse humaine. La graisse coulait des cadavres vers un réservoir creusé dans le sol. On puisait la graisse et on la reversait sur les cadavres pour accélérer la combustion. Un jour, les SS jetèrent un homme dans la graisse bouillante, l'en retirèrent encore vivant et l'abattirent d'un coup de feu. Son cadavre fut le lendemain apporté au crématoire et incinéré dans une fosse.[431]

---

[423] *Id.*, p. 493-497 et 554-555.
[424] *Id.*, p. 498.
[425] *Id.*, p. 554.
[426] *Id.*, p. 493 et 556.
[427] *Id.*, p. 483.
[428] *Ibid.*
[429] *Id.*, p. 489.
[430] *Id.*, p. 494.
[431] *Ibid.*

Tauber dit qu'on incinérait dans un seul crématoire environ deux mille cinq cents cadavres par jour. Voici le commentaire de Pressac :

> « Ce chiffre ne correspond pas à la réalité (et il est à mettre en rapport avec la propagande de l'immédiat après-guerre) [...]. Nous trouvons là presque le fameux facteur de multiplication par quatre dont le D$_r$ Miklos Nyiszli a fait un usage si abondant et si lamentable dans son livre que sa crédibilité en a été longtemps contestée. Henryk Tauber est loin d'être le seul témoin pour dire en substance « je ne sais pas le nombre des morts » ou « je pense qu'il y en a eu tant » et pour dire ensuite froidement, une ou deux phrases plus loin, que, tout bien considéré, nous arrivons au chiffre (usuel) de quatre millions de victimes au total. J'insisterais sur le fait que ce genre d'imposture [*imposed falsehood*] doit être excusé à cause du climat politique de la période 1945-1950. »[432]

En un seul passage de la page 498, Pressac emploie, pour qualifier des assertions de son témoin préféré, les mots de « douteux », « incorrect » (deux fois), « pas certain », « histoire [inventée] », « pur mythe ». Et si, au terme de son témoignage, H. Tauber est si faible et si vague sur les *Krema-IV* et *V*, on ne peut le lui reprocher, estime Pressac, qui suppose que ce témoin « a dû être épuisé à la fin de sa déposition ».[433]

Bref, tous ces témoins semblent surtout atteints, comme David Olère, de ce que le pharmacien Pressac désigne par les termes de *Krematorium delirium*.[434]

Pressac ne dispose d'aucun critère pour distinguer l'un de l'autre le vrai et le faux témoin. Ses témoins peuvent accumuler les pires erreurs ou les pires insanités, ils trouveront grâce aux yeux de notre homme pour peu que ce dernier décide d'en faire de vrais témoins.

Un témoin décrit-il méticuleusement la pièce qualifiée de chambre à gaz homicide et lui voit-il trois piliers alors qu'il y en avait quatre, c'est, nous dit Pressac, qu'il n'a pas marché jusqu'au bout de la pièce. Ce même témoin parle-t-il d'une porte d'entrée et d'une porte de sortie, alors qu'il n'y avait qu'une porte d'entrée donnant sur une pièce en cul-de-sac, cette erreur, dit Pressac, peut s'expliquer par la route prise par ce témoin

---

[432] *Ibid.* L'ennui est que, durant cette période de l'immédiat après-guerre, ce genre d'« imposture » a fait loi au sens propre du terme et qu'aujourd'hui encore elle a force de loi pour les tribunaux français, en vertu des dispositions antirévisionnistes de la loi Fabius-Gayssot parue au *Journal officiel de la République française*, sous la signature de François Mitterrand, le 14 juillet 1990.

[433] J.-C. Pressac, *op. cit.*, p. 502.

[434] *Id.*, p. 556.

pendant sa visite (!). Le témoin parle-t-il de dix fours alors qu'il y avait cinq fours (à trois moufles), c'est, dit Pressac, que « probablement il n'a pas parcouru toute la longueur de la salle des fours mais qu'il est resté à l'entrée ouest ». Les chiffres de victimes que donne ce témoin sont-ils incroyables, c'est, nous rassure Pressac, qu'il s'agit, ici, d'un « chiffre gonflé » donné par un SS qui servait de guide à ce témoin ou, là, d'un « chiffre de la propagande SS ».[435]

Un témoin dessine-t-il la salle des fours en oubliant de noter la présence de rails, c'est, dit Pressac, que ces rails ne servaient à rien et qu'*en conséquence* la « mémoire visuelle [de ce témoin] ne les a pas retenus ».[436] Ce même témoin accumule-t-il quatre graves erreurs matérielles, c'est que « les souvenirs visuels d'un survivant se détériorent avec le temps ».[437] Si ce témoin ajoute quoi que ce soit dans son dessin, ce n'est pas grave ; c'était un ajout « pour enjoliver ».[438]

Tout au long de son livre, Pressac s'évertue à découvrir des excuses pour les innombrables « erreurs » de ses témoins, que celles-ci portent sur l'emplacement, la couleur, le matériau, la forme, la distance, le nombre de quoi que ce soit.

Mais son explication favorite, c'est que la faute de toutes ces « erreurs » revient aux SS, à « l'habituelle exagération SS »[439] et si, dans leurs confessions recueillies par les Alliés, ces SS avouent des énormités, c'est par « orgueil professionnel ».[440]

Grâce à cette méthode, les témoins juifs ou autres de Pressac gagnent à tout coup, de même qu'à tout coup les SS ne peuvent que perdre.

Drôlerie de Pressac à propos de M. Nyiszli

Je voudrais revenir ici sur le cas déjà cité du Dr Miklos Nyiszli. L'un des faux témoignages les plus connus de la littérature concentrationnaire, après celui de Martin Gray (*Au nom de tous les miens*), est celui du Dr Miklos Nyiszli : *Médecin à Auschwitz, Souvenirs d'un médecin déporté*.

Je ne m'attarderai pas aux différentes versions de ce faux, publié dès 1951 par Jean-Paul Sartre dans *Les Temps modernes* ; le couple Sartre–Beauvoir avait une remarquable vocation de gobeurs pour ce genre d'écrits (voy. S. de Beauvoir pour le *Treblinka* de J.-F. Steiner). Paul

---

[435] *Id.*, p. 239.
[436] *Id.*, p. 229.
[437] *Id.*, p. 493.
[438] *Ibid.*
[439] *Id.*, p. 108.
[440] *Id.*, p. 161.

Rassinier a souvent dénoncé ce faux[441] ainsi que Carlo Mattogno. Ni l'*Encyclopædia Judaica* (1971), ni la récente *Encyclopædia of the Holocaust* (1990) ne mentionnent *Médecin à Auschwitz*, qui est depuis longtemps discrédité.

Pourtant, au récent procès du révisionniste Michel Konen devant le tribunal de Meaux, le banquier Hubert Heilbronn, PDG de la banque Lazare, poussait l'impudence jusqu'à invoquer un seul témoignage en faveur de l'existence des chambres à gaz d'Auschwitz : celui de M. Nyiszli.[442]

Pressac, lui aussi, ressuscite M. Nyiszli. Mais, ce faisant, je crois pouvoir dire qu'il a, dans ses commentaires sur ce témoignage, involontairement écrit deux pages d'une intense drôlerie.[443] Qu'on en juge plutôt.

Le juif Miklos Nyiszli aurait vécu pendant six mois dans un crématoire de Birkenau et aurait servi d'assistant au Dr Josef Mengele dans la salle de dissection. Pressac prélève, dans le livre, le seul chapitre VII où ce témoin est censé décrire une opération de gazage au *Krema-II*. Il affirme d'abord que cette description est « entièrement exacte, SAUF pour certains CHIFFRES qui sont vraiment très ERRONÉS ».[444] Puis, il commente le texte et c'est là qu'on s'aperçoit que, même pour un Pressac, quasiment toutes les données du livre de Nyiszli sont erronées, qu'il s'agisse de chiffres ou de précisions matérielles.

Le témoin déclare que la chambre à gaz était d'une longueur de cinq cents pieds (cent cinquante mètres) ; or, dit Pressac, un plan (découvert par Faurisson et confirmé par l'état des ruines) montre que la longueur de la pièce ainsi désignée ne pouvait dépasser cent pieds (trente mètres). C'est simple, dit Pressac, le témoin a dit la vérité mais il a utilisé le coefficient multiplicateur cinq.

Le témoin déclare que le vestiaire avait une longueur de deux cents yards (environ deux cents mètres) ; or, dit Pressac, tout montre que la pièce ainsi désignée mesurait cinquante yards (environ cinquante mètres). C'est, dit-il, que Nyiszli a utilisé le coefficient multiplicateur quatre.

Comme la moyenne des différents coefficients multiplicateurs est proche de 4, Pressac, fier de sa découverte, en vient à parler dans son livre, soit à propos de Nyiszli, soit à propos d'autres affirmations ou témoignages, du « fameux coefficient multiplicateur par 4 »[445] ; par

---

[441] Voy. notamment *Le Drame des juifs européens*, p. 52-58.
[442] *Le Figaro*, 6 juillet 1990, p. 8.
[443] J.-C. Pressac, *op. cit.*, p. 474-475.
[444] *Id.*, p. 473.
[445] *Id.*, p. 483, 494.

conséquent, d'après notre pharmacien, si nous voulons trouver les vrais chiffres, il nous appartient d'utiliser dans notre lecture le coefficient de *division* par quatre.

Pour ma part, je dirais qu'à ce compte tout faux témoin se tirerait d'affaire. Supposons qu'un « témoin » affirme avoir, pendant six mois (c'est la durée du séjour de Nyiszli sur les lieux), vu quatre hommes qui étaient tous hauts de sept mètres et tous vieux de deux cent sans, on peut supposer que n'importe qui récusera ce témoin. N'importe qui, sauf Pressac, qui, appliquant la règle du fameux coefficient de division par quatre, prononcerait : ce témoin dit vrai ; il a vu *un* homme, qui mesurait *un mètre soixante-quinze* et qui était âgé de *cinquante ans*.

Mais là ne s'arrête pas la gymnastique pressacoise. J'ai fait la recension de ses commentaires du témoignage Nyiszli dans le court passage consacré au gazage. Voici, d'une part, les coefficients employés, nous dit-il, par Nyiszli et, d'autre part, un échantillon des commentaires de Pressac à propos de tel fait, de telle réalité matérielle ou de tel chiffre rapportés par le même Nyiszli[446] :

– COMMENTAIRES DE PRESSAC SUR LES COEFFICIENTS DE NYISZLI :

1. Nyiszli, dit Pressac, a divisé par 2.

2. Nyiszli, dit Pressac, a multiplié par 3 ; par 5 ; par 4 ; par 2,5 ; par 6,7 ; par 4 ; par 4 ; par 2,5 ; par 4 ; par 2 à 3.

– COMMENTAIRES DE PRESSAC SUR LES AFFIRMATIONS DE NYISZLI :

Erroné

Erroné

Erroné

Erroné

Erroné et délibérément trompeur. [...] Qui le Dr Nyiszli cherche-t-il à tromper et pourquoi ?

Manque de familiarité avec l'état des lieux [décrits]

Pure et simple histoire [de temps] de guerre

Pure invention

Légende

... (et d'ajouter que, là où le témoin parle de « bois », il faut lire « ciment » ; là où il parle de « chlore », il faut entendre « acide cyanhydrique »).

La conclusion est savoureuse. Elle est fièrement intitulée « Le multiplicateur » et Pressac, loin de récuser son témoin pour exagérations et fables, découvre dans l'emploi du multiplicateur quatre (la moyenne

---

[446] *Id.*, p. 474-475.

des différents chiffres donne 3,8) le signe que le D$_r$ Nyiszli, sans être pour autant scientifique et rigoureux, est manifestement un universitaire qui porte la marque d'une formation intellectuelle des plus sérieuses. Il écrit :

> « La moyenne des différents multiplicateurs est presque exactement 4.[447] Si l'on applique cette moyenne au total officiel de quatre millions, nous arrivons à un chiffre beaucoup plus proche de la réalité : un million. Ce calcul n'est aucunement scientifique ou rigoureux mais il montre que le DOCTEUR NYISZLI, un honorable UNIVERSITAIRE, FORMÉ EN ALLEMAGNE, a multiplié les chiffres par QUATRE, quand il a décrit l'intérieur du *Krematorium-II* et quand il a parlé du nombre des personnes ou des victimes. »[448]

Bref, Pressac comprend que la « crédibilité » du livre de Nyiszli ait été « longtemps contestée »[449] ; c'était à cause du « fameux facteur de multiplication par quatre dont le D$_r$ Nyiszli a fait un usage si abondant et si lamentable »[450] ; mais Pressac est heureusement survenu ; il a découvert la clé de lecture nécessaire au lecteur de *Médecin à Auschwitz* et, grâce à cette clé, tout se déchiffre et il n'y a plus lieu de contester la crédibilité d'un honorable universitaire, formé en Allemagne. Pressac a sauvé Nyiszli.

Mais le lecteur, lui, quand il verra un chiffre quelconque sous la plume de cet étonnant témoin, ne saura jamais si ce chiffre est à considérer comme exact ou s'il faut le multiplier ou s'il faut le diviser, et par combien au juste.

« Faurisson et sa clique » (p. 12)

---

[447] Pressac oublie ici que, d'après lui, Nyiszli utilisait aussi des diviseurs ! Et que signifie « presque exactement » ? P. Vidal-Naquet, ratifiant cette manipulation des chiffres, écrit : « Que l'on puisse dire aujourd'hui que tel témoignage important doive être affecté, quant aux nombres, d'un coefficient de division par quatre est une conquête scientifique que nous aurions grand tort de bouder. On ne diminue pas le crime des nazis en renonçant à des chiffres faux. La question du nombre *exact* des victimes n'est pas essentielle. Arno Mayer le dit et le répète et sur ce point je ne puis que lui donner raison. » (Préface à Arno Mayer, La « *Solution finale* » p. VIII-IX).

[448] J.-C. Pressac, *op. cit.*, p. 475.

[449] *Id.*, p. 495.

[450] *Ibid.*

Je renonce à compter le nombre de fois où Pressac s'en prend aux révisionnistes en général et à ma personne en particulier. L'Américain Mark Weber écrit :

« Pressac ne semble pas être une personne psychologiquement solide. Par exemple, il confesse s'être « presque » tué dans le camp principal d'Auschwitz en octobre 1979 (p. 537). Ses rapports avec le professeur Faurisson et l'éditeur révisionniste français Pierre Guillaume auxquels il consacre plusieurs pages – ont changé, passant d'une sorte d'admiration à une animosité personnelle pleine d'aigreur. Il ne mentionne rien dans le comportement de Faurisson à son égard qui justifierait une telle haine viscérale, même compte tenu de l'intensité de son désaccord avec lui sur la thèse de l'Holocauste. La nature affective et même vicéreuse de l'hostilité furieuse de Pressac envers Faurisson laisse augurer d'une personnalité anxieuse et instable. »[451]

Je me dois d'apporter ici une explication. Pressac a une raison précise de m'en vouloir : au début des années quatre-vingt, j'ai été conduit à le mettre à la porte du domicile de Pierre Guillaume (où il était venu nous voir une fois de plus sans s'annoncer). Ce sont là de ces humiliations qui ne s'oublient pas, surtout chez quelqu'un qui, affligé d'un sentiment d'infériorité, quête l'approbation, recherche les compliments, propose ses services avec insistance et veut se faire prendre au sérieux. Pressac avait fini par me lasser. Son obséquiosité, sa confusion d'esprit, ses peurs paniques, son horreur de la clarté et des positions franches, sa propension à mentir et à tricher rendaient ses visites de plus en plus indésirables. Dans son livre, il ne fait aucune allusion à cet épisode humiliant ; au contraire, il affirme qu'en mars ou avril 1981, il prit l'initiative de « briser complètement avec Faurisson ».[452] C'est tout simplement faux. Il a été mis à la porte, et même, je dois le dire, assez vivement.

J.-C. Pressac était un admirateur de Hitler, de Degrelle et des *militaria*. Il possédait chez lui, en bonne place, un buste d'Adolf Hitler et, redoutant notre réaction lors d'une visite à son domicile, il nous en avait prévenus, P. Guillaume et moi-même, non sans quelque appréhension. Il avait rêvé d'écrire un roman montrant la victoire de son héros et le triomphe du national-socialisme.[453] Il avait fait ses études au Prytanée militaire de La Flèche et, si j'en crois Pierre Guillaume, lui-même ancien élève de cet établissement, il avait, en 1959, reçu une

---

[451] M. Weber, « Jean-Claude Pressac et la technique des chambres à gaz », p. 170.
[452] J.-C. Pressac, *op. cit.*, p. 554.
[453] *Id.*, p. 541.

réprimande de l'administration à la suite d'un sketch d'inspiration nazie qu'il avait monté lors d'une fête de l'école. Il disait avoir soutenu l'action de Pierre Sidos. L'extrême droite, ou ce qu'on appelle ainsi, possède, à côté de fortes personnalités (c'est le cas d'un Léon Degrelle), des malheureux qui admirent la force parce qu'ils sont faibles. Tel était le fait de J.-C. Pressac qui, de plus, présentait un cas médical qui, je dois le dire, avait ajouté à ma pitié.

P. Guillaume a consacré à J.-C. Pressac quelques pages de son livre *Droit et histoire*.[454] Je conseille la lecture de ces pages à la fois vivantes et pénétrantes. Avant de nous rencontrer, Pressac croyait aux chambres à gaz homicides. Je lui montrai ma documentation. Il en fut bouleversé et comprit son erreur. Croyant savoir lire les plans que j'avais découverts dans les archives du musée d'Auschwitz, il nous offrit ses services. Misérieux, mi-goguenards, nous affections de l'appeler « Schliemann », du nom de l'inventeur des ruines de Troie. Il avait une spécialité : à chaque rencontre, ses premiers mots étaient : « Je me suis planté ». Il « se plantait » – il se trompait – de façon chronique. Influençable et angoissé, il changeait perpétuellement d'avis sur les détails et, à chaque fois, prenait le ton le plus péremptoire pour articuler sa thèse du jour. Il avait une autre spécialité : dès qu'une question des plus simples le mettait dans l'embarras (et il vivait dans l'embarras), il répondait : « Oui-Non ». Non pas : « Oui et non » mais, d'un seul souffle : « Oui-non » et il lui était impossible de clarifier sa réponse, qui lui servait de refuge comme à un enfant pris en faute. Il avait la manie de prétendre, d'une minute à l'autre, qu'il n'avait pas dit ce qu'il venait de dire. Je l'invitais donc à enregistrer nos conversations au magnétophone pour dissiper toute méprise. Avec une peur d'enfant et sans aucune explication, il refusait d'être enregistré.

Mais il ne croyait plus aux chambres à gaz. Il se sentait naître une vocation de révisionniste ; cependant n'est pas révisionniste qui veut. Ma vie et celle de P. Guillaume devenaient de plus en plus difficiles. Pressac s'affolait. L'accumulation des procès et des attaques de toutes sortes, la détérioration progressive de ma santé physique, nos angoisses financières, une atmosphère générale d'hallali (il faut se rappeler ici ce qu'a été le montage de la « rue Copernic », bien pire que celui du « cimetière de Carpentras ») rendaient notre néophyte de plus en plus fébrile et hésitant. Il m'adjurait de renoncer à une entreprise aussi dangereuse. Pour sa part, il commençait à prendre ses distances. Des « amis juifs » lui avaient fait entendre que, dans le scepticisme, il y avait des limites à ne pas franchir.[455] À lire les plans d'Auschwitz et de Birkenau, que je lui avais fournis en abondance, il voyait bien que les

---

[454] P. Guillaume, *Droit et histoire*, p. 118-112.
[455] J.-C. Pressac, *op. cit.*, p. 548.

gazages étaient impossibles. Mais, sait-on jamais, commençait-il à dire, peut-être y avait-il eu tout de même, de-ci de-là, quelques menus gazages homicides, discrets, furtifs, improvisés, ce qu'il appelait des « gazouillages ». Avant son premier départ pour Auschwitz, à la suite de notre rencontre, il m'avait demandé quelle recherche il pourrait y entreprendre pour moi. Je lui avais répondu que j'étais intéressé par la question des crémations : nombre officiellement enregistré de corps incinérés ; qualités (détenus, gardiens, soldats et officiers allemands et membres de leurs familles) ; nombre des employés affectés aux crémations de cadavres et aux incinérations des fours à ordures ; durée des crémations ; emplois du temps, etc.). Je pensais, en effet, que ces nombres, à eux seuls, constitueraient un élément propre à démontrer l'impossibilité des formidables crémations qui auraient été exigées par les gazages de centaines de milliers de victimes en plus des crémations nécessitées par les ravages des épidémies dans le camp.

À son retour d'Auschwitz, Pressac me dit d'un air embarrassé qu'il n'avait pas trouvé le temps de s'occuper de la question qui m'intéressait. Il avait eu trop de travail et puis une jeune Polonaise l'avait beaucoup occupé, ajoutait-il : innocente forfanterie de timide.

Avant son second déplacement à Auschwitz, il me posa la même question et je lui fis la même réponse. Au retour, il me déclara à nouveau qu'il n'avait pas eu le temps d'entreprendre les recherches nécessaires. J'ouvre ici une parenthèse pour dire que, dans son gros livre, Pressac *ne répond toujours pas à mes questions.*[456]

Pressac finit par nous déclarer qu'il ne voulait plus prendre parti entre les révisionnistes et les exterminationnistes. Il affirma qu'il souhaitait avoir des relations dans les deux camps et se contenter d'un travail purement technique. Je l'encourageais dans cette voie et, dans une dédicace dont il rapporte le texte[457] mais dénature le contexte, je l'invitais à chercher, à trouver, à être froid, impartial et matérialiste. Mais c'était trop lui demander. Constatant qu'il ne pouvait s'atteler à un travail méthodique et austère qui lui aurait permis de mettre un peu d'ordre dans ses pensées, je le congédiais. Je l'avais initié à l'étude de la prétendue chambre à gaz du Struthof (Alsace). Par la suite, il allait publier, sous l'égide de S. Klarsfeld, un petit livre en anglais – indigent et confus – sur le sujet. Je vois que, dans son gros livre, il traite à nouveau du sujet. Mais il se garde bien de dévoiler une découverte que j'avais faite, quasiment en sa présence, quand, ensemble, au Palais de justice de Paris, avec Pierre Guillaume et M$_e$ Éric Delcroix, nous examinions les archives du « procès du Struthof », archives communiquées, sur la demande de la LICRA, par

---

[456] Voy., ci-dessous, Additif 2, « Combien de crémations journalières au *Krema-II*. »
[457] J.-C. Pressac, *op. cit.*, p. 554.

la direction, à Paris, de la gendarmerie et de la justice militaire. Dans ces archives, j'avais découvert une pièce révélant que le professeur René Fabre, doyen de la faculté de pharmacie de Paris, avait, en décembre 1945, signé une expertise du plus haut intérêt. Ce professeur avait examiné successivement les produits de grattage autour de la cheminée de la prétendue chambre à gaz homicide et, à l'hôpital civil de Strasbourg, les cadavres, bien conservés, des prétendus gazés. Dans les deux cas, il avait conclu négativement : il n'y avait aucune trace de gazage.

En réalité, cette chambre à gaz, à l'étanchéité toute relative, avait surtout servi pour l'entraînement des recrues de l'armée allemande au port du masque à gaz ; dans ce cas, le gaz employé est loin de présenter les mêmes dangers que l'acide cyanhydrique (Zyklon B). Pressac avait été heureux de pouvoir nous en faire la démonstration. Il était allé prendre des photographies d'une séance d'entraînement dans une chambre à gaz de l'armée française, peu éloignée de Paris. Je possède un jeu de ces photographies.

Trois petits secrets de J.-C. Pressac

Une légende, chère à Élie Wiesel, à Filip Müller et à Georges Wellers, veut que les Allemands aient creusé à Birkenau de gigantesques fosses où l'on aurait brûlé des milliers de cadavres à ciel ouvert. J'avais fait observer à Pressac que le camp de Birkenau occupait l'emplacement de vastes marécages au bord d'un affluent de la Vistule et que, malgré les travaux de drainage, la nappe phréatique était forcément restée à peu de distance du niveau du sol.[458] Il était donc difficile d'imaginer le creusement de ces fosses et j'ajoutais que, de toute façon, il devait être compliqué de brûler des cadavres dans des fosses à cause du manque d'oxygène. Pressac, à qui je conseillais toujours la vérification matérielle, avait alors creusé un petit trou dans son jardin et avait essayé d'y incinérer le cadavre d'un lapin. Il n'y était jamais parvenu. Me faisant visiter l'emplacement de sa « fosse d'incinération », il s'était répandu en plaisanteries sur le mythe des « fosses d'incinération » de Birkenau et l'histoire du lapin était devenue l'une de nos scies.

Les visiteurs du Struthof peuvent voir, d'une part, le camp même de Natzweiler avec le bâtiment du crématoire et, loin du camp, un petit bâtiment contenant la prétendue chambre à gaz homicide. Pressac m'avait fait remarquer que, *si on avait décidé de mentir à Natzweiler*

---

[458] C'est précisément à cause de la proximité de cette nappe phréatique que les *Leichenkeller* des *Krema-II* et *III*, au lieu d'être enterrés sous le bâtiment du crématoire, n'étaient que semi-enterrés, tout contre ledit bâtiment.

comme on avait menti à Auschwitz (*sic*), on aurait pu faire croire à l'existence d'une chambre à gaz homicide dans le bâtiment du crématoire. Pour le prouver, il m'avait fabriqué une sorte de faux plan de ce bâtiment en partant du vrai plan que nous avions découvert dans les archives de la gendarmerie et de la justice militaire. Je possède toujours ce faux plan dessiné et légendé par Pressac. Dans son gros livre, il ne souffle pas mot de ce petit travail.

Je possède aussi de Pressac une étude en deux volumes intitulée par lui *Auschwitz, architecture paisible*. Elle concerne les *Krema-IV* et *V*. Elle est d'une confusion extrême et n'a jamais été publiée. Mon exemplaire porte le n°2. La page des dédicaces est hilarante : Pressac, offrant ses services à tout le monde, se répand en flagorneries à l'adresse aussi bien de certains exterminationnistes que de certains révisionnistes. J'ai ma part de ces compliments trop appuyés pour être honnêtes.

Quelques emprunts et quelques mensonges

Aussi bien dans ses études que dans son gros livre, Pressac m'a outrageusement pillé. Il me doit une grande partie des plans, des documents ou des photographies qu'il a publiés ; l'autre partie est constituée, la plupart du temps, de plans, de documents et de photographies qui sont de même source ou de caractère identique. Seules les photographies du *Bauleitung Album*, détenu par les Israéliens, constituent un apport original.

La bassesse des attaques que me porte Pressac, ses tricheries et mensonges dans la présentation de certains faits m'obligeraient à rectifier ici beaucoup trop de ses allégations. Je suis décrit comme un lâche qui ne se présente « bien sûr » pas à son procès[459] ; or, il sait qu'à l'époque j'étais gravement malade. Il dit qu'un jour, en 1982, il m'a téléphoné et m'a trouvé comme une « épave » ; il écrit : « J'étais choqué et dégoûté de découvrir que [Faurisson] avait atteint le fond, entraînant avec lui sa famille »[460] ; il est exact qu'en 1981 et 1982, j'ai cru atteindre le fond de la détresse physique, morale et financière et que ma femme et mes enfants ont partagé avec moi cette détresse ; je n'ai pas pour autant parlé de mon « martyre »[461] et je ne vois pas ce qu'il y a de « choquant » et de « dégoûtant » à lutter comme je l'ai fait jusqu'au bout de mes forces. Je faisais peur à Pressac. Je lui avais toujours fait peur par mon acharnement à me défendre et par mon refus de baisser la tête.

---

[459] J.-C. Pressac, *op. cit.*, p. 554.
[460] *Id.*, p. 558.
[461] *Ibid.*

Il ose écrire :

> « Confrontés avec de nouvelles preuves [de l'existence de gazages homicides], Faurisson et Guillaume eurent un moment d'indécision et envisagèrent la possibilité de jeter l'éponge et de déclarer officiellement qu'il apparaissait que des gazages homicides avaient eu lieu à Birkenau. »[462]

Ici, il ment et il sait qu'il ment, du moins en ce qui me concerne. Jamais il ne m'a présenté la moindre preuve de ce qu'il appelait des « gazouillages » et jamais je n'ai, personnellement, envisagé l'éventualité d'une rétractation quelconque.[463]

Pressac sait que les procès qu'on m'a intentés et qui m'ont valu des condamnations sans exemple dans l'histoire contemporaine de notre pays n'étaient que des mises en scène, et que les documents avec lesquels on a cherché à m'accabler étaient dénués de valeur. Il le sait et il le dit soit clairement, comme lorsqu'il évoque le rôle de l'avocat de la LICRA, Mᵉ Jouanneau, soit implicitement quand il lui arrive d'analyser une « preuve » utilisée contre « Faurisson » lors d'un procès, et qu'il admet que cette « preuve » n'avait aucune valeur qu'on lui accordait.[464]

Questions esquivées

Pressac a esquivé une vingtaine de questions essentielles, d'ordre technique, posées par les révisionnistes. Je n'en citerai que quelques-unes :

- *Krema-I* : Comment peut-on expliquer la présence d'une chambre à gaz homicide fonctionnant au Zyklon B (gaz explosible) et ouvrant sur une salle où opéraient six fours fonctionnant parfois à 800° ? Comment la prétendue chambre à gaz pouvait-elle comporter une fragile porte vitrée sans verrou qui, s'ouvrant vers l'intérieur, aurait buté sur des monceaux de cadavres ? Comment

---

[462] *Id.*, p. 554.

[463] En revanche, je peux le confier ici pour la première fois, j'ai, à la fin de 1978, envisagé d'abandonner tout effort supplémentaire de publication quand j'ai vu avec quelle férocité la presse entière, l'université et la magistrature me refusaient jusqu'au droit de continuer à vivre normalement. Le Conseil d'État était allé jusqu'à déclarer, en octobre 1978, que j'étais un professeur d'université qui n'avait aucune publication à son actif, et cela de son propre aveu ! Ma solitude était totale ; la situation a bien changé depuis ces temps héroïques.

[464] J.-C. Pressac, *op. cit.*, p. 49 et 554-555.

la ventilation quotidienne pouvait-elle se faire à vingt mètres des fenêtres de l'hôpital SS ?

- *Krema-II* et *III*. Puisque les fournées de victimes étaient, paraît-il, de deux mille personnes[465], et s'il fallait une heure et demie pour incinérer un cadavre dans chacun des quinze moufles, au bout de ce laps de temps il restait encore mille neuf cent quatre-vingt-cinq cadavres à incinérer : où les entreposait-on entre-temps ? Comment la ventilation pouvait-elle se faire du bas vers le haut (le Zyklon est moins dense que l'air) quand tout était prévu pour une ventilation en sens contraire ? Où entreposait-on les cadavres de ceux qui, tous les jours, mouraient de mort naturelle ? D'une manière générale, comment concilier l'exiguïté des locaux (le petit ascenseur !) avec l'immensité des massacres à y accomplir ?

- *Krema-IV* et *V :* Que venaient faire des poêles à charbon dans les chambres à gaz ?

- Où pouvaient bien s'agglutiner les foules attendant de pénétrer dans ces crématoires alors que les photographies aériennes des Alliés ne montrent jamais même un embryon de telles foules et quand on voit que les lieux alentour, loin d'avoir été piétinés par ces foules, comportaient des jardins bien dessinés ?

- Comment aurait-on situé des abattoirs à gaz juste au milieu d'installations diverses qui, par un saisissant contraste, sont : un stade, des bâtiments hospitaliers, des bassins de décantation, des bâtiments de douches et de désinfection ?

- Où sont les innombrables documents scientifiques, techniques, médicaux, qui prouveraient qu'avant, pendant et après la création et le fonctionnement de ces abattoirs chimiques (qui n'ont pas de précédent dans l'histoire des sciences et des techniques) on aurait préparé, construit, surveillé ces travaux pharaoniques, et cela à une époque et dans des circonstances où, pour l'obtention de la moindre vis, de la moindre brique et du moindre kilo de charbon, il fallait obtenir des autorisations écrites et rendre des comptes précis ?

Omissions délibérées

On se rappelle que la seule question que j'avais posée à Pressac était celle des documents en rapport avec les crémations.[466] Ni lors de son

---

[465] Ce chiffre est celui des « historiens traditionnels », comme les appelle Pressac ; Pressac lui-même ne donne pas d'indication claire sur le sujet.
[466] Voy. ci-dessus.

premier séjour à Auschwitz, ni lors de son second séjour, il n'avait, paraît-il, pu trouver le temps d'étudier le sujet. Aujourd'hui que son livre est paru, son silence obstiné sur ce point est frappant.

On notera qu'il se garde bien de dire que de tels documents n'existent pas. Il sait trop bien qu'ils existent. Il préfère omettre d'en parler. Pourquoi dissimule-t-il à son lecteur l'existence d'une foule de documents qui prouvent que toutes les crémations étaient enregistrées ?[467] La méticulosité allemande allait, dans le cas d'une extraction dentaire pratiquée sur un cadavre avant sa crémation, jusqu'à exiger qu'on remplisse un formulaire imprimé, à en-tête de la « station dentaire du camp d'Auschwitz », avec indication de la date de crémation, de l'identité complète de l'interné, de son numéro d'immatriculation, des numéros des dents (à droite, à gauche, en haut, en bas), etc.[468] Pourquoi Pressac ne mentionne-t-il pas ce type de document ni un seul des documents que la chancellerie d'Auschwitz exigeait pour toute mort d'homme, avec une vingtaine de signatures pour une mort naturelle et une trentaine de signatures pour une mort non naturelle ?[469] Pourquoi ne mentionne-t-il pas un seul instant les « registres mortuaires » où les Allemands collationnaient, à raison d'une page entière par décès, tous les renseignements afférents à chaque décès ? Les révisionnistes avaient signalé l'existence de deux ou trois exemplaires de ces *Totenbücher* ou *Sterbebücher* au musée d'Auschwitz et d'une quarantaine d'exemplaires à Moscou : tous ces exemplaires étant, bien entendu, inaccessibles aux chercheurs indépendants. C'est sous la pression des révisionnistes, notamment lors du procès Zündel de 1988 à Toronto, que la décision fut prise de révéler, en 1989, au grand public l'existence de ces registres. Pressac a joué de malchance. Son livre, *où il dissimule l'existence de ces registres*, n'était pas plutôt achevé que l'Union soviétique révélait que, pour sa part, elle détenait une bonne partie – mais non l'exclusivité – de ces précieux documents qui portent un coup fatal à la légende de l'extermination. Pressac, en ne mentionnant pas que, dans les archives du musée d'Auschwitz, où il a eu ses entrées, se trouvaient aussi deux ou trois registres mortuaires, a menti par omission.

---

[467] « Le chef d'équipe (*Vorarbeiter*) inscrivait dans un carnet le nombre de cadavres incinérés à chaque fois et le responsable du *Kommando* (*Kommandoführer*), un SS, vérifiait cette comptabilité » (témoignage H. Tauber, d'après Pressac, p. 495).

[468] Voy. *Contribution à l'histoire d'Auschwitz*, musée d'Auschwitz, 1968, la photographie du document entre les pages 80 et 81.

[469] Dr Tadeusz Paczula, ancien détenu, « L'Organisation et l'administration de l'hôpital d'Auschwitz I », p. 45.

Sur la question du coke nécessaire aux crémations et aux incinérations, Pressac est d'une confusion que je trouve suspecte.[470] Il en ressort que la consommation de coke a certainement été dérisoire par rapport à ce qu'il aurait fallu pour les gigantesques crémations dont parle la légende, mais il n'est pas possible, tellement Pressac a tout embrouillé, de s'en faire une idée précise. Il est probable que chaque moufle ne brûlait guère plus qu'une moyenne de six ou sept cadavres par jour, comme les fours à huile de Buchenwald[471], et il est manifeste que le document allemand du 28 juin 1943 indiquant pour Auschwitz une capacité d'incinération de 4.756 cadavres par jour (les fours fonctionnant douze heures sur vingt-quatre) est inacceptable. D'ailleurs, Pressac ne s'attarde pas à justifier un chiffre aussi extravagant (340 pour le *Krema-I*, 1440 pour le *Krema-II*, 1440 pour le *Krema-III*, 768 pour le *Krema-IV* et 768 pour le *Krema-V*) et, selon une méthode qui lui est chère, il met ces exagérations sur le compte de la « vantardise » des SS qui, de toute façon, en pareil cas, avaient dû « multiplier les vrais chiffres par un facteur de 2 à 5 ».[472]

Mais le plus impardonnable mensonge par omission qu'il ait commis est celui qui concerne *l'activité quotidienne* des crématoires d'Auschwitz et de Birkenau. Le lecteur qui vient de terminer son ouvrage peut croire que les cinq crématoires étaient affectés à la crémation de... gazés. Or, tous les jours, ces crématoires recevaient des cadavres de victimes d'épidémies diverses, de gens morts de mort naturelle, de détenus, de gardiens, de soldats, de civils. Et si, par exemple, le *Krema-I* était à proximité de l'hôpital SS, c'était d'abord pour la crémation des morts de la SS. Le Dr Popiersch, médecin-chef, mourut du typhus et fut incinéré à Auschwitz ; de même pour l'épouse du SS Caesar, responsable des travaux agricoles ; de même pour Alma Rosé, la juive allemande qui dirigeait l'orchestre de femmes du camp de Birkenau et qui eut droit, si l'on en croit Fania Fénelon, à d'extraordinaires funérailles.[473] Jamais Pressac ne nous dit comment cette activité normale des crématoires pouvait, chaque jour, se combiner avec les activités liées aux prétendus gazages : transports jusque dans les chambres froides, entreposages, crémations, recueil des cendres, urnes, expéditions de ces urnes, etc.

Conclusion

---

[470] J.-C. Pressac, *op. cit.*, voy. microfilm 12.012 mentionné à la page 87, le tableau de la page 224, les considérations de la page 227.
[471] *Id.*, p. 106.
[472] *Id.*, p. 110.
[473] Fania Fénelon, *Sursis pour l'orchestre*, p. 302-330.

En 1982, j'avais rendu compte de l'étude de Pressac sur les *Krema-IV* et *V* de Birkenau. À ce compte rendu j'avais donné pour titre : *Le mythe des « chambres à gaz » entre en agonie.*

Au présent compte rendu de 1990, je pourrais donner pour titre : *La mort du mythe des « chambres à gaz ».*

Dans les médias, ce mythe se perpétue tant bien que mal mais, dans le milieu scientifique ou universitaire, il est mort. Notre « pharmacien de banlieue », comme l'appelle P. Vidal-Naquet, s'était présenté en sauveur ; ses potions magiques ont, en 1982, aggravé l'état du malade ; en 1989, soit sept ans plus tard, elles l'ont achevé.

Je connais des révisionnistes qui, devant une thèse si désastreuse pour l'exterminationnisme, se demandent si Pressac ne serait pas l'un des leurs ; s'avançant masqué, il aurait berné le couple Klarsfeld. Je n'en crois rien. Pressac est un néophyte, un autodidacte, un naïf doublé d'un roublard ; sa personnalité est instable ; il est incohérent, tourne à tout vent, raisonne mal et ne sait s'exprimer ni par la parole ni par l'écrit – défaut qui ne serait que fâcheux pour l'exposé d'une thèse cohérente mais qui devient ici, pour une thèse incohérente et hybride, franchement catastrophique. Pressac ne porte aucun masque ; c'est son vrai visage qui nous déconcerte. De son côté, le couple Klarsfeld manque de discernement ; il est même aveugle ; il trouve « normal » que, dans certains cas, on tue ou blesse grièvement ceux qui déplaisent à la communauté juive.[474] L'angoisse de Serge et Beate Klarsfeld devant la montée du révisionnisme – dont ils savent qu'il ne dispose pourtant ni d'argent ni de tribune publique – leur fait perdre jugement et sang-froid. Dans le combat antirévisionniste, tous les moyens leur paraissent bons, tous les concours sont les bienvenus, toutes les opérations médiatiques peuvent servir. Pressac, chassé par R. Faurisson, congédié par G. Wellers, est allé offrir ses services au couple Klarsfeld. Il a été engagé. L'énorme pensum a dû coûter cher. Si, aux amis du couple Klarsfeld, il a coûté cher en argent, il leur coûtera encore plus cher par son résultat, fatal pour les exterminationnistes et providentiel pour les révisionnistes.[475]

En 1979, P. Vidal-Naquet et Léon Poliakov avaient déclaré, avec trente-deux autres historiens français, qu'il ne fallait pas se poser de

---

[474] *Radio J*, 17 septembre 1989, AFP, 13.36 ; *La Lettre télégraphique Juive*, 18 septembre 1989, p. 1 ; *Le Monde*, 19 septembre 1989, p. 14.

[475] L'ouvrage s'ouvre sur une impressionnante liste de donateurs avec, en premier lieu, « la Commission des communautés européennes, le Groupe socialiste du Parlement européen et Madame Simone Veil, ancienne présidente du Parlement européen » (p. 8) ainsi que des personnalités politiques comme Jacques Delors.

question sur la technique et le fonctionnement des chambres à gaz homicides. Ils précisaient :

> « Il ne faut pas se demander comment, *techniquement*, un tel meurtre de masse a été possible. Il a été possible techniquement puisqu'il a eu lieu. Tel est le point de départ obligé de toute enquête historique sur ce sujet. Cette vérité, il nous appartenait de la rappeler simplement : il n'y a pas, il ne peut y avoir de débat sur l'existence des chambres à gaz. »[476]

Dans ma *Réponse à Pierre Vidal-Naquet*, j'avais parlé du « janotisme » de cette déclaration et j'avais ajouté :

> « [...] ce texte du *Monde* était conçu pour parer au plus pressé ; dans le désarroi provoqué par mon article sur "La Rumeur d'Auschwitz" [*Le Monde*, 29 décembre 1978, p. 8], Vidal-Naquet et Poliakov avaient hâtivement rédigé un manifeste, puis étaient allés le porter à des signataires en leur disant : « Nous disons qu'il ne peut y avoir de débat, mais il est évident que chacun d'entre vous doit se mettre au travail pour répliquer à Faurisson. » C'est ce qu'ingénument nous avoue Vidal-Naquet à la page 196 de [*Les Juifs, la mémoire et le présent*] quand il écrit : "Bon nombre d'historiens ont signé la déclaration publiée dans *Le Monde* du 21 février 1979, très peu se sont mis au travail, une des rares exceptions étant F[rançois] Delpech."[477] »

À P. Vidal-Naquet, à L. Poliakov et aux survivants de la « déclaration » des trente-quatre historiens il aura donc fallu attendre dix ans pour voir enfin paraître une tentative de réfutation de mon article du *Monde* sur « La Rumeur d'Auschwitz ». Si mon article avait été bâti sur quelque sottise, sa réfutation n'aurait pas exigé une aussi longue attente, ni, au terme de cette attente, une réponse aussi volumineuse et, comme on vient de le constater, aussi indigente que celle de Pressac.

Pressac a signé un chef-d'œuvre d'inanité. Ses capacités intellectuelles ne permettaient pas d'espérer mieux. Sa tendance à tricher et à manipuler, déjà si remarquable dans sa présentation de *L'Album d'Auschwitz*, se confirme ici.[478] Mais le pharmacien de la Ville du Bois

---

[476] *Le Monde*, 21 février 1979, p. 23.
[477] R. Faurisson, *Réponse à P. Vidal-Naquet*, p. 20.
[478] Voy. ci-dessous l'additif 3.

n'est qu'un pauvre hère. Pierre Vidal-Naquet et le couple Klarsfeld sont d'une autre étoffe.

Voilà des personnages qui ont eu tout loisir de mesurer à quel point leur « pharmacien de banlieue », comme l'appelle P. Vidal-Naquet, était un cerveau creux. Ils l'ont néanmoins utilisé. Mais pouvaient-ils trouver mieux ? En tout cas, ils ont discrédité leur cause. Les voici maintenant encombrés de cet ouvrage monstrueux, ni fait, ni à faire, totalement inutilisable. Au moindre journaliste qui leur demandera, comme l'a fait R. Bernstein, de lui signaler, en vue d'un article, une seule page et une seule photographie de ce pensum pour répliquer aux révisionnistes, ils seront incapables d'offrir quoi que ce soit.

Je ne vois guère que les révisionnistes pour s'intéresser à Pressac et à son grand œuvre, mais comme le feraient des chercheurs qui se penchent sur un phénomène tératologique. La religion de l'« Holocauste » aura décidément enfanté bien des monstruosités ; l'ouvrage difforme de Pressac en est un exemple.

Dans sa conférence dite « de l'éléphant » prononcée en 1982[479], A. R. Butz mettait les révisionnistes en garde contre un danger : celui de perdre leur temps en des discussions techniques oiseuses qui font que l'arbre nous cache la forêt : tout occupés à traiter, par exemple, du Zyklon B ou des fours crématoires, nous en venons à oublier l'essentiel qui est qu'une extermination aussi gigantesque aurait laissé une surabondance de preuves physiques et documentaires et non d'infimes traces de bricolage domestique. Nos adversaires, ajoutait A. R. Butz, chercheront à nous entraîner dans des discussions cabalistiques parce que, sur le terrain des constatations les plus simples, ils savent qu'ils ont d'ores et déjà perdu la partie. Mais, précisait également Butz, un révisionniste doit néanmoins se montrer capable d'affronter les cabalistes jusque dans leurs vétilles. Quel que soit le terrain choisi, les défenseurs de la thèse de l'« Holocauste » doivent sentir que toutes les voies de sortie leur sont fermées. C'est ainsi qu'aujourd'hui ils se retrouvent dans une totale impasse. Leur unique planche de salut – ce livre de Pressac – n'est qu'une planche pourrie.

La communauté juive a eu de mauvais bergers. Elle aurait dû, il y a une dizaine d'années, abandonner le dogme de la chambre à gaz d'Auschwitz. En décembre 1978, *Le Monde* avait, en même temps que mon article sur « La Rumeur d'Auschwitz », publié des textes qui étaient supposés me donner la réplique. Je pense que des universitaires français, d'origine juive, ont tout de suite perçu qu'un événement grave venait de se produire : en quelques lignes, je venais de rappeler, après d'autres

---

[479] A. R. Butz, « Contexte historique... »

révisionnistes, que le roi était nu et, en face de nous, un groupe d'historiens de cour essayait, mais en vain, de prétendre le contraire. Le 16 janvier 1979, *Le Monde* publiait mon « droit de réponse ». C'est à cette époque, je pense, que ces universitaires français d'origine juive auraient dû préparer d'urgence une « déclaration d'historiens » reconnaissant qu'il *pouvait* et qu'il *devait* y avoir un débat sur l'existence ou la non-existence des chambres à gaz d'Auschwitz.

Le sort allait en décider autrement. Le 21 février 1979 paraissait donc la « déclaration » rédigée par P. Vidal-Naquet et L. Poliakov. Les exterminationnistes signaient là leur perte. Dix ans plus tard, avec ce livre de J.-C. Pressac, ils recueillent le fruit de leur aveuglement. Ils me paraissent avoir été inspirés par une conception trop restreinte de leur intérêt. Ils auraient dû voir plus loin et songer à la fois aux obligations de l'historien et aux intérêts, bien compris, de la communauté juive. Au lieu d'accumuler contre les hérétiques les campagnes de presse, les agressions physiques, les recours à la police et à la justice, au lieu de multiplier les colloques-soliloques, au lieu de produire tant de mauvais ouvrages, celui de Pressac étant le pire, il aurait fallu s'ouvrir à la discussion et à la réflexion.

Il aurait fallu travailler.

Les révisionnistes ont travaillé. Il aurait fallu suivre leur exemple.[480]

Additif 1
Pressac devant le rapport Leuchter

---

[480] L'ouvrage de J.-C. Pressac constitue, ainsi que nous l'avons dit, une aubaine pour les révisionnistes ; aussi ces derniers sont-ils en train d'en multiplier les comptes rendus :
– Mark Weber, « Jean-Claude Pressac et la technique des chambres à gaz », *RHR*, n° 2 (août-octobre 1990), p. 163-170 ;
– Jack Wikoff, « *Auschwitz : Technique and Operation of the Gas Chambers*, by Jean-Claude Pressac », *Remarks* (P.O. Box 234, Aurora, NY 13026, USA), p. 1-9 ;
– Enrique Aynat, « Jean-Claude Pressac : *Auschwitz : Technique and Operation of the Gas Chambers* », 41 pages dactylographiées, en espagnol, à paraître.
S'annoncent également une étude à paraître dans la revue américaine *Instauration* et une étude, en italien, de Carlo Mattogno. Je suppose enfin que l'Américain Fritz Berg publiera également son sentiment. F. Berg est l'auteur de trois études techniques d'importance, toutes publiées dans *The Journal of Historical Review* : « The Diesel Gas Chambers : Myth Within a Myth » (printemps 1984, p. 15-46) ; « The German Delousing Chambers » (printemps 1986, p. 73-94) ; « Typhus and the Jews » (hiver 1988-1989, p. 433-81). C'est grâce au savoir-faire de F. Berg que j'ai pu obtenir un exemplaire de l'ouvrage de Pressac en janvier 1990.

À la fin de 1988, Serge Klarsfeld publiait, dans *Jour J. La Lettre télégraphique juive*, une étude de Pressac sur le rapport Leuchter. Le titre en était : « Les carences et les incohérences du "Rapport Leuchter" ».

« Carences » et « incohérences » : Pressac parle d'or ! La seule preuve qu'il ait cru trouver de gazages homicides au *Krema-I*, il la doit… à ce rapport ![481] Son étude, manifestement hâtive, mêle des considérations sentimentales sur Fred Leuchter à un développement sur les gazages d'Auschwitz, un aperçu sur les fours d'Auschwitz et un dernier développement sur Majdanek. Sur Auschwitz, il répète ce que j'appelle sa théorie des molécules à têtes chercheuses, théorie qui vise à expliquer l'absence, si embarrassante pour Pressac, des taches de ferrocyanures là où l'on aurait gazé tant d'êtres humains. Sur Majdanek, je ne crois pas exagéré de dire que Pressac ne croit pas à l'existence de chambres à gaz homicides dans ce camp. Il écrit :

> « Faute d'une étude technique précise, ces chambres à gaz restent mal connues. » (p. VII) ;
>
> « L'emploi de [tels locaux] en chambres à gaz homicides à l'HCN paraît difficile et reste aléatoire […] ; la technique semblerait possible, mais une utilisation réelle est aléatoire. » (p. VIII) ;
>
> « [Il y a eu des] modifications […] postérieures à 1945 [et qui donnent une] fausse impression. » (p. IX) ;
>
> « une regrettable confusion dans les années 19501960, aboutissant à présenter souvent la salle des douches comme une chambre à gaz homicide (le toxique gazeux censé diffuser des pommeaux). » (*Ibid.*)[482] ;
>
> « L'emploi homicide de ce local n'est concevable qu'à deux conditions : suppression du vasistas susceptible d'être brisé par les victimes et ajout d'une ventilation mécanique. » (*Ibid.*)[483] ;
>
> « la fonction homicide sur laquelle l'auteur [Pressac] ne peut actuellement se prononcer. » (*Ibid.*) ;
>
> « la directrice adjointe du musée a affirmé à l'auteur [Pressac] que cette chambre à gaz avait très peu, mais vraiment très peu servi, ce qui signifie en clair qu'elle n'a pas servi du tout. Cette fiction est maintenue pour ne pas heurter la croyance populaire qui veut que […]. » (*Ibid.*) ;

---

[481] Voy. ci-dessus.

[482] Sont ici respectés l'orthographe et le français de Pressac.

[483] Ce qui, en clair, signifie que ce local ne peut avoir été une chambre à gaz homicide parce qu'il possède un vasistas et qu'il est démuni de toute ventilation mécanique.

etc.

Dans son gros ouvrage, Pressac manifeste le même scepticisme. Il estime qu'on n'a pas encore entrepris d'« étude sérieuse » de ces chambres à gaz.[484] Il glisse à propos d'Auschwitz une réflexion qui implique que Majdanek ne serait peut-être pas vraiment « criminel ».[485] Dénonçant les procédés des « officiels du Musée de Majdanek », il écrit :

> « J'ai le regret de dire, et je ne suis pas le seul à l'Ouest, qu'à Majdanek les chambres à gaz homicides et/ou de désinfection en sont à attendre un véritable historien, ce qui est quelque peu gênant vu le fait que le camp est tombé intact aux mains des Russes en 1944. »[486]

À la page 557, une photographie montre l'extérieur de l'une des « chambres à gaz de désinfection qu'on pensait être une chambre à gaz homicide ». Le cliché est de Mͤ Jouanneau, avocat de la LICRA, berné, nous dit Pressac, par les autorités du camp (l'avocat avait utilisé cette photographie devant le tribunal de Paris pour prouver que R. Faurisson était un falsificateur niant l'évidence historique).

Additif 2
Combien de crémations journalières au Krema-II ?

Combien y a-t-il eu, en moyenne, de crémations journalières dans les cinq fours à trois moufles du *Krema-II* ?

À cette question, Pressac devrait donner une réponse et une seule ; or, il en fournit au moins cinq, qui vont de 288 par jour à 1500 par jour.

- Première réponse : 960 ou 288 ou 720 ! Ces trois réponses contradictoires ressortent de la seule page 110 où, parlant d'un document allemand du 28 juin 1943, qui indique 1440 crémations par jour, il dit que ce chiffre « officiel », même réduit d'un tiers (ce qui ferait 960 crémations), est à peine croyable et il ajoute que, les SS aimant à se vanter, il vaut mieux, en général, diviser leurs chiffres par « un facteur de 2 à 5 » pour obtenir la vérité en pareille matière. Ainsi obtiendrait-on un minimum de 288 crémations et un maximum de 720 crémations.

---

[484] J.-C. Pressac, *op. cit.*, p. 184.
[485] *Id.*, p. 218.
[486] *Id.*, p. 555.

- Deuxième réponse : 752 ! C'est ce qui ressort de la page 183 où il écrit que ce *Krema* « fonctionna comme une chambre à gaz homicide et une installation de crémation du 15 mars 1943, avant sa mise en service officielle le 31 mars, jusqu'au 27 novembre 1944, anéantissant un total d'environ 400.000 personnes, pour la plupart des femmes, des enfants et des vieillards juifs ». Pressac ne justifie aucune de ces affirmations. On ignore pourquoi il prétend que ce *Krema*-fonctionna de manière homicide avant le 31 mars et on ignore aussi pourquoi la date ultime de fonctionnement est arrêtée au 27 novembre 1944, sinon parce que l'autodidacte Pressac prend sans doute à son compte la légende selon laquelle Himmler aurait ordonné, le 26 novembre 1944, d'arrêter le massacre. Mais, peu importe. Prenons-le au mot. Du 15 mars 1943 au 27 novembre 1944, il s'est écoulé 624 jours, chiffre qu'il faut ramener à 532 si l'on tient compte du fait que, pour cause d'une réparation de sa cheminée, ce *Krema*-aurait cessé de fonctionner pendant trois mois, de mai à juillet 1943.[487] Pendant 532 jours, il y aurait eu 400.000 crémations, soit 752 crémations par jour.
- Troisième réponse : « un "débit" plus proche de 1.000 ». C'est ce que dit l'auteur à la page 470 quand il juge qu'on ne peut retenir le chiffre de 2.000 incinérés donné par le témoin Dr Bendel.[488]
- Quatrième réponse : « de 1.000 à 1.500 ». C'est ce que dit l'auteur à la page 475 à propos d'une estimation du Dr Nyiszli.
- Cinquième réponse : presque 625. C'est ce qui ressort de la page 494 où l'auteur indique que le nombre des incinérés, d'après le témoin H. Tauber, est de deux mille cinq cents par jour, un chiffre au sujet duquel il écrit : « On trouve presque ici le fameux coefficient de multiplication par quatre [du Dr M. Nyiszli] ».

En résumé, Pressac donne sur ce sujet des réponses totalement divergentes ; ces estimations des crémations journalières du *Krema-II* sont donc, dans l'ordre croissant, les suivantes :

288, 625, 720, 752, 960, 1.000, 1.000 à 1.500.

Ce *Krema*-possédait quinze moufles et les fours, Pressac le reconnaît, ne fonctionnaient que douze heures par jour. Pour chaque moufle, les crémations journalières auraient donc été respectivement de 19, 42, 48, 50, 64, 67, 67 à 100. Ces chiffres, qui varient de 19 à 100 par jour, auraient représenté des performances qui dépassent les possibilités de nos plus modernes crématoires. Ils sont encore plus inacceptables si l'on songe que Pressac ne compte que les cadavres des prétendus *gazés*

---

[487] *Id.*, p. 227.
[488] *Id.*, p. 334.

auxquels il faudrait ajouter la crémation des cadavres de détenus, de gardiens et de soldats qui, tous les jours, mouraient de causes diverses, notamment quand le typhus faisait rage dans le camp.

Additif 3
Les tricheries de Pressac Dans L'Album d'Auschwitz

En 1983, Pressac et Klarsfeld avaient publié conjointement une édition française de ce qu'on appelle *L'Album d'Auschwitz*. Il s'agissait d'un ensemble de 189 photographies, du plus haut intérêt, prises en 1944 par un Allemand de la section photographique du camp d'Auschwitz : peut-être Ernst Hoffmann. Personne, ni chez les exterminationnistes ni chez les révisionnistes, n'a contesté l'authenticité et la véracité de ces photographies prises lors des arrivées massives de juifs hongrois en 1944. Ces photographies apportent à la thèse révisionniste une providentielle confirmation et il est choquant qu'il ait fallu attendre le début des années quatre-vingt pour en voir publier la totalité. S. Klarsfeld, embarrassé par de pareilles révélations, n'avait découvert qu'une parade : fabriquer un récit bouleversant sur la prétendue découverte de cet album par une certaine Lili Meier. Klarsfeld et Pressac allèrent même plus loin pour l'édition en français de cet album. Dans une étude de vingt pages dactylographiées, achevée en décembre 1983 mais non publiée alors, faute d'argent, je décrivais leurs subterfuges. Je montrais que, dans cette édition française, que je comparais aux deux éditions originales publiées aux États-Unis, Pressac avait bouleversé l'ordre original des parties de l'album, un ordre qui reflétait une progression logique des événements du camp de Birkenau pour les nouveaux arrivants. À cet ordre original, notre homme avait substitué un ordre donnant à entendre que la plupart des gens allaient mourir dans de mystérieuses chambres à gaz homicides. Il avait aussi changé le nombre des photographies de chaque partie et procédé à des transferts de photographies d'une partie à une autre partie ! Il avait supprimé un groupe de photographies et, pour rétablir le nombre original des groupes, il avait utilisé à deux reprises un même titre original mais avec deux traductions différentes. J'écrivais :

> « Sans en souffler mot au lecteur, Jean-Claude Pressac a agi comme un pharmacien qui aurait subrepticement changé le contenu des flacons, modifié leur nombre et trafiqué les étiquettes, tout cela non sans commettre deux faux en écriture. »

Mais la plus spectaculaire des manipulations se situait aux pages 42 et 43 de *L'Album*. Sous le titre « Les Tricheries de l'Album d'Auschwitz », je diffusais un court texte consacré à cette supercherie. Je ne manquais pas d'en envoyer un exemplaire aux éditions du Seuil. Voici ce qu'avait imaginé ledit pharmacien : pour essayer de nous faire croire que la route prise par certains groupes de déportés (des femmes et des enfants) finissait aux *Krema-II* et *III* et donc, selon lui, dans des chambres à gaz homicides, il avait produit à la page 42 de *L'Album* un plan de Birkenau où il avait soigneusement pratiqué une coupure qui empêchait de voir qu'en réalité ces groupes de déportés, passant effectivement entre les deux *Krema*, poursuivaient leur chemin et se rendaient au grand centre de douches et de désinfection appelé le « *Zentral Sauna* ». Pris la main dans le sac, Pressac allait, pendant six ans (1983-1989), observer la politique du silence. À ceux qui avaient lu mon texte et qui lui demandaient obstinément des explications, jusqu'au téléphone, il répondait en affectant l'ignorance ; jamais, disait-il, il n'avait eu connaissance de ce texte. Aujourd'hui, avec la publication de son gros ouvrage, il est contraint de s'expliquer. Et il aggrave son cas.

Le plan sur lequel il a fallacieusement coupé la route du *Zentral Sauna* se trouve reproduit à la page 421 de son gros ouvrage. Aux pages 514 et 515, il tente de s'expliquer. Il commence par dire qu'en 1983 il avait pu facilement répondre à mes critiques « dans un article dont la publication ne fut pas jugée nécessaire ». Il ne nous révèle pas qui a pris cette décision ni pourquoi. Je suggère que la réponse de Pressac fut tout simplement jugée détestable. Si je me permets cette suggestion, c'est que la réponse qu'il consent enfin à nous livrer en 1989 dans son gros ouvrage est affligeante et *prouve l'artifice*. Pressac répond, en effet, que pour dessiner le plan que je lui reproche, il a pris « pour **base** »[489] un certain plan, authentique celui-là : le plan 3764.[490] Je n'en doute pas : il l'a pris « pour **base** » et il lui a **ajouté** le tracé des routes, mais en prenant bien soin de… couper la route menant au *Zentral Sauna*, et cela pour nous faire croire que femmes et enfants juifs, qui prenaient cette route, ne pouvaient aller au-delà des crématoires. L'amputation est flagrante. Le subterfuge est patent.

Il y a mieux. Dans la version originale de *L'Album d'Auschwitz*, version américaine, figurait une photographie qu'on peut décrire ainsi : au premier plan, un groupe de quatre juifs d'un certain âge, trois hommes et une femme, ont manifestement une altercation, cependant qu'à l'arrière-plan, indifférents à la scène, passent, dispersés, quelques rares soldats allemands en bonnet de police. Il s'agit de la photographie 109.

---

[489] *Id.*, p. 515.
[490] *Id.*, p. 51.

Pressac, décidant de faire « parler » cette photographie, la déplace, dans la version française, à la cent quatre-vingt-neuvième et dernière place où elle est censée marquer le summum de l'horreur exterminatrice. Et voici, en son sabir, l'explication de la photographie :

> « Cette photo est unique, terrible à verser au dossier de l'extermination des juifs comme preuve à charge […]. Le sentier sur lequel cette femme refuse d'avancer aboutit devant la porte du *[Krema] V*, donnant sur le vestiaire et les chambres à gaz. Si les trois hommes qui l'entraînent ne semblent pas se douter du sort qui les attend, elle sait que le bâtiment dont elle se détourne, ce bâtiment en briques rouges, au toit noir, avec ses deux cheminées hautes de seize mètres, est devenu la négation de la vie et pue la mort. »

Dans mon article de 1983, je faisais observer :

> « Ce pathos ne saurait nous cacher ceci : il n'y a pas de sentier et on ne saurait prédire la direction que pourrait prendre tel ou tel personnage ; [Pressac] ne nous dit rien de la présence et de l'indifférence ou de l'inattention des soldats allemands ; comment la femme saurait-elle qu'on va la gazer et comment les hommes ignoreraient-ils qu'on va les gazer ? Enfin et surtout, *il est manifeste que la femme ne cherche pas à se détacher de l'homme de droite ni à lui résister : de sa main gauche elle enserre la main de cet homme.* »[491]

Pressac, dans son gros ouvrage de 1989, modifie alors son commentaire de la photographie et déclare :

> « Quant à l'attitude de la femme, il se peut simplement que, sans illusions sur ce qui l'attend et apercevant le photographe SS, elle se soit soudainement détournée, disant en effet : « Je ne veux pas que ce [salaud de] SS me photographie ! » Une telle réaction ne serait pas surprenante vu que certains enfants juifs, moins polis et plus spontanés que leurs parents, sentant d'instinct que les SS ne leur voulaient pas de bien, faisaient la grimace aux photographes. »[492]

---

[491] Voy. ci-dessus, vol. I.
[492] J.-C. Pressac, *op. cit.*, p. 421.

Autrement dit, à un roman Pressac substitue un autre roman et toute sa thèse de *L'Album d'Auschwitz* s'écroule puisque, aussi bien, la photographie censée représenter le summum de l'horreur se réduirait, s'il faut en croire notre manipulateur lui-même, à nous montrer une vieille femme qui... ne voudrait pas être photographiée !

Pressac me reproche de ne pas dire que la scène se déroule près du *Krema-V*. En réalité, je le dis puisque je le cite. Et je trouve intéressant que cet endroit n'ait rien de secret : comme sur bien d'autres photographies aussi bien de cet album que du gros ouvrage, on voit de petits groupes de juifs, d'Allemands et de travailleurs civils se côtoyer paisiblement.

Dans son gros ouvrage, Pressac laisse sans réponse tous les autres reproches de tricherie que je lui adressais en 1983 à propos de cet *Album d'Auschwitz*. Il m'oblige donc aujourd'hui à réitérer mes accusations.

Additif 4
Le témoignage tronqué d'Hanna Reitsch

Pressac fait état du témoignage de l'as de l'aviation allemande, Hanna (et non pas : Hanna<u>h</u>) Reitsch (1912-1979) comme s'il s'agissait d'une preuve de l'existence des chambres à gaz.[493] En réalité, H. Reitsch a vu, à la fin de 1944, une brochure des Alliés mentionnant les chambres à gaz ; elle n'y a pas cru. *Après* la guerre, elle s'est mise à y croire. À la fin de sa vie, elle n'y croyait plus : ce dernier point, Pressac l'ignore ou feint de l'ignorer. Les détails de l'affaire sont intéressants.

En octobre 1944, l'aviateur Peter Riedel, qui travaillait à l'ambassade d'Allemagne à Stockholm, reçut une brochure de la propagande alliée où il était question de chambres à gaz. Vivement ému, il en parla à Hanna Reitsch à la « Maison de l'Aviation » à Berlin. Celle-ci, furieuse, lui dit qu'il s'agissait manifestement d'une invention de la propagande de guerre comparable aux mensonges de la propagande ennemie sur le compte des Allemands pendant la première guerre mondiale. Riedel la pressa d'en parler à Himmler. H. Reitsch s'en vint trouver Himmler qui feuilleta la brochure sans marquer la moindre émotion ; il lui demanda : « Et vous croyez cela, Frau Hanna ? » Elle lui répondit que non mais elle ajouta qu'il fallait contrer cela. Himmler lui dit qu'elle avait raison.

Pressac précise que la version anglaise des mémoires de l'aviatrice (*Fliegen – mein Leben*) s'arrête là mais que, dans la version française, on ajoute : « Quelques jours plus tard l'information fut démentie. J'appris de Peter Riedel qu'un journal suédois avait fait paraître le même démenti.

---

[493] J.-C. Pressac, *op. cit.*, p. 468.

C'est seulement après 1945 que je découvris, et avec quelle horreur, que Himmler m'avait menti et que l'atroce nouvelle était vraie. »

Si Pressac avait poussé ses investigations un peu plus loin et notamment s'il avait lu Gerd Honsik, *Freispruch für Hitler ? 36 ungehörte Zeugen wider die Gaskammer*, il aurait pu découvrir ceci[494] :

1° Himmler dit aussi à l'aviatrice à propos de l'accusation portée par les Alliés : « C'est la corde (il voulait parler de l'accusation de gazage) avec laquelle on nous pendra en cas de défaite. »[495]

2° H. Reitsch était si bien revenue au bon sens qu'elle soutenait à la fin de sa vie les efforts des révisionnistes et, en particulier, ceux d'un Autrichien qu'elle appelait « le courageux Friedl Rainer » « contre tous ces terribles mensonges à base d'histoires d'atrocités ».[496]

D'après David Irving, l'État d'Israël détiendrait le manuscrit des mémoires de Himmler. Si c'est exact, pourquoi soustrait-on ce document à la curiosité des historiens et des chercheurs ?

[Publié dans la *RHR* n°3, novembre 1990-janvier 1991.]

***

Novembre 1990

TROIS JUGES FRANÇAIS DÉNATURENT UN « PROCÈS-VERBAL »

L e « procès-verbal » de la réunion de Wannsee ne porte ni date, ni en-tête, ni signature. Il n'est donc pas un vrai procès-verbal, d'autant plus, d'ailleurs, qu'il est connu sous trois différentes formes dactylographiées. On est en droit de récuser cet étrange papier qu'aucun magistrat ne songerait à prendre vraiment en considération. Peut-être ne s'agissait-il que d'un brouillon de procès-verbal. Examinons-le tout de même.

---

[494] G. Honsik, *Freispruch für Hitler...*, p. 132-138.

[495] À rapprocher du mot rapporté par Norbert Masur, responsable de la section suédoise du Congrès juif mondial, qui rencontra Himmler le 21 avril 1945, à quelques jours de la fin de la guerre et qui eut avec lui une longue conversation. Himmler lui dit : « En vue de contenir les épidémies, nous fûmes forcés de construire des crématoires où brûler les corps d'innombrables personnes mortes à cause de ces épidémies [de typhus]. Et maintenant, on veut nous passer une corde au cou. » (N. Masur, « My Meeting with Heinrich Himmler », p. 51.)

[496] Lettre du 15 septembre 1977 reproduite par G. Honsik à la page 138 de son ouvrage.

Il passe pour rendre compte d'une réunion qui s'est effectivement tenue à Berlin-Wannsee sous la présidence de Reinhard Heydrich, le 20 janvier 1942. Sur un ensemble de quinze pages, il contient deux alinéas auxquels on veut à tout prix donner un sens des plus sinistres alors qu'en réalité il y est question d'affecter au service du travail à l'Est les juifs aptes au travail ; comme c'est le cas pour tous les prisonniers, les sexes seront séparés ; vu les dures conditions de ce travail à l'Est, sans doute une grande partie d'entre eux s'éliminera-t-elle ; ceux qui subsisteront seront les meilleurs ; *à leur remise en liberté* ils devront former la cellule germinative d'un *renouveau juif*.

Pour mieux donner un sens funeste à ce passage, les juges Diet, Pluyette et Breillat, dans un jugement en date du 14 février 1990, déboutant M. Faurisson de sa plainte contre G. Wellers qui le traitait de « falsificateur », ont tout simplement dénaturé le contenu des deux alinéas. Sur un ensemble de 86 mots allemands, ils ont retranché 16 + 21 = 37 mots (soit 40 % du texte), effaçant ainsi toute mention de la remise en liberté des survivants, toute mention du renouveau juif, toute mention du fait que, pour les Allemands, il n'y avait là rien de nouveau vu que l'histoire enseigne qu'ainsi renaissent les nations.

Traduction complète du texte original allemand

Dans le cadre de la solution finale, les juifs seront emmenés vers l'Est sous bonne escorte et de la manière qui convient pour le service du travail. Formés en grandes colonnes de travail, hommes d'un côté, femmes de l'autre, les juifs aptes au travail seront conduits dans ces territoires en construisant des routes ; sans doute une grande partie d'entre eux s'y éliminera-t-elle par réduction naturelle.

Ce qu'il en restera de toute façon à la fin, vu qu'il s'agira sans doute de la partie la plus capable de résistance, devra être traité de façon appropriée, vu que, constituant une sélection naturelle, cette partie sera considérée, à sa remise en liberté, comme la cellule germinative d'un renouveau juif. (Voyez la leçon de l'histoire.) [*bei Freilassung als Keimzelle eines neuen jüdischen Aufbaues anzusprechen ist. (Siehe die Erfahrung der Geschichte.)*]

Traduction tronquée et dénaturée par les trois juges français

Dans le cadre de la solution finale du problème, les juifs doivent être transférés sous bonne escorte à l'Est et y être affectés au service du travail.

[Manque un fragment de seize mots allemands ; la coupure n'est pas indiquée.]

Il va sans dire qu'une grande partie d'entre eux s'éliminera tout naturellement par son état de déficience physique.

Le résidu qui subsisterait en fin de compte – et qu'il faut considérer comme la partie la plus résistante – devra être traité en conséquence.[497]

[Manquent deux fragments d'un total de vingt et un mots allemands ; la coupure n'est pas indiquée.]

Page 8 du jugement du 14 février 1990, TGI de Paris, 1ère chambre, 1ère section (MM. Diet, Pluyette, Breillat).

[Publié dans la *RHR*, n° 3, novembre 1990-janvier 1991, p. 65-154.]

R. : Si. En principe de l'eau froide et de l'eau chaude en sortaient mais le débit de l'eau pouvait être réglé de l'extérieur et la plupart du temps on arrêtait l'eau chaude. À l'extérieur de la pièce, il y avait le réservoir à gaz et deux tuyaux conduisaient de là à la salle. Il y avait une fente à l'arrière et le gaz s'échappait de cette fente.

Q. : Le gaz ne venait jamais des douches ?

R. : Toutes les douches étaient bouchées. C'était juste pour donner l'impression que les prisonniers entraient dans une salle de bains. […]

Q. : Vous souvenez-vous des 800 dernières personnes qui ont été tuées à coups de bâton ou par noyade ?

R. : Oui, je sais comment on conduisait les gens à la chambre à gaz, et de l'eau chaude et de l'eau froide étaient déversées sur eux, et ensuite ils devaient se mettre en ligne et on les battait jusqu'à ce qu'ils meurent […].

Q. : Kaltenbrunner était-il avec [Himmler pour visiter Mauthausen] ?

R : Kaltenbrunner est un type brun, je le connais du crématoire, mais je ne peux pas dire s'il était avec Himmler. Je me souviens de

---

[497] Nos trois juges décrètent que « traité en conséquence » signifie « tué ». Or, au début des années 80, les historiens ont renoncé à cette interprétation et ont admis que la réunion et le « procès-verbal » de Wannsee n'impliquaient pas de politique d'extermination. L'extermination des juifs n'aurait pas été programmée mais improvisée et aurait résulté, un peu partout en Europe, d'initiatives locales et individuelles. Nos trois juges, qui se piquent de dire l'histoire, ont près de dix ans de retard. Comme Georges Wellers.

Himmler à cause de son monocle. [*On se souviendra que Himmler portait des lunettes.*]

Un très court fragment de la déposition sous serment de A. Tiefenbacher a été lu au tribunal par le colonel Amen à Kaltenbrunner, le 12 avril 1946, fragment dans lequel il prétendait qu'il avait vu Kaltenbrunner trois ou quatre fois à Mauthausen. Kaltenbrunner répliqua que c'était « absolument faux ».[498] Le tribunal n'a pas requis la comparution d'A. Tiefenbacher.

- *TMI*, VI, p. 281, 29 janvier 1946, (langue d'origine : français). Témoignage de F. Boix, un Espagnol réfugié en France et déporté à Mauthausen. Il mentionne « la chambre à gaz » de Mauthausen.
- Doc. PS-3870, 8 avril 1946 (langue d'origine : allemand). Déclaration de Hans Marsalek, faite plus de dix mois après la mort de Ziereis, 23 mai 1945.[499] Hans Marsalek jura que :

> « Franz Ziereis a été interrogé par moi en présence du commandant de la 11e Division blindée (américaine) Seibel ; l'ancien prisonnier et médecin Dr. Koszeinski ; et en présence d'un autre citoyen polonais, d'un nom inconnu, pendant une durée de six à huit heures. L'interrogatoire a pris place dans la nuit du 22 au 23 mai 1945. Franz Ziereis était grièvement blessé – son corps avait été traversé de trois balles – et il savait qu'il allait bientôt mourir, et il m'a dit les choses suivantes : [...] Une installation de [passage manquant]

---

[498] *TMI*, XI, p. 332-333.
[499] Voy. ci-dessus PS-1515. *TMI*, XXXIII, p. 279-286.

1991

13 janvier 1991

TROIS PROCÈS POUR UNE INTERVIEW

« *Non bis in idem* » : locution latine (signifiant mot à mot « pas deux fois pour la même chose ») qui est devenue un axiome de jurisprudence, en vertu duquel une personne ne peut être poursuivie deux fois pour le même délit (*Dictionnaire alphabétique et analogique de la langue française*, par Paul Robert, 1959).

Pour une interview publiée dans *Le Choc du mois* de septembre 1990, le professeur Faurisson est poursuivi trois fois sur le fondement de deux lois différentes.

La première loi, dite « loi Pleven », date du 1er juillet 1972 ; elle réprime, notamment, la « diffamation raciale ».

La seconde loi, dite « loi Gayssot » ou « loi Fabius, alias Gayssot », date du 13 juillet 1990 ; elle réprime, notamment, la « contestation de l'existence d'un ou plusieurs crimes contre l'humanité ».

Le premier procès a été intenté par onze associations juives et autres sur le fondement de la « loi Fabius, alias Gayssot » ; il s'est déroulé dans des conditions scandaleuses du fait du Bétar, du Tagar et d'anciens déportés ou présumés tels ; plusieurs révisionnistes ont été blessés ; les gardes du Palais ont laissé se multiplier les agressions et ont soustrait les agresseurs contre lesquels plainte aurait pu être déposée ; le professeur Faurisson a reçu coups et crachats ; sa déposition a été interrompue, de façon presque constante, par les avocats de la partie adverse et par des personnes présentes dans l'enceinte du tribunal ; le président Claude Grellier a laissé faire. Le 18 avril 1991, Claude Grellier, Alain Laporte et Mme Claude Marlier condamnaient Patrice Boizeau, directeur du *Choc du mois*, à verser cent quatre-vingt mille francs et Robert Faurisson à verser deux cent cinquante mille francs (dont cent mille francs avec sursis). Leur jugement est inique. Il présuppose, sans que les juges aient même le courage de formuler ce présupposé, que les « chambres à gaz hitlériennes ont existé » ; or, pas un de ces juges n'est capable de nous dire – et pour cause – à quoi pourraient bien ressembler ces magiques chambres à gaz auxquelles on attribue des prouesses contraires aux lois de la physique et de la chimie. Ce jugement est inique pour une autre raison : les trois juges s'accordent un droit qu'ils refusent au professeur ; ils contestent « le tribunal militaire international de Nuremberg » à tous les points de vue possibles et imaginables mais condamnent le professeur parce qu'il a, pour sa part, contesté ce tribunal militaire sur un seul point. Ils écrivent :

> « Des critiques peuvent, à juste titre, être développées, concernant l'organisation, la structure et le fonctionnement du tribunal militaire international de Nuremberg, tant sur le plan juridique qu'historique ou philosophique. »

Or, le professeur Faurisson ne conteste dans son interview que le quart des décisions de ce tribunal militaire, celles portant sur les prétendus « crimes contre l'humanité » ; il ne mentionne pas les décisions portant sur les « crimes contre la paix » (préparation et exécution de ces crimes) ou les « crimes de guerre ».

MM. Boizeau et Faurisson ont interjeté appel. Rendez-vous, à treize heures trente, le mercredi 18 mars et le mercredi 25 mars, à la XIe chambre de la cour d'appel. La première séance sera consacrée à l'audition de M. Faurisson et la seconde à l'audition de la partie adverse et aux plaidoiries (pour M. Faurisson, Me Éric Delcroix).

La Ligue internationale contre le racisme et l'antisémitisme et Jean Pierre Bloch ont porté plainte, pour la même interview, sur le fondement de la « loi Pleven ». Rendez-vous, à 13 h 30, le jeudi 9 avril à la XVIIe chambre du tribunal correctionnel.

Le ministère public (Marc Domingo et Philippe Bilger, ami de Claude Grellier) a porté plainte sur le fondement, à la fois, de la « loi Pleven » et de la « loi Fabius alias Gayssot ». Rendez-vous à 13 h 30, le vendredi 10 avril à la XVIIe chambre du tribunal correctionnel.

Il est à noter que le juge Claude Grellier a obtenu une promotion et qu'il ne préside plus la XVIIe chambre du tribunal correctionnel de Paris

M. Faurisson et son avocat, Me Éric Delcroix, entendent prendre certaines dispositions pour placer les magistrats devant leurs responsabilités en ce qui concerne tant les mesures d'ordre public que le respect des règles de procédure. Les personnes désireuses de manifester leur sympathie au professeur Faurisson sont invitées à se présenter, à 13 h 30, les 18 et 25 mars à l'entrée de la XIe chambre de la cour d'appel et les 9 et 10 avril à l'entrée de la XVIIe chambre du tribunal correctionnel. Elles s'engagent à observer, comme d'habitude, un comportement correct malgré les provocations.

N.B. : Sur la manière dont les juges Robert Diet, Gérard Pluyette et Yves Breillat se sont constitués « juges de l'histoire », on lira : « Trois juges français dénaturent un "procès-verbal" ».

***

18 janvier 1991

LETTRE À M. L'AMBASSADEUR D'IRAK À PARIS

Monsieur l'ambassadeur,

Votre pays traverse une épreuve particulièrement tragique et, avec lui, les peuples du monde arabo-musulman et, avec ces peuples, à un moindre degré, tous les peuples de notre planète, à l'exception peut-être de la communauté juive, en Israël et hors d'Israël, qui a tant œuvré pour qu'éclate cette guerre.

Les chances d'un retour à la paix resteront minces aussi longtemps que le mythe fondateur de l'État d'Israël ne sera pas remis en cause. Ce mythe est celui du prétendu « Holocauste » des juifs durant la seconde guerre mondiale. C'est grâce à la perpétuation du mensonge historique du « génocide », des « chambres à gaz » et des « six millions » que votre principal adversaire jouit d'un énorme crédit moral et financier, largement immérité.

Le révisionnisme historique conteste avec des arguments d'ordre historique et scientifique la religion de l'« Holocauste » et ses dogmes. Ainsi que j'ai eu l'occasion de le déclarer en 1980 sous la forme d'une phrase de soixante mots,

> « Les prétendues chambres à gaz hitlériennes et le prétendu génocide des juifs forment un seul et même mensonge historique, qui a permis une gigantesque escroquerie politico-financière dont les principaux bénéficiaires sont l'État d'Israël et le sionisme international et dont les principales victimes sont le peuple allemand – mais non pas ses dirigeants – et le peuple palestinien tout entier. »

Le révisionnisme historique est l'arme atomique du pauvre, à ceci près qu'il ne tue personne et que, fondé par un pacifiste (Paul Rassinier (1906-1967), ancien déporté), il en appelle à l'examen critique de toutes les propagandes de guerre et de haine.

En un premier temps, les intellectuels et les dirigeants du monde arabo-musulman pourraient signer une déclaration inspirée [d'un projet qui est en possession de M. Ahmed Rami, de Stockholm].

***

18 janvier 1991

Arno Mayer, texte et traduction

Les éditions de la Découverte viennent de publier une traduction du livre retentissant d'Arno Mayer : *La « Solution finale » dans l'histoire*. Charles Filippi en signe un compte rendu dans *Rivarol*.[500] C'est également dans *Rivarol* que j'avais, en son temps, publié une étude de l'ouvrage original dans sa version anglaise sous le titre : « USA, un universitaire juif s'engage dans la voie révisionniste. »[501]

Édulcoré

La comparaison entre la version originale de 1988 et la version française de 1990 est instructive. On constate que ce que j'appellerais les deux phrases les plus importantes et les plus inattendues de ce livre ont été retouchées soit par l'auteur à l'occasion de cette traduction, soit par ses deux traductrices, Marie-Gabrielle et Jeannie Carlier avec l'accord probable de Pierre Vidal-Naquet qui est l'ami et, pour la circonstance, le préfacier d'Arno Mayer. La première phrase porte sur les chambres à gaz et la seconde sur la mort des juifs dans les camps. Dans les deux cas, on a édulcoré. Et, si on l'a fait, c'est parce que ces phrases, dans leur version d'origine, étaient explosives. Elles donnaient tellement raison aux révisionnistes français qu'elles auraient, en France, paru administrer un cinglant démenti à ceux qui traitent les révisionnistes de « falsificateurs ».

Chambre à gaz

Le texte anglais portait : « *Les sources pour l'étude des chambres à gaz sont à la fois rares et non fiables.* » Les mots employés étaient exactement : « *rare and unreliable.* »[502] Ce dernier adjectif est particulièrement péjoratif : il qualifie une personne ou une chose à laquelle il n'est pas question de faire la moindre confiance. Par exemple, pour un tribunal anglo-saxon, un témoin ou une pièce jugés « unreliable » sont comme s'ils n'existaient plus et le juge fait savoir aux jurés qu'ils doivent rayer de leur mémoire ce témoin ou cette pièce. Si je choisis cet exemple, c'est parce que l'existence des chambres à gaz hitlériennes n'a jusqu'ici guère été fondée que sur ce qui a été produit devant les

---

[500] *Rivarol,* 21 décembre 1990, p. 5.
[501] R. Faurisson, *Rivarol,* 9 juin 1989, page 91.
[502] A. Mayer, *The Final Solution…*, page 362.

tribunaux. Or, la traduction française porte : « Les sources dont nous disposons pour étudier les chambres à gaz sont à la fois rares et peu sûres »[503] ; la différence n'est certes pas considérable et il serait déjà intéressant qu'un universitaire juif américain réplique par cette phrase à de prétendus historiens français qui, depuis près d'un demi-siècle, nous répètent avec aplomb que les sources dont nous disposons pour l'étude de ces chambres à gaz sont à la fois abondantes et solides : à telle enseigne, d'ailleurs, que celui qui « conteste » l'existence de ce « crime contre l'humanité » risque maintenant d'aller en prison au nom de la loi Fabius-Gayssot, parue au *Journal officiel de la République française* le 14 juillet 1990 sous la signature de François Mitterrand. Mais enfin la traduction française est fautive : les sources ne sont pas « peu sûres » mais pas sûres du tout, A. Mayer le montre bien dans les explications qu'il fournit ensuite ; j'y renvoie le lecteur, en lui recommandant, toutefois, ici encore, l'original anglais.

La mort des juifs

La seconde modification est plus grave. Le texte anglais portait que, de 1942 à 1945, c'est-à-dire dans les années où les Allemands auraient systématiquement cherché à tuer les juifs selon un plan concerté, les causes dites « *naturelles* » tuèrent plus de juifs que les causes « *non naturelles* » *:* le texte ajoute que tel fut le cas « *certainement à Auschwitz mais probablement partout ailleurs* » aussi.[504] Or, la traduction française porte seulement que cela se produisit « à Auschwitz en tout cas ».[505] Là encore, on se félicitera de ce qu'un éminent historien juif reconnaisse qu'à Auschwitz, censé être le haut lieu de l'« Holocauste », les causes naturelles « comme la sous-alimentation, la maladie, les épidémies et l'épuisement » aient tué plus de juifs que toute autre cause.[506] Mais enfin le texte français diverge ici gravement de l'original anglais : dans ce dernier, ce qui était certainement vrai d'Auschwitz était, de surcroît, probablement vrai aussi de tous les autres camps.

La contrariété de P. Vidal-Naquet

P. Vidal-Naquet éprouve une contrariété certaine à voir comment son ami Arno Mayer traite la question des chambres à gaz. Aussi, faisant

---

[503] A. Mayer, *La "solution finale"*, page 406.
[504] *Id.*, p. 365.
[505] *Id.*, p. 410.
[506] *Id.*, p. 453.

appel à un ouvrage du pharmacien français Jean-Claude Pressac, paru en anglais (!) il y a un an et demi, il écrit : « Personne en tout cas, désormais – je veux dire : après le livre de Jean-Claude Pressac – ne pourra plus parler à propos des chambres à gaz d'Auschwitz de sources "rares et peu sûres" comme le fait Mayer ».[507] Il n'y a qu'un ennui – un ennui complémentaire – pour notre Torquemada du révisionnisme, c'est que le livre en question est aussi vide de substance qu'il est volumineux ; s'il avait apporté la moindre preuve de l'existence d'une seule chambre à gaz homicide, les médias du monde entier auraient retenti de la nouvelle. Ce livre porte le titre tout à fait trompeur de *Auschwitz, Technique and Operation of the Gas Chambers* (Auschwitz, technique et fonctionnement des chambres à gaz) ; il est paru aux États-Unis en 1989 sous les auspices de la « Beate Klarsfeld Foundation ». J'en ai rédigé un compte rendu qui paraîtra sous peu dans une revue révisionniste que la loi m'interdit de nommer ici. M. Pierre Joxe, éclairé par ses collaborateurs de la « Direction des libertés publiques » *(sic),* M. Jean-Marc Sauvé et Mme Sarra Ouaknine[508], interdisent toute forme de publication à cette revue parce qu'ils la décrètent « antisémite ». Je fais donc, si l'on peut dire, de la publicité à mon collègue juif américain, Arno Mayer, en dépit de son hostilité affichée pour les révisionnistes et bien qu'il continue, à ce qu'il affirme, de croire aux chambres à gaz.

Un auteur à soutenir

Il a besoin qu'on le soutienne. Aux États-Unis et en France les attaques fusent. Alain-Gérard Slama lui a consacré un article intitulé : « Arno Mayer ou les dangers de la révision de l'histoire ».[509] À l'exemple de tous ceux qui s'indignent du livre de Mayer, il n'ose pas citer la phrase sacrilège sur les chambres à gaz mais il écrit tout de même ceci, qui prouve le désarroi :

> « [Arno Mayer] ne semble pas apercevoir qu'il remet en cause l'idée de l'intentionnalité du massacre, lorsqu'il rappelle qu'un nombre impossible à apprécier de juifs sont morts à Auschwitz, victimes de la maladie et de la malnutrition. – Quel gâchis ! Ce livre constitue le coup le moins attendu porté aux recherches

---

[507] *Id.*, p. IX.

[508] Commissaire, Mme Ouaknine fut chargée de « suivre l'extrême-droite » quand le ministère de l'Intérieur était occupé par Charles Pasqua. On voit qu'il y a parfaite continuité Place Beauvau. [Note de *Rivarol*]

[509] *Le Figaro*, 22 novembre 1990, p. 16.

couronnées par la somme de Raul Hilberg *(La Destruction des juifs d'Europe,* Fayard, 1988). »

[Publié dans *Rivarol,* 18 janvier 1991, p. 12.]

***

7 février 1991

EN PRISON POUR DÉLIT DE PRESSE

A lain Guionnet, directeur de *Revision,* a été conduit par les gendarmes au parquet de Nanterre et, de là, à la prison de Bois d'Arcy, où il sera probablement détenu pour une durée d'un mois. Il a 36 ans et il est invalide civil (à 70 %). Il est en prison pour délit de presse. Selon toute vraisemblance, il aura à purger ensuite une peine supplémentaire de 21 mois d'emprisonnement pour le même motif.

Le 21 mars 1991, à 13 h 30, le professeur Faurisson comparaîtra devant la XVIIᵉ chambre correctionnelle du tribunal de grande instance de Paris, présidée par Claude Grellier. Georges Wellers et le substitut Marc Domingo lui font grief d'une interview parue dans *Le Choc du mois* de septembre 1990 et invoquent la loi Fabius-Gayssot du 13 juillet 1990 qui prévoit une peine d'un mois à un an d'emprisonnement et une amende de deux mille à trois cent mille francs pour celui qui « conteste » l'existence des « crimes contre l'humanité », tels que définis par les vainqueurs de 1945. Une semaine plus tard, le 28 mars, R. Faurisson comparaîtra à nouveau devant la même chambre et le même président pour la même interview, mais, cette fois-ci, sur plainte de Jean Pierre-Bloch et du même substitut Marc Domingo qui, pour le coup, invoqueront la loi antiraciste du 1ᵉʳ juillet 1972.

Pierre Joxe et Sarra Ouaknine ont interdit d'affichage, de publicité et de vente aux mineurs *Revision,* les *Annales d'histoire révisionniste* et la *Revue d'histoire révisionniste.* Dans une récente lettre adressée au Conseil d'État, la « Direction des libertés publiques » du ministère de l'intérieur vient de définir quels sont les droits, les devoirs et les limites de l'historien.[510]

Le 31 octobre 1990, la cour d'appel de Paris a rendu contre Pierre Guillaume, directeur des *Annales d'histoire révisionniste,* un arrêt fondé

---

[510] 7 janvier 1991, OS/FF/A5184/DLPAJ/CAJ/BCLP. Tél. : 49 27 40 51. C'est à ce dernier numéro de téléphone que l'administrateur civil Jacques Mathieu fournira les directives nécessaires.

rétroactivement sur la loi Fabius-Gayssot ; cette rétroactivité s'exerce sur une période supérieure à deux ans. Des manifestants viennent, de façon chronique, assiéger la librairie de la Vieille Taupe, 12, rue d'Ulm, afin, comme l'a révélé un responsable de la LICRA, de provoquer un trouble de l'ordre public qui conduirait les autorités policières à supprimer la cause de ce trouble.[511]

À Lyon, Bernard Notin, à Caen, Vincent Reynouard et, en d'autres points de France, d'autres révisionnistes subissent de plein fouet une répression approuvée par l'ensemble du monde journalistique, en particulier par *Libération* et *Le Canard enchaîné*. Mme Le Foyer de Costil, magistrat, interdit d'écrire : « Moyen Orient : les juifs ont-ils poussé à la guerre ? » *(Le Monde,* 7 février 1991).

***

Février 1991

ÉDITORIAL DE LA *REVUE D'HISTOIRE RÉVISIONNISTE*, N°4

En dépit de la multiplication des écueils, le révisionnisme poursuit son cours et gagne en puissance.

En France, on voit se former contre lui une sorte d'union sacrée de tous les pouvoirs : le pouvoir législatif (avec la loi Fabius dite Gays-sot), le pouvoir exécutif (avec les arrêtés Joxe), le pouvoir judiciaire (avec les décisions Grellier), le pouvoir des grands organes de presse (avec, en particulier, *Le Monde*), les associations juives et autres ligues (avec onze d'entre elles se constituant partie civile au procès Faurisson), les milices juives (qui frappent partout en toute impunité), l'Université (avec l'affaire Notin), l'enseignement supérieur (avec l'affaire Reynouard), les syndicats (qui, par tracts et articles, alertent leurs militants), et enfin des officines gouvernementales spécialisées comme la Direction des libertés publiques [*sic*] au ministère de l'Intérieur ou la Direction de l'information historique [*sic*] au secrétariat d'État chargé des anciens combattants.

Colloques et collectifs antirévisionnistes abondent. Depuis quelques mois, les petites villes de la France profonde sont conviées, elles aussi, à se tenir en état d'alerte pieuse. On mobilise les enfants des écoles ; on les mène de centres d'histoire de la Résistance et de la Déportation en

---

[511] Georges Nicod, conférence donnée à Vichy, 13 décembre 1990.

projections spéciales de *Nuit et Brouillard* (film où la salle de douches de Majdanek est encore présentée comme une chambre à gaz homicide, où le bobard du savon à base de graisse humaine persiste, où l'on enseigne qu'à Birkenau il est mort neuf millions de déportés) ; les lycéens aux horaires pourtant surchargés doivent écouter d'anciens déportés, sortes de témoins professionnels qui parcourent la France pour y porter la bonne parole, puis à ces mêmes lycéens on fait rédiger des dossiers sur les horreurs de la dernière guerre (certaines horreurs, toujours les mêmes et jamais les autres). Les historiens de cour et les facteurs de manuels d'histoire font allégeance au credo institutionnel. Les révisionnistes ont enfin contre eux « la conscience universelle » : la formule est de M$_{me}$ Édith Dubreuil, procureur et porte-parole du ministre de la Justice. Enfin, force du tabou : parce qu'il ne croit pas aux chambres à gaz hitlériennes, un professeur est condamné à une peine de deux cent cinquante mille francs dont cent mille francs avec sursis. Chez les universitaires, chez les historiens, chez les hommes politiques, pas une voix ne s'élève. Ce silence effraie ; il est celui de la peur.

Bref, tout, en apparence, devrait donc aller pour le mieux dans notre pays si l'on se place au point de vue des intérêts propres à Élie Wiesel, Simon Wiesenthal, Serge Klarsfeld ou encore aux points de vue du R.P. Riquet et de M$_{me}$ Geneviève Anthonioz-De Gaulle.

Or, à en croire ces personnes, tout va pour elles de mal en pis.

Elles découvrent que les révisionnistes français semblent puiser de nouvelles forces dans l'épreuve. C'est ainsi, pour commencer, que ces derniers persistent à publier, livraison après livraison, une *Revue d'histoire révisionniste* que leurs adversaires qualifient de pseudo-scientifique, ce qui pourrait bien signifier qu'elle est authentiquement scientifique. En plein Paris, au cœur du Quartier latin, les révisionnistes ouvrent une librairie située au 12 de la rue d'Ulm, à quelques pas de l'École normale supérieure où, du même coup, se crée un « Comité anti-négationniste ». Tenue par des libertaires, cette librairie est systématiquement assiégée, attaquée ou souillée. Mais elle reste ouverte à tous, ouverte au dialogue et aux discussions publiques ; on y trouve même les ouvrages les plus hostiles au révisionnisme. Sur l'autre rive de la Seine, au 10 de la rue des Pyramides, une librairie de droite vend à profusion les écrits révisionnistes ; on ne l'attaque plus car elle se défend. En d'autres points de France, d'autres librairies et des centres de diffusion, parfois clandestins, répandent ces mêmes écrits. La répression a eu pour effet de susciter des activités de samizdat qu'on ne parvient plus à localiser, tant les sources deviennent nombreuses de ces actions disparates, parfois brouillonnes ou irritantes, mais souvent ingénieuses. Nos relations avec l'étranger se diversifient. L'échange rapide d'informations et les consultations sur la marche à suivre, d'un pays à l'autre, dans les périodes de crise permettent de nouer les contacts nécessaires au renforcement d'une internationale révisionniste à travers le monde, au-delà de toutes les opinions politiques. À peu près partout se profile un désastre pour les tenants de la religion de l'« Holocauste », tant leur pouvoir n'a d'égal que leur impuissance.

Nos adversaires s'inquiètent du désarroi qui règne dans leurs propres rangs.

Leurs dissensions éclatent au grand jour. On prendra connaissance ci-dessous des vicissitudes que traversent, dans une atmosphère irrespirable, les Claude Lanzmann, Arno Mayer, Pierre Vidal-Naquet, Raul Hilberg, Léon Poliakov et, surtout, les responsables du musée d'Auschwitz, confrontés aux résultats d'une expertise imprudemment réclamée à un Institut de criminologie de Cracovie. La *Revue d'histoire révisionniste* est la première publication française à faire état de cette expertise que la grande presse et les historiens de l'« Holocauste » cherchent à tenir cachée.

La « guerre du Golfe » continue, quant à elle, d'avoir les suites désastreuses qu'on pouvait prévoir : désastreuses pour tous sauf – au moins provisoirement – pour l'État d'Israël qui, enrichi de nouvelles prébendes financières, aggrave sa politique de colonisation. L'histoire de cette guerre offrira un vaste champ d'investigation au révisionnisme historique. Nous ne savons encore à peu près rien sur les causes du conflit, sur son déclenchement, sur son déroulement. En revanche, sur la propagande des vainqueurs et sur leurs mensonges, nous en savons déjà beaucoup. Même un Jean-François Kahn s'en avise, quoique un peu tard. Après « Timisoara », les journalistes s'étaient juré qu'on ne les reprendrait plus à forger et à colporter d'hallucinantes histoires d'atrocités ; l'un d'eux, Michel Castex, a même écrit un livre sur le sujet : *Un Mensonge gros comme le siècle*. Mais ce siècle a duré six mois. Les journalistes ont récidivé avec « Carpentras ». Puis, ils ont recommencé avec « Bagdad » et surtout avec « Tel Aviv ». Le mythe des chambres à gaz et des gazages est revenu en force. Il est douteux que, dans la confection du mensonge historique, on se renouvelle beaucoup. D'âge en âge, les formes les plus défraîchies de ce type de mensonge produisent les mêmes horreurs de fiction. Dans la « guerre du Golfe », le mythe des chambres à gaz est réapparu quasiment à l'identique, au point que l'hebdomadaire juif américain à grand tirage *The Jewish Press* pouvait, dans une atmosphère d'excitation belliciste, titrer en première page de sa livraison du 15 février : *War News ! Irakis Have Gas Chambers For All Jews* (Nouvelles du front. Les Irakiens possèdent des chambres à gaz pour tous les juifs).

□□□□

L'un des intérêts du révisionnisme est qu'il apprend à voir les événements avec une sorte de recul instantané. Un révisionniste conséquent n'a pas plutôt vu qu'il revoit. Si on lui propose des images, il les scrute. Si on lui impose un commentaire, il l'analyse. Si on lui annonce qu'il va être le témoin d'abominations sans précédent soit par la qualité, soit par la quantité, sa méfiance s'éveille et, le plus souvent, il détectera sous une apparence nouvelle le vieux produit frelaté de la haine et de l'exagération. Fera-t-on appel à son cœur, aux bons sentiments, aux grands principes, il saura qu'en la circonstance rien n'est plus suspect. Un révisionniste – qui sait ? – a peut-être autant de cœur qu'un autre. Peut-être est-il sensible aux bons sentiments et aux grands principes. Mais, ce qui est sûr, c'est que, d'abord et avant tout, il désire voir, revoir et savoir avant de juger. C'est son droit, pense-t-il, et même son devoir.

En France, il n'est guère de quotidien qui cherche plus que *La Croix-L'Événement* (directeur de la rédaction : Noël Copin) à jeter le discrédit sur le révisionnisme et il est peu d'historiens qui se soient autant acharnés contre nous que Madeleine Rebérioux, récemment devenue présidente de la Ligue des droits de l'homme, ligue qui nous a poursuivis jusque devant les tribunaux. Cependant, *La Croix-L'Événement*, Madeleine Rebérioux et la Ligue des droits de l'homme ont tous trois aujourd'hui un autre point commun : les voici qui découvrent que le révisionnisme avait peut-être raison dans sa dénonciation de certains témoignages, de certains chiffres ou de certains faits relatifs à Auschwitz. À leur tour, ils suspectent les « souvenirs » de certains survivants, les chiffres « mal vérifiés » et même les chambres à gaz « reconstruites de toutes pièces pour les visites ». Mais écoutons plutôt :

> « Question de *La Croix-L'Événement :* Malgré la loi antiraciste [du « 13 juillet 1990] – qui considère comme un délit la « négation de crimes contre l'humanité » – le révisionnisme ne s'est jamais aussi bien porté. Que faire de plus contre Faurisson ?
> [Réponse de Madeleine Rebérioux :]
> « – Avec cette nouvelle loi, le pouvoir politique a eu tort de laisser aux juges le soin de décider de la vérité historique. Il n'y a en effet pas d'autre réponse au révisionnisme que la confrontation patiente « entre la mémoire et l'histoire, entre les souvenirs des derniers survivants du génocide juif et le travail modeste de l'historien qui rectifie tel chiffre et "révise" tel témoignage incomplet.

« La connaissance sur Auschwitz est loin d'être épuisée. Les chambres à gaz y ont été détruites à la Libération et celles qu'on y « trouve aujourd'hui ont été reconstruites de toutes pièces pour les visites. Ce n'est donc pas à partir de leur étude ni d'un nombre de morts mal vérifié apposé sur une plaque à l'entrée du camp, que peut surgir la vérité. Face à Faurisson, il n'y a pas d'autre perspective pour l'historien que de cultiver le doute sur chaque point particulier, sans remettre en cause l'essentiel : à savoir la réalité incontournable de la "Shoah". »[512]

Le révisionnisme, assurément, « ne s'est jamais aussi bien porté. » [Publié dans la *RHR,* n° 4, février-avril 1991, p. 5-8.]

✱✱✱

Collectif de la RHR

25 février 1991

L'AVANIE DU JUGE GRELLIER

« Vous allez changer de ton pour me parler !
– Certainement pas ! »
Le 22 février, à la XVIIᵉ chambre, Robert Faurisson ne s'est pas laissé intimider par le juge Grellier. Ce dernier, piqué au vif par une série de répliques d'une cinglante précision, est entré dans une vive colère. « Partez ! » a-t-il dit à l'universitaire qui témoignait à la barre.

Grondements, éclats de voix et protestations de la salle, qui était comble. « Grellier, vous avez peur ! » lança le professeur à l'adresse du juge. La réponse ne tarda pas. « Gardes, faites évacuer la salle ! » Sur ces mots, le juge et ses deux assesseurs quittaient précipitamment la XVIIᵉ chambre, le dos courbé comme sous l'orage, tandis que lentement, très lentement, les gardes procédaient à l'évacuation de la salle.

La phrase de soixante mots

Les inculpés, ce jour-là, étaient Roland Gaucher et François Brigneau. La LICRA les assignait pour « diffamation raciale » en raison d'un article

---

[512] M. Rebérioux, propos recueillis par P.-Y. Le Priol, *La Croix-L 'Événement*, 5-6 mai 1991, p. 24.

écrit par F. Brigneau et publié dans *National-Hebdo* (15 février 1990). A la rubrique intitulée « Journal d'un homme libre » et sous le titre « Le long calvaire du professeur Faurisson », F. Brigneau rappelait les multiples condamnations judiciaires de l'universitaire lyonnais et, à titre d'exemple, une condamnation à verser la somme de trois millions six cent mille francs (trois cent soixante millions de centimes) pour avoir, en 1980, prononcé à *Europe n°1* une phrase de soixante mots, cent fois reproduite depuis, y compris tout récemment dans *Le Droit de vivre*.[513] Après une mise en garde à l'auditeur (« Attention : aucun des mots que vous allez entendre ne m'est inspiré par une sympathie ou une antipathie politique »), R. Faurisson résumait ainsi la conclusion de ses travaux :

> « Les prétendues chambres à gaz hitlériennes et le prétendu génocide des juifs forment un seul et même mensonge historique qui a permis une gigantesque escroquerie politico-financière dont les principaux bénéficiaires sont l'État d'Israël et le sionisme international et dont les principales victimes sont le peuple allemand, mais non pas ses dirigeants, et le peuple palestinien tout entier. »

F. Brigneau avait reproduit cette phrase à de menues différences près. Le juge voulait faire valoir que reproduire cette phrase déjà condamnée équivalait, sauf pour un journaliste rapportant les faits, à une récidive. Faurisson lui fit remarquer que, depuis sa condamnation de 1981, heureusement très atténuée en 1982, il avait constaté de profonds changements sur le sujet dans les décisions de justice datant respectivement de 1983, de 1987 et de 1989. « La justice est fluctuante ! » fut la réponse du juge.

Dessinez-moi une chambre à gaz !

L'audition du témoin Faurisson avait mal commencé. Claude Grellier, fidèle à ses habitudes de juge d'instruction, menait un véritable interrogatoire de cabinet, sur un ton agressif. Il en aurait fallu plus pour démonter un universitaire qui, rompu aux joutes de prétoire sur le révisionnisme, s'attachait à confondre son interrogateur sur des points d'histoire, de droit ou de simple vocabulaire. M. Faurisson notait que, dans tous les procès intentés aux révisionnistes, les magistrats fondaient leur attitude sur un postulat inexprimé qui pourrait se formuler ainsi : « Les chambres à gaz ont existé. » Mais sur quoi ce postulat était-il

---

[513] *Le Droit de vivre,* n° 550, avril-mai 1990, p. 12.

fondé ? demandait-il. Et d'ajouter : « Pourquoi croyez-vous aux chambres à gaz hitlériennes ? Pour commencer, qu'est-ce qu'une chambre à gaz hitlérienne ? Décrivez-m'en une. Dessinez-m'en une. Le professeur que je suis infligerait, je le crains, un zéro pointé à la copie que vous me remettriez sur le sujet. Comment pouvez-vous nous imposer de croire en une réalité physique dont vous ne pouvez pas nous fournir la moindre représentation matérielle ? »

Malgré les obstructions du juge, M. Faurisson entreprenait alors une démonstration sur « l'impossibilité physique et chimique des chambres à gaz hitlériennes ».

Désigner les juges par leur nom

Le juge voulut l'interroger sur les condamnations en 1981 et 1982 de la « phrase de soixante mots ». Faurisson cita ces décisions de justice et quelques autres aussi. Imprudence fatale, il se mit à désigner par leur nom les magistrats auteurs de ces décisions contradictoires. Le juge protesta : les décisions de justice étant collectives et constituant le fait de la justice tout entière, il était « inepte » de lier le nom d'un magistrat à une décision quelle qu'elle fût. Sans doute Grellier craignait-il de s'entendre nommer à propos d'un jugement où, en 1989, il avait estimé que cette phrase ne comportait aucun appel clair à la discrimination à l'égard des juifs.[514]

De part et d'autre, le ton monta. Me Jouanneau, avocat de la LICRA, se portant au secours du juge, lança : « Mais qui préside ici ? » C'est à ce moment qu'animé de la plus vive colère Grellier demanda au professeur de changer de ton et, sur le refus de ce dernier, interrompit le témoin, ordonna l'évacuation de la salle et battit en retraite.

Après la suspension de séance, devant un Grellier encore manifestement sous l'effet de ses tribulations, Me B. Jouanneau intervint pour la LICRA et Mes Wallerand de Saint-Just et Éric Delcroix plaidèrent pour les inculpés.

Jugement au 22 mars.

Vérité officielle

---

[514] « Ces accusations profondément antisémites et contestables, qui expriment une conviction, tentent de jeter le trouble dans l'esprit du lecteur et de discréditer la [...] communauté [juive] ; mais elles ne comportent aucun appel clair, explicite et direct soit à la discrimination, soit à la violence, soit à la haine à l'égard des juifs » (Jugement Guionnet, 12 octobre 1989).

Les 21 et 22 mars, à 13 h 30, R. Faurisson passera en jugement, à la même XVIIe chambre, pour infraction aux dispositions antirévisionnistes de la loi Fabius-Gayssot punissant d'un mois à un an d'emprisonnement et de deux mille à trois cent mille francs d'amende quiconque se permet de « contester » l'existence des « crimes contre l'humanité » tels que définis par la charte du tribunal de Nuremberg. Dans une interview du *Choc du mois* de septembre 1990, le professeur faisait savoir qu'il refusait de s'incliner devant cette loi parue au *Journal officiel de la République française* le 14 juillet 1990, sous la signature de François Mitterrand.

***

Février-avril 1991

CHRONIQUE SÈCHE DE L'ÉPURATION EXÉCUTIONS SOMMAIRES DANS QUELQUES COMMUNES DE CHARENTE LIMOUSINE

[Au cours des années 60 et au début des années 70, Robert Faurisson avait mené sur l'Épuration une enquête limitée aux exécutions sommaires de l'été 1944 dans une partie de la Charente appelée Charente limousine ou Confolentais. Cette enquête, particulièrement méticuleuse, aurait dû paraître sous le titre de Chronique sèche de soixante-dix-huit jours d'Épuration dans quelques communes du Confolentais.

Les difficultés rencontrées par le professeur dans son autre enquête sur les chambres à gaz et le génocide allaient l'empêcher de mener à bien son travail sur l'Épuration. Il n'est pas exclu que sa Chronique *paraisse un jour mais nous avons souhaité en publier quelques fragments. La RHR le remercie de lui avoir ouvert ses archives.*

M. Faurisson a répertorié les exécutions imputables aux deux maquis qui régnaient sur la partie sud du Confolentais, avec quelques incursions dans l'extrême ouest du département de la Haute-Vienne. Ces deux maquis sont « le Maquis Bernard » et « le Maquis Chabanne ». Le premier était communiste et rayonnait autour de Chabanais-sur-Charente et le second était socialiste, ou du centre, et rayonnait autour de Chasseneuil-sur-Bonnieure. Chabanais et Chasseneuil se trouvent sur la RN 141 qui conduit d'Angoulême à Limoges.

Les quatre extraits que nous publions sont :

– Une liste de quelques exécutions du « Maquis Bernard » ;
– « Fusillée en robe de mariée », qui est l'histoire de Mlle Armagnac, victime du « Maquis Bernard » ;
– Une liste de quelques exécutions du « Maquis Chabanne » ;
– « Mort d'un prêtre sous la torture », qui est l'histoire de l'abbé Heymès, victime du « Maquis Chabanne ».

Le premier extrait avait été publié, non sans de graves fautes typographiques, dans la revue mensuelle de Maurice Bardèche, Défense de l'Occident *(juillet-août 1977, p. 44-49).*

Le deuxième extrait, sur Mlle Armagnac, avait été communiqué, ainsi que bien d'autres informations, à Henri Amouroux en janvier 1988. Ce dernier allait en tirer parti, de manière substantielle, dans le volume 8 de La Grande Histoire des Français sous l'Occupation, *intitulé* Joies et douleurs du peuple libéré (6 juin-1er septembre 1944) *mais, dans la liste des cinq cent soixante-quinze personnes à qui Henri Amouroux adresse ses remerciements, le nom de Robert Faurisson a été omis.*

Le troisième extrait n'a jamais été publié mais communiqué à Henri Amouroux qui en a tiré quelque profit.

Le quatrième extrait est paru dans Les Écrits de Paris *(mars 1986, p.40-84) sous le titre « Épuration : De la mort d'un prêtre aux statistiques tronquées [de l'Épuration] ».*

I. Quelques exécutions du « Maquis Bernard » (15 juin – 11 août 1944)

La responsabilité des exécutions du maquis communiste « Bernard » incombe à Bernard Lelay, ouvrier typographe à *L'Humanité*, et à son entourage. Après Bernard Lelay, la personne la plus directement impliquée dans les exécutions a été Augustin Raoux, dit « Gandhi ». Juif converti au catholicisme, Raoux était avoué plaidant à Ruffec. Aidé de son fils Philippe, il dirigeait le deuxième Bureau (Sécurité et Renseignement). Il était juge-accusateur. Les accusés n'avaient pas d'avocat et il n'était pas question de derniers sacrements pour les condamnés à mort. Les cadavres n'étaient pas mis en bière. Les corps n'étaient pas restitués aux familles. Ce maquis, très expéditif, a peu usé de la torture. Junien Boulesteix, originaire de La Péruse, a tué François Destempes à force de tortures. Le milicien Labuze a été torturé à la cure de Saint-Quentin et fusillé.

Bernard Lelay est mort en 1975. Ses cendres ont été transférées en 1977 dans la crypte du Mémorial de la Résistance à Chasseneuil-sur-Bonnieure.

Sur les soixante-douze ou soixante-treize cas ci-dessous énumérés, on compte quatorze femmes dont l'une a été fusillée dans sa robe de mariée (voy. ci-dessous) et dont l'autre, âgée de vingt-deux ans et mère de deux enfants, a été fusillée alors qu'elle était enceinte de sept mois. Le plus vieux des fusillés a été un paysan de soixante-dix-sept ans, et le plus jeune, un écolier de seize ans.

Les noms suivis d'un astérisque sont ceux de personnes en faveur desquelles leurs familles ont obtenu, après la guerre, la mention « Mort pour la France ».

[Avant le 15 juin 1944, ce maquis procède à quelques exécutions dans la forêt de Rochechouart et dans celle d'Étagnac (le 1er juin : trois prisonniers allemands, une jeune fille anonyme et l'adjudant de gendarmerie Pierre-Léon Combas ; le 12 juin : le chauffeur Sylvain et l'horloger Vignéras ; le même jour, deux cheminots allemands étaient abattus à Roumazières ; leurs cadavres se trouvent toujours dans la propriété du château de Rochebrune, près d'Étagnac). Après le 11 août 1944, ce même maquis a procédé à de nombreuses exécutions dans d'autres régions que celle qui nous intéresse ici et qui est, en gros, celle du château de Pressac, situé près de Chabanais (Charente).]

– 15 juin, M*me* *Chevalier*, St-Maurice-des-Lions, s.p., 53 ans.

– 17 juin, M*me* *Beaumatin*, Exideuil, institutrice, 33 ans.

– 17 juin, *Général Nadal*, Chantrezac, général de brigade, 65 ans.

– 17 juin, *Marcel Nadal*, Chantrezac, étudiant, 22 ans (fils du précédent).

– 20 juin, *Charles Besson*, Chabanais, directeur d'école, 46 ans (un ou plusieurs de ses anciens élèves se trouvaient dans le peloton d'exécution).

– 20 juin, *Antoine de Cazes*, Verneuil, propriétaire terrien, 43 ans.

– 24 juin, *Charles Schwieck*, Verneuil, 21 ans.

– 24 juin, un soldat allemand anonyme, Verneuil.

– 26 juin, *Marie-Charles Soury-Lavergne*, Rochechouart, importateur, 74 ans (sa femme sera fusillée le 24 juillet pour avoir protesté).

– 26 juin, *Pierre V...*, St-Junien, ouvrier, 33 ans (maquisard accusé de vol).

– 27 juin, *Pierre*, dit *Julien*, *Sardin*, La Péruse, menuisier (abattu).

– 27 juin, M*me* *Steiner*, Roumazières, s.p., 41 ans.

– 27 juin, *Michel Steiner*, Roumazières, marchand ambulant, 45 ans.

– 27 juin, *Jean Steiner*, Roumazières, manœuvre, 20 ans.

– 27 juin, *Albert Steiner*, Roumazières, manœuvre, 19 ans.

– 30 juin, *Jean Bauer*, Roumazières, marchand ambulant (frère de M*me* Steiner).

Les cinq dernières personnes mentionnées étaient membres d'une même famille mosellane.

– 28 juin, *Auroyer* (sans autre renseignement).

– 28 juin, *Alfred Desplanques*, Suris, métayer, 43 ans (père de huit enfants).

– 30 juin, Mᵐᵉ *Gingeot*, St-Junien, libraire, 35 ans (retrouvée les deux pieds coupés à la suite d'une pendaison par les pieds avec fil de fer).

– 30 juin, *Marie-Louise Texeraud*, St-Junien, employée de bureau, 48 ans.

– 30 juin, *Henri Charles*, Roumazières, directeur d'usine, 45 ans.

– 30 juin, *Serge Bienvenu*, Roumazières, comptable, 39 ans.

– 4 juillet, *Régis Trillaud*, Roumazières, horloger, 34 ans.

– 4 juillet, *Gaston Louis*, Nice, franc-garde de la Milice (convoyait des couvertures).

– 4 juillet, *Raymond Auxire*, Confolens, 19 ans.

– 4 juillet, *Germain Demontoux*, St-Maurice-des-Lions, commis, 24 ans.

– 4 juillet, *Georges Maillet*, St-Junien, ouvrier, 42 ans.

– 4 juillet, *Germaine Maillet*, St-Junien, s.p., 33 ans (épouse de Georges Maillet).

– 5 juillet, *Maurice Verger*, Vayres, cultivateur, 36 ans.

– 5 juillet, *Françoise Armagnac*, ép. *Pénicaut*, Exideuil, 26 ans (petite-nièce de Sadi Carnot, président de la République assassiné en 1894 ; arrêtée le 4 juillet par Nathan Lindner après la messe de mariage ; fusillée en robe de mariée).

– 6 juillet, un inconnu (corps roulé dans une couverture au pied de la tour des prisonniers du château de Pressac).

– 6 juillet, 1 inconnu (tête écrasée de coups ; même endroit ; confusion avec le précédent ?).

– 7 juillet, *Siméon Israel*, Manot, employé de chemins de fer, 42 ans.

– 9 juillet, Mᵐᵉ *Lévêque*, St-Laurent-de-Céris, s.p., 65 ans (« l'infirmière »).

– 10 juillet, *Auguste Sibert*, Loubert, marchand de bestiaux, 29 ans.

– 11 juillet, *Henri Malga*, Rochechouart, ouvrier, 43 ans.

– 12 juillet, *Raoul Chevalier* (*), Maisonnais, juge de paix, 60 ans.

– 12 juillet, *Maurice Aubert*, Montembœuf, notaire, 31 ans.

– 12 juillet, *Jacques de Maillard*, Chassenon, propriétaire terrien, 50 ans.

– 13 juillet, *Jean Jonquet*, Étagnac, restaurateur, 63 ans.

– 13 juillet, *François Destempes*, Chabanais, secrétaire de mairie, 49 ans (mort sous la torture).

– 13 juillet, *Léonard*, dit *Adrien*, *Saumon* (*), Maisonnais, sabotier (ancien maire de tendance socialiste).

– 16 juillet, un inconnu (corps roulé dans une couverture, derrière la ferme du château).

– 16 juillet, *Pierre Carlin* (*), Brigueil, meunier d'huile, 25 ans (appartenait au réseau de résistance « Action R 3 »).

– 16 juillet, *Mᵐᵉ Noël*, St-Junien, infirmière, 35 ans.

– 16 juillet, *Eugène Écoupeau*, Magnac-sur-Touvre, ajusteur, 21 ans.

– 18 juillet, *Mᵐᵉ Baatsch*, Exideuil, s.p., 45 ans.

– 18 juillet, *Henri Fabre*, Roumazières, radio-électricien, 42 ans.

– 18 juillet, une jeune inconnue, originaire de Rouen.

– 18 juillet, *Pierre Sauviat*, Chabanais, adjudant de gendarmerie en retraite, 61 ans.

– 18 juillet, *Sylvain Vignaud*, Confolens, contrôleur de céréales, 58 ans.

– 20 juillet, *Gaston Devoyon*, Chabanais, menuisier, 50 ans.

– 20 juillet, *Amédée Devoyon*, Chabanais, menuisier, 45 ans (frère de Gaston Devoyon).

– 21 juillet, *Ferdinand Gisson*, Chabanais, grainetier, 60 ans (adjoint au maire ; abattu).

– 24 juillet, *Jean Codet-Boisse*, Oradour-sur-Vayres, exploitant forestier, 28 ans.

– 24 juillet, *Pierre Sadry*, Rochechouart, pâtissier, 60 ans.

– 24 juillet, *Mᵐᵉ Soury-Lavergne*, Rochechouart, s.p., 57 ans (mari exécuté le 26 juin).

– 27 juillet, *Angel Besson*, Roussines, chauffeur de car, 24 ans.

– 27 juillet, *Mᵐᵉ Besson*, Roussines, s.p., 22 ans (épouse d'Angel Besson ; mère de deux jeunes enfants ; enceinte de sept mois).

– 29 juillet, *Eugène Pannier*, Manot, propriétaire terrien, 54 ans.

– 30 juillet, *Jacques Labuze*, St-Junien, études de médecine terminées, 30 ans.

– 30 juillet, *Mᵐᵉ Lagarde*, Étagnac, s.p., 24 ans (« la belle Manou »).

– 31 juillet, *Yvon B...*, Limoges (?), 17 ans (dénonciateur de maquisards ?).

– 4 août, *Paul Corbiat*, Montemboeuf, cultivateur propriétaire, 77 ans.

– 4 août, *Jacques Londeix*, originaire de Bordeaux, écolier, 16 ans.

– 6 août, *Gustave Nicolas*, Chasseneuil, commerçant, 47 ans.

– 11 août, un inconnu (trouvé à cent cinquante mètres à l'est du cimetière de Vayres).

– 11 août, *René Barbier* (*), Alloue, propr. terrien exploitant, 37 ans.

– 11 août, *Aloyse Fritz*, Rochechouart, adjudant de gendarmerie, 43 ans.

– 11 août, *Pierre Marot*, Rochechouart, maréchal des logis de gendarmerie, 34 ans.

– 11 août, *Jeanne Lamothe*, Chantilly (Oise), sténo-dactylo, 19 ans.

– 11 août, *Jean Paillard*, Rochechouart, voyageur de commerce, 45 ans.

– 11 août, *Georges Remondet*, Confolens, lieutenant à la retraite, 54 ans.

II. Fusillée en robe de mariée

DOCUMENT : Acte de décès

Mairie de Saint-Quentin (Charente) :
Madame PÉNICAUT, née Françoise, Charlotte, Solange ARMAGNAC, le 23.02.18 à Paris, demeurant à Bel Air, Cne d'Exideuil/s/Vienne (Chte), cultivatrice, 26 ans. Décédée à Pressac, Cne d'Exideuil/s/Vienne, le 05.07.44 à 21 h.

Françoise Armagnac était la fille de Jean, Marie Armagnac, fonctionnaire au Sénat, et d'Ernestine, Marie Carnot, nièce de Sadi Carnot. Par sa mère, elle se trouvait être la petite-nièce du président de la République qui, en 1894, avait été assassiné à Lyon par l'anarchiste Caserio.

En bordure de la route nationale Angoulême-Limoges, à proximité de Chabanais, mais sur le territoire de la commune d'Exideuil, Françoise Armagnac habitait avec sa mère un chalet de style basque au lieu-dit Bel Air. Son oncle, Jean Carnot, habitait une maison de proportions importantes située au lieudit Savignac.[515] Cette maison où Françoise et sa sœur Cécile, venant de Paris, avaient autrefois passé leurs vacances, est abusivement désignée par le terme de « château » chez certains habitants de la région ainsi que par la carte d'état-major. Françoise Armagnac, contrairement à la légende, n'était pas châtelaine.

Le récit qu'on va lire est dû, pour l'essentiel, au témoignage oral de son mari et à une relation écrite laissée par sa mère. Ce récit est suivi de témoignages.

Récit

Le mariage religieux de Françoise Armagnac et de Georges Pénicaut avait été célébré le mardi 4 juillet 1944, à 11 h, en l'église Saint-Pierre-ès-Liens de Chabanais. L'assistance, clairsemée (?), comprenait les Guides et Jeannettes dont s'occupait Françoise, qui était leur cheftaine. Une allocution était prononcée par M. Jagueneau, curé-doyen de Chabanais ; moins d'un mois auparavant, ce dernier avait eu affaire au

---

[515] À prononcer Savignat, selon l'orthographe d'origine. Depuis un siècle, trop de toponymes de la région se sont ainsi trouvés pourvus d'un suffixe -ac, à la place du suffixe -at.

maquis pour l'enterrement de « l'Espagnol »[516] et, dans l'après-midi de ce 4 juillet, il allait être giflé par un maquisard.

La cérémonie se déroulait sans incident. Il semble bien que des rumeurs inquiétantes avaient circulé la veille, mais le couple n'en avait pas eu connaissance. Françoise portait une robe de soie blanche, ample et longue, ainsi qu'un diadème de roses blanches, une mantille blanche et le burnous blanc de sa sœur Cécile. C'est, à peu de détails près, dans cette toilette de mariée qu'elle allait être fusillée une trentaine d'heures après la cérémonie religieuse. Le repas de noces devait avoir lieu au chalet de Bel Air. Au lieu de prendre la route nationale, le couple et quelques invités s'engageaient à travers champs, par des raccourcis. Environ trois cents mètres avant de parvenir au chalet, un groupe très important de maquisards procédait à l'interpellation de toute la noce. À en croire l'adjudant, il s'agissait là d'un prélude à une simple perquisition ; celui-ci ajoutait même qu'il ne s'agirait que d'« une visite à la famille d'un ancien président de la République ».

Une douzaine d'invités de la noce sont placés en garde à vue dans une dépendance du chalet. Le curé-doyen est isolé dans une pièce et c'est là qu'il sera giflé. Le photographe, M. Aubineau, est isolé dans une autre pièce ; on le soupçonne d'avoir photographié les maquisards le jour où ils ont occupé Chabanais.[517]

Des maquisards s'assoient à la table dressée dans la salle principale du chalet et ils se partagent le repas de noces. Au milieu de la table se trouvent des hortensias bleus, qui avaient été cueillis autour de la maison, et deux bouquets de roses blanches. Aux Guides, aux Jeannettes et aux autres enfants, les maquisards distribuent des gâteaux et des chocolats.

Vers 15 h, les autres participants de la noce auront droit à quelques restes froids du repas. Vers 17 h, les invités du goûter arrivent à leur tour ; ils sont fouillés. À 18 h, les mariés sont emmenés en camion ainsi que le doyen et le photographe. Françoise étant debout dans le camion, un maquisard était allé lui chercher une chaise de salon. Ainsi commençait ce que, se penchant vers son mari, elle appelait « notre voyage de noces ». Il est peu probable qu'en cet instant le couple se soit vraiment senti en danger. Personne n'a rien tenté pour lui, précisément sans doute parce que personne ne redoutait un événement fatal. Personne, sauf la très jeune femme de chambre, Louise V., qui déclare à Anna, la cuisinière, que

---

[516] Maquisard.

[517] Son appareil de photographie, d'une valeur de soixante mille francs [1944], lui ayant été confisqué, il lui restera à s'engager, bon gré mal gré, dans le maquis. Il sera tué dans la poche de Royan.

Françoise va être fusillée.[518] Elle se dit à bout de nerfs et, le soir même, prenant ses affaires, elle quitte les lieux. On ne la reverra plus.[519] Elle a servi de guide aux maquisards durant leur perquisition et c'est elle qui les a menés vers une étagère où se trouve un petit sabot : dans ce petit sabot, on a découvert un insigne de la Milice. C'est, du moins, ce qui ressort de ce que M$_{me}$ Armagnac, la mère de Françoise, entendra dire au camp de Vayres, où, quelques jours plus tard, elle sera à son tour internée par les maquisards.

Le chalet a été pillé de tous ses objets de valeur. L'adjudant avait pourtant déclaré que « pas un sou, pas un centime ne serait pris » et que « le Maquis n'avait besoin de rien ». « D'ailleurs », avait-il précisé, « voyez comme nous sommes habillés ! » Mais il est probable qu'en découvrant, lors de la perquisition, des preuves qui semblaient accabler Françoise, l'ordre avait été donné de tout « récupérer ». Arrivés [à pied] à cent vingt-six hommes et deux camions, les maquisards ont, en repartant avec un camion, emporté l'argenterie, l'horlogerie, les bijoux de famille, l'argent, l'eau-de-vie, les bouteilles de vin, de la vaisselle et toute l'alimentation. Ils ont notamment emporté la montre de M. Armagnac (décédé en 1942) et le contenu des porte-monnaie de deux enfants, âgés de six et huit ans, qui étaient venus passer leurs vacances à Bel Air. Ils ont laissé les porte-monnaie.[520]

Quant au camion qui emporte les prisonniers, il traverse Grenord et gagne le château de Pressac, près de Saint-Quentin-sur-Charente. Les gardiens chantent. L'un d'eux entonne « l'Internationale », mais ses camarades l'interrompent, lui rappelant que « c'est interdit ». L'arrivée au château est houleuse. Les maquisards se montrent insultants et prêts à rouer de coups les prisonniers, mais « Bernard » sort du château, un gourdin (?) à la main, et prévient : « Le premier qui les touche, je le descends. »

Les prisonniers sont groupés dans la pièce du premier étage, à gauche, qui sert de prison. Françoise, quant à elle, est conduite à l'infirmerie, à droite. On lui prend ses pièces d'identité, son bracelet, sa montre et sa bague de fiançailles. La fameuse « infirmière » – l'ancienne bonne de

---

[518] Anna devait, après la guerre, en témoigner auprès des enquêteurs de la Sécurité militaire.

[519] Louise V. est aujourd'hui [1974] installée à Limoges où elle a épousé un coiffeur. Elle a deux filles, dont l'une est professeur et l'autre, ingénieur (ailleurs qu'à Limoges). Son père était communiste.

[520] Après la guerre, des enquêtes de la Sécurité militaire établiront ce genre de faits. C'est, nous a déclaré Cécile Armagnac, dans le souci de ne rien envenimer que Mme Armagnac a renoncé à rentrer en possession de ces biens-là (« et puis, cela ne nous aurait pas rendu Françoise ») ; pour ce qui est des autres biens, l'indemnité perçue par Mme Armagnac semble avoir été très modeste.

M_{me} Vissol habitant Chabanais – sera vue, après les événements, avec, au doigt, cette bague de fiançailles.

Françoise et son mari subissent ensemble deux interrogatoires dans le bureau de Raoux qu'on appelle « Gandhi » et qui fait fonction à la fois de juge d'instruction, de procureur et de juge. Un agenda de Françoise est examiné de près : celui de 1943, où elle raconte avoir assisté aux premières réunions de la Milice (quatre réunions en tout, semble-t-il). « Ceci suffit », aurait dit Raoux, en lui montrant l'insigne de la Milice.

Dans la prison du château de Pressac sont enfermés une quinzaine d'hommes. On ne donne rien à manger aux nouveaux arrivants, sans doute trop tard arrivés. Le lendemain, mercredi 5 juillet, toujours rien à manger. Georges Pénicaut est employé à la corvée de charbon de bois. Françoise Pénicaut coud des calots à l'infirmerie. Elle demande et obtient un morceau de pain. Entre les corvées, le couple parvient à échanger quelques paroles. Dans la matinée, Françoise est convoquée pour deux interrogatoires. Elle confiera à son mari qu'on lui pose toujours les mêmes questions et qu'elle est sûre d'être condamnée. En fin de matinée, on lui annonce son exécution pour le soir même, tandis que Georges devra être relâché. Ce dernier obtient une audience de « Bernard ». Il l'adjure de prendre sa vie en échange de celle de sa jeune femme. Loin de lui céder, « Bernard » lui énumère les pièces à conviction : insigne de la Milice, agenda de 1943, déposition signée de Françoise. Il lui lit même un extrait de l'agenda où est relatée l'adhésion à la Milice. C'est alors que Georges mentionne la page de l'agenda où Françoise donne référence de la lettre recommandée par laquelle elle avait envoyé sa démission à la Milice. Du coup, « Bernard » poursuit la lecture de l'agenda ; parvenu à la date du 7 août 1943, il arrache la feuille et déclare à Georges Pénicaut : « Les preuves qui nous intéressent, nous les retenons ; celles qui ne nous intéressent pas, nous avons le devoir de ne pas les regarder. »[521] Et d'ajouter que cette exécution ne serait pas retardée « d'une heure ni d'une minute ».

À 21 h, Françoise est exécutée tout en haut du « York », derrière un buisson, près d'une pêcherie asséchée.[522] On lui avait accordé cinq minutes avant de partir vers le lieu de l'exécution, dans l'attente de son mari qui, à cette heure, n'était pas encore revenu de la corvée de bois. À son retour, elle s'était portée vers lui et ils avaient pu échanger quelques mots. Au peloton, elle aurait déclaré : « Tuez-moi. Je remets mon âme à Dieu. » On a plusieurs témoignages de son sang-froid. Le coup de grâce

---

[521] La législation spéciale d'Alger, comme les appels de la Radio de Londres et, en particulier, ceux de Maurice Schumann, autorisaient, semble-t-il, ce type de distinguos.
[522] En 1944, la France vivait à l'heure de l'Europe centrale : 21 h correspondaient donc à 19h, heure solaire.

aurait été tiré par « l'infirmière ». On refusa de montrer à Georges l'endroit où avait été jeté le corps de sa femme et c'est en vain qu'il réclama la bague de fiançailles.

L'exhumation ne put avoir lieu que cinq mois plus tard, dans la boue, le 2 décembre 1944. Françoise Pénicaut a sa tombe aujourd'hui au cimetière de Chabanais. L'inscription porte : « Ici repose Françoise Armagnac, épouse Pénicaut, 1918-1944. » À sa gauche, la tombe de son père porte : « Jean Armagnac, né à Paris, décédé à Bel Air, 1872-1942. » À sa droite se trouve la tombe de sa mère où l'on peut lire : « Marie Armagnac, née Carnot, 1877-1969. »

Les témoignages

- *Témoignage de Cécile Armagnac, sœur aînée de la fusillée :*
À l'époque des faits, j'étais ambulancière à Cherbourg. À cause de la bataille de Normandie, la ville était coupée du reste de la France. Je n'ai appris le mariage et la mort de ma sœur que vers la fin du mois d'août 1944 par le fait du hasard (quelqu'un qui venait de Paris et qui était de passage à Cherbourg m'avait, en entendant prononcer mon nom, présenté ses condoléances...). Nous n'avions, ma sœur et moi, aucune activité politique. Nous étions toutes deux hostiles à l'Occupant. La Milice apparaissait, au moment de sa création, en 1943, comme une sorte de gendarmerie civile chargée de maintenir l'ordre dans le pays. Dans une région comme la nôtre, où il n'y avait pour ainsi dire pas d'Allemands en 1943, la Milice n'était pas tenue pour pro-allemande, comme elle allait l'être plus tard, notamment vue de Paris ou de régions où les Miliciens et les Allemands participaient aux mêmes opérations de « maintien de l'ordre ». Et puis, Françoise devait avoir à s'occuper des œuvres sociales de la Milice, c'est-à-dire de secourisme, de colis pour les prisonniers, de garderies d'enfants. Elle ne s'est, je crois, rendue qu'à quatre réunions de la Milice ; après quoi, elle a envoyé sa démission dès le 7 août 1943.

J'ai revu Bel Air le 9 octobre 1944, c'est-à-dire trois mois après la mort de ma sœur. La région était libérée depuis déjà deux mois. On tournait le dos à ma mère. Les métayers ne lui versaient plus de redevances. J'apprenais, de plus, qu'après le sinistre de Chabanais du 1er août 1944, on était venu réquisitionner à Bel Air du bois et des meubles (lits, commodes, armoires) pour les sinistrés. B., le tireur de sable, très connu pour ses opinions communistes, était venu, parmi d'autres, chercher des meubles. On ne devait nous rendre ultérieurement qu'une armoire en ébène et une commode en acajou. J'apprenais également que ma mère avait été emmenée et emprisonnée par le Maquis. Elle avait soixante-sept ans et elle était presque aveugle. Dans une lettre adressée au contrôleur des Contributions, elle avait sollicité un dégrèvement d'impôts, vu le pillage de Bel Air où tout son argent liquide lui avait été pris. Sa lettre avait été interceptée. Elle-même avait été arrêtée, ainsi que le percepteur de Chabanais. Raoux et d'autres interrogateurs avaient, en vain, tenté de lui faire rétracter les termes de la lettre. Sûre d'être fusillée, elle leur tenait tête. On cherchait également à lui extorquer une somme, ainsi qu'à un certain G., de Saint-Junien. Elle leur répliquait qu'ils lui avaient tout pris. En fin de compte, les maquisards l'avaient relâchée du camp de Vayres au moment de quitter celui-ci précipitamment. Ma mère, se coupant un bâton dans les haies, avait marché pendant vingt kilomètres pour regagner Bel Air.

Ces événements ont été le fait d'une époque troublée. Ce n'a pas été plus beau de l'autre côté. Dans ces moments-là, les actes vont souvent plus vite que les pensées et il en résulte des excès de toute sorte. Restent les traces…

- *Témoignage de Robert du Maroussem, ancien responsable local de la Milice :*

À la fin d'une de nos séances d'information, je me souviens que M_{lle} Armagnac nous a dit : « Vous exagérez dans vos attaques contre les juifs et les francs-maçons ; ce sont aujourd'hui des gens pourchassés. »

- *Témoignage de Mme T., ancienne domestique du château de Pressac :*

Quand le camion est arrivé au château, les maquisards, pour se moquer, criaient : « Vive la mariée ! » Elle a couché dans un grenier. On lui a fait nettoyer les cabinets et coudre des vêtements. Sa robe était souillée. Quand elle traversait la cour, on continuait de crier : « Vive la mariée ! » Un jeune qui avait fait partie du peloton d'exécution avait été impressionné par son courage. Il paraît qu'elle a ouvert le devant de son burnous et qu'elle leur a dit : « Allez-y ! »

- *Témoignage de Nathan Lindner, instigateur de l'arrestation :*

[Dans sa relation écrite, M_{me} Armagnac nomme le « vendeur de journaux Lannaire (*sic*), né à Varsovie et réfugié à Chabanais ». Elle ajoute que l'homme avait dirigé le pillage de Bel Air et qu'il avait personnellement emporté « les tableaux généalogiques de la famille Carnot ». Il se serait vanté du « joli coup » qu'il avait fait et il se serait exclamé : « S'ils ne sont pas contents de moi après cela ! » – J'ai retrouvé Nathan Lindner le 14 mai 1974. Il habitait alors à Paris le quartier des Halles et tenait une terrasse de journaux à l'angle de la rue Tiquetonne et de la rue Montorgueil. Né en juillet 1902 à Varsovie, il avait été caporal dans la Légion étrangère (taille : 1 m 59). Pendant la guerre de 1939-1940, il avait travaillé à Toulouse pour *Paris-Soir* ; par la suite, à cause des lois raciales de Vichy, il avait travaillé à Issoudun (Indre) pour son propre compte. Il s'était enfin replié à Chabanais où il colportait des journaux pour le Dépôt Hachette tenu par M$_{me}$ Olivaux. Connu sous le sobriquet de « Trottinette », il portait, dans la Résistance, le pseudonyme de Linard.]

J'ai dû, en 1945, quitter la région de Chabanais à cause de ces histoires de la Libération. La presse de l'époque, et notamment *L'Essor du Centre-Ouest*, m'avait violemment attaqué. Bien des années après, c'est *Historia* qui s'en est pris à moi.

En 1944, à Chabanais, je prenais livraison des journaux à la gare et je les apportais au magasin Olivaux. J'avais une poussette aménagée en bibliothèque. C'est pour cela qu'on me surnommait « Trottinette ». Un jour, j'entends M$_{lle}$ Armagnac dire à peu près : « Ces jeunes qui refusent le STO [Service du Travail Obligatoire], on devrait les arroser de pétrole et y mettre le feu. » D'autres personnes pourraient vous le confirmer.[523] Dans mes journaux figurait *Signal*, seule revue comparable au *Match* actuel.[524]

C'est moi qui ai parlé à Bernard [Lelay] de Françoise Armagnac. J'ai demandé à m'occuper de la perquisition et du reste. Bernard m'a donné carte blanche. Quand la noce est arrivée à trois cents mètres de la propriété Armagnac, je leur ai dit que nous étions des maquisards et non des pillards et j'ai lu une décision qui disait que tout homme surpris à piller serait immédiatement abattu. Cette opération, nous l'avons montée le jour même du mariage avec l'espoir que, parmi les invités, nous trouverions d'autres miliciens. Au cours de la perquisition, nous avons découvert des carnets de rendez-vous, des brassards, des insignes[525], une carte de membre de la Milice.[526] J'ai conduit la mariée à Raoux qui, muni de mon rapport écrit, a procédé à l'interrogatoire et *a décidé l'exécution.*

Ce que j'ai fait ce jour-là, ce n'était peut-être pas trop beau. Je suis entré dans l'Histoire par la mort d'une descendante de Sadi Carnot. Je n'en suis pas flatté. Il fallait le faire à l'époque. Je ne suis pas un

---

[523] Les personnes interrogées, y compris les plus hostiles aux miliciens, nous ont déclaré que Françoise Armagnac leur paraissait incapable d'avoir tenu de pareils propos, aussi bien dans le fond que dans la forme. Précisons ici que le témoin Lindner nous a paru sujet à de graves défaillances sur d'autres points que « l'affaire Armagnac ».

[524] On s'étonne de cette mention de *Signal*. On s'étonne encore plus de la comparaison avec *Match* (ou *Paris-Match*). *Signal* était un hebdomadaire de très bonne qualité mais que beaucoup de Français se refusaient à acheter à cause de son caractère allemand et national-socialiste. Nathan Lindner, lui, en vendait ou essayait d'en vendre à Chabanais. La vente, tout comme l'achat, n'en était nullement obligatoire. Françoise Armagnac avait interdit aux enfants dont elle s'occupait d'acheter quoi que ce fût à Trottinette, coupable, à ses yeux, de vendre *Signal* ainsi que des publications à caractère licencieux.

[525] Selon toute vraisemblance, ces brassards et ces insignes étaient… scouts (à l'exception de l'insigne trouvé dans le petit sabot).

[526] Confusion probable avec l'insigne de la Milice trouvé dans le petit sabot.

sanguinaire ; les esprits étaient surchauffés et on n'était pas alors en état de raisonner.

Mais nous avons en ce moment beaucoup de gens qui font beaucoup de mal [maintenant, en 1974]. On aurait dû les exécuter alors, au lieu de les libérer et de les blanchir. Tous ceux-là salissent et dénigrent la Résistance.

[Le témoin m'est apparu tourmenté par l'« Affaire Armagnac ». Il ne regrette pas d'avoir fait fusiller la mariée mais il déplore les ennuis qui s'ensuivirent pour lui. Il dit avoir toujours été communiste et il affirme qu'il a été exclu du Parti en 1945 pour avoir voulu, contrairement aux instructions, aider des Rouges espagnols à s'armer afin de libérer l'Espagne du joug de Franco. Parmi ces Rouges figurait « Ramon ». Nathan Lindner est féru d'histoire et de peinture ; il peint sous un pseudonyme [Ainel, comme N(athan) L(indner)].

- *Témoignage d'Annie F., ancienne cheftaine de Louveteaux :*

Françoise Armagnac était une idéaliste et une passionnée, une fille dégingandée aux tenues excentriques et parfois négligées. Très pratiquante, elle avait un ton abrupt ; elle était très « tranche-coupe » et peut-être timide au fond. La politique ne l'intéressait pas. Me parlant d'un mouvement qui était peut-être celui des œuvres sociales de la Milice ou un mouvement féminin de la Milice, elle m'avait dit un jour que, dans une époque comme la nôtre, on ne pouvait pas rester indifférent, que ce mouvement avait l'air intéressant et qu'on devait pouvoir s'y rendre utile. Quelqu'un – est-ce sa mère ou bien est-ce moi-même ? – l'a mise en garde et lui a conseillé de prendre avis des Scouts au plan national.[527]

Le 4 juillet 1944, j'ai assisté au déménagement des affaires de la famille Armagnac dans le camion des maquisards. Sur la pente du pré, des enfants jouaient ; c'étaient des Louveteaux et des Guides.

- *Témoignage de Joseph L., ancien président de la Légion :*

À un moment, à Bel Air, le fils Valette, qui faisait partie des maquisards, a crié : « Les Allemands arrivent ! Voilà les croix gammées ! » – C'étaient des croix scoutes.[528]

- *Témoignage de la veuve du lieutenant Robert, responsable des opérations :*

[Le lieutenant Robert s'appelait, de son vrai nom, Jean P. Il était cultivateur aux Fayards, commune d'Étagnac. Sa veuve tient aujourd'hui

---

[527] Selon sa sœur Cécile, Françoise, ne recevant pas de réponse – le courrier fonctionnait dans des conditions précaires –, aurait pris sa décision sans plus attendre.

[528] Cette confusion semble s'être produite ailleurs en France ; voy. également, plus loin, la confusion entre « cheftaine » et « chef de centaine », c'est-à-dire entre un grade scout et un grade de la Milice !

[1974] un magasin d'antiquités dans la région parisienne, à Saint-Mandé.]

Mon mari vient de mourir à cinquante-deux ans d'un cancer. Je l'ai connu après la Libération. Il était alors croupier. Pendant deux saisons, il a dirigé le casino de L. Je n'ai pas connu la Résistance en Charente. Je ne suis pas de ce pays-là. Mon mari a toujours été communiste. Il ne parlait pour ainsi dire jamais de ses souvenirs du Maquis. Il était écœuré par le mal qu'on disait de la Résistance. Il n'a au fond vraiment commencé à parler du Maquis que durant les huit mois d'hôpital qui ont précédé sa mort. Il parlait surtout de « Gustave » (Bricout) et puis il parlait aussi d'une marquise ou d'une comtesse qui avait été fusillée. Il y était. Je me rappelle très mal. Est-ce que cette femme n'avait pas dénoncé des Français ? Mon mari pensait que c'était juste... Je crois que mon mari n'était pas tellement d'accord...[529]

- *Témoignage de G.B., de Montbron, prétendu témoin de l'exécution :*

Alors, la mariée a ouvert son voile et elle a crié comme ça : « Vive l'Allemagne ! »[530]

- *Témoignage de « Bernard », commandant du « Maquis de Pressac » :*

La mariée ? Elle était secrétaire de la Milice de Confolens. Elle m'a déclaré : « Vous m'avez eue, mais si je vous avais eu, c'était pareil. »[531]

- *Témoignage de « Gaston », chauffeur de « Bernard » :*

J'ai participé à l'arrestation de la fille Carnot. Une fille sensationnelle. Devant le peloton, elle a pris sa robe de mariée comme ça [geste des deux mains pour se décolleter]. Elle n'a jamais baissé les yeux. Elle était chef de centaine à la Milice.[532]

---

[529] Ces deux dernières phrases offrent un exemple des contradictions que nous avons quelquefois rencontrées au cours de mon enquête lorsque le témoin essaie de formuler un jugement d'ordre général.

[530] Je ne rapporte ce propos que pour donner au lecteur une idée de la conviction de certains témoins. Ainsi qu'il devait se révéler par la suite, G. B. n'avait pas assisté à cette scène pourtant rapportée comme vécue.

[531] Françoise Armagnac n'a nullement été secrétaire de la Milice de Confolens. La pensée que lui prête le témoin est peu vraisemblable chez quelqu'un qui s'était désolidarisé de la Milice onze mois auparavant en envoyant sa démission. Quant à l'extrême brièveté de ce témoignage, elle tient au fait qu'au moment de ma rencontre avec « Bernard », je n'avais pas encore réuni beaucoup d'informations sur les exécutions et, en particulier, sur celle-ci.

[532] « Gaston », de son vrai nom Jean T., habite aujourd'hui près de Saint-Victurnien (Haute-Vienne). Françoise Armagnac n'était pas chef de centaine mais cheftaine. Le témoin confond ici un modeste grade des Guides avec un grade important de la Milice armée !

L'« *Affaire Armagnac* » racontée par Robert Aron

Les exactions peut-être les plus odieuses sont celles qui s'attaquent à des femmes. Près de Limoges, une jeune fille de la région, M_{lle} d'Armagnac, dont la famille est propriétaire d'un château, se marie à l'église de son village : à la sortie de la messe, sur le parvis, des maquisards l'enlèvent, ainsi que son mari, le curé qui les a bénis et un témoin. Le lendemain à l'aube, on la fusillera en toilette de mariée. Motifs invoqués : d'abord, elle est châtelaine ; en second lieu, elle a soigné des miliciens.[533]

Témoignage de P. Clerfeuille, professeur à Angoulême :

Vous savez, il est très difficile de faire ce travail sur la Répression. Les gens ne veulent pas parler. Prenons un exemple. Je sais pertinemment qu'une femme a été fusillée en toilette de mariée. Je suis allé pour enquête à Chabanais. J'ai une carte officielle pour faire ce genre de travail : je suis Membre correspondant du Comité d'histoire de la deuxième guerre mondiale et nous dépendons du Premier ministre. Eh bien, on a refusé de me donner le nom de cette fusillée ! Je suis reparti sans rien ! Et pourtant, je sais qu'elle a existé, cette femme.

[P. Clerfeuille est officiellement chargé, entre autres travaux, de recherches sur la Répression à la Libération (c'est-à-dire sur l'Épuration) dans le département de la Charente. Notre entretien date de 1974, soit près de sept ans après la publication du livre de Robert Aron.]

Deux documents

- *1° Premier Bataillon, 2406e compagnie. Le 4 juillet 1944*

---

[533] R. Aron, « Les Grandes Études Contemporaines », p. 566-567. Le lecteur attentif pourra relever une demi-douzaine d'erreurs dans ce résumé de l'affaire. Ces erreurs s'expliquent par le fait que Robert Aron, qui est un généraliste, ne pouvait se livrer à des vérifications poussées de chaque cas. Quelques-unes de ces erreurs s'expliquent aussi peut-être par la force d'attraction de certains clichés ou stéréotypes qui s'appellent l'un l'autre et donnent au récit la forte simplicité et la couleur dramatique que goûtent certains lecteurs de romans : « exactions... odieuses... s'attaquent à des femmes... une jeune fille... Mlle d'Armagnac [*sic*]... famille... propriétaire... château... se marie... église... son village... sortie de la messe... parvis... enlèvement... » Dans un pareil contexte, on ne s'étonne pas trop de voir l'exécution se placer « le lendemain à l'aube » (alors que, rappelons-le, Françoise Armagnac, plusieurs fois interrogée le lendemain de son arrestation, ne devait être exécutée qu'à 21h).

Rapport du Lieutenant de Compagnie[534]

Aujourd'hui 4-7-44 nous avons fait une opération d'envergure au château d'Armagnac ; lieudit au Petit Chevrier[535], au sujet de l'arrestation éventuelle de miliciens. L'opération a été complètement couronnée de succès car nous avons arrêté une milicienne. Cette femme se mariait aujourd'hui et, nous sommes tombés en pleine noce ou tout au moins à l'arrivée de la noce. Nous avons interrogé les invités les uns après les autres et j'ai vérifié moi-même leur identité et tous leurs papiers qui étaient en leur possession ainsi que leur portefeuille. Après vérification, j'ai retenu un photographe, nommé Aubinot[536] qui a soi-disant photographié le Maquis le jour où nous avons occupé Chabanais. Ceci a besoin d'une enquête sérieuse à son domicile.

J'ai retenu aussi le Prêtre de Chabanais qui avait empêché la rentrée des fleurs et des couronnes et du drapeau dans son église.[537]

Ensuite nous avons gardé à vue le Marié et la Mariée pour nous avoir répondu méchamment au sujet du travail que nous faisions à leur domicile. Puis nous avons fait une perquisition en règle sans rien abîmer jusqu'au moment où nous avons trouvé la preuve que la Mariée est Milicienne. Aussi, dès cet instant j'ai à peu près donné main libre aux hommes pour le déménagement des vivres et autres choses intéressantes pour nous.

Quand tout a été embarqué nous avons fait monter les prisonniers dans les camions et nous sommes rentrés sans incident.

Je suis satisfait de cette expédition car j'ai vu, mes hommes à l'œuvre et je vois que je peux compter sur eux.

Quant à mon Adjudant-Chef Linard[538] je ne peux que le remercier d'avoir monté cette expédition et de l'avoir si bien surveillée. Aussi, avec l'avis du Capitaine Commandant du Bataillon je demanderais qu'il soit nommé Adjudant de Compagnie.

---

[534] Nous corrigeons l'accentuation, mais non l'orthographe ni la ponctuation de ce document dont chaque phrase mériterait une lecture attentive.

[535] En fait, il ne s'agit pas de Petit Chevrier mais de Bel Air.

[536] L'orthographe exacte est Aubineau.

[537] Pour l'enterrement de l'« Espagnol » ; les deux frères Devoyon, de Chabanais, lui avaient fait un cercueil jugé trop court ; ils seront tous deux fusillés.

[538] Pseudonyme de Nathan Lindner.

Dans la soirée un avion Allemand a survolé le camp à basse altitude et à son passage à Pressignac a lâché quelques rafales de mitrailleuse sur des civils.

Signé : Robert

- • *2° Premier Bataillon-Service de Renseignements — Activité du Service de Renseignements — Journée du 7 juillet 1944.*
  Clôture de l'enquête sur l'argent et les biens immobiliers réclamés par la famille Armagnac.
  [...]
  Le 8 juillet 1944,
  Le Chef du Service des renseignements

Signé : Gaudy[539]

III. Quelques exécutions du « Maquis Chabanne » (4 juillet 17 août 1944)

Ce maquis a été fondé par trois instituteurs du collège de Chasseneuil : André Chabanne, Guy Pascaud et Lucette Nebout. Un militaire de carrière s'est joint tardivement à ces trois personnes : Jean-Pierre Rogez. André Chabanne est mort accidentellement en 1963. Son corps repose dans la crypte du Mémorial de la Résistance de Chasseneuil, aux côtés du corps de Bernard Lelay, chef du « Maquis Bernard ». Guy Pascaud a été arrêté le 22 mars 1944 et déporté ; à son retour de déportation, il s'est engagé dans une carrière politique ; il est mort il y a quelques années. Lucette Nebout a changé de nom à la suite d'un remariage ; elle vit encore. Après la guerre, Jean-Pierre Rogez a connu une brillante carrière militaire ; il a été chef d'état-major d'un général commandant la place de Paris ; à sa retraite, il s'est engagé dans la carrière politique et il est devenu, pour un temps, maire de Malaucène (Vaucluse). Dans le rappel de ses états de service figurent ces quatre mots : « torturé par la Gestapo ». La vérité est qu'il a été accidentellement renversé de sa moto par une voiture militaire allemande.

À la différence du maquis communiste, qui lui était voisin, le « Maquis Chabanne », également appelé « Maquis Bir Hacheim, AS-

---

[539] Cécile Armagnac, à qui j'ai présenté ce document en 1975, le juge suspect. Elle ne conçoit pas que sa mère ait pu formuler une réclamation de ce genre dans les deux ou trois jours qui ont suivi l'arrestation de Françoise Armagnac et le « déménagement » de Bel Air.

18 », a moins tué mais plus torturé. La responsabilité des exécutions ou tortures est également plus diverse. Cette responsabilité se répartit entre André Chabanne et quelques membres de son entourage, en particulier François-Abraham Bernheim (de Colmar) et l'ancien Saint-Cyrien Jean-Pierre Rogez. Bernheim, d'origine juive comme l'était Raoux pour le maquis Bernard, dirigeait le deuxième Bureau (Sécurité et Renseignement) jusqu'à une date où André Chabanne l'a chassé, probablement parce qu'il le trouvait trop sévère.

Tandis que, dans le cas des victimes du maquis communiste, à peu près tous les corps ont été exhumés, les victimes du maquis AS (Armée secrète) n'ont pas toutes été exhumées et c'est en pleine connaissance de cause que les autorités persistent à refuser ces exhumations. Dans la commune de Montembœuf, au lieu-dit « les trous de renard », près de l'ancien moulin de Jayat, il reste des corps qui n'ont pas été réclamés et d'autres qui ont été réclamés mais qu'on ne veut pas exhumer.

Les exécutions les plus surprenantes auxquelles aient procédé le « Maquis Chabanne » ont été celles des « Sept de Couture » ainsi que celle de l'abbé Albert Heymès et de sa servante.

Couture (deux cent quatre-vingts habitants en 1944) est un village situé au nord d'Angoulême, au commencement de la Charente poitevine, à proximité de Mansles et d'Aunac. En juin 1944, un engagement entre troupes allemandes et miliciennes, d'un côté, et un petit détachement du « Maquis Chabanne » (cinq personnes en tout), de l'autre, se soldait par un mort du côté du maquis.

Le couple responsable de ce petit détachement avait la conviction que des habitants de Couture les avaient dénoncés et Chabanne avait fini par faire arrêter sept personnes du village : un père et un fils, encore un père et un fils, un frère et un frère, et un septième homme. Tous furent torturés, ainsi que l'établira après la guerre un rapport de la Justice militaire. Tous furent fusillés à Cherves-Chatelars, près de Montembœuf, le 4 juillet 1944. Les corps furent jetés dans un puisard. Il faudra aux familles vingt-huit années de démarches pour obtenir l'exhumation des corps et leur transfert en secret dans le cimetière de Couture. Jamais la preuve de la dénonciation ne put être apportée. La présence de ce petit maquis était de notoriété publique dans la région.

Dans la période du 4 juillet au 17 août 1944 et pour me limiter strictement à la région où il se trouvait alors, ce maquis a procédé à environ cinquante exécutions.

Sur ces cinquante cas, on compte sept femmes (l'une d'entre elles avait soixante-dix-sept ans ; elle fut fusillée avec sa sœur, âgée de soixante-dix ans, et l'époux de cette dernière, soixante-treize ans, infirme à deux béquilles) ; parmi les victimes on compte quatre membres d'une même famille gitane (dont une femme) et trois soldats allemands dont l'un qui tentait de s'enfuir.

- 4 juillet, *Louis-André Michaud*, 34 ans, adjudant-chef pilote en congé d'armistice, abattu à Labon, commune de Chasseneuil.
- 4 juillet, sept cultivateurs de Couture fusillés à Cherves, tous après torture :
  Léon Barret, 38 ans, frère du suivant.
  Eugène Barret, 32 ans, frère du précédent.
  Émilien Gachet, 61 ans, père du suivant.
  Émile Gachet, 23 ans, fils du précédent.
  Frédéric Dumouss[e]aud, 63 ans, père du suivant.
  Marcel Dumouss[e]aud, 35 ans, fils du précédent.
  Albéric Maindron, 32 ans.
- 5 juillet, ? *Aurance*, fusillé à Cherves.
- 5 juillet, un inconnu, fusillé à Cherves.
- 6 juillet, *Joseph Grangeaud*, 68 ans, commerçant, fusillé à Cherves.
- 6 juillet, *Édouard Lombreuil*, 61 ans, assureur, fusillé à Cherves.
- 6 juillet, *André Abadie*, 33 ans, anciennement docker à Bordeaux (?), fusillé à Cherves.
- 10 juillet, *Jean Veyret-Logerias*, 67 ans, secrétaire de mairie, fusillé à Cherves.
- 11 juillet, *Abbé Albert Heymès*, mort sous la torture ou à la suite de tortures au prieuré du Chatelars.
- 13 ou 14 juillet, *Nicolas Becker*, 57 ans, préparateur en pharmacie, exécuté à Chez-Fourt, commune de La Tâche.
- 16 juillet, *Ernest Schuster*, 24 ans, interprète à la Kommandantur de La Rochefoucauld, torturé et fusillé à Cherves.
- 26 juillet, *Jean Dalançon*, 49 ans, horloger, fusillé à Cherves.
- 26 juillet, *Jean Niedzella*, 24 ans, (?), abattu à Cherves.
- 29 juillet, puis 30 juillet pour le dernier d'entre eux, quatre forains de la même famille (gitane) sont abattus près de Saint-Claud :
  Jules Ritz, 50 ans.
  Pauline Jauzert, 57 ans.
  Émile Ritz, 22 ans.
  François Ritz, 24 ans.
- fin juillet, trois soldats allemands avaient été faits prisonniers. Le sergent cherche à s'enfuir ; il est abattu. On vient chercher ses deux camarades qu'on abat également. La trace des balles subsiste sur le mur extérieur du préau de l'école de Cherves. Les trois cadavres ont été jetés dans une mare « chez Veyret » ; ils sont restés dans

cette mare pendant au moins dix ans ; au début, leurs pieds dépassaient.

- 1er août, *Joséphine Adam*, 29 ans, servante de l'abbé Heymès, fusillée à Cherves.
- 1er août, *Marie-Germaine Groulade*, 48 ans, s.p., fusillée à Cherves. Les exécutions suivantes ont eu lieu aux « trous de renard », près de l'ancien moulin de Jayat, commune de Montembœuf, où Jean-Pierre Rogez avait son PC et où il avait fait ouvrir un « camp de concentration » (dénomination officielle) :
- 7 août, *Maurice Launay*, 25 ans, domestique de ferme ; sa femme (Mme Horenstein, d'Objat) n'est pas parvenue à obtenir l'exhumation.
- 9 ou 10 août, *Mlle Clémence Choyer*, 65 ans, institutrice en retraite, sans famille ; non exhumée.
- 10 août, *Augustine Alexandrine Bossu*, 77 ans, quasi aveugle, belle-sœur du suivant.
- 10 août, *Victor Maisonneuve*, 73 ans, infirme à deux cannes, époux de la suivante.
- 10 août, *Juliette Henriette Maisonneuve*, 70 ans, épouse du précédent.
- 11 août, *Marie Brénichot*, 46 ans, commerçante.
- 14 ou 15 août, *Joseph Schneider*, 25 ans, interprète à la Kommandantur de Champagne-Mouton, torturé ; non exhumé.
- 14 ou 15 août, *Paulette Marguerite François*, 27 ans, propriétaire de café ; non exhumée.
- 15 août, 6 ou 7 ou 9 volontaires russes de l'armée allemande fusillés ; pas d'exhumations malgré des tractations.
- 16 août, *Raphaël Gacon*, 18 (?) ans, « mi-journalier, mi-sacristain » ; non exhumé.
- 17 août, *Emmanuel Giraud*, 24 ans, domestique agricole ; non exhumé malgré, semble-t-il, la demande d'un frère.
- Il conviendrait d'ajouter à cette liste le nom d'*Octave Bourdy*, 53 ans, épicier, exécuté à Saint-Claud dans des circonstances terrifiantes, tardivement, le 6 décembre.

IV. Mort d'un prêtre sous la torture

Devant l'exécution, par le « Maquis Chabanne », des sept habitants de Couture, le curé de Saint-Front, l'abbé Albert Heymès, allait manifester son émotion sous une forme que je n'ai pas pu déterminer. Desservant plusieurs paroisses et venant de célébrer la messe dans l'une d'entre elles, c'est sur la route du retour, à Saint-Front, qu'il aurait été arrêté ainsi que sa servante, Joséphine Adam, et conduit en camion au PC d'André Chabanne au Chatelars, un domaine – « le Prieuré » – flanqué des restes d'une abbaye (il n'est pas à confondre avec « Le Logis du Chatelars », qui est un château). Pour son malheur, Albert Heymès était un réfugié de l'Est et parlait avec un fort accent allemand. Il était né le 4 novembre 1901 à Kappelkinger, près de Sarralbe en Moselle.

À Colmar, François-Abraham Bernheim, toujours vivant, m'a déclaré à son sujet : « Heymès, je l'ai bien connu en 1936 et puis à Altrippe en 1939 (où il était curé). J'ai vécu dans son village. Il parlait le patois lorrain, le plus moche des patois allemands : le "paexer" ; à l'origine, c'est luxembourgeois (ce patois, ça vous révolte). Heymès était un peu lourd, un peu grossier. Il n'était pas antipathique mais avait une attitude anti-relations publiques. (Je ne sais rien de sa mort.) Il serait tombé à la renverse quand on lui donnait des coups et il se serait fendu le crâne derrière. J'étais juge. Il n'y avait pas d'avocat. J'impressionnais parce que je ne criais pas. Il blêmit et son regard devient brillant, celui à qui on annonce qu'il va mourir. »

Pour certains Mosellans, l'ancien curé d'Altrippe était intelligent, musicien, grande gueule et de style provocant. « S'il était resté en Lorraine, ce sont les Allemands qui lui auraient coupé la tête. »

M... faisait partie du maquis et a vu le camion arriver avec le prêtre : « On lui a pas mis de marchepied. Ça m'a frappé. On a du respect pour un curé comme pour un instituteur. Il avait son livre de messe. Il appelait le bon Dieu en aide... Mais il a reconnu qu'il était de la Wehrmacht (*sic*). »

M..., de Chasseneuil, m'a déclaré : « Ce n'est pas dans un "toit à cochons" qu'ils l'ont mis, mais dans un hangar à brebis. On lui a fait porter des pierres. Un maquisard m'a dit : "Celui-ci demain sera bon pour faire un pot-au-feu." Il m'a dit ça un jeudi ; eh bien, le dimanche, c'était lui, le maquisard, qui a été tué. Ce curé était un gradé de l'armée allemande. »

G..., de Cherves, m'a déclaré : « Je l'ai vu transportant de très grosses pierres et battu par ses gardes. Il avait les larmes aux yeux. »

Les principaux responsables actifs de la torture furent deux frères. J'ai retrouvé l'un de ces frères, boulanger au Gond-Pontouvre, banlieue d'Angoulême. Je lui ai dit le résultat de mon enquête. Il m'a déclaré : « Il a été torturé très sévèrement mais il n'y a eu ni corde, ni fer chaud. En revenant avec X... vers le toit à cochons où était le curé, nous l'avons trouvé immobile. Nous lui avons soulevé les paupières. Nous avons constaté sa mort et conclu qu'il avait dû se suicider avec une bague. »

Et, comme je demandais des explications sur cette bague, l'homme m'a répondu : « Je refuse de vous en dire plus. Je n'en dirai plus que si Bonnot veut bien parler. Voyez Bonnot. »

Ce dernier, qui était un responsable connu du « Maquis Chabanne », m'a refusé tout renseignement.

La famille de l'abbé a refusé de répondre à mes questions par crainte d'avoir affaire à quelqu'un qui cherchait peut-être, selon les termes d'une lettre en date du 2 juin 1974, à « donner suite à la propagande anti-curé de l'époque ».

Albert Heymès est mort vers le 11 juillet 1944 ; il avait quarante-deux ans. Son corps fut inhumé au cimetière de Cherves-Chatelars. Son nom est gravé dans la pierre : « Abbé Albert Heymés (*sic*)-1901-1944. » L'évêché de Metz n'a pas souhaité une exhumation et un transfert du corps en Lorraine. La tombe est totalement négligée. Sa servante, Joséphine Adam, allait être fusillée le 1er août en même temps qu'une autre femme. Au Chatelars, m'a-t-on souvent dit, elle « pleurait beaucoup ». On lui avait infligé un écriteau portant : « Femme de curé. »

Aujourd'hui, les enfants de Cherves-Chatelars et de la région sont entretenus dans l'histoire sainte de la Résistance. Une plaque qui indiquait la date de naissance et de la mort d'André Chabanne a été remplacée par une autre qui n'indique plus ces dates, ce qui donne à penser que le héros est mort à la guerre alors qu'il est décédé accidentellement en 1963. Juste en face de la demeure appelée « le Prieuré », là où l'abbé Albert Heymès avait été torturé à mort, et où bien d'autres personnes avaient été emprisonnées ou torturées ou condamnées à mort, les enfants des écoles ont planté un sapin. Une plaque porte : « Arbre planté le 3.9.78 par les enfants de Cherves-Chatelars en souvenir du maquis Bir Hacheim–AS 18 – qui se forma en ces lieux – en septembre 1943. »

Dans la cour de l'école de Cherves il y a un préau. Sur le mur de ce préau, à l'extérieur, le long de la route qui conduit de Cherves à Chasseneuil, on distingue encore nettement, plus de quarante ans après les faits, des traces de balles : c'est là qu'ont été exécutés les trois soldats allemands. En apprenant cette exécution, André Chabanne était entré dans une vive colère. Il se souvenait, disait-il, que, fait prisonnier par les Allemands en 1940, il s'était évadé et avait été repris ; il avait eu la vie sauve.

Cependant, dix ans après leur exécution, André Chabanne avait permis que les cadavres des trois Allemands restent dans une mare toute proche, « chez Veyret ». Ni les propriétaires de la mare, ni le maire de Cherves, ni les gendarmes n'ont osé intervenir pour qu'une sépulture leur fût donnée. Encore aujourd'hui, une dizaine de corps sont aux « trous de renard » de l'ancien Moulin de Jayat, car les exhumer reviendrait à exhumer une part de vérité en contradiction avec la légende qui se renforce d'année en année. À Saint-Front même, j'ai interrogé un groupe de quatre femmes dont la plus âgée était une jeune enfant en 1944. Je leur ai demandé ce qu'elles savaient de l'abbé Heymès, l'ancien curé de leur village. La plus âgée m'a répondu : « Ce curé n'était pas un curé. Les Allemands l'avaient mis là pour nous surveiller. Il était là pour espionner. » Deux des trois autres femmes ont approuvé. D'autres personnes m'ont déclaré : « Il portait un uniforme allemand sous sa soutane », ou encore : « Un joli curé ! Sous sa soutane, il portait un uniforme de capitaine SS. »

Il n'est pas difficile de trouver aujourd'hui des historiens réputés sérieux pour colporter des inepties encore bien pires que celles-là. Il reste qu'Albert Heymès avait peut-être servi dans l'armée allemande au cours de la première guerre mondiale, à l'époque du rattachement de son pays à l'Allemagne.

[Publié dans la *RHR*, n° 4, fév.-avril 1991, p. 25-50.]

***

Février-avril 1991

CRISE AU MUSÉE D'AUSCHWITZ
LA CONTRE-EXPERTISE DE CRACOVIE

Nous apprenons qu'une expertise des prétendues chambres à gaz d'Auschwitz et de Birkenau, menée par la section de toxicologie de l'Institut d'expertises médico-légales de Cracovie, tend à confirmer l'expertise de l'Américain Fred Leuchter : nulle trace significative de ferro-cyanures dans les locaux réputés avoir servi d'abattoirs chimiques pour des centaines de milliers ou des millions de victimes, mais, en revanche, abondantes traces de ferro-cyanures dans des chambres à gaz de désinfection fonctionnant à l'acide cyanhydrique. Dans une lettre en date du 24 septembre 1990 adressée par cet institut aux autorités du musée d'Auschwitz, il est dit en substance que ces autorités ont demandé une analyse d'échantillons à prélever sur les murs des chambres à gaz aux fins d'y rechercher des traces d'acide cyanhydrique.

La demande a été formulée « en conjonction avec des rapports publiés dans les pays occidentaux et avec des procès où des opinions ont été émises selon lesquelles on n'a pas utilisé à Auschwitz de Zyklon B pour y tuer des êtres humains ».

Le rapport de six pages, en polonais, explique qu'en deux périodes distinctes de 1990 des échantillons de plâtre, de briques, etc. ont été prélevés ; 1° dans le crématoire-I (Auschwitz) et dans les crématoires-II, III et V (Birkenau) ainsi que dans les caves du Block 11 (censées avoir servi pour des opérations de gazage homicide) ; 2° dans quatre chambres à gaz de désinfection au Zyklon B du Block 3 au camp d'Auschwitz même ; 3° pour comparaison, dans des endroits où il était exclu qu'il ait pu y avoir la moindre contamination avec de l'acide cyanhydrique.

Dans les locaux censés avoir servi à des gazages homicides, on n'a trouvé aucune trace, sinon une trace infime sur un pilier de la prétendue chambre à gaz homicide du *Krema-II* de Birkenau (Fred Leuchter avait fait la même découverte : rappelons que ce local était en fait un dépositoire et que les dépositoires étaient parfois désinfectés à cause, notamment, des cadavres de typhiques). Dans les chambres à gaz de désinfection, on a trouvé des traces importantes d'acide cyanhydrique malgré le fait que les murs avaient été replâtrés ou repeints. On n'a trouvé aucune trace d'acide cyanhydrique dans les autres endroits examinés.

Les experts sont dans l'embarras. Ils expliquent qu'après quarante-cinq ans il n'était guère possible de trouver des traces « dans des matériaux de construction (plâtre, brique) *si* ceux-ci étaient exposés à l'action des éléments atmosphériques tels que pluies acides [etc.] ».

À quoi nous répondons, pour notre part, que :

1) Les experts ont accepté de conduire cette expertise même s'ils pouvaient penser qu'elle serait sans doute vaine ; le fait demeure qu'ils ont cherché comme s'ils pouvaient trouver et qu'ils n'ont rien trouvé de ce qu'ils espéraient ;

2) Il est faux que toutes les prétendues chambres à gaz homicides aient été exposées aux pluies ; par exemple, celle du *Krema-I* (situé à Auschwitz) et celle du *Krema-II* (situé à Birkenau) sont, au contraire, protégées des pluies, dans le premier cas par le toit « d'origine » et, dans le second cas, par les blocs de béton du toit effondré ; les caves du Bunker 11 sont intactes ;

3) Les ferro-cyanures peuvent, semble-t-il, subsister pendant des siècles, quelles que soient les intempéries.

L'institut en question porte le nom de « Jan Sehn ». Jan Sehn est ce juge d'instruction qui mena de bout en bout la mise en scène du procès de Rudolf Höss et d'autres anciens gardiens du camp d'Auschwitz. C'est à lui que nous sommes redevables des incroyables confessions de R. Höss ordinairement publiées sous le titre de *Commandant à Auschwitz*. Jan Sehn est également l'auteur d'un livre sur le camp. On remarquera que, si les autorités actuelles du musée d'Auschwitz ont réclamé cette expertise, c'est qu'elles savaient pertinemment que Jan Sehn n'avait, en

1945, ordonné aucune expertise de « l'arme du crime ». Et si, de son côté, l'Institut Jan Sehn a accepté de mener une expertise en 1990, c'est qu'il savait, lui aussi, qu'on n'avait jamais expertisé « l'arme du crime ».

Cette expertise de l'Institut Jan Sehn, qu'il faudrait appeler la « contre-expertise » de Cracovie, apporte une confirmation inattendue aux découvertes que Fred Leuchter exposait dans son étude de cent quatre-vingt-douze pages sur « les présumées chambres à gaz d'exécution d'Auschwitz, de Birkenau et de Majdanek ».[540]

La décision de procéder à cette expertise remonte à 1989. Les prises d'échantillons ont eu lieu le 20 février et le 18 juillet 1990. Le résultat a été communiqué au musée par une lettre, ainsi que nous l'avons dit, du 24 septembre 1990.

Le 13 mars 1991, R. Faurisson révélait l'existence, jusqu'ici soigneusement tenue cachée, de cette expertise et de ses résultats, désastreux pour la cause exterminationniste. Il le faisait lors d'une conférence prononcée à Bruxelles dans une salle du Palais des congrès, en présence notamment de journalistes de la presse belge. Dans son édition du surlendemain on pouvait lire dans *Le Soir* de Bruxelles :

> « Nous avons pris contact avec le D$_r$ Maurice Goldstein, président du Comité international d'Auschwitz [à Bruxelles]. Il nous a affirmé qu'à sa connaissance aucune demande d'expertise n'avait été adressée à un institut par le musée d'Auschwitz ni par le comité supérieur dont il fait partie. De telles enquêtes, accomplies cinquante ans après les événements n'ont d'ailleurs aucun sens. »[541]

Le D$_r$ Goldstein, manifestement embarrassé, ajoutait que des analyses avaient été faites, dès 1945, par l'Institut de chimie de Cracovie. En réalité, il commettait là une erreur.[542]

Cette contre-expertise de Cracovie est d'autant plus fâcheuse pour les tenants de la thèse exterminationniste qu'elle survient juste après l'affaire des plaques commémoratives d'Auschwitz. Les autorités du musée avaient retiré, en avril 1990, du mémorial international devant lequel venaient s'incliner tous les grands de ce monde, les plaques commémoratives qui mentionnaient en dix-neuf langues la disparition de quatre millions de victimes.[543] Le chiffre devenant, avec les progrès du révisionnisme, de plus en plus insoutenable, on avait retiré ces plaques

---

[540] F. Leuchter, « Rapport... », 1988.
[541] *Le Soir* de Bruxelles, 15 mars 1991, p. 18.
[542] Voy. R. Faurisson, *Réponse à Pierre Vidal-Naquet*, p. 35.
[543] Voy. *RHR* n° 3, novembre 1990-janvier 1991, p. 30-32.

mais, aujourd'hui, un an après leur enlèvement, on ne sait toujours pas quel nouveau chiffre substituer à l'ancien.

Les tensions sont vives au sein du musée et dans les relations des responsables du musée avec certaines autorités juives mondiales. Georges Wellers vient d'écrire :

> « Il ne fallait pas tenir compte des estimations irresponsables de beaucoup d'anciens déportés [...]. À la suite de l'incapacité pendant plusieurs décennies, de la Direction du Musée d'Auschwitz, d'éviter de grossières erreurs d'interprétation des archives, un nouveau comité directeur de seize membres a été formé. »[544]

Références de l'expertise de Cracovie : Institut d'expertises médico-légales Prof. D$_r$ Jan Sehn à Cracovie, Section de toxicologie, Cracovie le 24 septembre 1990, Westerplatte 9, code postal 31-033. Tél. : 505-44, 59224 ; 287-50. Référence 720-90. Au musée d'Auschwitz-Birkenau. Votre réf. : N° 1-8523/51/1860/89. Signé de Prof. Jan Markiewicz, D$_r$ Wojciech Gubala, Ing. Jerzy Labedz, Beate Trzcinska. Ont assisté aux prélèvements d'échantillons D$_r$ Franciszek Piper, responsable du musée, et Piotr Setkiewicz, assistant.

[Publié dans la *RHR*, n° 4, février-avril 1991, p. 101-104.]

***

Février-avril 1991

LÉON POLIAKOV, PIERRE VIDAL-NAQUET, CLAUDE LANZMANN

« L'ordre du génocide fut donné par Hitler à Himmler au début de 1941. » Cette affirmation, Léon Poliakov la retire. Elle était pourtant au fondement même de son ouvrage sur le III$_e$ Reich et les juifs : *Bréviaire de la haine*. L'historien avoue aujourd'hui avoir succombé à « une sorte de passion dénonciatrice » ; il n'avait formulé cette assertion que « sur la foi de quelques témoignages de deuxième ou troisième main ».[545]

Pierre Vidal-Naquet prétendait en 1980 que, contrairement à ce qu'affirmaient les révisionnistes, les Alliés avaient bel et bien expertisé

---

[544] *Le Monde juif*, octobre-décembre 1990, p. 187, 195.
[545] L. Poliakov, « Histoires et polémiques », p. 203.

des chambres à gaz homicides dans les camps de concentration du III_e Reich. Dix ans plus tard, il déclare que « [les nazis] se sont acharnés à détruire toute trace matérielle de ces chambres ». S'ils se sont acharnés, il est douteux qu'il soit resté une seule chambre à gaz à expertiser.

P. Vidal-Naquet ne croit donc manifestement plus à l'existence de ces expertises de l'arme du crime.[546]

« Tout paraît invraisemblable et pourtant tout est vrai » : la phrase est de P. Vidal-Naquet ; elle sert de publicité à un ouvrage d'Edward Reicher, *Une vie de juif*.

Claude Lanzmann et son film *Shoah* semblent devenir les objets d'une sorte de révision. « L'Holocauste n'est pas une marque déposée, ni un fonds de commerce ! » s'exclame Alain Vidalies.[547]

Alain Finkielkraut écrit : « Claude Lanzmann se considère comme le concessionnaire exclusif de l'Extermination… [Il] a inventé une nouvelle définition de l'antisémitisme : l'antisémite, c'est celui qui ne fait pas ses dévotions au Film Unique. Cette auto-idolâtrie est grotesque et dégoûtante. Si *Le Nouvel Observateur* avait eu une once de charité, il n'aurait pas ainsi donné en spectacle la déchéance d'un artiste en mamamouchi. »[548]

C. Lanzmann réplique d'Israël : « Accoutumé à statuer et légiférer sur tout sans qu'on le contredise jamais, Finkielkraut, incapable de me répondre, s'étrangle de rage, s'égare dans l'enflure et la haine. »[549]

Tzvetan Todorov estime : « *Shoah*, film sur la haine, est fait avec de la haine et enseigne la haine. »[550]

La thèse de l'« Holocauste » est en difficulté. Les zizanies s'aggravent. On se rejette mutuellement la responsabilité d'un échec qui prend des proportions alarmantes.[551]

[Publié dans la *RHR*, n° 4, fév.-avril 1991, p. 105-106.]

***

Février-avril 1991

---

[546] Voy., en 1980, « Un Eichmann de papier », repris dans *Les Assassins de la mémoire*, p. 195, n. 42 ; à comparer avec « Négateurs. Des semeurs de haine », p. 17.

[547] « L'Holocauste, dommages et intérêts », *Sud-Ouest*, 23 octobre 1990.

[548] A. Finkielkraut, « Le cas Lanzmann », p. 118.

[549] C. Lanzmann, « La pensée défaite », p. 41.

[550] T. Todorov, *Face à l'extrême*, p. 255.

[551] Sur G. Wellers à propos de S. Klarsfeld et sur ce dernier à propos d'A. Mayer, voy. *RHR* n° 3, p. 98 et 212.

Collectif de la RHR

PROCÈS FAURISSON

Par jugement du 18 avril 1991 de la XVIIᵉ chambre correctionnelle du tribunal de grande instance de Paris (président M. Claude Grellier, M. Laporte, Mₘₑ Marlier), MM. Boizeau, directeur de la publication du *Choc du Mois,* et Robert Faurisson ont été condamnés pour contestation de crimes contre l'humanité, le premier à verser cent quatre-vingt mille et le second à verser deux cent cinquante mille francs, dont cent mille avec sursis, pour avoir publié un article contestant la réalité du génocide des juifs et l'existence des chambres à gaz hitlériennes. Ces sommes comprennent amendes, dommages-intérêts, publications judiciaires forcées et autres sanctions financières.

MM. Boizeau et Faurisson ont interjeté appel. L'appel étant suspensif, ils n'ont pas, pour l'instant, à verser ces sommes prohibitives.

Le jugement de condamnation a été prononcé au nom de la loi Gayssot (en réalité loi Fabius, dite Gayssot) du 13 juillet 1990 publiée au *Journal officiel de la République française,* le 14 juillet 1990, sous la signature de François Mitterrand, président de la République.

La loi Fabius dite Gayssot avait déjà connu plusieurs applications. Dès le 13 novembre 1990, la cour d'appel d'Orléans avait condamné au nom de cette loi Olivier Devalez, vingt-huit ans, informaticien au chômage. Peu auparavant, le 31 octobre 1990, la première chambre de la cour d'appel de Paris (président M. Vengeon, M. Canivet, Mₘₑ Hannoun) avaient pris une grave décision à l'encontre de Pierre Guillaume et des *Annales d'histoire révisionniste* au nom de la loi Fabius dite Gayssot avec un effet rétroactif de trois ans et demi.[552] Nous croyons savoir que d'autres condamnations ont été prononcées contre des jeunes gens au nom de la même loi, mais la presse est plutôt évasive sur le sujet.

Vu l'importance du procès de MM. Boizeau et Faurisson et l'écho qu'il a trouvé dans les médias en France et à l'étranger, il nous a paru nécessaire de fournir à nos lecteurs un dossier substantiel.

Ce dossier se compose comme suit :

I. Des extraits des conclusions déposées par Me Éric Delcroix, avocat de MM. Boizeau et Faurisson, le 21 mars 1991.
II. Les audiences des 21 et 22 mars 1991.
III. Le jugement du 18 avril 1991.
IV. La récidive immédiate du professeur Faurisson, le 18 avril 1991.

---

[552] Voy. *RHR* nº 3, p. 33-43.

Le jugement reproduit intégralement l'objet du litige, c'est-à-dire l'interview de R. Faurisson dans *Le Choc du Mois* de septembre 1990.

I. Extraits des conclusions déposées par Me Éric Delcroix, avocat de MM. Boizeau et Faurisson, le 21 mars 1991

Premier extrait (p. 3-4) :

Attendu que dans le *premier extrait* [de son interview du *Choc du Mois*, M. Robert Faurisson] ne fait qu'énoncer :

1° – qu'il attend « qu'au nom de la loi Fabius dite Gayssot on poursuive les historiens, en particulier juifs, qui sont aujourd'hui d'accord avec nous pour dire que toutes ces vérités de 1945-1946 sont autant de mensonges historiques » ;

2° – que les « historiens officiels persistent à croire ou font semblant de croire [...] que deux vérités de Nuremberg restent vraies :

- les Allemands ont eu une politique de destruction physique des juifs ;

- ils ont, pour mener à bien cette politique, principalement utilisé des chambres ou des camions à gaz » ;

Attendu qu'il n'y a là qu'une double interrogation sur ce que sera l'usage de la nouvelle loi au regard des historiens conformistes qui, pour ne pas être classés comme révisionnistes, n'en ont pas moins multiplié les révisions déchirantes depuis 1945-1946 :

– tel Martin Broszat, de l'Institut d'histoire contemporaine de Munich, qui a attendu 1960 pour admettre que : « Ni à Dachau, ni à Bergen-Belsen, ni à Buchenwald des juifs ou d'autres détenus n'ont été gazés. » *(Die Zeit,* 19 août 1960, p. 16). L'historien allemand a ainsi contesté des documents et rapports officiels des Gouvernements des Nations unies, documents et rapports qui, en vertu de l'article 21 du statut du Tribunal militaire international (TMI), étaient à considérer « comme preuves authentiques » ; pour Dachau, il s'agit des documents ou rapports L-159 (USA-222) (*TMI,* XXXVII, p. 621) et PS2430 (USA-79) (*TMI,* XXX, p.470) ; pour Bergen-Belsen, du rapport B-2833 contenu dans le document PS-2171 *(Nazi Conspiracy and Aggression,* IV, p. 817, 820, 824) ; pour Buchenwald, du Rapport officiel du gouvernement français F-274 (RF-301) (*TMI,* XXXVII, p. 148) ;

– telle Olga Wormser-Migot, historienne française d'origine juive, auteur d'une thèse sur *Le Système concentrationnaire nazi (1933-1945)* où l'on peut lire que le camp d'Auschwitz-I était « sans chambre à gaz »[553] ; O. Wormser Migot consacre une section de sa thèse à ce qu'elle appelle « le problème des chambres à gaz » (p. 541-544) ; il en ressort qu'elle ne croit pas à l'existence de chambres à gaz homicides à Mauthausen, à Oranienburg et à Ravensbrück ; sur le seul cas de Mauthausen, les documents ou rapports officiels des gouvernements des Nations unies avaient affirmé l'existence dans ce camp et le fonctionnement d'une ou de plusieurs chambres à gaz homicides : PS-499, PS-2285, PS-1515, PS-2176, F-274, PS-2233, PS-2753, PS-2430, PS3846, PS-3845, PS-3870 ;

– tel Arno J. Mayer, historien américain d'origine juive, ami de Pierre Vidal-Naquet, auteur de *The « Final Solution » in History*, qui écrit : « Les sources pour l'étude des chambres à gaz sont à la fois rares et non fiables (*unreliable*) » (p. 362) et qui ajoute : « De 1942 à 1945, certainement à Auschwitz mais probablement partout ailleurs, les causes dites "naturelles" ont tué plus de juifs que les causes "non naturelles" [faim, maladies, épidémies, épuisement au travail] » (p. 365) ; or, le document essentiel, à valeur de « preuve authentique » pour le TMI, était le rapport URSS-008 établissant l'existence, à coup sûr, de nombreuses chambres à gaz à Auschwitz où auraient été tués la plupart des quatre millions [! ! !] de morts de ce camp[554] ;

– tels tous les historiens spécialisés qui, persistant à soutenir la thèse d'une politique de destruction physique des juifs par l'Allemagne hitlérienne, reconnaissent depuis le début des années quatre-vingt que, contrairement à ce qui paraissait établi par le TMI, il n'existe aucune trace d'un ordre ou d'un plan démontrant l'existence d'une telle politique (d'où, en un premier temps, la scission entre « intentionnalistes » et « fonctionnalistes » et, en un second temps, la quasi-disparition des « intentionnalistes » au profit des « fonctionnalistes » qui soutiennent aujourd'hui la thèse d'une destruction *fortuite* et improvisée) ;

– tels les responsables aujourd'hui du gouvernement soviétique qui admettent que la tuerie systématique de milliers d'officiers polonais en forêt de Katyn était un crime soviétique et non un crime allemand comme l'affirmait le document URSS-54 auquel le président du TMI a reconnu, *expressis verbis*, valeur de « preuve authentique »[555] ;

– tels les responsables, aujourd'hui, du musée d'Auschwitz (Pologne) qui, en avril 1990, ont pris la grave décision de retirer du monument international d'Auschwitz-Birkenau les inscriptions de bronze (rédigées en dix-neuf langues) selon lesquelles les morts et les tués d'Auschwitz auraient atteint le chiffre de quatre millions, le nouveau chiffre adopté

---

[553] O. Wormser-Migot, *Le Système concentrationnaire nazi...*, p. 157.
[554] *TMI*, XXXIX, p. 241-261.
[555] *TMI*, XV, p. 302.

pour l'instant paraissant être d'un million ou d'un million et demi ; de leur côté, les responsables aujourd'hui du gouvernement soviétique ont fini par communiquer les « registres mortuaires » d'Auschwitz ; il y figure soixante-quatorze mille noms ; en tenant compte des registres manquants, le total des morts d'Auschwitz (juifs et non juifs) ne saurait guère dépasser le chiffre de cent cinquante mille.

Second extrait (p. 5-7) :

Attendu que, dans les quarante-et-un volumes de l'édition française des débats et documents du « grand procès » de Nuremberg, il n'existe pas une preuve, une seule preuve de l'existence soit d'une chambre à gaz homicide, soit d'une politique de destruction physique des juifs ;

Attendu, en particulier, qu'on n'y trouve, soit sur le crime lui-même, soit sur l'arme du crime aucun des éléments suivants :

- une ordre de destruction physique des juifs
- un plan de destruction physique des juifs
- des directives pour une destruction physique des juifs
- un budget pour une destruction physique des juifs
- un procès-verbal d'examen in situ sur les lieux du crime
- une expertise de l'arme du crime
- un rapport d'autopsie établissant un assassinat par gaz-poison
- un procès-verbal de reconstitution (simulacre)
- un contre-interrogatoire de témoin sur la matérialité des faits rapportés ;

Attendu, de surcroît, que la confusion même du législateur, conduit à recourir à une définition « délirante » et ne permet pas de mettre ici le texte de l'article 24 bis en application, puisque le jugement prononcé au terme du grand procès de Nuremberg tel qu'invoqué par les parties civiles utilise, dans certains cas, le mot d'« extermination », mais n'en donne jamais une définition précise et circonstanciée ;

Attendu, de même, qu'il emploie l'expression de « chambre à gaz » sans jamais fournir une description de cette arme extraordinaire encore jamais vue dans le monde scientifique ;

Attendu que, tout au long des cent quatre-vingt-sept pages du jugement, les deux seules précisions – vagues et indigentes – qu'on puisse découvrir sur la « chambre de mort » (*sic*), défiant toutes les lois de la physique et de la chimie, est que cette chambre (au singulier) permettait de tuer (combien de personnes ? avec quel gaz ? selon quelle procédure ?) « en trois à quinze minutes » et qu'il fallait attendre une demi-heure pour ouvrir « les portes » (au pluriel !) (p. 265 du jugement) ;

Attendu qu'au surplus ces deux précisions dérisoires sont extraites d'une « confession » dictée à Rudolf Höss par ses tortionnaires de la Sécurité militaire britannique (voy., ci-dessous, p. 6, alinéa 2) ;

Attendu que l'imposture des chambres à gaz hitlériennes n'est que le produit recyclé d'un bobard de la première guerre mondiale selon lequel les Bulgares, alliés de l'Allemagne impériale supprimaient systématiquement les Serbes « par la voie administrative » en conduisant ces derniers, sous prétexte de « nettoyage », dans des « établissements d'épouillage » et là les « éliminaient par gaz » (voy., par exemple, Bernard Guttmann [correspondant de la *Frankfurter Zeitung*] sur son entretien à Berlin le 20 novembre 1917 avec le secrétaire d'État aux Affaires étrangères Kuhlmann, rapporté dans *Schattenriess einer Generation* [Esquisse d'une génération][556]) ;

Attendu que ce bobard absurde et haineux, propagé notamment par les Britanniques, trouvait parfois créance même auprès de responsables politiques allemands, mais qu'après la guerre de 1914-1918, cette invention et bien d'autres inventions du même genre ont été dénoncées, y compris par le gouvernement britannique ;

Attendu que ce bobard, pourtant universellement reconnu dans les années vingt pour n'être qu'une fabrication frelatée et faisandée, a été, pendant la seconde guerre mondiale, repris, recyclé, relancé avec tant de succès qu'aujourd'hui une loi de la République française menace de prison et d'amende celui qui, contestant cette vérité devenue officielle, refuse d'acheter, de propager, de consommer cet infâme produit politique, de vente forcée et d'achat forcé, à peine moins infâme que le bobard du savon à base de « graisse des victimes », repris à leur compte par les juges de Nuremberg (p. 265-266 du jugement) mais aujourd'hui dénoncé par les historiens de l' « Holocauste » ; Attendu, au demeurant, que l'on rappellera que les juges humanistes de 19451946 se sont appuyés, en l'absence de toute étude ou recherche d'ordre criminalistique ou matériel, sur des témoignages souvent de deuxième main et sans contre-interrogatoire sur la matérialité des faits ;

Attendu qu'on soulignera que l'absence de curiosité criminalistique a conduit le Tribunal de Nuremberg à laisser dire sans critique sérieuse qu'il y avait eu des chambres à gaz homicides, instruments qui, en l'état, étaient tout simplement une impossibilité matérielle et donc une vision chimérique ; Attendu que deux rapports distincts de l'Américain Fred Leuchter (1988 et 1989) ont établi que l'existence de chambres à gaz homicides, d'abord à Auschwitz, à Birkenau et à Majdanek, puis à Dachau, à Mauthausen et à Hartheim, se heurte à des impossibilités

---

[556] *Schattenriess einer Generation*, p. 145-146.

totales d'ordre physique et chimique ; Attendu que, si nos renseignements les plus récents sont exacts, les autorités du musée d'Auschwitz ont fait diligenter, pour Auschwitz et Birkenau, une contre-expertise qui tend à confirmer les conclusions de Fred Leuchter sur ces deux camps (Lettre du 24 septembre 1990 adressée à ce musée par l'Institut d'expertises médico-légales de Cracovie « in memoriam Prof. Dr Jan Sehn », département de toxicologie. Réf. n° 720/90) ;

Attendu que lesdites chambres à gaz étaient alors (1945-1946) et restent encore aujourd'hui (1991) des objets décidément indescriptibles, ce qui ne semble choquer personne tant est puissante la sidération médiatique et pseudo-religieuse (on voit en effet l'« objet sacré » acquérir ici sa pleine dimension qui est de n'avoir aucune réalité physique et matériellement représentable) ;

Attendu que le comble de la légèreté coupable est atteint par les juges du Tribunal de Nuremberg quand, aux pages 264-266 du premier volume contenant le jugement, ils croient prouver leurs plus graves accusations par de prétendus aveux de Rudolf Höss et par une prétendue estimation d'Adolf Eichmann ; les aveux du premier sur les chambres à gaz et sur les trois millions (!!!) de morts d'Auschwitz lui ont été extorqués par ses tortionnaires de la Sécurité militaire britannique (voy. les révélations de ces derniers dans *Legions of Death,* de Rupert Butler, page d'avertissement et p. 234-238) ; quant à l'estimation d'A. Eichmann, elle n'est nullement d'Eichmann mais lui a été abusivement prêtée par une déclaration écrite de Wilhelm Höttl, personnage qui se trouvait dans la prison de Nuremberg et qu'il aurait été facile de convoquer à la barre mais qui n'a été ni interrogé ni contre-interrogé et cela malgré la demande expresse de l'avocat d'E. Kaltenbrunner (*TMI*, III, p. 572-575) ;

Attendu, pour toutes ces raisons, qu'il y a donc lieu de constater que les prévenus ne tombent nullement sous le coup d'une loi qui, en tout état de cause, « ne demeurera que [de] l'incantation » au regard d'une définition « délirante » et inapplicable, à tout le moins ici ;

Attendu, dans ces conditions, qu'il y a lieu de prononcer la relaxe de MM. Boizeau et Faurisson.

II. Les audiences des 21 et 22 mars 1991

Robert Faurisson a comparu devant la XVIIe chambre du tribunal correctionnel de Paris (président : Claude Grellier) les 21 et 22 mars 1991 pour contestation de crimes contre l'humanité. Il était cité, ainsi que le directeur du *Choc du Mois,* par le ministère public et par onze associations de juifs, de résistants et de tziganes. Son défenseur était Me Éric Delcroix. Six avocats, dont Me Charles Libman, Me Joël Nordmann,

Mᵉ Charles Korman et Mᵉ Bernard Jouanneau, représentaient la partie civile.

Le corps du délit était constitué par une interview du professeur publiée dans *Le Choc du Mois* de septembre 1990. Dans cette interview, R. Faurisson s'en prenait à la loi Fabius-Gayssot, publiée au *Journal officiel de la République française* le 14 juillet 1990 sous la signature de François Mitterrand. Cette loi (« *lex Faurissonia* ») prévoit un mois à un an de prison et deux mille à trois cent mille francs d'amende pour toute personne qui « conteste » l'existence des « crimes contre l'humanité » tels que définis par les Alliés en 1945 et tels que sanctionnés par le Tribunal militaire international de Nuremberg (1945-1946) ou par un tribunal français (voy., par exemple, le procès de Klaus Barbie en 1987). M. Faurisson avait notamment déclaré :

> « On ne me fera pas dire que deux et deux font cinq, que la terre est plate, que le tribunal de Nuremberg est infaillible. J'ai d'excellentes raisons de ne pas croire à [la] politique d'extermination des juifs ou à la magique chambre à gaz et on ne me promènera pas en camion à gaz [...]. Je ne chercherai pas à tourner la nouvelle loi, je lui ferai front [...]. Comme le dit *Jour J, La Lettre télégraphique juive*, en titre de son numéro du 15 juin 1990 : « Sondage : Un tiers des Français doute de l'existence des chambres à gaz. » Ce n'est qu'un début. Les révisionnistes poursuivront leurs travaux. – Je souhaite que 100 % des Français se rendent compte un jour que le mythe des chambres à gaz est une gredinerie, entérinée en 1945-1946 par les vainqueurs de Nuremberg et officialisée le 14 juillet 1990 par le gouvernement en place de la République française, avec l'approbation des historiens de cour. »

Le procès s'est déroulé, pendant deux après-midi, dans une atmosphère de grande tension à l'intérieur et à l'extérieur de la salle du tribunal. Malgré la présence de cinquante gendarmes, les incidents ont été nombreux. Suspensions de séance et incidents de procédure se sont succédé. À un moment, le président Grellier a qualifié de « surréaliste » la situation créée par la partie civile.

Sous tension

« Procès Faurisson sous tension » : la formule est souvent revenue dans la presse écrite et parlée. La LICRA, le Bétar et le Tagar avaient mobilisé leurs troupes. Le professeur et ceux qui étaient venus le soutenir ont eu droit aux cris, aux insultes, aux coups et aux crachats. Dans le prétoire même, les propos de R. Faurisson et de son avocat ont, à de multiples reprises, soulevé l'indignation de certains et provoqué outrages et injures. Le président Grellier a fait appel au sang-froid de tous et demandé à ceux qui se sentaient incapables d'entendre les propos de M. Faurisson de quitter la salle. Rien n'y a fait. Quand, enfin, les gardes ont reçu l'ordre d'expulser les trublions, qui interrompaient le professeur, ces derniers ont répliqué : « Vous pouvez dégainer. Nous ne sortirons pas. » Il a fallu placer des gardes dans les travées, le dos tourné au tribunal et les yeux rivés sur le public. Mais même ce procédé d'intimidation n'a pas totalement empêché les manifestations d'hostilité.

« *Faurisson dans son jardin* »

Le soir du premier jour, le présentateur de la première chaîne de télévision, Jean-Pierre Berthet, commentait en ces termes l'arrivée du professeur dans la salle du tribunal :

> « Le professeur Faurisson, qui risque un an de prison, arrive décontracté, aussi à l'aise dans le prétoire que dans son jardin. »

Costume strict, cravate rouge, l'air détendu (alors qu'il vient de se faire insulter et malmener par les manifestants qui lui ont barré l'accès de la salle), R. Faurisson s'avance dans le prétoire et, de son sac, extrait un coussin qu'il pose sur la dure banquette des prévenus. Trois hommes le rejoindront avec peine, chacun porteur de deux pesants cabas qui contiennent les quarante et un volumes des débats et documents du procès de Nuremberg.[557] Le président Grellier s'inquiète. Est-il vraiment question de disposer ces volumes sur une table et de s'y reporter à chaque instant de la démonstration prévue par l'universitaire ? Combien de temps M. Faurisson a-t-il l'intention de parler ?

« Quatre heures » est la réponse. Et, devant les difficultés que suscitent l'exposition et la consultation des volumes, l'universitaire propose une solution : il parlera de mémoire.

Trois défis

---

[557] L'édition française n'a pas d'index des matières et ne comprend donc que quarante et un volumes ; les éditions américaine, anglaise et allemande comptent quarante-deux volumes. Il n'existe pas d'édition russe.

D'emblée, M. Faurisson lance trois défis à la partie adverse qui aura la parole le lendemain :

1° Qu'on lui extraye des quarante et un volumes, c'est-à-dire d'un ensemble de vingt-cinq mille pages, une seule preuve de la réalité d'un programme de destruction physique des juifs (le prétendu crime spécifique) et une seule preuve de l'existence d'une chambre à gaz homicide dans les camps de concentration allemands (la prétendue arme spécifique du crime spécifique) ;

2° Qu'on récuse l'authenticité de son « scoop » : une lettre en polonais du 24 septembre 1990 envoyée par l'Institut médico-légal de Cracovie (section de toxicologie) aux autorités du musée d'Auschwitz. Ces autorités avaient réclamé une contre-expertise du fameux « rapport Leuchter » qui concluait en 1988 à la non-existence de chambres à gaz homicides à Auschwitz et à Birkenau (ainsi qu'à Majdanek). Or, selon M. Faurisson, cette contre-expertise, tenue jusqu'ici secrète, tend à confirmer les conclusions que Fred Leuchter, s'appuyant sur les analyses d'un laboratoire américain, avaient déposées en avril 1988 devant un tribunal de Toronto (Canada) pour le second procès d'Ernst Zündel ;

3° Que la partie adverse commence par lui préciser ce que pourrait bien être une chambre à gaz hitlérienne. Il attend une définition, une description, un dessin. Selon lui, ces extraordinaires chambres à gaz, capables, paraît-il, de tuer des fournées de deux mille victimes à la fois avec de l'acide cyanhydrique (Zyklon B) constituent une impossibilité physico-chimique qu'il a maintes fois démontrée.

R. Faurisson, en une série d'exposés, entrecoupés de questions ou de remarques venant soit du président, soit, surtout, du ministère public, accumule ensuite, de mémoire et sans notes, une abondance de précisions d'ordre technique ou historique. Il rappelle que les magistrats se piquent de rappeler l'adage selon lequel « ce n'est pas devant les tribunaux que l'histoire peut trouver ses juges » et, pourtant, ils ne cessent, dans les procès contre les révisionnistes, de trancher de multiples points d'histoire sans en avoir la moindre compétence. En effet, les procès reposent tous sur un postulat qui peut se résumer ainsi : « Les chambres à gaz ont existé. » Encore les magistrats n'ont-ils pas même le courage de formuler ce postulat, qui reste toujours implicite. Mais aucun juge n'est capable – et pour cause – de définir, de décrire, de dessiner ces magiques chambres à gaz qui défient toutes les lois de la physique et de la chimie. On ne saurait définir, décrire ou dessiner un cercle carré ou un carré circulaire. À telle enseigne qu'affirmer « les chambres à gaz ont existé » revient à déclarer « Les bla-bla-bla ont existé ». Et la justice française se permet ou se permettrait de condamner ceux qui ne croient pas à ces indéfinissables billevesées ?

Le professeur rappelle alors que ce qu'il appelle « le bobard des chambres à gaz » remonte non pas à 1941-1942 mais à 1916-1917. Vers 1916-1917, une rumeur de guerre, abondamment exploitée par les Alliés, voulait que les Bulgares, alliés de l'Allemagne, aient gazé les Serbes ; les Bulgares, disait-on, conduisaient systématiquement des civils serbes, par centaines de milliers ou par millions, dans des établissements d'épouillage, sous prétexte d'hygiène, et là ils les éliminaient par gaz. M. Faurisson observe que le bobard de la première guerre mondiale fut dénoncé comme tel par les Alliés dès les années vingt et que, par conséquent, le bobard des juifs gazés par les Allemands n'est que la reprise d'un mensonge éculé, une sorte de produit de recyclage « avarié » qu'il se refuse, pour sa part, à consommer et à laisser consommer autour de lui. Il réitère son refus de croire à une « gredinerie », à une « vieille calomnie », à une « abominable diffamation » et de laisser, ne fût-ce que par un silence complice, se propager une telle rumeur, vieille de soixante-quinze ans.

Les affres de la partie civile

Dès l'ouverture du procès, les avocats des onze associations avaient lancé un avertissement : M. Faurisson sera à nouveau poursuivi si jamais, pour sa défense, il expose la thèse révisionniste dans l'enceinte du tribunal. La loi lui défend de contester en public la réalité du génocide et des chambres à gaz. Il lui reste deux possibilités de défense : ou bien présenter ses excuses ou bien plaider qu'il n'a pas vraiment voulu dire ce qu'il a dit dans son interview. À quoi M. Faurisson et son avocat répliquent qu'ils persisteront dans leur système de défense sans tenir compte de la menace. La partie civile demande alors un huis-clos partiel : les journalistes et le public seraient exclus de la salle aussi longtemps que M. Faurisson aurait la parole ; ils réintégreraient la salle quand la partie civile prendrait à son tour la parole.

Le président Grellier refuse.

M. Faurisson commence son exposé, mais tous les avocats de la partie civile décident de quitter la salle d'audience. Le président s'émeut : « N'est-ce pas la partie civile qui a sollicité ce débat en poursuivant le prévenu ? » Me Jouanneau fait savoir que la décision est irrévocable ; escorté de ses confrères, il se retire et ne reparaîtra que le lendemain pour les plaidoiries de la partie civile.

Le lendemain, aucun des avocats de la partie civile ne relèvera les trois défis du professeur. Me Libman déclare : « Je me refuse à faire la démonstration de l'existence des chambres à gaz. » Me Jouanneau confesse qu'il s'est longtemps demandé s'il ne commettait pas une erreur en citant M. Faurisson devant un tribunal. La croisade antirévisionniste, reconnaît-il, a été plutôt « chaotique ». Ses confrères, dit-il, ont craint de se piéger eux-mêmes. Mais il fallait poursuivre un personnage diabolique. L'universitaire avait développé des arguments d'ordre physique, chimique, topographique, architectural, documentaire et historique ; les six avocats de la partie civile répondent racisme, antisémitisme, néo-nazisme, respect dû à la souffrance des déportés et à la mémoire des morts. Ils réclament deux millions de francs de dommages-intérêts, ce qui fera dire au professeur :

> « Mes adversaires ont découvert mon point faible. Je n'ai pas de fortune. Ils m'attaquent au portefeuille. »

C'est également le registre de M_{me} Dubreuil, mais sur un ton qu'anime la fièvre du procureur. Son réquisitoire a des accents vétéro-testamentaires. Elle cherche à défendre le tribunal de Nuremberg mais non sans multiplier les faux-pas. Elle ignore tout du révisionnisme qui, pour elle, remettrait en cause l'existence des… camps de concentration. Elle se hasarde à suggérer que M. Faurisson a pu se tromper sur le sens d'un mot anglais… qu'elle invente de toutes pièces. On lui fait remarquer son erreur, document à l'appui. Elle passe outre et s'enfièvre d'autant. Pour elle, les thèses révisionnistes constituent « une atteinte à la sûreté publique et à la conscience universelle ». Elle ne précise pas sa pensée et elle omet de spécifier ce qu'elle entend par l'expression de « conscience universelle ». Cette conscience, bien qu'« universelle », semble absente chez M. Faurisson ; en revanche, il est manifeste qu'il suffit à M_{me} Dubreuil de se mettre à l'écoute de sa propre conscience pour entendre la voix de la « conscience universelle ».

La plaidoirie de M_e Delcroix

Le premier jour d'audience, la partie civile, ainsi qu'on l'a vu, avait fait valoir que les thèses de M. Faurisson ne pouvaient pas être exposées publiquement sans enfreindre la nouvelle loi. M_e Delcroix, notant que le président lui-même avait ouvert l'interrogatoire du prévenu en lisant des extraits de l'interview litigieuse, observait qu'à ce compte le président lui-même s'était rendu coupable d'un délit d'audience ! S'il fallait suivre le raisonnement de la partie adverse, le procès public devenait impossible.

M_e Delcroix montre que la nouvelle loi établit un dogme et que ce dogme est lui-même fondé sur une extraordinaire autorité *absolue* de la chose jugée. Elle est en contradiction flagrante avec les dispositions de la

Convention européenne de sauvegarde des droits de l'homme. Elle tend à priver le prévenu de la présomption d'innocence. Me Delcroix entame le procès du procès de Nuremberg, puis il énumère les « révisions » opérées au cours des ans par les historiens les plus officiels ; il en conclut qu'il ne reste plus guère de « vérités » prétendument établies (ou, plutôt, tenues pour établies) par les juges de Nuremberg, qui n'aient été revues et corrigées depuis 1946. Mais, dans son interview du *Choc du Mois*, M. Faurisson contrevient-il à la loi ? Non, car il s'exprime au futur ou au conditionnel. Il se contente de dire qu'il n'hésitera pas ou qu'il n'hésiterait pas à violer la loi mais il ne la viole pas *hic et nunc*.

Me Delcroix termine sa plaidoirie sur un coup de théâtre qui apporte une fulgurante illustration de la mauvaise foi des exterminationnistes et de la bonne foi des révisionnistes, et cela à la confusion du ténor des avocats de la partie adverse : Me Bernard Jouanneau. C'est l'affaire, qu'on va lire, de la couronne mortuaire.

La couronne mortuaire ou le bouquet de Me Jouanneau

À la fin de sa propre plaidoirie, Me Jouanneau avait annoncé qu'il détenait une preuve en quelque sorte matérielle du cynisme et de la méchanceté perverse des révisionnistes. Se penchant à terre, il avait saisi un carton puis, non sans ostentation, il l'avait posé sur une table, face au tribunal. Ce carton, à peine entrouvert, contenait, à l'en croire, une couronne mortuaire que les responsables de la librairie de la Vieille Taupe avaient expédiée à Hélène Frappat, la jeune fille qui, chaque mardi, se faisait un devoir de conduire une manifestation de protestataires contre cet antre du révisionnisme situé au 12 de la rue d'Ulm à Paris, tout près de l'École normale supérieure. Pour Me Jouanneau, Pierre Guillaume et ses amis avaient ainsi atteint le comble de l'abjection.

Après sa plaidoirie, Me Jouanneau avait voulu reprendre possession du carton mais Me Delcroix s'y était opposé. Comme on va le voir, il avait son idée sur la « couronne mortuaire ».

Au terme de sa propre plaidoirie – dont nous avons parlé plus haut – Me Delcroix développe une idée qui lui est chère : selon lui, la « bonne foi » de ceux qui croient à la réalité des chambres à gaz n'est due qu'à un phénomène général de « sidération » des esprits. Le matraquage des médias, le lavage des cerveaux, la terreur dont s'entoure le tabou ont eu pour résultat que, sur le sujet des chambres à gaz ou sur tout sujet approchant, on est devenu incapable de discernement : on ne voit pas même ce qu'on a sous les yeux, on ne vérifie rien, on croit tout. Le tribunal, dit Me Delcroix, vient d'être témoin d'un phénomène de sidération. Et l'avocat de M. Faurisson de s'approcher du carton, de l'ouvrir aux regards de tous et de déclarer : « En fait de couronne mortuaire, nous avons là un bouquet de fleurs printanières. D'ailleurs, le carton du fleuriste ne porte-t-il pas pour inscription : « Dites-le avec des fleurs ! », une formule qui serait incongrue pour l'envoi d'une couronne mortuaire ? » Stimulé par cette démonstration, le président Grellier demande à voir le fond des choses et invite l'avocat à extraire les fleurs. Confirmation : il s'agit manifestement d'un bouquet printanier.

Au soir de cette seconde journée, le procès vient de prendre fin. Le public s'est retiré et le tribunal aussi. Restent Me Delcroix, M. Faurisson, quelques autres personnes encore et des gendarmes. On plaisante Me Jouanneau sur l'affaire du bouquet. Avec le sourire, mais non sans quelque gêne aussi, Me Jouanneau laisse tomber : « Cette affaire de bouquet, ce n'est pas ce que j'aurai fait de mieux dans ma carrière. »

La leçon du bouquet

L'anecdote du bouquet est éclairante à plus d'un titre. Elle illustre la réalité du révisionnisme. Ce que nous voyons ou croyons voir, il nous faut revenir le voir ; il nous faut le revoir. C'est le fait même du révisionnisme.

Me Delcroix avait agi en révisionniste. Le président Grellier, inspiré par l'initiative de l'avocat, était allé encore plus loin dans la voie du révisionnisme : il avait exigé de voir le fond des choses et la chose elle-même dans son intégralité.

Un troisième degré aurait pu être franchi. Comme ces fleurs étaient adressées à Mlle Hélène Frappat, elles étaient fort probablement accompagnées d'un mot. Où était ce mot ? Que disait-il ? Qui avait bien pu le signer ? Une brève enquête permet de répondre à ces questions. Le mot portait :

> « En manière d'hommage. Pour tous ces mardis vécus si intensément de part et d'autre et en espérant qu'ils seront nombreux encore. »

> Michel, Étienne et les autres.

Tous les mardis vers 18 h, des manifestants viennent réclamer la fermeture de la librairie de la Vieille Taupe. Vitre brisée, porte enfoncée, violences de toute sorte accompagnent souvent ces manifestations. Pierre Guillaume et ses amis libertaires ont une ligne de conduite : ils ne veulent d'aucune provocation, ni d'aucune voie de fait, même pour se défendre ; ils préfèrent la discussion, si possible, avec « l'adversaire ». L'envoi du bouquet (« Dites-le avec des fleurs ! ») répondait à ce souci de ne pas relancer la violence. Le texte d'accompagnement respire une ironie sans méchanceté. « Michel » est Michel Gandilhon, responsable de la publication intitulée *Maintenant le communisme*. « Étienne » est Étienne Mandel, d'origine juive et dont la grand-mère fut déportée à Auschwitz. On pourrait demander à Mᵉ Jouanneau où sont, là-dedans, les méchants, les pervers, les racistes d'extrême droite et les nazis.

Les exterminationnistes ont, pour soutenir leur thèse, tout mis sens dessus dessous. Le Zyklon B était destiné à la désinfection et, par conséquent, à sauver les vies humaines ; ils en ont fait un instrument de meurtre collectif. Les fours crématoires répondaient à un besoin d'hygiène ; ils en ont fait la preuve d'une volonté d'extermination à grande échelle. Le « procès-verbal de Wannsee » prévoyait la remise en liberté des juifs après la guerre et un renouveau juif ; ils en ont fait un programme d'extermination physique des juifs. Il n'est pas étonnant que, d'un bouquet de fleurs printanières, ils aient fait une couronne mortuaire. L'exterminationnisme est une forme de maladie mentale. Le révisionnisme, c'est la santé, serait-on tenté de dire.

Un résultat de l'effet « Carpentras »

La presse, écrite et parlée, en France et à l'étranger, est, dans son ensemble, hostile au professeur mais sensiblement moins qu'il n'est d'usage. Elle semble découvrir la solidité de la position révisionniste. Elle constate que les défis de l'universitaire n'ont pas été relevés par la partie civile. Elle en déduit le plus souvent que les accusateurs ont été « piégés » par M. Faurisson ou qu'ils se sont « piégés » eux-mêmes. À la quasi-unanimité, elle juge la loi d'application difficile : on est dans une impasse. Le législateur n'avait pas prévu ces difficultés. La loi a été votée trop vite. Même le président Grellier avait à mots couverts confessé son étonnement. Au dernier jour du procès, il avait demandé au professeur comment on avait bien pu, selon lui, voter pareille loi. La réponse avait fusé : « Carpentras ». Le montage de l'affaire de Carpentras ou son exploitation avait créé en France une atmosphère d'hystérie et de chasse aux sorcières. Alain Rollat, du journal *Le Monde,* personnellement si hostile au révisionnisme, s'était interrogé sur les raisons pour lesquelles le Conseil constitutionnel n'avait pas été saisi de l'examen d'un pareil texte de loi :

> « Voilà un texte qui, d'un point de vue strictement juridique, soulève une question fondamentale, au regard de la liberté d'opinion et d'expression, puisqu'il voue aux tribunaux, en visant

les prétendus historiens « révisionnistes », les citoyens « qui auront contesté l'existence d'un ou plusieurs crimes contre l'humanité ». Or, faute de saisine du Conseil constitutionnel, cette question ne sera pas tranchée. Sauf, peut-être, si, un jour, quelque avocat avisé se tourne vers les institutions européennes pour pallier cette anomalie.

Ont-ils craint [ces parlementaires] de paraître s'aligner sur le Front national ? Ont-ils eu peur des éventuelles réactions des organisations antiracistes ? En préférant occulter un débat qui méritait pourtant d'avoir lieu dans un pays qui se prévaut de l'état de droit, les parlementaires ont, en tout cas, laissé passer, une nouvelle fois, une belle occasion de rehausser leur image. »[558]

L'analyste du *Monde* n'oublie qu'un point : le Conseil constitutionnel est présidé par le plus frénétique adversaire des révisionnistes : Me Robert Badinter et recèle en son sein un Daniel Mayer. Nos parlementaires le savent.

III. Le jugement du 18 avril 1991

Le jugement est prononcé le 18 avril 1991. Des groupes juifs créent de nouveaux incidents. Les gendarmes ne réagissent pas. Pierre Guillaume est blessé. Les gendarmes s'affairent alors avec zèle ; ils jouent les secouristes à défaut de protéger les personnes.

M. Patrice Boizeau, directeur du *Choc du Mois,* est condamné à verser un minimum de cent quatre-vingt mille francs et M. Faurisson devra verser un minimum de deux cent cinquante mille francs, dont cent mille francs avec sursis. La publication d'une interview revient ainsi à entraîner une sanction de quatre cent trente mille francs au minimum pour une publication et un auteur notoirement dénués de ressources.[559]

---

[558] *Le Monde,* 27 juillet 1990, p. 6, cité dans *RHR* n° 2, août-octobre 1990, p. 20.
[559] Les sanctions s'analysent comme suit : pour P. Boizeau, trente mille francs d'amende et, pour M. Faurisson, cent mille francs d'amende avec sursis. Pour les deux coupables, solidairement : vingt mille de dommages-intérêts à verser à chacune des onze associations (total : deux cent mille francs) ; mille cinq cents francs pour les frais d'avocat de chacune de ces associations (total : cent soixante-cinq mille francs) ; quatre publications judiciaires forcées à quinze mille francs (total : soixante mille francs). Tout cela sans compter le remboursement des dépens du jugement avancés par les parties civiles et le remboursement des frais avancés par l'État. Avec les dépenses qu'il leur a fallu engager de leur propre côté, MM. Boizeau et Faurisson subissent une sanction de 4 quatre cent cinquante mille francs, soit quarante-cinq millions de centimes.
Les associations (parties civiles) qui poursuivaient MM. Boizeau et Faurisson étaient : 1. l'Union départementale des déportés, internés et victimes de guerre de la Seine (UDIVG),

Telle est la décision d'un tribunal composé de Claude Grellier (président) ainsi que de M. Laporte et de M_{me} Marlier, juges. Aucun de ces trois magistrats n'a la moindre idée de ce que peut être une chambre à gaz hitlérienne et aucun d'entre eux n'est capable de fournir la moindre preuve de l'existence d'une telle chambre à gaz ou la moindre preuve de la réalité d'un génocide des juifs. Mais la loi a prononcé qu'il est interdit de contester l'existence de ces réalités métaphysiques. Ces juges français appliquent la loi française.

Le jugement a des faiblesses considérables. Certaines seront exploitées en appel par MM. Boizeau et Faurisson. Mais il comporte des points qui inquiètent les associations plaignantes ainsi que le journal *L'Humanité* qui, réagissant à chaud, écrit :

> « Plus surprenants encore, et même choquants, pourraient être les attendus du jugement dont le président Grellier n'a pas donné lecture publiquement hier. À en croire l'AFP, le tribunal aurait en effet qualifié la loi du 13 juillet 1990 de "limite nouvelle à la liberté d'expression et d'opinion, telle que définie par l'article 11 de la Déclaration des droits de l'homme et du citoyen de 1789". Il aurait même été jusqu'à critiquer "l'organisation, la structure et le fonctionnement" du tribunal de Nuremberg "sur le plan juridique, historique ou philosophique". Dans l'hypothèse où le jugement d'hier serait effectivement assorti de ce type de considérations, force serait donc de constater que les magistrats auraient sanctionné Faurisson et son éditeur tout en les présentant comme des victimes d'une « loi répressive ». Cela paraît tellement invraisemblable que nous préférons attendre d'avoir lu l'intégralité des attendus avant de formuler un commentaire... »[560]

Sur cinq points, ce jugement est de nature à contrarier l'accusation (associations et ministère public) :

– il contient la reproduction intégrale de l'interview du professeur et constitue par là même une sorte de récidive ;

---

2. le Comité d'action de la Résistance, 3. l'Amicale des anciens déportés d'Auschwitz et des camps de Haute-Silésie, 4. l'Union nationale des associations de déportés internés et familles de disparus (UNADIF), 5. la Fédération nationale des déportés et internés de la Résistance (FNDIR), 6. l'Union des Tziganes et voyageurs de France, 7. l'Association des fils et filles de déportés juifs de France, 8. l'Association nationale des anciens combattants de la Résistance, 9. la Fédération nationale des déportés et internés résistants et patriotes (FNDIRP), 10. l'Amicale des anciens déportés de Buna-Monowitz, 11. l'Amicale des anciens déportés juifs de France, résistants, internés et familles de disparus.
[560] *L'Humanité,* 19 avril 1991, p. 12.

– il ordonne la publication dans *Le Monde, Le Figaro, Libération* et *Le Quotidien de Paris* d'un communiqué essentiellement composé, par les juges, d'extraits de l'interview incriminée ; ces extraits feront mouche auprès du grand public et assureront aux idées révisionnistes une publicité inespérée ;

– il admet, même si c'est pour la justifier ensuite, que la loi du 13 juillet 1990 « constitue une limite nouvelle à la liberté d'expression et d'opinion, telle que définie par l'article XI de la Déclaration des droits de l'homme et du citoyen du 26 août 1789 » ;

– il reconnaît que la « contestation » par M. Faurisson de l'existence du génocide juif et des chambres à gaz hitlériennes est « inscrite dans un discours logique et cohérent » ;

– enfin, et surtout, il prononce sans réserves d'aucune sorte que « Des critiques peuvent, à juste titre, être développées concernant l'organisation, la structure et le fonctionnement du Tribunal militaire international de Nuremberg, tant sur le plan juridique qu'historique ou philosophique ».

M. Faurisson entendait faire du procès qu'on lui intentait « le procès du procès de Nuremberg ». En ce sens, il est parvenu à ses fins. Reste que nos trois juges se sont mis dans un mauvais cas. Ils condamnent un professeur pour avoir contesté *sur un point particulier* (génocide et chambre à gaz) la décision d'un tribunal militaire. Or, ces juges admettent eux-mêmes que des critiques peuvent, à juste titre, être développées contre ce tribunal à tous les points de vue possibles et sur tous les plans possibles. Comment, à ce compte, peuvent-ils reprocher au professeur de faire ce qu'ils font eux-mêmes ? De plus, comment peut-on soi-même contester le tout et empêcher les autres de contester la partie ?[561]

Ils reconnaissent que le « discours » du professeur est « logique et cohérent » mais ils ne paraissent eux-mêmes ni logiques, ni cohérents. En outre, ils ignorent tout du sujet même de la contestation soulevée par le professeur. Ce sujet est historique. D'innombrables historiens ou chercheurs l'ont étudié et il a fait l'objet de vives controverses. Or, aucun historien ni aucun chercheur n'est venu à la barre pour assister de ses lumières les malheureux juges et pour contredire au besoin le « discours » du professeur. Quant aux avocats de l'accusation, ils ont fermement refusé d'apporter la moindre lumière sur le sujet.

En conclusion, ces trois juges ont, sur un sujet qu'ils ignoraient, prononcé dans le noir un jugement qui n'est ni logique, ni cohérent. Ils ont certes laissé parler le professeur parce que l'usage veut qu'on écoute

---

[561] Prenons un exemple : dans un restaurant, un client conteste la qualité du vin. On lui répond qu'il a le droit de contester la qualité du contenu entier de la bouteille mais non la qualité du vin qu'on lui a versé de cette même bouteille !

ou feigne d'écouter une personne avant de la condamner, mais l'audition a été d'une brièveté dérisoire par rapport à l'immensité du champ des recherches historiques entreprises. En la matière, le tribunal était incompétent et il entendait le rester comme c'est son droit et son devoir, en vertu de l'adage qui veut que « ce n'est pas devant les tribunaux que l'histoire peut trouver ses juges ». Mais alors, en bonne logique, se jugeant incompétent, le tribunal n'aurait pas dû condamner le professeur.

Cependant – et c'est là que se mesure l'absurdité de la nouvelle loi – les juges étaient contraints à l'illogisme et à l'incohérence. Il leur fallait *agir* comme s'ils étaient compétents, comme s'ils n'étaient pas dans le noir, comme si le tribunal militaire en question était incontestable. Tous comptes faits, ces trois juges n'étaient ni des ignorants, ni des esprits illogiques et incohérents. C'est l'application d'une loi bâclée par le parti communiste et le parti socialiste qui les a mis dans le mauvais cas où nous les voyons. Les députés ont, sous la pression de la machination de Carpentras, précipitamment voté un texte, à charge pour les juges de s'en arranger.

Ces juges ont manqué de caractère. Il est plus d'un moyen de ne pas appliquer une loi quand on la tient pour absurde ou désuète. Me Delcroix avait suggéré quelques-uns de ces moyens. Il est regrettable pour tous que le tribunal ne s'en soit pas saisi.

Le jugement du 18 avril 1991 passera à la postérité. Il illustrera à quel point d'aberration peut en arriver la justice française quand il lui faut appliquer une disposition législative qui n'est qu'une monstruosité juridique : une loi scélérate d'esprit jdanovien, réclamée dès le mois de mai 1986 par François Bédarida (directeur de l'Institut d'histoire du temps présent), Georges Wellers (responsable du *Monde Juif,* revue du CDJC), Jean-Pierre Azéma (historien), Pierre Vidal-Naquet (historien), Serge Klarsfeld (avocat et historien), le rabbin René-Samuel Sirat, Mme Ahrweiler (recteur de l'Académie de Paris) et Harlem Désir (SOS Racisme).

Suivait, dans la revue, une partie de l'article intitulée : Interview du professeur R. Faurisson par Le Choc du Mois (septembre 1990) telle que reproduite dans le corps du jugement (p. 4-6)

IV. La récidive immédiate du professeur Faurisson le 18 avril 1991

Le jugement du 18 avril 1991, prononcé vers 13 h 30, prévoyait à l'encontre de M. Faurisson une peine d'amende de cent mille francs avec sursis. Autrement dit, le coupable n'aurait à subir cette sanction que s'il récidivait dans les cinq ans à venir. Dans les cinq heures suivant le prononcé du jugement, le professeur envoyait par télécopie à l'Agence France-Presse, à l'*Associated Press* et à un certain nombre de publications françaises ou étrangères le communiqué ci-dessous, à publier[562] :

À publier
Le révisionnisme devant les tribunaux français

En raison d'une interview que j'avais publiée dans *Le Choc du Mois* de septembre 1990, la XVIIe chambre du tribunal correctionnel de Paris, présidée par Claude Grellier, vient de décider une sanction de quatre cent trente mille francs, soit cent quatre-vingt mille pour le directeur de la publication et, pour moi, deux cent cinquante mille francs dont cent mille avec sursis. Se trouvent ainsi attaqués au portefeuille, selon la « sanction ploutocratique », à la fois un mensuel de qualité et un professeur à salaire unique.

J'avais apporté au tribunal les quarante et un volumes de l'édition française des débats et documents du tribunal de Nuremberg (ce tribunal qui, en dépit de ce qui s'imprime aujourd'hui, avait bel et bien fait d'office du massacre de Katyn un crime allemand alors qu'il s'agissait d'un crime soviétique). Aux avocats des onze associations qui me poursuivaient, j'avais demandé de me trouver dans les vingt-cinq mille pages de ces volumes une preuve, une seule preuve de l'existence de cette magique chambre à gaz qu'on ne peut ni nous définir, ni nous décrire, ni nous dessiner. Incapable de relever ce défi, on m'a traité d'antisémite.

Je persisterai à proclamer que le mythe des chambres à gaz des années quarante n'est que le produit de recyclage, passablement faisandé, d'un bobard de la première guerre mondiale selon lequel les Bulgares, alliés de l'Allemagne, gazaient, dans le cadre d'une politique d'extermination, des millions de Serbes conduits fallacieusement dans des établissements de bain et d'épouillage.

Je continuerai de rappeler qu'en 1988 le rapport de l'Américain Fred Leuchter a prouvé l'impossibilité physique et chimique des prétendues chambres à gaz d'Auschwitz ; les autorités du musée

---

[562] Ne pas confondre avec l'article de même titre : « Le révisionnisme devant les tribunaux français », *AHR*, n° 7, printemps-été 1989, p. 51-115. Reproduit dans le volume II, p. 859-910. [NdÉ]

d'Auschwitz, qui avaient réclamé une contre-expertise à l'Institut médico-légal de Cracovie (section de toxicologie), ont reçu de cet institut un rapport en date du 24 septembre 1990 qui tend à confirmer le rapport Leuchter et qui, pour cette raison, demeure encore aujourd'hui caché aux historiens et au public.

En Suède, le révisionniste Ahmed Rami, responsable de Radio-Islam, est en prison depuis le 16 avril. Il n'en abjurera pas pour autant ses convictions. Je ferai de même, quoi qu'il m'en coûte. C'est là notre Intifada. Avec un nombre considérable de révisionnistes à travers le monde, nous lutterons contre ce que j'appelle un mensonge historique, une diffamation, une calomnie qui ont ouvert la voie à une gigantesque arnaque politico-financière dont l'État d'Israël est le principal bénéficiaire.

La loi Fabius, dite Gayssot, « sur la liberté de la presse » (*sic*), ne m'intimidera pas même si elle est parue au *Journal officiel de la République française* le 14 juillet 1990 sous la signature de François Mitterrand, ancien maréchaliste, ancien sauteur de haie pour les besoins d'une mise en scène et ancien socialiste.

Le révisionnisme est la grande aventure intellectuelle de la fin de ce siècle. Rien ne l'arrêtera. Nos adversaires s'affolent à Paris, à Stockholm, à Londres, à Bruxelles, à Munich, à Vienne, à Varsovie, à Rome, à Madrid, à Boston, à Los Angeles, à Toronto, à Melbourne ; la diffusion du révisionnisme dans le monde arabo-musulman les angoisse. Pour nous, nous sommes calmes et déterminés. Des jugements de cour n'y changeront rien. Nous récidiverons. Nous maintiendrons. Et nous gagnerons.

R. Faurisson devra comparaître dans quelque temps devant la même XVIIᵉ chambre et devant le même juge Grellier pour la même interview qu'il a donnée au *Choc du Mois*. Il est cité, cette fois-ci, non plus en vertu de la loi Fabius-Gayssot de 1990, mais en vertu de la loi Pleven de 1972 sur la diffamation raciale. Les plaignants sont M. Jean Pierre-Bloch pour la LICRA et, encore une fois, le ministère public.

[Publié dans la *RHR*, n° 4, février-avril 1991, p. 107-133.]

***

Février 1991

PRÉFACE À LA RÉÉDITION D'*A-T-ON* LU *RIMBAUD* ?

En 1961, Jean-Jacques Pauvert éditait *A-t-on lu Rimbaud ?* En 1971, il rééditait l'ouvrage avec, en complément *L'Affaire Rimbaud.* Sans pour autant faire « délirer la France entière » (René Étiemble), le livre rencontra quelque succès et causa du remue-ménage. J'y montrais que, contrairement à sa réputation, Rimbaud était logique. Accessoirement, je découvrais aussi que, loin d'être mystique, son inspiration était surtout érotique, ce qui ne manquait pas de piquant. On s'appesantit sur l'érotisme, effet secondaire, et on négligea le plus important : le jeune Arthur, qu'on nous présentait comme un modèle de poète exalté, visionnaire et révolutionnaire – un surréaliste avant la lettre – se révélait avoir été un collégien, féru d'analyse logique et grammaticale, un fort en thème (latin), un parnassien en quelque sorte. Les dures lois de la prosodie française et de l'alexandrin, il les avait respectées autant que les impératifs de l'hexamètre dactylique et de la prosodie latine. Au fond, il ne détestait pas la férule, y compris celle de sa mère.

Par la suite, je publiais quelques études sur Lautréamont, sur Apollinaire et sur Nerval. Là encore, je m'efforçais de lire les textes au plus près. C'est ainsi que je découvrais que ces auteurs réputés, à des degrés divers, illogiques, irrationnels et en rupture avec la tradition, étaient logiques, rationnels et sages dans l'agencement des pensées et des mots. Les apparences nous avaient trompés. Isidore Ducasse, sous le nom de Lautréamont, avait écrit une insolente bouffonnerie où il s'était merveilleusement payé la tête du « bon lecteur ». Gérard Labrunie, sous le nom de Nerval, avait, dans ces joyaux que sont les poèmes des *Chimères* et des *Autres Chimères,* dissimulé de naïves confidences, pures et pathétiques, mais un peu inquiétantes aussi. Wilhelm-Apollinaris de Kostrowitzky, sous le nom d'Apollinaire, avait, lui aussi, épanché son cœur dans les poèmes d'*Alcools* et, sous le masque de la fantaisie mystificatrice, il avait caché une étonnante érudition. Ajoutez à cela que, vers la même époque, je me délectais de la lecture de Louis-Ferdinand Destouches, alias Céline, que je tiens pour le plus grand de nos stylistes et le plus fin connaisseur des ressources de notre langue.

Bref, je m'amusais bien. J'assouvissais mon plaisir de la langue et de la littérature françaises, du mot précis, de la recherche du sens premier, et tout cela loin des biographies et des bibliographies. Souvent, dans un parc de Vichy, le long de l'Allier, je m'efforçais, « le prudent crayon à la main », de déchiffrer des textes difficiles comme pour les expliquer à des passants, simples et sensés, dont je supposais qu'ils avaient en horreur le chiqué universitaire ou parisien.

Il ne manquait rien à cette belle vie, pas toujours paisible, sinon que, par ailleurs, je menais aussi une autre vie, clandestine celle-là, et dont je me doutais qu'un jour ou l'autre elle déboucherait sur le pire.

Mieux vaut l'avouer tout de suite, le hasard ou la destinée (mais que veut dire au juste ce mot ?) m'avaient conduit, dès le début des années soixante, à découvrir presque simultanément, en littérature, le mythe de Rimbaud et, en histoire, *horribile dictu,* le mythe de la magique chambre à gaz. Ensemble, le révisionnisme littéraire et le révisionnisme historique avaient fait leur entrée dans la vie d'un professeur de province qui, à trente-deux ans, enseignait le français, le latin et le grec dans un lycée de jeunes filles : le lycée des Célestins. Quelques années plus tard, ces deux révisionnismes allaient se conjuguer dans mon étude du trop fameux *Journal* d'Anne Frank.

C'est ainsi qu'au seuil de la trentaine, je fus conduit à partager en quatre une vie particulièrement active : un quart s'en trouvait consacré au plaisir de vivre, à ma famille et au sport ; un quart allait à mon métier, un quart au révisionnisme littéraire et un quart enfin – la part maudite – au révisionnisme historique.

Quelques années plus tard, je quittais l'enseignement secondaire pour l'enseignement qui se qualifie lui-même de supérieur et j'entrais dans l'Université : un bien grand mot quand on y songe.

Ma thèse allait porter sur « La bouffonnerie de Lautréamont ». La soutenance eut lieu le 17 juin 1972, le jour du match de boxe Bouttier-Monzon. L'affaire se passa à l'amphithéâtre Richelieu de la Sorbonne. Elle fut chaude, animée, et la presse de l'époque s'en fit l'écho. J'y glissai une allusion aux « mythes extravagants » de la seconde guerre mondiale : « Certains mythes sont sacrés. Même en littérature ou en histoire, on court quelque risque à vouloir démystifier. »[563]

Deux ans plus tard, nommé à l'université Lyon-II, après un passage de quelques années à la Sorbonne, je laissais, comme disent les Anglais, le chat sauter hors du sac et je révélais, hors de l'enceinte universitaire, qu'à mon avis Paul Rassinier avait eu raison : il n'avait jamais existé de chambres à gaz homicides dans les camps de concentration du IIIe Reich.

L'une des conséquences de mon audace fut que je devins, du jour au lendemain, un professeur d'université des plus suspects. En 1978, j'appris qu'on me tenait officiellement pour un universitaire qui n'avait aucune publication à son actif, pas même un certain livre sur Rimbaud qui avait fait parler de lui dans les années soixante. Attestaient de ma complète stérilité le président et le vice-président de l'université Lyon-II, le ministre des Universités et, pour faire bonne mesure, le Conseil d'État

---

[563] R. Faurisson, *A-t-on lu Lautréamont ?*, p. 338.

qui, avec la liste de mes publications à portée de main, déclarait souverainement qu'il n'y avait « rien de matériellement inexact » à soutenir que Faurisson était un professeur d'université d'une espèce unique : il n'avait jamais rien publié ; la preuve, c'est qu'il l'avouait lui-même.

En quelques années, j'allais connaître une avalanche de mensonges, de médisances et de calomnies mais je ne m'attarderai ici, un instant, qu'à la répercussion de cette campagne sur le sort d'*A-t-on* lu *Rimbaud ?*

Mon livre disparut de la circulation, ainsi que quelques autres de mes ouvrages. On les déclara « épuisés » ou « introuvables », même lorsqu'ils subsistaient accidentellement sur catalogue. La demande ne manquait certes pas pour *A-t-on* lu *Rimbaud ?* mais J.-J. Pauvert ne voulait pas entendre parler d'une réédition. Il n'était pas hostile mais il avait peur. Vers 1984, un éditeur parisien s'enhardit. Il décida de rééditer le livre. Mais il reçut des menaces, certaines écrites et signées (dont je conserve copie). Puis il reçut… de l'argent : M. Jack Lang, ministre de la Culture, lui assignait un pécule renouvelable d'une année sur l'autre pour une « action culturelle ». L'éditeur eut alors une illumination : il comprit qu'il avait failli se compromettre avec le diable. Il s'en ouvrit à un auteur qui préparait un livre sur des confidences d'éditeurs. Il lui fit savoir que, s'il avait en fin de compte renoncé à publier mon livre sur Rimbaud, c'était parce que j'avais écrit d'autres livres – passablement abjects – qu'il ne voulait pas avoir l'air de cautionner. Je me dispenserai de citer l'ouvrage où peut, aujourd'hui, se lire cette « fausse confidence ».

Je comprends qu'on ait peur et qu'à certains la peur dicte ce genre de réactions.

La présente édition devait s'ouvrir sur un avant-propos qui aurait permis au lecteur de faire le point sur l'image de Rimbaud, aujourd'hui, dans le monde universitaire : une image, si j'ai bien compris, qui a beaucoup changé depuis le début des années soixante. Il paraît que, maintenant, ses poèmes en vers ou en prose se lisent de près et qu'on se préoccupe de leur sens premier. L'auteur de cet avant-propos comptait parmi les plus brillants élèves ou étudiants qu'il m'ait été donné de rencontrer. Il est devenu un linguiste réputé ; il occupe une position enviable dans le monde des érudits et un poste de responsabilité internationale, comme on dit. Mais voilà, il a fait savoir à mon éditeur qu'il retirait son avant-propos. N'en parlons plus.

Pour ma part, il y a bien des lustres que je ne lis plus « Voyelles » ou les *Illuminations*. Les temps sont trop durs. Mais les temps changent, et vite. Qui sait ? Peut-être, un jour, me permettra-t-on de relire Rimbaud.

[Préface par Robert Faurisson d'*A-t-on* lu *Rimbaud ?*, suivi de *L'Affaire Rimbaud*, rééd. (première édition 1962), Paris, La Vieille Taupe, [février] 1991, p. 7-10.]

***

4 mai 1991

LETTRE EN DROIT DE RÉPONSE À M. LE DIRECTEUR RESPONSABLE DU *MONDE*

Monsieur le directeur,

En particulier depuis le 16 septembre 1989, date de la tentative d'assassinat dont j'ai été la victime, vous m'avez à de nombreuses reprises nommé, désigné, mis en cause dans votre journal, notamment sous la signature de M. Laurent Greilsamer dont les comptes rendus sont injurieux, diffamatoires, malhonnêtes et entachés des erreurs les plus graves.

Avec une patience que je regrette aujourd'hui, j'ai laissé dire et laissé faire, y compris quand ce personnage glissait dans son compte rendu de la tentative d'assassinat que j'étais un homme « avide à dollars ». J'ai évité de vous importuner par des mises au point en forme de droits de réponse. Mal m'en a pris : M. Greilsamer s'est enhardi et ses comptes rendus de mon récent procès sont odieux et mensongers ; ils minimisent la gravité des peines qui me frappent et ils dissimulent ce qui, dans le jugement prononcé, vient spectaculairement à ma décharge, si spectaculairement que *L'Humanité* du 19 avril (p. 12) s'indigne des propos du tribunal tels qu'ils ont été rapportés – *avec exactitude et probité* – par la dépêche de l'AFP du 18 avril.

Vous voudrez bien, je vous prie, trouver ci-joint un texte en droit de réponse à votre article du 3 mai (p. 9) : « Le défi d'un rescapé des camps nazis aux négateurs du génocide » ; mon texte se trouve en même temps répondre, d'ailleurs, à un autre article du 20 avril (p. 12) : « Pour "contestation de crimes contre l'humanité", M. Robert Faurisson est condamné à 100.000 F d'amende avec sursis. »

Je vous demande de reproduire mon texte en droit de réponse dans les *stricts délais* et dans les formes prévues par la loi.

Veuillez recevoir, Monsieur le directeur, mes salutations distinguées.

Texte en droit de réponse

Votre nouvel article sur mon procès *(Le Monde,* 3 mai) contient, comme votre précédent article *(Le Monde,* 20 avril), des erreurs et des omissions.

J'avais apporté au tribunal les quarante et un volumes de l'édition française des débats et documents du procès de Nuremberg. À mes accusateurs (onze associations et le ministère public), j'avais demandé d'extraire de ces vingt-cinq mille pages une seule preuve de l'existence de ce que j'appelais « cette magique chambre à gaz hitlérienne, héritière des chambres à gaz bulgares de la première guerre mondiale, qu'on ne peut ni définir, ni décrire, ni dessiner et qu'on ne nous montre jamais vraiment à la télévision, tant ladite chambre à gaz, si on y réfléchit, constitue un défi, par ses prouesses, aux lois de la physique et de la chimie. » Incapables de répondre à ma demande, mes accusateurs m'avaient, le lendemain, traité d'antisémite.

J'avais signalé l'absence de toute expertise de l'arme du crime concluant à l'usage de cette arme. J'avais dit qu'il serait temps de parler *honnêtement,* sans les dissimuler, de trois récents rapports techniques, accompagnés d'analyses chimiques, sur ces présumées chambres à gaz. Deux de ces rapports (1988 et 1989) émanent de l'Américain Fred Leuchter tandis que le troisième (1990) est une expertise – enfin – que le musée d'Auschwitz avait commandée à l'Institut médico-légal de Cracovie. Ces trois rapports, ai-je dit, sont éclairants et devraient inciter à la création, réclamée par Fred Leuchter et les révisionnistes, d'une commission internationale d'enquête sur le sujet des chambres à gaz hitlériennes « en l'état d'origine » ou « à l'état de ruines » (des ruines sont parlantes).

M. Bulawko, lui, me réplique par une plaisanterie éculée : que M. Faurisson et ses adeptes fassent l'expérience d'entrer dans une chambre à gaz et d'en ressortir indemnes ! Il y a maldonne. M. Bulawko inverse la charge de la preuve et renverse les rôles. Ce n'est certainement pas moi, mais M. Bulawko, qui pense témérairement qu'il était possible, comme il l'écrit, « de gazer les juifs et d'aérer rapidement les chambres à gaz pour faire de la place aux convois qui se succédaient ». Les révisionnistes ont cent fois parlé de la dangerosité du gaz en général et du gaz cyanhydrique ou Zyklon B en particulier (le Zyklon B si long et si difficile à ventiler « vu qu'il adhère fortement aux surfaces »).

Vous dites encore une fois que j'ai été condamné à cent mille francs d'amende avec sursis. Vous omettez d'ajouter que je dois également verser cent cinquante mille francs pour raisons diverses (dommages-intérêts, etc.) ; l'éditeur de mon interview a été, pour sa part, condamné à verser cent quatre-vingt mille francs. C'est ce qu'il en coûte de tenir ce que le tribunal veut bien appeler « un discours logique et cohérent » qui tombe sous le coup d'une nouvelle loi apportant, dit encore le tribunal, une « limite nouvelle à la liberté d'opinion et d'expression ». Ce même tribunal déclare pourtant : « Des critiques peuvent, à juste titre, être développées concernant l'organisation, la structure et le fonctionnement du tribunal militaire international de Nuremberg, tant sur le plan juridique qu'historique ou philosophique » !

[Texte en droit de réponse refusé par *Le Monde*. –NdÉ]

***

3 juin 1991

LETTRE À ERNST NOLTE

Cher collègue,

Je vous remercie bien de votre longue lettre du 27 mai.

« Kopf hoch ! » signifiait simplement que les Allemands doivent cesser de tenir la tête basse devant les ignominies dont on les abreuve depuis si longtemps.

Je n'ai formulé aucune opinion sur l'euthanasie. Comme vous parliez de l'emploi du gaz dans le cadre de l'action d'euthanasie, je me suis contenté de vous rappeler qu'il n'existe aucune preuve de cet emploi.

Depuis plusieurs années, nos adversaires battent en retraite sur le sujet des prétendues chambres à gaz hitlériennes et, benoîtement, ont l'impudence de venir nous dire la bouche en cœur : « Chambre à gaz ou pas, quelle importance ? » C'est ce que j'ai toujours appelé l'argument essentialiste. Nos adversaires ont raison « par essence » ; plus ils multiplient les concessions, plus ils ont raison sur le fond. Ils ont immuablement raison, une fois pour toutes. C'est ce que j'appelle aussi « le coup de Bellarmin » et qui se résumerait ainsi : « Galilée, que la terre soit plate ou ronde, cela ne change rien ; la question n'est pas là. » Or, la question était bien là. Il en va de même pour les chambres à gaz hitlériennes. Elles étaient tout et elles permettaient tout. Elles étaient l'arme spécifique d'un crime spécifique. Elles sont le pilier central de la religion de l'« Holocauste ». Sans elles, tout le grand mensonge s'effondre : le mensonge d'une horreur gigantesque et sans précédent dans l'histoire des hommes ; une horreur prouvant une froide résolution criminelle, à dimension industrielle et permettant des rendements industriels. Les historiens juifs savent que l'antisémitisme est vieux comme le peuple juif et ils répètent à satiété que toutes les mesures prises par Hitler contre les juifs et tous ses discours s'inscrivent dans une longue tradition. Ce qui, à les en croire, aurait été vraiment nouveau et nous aurait fait basculer dans un monde nouveau aurait été l'institution d'une politique de destruction physique des juifs et la création, dans cet esprit, d'une arme nouvelle indispensable à cette politique. Vous pouvez accumuler tous les crimes réels ou supposés d'Adolf Hitler, rien ne peut évidemment approcher de ce crime-là. Ajoutez à cela que tous les autres crimes attribués à Hitler ont leur équivalent, parfois en pis, chez Roosevelt, Churchill, Staline, Tito ou Hiro Hito. Ne soyons pas dupes des habillages verbaux ou théoriques.

Les juifs ont si bien conscience de l'importance sans pareille de la chambre à gaz qu'ils poursuivent systématiquement en justice ceux qui « contestent » soit l'existence de cette chambre, soit son rôle dans l'histoire de la seconde guerre mondiale. Prenez garde de ne pas répéter après Jean-Marie Le Pen que les chambres à gaz sont un point de détail de l'histoire de cette guerre ; il pourrait vous en coûter cent vingt millions de francs anciens (un million deux cent mille nouveaux francs). Les juifs ont obtenu une loi spéciale en France pour protéger leur chambre à gaz. Deux jeunes Français de Caen vont passer en justice seulement parce qu'ils ont montré dans un tract qu'ils ne pouvaient pas croire à la magique chambre à gaz.

Vous êtes historien. En tant que tel, vous ne pouvez pas ne pas tirer une foule de conséquences du simple fait qu'en plein vingtième siècle on ait pu fabriquer un pareil mensonge et lui donner force de loi. Si, dans l'histoire de la dernière guerre mondiale, on nous a à ce point menti sur cette affaire, sur combien d'autres n'avons-nous pas été abusés !

Mes arguments sont très loin d'être seulement physiques et chimiques. Je pense avoir fait état d'une foule d'arguments documentaires et historiques.

Dans les quarante-deux volumes de Nuremberg, je n'aperçois aucune preuve d'une politique de destruction physique des juifs. Dans les discours d'A. Hitler non plus. Chacun d'entre nous peut tenir des propos violents sur tel ou tel ; cela ne prouve pas que nous soyons capables d'assassiner et cela prouve encore moins que nous ayons effectivement assassiné. La vie enseigne, par ailleurs, que, souvent, plus violents sont les propos et moins les actes suivent. Les paroles sont une sorte de purgatif des passions. Il faut juger aux actes et, de là, éventuellement remonter aux paroles ou aux théories sans oublier que les théories ne sont bien souvent que des habillages. La sagesse populaire dit certes que « qui vole un œuf vole un bœuf » mais, pour moi, « qui vole un œuf ne vole qu'un œuf ». Plus je soupçonne une personne d'être *capable* de commettre une vilenie ou un crime et plus je me méfie de croire que cette vilenie ou ce crime ont été commis ; je ne veux pas me laisser séduire par les facilités de la spéculation, car c'est ainsi qu'on construit des théories sur des théories : des châteaux de sable en quelque sorte.

Qui vous dit que Himmler n'a pas protesté contre les mensonges de « *Greuelpropaganda* » lors de son interrogatoire, juste avant son suicide ?

Pourquoi nous cache-t-on ses déclarations ? N'avait-il pas d'ailleurs déjà protesté auprès de Norbert Masur et sans doute d'autres ? Et puis, ne commettons pas ici une faute d'anachronisme ! La chambre à gaz n'avait pas encore en mai 1945 la formidable dimension mythique que nous lui voyons aujourd'hui. Même au procès de Nuremberg, elle n'apparaît qu'en arrière-plan. Rappelez-vous la stupéfaction des Allemands à l'interrogatoire de R. Höss. Songez que, pour les accusateurs de l'Allemagne, le plus grand crime à cette époque du procès était la responsabilité unilatérale du vaincu dans le déclenchement de la guerre : une thèse devenue absurde dès le début des années soixante. Permettez-moi de prendre mon propre cas : il se trouve des gens pour dire que Faurisson se défend mollement ou pas du tout contre certaines accusations ; ils en déduisent que ces accusations sont probablement fondées. La vérité est que je suis accablé de dizaines d'accusations changeantes ; je ne peux pas faire face à toutes et je ne peux pas prévoir quelle sera dans un mois, dans un an ou dans trente ans l'accusation dominante. Il est probable que l'accusation dominante sera alors celle qui, aujourd'hui, me fait hausser les épaules tant elle me paraît folle, dérisoire ou facile à réfuter. J'aurai ainsi laissé s'ouvrir une brèche par laquelle on s'engouffrera.

Sur mes conseils, un homme étudie en ce moment le sujet suivant : « La révélation des crimes nazis dans la presse française du 1er janvier au 30 juin 1945. » Cet homme est stupéfait par une constatation qui ne me surprend personnellement pas : la chambre à gaz est quasiment inexistante dans la presse française de cette époque.

Et puis, vous savez le redoutable pouvoir de la calomnie : tenter d'y répondre, c'est lui donner corps. Pour un homme politique d'une cinquantaine d'années en 1940-45, cette histoire de chambres à gaz était manifestement un produit de recyclage d'un bobard de la première guerre mondiale. Ce n'étaient plus les Autrichiens ou les Bulgares (avec l'aide des Allemands) qui gazaient les Serbes, c'étaient les Allemands, les Autrichiens et leurs alliés qui gazaient les juifs.

Le drame de l'Allemagne a peut-être commencé, non pas avec cette guerre de trente ans (1914-1945) mais avec les jalousies qu'elle a suscitées à la fin du XVIIᵉ siècle et au début du XIXᵉ siècle. Ce grand peuple a réalisé trop de prouesses à la fois dans les domaines de la littérature, de la philosophie, de la musique, des sciences, de la médecine, de la technique et de la vie sociale. Celui qui accumule les succès éveille les soupçons : il a partie liée avec les forces obscures et méchantes ; il a conclu un pacte avec le diable. Dans l'imagination populaire, l'Allemand parfait est devenu le savant chimiste, le

« Herr Professor » dans son laboratoire, maîtrisant des forces invisibles et dangereuses. Il est le chimiste, le maître des gaz. On nous a encore resservi ce cliché au moment de la Guerre du Golfe. On nous le resservira dès que nécessaire. Déjà l'homme de Cro-Magnon raisonnait selon ces schémas ; il faut bien se consoler de la supériorité d'autrui dans tel ou tel domaine.

Je me permets de vous envoyer une récente réédition de mon livre sur Rimbaud. C'est seulement pour la préface.

L'agression juive de la Maison des Mines a eu des résultats affreux mais le silence dont s'entoure cette affaire est encore plus affreux.

***

[Mai 1991 ?]

LETTRE À JEAN PIERRE-BLOCH

Monsieur,

J'ai toujours considéré que votre publication, vu son contenu, aurait dû s'appeler *Le Droit de tuer* avec, pour sous-titre, *Le Droit de mentir*. Bon chien chasse de race ; votre association est née du besoin de défendre un assassin : Samuel Schwarzbard.

Je vous fais compliment de l'article que, dans votre livraison d'avril-mai 1991 (p. 3), vous intitulez : « Hommage à Marc Augier. »

C'est du Copernic, du Carpentras ; c'est Faurisson qui ne fera pas de vieux os ou Faurisson payé par Khadafi. C'est l'assassinat de F. Duprat, désapprouvé d'abord du bout des lèvres puis approuvé *in fine* puisque, aussi bien, il faut tuer les révisionnistes.

Bref, tout cela est bien répugnant mais moins répugnant, je dois en convenir, que le colportage des juteuses chambres à gaz qu'en fieffé menteur vous appelez des fours crématoires. Vous avez été protégé par

Pierre Laval et Philippe Henriot. Je suppose que vous approuvez l'assassinat de l'un et de l'autre.

Un « détail » : M_e Jouanneau, votre avocat (« Rex ») ne croit plus aux chambres à gaz. Il me l'a confié. J'attends qu'il m'oppose un démenti à la barre.

***

4 juin 1991

LETTRE À JEAN-LOUIS JAMOT (DES RENSEIGNEMENTS GÉNÉRAUX, VICHY)

Monsieur,

Je me permets de vous rappeler quelques points de l'entretien que je vous ai accordé ce matin à mon domicile.

Le 18 juin, dès le prononcé de ma condamnation, j'ai récidivé.

Je récidiverai autant de fois que je serai condamné, dussé-je aller en prison (comme en 1962, pour outrage à magistrat), voir saisir mon salaire (une fois encore), subir une agression physique (comme, déjà, à six reprises) ou risquer la mort (comme le 16 septembre 1989 du fait de voyous juifs que la police se garde bien d'inquiéter).

On ne me fera pas dire que deux et deux font cinq, que la terre est plate, que les chambres à gaz hitlériennes ont existé ou que Hitler a eu une politique de destruction physique des juifs ; on ne m'obligera pas, sous la menace, à mentir. Les révisionnistes n'éprouvent aucun respect pour les tabous et, en particulier, pour les tabous juifs que protège une loi spéciale de la République française. Tout tribunal me sera une tribune. À chacun de mes procès, je dévoilerai une vérité cachée soit par les organisations juives, soit par ceux que ces organisations font chanter. Je marquerai mon mépris pour la magistrature française et sa longue tradition de lâcheté : ni assise, ni debout, elle est et reste couchée.

Malgré bien des sollicitations, j'ai refusé de former une association révisionniste ou d'adhérer à un groupe révisionniste. Le révisionnisme ne connaît ni lois, ni contraintes, ni formes, ni statuts. Il ne constitue pas un milieu que la police, par exemple, pourrait pénétrer. Contraint à une sorte de clandestinité, il se développe spontanément. Il a la puissance d'un mouvement naturel que je ne domine pas, dont je ne peux mesurer l'ampleur ni présente ni future et que personne ne peut endiguer, canaliser ou arrêter. Il est la grande aventure intellectuelle de la fin de ce siècle.

Je n'ai pas d'accointances avec des mouvements politiques ; ces mouvements sont des créations artificielles et éphémères. J'appartiens à un institut international de recherches révisionnistes qui a des ramifications dans le monde entier.

Je ne suis ouvert à aucun arrangement, à aucune conciliation avec les organisations juives ou avec les pouvoirs publics de ce pays. De ce qui pourrait advenir de fâcheux à ma personne, à ma famille, à mes biens, je tiens d'avance pour responsables ces organisations et ceux qui, dans la crainte et le tremblement, leur obéissent sur le plan local (Vichy) ou sur le plan national.

***

12 juin 1991

Lettre à Bernard Jouanneau, avocat de Jean Pierre-Bloch

Maître,

Je vous remercie de votre lettre du 10 juin.

Ce qui m'intéresse, c'est, de votre part, « un démenti à la barre ». Je le précisais dans ma lettre au protégé de Pierre Laval [Jean Pierre-Bloch] et je vous le précise à nouveau aujourd'hui.

Je profite de l'occasion pour vous dire que vous avez lassé ma patience. Je vous promets– et vous savez que je tiens mes promesses – qu'à chaque action que vous nous intenterez, vous et les vôtres, je me verrai contraint de porter à la connaissance du tribunal, à celle des journalistes et à celle du public une information révisionniste qui jettera quelque lueur sur la partie adverse, sur son double jeu durant la guerre, sur ses procédés d'après la guerre, sur ses tricheries, mensonges, calomnies et violences.

En attendant, prenez donc connaissance de la pièce ci-jointe (*Le Pamphlet,* mai 1991, p. 2 : « Illustration d'un état d'esprit »). Là encore, j'attends « un démenti à la barre ».

***

20 juin 1991

LE PREMIER *HISTORIEN* RÉVISIONNISTE APRÈS LA SECONDE GUERRE MONDIALE

James Morgan Read est connu pour avoir publié en 1941 un livre sur la propagande à base de récits d'atrocités durant la première guerre mondiale : *Atrocity Propaganda (1914-1919)*. J. M. Read termina sa carrière comme président de Wilmington College (Wilmington, Delaware, États-Unis).

Dans sa livraison du 30 mai 1945, *The Christian Century*, hebdomadaire de Chicago, publiait un article de J. M. Read intitulé « Trials for War Criminals » (p. 651-653), où l'on pouvait notamment lire :

> « Finalement, les procès pour crimes de guerre établiraient la vérité en ce qui concerne les atrocités. J'ai eu une petite expérience dans l'essai d'évaluation de la preuve dans les histoires d'atrocités. Ce n'est pas facile quand vous devez compter sur les témoignages de reporters sur les commissions officielles de la partie intéressée et même sur des témoins oculaires non vérifiés par le contre-interrogatoire [...]. Ce qu'on raconte des chambres de mort dans les camps allemands nous fournit une illustration de ce qui est nécessaire en fait d'examen impartial des accusations d'atrocités. Il est manifeste que, dans beaucoup de ces camps, on combattait les épidémies de typhus et qu'on utilisait des chambres de fumigation pour, par prévention, débarrasser les prisonniers des poux. La question est : combien de ces chambres répondaient-elles à des efforts authentiques pour tuer *les poux* et combien d'entre elles n'étaient que de piètres excuses ou même des efforts non déguisés pour *tuer les gens* ? » Les procès pourraient établir de tels faits au-delà de tout doute légitime.

Robert W. Ross critique vivement cet exemple de scepticisme.[564]

***

25 juin 1991
Le Monde

---

[564] R. W. Cross, *So it was True. The American Protestant Press and the Nazi Persecution of the Jews*, p. 237-238.

Texte en droit de réponse

En vertu de la loi du 13 juillet 1990, tout Français qui « conteste » publiquement l'existence de chambres à gaz homicides dans les camps de concentration allemands est passible des tribunaux. Tel a été mon cas. Les 21 et 22 mars, j'ai comparu devant le juge Grellier pour ce motif. Dans votre livraison du 23 mars, Laurent Greilsamer prétend rendre compte de ma déposition. En fait, il ne s'agit pas d'un compte rendu mais d'un pamphlet à la fois par le ton et par le traitement du sujet. Il écrit : « Sûr de lui, parfois dédaigneux, [M. Faurisson] avait traîné au pied du tribunal trois lourds cabas bourrés de volumes savants pour faire taire ses contradicteurs. » La réalité est que j'avais fait apporter *six* lourds sacs de documents… pour le tribunal et pour la partie adverse. Et si la presse française a cru devoir, à la différence de M. Greilsamer, tant parler de ces documents, c'est parce qu'il s'agissait avant tout des quarante et un volumes des débats et documents du procès de Nuremberg. J'avais demandé à mes accusateurs de nous trouver dans ces vingt-cinq mille pages une seule preuve d'une politique de destruction physique des juifs ou une seule preuve de l'existence d'une seule chambre à gaz hitlérienne. Après tout, la nouvelle loi invoquait le procès de Nuremberg et la partie adverse (onze associations et le ministère public) l'invoquaient aussi dans leurs conclusions écrites. Incapable de relever mon défi, la partie adverse m'a traité d'antisémite.

Quant à ce que j'appelais « le cœur du cœur du sujet » (ces chambres à gaz sont-elles possibles au point de vue de la physique et de la chimie ?), M. Greilsamer affirme que je n'y suis « jamais arriv(é) ». Or, j'en ai traité d'emblée. Pour cela, j'ai exposé le résultat de mes propres recherches en la matière et je me suis appuyé sur quelques autres livres et documents mis par mes soins à la disposition du tribunal et de la partie adverse : le livre de l'historien juif américain Arno Mayer sur *La « Solution finale » dans l'histoire,* un livre de Raul Hilberg, un livre de J.-C. Pressac, le rapport Leuchter sur *Les Présumées Chambres à gaz homicides d'Auschwitz, de Birkenau et de Majdanek* et le très étonnant rapport, qu'on passe sous silence, de l'Institut d'expertises de médecine légale de Cracovie sur les chambres à gaz d'Auschwitz et de Birkenau (24 septembre 1990). J'ajoute, car le point a son importance, que toutes ces pièces ont été apportées sous leur forme d'origine et parfois avec leur traduction.

Pour M. Greilsamer, mon « discours » aurait été sans ordre et sans guère de logique. Je note cependant que, dans son jugement de condamnation, le tribunal déclarera, pour sa part, que mon « discours » était « cohérent et logique ».

[Texte en droit de réponse refusé par *Le Monde* – NdÉ]

***

4 juillet 1991

LETTRE À CLAUDE GRELLIER, JUGE FRANÇAIS

Monsieur,

A la veille d'une opération chirurgicale nécessitée par les coups dans les jambes reçus le 21 mars à l'entrée de votre tribunal, je me dois de vous livrer quelques réflexions que m'inspire votre attitude aussi bien ce jour-là que dans quelques autres circonstances où il m'a été donné de vous observer. Je le ferai sans ambages. Je vous parlerai sans fard.

La justice française m'inspire pas mal de mépris. Je la méprise d'abord comme le fait aujourd'hui à peu près tout Français mais aussi comme le font, vous le savez, tous les Anglo-Saxons. Depuis deux cents ans, les juges français ont crié successivement « Vive le Roi ! », « Vive la République ! », « Vive l'Empereur ! », « Vive le Roi ! », « Vive l'Empereur ! », « Vive le Roi ! », « Vive la République ! », « Vive l'Empereur ! », « Vive la République ! », « Vive Pétain ! » et ils ont fait fusiller leurs compatriotes dans un sens puis, sans désemparer, « Vive de Gaulle ! » et ils ont fait fusiller d'autres compatriotes dans l'autre sens ; ils ont crié « Vive l'Algérie française ! » et ils ont fait fusiller ou guillotiner dans un sens, puis « Vive l'Algérie algérienne ! » et ils ont fait fusiller dans l'autre sens.

À la XVIIe chambre, que vous présidez, j'ai vu condamner à mort vers 1947. J'y marche dans des flaques de sang. J'aurais du sang jusqu'aux chevilles si les vœux des juges avaient été exaucés (mais il y a eu des grâces, n'est-ce pas) et du sang jusqu'aux genoux si les vœux des procureurs avaient été comblés.

Vous m'avez personnellement fait mauvaise impression. Vous manquez de caractère, me paraissez léger et vous ne connaissez pas votre langue. Vous donnez l'impression d'avoir été élevé dans le coton. Les magistrats sont des enfants sages qui ne savent rien de la vie, c'est une affaire entendue, mais vous avez le style de l'enfant gâté. C'est détestable. Parce que vous êtes incorrect, vous donnez l'envie d'être incorrect avec vous.

Vous manquez de courage. Vous l'avez prouvé par votre comportement à l'égard des juifs qui m'insultaient dans votre salle. « Allez-y ! Dégainez ! Nous, on reste ! » Voilà ce que ces juifs ont répliqué aux gendarmes, en votre présence ; et les gendarmes ont cédé (comme je les comprends !), et vous avez cédé. C'est probablement ce que vous appelez « l'apaisement » mais les justiciables, voyez-vous, attendent de vous la justice et non « l'apaisement ». J'aime observer la lâcheté parce qu'elle nous donne une idée de l'infini. Elle a ses faux-fuyants. Souvent, le lâche se pique d'être « courageux mais... » Par exemple, il est « courageux mais *responsable* ». Comme on l'aime, ce mot qui vous pose un homme ! Vous, vous êtes courageux, épris de justice, mais vous recherchez... « l'apaisement ». Voilà comme, dans votre cas, le tour est joué.

François Brigneau manie la langue française comme personne aujourd'hui. Méfiez-vous des apparences du pamphlétaire et goûtez son génie de la langue, je devrais dire de toutes les langues françaises, de la plus drue à la plus noble. Vous devriez avoir du respect pour cet homme et, surtout s'il lui échappe sur le gamin que vous êtes, et l'arriviste aussi, quelque vérité bien sentie, vous devriez vous montrer bon prince et ne pas le cafarder bassement.

Vous avez eu l'aplomb de lui reprocher un article où il reprenait ce qu'on appelle ma « phrase de soixante mots ». Dans votre jugement du 5 avril 1991, vous écrivez :

> « Les propos incriminés visant expressément les juifs, il n'y a pas lieu de s'attarder sur l'analyse du conseil du prévenu, selon lequel seuls l'État d'Israël et le sionisme international seraient visés dans la phrase litigieuse. »

Voilà bien une perle. Dans la « phrase de soixante mots », il ne figure pas un mot, pas une expression qui vise tant soit peu les juifs. À moins de tricher sur l'expression de « prétendu génocide des juifs ». Mais j'ai l'impression qu'il ne s'agit ici ni de tricherie, ni de cynisme. Comme vous connaissez mal votre langue et que l'enfant gâté, le fils à sa maman que vous êtes apparemment, ne s'est guère astreint aux analyses logique et grammaticale ainsi qu'à la recherche du sens des mots, il n'est pas exclu que vous ayez commis une méprise et que, cherchant à dire « implicitement » vous ayez pensé à « explicitement » et, de là, à « expressément ». Je n'en sais rien, ma foi. Un homme qui, en d'autres circonstances, m'a montré à quel point il se trompait sur le sens des mots et, en gauchiste de salon, allait spontanément aux mots prétentieux mais faux au lieu de se contenter des mots simples et justes, peut bien avoir commis ce type d'erreur.

Les chambres à gaz hitlériennes n'ont jamais existé. Vous en avez eu la démonstration les 21 et 22 mars. Voyez comme le défi révisionniste du

21 n'a pu être relevé le 22. Vous êtes – et pour cause – incapable de me décrire cette magique chambre à gaz. Or, vous m'obligez à dire qu'elle a existé ou, du moins, à ne pas en contester l'existence, sous peine de sanctions financières qui sont – vous le savez – terribles pour le professeur que je suis. Vous vous autorisez, dans votre jugement, à critiquer le tribunal de Nuremberg à tous les points de vue imaginables – et vous avez raison – mais vous me punissez si je le critique à un seul point de vue ! Manque de logique, d'application et de sérieux, là encore.

Et puis, ne venez pas nous dire qu'il y a une loi et qu'il faut bien l'appliquer ! Les juges connaissent deux ou trois moyens, sinon plus, de ne pas appliquer une loi qu'ils tiennent pour injuste, absurde ou désuète.

Dans un texte que je prépare, je ferai sa fête à la justice française. Je vous le dis comme je vous écris cette lettre. Dans peu de temps, nous nous retrouverons face à face. Je vous parlerai avec la même franchise. On ne m'intimidera pas parce que j'ai la chance de n'être pas timide. Et puis, j'ai la conviction que mes découvertes honorent la science historique. J'appellerai donc par leurs noms – vous n'aimez pas cela parce que vous manquez de courage – les magistrats qui se déshonorent en me condamnant pour ces découvertes. Vous noterez que je ne dis pas que vous déshonorez la justice française ; la justice française a déjà, depuis beau temps, perdu tout honneur. Bien à vous.

Je relis cette lettre, écrite d'un jet, parce que la vie ne me permet pas d'écrire à loisir. Vérification faite, je persiste et signe.

***

26 septembre 1991

LETTRE À M. LE PRÉSIDENT DE LA XVIIE CHAMBRE DU TRIBUNAL CORRECTIONNEL DE PARIS

Monsieur le président,

J'ai l'honneur et le regret de vous faire savoir que je ne me présenterai pas devant votre tribunal le 3 octobre prochain ; je charge mon conseil, Me Éric Delcroix, de bien vouloir m'y représenter.

L'expérience des 21 et 22 mars 1991 m'enseigne qu'on ne peut ni ne veut réellement assurer ma sécurité lorsque je me présente devant la XVIIe chambre du tribunal correctionnel de Paris.

En apparence et en paroles, on se soucie de ma sécurité ; en fait et en actes, on s'en moque.

J'évalue à cinquante le nombre des gendarmes qui étaient présents sur les lieux lors de mon procès devant M. Claude Grellier, président de la XVIIe chambre. Ce nombre aurait dû suffire à éviter tout incident grave soit dans le hall d'accès au tribunal, soit dans le prétoire même.

Il n'en a rien été. Dans le hall d'accès, j'ai été couvert de crachats et frappé tandis que, dans le prétoire, j'ai été couvert de crachats et abreuvé d'insultes. De nombreux manifestants avaient été convoqués par la LICRA, le Bétar et le Tagar. Les gendarmes avaient, selon toute vraisemblance, reçu la consigne d'éviter le moindre incident avec ces personnes venues me crier leur haine et me frapper. Un seul gendarme a tenté de me protéger mais j'ai été blessé à la jambe droite et il m'a fallu, par la suite, subir, en conséquence, une intervention chirurgicale à cette jambe le 5 juillet 1991. Trois gendarmes se sont bien saisis d'un jeune manifestant particulièrement violent mais ils ont pris la précaution de l'emmener précipitamment au loin, hors de la vue de tous, si bien que la personne frappée n'a pu connaître l'identité de ce manifestant. Ont été ainsi frappés ou malmenés certains de mes amis ainsi que des membres de ma famille, notamment un frère et une sœur reconnus comme tels par des voyous bien informés.

Pendant toute une partie de ma déposition, j'ai été copieusement insulté par des personnes se présentant comme « déportés juifs ». À plusieurs reprises, M. Grellier a prévenu les perturbateurs qu'il donnerait l'ordre de les expulser. En vain. Lorsque, à la fin des fins, il lui a bien fallu ordonner l'expulsion de trois manifestants juifs surexcités, ces derniers, voyant approcher les gendarmes, leur ont signifié qu'ils refusaient de quitter les lieux : « Allez-y ! Dégainez ! Nous, on reste ! » Et ils sont restés. M. Grellier avait fait preuve de plus d'autorité le jour où, peu auparavant, j'étais venu à la barre pour témoigner en faveur de M. François Brigneau. Il m'avait interrompu et fait expulser !

Je ne peux plus accorder de confiance aux magistrats et aux gendarmes pour assurer ma sécurité au palais de justice de Paris.

À Paris, comme en bien d'autres villes de France, les milices juives font la loi, avec l'assentiment du ministère de l'Intérieur.[565] Ces milices sont armées tandis que les honnêtes gens sont désarmés. Il sévit par ailleurs dans ce pays une « insupportable police juive de la pensée ».[566] La loi ou, plutôt, l'oukase Fabius-Gayssot du 13 juillet 1990 illustre le caractère exorbitant des privilèges de cette police. Je rappelle que l'idée

---

[565] Voyez la déclaration de Mme Fabius-Castro dans *Le Monde* du 7 mars 1986, p. 8.
[566] Voyez la déclaration d'Annie Kriegel dans *L'Arche*, avril 1990, p. 25, et *Le Figaro*, 3 avril 1990, p. 2.

de cet oukase a germé dans l'esprit d'un certain nombre d'intellectuels groupés autour du rabbin Sirat et de Serge Klarsfeld.[567]

En toute quiétude, M. Jean Pierre-Bloch est venu faire une apparition à mon procès. Ni ce jour-là, ni en aucune autre circonstance de sa vie, il n'a été la victime d'une violence ou d'une voie de fait de la part de ces révisionnistes qu'il accuse mensongèrement d'être des violents ou des provocateurs. Il encourt une grave responsabilité dans les campagnes de haine et dans les violences dont les révisionnistes, eux, ne cessent d'être les victimes depuis douze ans. Son organisation (la LIC(R)A) et son organe de presse *(Le Droit de vivre,* qui devrait s'appeler *Le Droit de tuer)* m'ont promis, selon la formule de leur collaborateur Raphaël Jerusalmy, que je ne « fera[is] pas de vieux os ». Dans sa livraison de février-mars 1991, *Le Droit de vivre* avait « mobilisé » ses « militants » et ses « sympathisants » pour mon procès des 21 et 22 mars. Comme de bien entendu, on appelait ces gens à venir « dans le calme, le silence et la dignité ». Mais, de chaque article consacré par cette publication aux révisionnistes, suintent la haine et la violence. Je rappelle que la LIC(R)A a été fondée pour défendre un assassin, notamment en faisant pression sur les magistrats qui, à l'époque, avaient à le juger. La LIC(R)A n'a pas dérogé. Elle porte un stigmate qui ne trompe pas. Les 21 et 22 mars 1991, elle a montré son visage habituel.

Ce même J. Pierre-Bloch et cette même LIC(R)A osent aujourd'hui déclarer que, dans mon interview écrite du *Choc du mois* de septembre, je diffame les juifs parce que j'ai conclu, avec mille autres chercheurs révisionnistes dans le monde, que le prétendu génocide des juifs et les prétendues chambres à gaz hitlériennes n'ont jamais existé.

Qu'y pouvons-nous ? Faudrait-il cacher le résultat de ses recherches pour n'avoir pas à contrarier Pierre ou Paul ? Faudrait-il, pour plaire à ce même Pierre ou Paul, mentir délibérément et dire ou laisser dire que « génocide » et « chambres à gaz » ont existé ? Faudrait-il ainsi participer à une atroce calomnie ? Mon droit, comme mon devoir, est de dire publiquement que :

1) pour des raisons d'ordre principalement physique, chimique, topographique, architectural, documentaire et historique, il est *amplement démontré* que les révisionnistes ont raison (voyez, en France et à l'étranger, la bibliographie révisionniste) ;

2) de récentes expertises physico-chimiques ont prouvé, comme je l'avais découvert dès le début des années soixante-dix, que l'existence des prétendues chambres à gaz hitlériennes se heurte à une foule

---

[567] *Bulletin de l'Agence télégraphique juive,* 2 juin 1986, p. 1.

d'*impossibilités matérielles* (voyez les deux expertises Leuchter, l'expertise de Cracovie, etc.) ;

3) un ensemble impressionnant de faits historiques, relatifs à la seconde guerre mondiale, démontre que, s'il a existé de la part des autorités du IIIe Reich une politique de plus en plus hostile aux juifs (mais non aux sionistes : loin de là !), il n'a pu exister de leur part ni une politique de destruction physique de ces juifs ni, pour mener à bien cette prétendue politique, des camps dits « d'extermination » ;

4) sur le plan scientifique, le dogme de l'« Holocauste » est mort tandis que, sur le plan médiatique, on s'évertue à cacher cette mort et, s'il a fallu pour certains édicter l'oukaze du 13 juillet 1990, c'est précisément parce qu'on ne peut plus opposer d'argument logique ou historique aux révisionnistes.

Dans les siècles passés, d'innombrables magistrats, y compris Jean Bodin, ont « tenu pour prouvé » que des sorciers ou des sorcières avaient eu commerce avec le diable, mais ces magistrats n'avaient pas commencé par le commencement : ils n'avaient pas établi l'existence du diable. Au XXe siècle, de nombreux magistrats ont « tenu pour prouvé » que des nationaux-socialistes allemands avaient délibérément exterminé des millions de juifs, notamment au moyen de diaboliques chambres à gaz, mais ces magistrats n'ont pas commencé par le commencement : ils n'ont pas établi l'existence de ces chambres à gaz, totalement inconcevables du point de vue de la physique et de la chimie.

Les chercheurs qui ont autrefois prouvé que le diable, ses pals, ses grils, ses fours, n'étaient qu'une abominable invention de la crédulité humaine étaient avant tout guidés par le goût de la recherche et non par le désir de « diffamer » l'Église ; de la même façon, en notre siècle, les révisionnistes, qui ont surabondamment prouvé que le diabolique génocide des juifs et les diaboliques chambres à gaz hitlériennes ne sont qu'une détestable invention de la propagande de guerre et de la crédulité humaine, veulent réhabiliter la vérité des faits et ne songent pas à « diffamer » la Synagogue.

Mais, à l'exemple des chercheurs qui, tel Galilée, finissaient par protester contre la répression dont ils étaient les victimes de la part de l'Église à cause du résultat de leurs recherches, les révisionnistes, aujourd'hui, élèvent une solennelle protestation contre la répression dont ils sont les victimes de la part de la Synagogue parce qu'ils publient les résultats de leurs travaux.

En douze ans, j'ai subi six agressions physiques, une tentative d'assassinat et une incessante répression judiciaire et extrajudiciaire. Je ne suis pas le seul révisionniste dans ce cas et des révisionnistes juifs ont peut-être encore plus souffert que moi. Je n'en conçois pas de haine mais je dis à mes juges : « Halte-là ! Ne vous déshonorez pas ! Ne jouez pas les Ponce Pilate en invoquant la nécessité d'appliquer telle ou telle loi ! Il existe, pour les juges, bien des moyens de ne pas appliquer une loi qu'ils tiennent eux-mêmes pour injuste, absurde ou désuète. »

Dans le passé, les juges qui m'ont condamné pour mon révisionnisme ont immanquablement commencé par rappeler que les magistrats n'ont aucune compétence en matière d'histoire, ce qui est vrai ; ils ont ajouté qu'ils n'avaient donc pas à se prononcer sur le point de savoir si « chambres à gaz » et « génocide » avaient réellement existé, ce qui est encore vrai. Mais, aussitôt le principe énoncé, ils sont passés outre et ils ont agi comme si « chambres à gaz » et « génocide » avaient incontestablement existé. Ce postulat, qu'ils n'osent pas exprimer, leur dicte la condamnation des révisionnistes. Imaginons un instant que, de même que la religion du communisme vient d'imploser, la religion de l'Holocauste vienne, elle aussi, à imploser dans l'esprit du grand public : il n'y aurait plus de procès contre les révisionnistes ! Les procès en sorcellerie ont cessé du jour où la croyance universelle en la réalité physique du diable s'est effondrée. Je précise, pour être juste, qu'il est arrivé à des magistrats français de rendre hommage à la qualité des travaux révisionnistes mais, bien sûr, on a trouvé prétexte à condamner les auteurs de ces travaux. Rappelons que Galilée lui-même n'a pas été condamné sur le *fond* de sa thèse mais sur la *forme*. Dans ces cas-là, rien n'est facile à trouver comme un prétexte.

Mon procès des 21 et 22 mars 1991 a démontré que la partie adverse est désormais incapable de fournir une preuve, une seule preuve de l'existence d'une prétendue politique de destruction physique des juifs, ou encore une preuve, une seule preuve de la réalité des prétendues chambres à gaz hitlériennes. Quant aux magistrats qui ont osé me condamner, ils sont incapables de me définir ce qu'est une chambre à gaz hitlérienne ni de m'en décrire ou de m'en dessiner une. Et pour cause ! On ne peut ni définir, ni décrire, ni dessiner un cercle carré ou un carré circulaire. Ces magistrats reconnaissent qu'ils n'ont eux-mêmes aucune compétence en matière d'histoire mais ils me condamnent au nom d'une loi, signée de F. Mitterrand, qui décrète qu'un tribunal, « militaire » celui-là, le Tribunal de Nuremberg, avait toutes les compétences pour juger en matière d'histoire, et cela sans appel possible et pour l'éternité. Au cours de ma déposition, j'ai montré que le procès de Nuremberg avait été une mascarade judiciaire. Il faut croire qu'ici mes arguments ont porté puisque, dans son jugement, M. Grellier écrit :

> « Des critiques peuvent, à juste titre, être développées concernant l'organisation, la structure et le fonctionnement du

Tribunal Militaire International de Nuremberg, tant sur le plan juridique qu'historique ou philosophique. »

Si, comme le reconnaît M. Grellier, le Tribunal de Nuremberg est critiquable à tous les points de vue possibles et imaginables, en quoi peut-on me reprocher de critiquer à mon tour ce tribunal sur un seul point d'histoire ?

Absurde dans son principe, la loi Fabius-Gayssot ne peut conduire qu'à des absurdités dans son application. Elle revient à menacer de prison et d'amendes ceux qui ne croiraient pas à la quadrature du cercle, telle que décrétée, sans appel et pour l'éternité, par un tribunal « militaire » de circonstance.

Je maintiens *tous* les termes, sans exception, de l'interview écrite que j'ai signée dans *Le Choc du mois* de septembre 1990 : autant je revendique l'honneur d'y défier une loi scélérate, autant je n'y vois pas l'ombre d'une « diffamation raciale » ou d'une « provocation raciale ».

Veuillez recevoir, Monsieur le président, l'assurance de mes sentiments indignés.

P.J. : – Ma récidive immédiate du 18 avril 1991 : « Le révisionnisme devant les tribunaux français. »

– *Revue d'histoire révisionniste*, n° 4, avril 1991, pour l'article intitulé : « Procès Faurisson » (p. 107-133).[568]

P.S. : Aujourd'hui même se déclenche une campagne médiatique en faveur d'un produit lancé par l'ex-stalinien Serge Moati. Il s'agit d'une production télévisée en deux épisodes sur *La Haine antisémite* le révisionnisme y est présenté comme un phénomène antisémite. Cette campagne culminera le 2 octobre (veille de mon procès) et le 3 octobre (jour de mon procès) avec la projection du film, la vente des cassettes et le lancement du livre. Un sondage publié par *L'Événement du jeudi* (26 septembre 1991) révèle que cette « haine » serait en chute libre.

***

1er octobre 1991

---

[568] Ces textes sont reproduits dans le volume II, et dans le présent volume.

LETTRE À M. LE PRÉSIDENT DE LA XVIIE CHAMBRE DU TRIBUNAL CORRECTIONNEL DE PARIS

Affaire ministère public et LIC(R)A contre Robert Faurisson et autres (audience du 3 octobre 1991)

Monsieur le président,

Mon avocat, M_e Éric Delcroix, déposera demain au Palais, à votre intention, un ensemble de cinq pages dactylographiées que j'ai rédigées pour ma défense et que je vous demande de bien vouloir lire publiquement à l'audience du 3 octobre ; j'insiste sur le fait que la cinquième et dernière page est partie intégrante de l'ensemble (malgré sa dénomination de « pièce jointe »). Se trouve également au nombre des « pièces jointes », un exemplaire de la quatrième livraison de la *Revue d'histoire révisionniste,* publication assimilée par l'honnête M. Albin Chalandon à la propagande en faveur de la toxicomanie et traitée, par l'honnête M. Pierre Joxe, comme une production pornographique ; dans cette livraison figure un compte rendu détaillé du « procès Faurisson » (audience du 21 et du 22 mars 1991 ; condamnation du 18 avril 1991).

Le 3 octobre, je ne comparaîtrai pas en personne devant votre tribunal. Les incidents du 21 et du 22 mars, auxquels se sont ajoutés ceux du 18 avril, m'ont enlevé toute confiance en ce qui regarde aussi bien ma sécurité physique que mon droit à m'exprimer dans la sérénité. Je mets ici en cause, d'une part, M. Claude Grellier, président du tribunal, et, d'autre part, le responsable, au Palais, du service d'ordre.

Le 21 et le 22 mars, j'ai été blessé et couvert de crachats ; d'autres révisionnistes ont été également frappés. Le 18 avril, mon éditeur Pierre Guillaume a été frappé et on lui a notamment brisé ses lunettes. Selon un procédé classique et que j'ai personnellement expérimenté à plus d'une reprise en douze ans, les gendarmes ont, après coup, joué les secouristes avec toutes les marques extérieures de la commisération et avec une compassion qui se donnait à voir, mais, au moment des violences, ils s'étaient bien gardés d'empoigner les auteurs de ces violences ; dans un seul cas, un voyou a été interpellé ; trois gendarmes l'ont précipitamment emmené au loin vers une destination inconnue, si bien que la victime n'a su contre qui porter plainte. Les nervis du Bétar, du Tagar, de la LIC(R)A et les manifestants juifs sont assurés, ainsi, que les gendarmes n'oseront jamais les traiter comme ils le méritent quand ils se livrent à des actes de violence.

Même la presse la plus hostile a remarqué que j'étais resté imperturbable sous les pires outrages lors de ma déposition.

Imperturbable mais indigné. J'ai la citoyenneté britannique et j'ai quelque habitude de la justice anglo-saxonne. Je puis vous garantir que de pareils scandales seraient inconcevables dans l'enceinte d'un palais de justice et surtout devant un tribunal anglo-saxon.

L'hypocrisie de ceux qui m'intentent des procès ou qui me condamnent pour mes opinions révisionnistes n'est pas moins étonnante. De trois choses l'une : ou « chambres à gaz » et « génocide » ont existé, ou « chambres à gaz » et « génocide » n'ont pas existé, ou bien, enfin, on ne sait si « chambres à gaz » et « génocide » ont existé ou non. Dans le premier cas, mon inculpation et ma condamnation sont concevables, ce qui ne veut pas dire forcément justifiés ; dans les deux autres cas, ils ne sont ni concevables, ni justifiables. Tout magistrat qui me condamne dans ce type d'affaire prend position, qu'il le veuille ou non, comme s'il avait compétence en matière d'histoire. Il est inique que des magistrats français aient commencé par prendre un ton solennel pour prononcer : « Nous ne sommes pas compétents en matière d'histoire » et que, la minute d'après, se raclant la gorge, ils aient, par une condamnation quelconque, cautionné la thèse de l'existence possible ou certaine des « chambres à gaz » et du « génocide ». Tant il est vrai que, s'il était admis que ces choses-là n'ont pas existé, il n'y aurait plus un seul procès contre les révisionnistes. La phrase que je lis en quelque sorte en tête des jugements qui nous condamnent est la suivante :

> « Les bla-bla-bla ont existé ou pu exister ; parce que vous nous le contestez, nous vous châtions. »

Le comble de l'hypocrisie est atteint quand on se sert de prétextes en vue de nous inculper pour notre révisionnisme : « dommage à autrui », « diffamation raciale », « provocation à la haine raciale », « propagation de fausses nouvelles », « apologie de crimes de guerre », etc. Au moins la loi stalinienne du 13 juillet 1990 a-t-elle, peu ou prou, la franchise et le cynisme de Joseph Staline et de ses représentants et alliés au « tribunal militaire » de Nuremberg. Écoutez la LIC(R)A elle-même vous le dire : l'avantage de cette nouvelle loi est qu'elle permet de poursuivre *franchement* les révisionnistes au lieu d'user de *subterfuges* (et de carpentrasseries, ajouterais-je pour ma part).

La liberté d'expression a des limites et l'historien doit, comme tout le monde, respecter ces limites. Mais la liberté de recherche en matière d'histoire est une autre affaire et je n'entends pas que MM. Fabius, Chalandon, Joxe, Gayssot et Mitterrand se mêlent de m'apprendre comment je dois *raconter* l'histoire.

J'ignore comment se déroulera l'audience du 3 octobre. J'y envoie trois observateurs. Si la LIC(R)A, le Bétar, le Tagar et ces innombrables associations d'anciens déportés, rescapés, miraculés, ne mobilisent pas leurs troupes, tout se passera bien ; dans le cas contraire, les incidents les plus graves sont possibles, y compris ce qui s'est passé dans soixante cas répertoriés, du fait des milices juives ou de leurs comparses, depuis 1978.

Croyez que j'aurais eu plaisir à vous rencontrer, vous confortablement installé dans votre fauteuil de juge et moi sur la dure banquette du prévenu déjà coupable ou debout sur mes jambes malgré les coups reçus. J'aurais pu vous rappeler quelques vérités bien senties sur l'imposture des prétendues « chambres à gaz » et du prétendu « génocide » des juifs. Qui sait, j'aurais peut-être eu affaire à un magistrat découvrant peu à peu qu'en la circonstance, des politiciens français ont voté une loi inapplicable, à charge pour les juges de s'en débrouiller.

Je parle rudement et franchement aux juges français mais en eux je respecte l'homme ou la femme qui m'écoute ou fait semblant de m'écouter. Vous remarquerez que les hommes politiques, eux, et en particulier les communo-socialistes qui ont voté la loi Fabius-Gayssot, se moquent autant de vous qu'ils se moquent du droit au doute et à la recherche ou de la liberté de pensée et d'expression.

J'ai la conviction d'honorer ma profession et d'accomplir mon devoir de chercheur d'exactitude, sinon de vérité. Voilà au moins deux points où un magistrat peut me comprendre et, qui sait, m'envier aussi peut-être.

François Brigneau et *Le Choc du mois* sont mes co-inculpés. C'est encore un honneur pour moi de me trouver aux côtés des responsables d'une publication de haute qualité et de l'écrivain français que je tiens pour le plus fin et le plus fort connaisseur des ressources de notre langue, aujourd'hui.

Veuillez recevoir, je vous prie, l'assurance de ma considération pour votre personne.

***

4 octobre 1991

LETTRE À M. LE DIRECTEUR RESPONSABLE DE *SUD-OUEST*, BORDEAUX

Monsieur,

Vous avez commis un faux dans votre livraison de *Sud-Ouest Dimanche* du 29 septembre 1991 (n° 2195), p. 9. L'article passablement grotesque de Christiane Poulin « Antisémitisme. La brute planétaire » est illustré d'une photographie montrant des soldats américains se déplaçant au milieu de rangées de cadavres d'internés d'un camp de concentration allemand. La légende porte : « Les nazis ont exterminé cinq millions huit cent vingt mille neuf cent soixante juifs. » (! ! !) Le crédit photographique porte : « Photo Dalmas ».

En réalité cette photographie a été prise par les services américains le 15 avril 1945. Ces monceaux de cadavres jonchent la cour de la Boelke Kaserne, à Nordhausen ; il s'agit de victimes du bombardement américain du 4 avril 1945.

Le fait est très connu ; il est notamment rappelé par la Fédération nationale des déportés et internés résistants et patriotes (FNDIRP) dans un ouvrage, publié en 1967, et qui porte pour titre : *La Déportation*. La légende (p. 227) indique expressément : « A Nordhausen, bombardé le 4 avril par l'aviation américaine, des monceaux de cadavres jonchaient la cour de la Boelke Kaserne (*Photo prise par les services américains le 15 avril 1945*). Avant leur départ, les SS avaient achevé les blessés. » Cette dernière phrase n'est appuyée, soit dit en passant, d'aucune preuve.

Vous aurez à cœur de rectifier votre « information » auprès des lecteurs de votre journal.

***

21 novembre 1991

LE FICHIER DES JUIFS DU DÉPARTEMENT DE LA SEINE

Une étude attentive du « fichier des juifs du département de la Seine (19401944) » permettrait des confirmations et des découvertes.

Des confirmations

Par exemple, l'historien trouverait confirmation des faits suivants :
- Le nombre de juifs parqués au Vel' d'hiv' (comme le seraient plus tard des milliers de « collabos », non sans, parfois, passages à tabac préalables) était de 8.163 et non de trente mille comme l'indiquait une plaque commémorative ;

- Une grande majorité des juifs arrêtés et déportés vers l'Est ne possédaient pas la nationalité française et provenaient de l'Est ;
- Des « convois pour Auschwitz » ont été inventés par le Centre de documentation juive contemporaine de Paris [1].

Des découvertes

L'historien qui confronterait les données de ce fichier avec d'autres données pourrait déterminer le nombre des juifs déportés pour raison raciale, pour motif de droit commun, pour marché noir, pour représailles contre des attentats et il pourrait dénombrer les « optants », c'est-à-dire les volontaires pour la déportation (appelée par les Allemands « transport », « expulsion », « refoulement »). Il déterminerait le nombre des « faux gazés », soit les personnes abusivement cataloguées comme « gazées » par S. Klarsfeld (par exemple, la mère d'Henri Krasucki, Gilbert Salomon dit « le roi de la viande » et d'autres moindres célébrités). Il pourrait déterminer la destination exacte et peut-être même le sort individuel de chacun des cinquante et un d'Izieu (enfants et accompagnateurs).

Des miracles

On nous dit que ce fichier a été découvert par miracle. Mais je note que, depuis une dizaine d'années, les miracles de ce genre tendent à se multiplier. Dès que, devant la montée du révisionnisme, on s'inquiète apparemment de voir un révisionniste publier des documents jusqu'ici cachés (j'ai été le premier au monde à rendre publics les plans des prétendues chambres à gaz homicides d'Auschwitz), il se trouve quelqu'un, S. Klarsfeld par exemple, pour découvrir par miracle un document de plus (par exemple, *L'Album d'Auschwitz*). J'attends que, par miracle, l'État d'Israël redécouvre le journal de Himmler. Par miracle, des journalistes découvriront, dans l'Ouest parisien, les pièces du procès que des juifs ont conduit contre d'autres juifs à huis clos, en 1944-1945, avec l'assentiment tacite des autorités françaises ; les accusés étaient des juifs qui, à Paris, avaient fait partie de ce que Maurice Rajsfus appelle « une véritable internationale juive de la collaboration » ; les accusés ont été acquittés en première instance et en appel cependant que d'autres Français, non juifs, passant devant les tribunaux de l'Épuration, étaient condamnés à mort.

Le plus grand fichier juif du monde

J'attends surtout que, par miracle, le Service international de recherches d'Arolsen-Waldeck, en Allemagne, rouvre sa « Section historique », dissoute en 1978 à cause de la curiosité croissante des révisionnistes. Le SIR possède le plus riche fichier du monde en ce qui concerne les juifs européens qui ont survécu ou qui n'ont pas survécu à la guerre. Il distribue les certificats qui autorisent la perception des indemnités versées par l'Allemagne aux victimes du national-socialisme ou à leurs ayants cause : quatre millions quatre cent mille jusqu'à présent ; les indemnités seront versées jusqu'à l'an 2030.

Le secrétariat d'État aux Anciens Combattants

M. Mexandeau est dans l'embarras. Il se serait bien passé, comme ses prédécesseurs, de la « découverte » de son fichier. Au sein de son secrétariat d'État fonctionne l'étonnante « Direction de l'information historique » (M. Barcellini et Mme Jacobs), chargée, à grands frais, de la lutte antirévisionniste et du maintien de certaines fictions historiques. « Fiction » : c'est le mot même, employé ingénument dans une note de service expliquant, par exemple, qu'il faut préserver telle « fiction » pour permettre à des ayants cause de percevoir tel type d'indemnités.[569]

Le vœu le plus cher des révisionnistes est de voir se multiplier les possibilités d'accès aux archives, à toutes les archives pour tous les historiens et tous les chercheurs.

***

Novembre 1991

ÉDITORIAL DE LA *REVUE D'HISTOIRE RÉVISIONNISTE* N°5

L e révisionnisme historique poursuit sa course en avant et même l'accélère. La chronique des événements qui lui sont liés se fait chaque mois plus riche et plus diverse. Il semble qu'en Autriche et en Allemagne on soit à la veille de conjonctures décisives et

---

[569] Voyez *RHR*, novembre 1991, p. 21-22, note 4.

que, dans le monde arabo-musulman, on commence à s'intéresser vivement à l'argumentation révisionniste.

Toutes les couches de la population d'Outre-Rhin ont tendance à se lasser des vieilles antiennes de la culpabilité allemande. Prudents, les responsables politiques persistent en ce domaine à tenir le langage de la soumission aux vainqueurs et ils évitent tout éclat. Mais, en même temps, en hommes qui pressentent les mouvements profonds, ils ne voudraient pas que l'histoire les devance et, çà et là, ils prennent des assurances sur l'avenir. Le président de la République, Richard von Weizsäcker, fait discrètement savoir qu'il suit très attentivement (*sehr aufmerksam*) la discussion (*die Diskussion*) entre révisionnistes et exterminationnistes. Un ministre de la justice (Hans Engelhard) fait dire et confirmer que le Rapport Leuchter est une enquête scientifique (*eine wissenschaftliche Untersuchung*), alors même qu'il sait que cette expertise américaine conclut à la non-existence de chambres à gaz homicides à Auschwitz, à Birkenau et à Majdanek. Un député du CDU (parti du chancelier Kohl), Heinrich Lummer, écrit dans la *Frankfurter Allgemeine Zeitung* que le moment devrait être venu de pouvoir traiter le sujet de l'« Holocauste » de manière objective et scientifique et que personne ne trouve son compte à « ingurgiter » une vérité décrétée, chère à Heinz Galinski, président du Conseil central juif ; lors d'un débat télévisé, il maintient sa position en face de l'intéressé qui ne paraît plus très sûr des six millions de morts juives et des témoignages sur les chambres à gaz hitlériennes. Dans une émission récente de TV 5, les révisionnistes sont surtout décrits comme des universitaires, des scientifiques et des juristes. Une publication à grand tirage, le *Münchner Anzeiger*, que son caractère commercial et populaire n'appelait pas à propager le révisionnisme scientifique, multiplie les articles les plus favorables et constate que le grand public, bouleversé par tant de révélations, exige des compléments d'information. Les juges sont pris de doute et, là où ils condamnaient sans l'ombre d'une hésitation, il leur arrive maintenant de prononcer des verdicts de clémence ou même d'acquittement. Il faut dire qu'ils se heurtent désormais à forte partie. Les avocats ne s'en laissent plus conter. Ils exigent qu'on leur prouve que « génocide » et « chambres à gaz » ont réellement existé. Il n'est plus possible de déclarer « notoire » l'usage d'une prétendue « arme du crime » que personne au fond n'a vue, que personne ne peut décrire et qui, pour des raisons d'ordre physique et chimique, n'a tout simplement pas pu exister et fonctionner, à telle enseigne que toutes les expertises pratiquées concluent ou tendent à conclure que ces chambres à gaz n'ont jamais eu la moindre existence. À l'heure où sont écrites ces lignes, on dispose de deux expertises de l'Américain Fred Leuchter (l'une, déjà citée, sur Auschwitz, Birkenau et

Majdanek ; l'autre sur Dachau, Mauthausen et Hartheim), d'une contre-expertise des Polonais du musée national d'Auschwitz et de l'Institut médico-légal de Cracovie et d'un commencement d'expertise de Gerhard Jagschitz, professeur d'histoire à l'université de Vienne. Deux autres expertises, dont nous connaissons les résultats, devraient être publiées, l'une en Autriche et l'autre en Allemagne. Le temps n'est plus où des avocats, tel Robert Servatius, défenseur d'Eichmann, se contentaient timidement de soutenir que ces prétendus gazages avaient, certes, existé mais que leur client n'y avait pas participé.

La preuve du changement des mentalités se trouve dans le comportement d'une fraction de population toujours remarquable par sa pusillanimité : celle qui compose le corps universitaire. Dans le sillage de quelques rares historiens assez téméraires pour avoir entamé le débat appelé « Historikerstreit », voici qu'apparaissent des professeurs prêts à écouter attentivement l'argumentation révisionniste ; abstenons-nous, pour l'instant, de compromettre cette avant-garde en livrant des noms.

La jeunesse allemande secoue ses liens ; le réveil est souvent douloureux. De jeunes idéalistes, qui s'étaient mis au service d'une entreprise comme celle de la « repentance » des Allemands (*Aktion Sühnezeichen*), découvrent qu'on a abusé de leur bonne foi et qu'ils ont cautionné un mensonge historique.

Il y aurait autant à dire de l'Autriche que de l'Allemagne, sinon plus.

Les défenseurs de l'orthodoxie historique ne voulaient surtout pas voir s'introduire le révisionnisme dans le monde arabo-musulman. Longtemps ils se sont imaginé qu'Arabes et musulmans, pris dans leurs propres difficultés, ne se soucieraient pas d'une controverse historique essentiellement européenne et américaine. Puis, tout récemment, ils ont perçu le danger et ont pris des mesures de police internationale pour empêcher les envois de littérature révisionniste à partir de l'Europe vers le monde arabo-musulman et le retour de cette littérature, cette fois-ci en langue arabe, vers les puissantes minorités arabes ou musulmanes d'Europe. Peine perdue. Il est déjà trop tard. Grâce, notamment, à l'exceptionnel savoir-faire d'Ahmed Rami, responsable, à Stockholm, de Radio Islam et ambassadeur itinérant du révisionnisme, celui-ci vient d'opérer une importante percée dans le monde arabo-musulman à la « conférence internationale de Téhéran pour le soutien de la révolution palestinienne ».

Sur le plan de l'histoire comme sur le plan politique, l'État d'Israël devra renoncer aux attitudes dogmatiques.

En France, le député RPR Jacques Toubon, pourtant hostile au révisionnisme, demande l'abrogation du délit de révisionnisme. Il dénonce « une loi de circonstance » votée grâce à l'exploitation de l'affaire de Carpentras. Le texte, dit-il, avait été inscrit « à l'ordre du jour en toute hâte » par Laurent Fabius et il « avait été discuté immédiatement parce que le président de l'Assemblée, M. Fabius, avait décidé personnellement son inscription ». Tout cela avait été fait dans une « précipitation démagogique ». Pour lui, cette loi était d'inspiration stalinienne et le procès Faurisson s'était révélé un désastre pour l'accusation mais non pour Faurisson. Il concluait : « Sur le fond, il est parfaitement clair que l'institution d'un délit de révisionnisme a fait régresser notre législation, car c'est un pas vers le délit d'opinion. Cela a fait régresser l'histoire parce que cela revient à poser que celle-ci [ne] peut être contestée. – Je suis contre le délit de révisionnisme parce que je suis pour le droit et pour l'histoire, et que le délit de révisionnisme fait reculer le droit et affaiblit l'histoire. » La majorité socialiste et communiste a refusé l'amendement de J. Toubon et on apprend que le socialiste Michel Pezet aurait souhaité que le procès Faurisson se fût déroulé à huis clos.[570]

Raoul Béteille, conseiller honoraire à la cour de cassation, André Decocq, professeur de droit communautaire à l'université Paris-II, et François Lefort, auteur de *La France et son droit*, jugent « la loi Fabius-Gayssot [...] assurément inconstitutionnelle » et déplorent qu'il ne se soit « pas trouvé soixante députés ou soixante sénateurs pour avoir le courage de saisir [le conseil constitutionnel] ».

En juin 1986, un certain nombre de personnes réunies autour du rabbin Sirat, de Serge Klarsfeld, de Pierre Vidal-Naquet et de François Bédarida avaient réclamé la création d'une loi antirévisionniste. Quatre ans plus tard, elles en obtenaient le vote grâce à « Carpentras » et, toujours grâce à « Carpentras », personne n'osait saisir le conseil constitutionnel ou élever une protestation publique. Dans *Le Figaro-Magazine*, Henri Amouroux s'insurgeait contre la loi Fabius-Gayssot pour ses dispositions antiracistes et anti – Le Pen mais il ne soufflait mot des dispositions antirévisionnistes et anti-Faurisson de la même loi : un paradoxe pour un historien.

Sur le plan historique et scientifique, les révisionnistes vont de découvertes en découvertes. La présente livraison de notre revue peut, comme les précédentes, en témoigner. Pendant ce temps, les tenants de la version officielle des événements de la seconde guerre mondiale semblent frappés de stérilité.

Nous voici bientôt parvenus au seuil de l'année 1992. On se demande si les temps héroïques de la grande aventure révisionniste ne touchent pas à leur fin. Certes, cent épreuves attendent encore ceux qui s'y sont

---

[570] *Journal officiel de la République française, Débats parlementaires*, 22 juin 1991, p.3571-3573.

engagés, mais, sur le plan des acquis de l'histoire et de la science, il se confirme que, pour les révisionnistes, la bataille est gagnée. Le temps mènera à maturité, lentement et sûrement, l'œuvre de clarification historique entreprise en France par Maurice Bardèche et Paul Rassinier, et continuée par tant d'autres chercheurs de France et de l'étranger dans les conditions les plus éprouvantes et parfois les plus terribles.

[Publié dans la *RHR*, n° 5, novembre 1991.]

1er novembre 1991

***

Novembre 1991

UN MONUMENT DE PROPAGANDE (LE MÉMORIAL DE LA RÉSISTANCE CHARENTAISE)

L e voyageur qui se déplace sur la RN 141 reliant Angoulême à Limoges peut apercevoir de loin un imposant monument de pierre blanche en forme de « V » et de croix de Lorraine. Il s'agit du Mémorial de la résistance charentaise situé à Chasseneuil-sur-Bonnieure. Les panneaux de direction indiquent : « Cimetière national. Mémorial de la Résistance. »

À première vue, le vaste cimetière au centre duquel s'élève ce monument, doté d'une crypte à sa base, est celui de résistants charentais morts au combat ou des suites du combat.

C'est ce qu'on peut croire au premier abord ; et tout, au surplus, aussi bien dans la disposition des lieux que dans le commentaire officiel, tend à confirmer cette impression qui, comme on va le voir, est pourtant fausse.

Mais tenons-nous-en, pour l'instant, à cette impression première et à tout ce qui la suscite et l'entretient.

Pour commencer, le visiteur qui gravit l'allée centrale du cimetière en direction du monument n'aperçoit, à sa droite et à sa gauche, que des tombes de résistants. À un moment donné, sur sa droite, il avisera un vaste bloc de pierre dédié à la mémoire de vingt-cinq « résistants du maquis "Bir Hakeim" » dont on aperçoit les tombes individuelles en contrebas. Parvenu au pied du monument lui-même, le visiteur constatera que de nombreux hauts-reliefs y retracent l'histoire de la résistance charentaise. Aucune sculpture ne rappelle que plus de cent mille soldats français sont morts pendant la campagne de France de 1939-1940 ; tout au plus note-t-on la sculpture d'un soldat français écrasé par la défaite ; celui-ci ne porte pas le casque du combattant mais le simple calot du prisonnier ; à ses pieds s'entassent des armes qu'il a fallu déposer et qu'un résistant – une autre sculpture le montre – viendra rechercher.

Entrons dans la crypte du mémorial. On y compte une série d'alvéoles contenant les restes de vingt-neuf résistants. C'est ici, dit le commentaire d'un recueil photographique, que « reposent les principaux chefs de la résistance charentaise ». Ce recueil photographique ainsi que les brochures qui sont en vente sur place ne parlent que de résistance et jamais de la campagne de France, à l'exception peut-être de très vagues et inévitables allusions.

Comme pareille crypte constitue en principe l'endroit, par excellence, où devraient reposer des héros *morts au champ d'honneur*, et comme les escarmouches contre l'occupant n'ont surtout pris place en Charente que pendant quelques jours de l'été 1944, on ne devrait pas y trouver, semble-t-il, les restes de résistants morts après l'été 1944 ou, à la rigueur, après la bataille de Royan et le 8 mai 1945, jour de l'armistice avec l'Allemagne.

Or, on a la surprise de constater que, dans cette crypte, reposent *aussi* les corps de résistants morts en 1949 (René Véry), en 1963 (colonel Marc Roger Geissmann et colonel André Chabanne), en 1975 (colonel Bernard Lelay ou Le Lay), en 1987 (Jacques Nancy), en 1989 (Yves Faure) et même en 1991 (Thérèse Bonnier).

C'est alors que le visiteur peut commencer à se poser des questions et reprendre sa visite afin de vérifier ce que, jusqu'ici, il avait vu ou cru voir. C'est ce qu'on appelle un travail de révision.

Revoyons précisément ce cimetière et revisitons-le. Nous découvrirons alors que :

1° cet impressionnant cimetière est surtout peuplé de morts de la campagne de France et des suites de cette campagne ; sur 2.029 corps (certaines des 2.255 tombes ne sont pas occupées), 1.843 sont ceux de soldats de 19391940 tandis que 186 corps[571] sont ceux de résistants (cent cinquante-sept dans le cimetière même et vingt-neuf dans la crypte) ;

2° la grande majorité de ces soldats de 1939-1940 étaient des Nord-Africains, des Africains et des Indochinois ; un certain nombre sont morts dans des hôpitaux militaires de Libourne, de Nantes et d'autres villes de la côte atlantique ; dans la partie haute du cimetière, où ne se rendent

---

[571] Ce chiffre aurait été évidemment plus important si plus de familles avaient accepté le transfert des cendres des leurs dans la nécropole.

guère les visiteurs, on aperçoit un carré de sépultures surmontées du croissant et non de la croix ;

3° le bloc de pierre dédié à la mémoire de vingt-cinq « résistants du maquis "Bir Hakeim" » et les tombes en contrebas ne concernent pas le maquis commandé par le héros local de Chasseneuil, le colonel A. Chabanne, un enfant du pays, ancien instituteur, mais un maquis de... Lozère. Ces vingt-cinq maquisards, comme l'indiquent les inscriptions tombales, sont morts à La Parade (dans les gorges du Tarn) ; ils sont venus faire nombre à Chasseneuil où ils n'ont franchement pas leur place, vu qu'ils n'appartenaient pas le moins du monde à la « résistance charentaise » ;

4° dans la crypte se trouvent, en plus de FFI morts au combat en 1944, quelques FFI ou FFL morts en 1944 ou en 1945 mais, les uns, dans un accident de camion en Charente et, les autres, dans un accident d'avion en Allemagne ; ne parlons pas de ceux qui sont morts bien après la guerre comme, par exemple, le colonel André Chabanne, tué dans un accident de voiture ;

5° dans certains cas, rarissimes il est vrai, on a porté la mention de FFI (Forces françaises de l'Intérieur) sur les tombes de personnes mortes en... 1940, alors que la création des FFI date du 1er février 1944.

Bref, au terme de cette seconde visite, l'impression se forme que, dans ce cimetière où les morts auraient dû avoir le droit à un égal respect et à la même dose d'attention, on a magnifié les uns au détriment des autres et, par des moyens contestables, cherché à gonfler le nombre des morts de la résistance.

Parmi ces moyens, ne faudrait-il pas surtout compter la disposition même des rangées de sépultures ? À droite et à gauche de l'allée centrale et des voies de pénétration importantes dans le cimetière, on a systématiquement commencé les rangées avec des tombes de Résistants ; le visiteur n'aperçoit ainsi que ces tombes-là et il ne lui viendra sans doute pas à l'esprit qu'après deux, trois ou quatre tombes de Résistants situées à proximité, tout le reste de la longue rangée – de chaque longue rangée – ne porte plus que les noms de Français ou de « coloniaux » mobilisés en 1939-1940 et morts pour la France.

La brochure intitulée *Mémorial de Chasseneuil* aurait besoin d'une sévère révision des faits et des chiffres rapportés. Elle est vendue au profit du Comité des œuvres du Mémorial de Chasseneuil, sis à la préfecture de la Charente à Angoulême. Ce comité a pour but « de perpétuer le souvenir des héros de la résistance et de veiller à l'exécution des travaux d'entretien et d'embellissement de cette Nécropole nationale ». Comme cette « nécropole » comporte, sur 2.029 sépultures, 1.843 sépultures des morts de la campagne de 1939-1940 et de ses suites, on est en droit de s'étonner que pas une page, pas une ligne ne fasse mention de ces morts-là. D'emblée, on nous parle d'« une nécropole nationale qui regroupe 2.255 sépultures » et d'« un cimetière abritant les restes des héros de la résistance ».[572] Comment le lecteur n'en déduirait-il pas que le cimetière qu'il visite abrite les restes de 2.255 « héros de la résistance », alors qu'en réalité le vrai chiffre est de cent quatre-vingt-six ? De quel droit multiplier ici par douze le nombre des morts de la résistance ? Un tableau intitulé « La Souffrance de la Charente pendant la seconde guerre mondiale, 1939-1945 »[573] mentionne que 1.097 « militaires 1939-1940 » sont morts pour la France et trois cent dix « résistants » ; cependant, il s'agit là d'un tableau général intéressant non pas la nécropole mais le département tout entier. Dans ce tableau, à peu près toutes les rubriques et tous les chiffres seraient à revoir. Une rubrique, par exemple, porte : « Victimes civiles (fusillés, victimes de bombardements). » Les jeunes générations ont peu de chance de voir que ces victimes civiles de bombardements sont, pour la plupart, à mettre au compte des Anglo-Américains plutôt que des Allemands[574] ; rappelons que les bombardements anglo-américains ont provoqué la mort de soixante mille Français et un nombre bien plus considérable de blessés et de mutilés et que, parmi les Français morts en Allemagne, un certain nombre ont été tués dans les effroyables bombardements des villes allemandes. On oublie trop que l'un des motifs qui retenaient les Français d'obéir aux injonctions du STO (Service du travail obligatoire en Allemagne) était précisément la crainte d'être pris dans les bombardements des usines d'Outre-Rhin.

Les auteurs de la brochure ne pouvaient passer sous silence le fait que l'essentiel du « travail gigantesque réalisé avec des moyens archaïques » pour l'édification de cette nécropole et de son monument est dû aux travaux forcés auxquels ont été contraints des prisonniers allemands.[575] Peut-être aurait-on pu insister un peu plus sur le sort de ces prisonniers ; en est-il mort sur place ? Combien ? Où les a-t-on enterrés avant un éventuel rapatriement en Allemagne ?

Au sujet de la crypte, on écrit un peu trop habilement qu'elle était conçue pour abriter les corps de « fusillés, déportés, combattants tués face à l'ennemi ».[576] Peut-être était-elle conçue dans cet esprit mais le fait

---

[572] *Mémorial de Chasseneuil*, p. 3.

[573] *Id.*, p. 26.

[574] À moins, bien sûr, que le chiffre indiqué ne corresponde qu'aux victimes de bombardements allemands et que le nombre des victimes de bombardements anglo-américains ait été tout simplement omis.

[575] *Id.*, p. 5.

[576] *Id.*, p. 4.

est qu'elle abrite bien d'autres corps que ceux-là, y compris les corps de gens morts dans leur lit plus de quarante ans après la guerre.

Les commentaires des sculptures cachent mal le désir de faire sa propre apologie.[577] Les sculpteurs ont notamment représenté trois personnes qui sont à l'origine de la création, très tardive, du maquis Bir Hakeim : les instituteurs André Chabanne, Hélène Nebout et Guy Pascaud. Ces trois personnes ont longuement survécu à la guerre. Elles ont donc pu se voir statufier. On insiste particulièrement sur la figure de Guy Pascaud, sénateur de la Charente. Avec son père Édouard Pascaud, maire de Chasseneuil, il avait fait don du terrain. Curieusement, on ne rappelle pas qu'il fut arrêté par les Allemands le 22 mars 1944 à Chasseneuil. Ce jour-là, une importante formation militaire allemande encercla le bourg, procéda à des arrestations et s'empara à Négret d'un fort groupe de maquisards mal armés, mal préparés au combat, mal encadrés et dont les responsables n'étaient pas présents sur place. Il y eut des morts et tous les prisonniers furent fusillés à Biard, près de Poitiers. Parmi leurs trois responsables, deux (André Chabanne et Hélène Nebout) resteront indemnes tandis que Guy Pascaud, arrêté à Chasseneuil, sera déporté ; revenu de déportation, il fera après la guerre une carrière politique, comme son père. Le chapitre consacré à l'activité combattante des maquisards[578] cache mal l'extrême modestie de la participation des maquis locaux sur ce plan. Henri Noguères, ancien résistant, est l'auteur d'une *Histoire de la résistance en France*. Dans les dix volumes et les quatre mille cinq cent quarante pages de ce monumental ensemble, aucune mention n'est faite du maquis Bernard (Bernard Lelay) ; quant au maquis Chabanne (André Chabanne), il ne se voit accorder, pour son activité dans la région, que quelques modestes lignes.[579]

La brochure passe complètement sous silence les exécutions sommaires perpétrées par le maquis Chabanne et le maquis Bernard : environ quarante dans un cas et environ quatre-vingts dans l'autre cas, et cela dans des conditions parfois atroces que les historiens spécialisés (Robert Aron, Henri Amouroux, Philippe Bourdrel…) ont rapportées.[580] Dans la région, la réputation du maquis Bernard est si fâcheuse que la famille de Bernard Lelay et le Parti communiste rencontrèrent bien des difficultés avant d'obtenir le transfert du corps dans la crypte.

Il faut espérer que le temps viendra où, comme à Verdun pour la première guerre mondiale, on rendra un égal hommage à tous les morts

---

[577] *Id.*, p. 7-10.
[578] *Id.,* « La Résistance militaire », p. 18-25.
[579] H. Noguères, *Histoire de la Résistance en France*, tome VIII, p. 119-120.
[580] Voy. également R. Faurisson, « Chronique sèche de l'Épuration » pour le décompte précis de ces exécutions sommaires (ci-dessus, p. 1265-1285).

de la seconde guerre mondiale qui fut une abominable boucherie d'où personne n'est rentré les mains propres. On ne cachera plus rien, on dira tout. Oradour (six cent quarante-deux morts) et Dresde (cent trente-cinq mille morts ?) seront unies dans le jumelage des villes et des bourgades martyres.[581] On essaiera de comprendre tous les Français au lieu de les répartir en des catégories morales stéréotypées, avec un traitement de faveur pour certains, l'oubli pour d'autres et la condamnation à perpétuité pour les vaincus.

Le cimetière national de Chasseneuil est impeccablement entretenu. Les tombes du tirailleur sénégalais, de l'officier métropolitain et du maquisard sont l'objet des mêmes soins. Pourquoi le secrétariat d'État aux anciens combattants et les hautes autorités qui ont conçu ce cimetière ne prendraient-ils pas modèle sur les jardiniers qui, dans leur besogne quotidienne, traitent tous les morts avec les mêmes égards ?

Pour commencer, on modifierait de fond en comble la substance des brochures, guides et ouvrages proposés sur place à la vente et, dans le commentaire des visites, on accorderait plus de place à l'histoire de la France dans la seconde guerre mondiale et moins de place à la légende dorée de la résistance.

Les soldats de la Campagne de France méritent des égards. Il y avait certainement plus de risque à essayer de faire face, en 1940, aux divisions allemandes en pleine offensive et dotées de redoutables moyens, qu'à livrer en 1944 des escarmouches, comme ce fut le cas en Charente, contre une troupe en retraite ou à multiplier contre des Allemands isolés des actes de terrorisme.[582]

---

[581] Pour l'historien, le massacre d'Oradour garde bien des mystères. Pourquoi, au juste, les Allemands ont-ils fusillé la population mâle ? Ont-ils mis le feu à l'église (où ils avaient enfermé femmes et enfants) ou le feu s'est-il communiqué à l'église ? Ont-ils tiré sur les femmes et les enfants ? Les maquisards de la région avaient-ils choisi ce paisible village pour y entreposer, dans les maisons et jusque dans le clocher de l'église, des armes, des munitions et des explosifs de toutes provenances ? La chaleur dégagée dans le clocher a été si forte que la cloche a fondu (!) tandis que le confessionnal de bois a été retrouvé indemne. Pourquoi n'a-t-on pas demandé une expertise à des spécialistes de balistique, du feu et des explosifs ? Les procès de Nuremberg, de Bordeaux et de Berlin n'ont pas apporté de réponse claire. Les Français gardent secret le rapport d'enquête du juge d'instruction militaire allemand Detlef Okrent et les archives ne seront pas ouvertes avant 2044 : pourquoi ? Certaines « fictions » d'Oradour sont entretenues pour des motifs intéressés : « la Commission nationale [des déportés et internés politiques] a admis la fiction [sic] de l'encerclement de la localité par les troupes SS » ; ainsi « le titre d'Interné Politique à titre posthume » a-t-il pu être « reconnu à tous les massacrés d'Oradour-sur-Glane » (Secrétariat d'État aux anciens combattants, note pour M. Bergeras, conseiller technique, en date du 12 juillet 1971, avec PV joint d'une réunion de la Commission les 4 et 5 février 1963). Le bombardement de Dresde par les Alliés a moins de mystères.
[582] Voy. Marc Leproux, *Nous les terroristes*.

Quant aux cent vingt hommes et femmes victimes des exécutions sommaires perpétrées en 1944 par les maquis Chabanne et Bernard, ils n'ont eu droit à aucune sépulture. Tous, sans exception, ont été enterrés comme des chiens. Certains corps n'ont toujours pas été exhumés pour être transférés dans un cimetière. Les emplacements des charniers sont connus. Les autorités municipales, préfectorales et judiciaires de la Charente le savent et ne font rien pour remédier à cette anomalie.

[Publié dans la *RHR*, n° 5, novembre 1991, p. 15-22.]

***

Novembre 1991

UNE CENSURE CATHOLIQUE

L'hebdomadaire *La Vie* (Groupe des Publications de la Vie catholique) annonçait dans sa livraison du 18 avril 1991 (p. 7) :

> « A l'occasion du procès Faurisson, *L'Actualité religieuse dans le monde,* éditée par notre groupe de presse, publie un dossier très complet sur les négateurs des chambres à gaz : qui sont-ils ? que veulent-ils ? quels sont leurs soutiens politiques et religieux ? Pour se procurer ce numéro spécial, daté du 15 avril, écrire à *L'ARM,* 163, boulevard Malesherbes, 75859 Paris Cedex 17. 35 F, port compris. »

Effectivement, *L'ARM* du 15 avril 1991 portait en couverture : « Enquête sur les négateurs des chambres à gaz. » En page 2, Jean-Paul Guetny y signait un éditorial intitulé « En parler ou pas... », qui commençait en ces termes :

> « L'homme, vous l'avez aperçu à la télé, se pavanant sous les flashes. Il s'appelle Robert Faurisson. Il a 67 ans. C'est un spécialiste de littérature française, discipline où il s'est médiocrement illustré. Sa notoriété vient d'ailleurs. Ancien pétainiste, zélateur de l'OAS, qui ne dédaigne pas la compagnie des adeptes du Ku Klux Klan ni des néo-nazis anglais, il a fondé en 1987, à l'occasion du procès Barbie, une revue, les *Annales d'histoire révisionniste.* »

Suivait un dossier de quinze pages (p. 6-24) sur *Les Falsificateurs de l'histoire*. Les révisionnistes y étaient vivement pris à partie mais on ne leur accordait pas le droit à la parole. La thèse révisionniste était exposée par les adversaires du révisionnisme. En page 13, figurait une photo de choc ainsi présentée : « Au camp de Dachau : la manette des gaz. » La preuve du crime était là : les Allemands avaient mis au point une machinerie comme il ne s'en rencontre nulle part ailleurs. Et pour cause : selon un procédé assez courant[583], on avait reproduit la photo à l'envers ; le sol était au plafond et le plafond, au sol ; entre sol et plafond, deux innocentes canalisations et deux manettes en prenaient un aspect parfaitement diabolique.

Robert Faurisson et Henri Roques, gravement mis en cause, adressaient à la revue, chacun de son côté, un texte en droit de réponse (recommandé avec accusé de réception) dont voici des extraits :

Réponse de R. Faurisson (19 avril 1991)

Dans votre livraison du 15 avril 1991, vous prétendez soumettre à vos lecteurs le dossier d'une « enquête » *sur* les révisionnistes. En réalité, vous dressez là un réquisitoire *contre* les révisionnistes que vous baptisez négateurs des chambres à gaz et ce réquisitoire fourmille d'erreurs.

Je ne me prénomme pas Pierre (p. 14) mais Robert (p. 2) et je n'ai pas 67 ans mais 62 ans. L'âge que vous m'inventez vous permet de me présenter comme un « ancien pétainiste » mais l'âge que j'ai en fait ne vous le permettrait pas ; j'ajoute qu'ainsi que je l'ai relaté dans un écrit que vous ne semblez pas avoir lu, j'ai, en 1942, à l'âge de treize ans, gravé sur mon pupitre d'écolier « Mort à Laval » parce que Laval venait de déclarer qu'il souhaitait la victoire de l'Allemagne plutôt que celle du bolchevisme en Europe. Je n'ai pas été un « zélateur de l'OAS » et je n'ai jamais été « inculpé de coups et blessures pour [mes] prises de position violentes en faveur de l'OAS » (p. 16) mais j'ai cotisé au Comité Maurice Audin contre la torture en Algérie, et cela en un temps où j'étais secrétaire de section du SNES, majoritairement communiste et socialiste.

Ce n'est pas moi qui ai fondé les *Annales d'histoire révisionniste* mais Pierre Guillaume, responsable de la Vieille Taupe (marxiste) et disciple de Paul Rassinier, lui-même ancien socialiste et ancien déporté résistant. J'aurais ainsi une dizaine d'autres erreurs à corriger sur mes supposées accointances avec le Ku Klux Klan, avec les néo-nazis anglais, etc.

Sur la question de fond, celle du génocide et des chambres à gaz, vous affectez de présenter nos arguments. Mais quand on accuse, c'est à

---

[583] Voy. le livre d'Evelyn Le Chêne sur *Mauthausen,* photo 6a.

l'accusé lui-même qu'il faut donner la parole, en direct. Ce n'est pas au procureur de présenter la thèse de la défense. À la fin, dans vos conseils de lecture (« Pour en savoir plus »), vous fournissez à vos lecteurs les *références précises* de huit publications mais aucune d'entre ces publications n'est révisionniste et toutes sont résolument hostiles au révisionnisme.

Nos arguments sont essentiellement d'ordre physique, chimique, topographique, architectural, documentaire et historique. Il faut les connaître à la source ou alors on s'abstient de les juger.

Vous croyez confondre les révisionnistes en produisant sous le titre « Vérités de l'histoire » (*sic*) une photographie dont la légende porte : « Au camp de Dachau, la manette des gaz. » Or, vous devriez savoir que, depuis 1960, l'historiographie officielle a soudainement décidé que, contrairement à ce qu'affirmait le tribunal de Nuremberg, photographies et témoignages à l'appui, il n'y avait jamais eu de gazages homicides à Dachau. Aujourd'hui, un panneau en avertit les visiteurs du camp.

Selon un procédé assez courant, votre photographie a été mise sens dessus dessous et n'en paraît que plus bizarre et inquiétante. Remettez-la sur pied et vous constaterez la présence, en tout et pour tout, de deux inoffensives canalisations isolées pour vapeur d'eau ; voyez les manettes, les volants, les axes, les vannes, le contacteur et le dispositif de contrôle.

Vous écrivez : « Les révisionnistes seront-ils un jour condamnés pour délit de presse ? Il faudrait pour cela que la loi Gayssot soit appliquée plus strictement. » Vous écriviez ces lignes durant le délibéré du procès où, à vous en croire, je me « pavanais ». L'athée que je suis demande au chrétien que vous êtes s'il est humain d'en appeler ainsi à la loi contre un homme qui, en onze ans, a subi cinq agressions physiques et une tentative d'assassinat, qui a été accablé de procès et d'amendes, qui a vu saisir son salaire, et dont la vie personnelle, familiale et professionnelle a été bouleversée parce qu'il défend les conclusions de ses recherches. Le 18 avril, nous venons d'être condamnés, mon éditeur (pour le temps d'une simple interview) et moi-même, à une sanction de quatre cent trente mille francs (dont cent mille avec sursis). Professeur à salaire unique, marié, père de trois enfants, dépourvu de toute fortune, j'ai, dès le prononcé du jugement, récidivé, car tel est mon devoir.

Ne hurlez pas avec les loups.

Réponse de M. Roques (23 avril 1991)

À la suite de l'entretien que j'ai accordé à deux rédacteurs de votre mensuel, vous avez publié à mon sujet une sorte de biographie tendancieuse, sans me la soumettre au préalable. Je tiens à redresser un certain nombre d'erreurs. [...]

Avec une perfidie certaine, vous signalez que j'ai soutenu ma thèse de doctorat à Nantes devant un jury très « marqué » ; vous citez les noms de deux professeurs qui ont des convictions de droite, ce qui n'enlève rien à leurs compétences professionnelles ; vous avez omis le nom du professeur Pierre Zind, frère mariste, enseignant d'histoire à l'université de Lyon-II ; décédé en 1988, il était connu pour son action en faveur des minorités culturelles, incluses dans les nations européennes, qu'il s'agisse de son Alsace natale, du Val d'Aoste ou du Pays basque.

Que penseriez-vous si la valeur d'une thèse de doctorat était contestée pour avoir été soutenue devant un jury très « marqué »... à gauche ?

Je précise que ma thèse n'a pas été annulée, puisque la délibération d'un jury ne peut être remise en cause ; seule, la soutenance, donc la procédure administrative, a été annulée pour deux prétendues irrégularités. En mars 1988, j'ai déposé un recours devant le conseil d'État ; j'ai entamé la quatrième année de mon instance devant cette juridiction.

Par ailleurs, vous écrivez : « En mai 1990, en plein drame de Carpentras, il lance la *Revue d'histoire révisionniste.* »

On peut parfaitement retourner votre phrase et écrire : « En mai 1990, en plein lancement de la *Revue d'histoire révisionniste,* survient le drame de Carpentras. » Il y a, certes, un scandale : le fait que les coupables de cette profanation n'aient pas encore été trouvés.

Dans votre article « Vérités de l'Histoire », vous privilégiez la prétendue chambre à gaz de Mauthausen qui, exceptionnellement dites-vous, n'a pas été détruite. C'est la photographie de ce mythique local homicide qui devrait illustrer votre article et non celle de banales canalisations qu'il n'est pas nécessaire d'aller chercher au camp de Dachau.

Je note à la page 12 que, pour « transmettre la mémoire » et convaincre les lycéens de la réalité de l'Holocauste, il suffit de leur faire visiter les plages normandes du Débarquement. C'est inattendu ! [...] »

Deux mois plus tard, dans sa livraison du 15 juin, *L'ARM* consacre quatre pages au courrier reçu à propos de ce dossier[584] :

> « Notre dossier intitulé : *Les falsificateurs de l'histoire* [...] a provoqué une avalanche de lettres. Nous en avons sélectionné quelques-unes, les plus caractéristiques. »

---

[584] *L'Actualité religieuse dans le monde*, 15 juin 1991, p. 48-51.

Ces quatre pages ne contiennent pas les réponses de R. Faurisson et d'H. Roques. Il n'est fait, pour les lecteurs, aucune allusion à l'existence de ces réponses. Max Gallo (le nègre du faussaire Martin Gray) est cité pour avoir écrit : « Je veux vous féliciter pour le remarquable numéro de *l'ARM* : un travail tout à fait essentiel. » Est également cité le rabbin Sirat (initiateur de la loi Fabius-Gayssot contre les révisionnistes) : « Permettez-moi de vous féliciter d'avoir le courage de rétablir la vérité contre les négationnistes. » Pour ce qui est de la photo, la rédaction s'engage dans de longs commentaires sur une « expertise » de la chambre à gaz de Dachau ; rédigée en 1967, cette « expertise », selon *l'ARM*, « n'a jamais été publiée ni en Allemagne, ni en France » ; le commentaire s'achève ainsi :

« Bien sûr, rien ne prouve qu'une telle chambre à gaz homicide ait servi. Pour cela, une autre expertise serait nécessaire. »

L'ARM omet de dire à ses lecteurs qu'un panneau installé par les autorités du musée de Dachau prévient expressément les touristes que cette prétendue chambre à gaz « N'A JAMAIS SERVI ».

Quant à l'étrange photo, elle fait l'objet d'un long développement sur son « authenticité » et sur l'absence de toute erreur… dans la légende. Mais, alors que la rédaction de la revue avait été prévenue par le professeur Faurisson que la photo avait été mise sens dessus dessous, on n'en souffle pas mot au lecteur et on se garde bien de lui dire : « Pour comprendre cette photo, il vous suffit de la retourner. »

À en juger par cette affaire, les responsables actuels de *L'Actualité religieuse dans le monde* se soucient peu du droit (le droit de réponse, par exemple), de l'exactitude des faits rapportés et des obligations du journaliste.

[Publié dans la *RHR*, n° 5, novembre 1991, p. 157-161, qui ne reproduisait que des extraits du texte en droit de réponse du professeur Faurisson.]

***

Novembre 1991

L'ORIGINE DU MYTHE : LE MYTHE DES « CHAMBRES À GAZ » REMONTE À 1916

L e mythe des gazages des juifs durant la seconde guerre mondiale n'est que le produit de recyclage du mythe du gazage des Serbes pendant la première guerre mondiale. On pourrait dire qu'un mythe apparemment né au début des années quarante et vieux, aujourd'hui, de cinquante ans remonte ainsi en fait aux années 1916-1917 : il aurait donc soixante-quinze ans.

Encore est-il possible qu'il remonte bien au-delà. Peut-être trouverait-on la trace de gazages mythiques dans l'histoire des guerres de Vendée ou, plus loin encore, avant même l'invention du mot de « gaz », dans des temps où la maîtrise supposée des forces obscures de la terre était censée permettre l'assassinat par des « substances subtiles » ou des « vapeurs invisibles ». Un mythe ne plonge-t-il pas toujours au plus profond de l'homme et de sa mémoire ?[585]

En 1916-1917, les Alliés répandirent le bobard des Serbes gazés systématiquement et en grand nombre par les Allemands, les Autrichiens et leurs alliés, les Bulgares. Ces gazages avaient lieu, disait-on, dans des établissements d'épouillage, dans des églises ou dans d'autres lieux encore. Ce bobard disparut après la guerre, dès le début des années vingt. De la même façon s'évanouirent, du moins en apparence, d'autres inventions de la propagande de guerre des Alliés : la légende des enfants belges aux mains coupées par les Uhlans (préfiguration des SS) et la légende des usines à cadavres où les Allemands passaient pour transformer graisse et ossements humains en engrais et en savon (préfiguration des « camps d'extermination » au service de la science hitlérienne censée produire engrais et savon à partir des cadavres de juifs).

Il est probable que le succès de ces bobards de guerre s'alimentait du spectacle d'atrocités bien réelles : les ravages exercés par l'emploi des gaz de combat sur les champs de bataille ainsi que les amoncellements de cadavres de typhiques, en Serbie notamment.

Le mythe du gazage des juifs de 1941 à 1944 (ou 1945) aurait dû, lui aussi, disparaître après la guerre. Or, il persiste encore aujourd'hui. On continue d'en nourrir les esprits. Grâce à la publicité et aux médias, cette invention de la propagande de guerre des Alliés est devenue avec le temps un produit de consommation forcée. Ce produit est avarié. Sous un emballage nouveau, il n'est qu'une marchandise lancée vers 1916-1917 et reconnue pour frelatée dès les années vingt. Il n'importe. En France,

---

[585] D'après le *Dictionnaire étymologique de la langue française* d'O. Bloch et de W. von Wartburg (PUF, 1932), le mot de « gaz » aurait été inventé en 1670 par un médecin pour désigner une substance subtile considérée par celui-ci comme unie aux corps. Le sens moderne daterait de la fin du XVIIIe siècle à la suite des travaux de Priestley et de Lavoisier.

depuis la publication en 1990 de la loi Fabius, alias Gayssot, il est devenu interdit de contester la qualité de cette marchandise et d'en dénoncer les producteurs et les marchands. On risque la prison si, soucieux à la fois d'honnêteté et d'hygiène, on tente de mettre les consommateurs en garde contre la nocivité de ces produits qui envahissent, à coups de millions, le marché du livre, la télévision et l'école.

Toujours est-il que cette loi a d'étranges effets. En nous obligeant à croire aux gazages des juifs pendant la seconde guerre mondiale, elle nous force aussi, d'une certaine façon, à croire, à nouveau, aux gazages des Serbes pendant la première guerre mondiale. Elle réhabilite ainsi un bien vieux mensonge qui semblait avoir fait son temps. C'est ce qu'on appelle l'ironie de l'histoire.

Les trois pièces que nous présentons ci-dessous montrent comment s'est fait le passage du mythe des gazages de Serbes au mythe des gazages de juifs.

La première pièce est extraite d'un livre où un ancien correspondant et collaborateur de la *Frankfurter Zeitung* raconte incidemment une entrevue que lui avait accordée à Berlin, le 20 novembre 1917, le secrétaire d'État aux Affaires étrangères Richard von Kühlmann (1873-1948). On notera que l'homme d'État allemand, exaspéré par le comportement de ses alliés bulgares, est apparemment disposé à accueillir n'importe quel bobard des Alliés à leur propos. C'est ainsi qu'il croit que les Bulgares pratiquent une politique d'extermination physique des Serbes (le « génocide » avant la lettre) et que, sous prétexte d'hygiène, ces Serbes sont conduits dans des établissements d'épouillage où, en fait, on les gaze (préfiguration de l'histoire des juifs conduits, sous prétexte d'épouillage et de douches, dans des locaux où on les gaze).

Les deux autres pièces que nous reproduisons sont, toutes deux, extraites d'un même journal londonien, le *Daily Telegraph*. À vingt-six ans de distance, ledit journal a repris les mêmes chiffres : le 22 mars 1916, il annonce l'assassinat de sept cent mille Serbes et, le 25 juin 1942, il titre sur l'assassinat de sept cent mille juifs. En 1916, on raconte que les Allemands, les Autrichiens et les Bulgares « exterminent » (c'est le mot) les Serbes de différentes façons et, notamment, au moyen de gaz asphyxiants soit dans des églises, soit dans des lieux non autrement décrits ; ces gaz émanent de bombes ou de machines à produire des gaz. En 1942, on veut nous faire croire que les Allemands « exterminent » (c'est encore le mot) les juifs de multiples façons et, en particulier – c'est le modernisme – en utilisant un, et un seul, camion adapté en chambre à gaz, qui permet d'éliminer pas moins de mille juifs par jour.

Pièce n° 1 [traduite de l'allemand]

« [...] L'humeur du secrétaire d'État [aux Affaires étrangères, Richard von Kühlmann] est sombre et grave. La paix lui paraît lointaine. Il a entretenu sans doute bien des illusions sur les désirs de paix de l'Angleterre. Tous nos alliés lui inspirent une profonde méfiance. Les Bulgares sont insatiables ; leur donne-t-on veste et pantalon, ils vous réclament chemise et chaussures. Il relate comment ils « liquident » les Serbes systématiquement [mot à mot : « *auf dem Verwaltungswege* » : par la voie bureaucratique] ; sous prétexte d'hygiène on mène ces derniers dans des établissements d'épouillage et, là, on les élimine par gaz. C'est l'avenir, ajoute-t-il, des batailles entre les peuples. »[586]

---

[586] B. Guttmann, *Schattenriss einer Generation...*, p. 146 ; le passage concerne une visite rendue à Berlin le 20 novembre 1917.

Page | 450

Pièce n° 2 [traduite de l'anglais]
22 mars 1916
ATROCITÉS EN SERBIE
700.000 victimes
De notre correspondant. Rome, lundi (18 h 45)

« Les gouvernements alliés ont reçu témoignages et documents, qui seront prochainement publiés, prouvant que l'Autriche et la Bulgarie se sont rendues coupables d'horribles crimes en Serbie, où les massacres qu'ils ont commis sont pires que ceux perpétrés par la Turquie en Arménie.

Aujourd'hui, le gouvernement italien a publié le témoignage de deux prisonniers italiens qui se sont évadés d'Autriche par la Serbie et ont trouvé refuge en Roumanie. Pourtant, ce que ces deux prisonniers ont vu et appris n'est rien, comparé avec les témoignages produits par les Serbes eux-mêmes et communiqués par M. Pasitch au gouvernement italien et au pape. Selon des informations dignes de foi, le nombre des victimes des Autrichiens et des Bulgares a dépassé sept cent mille. Des régions entières, avec villes et villages, ont été dépeuplées par des massacres. Femmes, enfants et vieillards ont été enfermés dans des églises par les Autrichiens et passés à la baïonnette ou étouffés par le moyen de gaz asphyxiants. C'est ainsi que, dans une seule église de Belgrade, trois mille femmes, enfants et vieillards ont été suffoqués.

Des réfugiés serbes ont déclaré, sans que ce soit sous serment, qu'ils ont assisté à la distribution de bombes et de machines à produire des gaz asphyxiants, distribution faite aux Bulgares par les Allemands et les Autrichiens, avec les instructions d'emploi de ces instruments en vue d'exterminer la population serbe. Les Bulgares ont usé de cette méthode à Nich, Pirot, Prizren[587] et Negotin où les habitants sont morts suffoqués. Les Autrichiens ont employé des moyens identiques en différentes parties du Montenegro. »[588]

---

[587] Prizren se trouve dans le Kosovo. [N.d.é]
[588] *The Daily Telegraph* [Londres], 22 mars 1916, p. 7.

Pièce n° 3 [traduite de l'anglais]
LES ALLEMANDS ASSASSINENT 700 000 JUIFS EN POLOGNE
CHAMBRES À GAZ AMBULANTES
De notre reporter

« Au cours du plus grand massacre de l'histoire du monde, les Allemands ont abattu plus de sept cent mille juifs polonais. De plus, ils développent un système de famine où le nombre des morts, selon le propre aveu des Allemands, semble devoir être presque aussi important.

Les plus affreux détails de la tuerie, y compris l'usage de gaz poison, sont révélés dans un rapport envoyé secrètement à M. S. Zygielboim, représentant juif du Conseil national polonais à Londres, par un groupe actif en Pologne. On a le ferme sentiment qu'il faudrait entreprendre une action pour empêcher Hitler d'accomplir sa menace d'exterminer tous les juifs d'Europe cinq minutes avant la fin de la guerre, quelle que soit cette fin.

L'intention avouée des Allemands dès les premiers jours de la guerre était d'exterminer la population juive du territoire polonais.

Dans son message de nouvel an de 1940, le Gauleiter Greiser a dit que le seul usage à faire des Polonais était celui d'esclaves pour l'Allemagne mais que pour les juifs il n'y aurait pas d'avenir.

Cette politique d'extermination a commencé en 1941 en Galicie orientale et la procédure a partout été la même.

On a rassemblé hommes et garçons, de 14 à 60 ans, en un même lieu, généralement un square ou un cimetière ; et là on les a tués soit à coups de couteaux, soit avec mitrailleuses ou grenades. On leur avait fait préalablement creuser leurs tombes.

Victimes dans les hôpitaux

On a abattu des enfants dans des orphelinats, des pensionnaires dans des hospices et des malades dans des hôpitaux. On a tué des femmes dans la rue. En bien des endroits on a déporté des juifs vers des « destinations inconnues » et on les a tués dans des bois avoisinants.

À Vilna, on a assassiné cinquante mille juifs en novembre [1941]. Dans cette région et autour de Kovno, en Lituanie, le nombre total des massacrés est de trois cent mille.

On a pratiquement tué tous les juifs à Zyrovice, Lachovice, Mira, Kosov et d'autres villes similaires. À Rovno, les assassinats ont commencé au début novembre. En trois jours et trois nuits on a fusillé presque quinze mille hommes, femmes et enfants.

En d'autres lieux, le total des morts a été de :

Lvov :30.000
Stanislavov :15.000
Slonin :9.000
Hancedicze :6.000
Tarnopol :5.000
Brzezany :4.000
Zlochov :2.000

Massacre par gaz

En novembre [1941] a aussi commencé le massacre par gaz des juifs dans les territoires polonais incorporés au Reich.

On a utilisé un camion spécial adapté en chambre à gaz dans lequel on entassait quatre-vingt-dix victimes à la fois. On enterrait les corps dans des tombes spéciales creusées dans la forêt de Lubardski.

En moyenne, on a gazé mille juifs par jour. On en a assassiné de cette manière à Chelmno, de novembre [1941] à mars [1942], cinq mille venant de quatre villes, ainsi que trente-cinq mille venant du ghetto de Lodz, et nombre de tziganes.

En février [1942], l'extermination des juifs a commencé dans ce qu'on appelle le Gouvernement général, partie occidentale de la Pologne non incorporée au Reich. La Gestapo a chaque jour rendu visite aux quartiers juifs et a systématiquement tué les gens dans la rue et dans les maisons.

En mars [1942], vingt mille juifs ont été déportés de Lublin dans des wagons plombés pour une « destination inconnue ». On en a perdu toute trace. Environ trois mille autres ont été mis dans des baraques dans un faubourg de Lublin. Il n'en reste plus maintenant un seul juif.

À Cracovie, durant mars [1942], cinquante hommes sur une liste de proscrits ont été fusillés devant leur domicile. Un nombre semblable d'hommes et de femmes ont été tués devant leur porte donnant sur la rue pendant une nuit de terreur organisée dans le ghetto de Varsovie. Tous les groupes sociaux du ghetto ont été affectés. On s'attend à bien d'autres nuits de ce genre.

Le ghetto de Varsovie, en fait un vaste camp de concentration, héberge six cent mille juifs à la moyenne de dix-neuf par pièce. Avant la guerre, alors que le quartier possédait le double de maisons, la population totale était de cent trente mille.

Tous les enfants de moins de cinq ans et tous les adultes de plus de cinquante ans se voient refuser les fournitures en médicaments. Ce qui signifie que seul un minimum d'aide parvient à l'intérieur du barrage pour soulager les ravages du typhus et de la typhoïde.

Selon des statistiques fournies en Pologne par les autorités allemandes, le nombre des enterrements en provenance du ghetto de Varsovie est passé de neuf cents en janvier 1941 à cinq mille six cent vingt en août [1941].

Des statistiques obtenues de sources secrètes en Pologne montrent que, durant l'année entière, il n'y a pas eu moins de soixante-seize mille enterrements. Une large proportion des morts était due à la famine.

Dans les trois années 1939-1941, le nombre des morts dans Varsovie seule est passé de 7 696 à 42 239. Durant ce temps, la population juive du ghetto est passée de trois cent soixante-quinze mille à quatre cent sept mille par l'afflux des juifs déportés d'autres provinces ou pays.

Je crois savoir que le gouvernement polonais a l'intention de porter les faits du présent rapport à la connaissance des gouvernements britannique et alliés. »[589]

[Publié dans la *RHR*, n° 5, novembre 1991, p. 166-172.]

***

Novembre 1991

LE DÉFI D'UN HUMORISTE JUIF

Dans sa livraison du 18 avril 1991, *Actualité juive* publiait la lettre suivante :

« Au procès qui lui a été intenté par les associations d'anciens déportés pour son acharnement à nier l'extermination de Juifs et de Tziganes dans des chambres à gaz, Robert Faurisson s'est étonné que l'on n'ait pas jugé utile, à la libération des camps, de « faire expertiser l'arme du crime ».

En dépit du temps écoulé, il est toujours possible de procéder à cette expertise. Pour cela, il suffirait de trouver ou de remettre en état une chambre à gaz. Pour que l'expertise soit valable, il faudrait que des volontaires s'y prêtent. Convaincus de l'impossibilité qu'il y avait de gazer les Juifs et d'aérer rapidement les chambres à gaz pour faire de la place aux convois qui se succédaient, Robert

---

[589] *The Daily Telegraph* [Londres], 25 juin 1942, p. 5.

Faurisson et ses adeptes accepteront sans doute de se soumettre à cette expérience.

Pour notre part, nous fournirons le Zyklon B, qui doit encore être disponible chez ses fabricants et, en compagnie de témoins objectivement choisis en commun accord, nous suivrons l'évolution de l'opération.

De deux choses l'une, soit les tenants de la vérité iront jusqu'au bout de leur démarche, malgré les risques encourus, soit ils appelleront à l'aide. Dans ce cas, nous nous engageons, contrairement à ce que firent les nazis qui suivirent jusqu'au bout la terrible agonie, à les dégager à temps.

Nous déclarons que, pour cette expertise, nous veillerons à respecter les méthodes décrites par les témoins (S.S. ou membres du « Sonder-Kommando »), celles-là même que Robert Faurisson conteste et dont il pourra ainsi constater si elles furent praticables ou si elles ne sont qu'un mythe né de fantasmes ou de calculs sordides.

Henry Bulawko
Président de l'Amicale des
Anciens déportés juifs de France

Le 19 avril, *Tribune juive*, à son tour, publiait cette lettre en précisant que M. Bulawko était « l'auteur d'un livre sur l'humour juif ». Inévitablement, Laurent Greilsamer, journaliste du *Monde* et spécialiste douloureux de la désinformation sur le chapitre du révisionnisme, se faisait l'agent de transmission des deux organes juifs et signait, en date du 3 mai, un article qu'il intitulait : « Le défi d'un rescapé des camps nazis aux négateurs du génocide. » Il reproduisait l'essentiel de la lettre de l'humoriste mais non sans une coupure qui lui permettait une amputation des quelques mots par lesquels M. Bulawko révélait imprudemment à ses lecteurs que le Zyklon devait « encore être disponible chez ses fabricants ». La masse des lecteurs du *Monde* est entretenue dans l'illusion que l'Allemagne avait utilisé ce produit à seule fin de gazer les juifs ; il ne fallait pas les laisser soupçonner la vérité : mis sur le marché en 1922, le Zyklon (sous son nom d'origine ou sous une autre dénomination commerciale) n'a jamais servi qu'à tuer les poux et autres parasites.

J'envoyai au *Monde* un texte en droit de réponse. En vain. Au *Monde*, l'usage est d'accabler les révisionnistes sans leur accorder le droit de se défendre ; dans les cas, rarissimes, où, depuis dix ans, ce journal oblique se conforme à la loi sur ce point, le texte de réponse des révisionnistes est dénaturé au prix de divers procédés, dont celui de l'amputation, pourtant interdite par le législateur. Voici le texte de ma réponse, tel qu'il figurait dans un texte de portée plus générale où je rectifiais quelques récentes « informations » du journal sur mon compte :

> « [...] J'avais signalé [au tribunal présidé par Claude Grellier] l'absence de toute expertise de l'arme du crime concluant à l'usage de cette arme. J'avais dit qu'il serait temps de parler *honnêtement*, sans les dissimuler, de trois récents rapports techniques, accompagnés d'analyses chimiques, sur ces présumées chambres à gaz. Deux de ces rapports (1988 et 1989) émanent de l'Américain Fred Leuchter tandis que le troisième (1990) est une expertise – enfin – que le musée d'Auschwitz avait commandée à l'Institut médico-légal de Cracovie. Ces trois rapports, ai-je dit, sont éclairants et devraient inciter à la création, réclamée par F. Leuchter et les révisionnistes, d'une commission internationale d'enquête sur le sujet des chambres à gaz hitlériennes « en l'état d'origine » ou « à l'état de ruines » (des ruines sont parlantes).
>
> M. Bulawko, lui, me réplique par une plaisanterie éculée : que M. Faurisson et ses adeptes fassent l'expérience d'entrer dans une chambre à gaz et d'en ressortir indemnes ! Il y a maldonne. M. Bulawko inverse la charge de la preuve et renverse les rôles. Ce n'est certainement pas moi, mais M. Bulawko, qui pense témérairement qu'il était possible, comme il l'écrit, « de gazer les juifs et d'aérer rapidement les chambres à gaz pour faire de la place aux convois qui se succédaient ». Les révisionnistes ont cent fois parlé de la dangerosité du gaz en général et du gaz cyanhydrique ou Zyklon B en particulier (le Zyklon B si long et si difficile à ventiler « vu qu'il adhère fortement aux surfaces »). [...] »

Comment M. Bulawko pourrait-il « remettre en état une chambre à gaz », vu que personne n'a jamais été capable de nous décrire le fonctionnement d'une chambre à gaz hitlérienne ? De quels témoins veut-il parler ? En est-il encore à croire que de pareils témoins ont existé ? Ne connaît-il pas la nouvelle thèse – celle de Simone Veil en particulier – selon laquelle les témoins et les traces éventuelles de leurs témoignages ont tous été supprimés par les Allemands ?

Prenons une vraie chambre à gaz, soit de désinfection, soit pour la mise à mort d'animaux, soit, comme aux États-Unis, pour l'exécution de condamnés à mort, le gaz utilisé étant du Zyklon B, c'est-à-dire du gaz cyanhydrique. M. Bulawko réaliserait la prouesse que, dans ses étonnantes confessions, le SS Rudolf Höss attribuait aux membres du

Sonderkommando : juste après l'opération, sans masque à gaz, il pénétrerait dans la chambre « en mangeant et en fumant » ; il affronterait ce gaz aux effets foudroyants, qui est explosible et qui imprègne et pénètre tout au point qu'on ne saurait pas plus manipuler le cadavre d'un homme qui vient tout juste d'être tué par des vapeurs de ce gaz que le corps d'un électrocuté où passe encore le courant.

Au lieu de ce défi, somme toute cruel, je lancerais bien à notre humoriste juif un autre défi, plus facile à relever : accepterait-il de voir publier à nouveau un certain texte, déjà bien ancien, où l'on nous raconte qu'à son retour d'Auschwitz, M. Bulawko passa toute une nuit avec d'autres survivants et survivantes à les régaler de récits, tous plus drôles les uns que les autres, sur ses souvenirs du camp ? Si M. Bulawko et ses amis avaient vécu, comme ils cherchent à nous le faire croire, pendant des semaines, des mois ou des années dans un camp où, jour et nuit, on aurait conduit des foules de juifs dans de gigantesques abattoirs à gaz, je doute que M. Bulawko et les siens auraient eu le cœur à rire ainsi. Car je ne doute pas qu'ils aient ri.

En tout cas, à voir le texte d'*Actualité juive*, de *Tribune juive* et du *Monde*, je constate que les humoristes juifs bénéficient d'un privilège : ils peuvent se permettre de parler des chambres à gaz sur un ton qui, à d'autres, coûterait de lourdes condamnations en justice. Pour quelques plaisanteries voltairiennes sur le sujet, le révisionniste suédois Ditlieb Felderer a été, en 1986, condamné à une peine de cinq millions vingt-cinq mille dollars par un tribunal californien, sur plainte de Mel Mermelstein qui, cinq ans plus tard, allait être démasqué devant un autre tribunal californien comme un imposteur.

[Publié dans la *RHR,* n° 5, novembre 1991, p. 173-176.]

***

Novembre 1991

L'EXPERTISE DE VIENNE
(« DES DOUTES SUBSTANTIELS »)

L'Autriche est, avec l'Allemagne et la Suède, le pays où le révisionnisme historique accomplit depuis quelques années le plus de progrès. On en jugera par un développement inattendu de l'affaire Honsik (du nom du révisionniste Gerd Honsik en butte à une redoutable persécution judiciaire).

Pour la première fois au monde, un juge, du nom de Stockhammer, chargé de juger G. Honsik pour un écrit sur le mythe des « chambres à gaz »[590], décidait de faire appel à un expert sur la question de l'extermination des juifs à Auschwitz par le gaz. La suite est surprenante.

Le 28 janvier 1987, le juge Stockhammer, du tribunal de Vienne, désignait comme expert Gerhard Jagschitz, professeur d'histoire contemporaine à l'université de Vienne. Il chargeait ce dernier de rédiger un rapport sur « la question de l'extermination d'êtres humains ainsi que sur l'existence de chambres à gaz à Auschwitz » (formulation légèrement modifiée dans une instruction ultérieure du 4 septembre 1987). Le professeur se mettait aussitôt à l'ouvrage. Quatre ans plus tard, il n'avait toujours pas remis ses conclusions. Le 10 janvier 1991, il s'adressait au tribunal pour lui faire part des obstacles rencontrés et pour demander un sursis. Dans un rapport (*Bericht*) de quatre pages – dont copie nous est parvenue – il confiait au juge qu'il se trouvait devant tout un ensemble de difficultés (une « problématique ») :

1. Les objections soulevées par les révisionnistes contre la version jusqu'ici admise dans la « littérature actuelle » étaient sérieuses ;

2. Ladite littérature [holocaustique — NDLR] se composait d'ouvrages scientifiques en nombre relativement restreint ;

3. Cette même littérature était surtout composée de mémoires personnels et de compilations de caractère non scientifique ;

4. Cette littérature était riche de contradictions, de plagiats, d'omissions de sources ou d'indications incomplètes des sources ;

5. Dans des procès dits « d'Auschwitz », on avait été conduit à acquitter des personnes accusées d'avoir gazé des juifs (allusion transparente au procès de Walter Dejaco et de Fritz Ertl en 1972 à Vienne d'où il était ressorti, pour tout observateur de bonne foi, que, si ces deux architectes et constructeurs des crématoires d'Auschwitz-Birkenau avaient bâti des chambres à gaz homicides, aucune dénégation n'aurait été possible et on aurait découvert mille preuves ; les prétendues « preuves » jusqu'ici invoquées s'étaient révélées sans valeur) ;

6. Dans des procès en Autriche et dans d'autres pays, on avait présenté des expertises allant contre la thèse officielle (allusion transparente, notamment, à l'expertise de Fred Leuchter pour le compte d'Ernst Zündel au procès de Toronto, en 1988) ;

7. Tout cela **renforçait des doutes substantiels sur des questions fondamentales** (*substantielle Zweifel an grundlegenden Fragen*) ;

8. En conséquence, il n'était plus possible pour le tribunal d'un État de droit de déclarer, comme on l'avait fait jusqu'ici, que l'extermination

---

[590] Voir. la rubrique « Le révisionnisme à travers le monde » – Autriche – dans la *RHR*, n° 1, 2, 3 et 4.

d'êtres humains par le gaz et l'existence de chambres à gaz à Auschwitz étaient « de notoriété publique » ;

9. Il fallait une expertise complète pour se prononcer sur la réalité de cette extermination et de ces gazages.[591]

Le professeur poursuivait en fournissant une liste impressionnante de fonds d'archives consultés ou encore à consulter. Il demandait un complément de crédits pour achever un travail qu'il espérait remettre au tribunal dans le courant de l'année 1992.

Prenant connaissance de ce rapport, le professeur Faurisson adressait en allemand, le 5 avril 1991, la lettre suivante à son collègue de Vienne :

> Monsieur le Professeur et cher collègue,
> C'est avec intérêt que j'ai pris connaissance de votre lettre du 10 janvier 1991 à M. Stockhammer, du tribunal de Vienne, en ce qui concerne l'affaire Gerd Honsik.

---

[591] Voici la traduction du début du rapport adressé le 10 janvier 1991 par le professeur Gerhard Jagschitz au juge Stockhammer :

« Par sa lettre du 28 janvier 1987, le Tribunal correctionnel du Land me nommait expert dans le procès sous rubrique et me commettait à établir un rapport sur la question de l'extermination d'êtres humains ainsi que de l'existence de chambres à gaz à Auschwitz. La lettre du 4 septembre1987 restreignait l'étendue de la mission en cours, en sorte qu'il ne restait plus à traiter que de l'extermination d'êtres humains (par le gaz) ainsi que de l'existence de chambres à gaz à Auschwitz.

« Les difficultés suivantes [*folgende Problematik*] ont surgi relativement à la mission d'expertise :

« À l'origine, il n'était question que de rassembler, à partir des ouvrages les plus importants en la matière, les informations ayant strictement trait au sujet, et d'en tirer l'élaboration du rapport.

« De nombreuses objections soulevées par les ouvrages révisionnistes remettent en question des éléments importants de la littérature actuelle, si bien qu'il n'était raisonnablement plus possible de se fier uniquement à cette dernière pour l'établissement d'un rapport. En outre, il est apparu en cours d'enquête que ladite littérature se compose d'ouvrages scientifiques en nombre relativement restreint par rapport à celui, considérablement plus élevé, des mémoires personnels ou des compilations de caractère non scientifique. Et ce fut l'occasion d'y relever un grand nombre de contradictions, plagiats, omissions et autres indications incomplètes des sources.

« De plus, en raison de plusieurs acquittements prononcés dans des procès de l'espèce dus à la présentation d'expertises devant des instances nationales [autrichiennes] et internationales, des doutes substantiels sur des questions fondamentales se sont trouvés renforcés [*substantielle Zweifel an grundlegenden Fragen verstärkt worden*]. Il s'ensuit que la seule transcription des décisions de justice en la matière, ou le simple renvoi à la jurisprudence conférant la notoriété juridique à l'extermination des juifs par le gaz dans le camp de concentration d'Auschwitz, ne suffisent plus, dans une vision démocratique du droit, à en faire le fondement d'un arrêt de justice. »

Laissez-moi vous dire, avec tout le respect qui peut vous être dû, que vous perdez malheureusement votre temps et, par voie de conséquence, l'argent du contribuable autrichien à rechercher une preuve de l'existence soit d'une politique de destruction physique des juifs durant le III_e Reich, soit d'une seule chambre à gaz hitlérienne. Ni ce crime spécifique, ni l'arme spécifique de ce crime spécifique n'ont existé. Il ne s'agit là que d'un bobard de guerre et même, pour être plus précis, que du produit de recyclage, pendant la seconde guerre mondiale, d'un bobard de guerre de la première guerre mondiale. Pendant la première guerre mondiale, on croyait, même à Berlin (!), que les Bulgares avaient une politique de destruction physique des Serbes et que, de façon systématique, ils conduisaient les Serbes, sous prétexte d'hygiène, dans des établissements d'épouillage et que là ils les éliminaient par gaz :

« [Le secrétaire d'État Richard von Kühlmann] me relate comment ils [les Bulgares] « liquident » les Serbes de façon administrative ; sous prétexte d'hygiène on mène ces derniers dans des établissements d'épouillage et, là, on les élimine par gaz. »[592]

Dès le début des années 1920, on a reconnu qu'il s'agissait là d'un produit de la propagande de guerre et de haine. C'est ce produit, faisandé et avarié, qui a été recyclé à partir de 1941 par la propagande de guerre de la seconde guerre mondiale. Je refuse pour ma part de consommer et de propager ce produit infect, vieux de plus de soixante-dix ans. Voyez également Walter Laqueur, *The Terrible Secret*, p. 9, sur les sept cent mille Serbes « gazés » de 1916 devenus les sept cent mille juifs « gazés » de 1942, et cela dans le même journal : le *Daily Telegraph* !

Je me permets de vous signaler une faute de méthode. Vous ne commencez pas par le commencement. Il faut d'abord aller examiner sur place la prétendue arme du crime. Il faut visiter les prétendues chambres à gaz, que celles-ci soient réputées « en état d'origine » ou « à l'état de ruines » (des ruines sont toujours parlantes). Vous ne pouvez pas vous en remettre à un collègue chimiste du soin d'examiner les lieux du crime mais vous devez le faire vous-même. Si vous le faites et si vous avez la moindre idée de ce que pourrait être une chambre à gaz pour l'exécution de centaines ou de milliers de personnes, vous vous rendrez compte instantanément que les locaux présentés abusivement comme des chambres à gaz homicides ne peuvent pas avoir été de telles usines

---

[592] B. Guttmann, *Schattenriss einer Generation...*, p. 146.

de mort et cela pour des raisons physiques et chimiques de pur sens commun. Il ne faut pas confondre les gazages suicidaires ou accidentels avec les gazages d'exécution. De toutes les armes, le gaz est la moins maniable. Voyez le nombre d'accidents ou de désastres dus aux gaz les plus communs comme le CO. Et imaginez les dangers encore plus grands de l'acide cyanhydrique (Zyklon B). Voyez la complication – inévitable – des chambres à gaz américaines utilisant l'acide cyanhydrique pour exécuter un condamné à mort. Étudiez les méthodes de désinfection au Zyklon B.

Depuis quarante-cinq ans, on a été incapable de trouver une seule preuve de l'existence d'une seule chambre à gaz hitlérienne. Croyez-vous sérieusement qu'à force de recherches vous pourriez, VOUS, en trouver une au fond d'un tiroir inexploré ?

Les chambres à gaz ont existé » : cette phrase n'a pas plus de sens que cette autre phrase : « Les bla-bla-bla ont existé » puisque personne n'est capable de définir, de décrire, de dessiner une seule de ces magiques chambres à gaz qui défient toutes les lois de la physique et de la chimie.

Soit sur le crime lui-même, soit sur l'arme du crime, on ne trouve aucun des éléments suivants qui seraient pourtant indispensables dans toute enquête criminalistique :

1. Un ordre de destruction physique des juifs
2. Un plan de destruction physique des juifs
3. Des directives pour une destruction physique des juifs
4. Un budget pour une destruction physique des juifs
5. Un procès-verbal d'examen sur le lieu du crime
6. Une expertise de l'arme du crime
7. Un rapport d'autopsie établissant un assassinat par gaz poison
8. Un procès-verbal de reconstitution (simulacre)
9. Un contre-interrogatoire de témoin **sur la matérialité des faits rapportés**.

Je suis à votre disposition pour tout renseignement complémentaire.

Croyez, je vous prie, à mes meilleurs sentiments. Ihr ergebener,

R. FAURISSON

P.S. : Voyez le procès W. Dejaco – F. Ertl (18 janvier au 10 mars 1972) : 20 Vr 6575/72 Hv 56/72. Baumeister Walter Dejaco, Baumeister Fritz Ertl. OLGR. Dr. Reisenleitner, St A. Dr. Kresnik.

Cette expertise, encore inachevée, est la troisième au monde qui inflige – ou tend à infliger – un démenti à la thèse du « génocide » et des « chambres à gaz ». La première fut, en 1988, celle de l'Américain Fred Leuchter, demandée par le révisionniste Ernst Zündel. La seconde fut celle de l'Institut Jan Sehn de Cracovie, imprudemment réclamée en 1989 par les autorités du musée d'Auschwitz. L'expertise Jagschitz a été ordonnée par un tribunal de Vienne. Les révisionnistes sont en mesure d'annoncer l'arrivée de deux autres expertises qui concluent dans le même sens, l'une venant d'Allemagne et l'autre, d'Autriche.

Après quarante-trois ans de refus de toute expertise de « l'arme du crime » (le plus grand crime de l'histoire !), les cinq premières expertises (une des États Unis, une de Pologne, deux d'Autriche et une d'Allemagne) tendent toutes à la même conclusion : cette arme n'a pas existé.

[Publié dans la *RHR,* n° 5, novembre 1991, p. 151-156. Article signé Catherine Paulet.]

***

14 décembre 1991

LETTRE À M. LE DIRECTEUR DU *MONDE*

Votre brève – mensongère – du 12 décembre 1991, p. 32, sur le procès et la condamnation de Walter Ochensberger (Autriche)

Monsieur,

Vous **mentez**, une fois de plus, sur le sujet des chambres à gaz. Vous tenez décidément à enrichir ma collection, impressionnante, des mensonges du *Monde*.

Vous écrivez que W. Ochensberger a été condamné le 10 décembre 1991, par un tribunal de Bregenz, à trois ans d'emprisonnement pour propagation de l'idéologie nazie *et, notamment, pour avoir nié l'existence des chambres à gaz pendant la seconde guerre mondiale* (souligné par moi).

Faux. Le 27 novembre, le procureur Hautz avait fait sensation en renonçant à cette accusation… « pour raisons d'économie ». En réalité, il savait que l'avocat Herbert Schaller, muni de trois expertises (Leuchter, de Cracovie (pour le musée d'Auschwitz) et professeur Jagschitz), allait exiger des **preuves** de l'existence de ces prétendues chambres à gaz au lieu de répéter que cette existence était « de notoriété juridique ».

Votre journaliste Riols (?) a été mis au courant mais je constate que vous vous refusez à publier une rectification.

Menteurs vous êtes et vous restez. Compliments.

***

14 décembre 1991

LA PESTE BRUNE, DOCUMENTAIRE DE SERGE MOATI

Quelques précisions au sujet de *La Peste brune*.

J'y apparais dans un ensemble de reportages, largement bidonnés, sur des groupuscules allemands amateurs d'uniformes, de parades, de bras levés, de chants. On m'aperçoit lors d'une « conférence secrète » « filmée par un néonazi ». On ajoute que je viens d'être condamné à cent mille francs pour des déclarations révisionnistes (allusion à ma condamnation à deux cent cinquante mille francs, dont cent mille avec sursis, du 18 avril 1991).

Or, la scène a été filmée le 12 décembre 1989 dans un restaurant de Haguenau (France) lors d'une réunion de révisionnistes. Ni la réunion, ni le film n'avaient rien de secret. On m'y voit et entend souhaiter la bienvenue à mon ami germano-canadien, Ernst Zündel. C'est tout. La scène se passait deux mois après l'agression dont j'avais été la victime à Vichy du fait des « Fils de la mémoire juive », agression publiquement approuvée par le couple Klarsfeld et par le député Léotard. Les coups de pied que j'avais reçus à la mâchoire ne me permettaient guère d'articuler plus que ces quelques mots.

Dans *La Peste brune*, j'ai admiré l'avalanche de mensonges concernant David Irving, Thies Christophersen et Ernst Zündel. Le premier est présenté comme un plaisantin dénué d'arguments, le second passe pour savoir que les chambres à gaz hitlériennes ont existé mais… il se sent obligé de dire le contraire à ses compatriotes ! Quant à Ernst Zündel, « il a reçu une belle somme pour rédiger un rapport pour tenter de démontrer que les chambres à gaz n'ont pas existé à Auschwitz. » La vérité est qu'il a *versé* une belle somme à Fred Leuchter, spécialiste des chambres à gaz d'exécution aux États-Unis, pour que ce dernier aille voir, avec une équipe, à Auschwitz, à Birkenau et à Majdanek, s'il avait existé, *oui ou non*, des chambres à gaz d'exécution dans ces trois camps. La réponse du rapport de cent quatre-vingt-douze pages est : non.

E. Zündel est poursuivi actuellement devant le tribunal de Munich pour « atteinte à la mémoire des morts » parce qu'il ne croit pas à l'authenticité du prétendu « Journal d'Anne Frank ». Je me suis présenté devant ce tribunal dans l'intention d'y exposer mon argumentation sur le sujet. Le procureur a préféré abandonner son accusation. Il est vrai qu'il poursuit E. Zündel pour d'autres motifs encore.

En Autriche, Walter Ochensberger a été condamné le 10 décembre par un tribunal de Bregenz à trois ans d'emprisonnement pour propagation de l'idéologie nazie. *Le Monde* du 12 décembre ajoute : « et, notamment, pour avoir nié l'existence des chambres à gaz pendant la seconde guerre mondiale. »[593] *Faux.* Le 27 novembre, le procureur Hautz avait fait sensation en renonçant à son accusation sur ce point : il savait que l'avocat Herbert Schaller, muni de trois expertises, allait exiger de l'accusation qu'elle fournisse enfin des preuves de l'existence des chambres à gaz au lieu de continuer à répéter que cette existence était « de notoriété juridique ». Il a préféré capituler.

---

[593] *Le Monde,* 12 décembre 1991, p. 32.

1992

14 janvier 1992

Lettre à Jacques Lesourne
et à Frédéric Edelmann

Objet : Les mensonges du *Monde* sur le même sujet et toujours dans le même sens (8 février 1992, p. 17)

Messieurs,

Dans l'article intitulé « Le souvenir d'une négation », vous parlez de la « reconstruction de la Nouvelle synagogue [de Berlin] (Oranienburgstrasse 30) détruite pendant la Nuit de Cristal le 9 novembre 1938 ».

FAUX ! Cette synagogue a été détruite par un bombardement de l'aviation britannique le 24 novembre 1943. Pendant la guerre – jusqu'à ce jour-là – elle a continué de célébrer des offices religieux dont je peux vous donner les horaires ; et ses bâtiments annexes du 28, du 29 et du 31 Oranienburgstrasse ont également été fréquentés ; ils contenaient services financiers, secours d'hiver, bureau de mariages, bureau de presse, service des écoles, etc. ; ils avaient leurs numéros de téléphone (y compris le téléphone de nuit).

Vous revenez sur « Wannsee » avec une référence aux articles mensongers du 20 et du 21 janvier. Vous récidivez dans le mensonge.

Mes remerciements pour votre Kollaboration dans ma compilation – à paraître – des mensonges du *Monde*.

***

15 janvier 1992

Lettre à Jacques Lesourne
et à Patrick Kéchichian

Objet : Les mensonges du *Monde*... (7 février 1992, p. 25)
Messieurs,

Dans l'article intitulé « Brasillach révisé », vous écrivez en note : « Éric Neuhoff rappelle lui-même (p. 179) que Brasillach estimait qu'il fallait se séparer des juifs en bloc et ne pas garder les petits. »

Le contexte donne à entendre que Brasillach préconisait l'extermination ou à tout le moins la déportation des enfants juifs.

FAUX ! Brasillach avait écrit :

> « L'archevêque de Toulouse proteste contre les mesures prises contre les Juifs apatrides en zone non-occupée et accuse le gouvernement du Maréchal de suivre des mesures étrangères ! Il parle de brutalités et de séparations que nous sommes tout prêts à ne pas approuver, car il faut se séparer des Juifs en bloc et ne pas garder de petits ; l'humanité est ici d'accord avec la sagesse. »[594]

Brasillach, tout comme Laval et les autorités religieuses juives, catholiques, protestantes, jugeait inhumaine la dislocation des familles. Je rappelle qu'on est allé, par la suite, jusqu'à faire voter des adultes juifs sur le point de savoir s'ils voulaient partir avec les enfants ou laisser ces enfants sur place en France.

Bravo pour vos mensonges. Merci pour ma collection.

***

18 janvier 1992

FAX À ERNST ZÜNDEL

Cher Ernst,

Je vous remercie de votre fax sur l'éventualité de déposer une plainte pour publication de fausses nouvelles, contre Sabina Citron (et sa clique) en raison de ce qu'elle dit sur « Wannsee ».

Mon avis est qu'en tant qu'universitaires, nous aurions d'excellents arguments pour montrer que « Wannsee » n'avait rien à voir avec « une rencontre de hauts dignitaires du gouvernement nazi [prenant] la décision [...] d'assassiner tout homme, femme et enfant juif en Europe ». Même les universitaires qui sont aux côtés de Sabina Citron le savent et l'ont dit (Jäckel et Cie) et, si « Wannsee » avait été l'endroit pour une telle décision, Hilberg et Cie ne diraient pas qu'en fait aucune décision n'a été prise d'« assassiner » les juifs. Et il n'y aurait pas de discussion entre les

---

[594] R. Brasillach, *Je suis partout*, 25 sept. 1942 (*Œuvres complètes*, t. XII ; p. 481).

tenants de la théorie « intentionnaliste » et ceux de la théorie « fonctionnaliste » : les premiers diraient : « Nous avons raison puisque le 20 janvier 1942, à Wannsee, l'« intention » de l'assassinat était clairement présente. » En fait, à « Wannsee », il s'est tenu une rencontre interministérielle (sans aucun haut dignitaire du gouvernement nazi excepté Heydrich) où Heydrich a dit que désormais « l'émigration serait remplacée par l'*évacuation* des juifs vers l'Est ». Ces mots (en anglais, ils sont quatorze) sont ceux, figurez-vous, de la *Staff Evidence Analysis* (SEA) [Service allié chargé de l'analyse des preuves et documents] ; ils ont été écrits par un J. Lester le 29 septembre 1949 pour résumer le « procès-verbal » de Wannsee (doc. NG-2586). Les mots de Heydrich étaient : *Die Evakuierung der Juden nach dem Osten* (p. 3 du document). Au fameux « congrès de Stuttgart » (3-5 mai 1984), les « historiens » défendant l'« Holocauste » ont implicitement accepté cette vision de « Wannsee ».

Mais ce qui peut être clair pour des spécialistes risque de n'être pas clair pour les membres d'un jury. Et souvenez-vous que, ce que vous auriez à démontrer, c'est que S. Citron publie quelque chose qu'elle *sait* être faux. Rappelez-vous l'article 181 (ex-177) du code pénal du Canada : « Quiconque publie délibérément une déclaration, une histoire ou une nouvelle qu'il *sait* être fausse… » Rappelez-vous aussi les mots qui suivent : « et qui cause ou peut causer un tort ou un dommage à un intérêt public […] » Tout cela signifie qu'il vous faudrait convaincre onze ou douze simples gens du Canada :

1. Que « Wannsee » n'a pas décidé l'assassinat des juifs d'Europe (et implicitement que rien d'autre n'a décidé un assassinat qui n'a pas existé) ;
2. Que S. Citron a délibérément publié, à propos de « Wannsee » quelque chose qu'elle savait être faux ;
3. Qu'en agissant ainsi, elle a causé ou pu causer un tort ou un dommage à un intérêt public du peuple canadien.

Il serait aisé, pour l'avocat de Sabina Citron, de montrer que la dame croyait ce que chacun au Canada croit au sujet de l'« assassinat » des juifs et qu'elle a le droit d'ignorer que quelques universitaires ont changé d'avis sur « Wannsee » dans les années quatre-vingts (spécialement) ; et puis, même si elle a diffusé ou publié quelque chose qu'elle savait être faux, quel est l'intérêt public qui en a souffert ? Bien sûr, quelques individus au Canada et, en particulier, Ernst Zündel souffrent à cause de ce mensonge mais ils ne représentent pas le public dans son ensemble. Rappelez-vous que vous auriez à définir cet « intérêt public ». La loi exige cette définition précise.

Imaginez les conséquences si vous perdiez votre procès. Dans le monde entier, les médias en tireraient la conclusion que « Wannsee » avait, à juste titre, été décrit comme la rencontre où les nazis avaient pris la décision d'assassiner ces pauvres juifs. Les médias auraient tort de le dire mais, vous le savez, ils le diraient.

[Ce texte est traduit de l'original anglais.]

***

23 janvier 1992

LETTRE À JACQUES LESOURNE ET À NICOLAS WEIL

Objet : Les mille et un mensonges du *Monde* sur le même sujet et toujours dans le même sens (19-20 janvier 1992, p. 2)

Messieurs,

Merci d'enrichir ma collection de vos mensonges. Le « procès-verbal » (non daté, non signé, sans en-tête, sans référence), dit de Wannsee, prévoyait l'évacuation (*Evakuierung*) des juifs vers l'Est et non l'extermination des juifs. Vous prétendez qu'il prévoyait la mise à mort des juifs. Pour cela, vous falsifiez gravement les deux fameux alinéas qui portent sur la remise en liberté des juifs après la guerre (*Freilassung*) et un renouveau ou une reconstruction juive (*eines neuen jüdischen Aufbaues*). Sionisme et national-socialisme ne s'entendaient pas mal du tout.

La thèse de « Wannsee » avait été abandonnée à la fin des années soixante-dix sous l'influence de Schleunes, Adam et Broszat ; Hilberg (!) s'était rallié à l'interprétation qui s'imposait (évacuation et non extermination) ; au colloque de Stuttgart (3-5 mai 1984), « Wannsee » était enterré.

Vous ressuscitez le vieux mensonge. Il le faut bien. Phénomène d'intégrisme fort connu dans les cas de crise et de panique : on remet en circulation les pires bateaux, la fausse monnaie, les pieux mensonges.

Je prépare une compilation des mensonges du *Monde* sur le prétendu « Holocauste » (recension 1992). Merci de votre Kollaboration.

***

12 mars 1992

Lettre à Jacques Lesourne
et Hector Bianciotti

Objet : Les mensonges du *Monde* (14 février 1992, p. 25)

Messieurs,

J'éprouve quelque mal à suivre la cadence du journal *Le Monde*. Si tel est votre bon plaisir, mentez sur le prétendu génocide des juifs et les prétendus gazages mais, je vous en conjure, ralentissez la cadence.

Dans le compte rendu du livre de Viviane Forrester (*Louis Dreyfus*), signé Hector Bianciotti, voici que les juifs sont « gazés dans le train même ».

On nous bloquait dans les « chambres à gaz », on nous promenait dans les « camions à gaz », et voici qu'en 1992 on nous refait le coup des gazages en wagons.

On attend toujours une description, un dessin, un croquis, un rien.

Le 22 mars 1992, nous fêterons le 76e anniversaire de la mise sur le marché journalistique des gazages imaginaires (*Daily Telegraph* du 22 mars 1916 sur les Serbes gazés par les Allemands, les Autrichiens et les Bulgares). Le 2 juillet 1992, nous fêterons le dixième anniversaire du décès du mythe des gazages nazis (conférence de presse Raymond Aron-François Furet à la suite du « colloque de la Sorbonne »).

Le Monde, alias *L'Oblique,* est parfait. Bien à vous.

***

12 mars 1992

Lettre à M. le directeur responsable de
La Montagne

Objet : Votre article de ce jour (p. 10) : « Wallenberg : l'aveu du KGB »

Monsieur le directeur,

L'article cité en référence reprend la thèse selon laquelle R. Wallenberg aurait sauvé des milliers de juifs hongrois contre le gré des Allemands. Et vous parlez des juifs hongrois « promis à l'extermination ». Cette thèse est démentie par les faits.

Les juifs hongrois déportés à Auschwitz ou ailleurs n'étaient pas « promis à l'extermination » et n'ont pas été exterminés. Beaucoup sont morts mais beaucoup ont survécu, dont Élie Wiesel, originaire de Sighet.

C'est avec le plein accord des autorités allemandes et hongroises, y compris l'accord des Croix fléchées, que des milliers de passeports ont été délivrés par Wallenberg. Ces passeports, familièrement appelés, comme vous le dites, « passeports Wallenberg », avaient une dénomination officielle allemande : *Schutz-Pass* (passeport de protection) ; le texte en était rédigé d'abord en allemand, puis en hongrois. C'est encore avec l'autorisation des Allemands et des Hongrois qu'en plein Budapest, en 1944, trente et un hôtels ont hébergé quinze mille juifs ; six cents employés juifs s'occupaient de l'administration et de la gestion de ces hôtels. Les Allemands ont, avant et pendant la guerre, noué toutes sortes de contacts avec les autorités alliées ou neutres pour essayer d'obtenir le plus grand nombre possible d'émigrations juives (affaire Brand, etc.). Il y a eu, partout en Europe, une collaboration ou une coopération actives entre les nationaux-socialistes et *des* organisations juives, notamment sionistes. C'est précisément cette collaboration ou cette coopération qui a fait que les Soviétiques ont voulu « interroger » Wallenberg.

Et l'expérience de ce dernier prouve qu'il valait mieux avoir affaire à la « peste » nationale-socialiste qu'au « choléra » bolchevique ou bolcheviste.

À l'heure où les acquis du révisionnisme historique s'imposent partout, même aux journalistes qui ont observé sur ce point la politique du silence, il serait bon que *La Montagne* mette sa propre pendule à l'heure.

Le mythe des gazages a commencé le 22 mars 1916 avec un article du *Daily Telegraph* sur le gazage des Serbes par les Allemands, les Autrichiens et les Bulgares. Il est mort le 2 juillet 1982 avec l'étonnante conférence de presse de Raymond Aron et François Furet à la suite du « colloque de la Sorbonne » qui devait river son clou au révisionnisme (29 juin-2 juillet 1982) : pas un traître mot sur le gazage des juifs !

Dans dix jours, nous fêterons le soixante-seizième anniversaire de la naissance du mythe et, dans moins de quatre mois, le dixième anniversaire de sa mort.

Depuis près de dix ans, les journalistes ont caché la bonne nouvelle de la mort de ce mythe abject.

***

25 mars 1992

MON SÉJOUR À STOCKHOLM
(17-21 MARS 1992)

L e 17 mars, je me suis rendu à Stockholm à l'invitation de mon ami Ahmed Rami, responsable, dans cette ville, de Radio Islam.

Je remercie les autorités suédoises d'avoir résisté aux pressions des juifs et d'avoir permis que je séjourne à Stockholm.

En revanche, la presse suédoise a communié dans l'abjection. Rarement ai-je constaté de la part de journalistes une telle ignorance du sujet que je venais traiter (le révisionnisme historique), une telle déformation de la vérité des faits et une telle aptitude à l'insulte, à l'outrage et à la diffamation. Le quotidien *Expressen* a dépassé tous les journaux dans ce concours d'ignominie.

Il n'est pas surprenant qu'au soir de mon arrivée, Ahmed Rami, deux jeunes Suédois et moi-même ayons failli être lynchés par un groupe de jeunes gens armés de bâtons, de couteaux et de bombes lacrymogènes et emmenés par des responsables d'un club d'étudiants juifs. J'ai ainsi vécu ma huitième agression en douze ans. Toutes les agressions antérieures avaient eu lieu en France. Je me suis beaucoup déplacé à l'étranger mais je n'y avais jamais été attaqué. C'est donc, je le répète, à Stockholm que j'ai, pour la première fois, subi à l'étranger une agression de cette sorte.

La communauté juive suédoise encourt une grave responsabilité dans les pressions, les mensonges, les outrages et les violences physiques dont j'ai été la victime lors de mon bref séjour à Stockholm. C'est elle, en particulier, qui a obtenu par la menace l'annulation de toutes les conférences qu'Ahmed Rami avait organisées pour m'y donner la parole.

Néanmoins, ce séjour a constitué un éclatant succès pour le révisionnisme historique : les médias ont dû battre en retraite, j'ai pu longuement m'exprimer sur les ondes de Radio Islam et il se pourrait que le mensonge des prétendues chambres à gaz nazies et du prétendu génocide des juifs ait, en fin de compte, reçu dans la capitale suédoise un coup décisif.

Dès mon arrivée, j'avais lancé aux médias suédois un défi à relever dans les vingt-quatre heures. Je leur avais dit que, puisqu'ils croyaient à l'existence des chambres à gaz nazies comme aux pyramides d'Égypte, ils n'avaient qu'à montrer le lendemain, soit dans les journaux, soit à la télévision, la photographie ou le dessin d'une seule de ces chambres à gaz. Dans un texte de trois pages, je leur rappelais qu'en trente années de recherches j'avais, en vain, cherché une telle chambre à gaz. Je n'en avais découvert ni à Auschwitz, ni dans un autre camp, ni dans un document, ni dans un livre. D'ailleurs, quand on sait ce qu'est le Zyklon B (puissant insecticide, à base d'acide cyanhydrique, mis en service en 1922 et encore en usage aujourd'hui pour la désinfection) et quand on se rappelle comment fonctionne une chambre à gaz américaine pour exécuter *un seul* condamné à mort grâce au même acide cyanhydrique, on s'aperçoit très vite que la prétendue « chambre à gaz nazie à Zyklon B » est impossible à concevoir. Elle n'a pas plus de réalité que les soucoupes volantes. Elle est l'équivalent d'un cercle carré ou d'un carré circulaire. Effectivement, les médias n'ont pas pu relever mon défi. Certains ont recouru, sans conviction, à des subterfuges que j'avais, par avance, dénoncés dans mon texte de trois pages.

Je pense que beaucoup de journalistes ont été suffoqués de découvrir que, jusque-là, ils avaient cru à l'existence d'une arme prodigieuse dont ils ne s'étaient représenté ni la forme ni le fonctionnement.

Pendant deux nuits, j'ai pu m'exprimer librement à Radio Islam. Je crois pouvoir dire que j'ai été en mesure de répondre à toutes les questions des auditeurs sans en esquiver aucune.

Le dernier jour, avant de prendre l'avion de retour, j'ai pu enregistrer une vidéo ayant pour sujet le révisionnisme historique.

Je nourrissais déjà une grande estime pour Ahmed Rami. Mon séjour, chez lui, à Stockholm, n'a fait qu'accroître cette estime : j'ai vu de près comment il vit, comment il lutte et de quel prestige il jouit dans son pays auprès des Suédois, auprès des musulmans, auprès de tous. Je le remercie, le félicite et lui redis toute ma considération.

***

30 mars 1992

LES CHAMBRES À GAZ EN VOIE DE DISPARITION ?

Au centre Rachi, à la vidéothèque de Paris et sur FR3 vient d'être projeté *Premier convoi,* un documentaire de Pierre-Oscar Lévy, Suzette Bloch et Jacky Assoun. Ce documentaire sera diffusé dans les lycées et collèges de France par l'intermédiaire du Centre national de documentation pédagogique. Il retrace l'histoire du premier convoi de juifs qui soit parti de France pour Auschwitz, le 27 mars 1942.

Douze survivants racontent leur expérience.

Le récit tranche sur les innombrables documentaires consacrés à la souffrance des juifs ; il est relativement sobre et, par conséquent, d'autant plus poignant. Si l'on fait abstraction de quelques propos qui relèvent des thèmes de la « propagande de guerre à base de récits d'atrocités » et de quelques clichés ou stéréotypes, on a, pour une fois, l'impression de revivre l'affreuse expérience de ces juifs débarquant à Birkenau à la pire époque du camp, c'est-à-dire au moment où, dans une zone de marécages, commencent à s'édifier les baraquements. Tous les concentrationnaires savent que rien n'était pire que les travaux d'assainissement, de terrassement et de construction d'un camp de travail ou de concentration. Du jour au lendemain, le citadin arraché à la vie civile se voyait contraint de vivre l'expérience du forçat. Il n'était pas soumis à la loi allemande ou militaire mais à celle du bagne et des « chaouchs ». Les privilégiés – des Russes ou des Polonais – se montraient impitoyables. La faim, la fièvre des marais, le typhus, la fièvre typhoïde, les coups incessants, les appels interminables, le vol, la promiscuité venaient rapidement – parfois en quelques jours – à bout des faibles ou des moins débrouillards. Il faut saluer comme une réussite exceptionnelle l'assemblage, habile et point trop tendancieux, de ces fragments de récits et d'anecdotes qui permettent de comprendre ce que veulent dire ces simples et pauvres mots : « J'ai eu faim. J'ai eu soif. J'ai voulu mourir ».

La magique chambre à gaz est plusieurs fois nommée ; toutefois, sa présence est incroyablement discrète.

L'un des juifs dira qu'à leur arrivée, le 30 mars 1942 au petit matin, il n'existait pas encore de chambre à gaz, affirmation qui constitue un progrès sur la thèse habituelle selon laquelle fonctionnaient à l'époque la chambre à gaz du Krema-I (que visitent aujourd'hui tant de touristes) et les chambres à gaz du Bunker-1 et du Bunker-2. Dans son *Mémorial*, Klarsfeld, lui, veut bien admettre qu'aucun juif de ce convoi n'a été gazé. Dans la suite du documentaire, on relèvera bien le bref témoignage de celui qui prétend avoir observé de loin des juifs qui se pressaient autour du Krema-III de Birkenau en l'attente du gazage ; il percevait les cris des victimes ! Ce qu'il ne nous dit pas, c'est qu'il avait vue sur le terrain de football (*Sportplatz*) qui flanquait le jardin du Krema-III, un jardin aux allées bien dessinées et que manifestement aucune foule n'a jamais piétinées, ainsi qu'en font foi les photographies aériennes prises par les Alliés pendant la guerre et publiées en 1979.

Pas un instant la caméra ne nous montre la « chambre à gaz » du Krema-I (à Auschwitz même), ni les ruines des autres « chambres à gaz » (sauf, de très loin, les ruines du Krema-III), ni la maquette que les visiteurs du camp peuvent contempler au Bloc 4 (le Bloc de l'extermination) ; les Polonais ont construit cette grande maquette avec une ingénuité communiste ; cherchant à donner une idée du processus de gazage dans les Kremas-II et III de Birkenau, ils sont involontairement parvenus à montrer les impossibilités physiques de ces prétendus abattoirs chimiques. Manifestement, les auteurs du documentaire, des juifs français, avertis de ce qu'est le révisionnisme historique, ont senti que mieux valait faire l'impasse sur le sujet de la chambre à gaz. Imaginons que leur caméra se fût attardée sur ce qu'aujourd'hui encore on présente à Auschwitz ou à Birkenau comme une chambre à gaz « à l'état d'origine » ou « en état de reconstitution », ou encore « à l'état de ruines » ; il est probable que les lycéens et les collégiens français auraient demandé un « arrêt sur image » pour examiner l'objet du litige ; ils se seraient alors aperçus qu'on se moquait d'eux. Le risque était trop grand de provoquer le scepticisme. C'est donc à la prudence plus qu'à l'honnêteté qu'il convient probablement d'attribuer une telle discrétion sur un sujet brûlant.

On peut relever bien d'autres silences sur certaines réalités d'Auschwitz et de Birkenau, des réalités qui prouvent que ces camps n'étaient pas des « camps d'extermination » malgré les ravages exercés par les épidémies de typhus et, en particulier, celle de 1942 qui, comme a bien voulu le rappeler l'un des douze témoins, a fait des victimes parmi les SS eux-mêmes (le médecin-chef du camp est mort du typhus). On peut également déplorer certaines habiletés comme celle qui consiste à donner une allure sinistre à des bâtiments surmontés de cheminées, sans préciser qu'il s'agit de l'impressionnant ensemble des cuisines situées à l'entrée du camp d'Auschwitz.

Mais, tout bien considéré, ce documentaire a le mérite d'une relative honnêteté.

Encore un effort et on s'apercevra que, somme toute, le meilleur reportage ou le meilleur documentaire écrit que nous possédions sur les camps de concentration allemands de la dernière guerre était *Le Mensonge d'Ulysse* de Paul Rassinier.

N.B. : Olivier Duhamel a récemment repris à la télévision la calomnie selon laquelle les autorités de Vichy avaient outrepassé les vœux de l'occupant et exigé l'envoi des enfants juifs en déportation *et donc à la mort*. Rappelons d'abord que de nombreux enfants juifs ont survécu à la déportation (voyez le film tourné à la libération d'Auschwitz). Précisons ensuite que, si Pierre Laval ainsi que les autorités religieuses ont insisté auprès des Allemands pour qu'en plus des personnes aptes au travail les convois emportent un certain quota d'enfants, c'était afin d'éviter la *dislocation* des familles. Dans sa solennelle protestation du 26 août 1942, Mgr Théas s'élève contre cette *dislocation*. Il est arrivé qu'on laisse aux juifs le choix de décider par un vote du sort des enfants : ou les emmener avec eux vers « Pitchipoï » (le pays de légende des récits enfantins) ou les laisser en France à des organisations charitables. Les convois n'ont, par ailleurs, pas manqué de volontaires, appelés « optants ». Ce fut le cas pour les trente infirmiers qui accompagnèrent les déportés du premier convoi qui, par exception, était constitué de wagons de troisième classe. Les juifs de Drancy collaboraient avec les Allemands dans la constitution des listes.[595]

[Publié dans *Rivarol*, 10 avril 1992, p. 9.]

***

30 avril 1992

CHAMBRES À GAZ ET GÉNOCIDE DANS UNE PUBLICATION DE L'INSTITUT D'HISTOIRE DU TEMPS PRÉSENT (1989)

R. Rémond préside l'Institut d'histoire du temps présent. Il ne peut donc décliner toute responsabilité dans la publication de François Bédarida, directeur du même institut, intitulée *Le nazisme et le génocide. Histoire et enjeux.*

Cet ouvrage n'offre pas la moindre représentation de ce que pourrait être une chambre à gaz homicide au Zyklon B. Il parle de génocide ou de décisions d'extermination des juifs mais sans jamais apporter de date précise, de document précis, de source précise.

Il amène à se poser bien des questions.

— « Selon le dictionnaire *Robert,* le terme "génocide" désigne, en général, "la destruction méthodique d'un groupe ethnique". Cette définition se rapproche de celle qui a été utilisée à Nuremberg. »[596] Où et quand le tribunal de Nuremberg a-t-il utilisé et défini le mot de « génocide » ?

Ce mot ne figure nulle part dans les quarante-deux volumes !

— « Quelle est la différence entre camps de concentration et d'extermination ?[597] » Tout au long de l'opuscule on emploie l'expression de « camp d'extermination » comme si les Allemands avaient délibérément créé, à côté de camps appelés « de concentration »,

---

[595] Voy. M. Rajsfus, *Drancy...*, p. 184.
[596] F. Bédarida, éd., *Le nazisme et le génocide...*, p. 3.
[597] *Id.*, p. 4.

des camps appelés « d'extermination ».[598] Où les Allemands ont-ils employé cette expression ?

Cette expression a été créée par les Alliés : « *extermination camps* » et elle a été traduite en allemand par « *Vernichtungslagern* ».

– « L'expérimentation des chambres à gaz a été faite sur les malades mentaux à partir de 1939. »[599] Où est la preuve ?

Elle n'est ni aux pages 21 à 23 ni ailleurs. Tout au plus y a-t-il aux pages 50-51 un récit d'August Becker accusant un collègue d'avoir eu l'idée de gazer des gens dans une fausse douche avec, à dix centimètres du sol, une canalisation percée de petits orifices par où se répandait l'oxyde de carbone, et qui aurait tué... en une minute ! Cet invraisemblable récit-confession dont la date et la source ne sont pas indiquées n'a jamais été vérifié – la référence donnée est celle d'un ouvrage écrit par le journaliste E. Klee : où est la source du journaliste ?

– « Le souci d'effacer toute trace d'extermination explique qu'à l'approche des armées alliées, les nazis aient tenté de détruire les camps. »[600] Preuve de cette tentative ?

Livrés intacts : camps à chambre à gaz comme Majdanek, Mauthausen, Ravensbrück, Dachau ; à Auschwitz destructions minimes (dues à qui ?) : le Krema-I avec sa « chambre à gaz » intacte ; les Kremas-II et III avec leurs « chambres à gaz » intactes sous les blocs de béton.

– « la rafle du Vel' d'hiv' »[601] À la page 31, il est dit treize mille juifs. Confirmez-vous ?

Le vrai chiffre a été de huit mille cent soixante.[602] Pourquoi le chiffre est-il à ce point grossi ? Puisque juger, c'est comparer, pourquoi cacher qu'en août 1944 le même Vel' d'hiv' a servi à concentrer des collabos (souvent après passage à tabac) au point que les fameuses photos du Vel' d'hiv' sont, a fini par le reconnaître Klarsfeld lui-même, des photos de collabos et non de juifs ?

– « [L'Allemagne a] organisé la liquidation physique de millions d'êtres humains de manière calculée, systématique, industrielle. »[603] Ce dernier adjectif n'implique-t-il pas l'existence de « chambres à gaz » et n'est-il pas important au plus haut point de savoir si elles ont existé ou non ?

---

[598] *Id.*, p. 5, 27 et surtout p. 38-39, 53.
[599] *Id.*, p. 21 à 23.
[600] *Id.*, p. 9.
[601] *Id.*, p. 10 et 31.
[602] Voir notamment Nathaniel Herzberg, *Le Monde,* 18 juillet 1990.
[603] F. Bédarida, *op. Cit.* p. 14.

– Heydrich déclare : « Il faut trouver une solution définitive d'ordre territorial. »[604] Cette phrase ne doit-elle pas nous rendre prudents quand nous parlons de « solution définitive » ? De quel droit affirmer que cette solution est… l'extermination si elle est définie comme « territoriale » ?

– Partie centrale de l'opuscule : « au cours de l'année 1941 sont prises *trois* décisions capitales. »[605] En résumé, les *Einsatzgruppen* devront tuer « tous les juifs, hommes, femmes et enfants des territoires conquis [à l'Est] ». Puis, décision de procéder à la liquidation physique de tous les juifs du continent européen. Enfin, « la troisième décision capitale de cette année-tournant concerne la création des camps d'extermination ».[606] Comment se fait-il qu'aucune date précise, qu'aucun document précis ne soient cités ?!!!

L'ordre donné aux *Einsatzgruppen* (EG) est inventé de toutes pièces. Le document PS-502, du 17 juillet 1941, auquel il est ici manifestement fait allusion donne pour instruction aux EG de *trier* parmi les prisonniers soviétiques « tous les fonctionnaires importants de l'État et du Parti » et, en particulier, **parmi ceux-ci** *neuf* catégories de gens dont « tous les juifs » (qui arrivent en huitième position), pour voir ceux qui pourront être utiles et ceux qui seront exécutés sous certaines conditions. Les Soviétiques font de même avec leurs prisonniers allemands et sont même plus expéditifs. Cette directive provoquera des protestations des généraux allemands et il semble qu'elle sera rapidement abandonnée.

La décision de procéder à la liquidation physique de tous les juifs européens est attribuée ici à Göring. En réalité, dans sa fameuse lettre du 31 juillet 1941 à Heydrich, il parle de « solution définitive dans le cadre d'une politique d'*émigration* ou d'*évacuation*. Comment M. Bédarida peut-il parler d'« instructions orales et à demi-mot quoique avec une signification claire et sans équivoque » ?[607] Comment peut-il parler de « langage codé » ? Détient-il le code ? Assez décodé !

Où est la décision de « création de camps d'extermination » (p. 27) ?

Où sont les « directives » pour la construction de ces camps, avec, à Chelmno, des « camions à gaz » ? On n'a jamais trouvé ces camions à gaz *(Gaswagen* signifiait « gazogène »), ni un fragment, ni une photo, ni un plan !

– « Première opération d'envergure : l'"opération Reinhard" […] Trois camps sont équipés et affectés à cet effet : Belzec, Sobibor et Treblinka (c'est à Belzec qu'en août 1942 le sous-lieutenant Gerstein

---

[604] *Id.*, p. 24.
[605] *Id.*, p. 26.
[606] *Id.*, p 27.
[607] *Id.*, p. 26-27.

assiste à des séances de gazage [...]). »[608] Où sont les documents ? Invoquer Gerstein est-il admissible après les révélations apportées par Paul Rassinier et Henri Roques sur les écrits de Gerstein ou attribués à Gerstein ?

Les historiens ont longtemps osé prétendre qu'il avait existé une « opération Reinhard », du prénom de Reinhard Heydrich ; ! Comme s'il avait pu exister une « opération Adolf » (Hitler) ou « Hermann » (Goering) ou « Albert » (Speer) ! En réalité, il a existé une opération Reinhardt, du nom du secrétaire d'État aux finances Fritz Reinhardt : une opération de « récupération » de biens au profit, par exemple, des populations civiles allemandes bombardées.

R. Rémond aurait dû lire l'ouvrage *L'Allemagne nazie et le génocide juif* (actes du colloque de la Sorbonne de 1982) où, à côté de sa propre communication sur « Les Églises et la persécution des juifs pendant la seconde guerre mondiale », figure une communication de l'historien Uwe Dietrich Adam abusivement intitulée « Les chambres à gaz » et où, dans la note 70 (p. 259), l'historien annonce une mise au point sur « l'opération Reinhar**dt** et non Reinhar**d** ».

Kurt Gerstein : sept à huit cent personnes dans 25 m_2 = 28 à 32 personnes au mètre carré et tutti quanti. Léon Poliakov avait substitué 93 m_2 ! R. Hilberg, au procès Zündel de Toronto en 1985, a reconnu qu'on ne pouvait accorder de crédit à Kurt Gerstein.

– « [À Auschwitz] 24 000 Juifs hongrois exterminés en une journée. »[609] Comment peut-on porter une aussi grotesque et horrible accusation sans la moindre preuve ?

– « novembre 1944 (date à laquelle Himmler donne l'ordre de mettre fin aux gazages d'Auschwitz). »[610] Où est cet ordre ? Quelle est sa date exacte ?

Si cet ordre avait existé, on aurait eu là la preuve des gazages et ce document aurait été partout publié. Il ne l'est nulle part.

– Sur le bilan de la déportation des juifs de France : « Sur le nombre et la répartition des victimes, on dispose pour la France de statistiques très précises grâce aux rigoureux calculs de Serge Klarsfeld. C'est ainsi que le chiffre total des juifs déportés de France, entre le printemps 1942 et l'été 1944, s'élève à soixante-seize mille, dont deux mille cinq cents seulement ont survécu, soit 3 % des partants. »[611] Pourquoi M. Bédarida, qui a hérité des archives du Comité d'histoire de la deuxième guerre

---

[608] *Id.*, p. 27.
[609] *Id.*, p. 28.
[610] *Ibid.*
[611] *Id.*, p. 32.

mondiale (responsable : Henri Michel) n'a-t-il pas encore publié dans le détail la « statistique de la déportation » ?

Cette statistique a demandé vingt ans de travail. Elle a été achevée à la fin de 1973. Depuis dix-neuf ans, elle est tenue cachée « pour éviter des heurts possibles avec certaines associations de déportés ».[612]

Comment peut-on parler des « rigoureux calculs » de S. Klarsfeld quand on sait ceci : de son propre aveu, S. Klarsfeld a enregistré comme morts ou gazés tous les déportés qui ne sont pas venus spontanément se déclarer vivants au ministère des Anciens Combattants et Victimes de guerre au plus tard le 31 décembre 1945 ? C'est ainsi qu'une quantité de survivants ont été comptabilisés comme morts ou gazés. Certains sont célèbres : Simone Jacob, née le 13 juillet 1927 à Nice, devenue Simone Veil ; la mère d'Henri Krasucki ; Gilbert Salomon, « le roi de la viande » ; etc.)

– A propos des juifs dans la collaboration, l'auteur dit qu'ils ont « dû pratiquer la politique du moindre mal ».[613] Pourquoi ne pas être plus précis et pourquoi cet argument ne vaudrait-il pas pour bien d'autres collabos ou pétainistes ?

L'Union générale des Israélites de France, la police juive des camps, y compris de celui de Drancy, collaboraient pleinement avec les Allemands. Elles avaient leur responsabilité dans les arrestations de juifs, dans leur mise en camps, dans la mise au point des listes pour chaque convoi, dans le choix des volontaires pour la déportation. Elles ont même fait voter les parents sur le point de savoir si les enfants seraient déportés ou non.[614]

Que pense R. Rémond du fait qu'à la fin de 1944 et au début de 1945, les juifs collabos sont passés *à huis clos* devant des tribunaux d'honneur juifs et ont tous été acquittés en première instance et en appel ? Tribunaux présidés, par exemple, par Léon Meiss, président du CRIF.[615]

Pourquoi F. Bédarida cache-t-il qu'en janvier 1941 les sionistes de l'Irgoun Zwai Leumi ont proposé une alliance militaire à l'Allemagne contre la Grande-Bretagne (document von Henting aux archives de Coblence) ?

– L'auteur parle beaucoup de « l'ignorance » parmi les juifs au sujet des « camps d'extermination » et de leur scepticisme devant les « rumeurs ».[616] Il dit : « Comment auraient-ils imaginé l'inimaginable ? » Précisément ! Comment peut-on croire à ce qui n'a pas existé ?

---

[612] *Bulletin du CHDGM,* janvier-février 1974, p. 1.
[613] F. Bédarida, *op. cit.,* p. 42.
[614] *Le Monde juif,* juillet-septembre 1980, p. 106.
[615] Voy. M. Rajsfus, *Des juifs dans la collaboration,* p. 339-340 et suivantes.
[616] F. Bédarida, *op. cit.,* p. 43.

Ni Churchill, ni de Gaulle, ni Eisenhower ne parlent dans leurs discours ou mémoires de « chambres à gaz ». Quel est le haut responsable politique qui peut croire aux inventions de ses propres officines de propagande de guerre ?

– L'auteur parle de « deux jeunes Juifs slovaques, membres d'un *Sonderkommando*, Vrba et Wetzler, échappés d'Auschwitz en avril 1944 ».[617] Dans sa bibliographie, il citera, du même Rudolf Vrba, *Je me suis évadé d'Auschwitz*. Comment accorder foi à R. Vrba ?

En 1985, au procès Zündel, à Toronto, il a subi un contre-interrogatoire en règle qui l'a conduit à reconnaître que dans son fameux rapport sur Auschwitz il avait fait grand usage de... la licence poétique.

– L'auteur cite Hinrich (et non Heinrich) Lohse, commissaire du Reich pour les territoires de l'Est. Il dit : « A propos des massacres en cours [Lohse] écrit cyniquement : imaginez ce qui arriverait si ces événements étaient connus et exploités par l'ennemi. Mais il est très probable qu'une telle propagande resterait sans effet, car ceux qui entendraient ou liraient de telles choses ne voudraient jamais y croire. »[618] Pourquoi cette falsification délibérée ?

La lettre de Lohse (Riga, le 18 juin 1943) est envoyée à Alfred Rosenberg, ministre, à Berlin, pour les territoires occupés de l'Est. Ce n'est pas la lettre d'un cynique. C'est celle d'un homme qui proteste vivement contre le fait suivant : il a appris que, dans la lutte sauvage entreprise contre les partisans, des soldats allemands ont enfermé dans des granges des hommes, des femmes et des enfants et les y ont brûlés vifs. Il dit : « Cette méthode est indigne de la cause allemande et fait le plus grand tort à l'opinion que l'on peut se faire de nous ». Il écrit : « À côté de cela, que restera-t-il de Katyn ? » (Phrase que M. Bédarida se garde bien de reproduire) et Lohse ajoute, indigné : « Supposons que nos adversaires aient vent de telles pratiques et les exploitent dans leur propagande ! Celle-ci demeurerait sans doute sans résultat, pour cette bonne raison que le public se refuserait à lui accorder crédit. »[619] Une telle lettre, rétablie dans sa forme d'origine, est loin de confirmer l'usage d'une extermination systématique. En fait, elle l'infirme.

– L'auteur ose citer des extraits du journal du Dr Johann-Paul Kremer et ce qu'il appelle le « témoignage » du même docteur.[620] Pourquoi ne tient-il aucun compte des remarques du professeur Faurisson dont une bonne partie du *Mémoire en défense contre ceux qui m'accusent de*

---

[617] *Id.*, p. 43.
[618] *Id.*, p. 44.
[619] Doc. NO-2607 traduit dans Henri Monneray, *La Persécution des juifs...* p. 143.
[620] F. Bédarida, *op. cit.* p. 53.

falsifier l'histoire, paru il y a douze ans, montre comment on a falsifié les textes de Kremer ?

En particulier, F. Bédarida prétend trouver dans le journal de Kremer la phrase : « Ce n'est pas pour rien qu'Auschwitz est appelé un camp d'extermination ». Le texte allemand ne parle nullement de « camp d'extermination » (sous-entendu avec des chambres à gaz) mais dit que le camp d'Auschwitz, où en 1942 règnent, dit-il, le typhus et la fièvre typhoïde, est vraiment « **le** camp de **l'anéantissement** [par ces épidémies] ».

– L'auteur invoque la confession de Höss ! Et le livre de M. Nyiszli *(Médecin à Auschwitz).*[621] Comment peut-on invoquer de telles preuves ? Rappeler les absurdités de cette confession d'un homme torturé (« 3 millions de morts à Auschwitz jusqu'en décembre 1943 », etc.) et que l'ouvrage prêté à M. Nyiszli est totalement discrédité et n'est plus répertorié dans l'*Encyclopedia of the Holocaust.*

– L'auteur invoque des discours de Himmler sans tenir compte des observations du professeur Faurisson sur le sujet au début de sa *Réponse à Pierre Vidal-Naquet* (1982).

– L'auteur en vient à la statistique du génocide des juifs durant la seconde guerre mondiale. Il se contente de reproduire les affirmations de R. Hilberg.[622] Pourquoi ne nous précise-t-il pas qu'il ne peut s'agir que de pures spéculations puisque, aussi bien, R. Hilberg dans son ouvrage sur *La Destruction des juifs européens* ne fournit pour ses chiffres pas la moindre source ni la moindre référence et ne révèle jamais comment il est parvenu à de tels chiffres !

– L'auteur dit que « le total officiellement adopté par le Tribunal [de Nuremberg] était de 5.700.000 [et non six millions] ».[623] C'est faux. Le Tribunal a prétendu qu'il y avait eu six millions de morts juives et il a eu l'audace d'attribuer ce chiffre à… Eichmann.[624] Pourquoi l'auteur ne cite-t-il pas Gerald Reitlinger qui parle de quatre millions quatre cent mille juifs, sans d'ailleurs plus de justification que tous « les historiens faisant autorité sur le nazisme »[625] ?

– L'auteur recommande *Nuit et Brouillard*[626]. Comment peut-on recommander un tel film de propagande où il est dit à propos d'Auschwitz-Birkenau : « Neuf millions de fantômes peuplent ce paysage », où il est question du savon juif (un mythe), de peaux humaines

---

[621] *Id.*, p. 54.
[622] *Id.*, p. 58-61.
[623] *Id.*, p. 61.
[624] *TMI*, I, p. 266.
[625] G. Reitlinger, *The Final Solution…*, p. 48.
[626] *Id.*, p. 64.

tannées (des peaux de chèvre, finalement, comme devait le révéler le général Lucius Clay) et ou ce qui aujourd'hui est présenté enfin à Majdanek comme une simple douche est présenté alors (1956) comme une chambre à gaz ?

– R. Rémond, président de l'Institut d'histoire du temps présent, peut-il continuer à cautionner cet opuscule de F. Bédarida, un opuscule à usage des élèves et des professeurs et rempli d'erreurs extrêmement graves, d'affirmations fantaisistes, d'inventions de la pure propagande de guerre et de haine ?

***

30 avril 1992

EN PRÉVISION DU TÉMOIGNAGE DU PROFESSEUR RENÉ RÉMOND PRÉSIDENT DE L'INSTITUT D'HISTOIRE DU TEMPS PRÉSENT AU PROCÈS DE PHILIPPE COSTA (FONTAINEBLEAU)

I. Identité de R. Rémond d'après le Who's who in France 1989-1990

[recherche à faire]

II. Sur chambres à gaz et génocide, correspondance, conversations téléphoniques et rencontres du professeur R. Faurisson avec R. Rémond (1977-1989)

Lyon, le 7 juillet 1977 : R. Faurisson à R. Rémond

« Vous exercez de hautes responsabilités au sein du « Comité d'histoire de la deuxième guerre mondiale ». C'est pour cette raison que je me permets de vous soumettre l'article ci-joint sur le « problème des chambres à gaz ». – Je vous demanderais de vouloir bien me dire si, pour vous, l'existence des chambres à gaz a des chances de constituer une imposture historique ou si, au contraire, elle est une réalité scientifiquement établie sur laquelle il n'y a pas lieu d'émettre le moindre doute […]. »

Dans un post-scriptum, R. Faurisson appelle l'attention de R. Rémond sur le fait que ledit comité se livre à de la « rétention de documents ».[627]

Lyon, le 18 juillet 1977 : R. Faurisson à R. Rémond

Comme par hasard le débat sur le « génocide » vient enfin, après trente-deux ans de silence, de s'ouvrir dans les colonnes du *Monde* avec un article de Viansson-Ponté.

Par ailleurs, R. Faurisson mentionne Harwood, Irving, Butz et Stäglich.

Lettre de R. Faurisson à R. Rémond du 8 septembre 1977 et conversation téléphonique du 18 novembre 1977

Lyon, 28-30 janvier 1978

Colloque sur « Églises et chrétiens de France pendant la seconde guerre mondiale ». R. Faurisson expose brièvement la thèse révisionniste. Il est violemment pris à partie par François Bédarida et, en apparence, par l'unanimité des soixante présents. Cela se passe le dimanche 29 janvier. Le lendemain, R. Rémond fait son apparition au colloque. R. Faurisson, le voyant fatigué par une grippe et importuné, décide de ne pas l'importuner à son tour.

R. Rémond sait désormais qu'il y a une sorte d'unanimité contre R. Faurisson. Acceptera-t-il de recevoir un jour l'hérétique ou de lui répondre ?

Lyon, le 9 février 1978 : R. Faurisson à R. Rémond

R. Faurisson rappelle ce qui s'est passé au colloque de Lyon et sollicite une réponse à sa correspondance.

Paris, le 9 juin 1978 : R. Faurisson à R. Rémond

---

[627] Voy., à propos de la longue enquête sur la déportation, différents numéros du *Bulletin* [du CHDGM] et, notamment, n° 205, p. 4, n° 209, p. 1, n° 212, p. 1.

Une seconde conversation téléphonique a eu lieu entre-temps puisque dans sa lettre de ce jour R. Faurisson remercie R. Rémond de lui accorder une entrevue « pour la rentrée d'octobre ». La date précise n'est pas encore arrêtée. Il est à noter que R. Rémond accepte donc de recevoir et d'entendre l'hérétique.

Vichy, le 10 septembre 1978 : R. Faurisson à R. Rémond

R. Faurisson envoie de la documentation révisionniste à R. Rémond et suggère que la rencontre pourrait se faire en présence d'une tierce personne choisie par R. Rémond pour ses connaissances particulières sur le sujet de la déportation. R. Faurisson suggère que cette personne pourrait être au choix Michel Borwicz, le colonel Tintant, Olga Wormser-Migot, Adam Rutkowski, Georges Wellers, Joseph Billig, Serge Klarsfeld, Charlotte Delbo, Louise Alcan ou Léon Poliakov.

Nanterre, 18 septembre 1978 : R. Rémond à R. Faurisson

R. Rémond se voit obligé de repousser la date d'une rencontre à la seconde quinzaine de novembre. Il écrit à R. Faurisson :

> « Voulez-vous que nous remettions donc à un peu plus tard notre rencontre à laquelle je ne renonce pas ? »

Vichy, le 21 septembre 1978 : R. Faurisson à R. Rémond

R. Faurisson est d'accord pour ce report de date. Il demande qu'en tout état de cause R. Rémond relise attentivement la documentation qu'il lui a envoyée.

Nanterre, le 27 septembre 1978 : R. Rémond à R. Faurisson

R. Rémond fixe la rencontre au 23 novembre. Il dit ne connaître « personnellement aucune des personnalités dont vous avancez les noms [dans votre lettre du 10 septembre 1978] ».

Entrevue du 23 novembre 1978 à l'Institut d'études politiques de la rue Saint Guillaume, de 15 h 30 à 17 h 15

D'emblée, R. Rémond déclare à R. Faurisson :

« Pour ce qui est des chambres, je suis prêt à vous suivre »

mais, ajoute-t-il, il a la conviction que les nazis ont été capables d'un « génocide ». R. Rémond déclare :

> « J'ai la conviction intime que le nazisme est en soi suffisamment pervers pour que le génocide ait été dans ses intentions et dans ses actes, mais je reconnais que je n'ai pas de preuves scientifiques de ce génocide. »

Au début de l'entrevue, R. Rémond s'était levé pour aller prendre les numéros 205, 209 et 212 du *Bulletin* du CHDGM. Dans ces bulletins à usage *interne*, M. Henri Michel, directeur de ce comité rattaché au premier ministre, « juge inopportune une publication d'ensemble [des statistiques de la déportation] qui risquerait de susciter des réflexions désobligeantes pour les déportés ». R. Rémond qualifie d'« étranges » les arguments d'H. Michel et demande à R. Faurisson pourquoi, à son avis, H. Michel a pris cette décision. R. Faurisson lui répond qu'il connaît les vrais chiffres et que ces chiffres sont sensiblement plus bas que ne le prétendent les associations et certains documents officiels.

R. Rémond admet sans difficultés que tel doit bien être le motif d'H. Michel.

À la fin de la rencontre, R. Rémond reproche à R. Faurisson d'avoir publié son article sur « Le Problème des chambres à gaz » dans le mensuel de Maurice Bardèche *Défense de l'Occident*. R. Faurisson lui demande alors s'il accepterait, lui R. Rémond, de publier dans le magazine *L'Histoire* un article de R. Faurisson sur la prétendue chambre à gaz du Struthof. Il ajoute – et la remarque fait sourire R. Rémond : « La chambre à gaz du Struthof, ce n'est pas bien méchant. » R. Rémond dit qu'il en parlera à Michel Winock, responsable du magazine.

R. Rémond veut bien admettre que R. Faurisson travaille très sérieusement et sait analyser les textes.

Au moment de prendre congé, R. Faurisson ne cache pas qu'il craint d'être poursuivi en justice pour apologie de crimes de guerre ou apologie du nazisme, comme l'avait été Maurice Bardèche. R. Rémond lui répond qu'une telle poursuite n'est pas concevable et ajoute :

> « Ce que vous faites, c'est factuel. »

Cette rencontre a eu lieu, on le notera, exactement une semaine après l'éclatement de l'affaire Faurisson dans *Le Matin de Paris* du 16 novembre 1978.

R. Rémond n'avait pas vu là une raison de décommander son rendez-vous.

5 et 27 septembre 1979 : échange de correspondance R. Faurisson – R. Rémond pour une seconde entrevue (conversation téléphonique également) ENTREVUE du 11 décembre 1979 à l'Institut d'études politiques de 18 h 05 à 19 h 10

R. Rémond écoute attentivement R. Faurisson qui lui fait le point des événements survenus en un an sur le plan du révisionnisme historique. Il ouvre à peine la bouche comme s'il avait pris la décision de parler le moins possible. Il exprime tout de même son désaccord sur ce qu'on a fait à Lyon contre R. Faurisson.

Il ne peut cacher sa surprise à la vue des photos d'Auschwitz que R. Faurisson lui montre grâce à une visionneuse. Devant l'une des photos montrant des femmes et des enfants en très bon état de santé apparent et *sortant* du camp dit d'extermination de Birkenau, il dit : « Ces personnes *entrent* dans le camp ! » R. Faurisson rectifie : « Non, il s'agit de personnes qui ont été internées et qui *sortent* du camp le 27 janvier 1945. » R. Rémond est manifestement conscient qu'il y a là matière à réflexion.

Il dit qu'il a refusé de signer la déclaration des trente-quatre historiens contre R. Faurisson et sur les chambres à gaz.

Il juge que R. Faurisson travaille « bien ». Il s'étonne que ce dernier soit poursuivi pour « dommage à autrui » et dit qu'il n'a « jamais vu cela ».

R. Faurisson lui demande de l'aider dans son combat judiciaire. Il répond : « Je ne veux pas prendre une décision tout de suite. Écrivez-moi. »

Au moment de prendre congé, R. Faurisson lui rappelle le mot de « factuel ». Il en convient et ne paraît pas considérer qu'à ce jour ce que cherche à démontrer R. Faurisson est moins « factuel » qu'un an auparavant.

Paris, le 19 février 1980 : R. Faurisson à R. Rémond

R. Faurisson, continuant à envoyer de la documentation à R. Rémond, rappelle à ce dernier la substance des deux entrevues de 1978 et de 1979 et lui demande d'intervenir en sa faveur. Pas de réponse.

Vichy, le 12 mars 1980 : R. Faurisson à R. Rémond

R. Faurisson renouvelle sa demande d'une intervention. Pas de réponse.

Paris, le 8 septembre 1980 : R. Faurisson à R. Rémond

R. Faurisson commente une déclaration de R. Rémond le 5 septembre, à l'émission radiophonique « Le téléphone sonne », au sujet du révisionnisme. Cette déclaration est hostile. R. Faurisson annonce que son rapport sur le *Journal* d'Anne Frank a conduit un tribunal allemand à ordonner une expertise du manuscrit. L'expertise confirme qu'il y a eu supercherie. R. Faurisson écrit :

> « Il faut croire que, comme vous avez bien voulu me le dire un jour, je travaille "BIEN". Il reste à obtenir la même enquête matérielle pour les prétendues "chambres à gaz". »

Vichy, le 16 novembre 1987 : R. Faurisson à R. Rémond

R. Faurisson commente des propos de R. Rémond parus dans le magazine *La Vie* du 25 septembre 1987. Ces propos sont hostiles au révisionnisme historique. R. Faurisson rappelle à R. Rémond son comportement passé et s'étonne d'un tel changement. Au passage, il mentionne la parution du livre collectif *Les Chambres à gaz, secret d'État* et lui rapporte le jugement sévère du professeur Michel de Boüard sur cet ouvrage antirévisionniste. M. de Boüard a travaillé avec R. Rémond au sein du CHDGM. Dans *Ouest-France*, il avait exprimé publiquement son estime pour les travaux révisionnistes.

Vichy, le 9 juin 1989 : R. Faurisson à R. Rémond

R. Faurisson envoie à R. Rémond sa recension du livre de l'historien Arno Mayer, professeur à Princeton, sur *La « Solution finale » dans l'histoire*. A. Mayer, qui est d'origine juive et ami de Pierre Vidal-Naquet, écrit notamment :
« Les sources pour l'étude des chambres à gaz sont à la fois rares et douteuses »[628] et « De 1942 à 1945, certainement à Auschwitz mais probablement aussi partout ailleurs, plus de juifs ont été tués par des

---

[628] A. Mayer, *La « solution finale » dans l'histoire...*, p. 362.

causes dites "naturelles" [faim, épidémies, maladie, excès de travail] que par des causes "non naturelles". »[629]

Vichy, le 14 juillet 1989 : R. Faurisson à R. Rémond

R. Faurisson envoie à R. Rémond une lettre circulaire pour lui demander son opinion sur ce qui deviendra, un an plus tard, la loi Fabius-Gayssot. Il n'obtiendra pas de réponse.

III. Chambres à gaz et génocide dans les œuvres de R. Rémond (1974-1988)

Il est probable que l'expression de « chambre(s) à gaz » n'apparaît pas une seule fois dans les œuvres complètes de R. Rémond, qui constituent pourtant un ensemble de plusieurs milliers de pages. Quant au mot de « génocide » (des juifs), il est d'un emploi probablement rarissime ; en tout cas, aucun document, aucune référence, aucune analyse n'accompagnent l'emploi de ce mot ; chez l'historien R. Rémond, le mot de « génocide » paraît ainsi dépourvu de toute historicité.

– En 1974, R. Rémond publie un ouvrage de deux cent quatre-vingt-six pages : *Le XXe siècle, de 1914 à nos jours*. Voici les deux très brefs fragments où il utilise le mot de « génocide » ou son équivalent d'« extermination systématique » :

> « un dogme [le national-socialisme] [...] qui conduit aux camps de concentration, à la solution dite définitive, à l'extermination de six millions de juifs, au génocide. »[630]
> « l'extermination systématique de millions de juifs ».[631]

– En 1982, il est l'auteur d'une communication sur « Les Églises et la persécution des Juifs pendant la seconde guerre mondiale », au colloque de l'École des hautes études en sciences sociales (29 juin-2 juillet 1982) ; cette communication sera publiée dans *L'Allemagne nazie et le génocide juif*.

R. Rémond a participé à ce fameux colloque de la Sorbonne qui était annoncé à son de trompe comme devant donner la réplique à R. Faurisson sur le sujet des chambres à gaz. Une conférence de presse allait clore ce

---

[629] *Id.*, p. 365.
[630] R. Rémond, *Le XXe siècle...*, p. 136-137.
[631] *Id.*, p. 173.

colloque. William Skyvington l'a enregistrée avec l'autorisation de François Furet et de Raymond Aron. L'expression de chambre à gaz n'y a pas même été prononcée ! On y a dit que, malgré « les recherches les plus érudites », on n'avait pu trouver un ordre de Hitler d'exterminer les juifs ; on s'y est déclaré hostile aux procès faits à R. Faurisson et on a qualifié ces procès de « procès de sorcellerie ». Est-ce aujourd'hui l'avis de R. Rémond, qui a été membre du Conseil supérieur de la magistrature de 1975 à 1979 ?

> « N'étant pas spécialiste de la question [Les Églises face à la persécution des juifs pendant la seconde guerre mondiale], j'ai travaillé de seconde main. Heureusement, les travaux originaux ne manquent pas et l'abondance même de cette littérature est une cause d'embarras et d'incertitude. »[632]

Amener R. Rémond à dire que, sur les chambres à gaz, il est encore moins un spécialiste et lui faire nommer des spécialistes (dont je possède les œuvres, que j'apporterai, pour les lui soumettre et pour lui demander où et à quelles pages on montre ce qu'était une chambre à gaz).
– *passim :* « extermination des juifs », « solution finale » : rien de précis.
– il cite « les onze volumes parus entre 1965 et 1982 des *Actes et documents du Saint-Siège relatifs à la seconde guerre mondiale* ». Dans ces onze volumes, il n'y a rien sur les chambres à gaz ni sur l'extermination physique planifiée des juifs (pourtant le pape était bien renseigné sur ce qui se passait en Pologne, notamment). R. Rémond explique ce silence – comparable, dit-il, à celui du Comité international de la Croix-Rouge – par le fait que « la réalité était tellement incroyable ! »[633]

> « [Au sujet du silence du Vatican] L'autre pôle de l'explication s'appelle impossibilité de croire à l'incroyable. L'esprit, surtout s'il a été éduqué dans une tradition de rationalité, répugne à admettre l'existence de *l'irrationnel :* comment concevoir *l'inconcevable ?* L'historien a aujourd'hui le plus grand mal à expliquer une politique dont la réalité n'est pourtant plus à prouver [...]. On conçoit alors que les contemporains aient eu la plus grande difficulté à croire ce qui n'était encore que *rumeur*. Martin Gilbert fait observer que l'existence et le fonctionnement des

---

[632] R. Rémond, *L'Allemagne nazie...*, p. 379.
[633] *Id.*, p. 38.

camps de la mort ont été un des secrets les mieux gardés de la guerre.[634] C'est Walter Laqueur[635] qui met le doigt sur le hiatus entre *l'information* et la compréhension : on peut avoir connaissance de certaines pratiques sans y croire véritablement : *l'imagination* se refuse à faire siennes des représentations qui s'écartent par trop de l'idée que l'on se fait de la nature humaine.[636]

Si une chose est *inconcevable*, peut-on faire grief à P. Costa [accusé de révisionnisme] de ne pas la concevoir ? Comment faut-il accueillir une *rumeur* ? En quoi une rumeur peut-elle être appelée une *information* aussi longtemps qu'elle n'a pas été vérifiée ? Que vient faire ici *l'imagination* ?

R. Rémond a lu le livre de Walter Laqueur qu'il cite dans sa version anglaise. Que pense-t-il du passage suivant à propos du gazage des juifs en 1942 recyclé du gazage des Serbes en 1916 :

> « Le *Daily Telegraph* rapportait en mars 1916 que les Autrichiens et les Bulgares avaient tué sept cent mille Serbes à l'aide de gaz asphyxiants. – Certains lecteurs avaient probablement en mémoire ces histoires lorsqu'en juin 1942 le *Daily Telegraph* fut *le premier à annoncer que sept cent mille* Juifs avaient été envoyés à la chambre à gaz. »[637]

Différence de *qualité* entre la rumeur de 1916 et celle de 1942 ? Pourquoi ne plus croire à l'une et continuer de croire à l'autre ?

– R. Rémond nomme « M$_{gr}$ Piguet, de Clermont-Ferrand ».[638] Sait-il que M$_{gr}$ Piguet a propagé la rumeur des gazages de Dachau ? « Je fis un court séjour au bloc 28, occupé par huit cents prêtres polonais […]. Plusieurs de leurs vieux prêtres, jugés inutilisables, étaient passés par la chambre à gaz ».[639]

Le père dominicain M. G. Morelli a également parlé des « gazés misérables » de Dachau.[640] D'autres prêtres et pasteurs ont parlé des gazages de Dachau et de Buchenwald : le frère Birin, l'abbé Jean-Paul

---

[634] M. Gilbert, *Auschwitz…*, p. 92.
[635] [W. Laqueur, *The Terrible Secret*, page non indiquée.]
[636] R. Rémond, *op. cit.* p. 402.
[637] W. Laqueur, *op. cit.* p. 9 ; trad. franç. *Le Terrifiant Secret*, p. 16.
[638] R. Rémond, *op. cit.* p. 398.
[639] Mgr Piguet, *Prison et déportation*, p. 77.
[640] M. G. Morelli, *Terre de détresse*, p. 15.

Renard, l'abbé Robert Ploton[641], l'abbé Georges Hénocque[642], le pasteur Charles Hauter.[643]

– En 1988, il publie un ouvrage de mille treize pages : *Notre siècle, de 1918 à 1988.* Voici les deux brefs fragments où il parle d'« extermination systématique », soit expressément, soit par sous-entendu :

> « Les Juifs qui ont survécu à l'extermination systématique [...]. »[644]
>
> « Ce sont les premiers documents photographiques pris lors de la libération du camp de Buchenwald et, quelques jours plus tard, l'arrivée par avion des premiers rescapés, la découverte soudaine de ces squelettes ambulants aux yeux immenses, au regard halluciné, qui révéla d'un coup l'horreur du système concentrationnaire et la nature maléfique du national-socialisme. »[645]

Commentaire : 1. Des juifs ont survécu. 2. Buchenwald ne possédait pas de chambre à gaz homicide (tous les historiens sont *maintenant* d'accord sur ce point). 3. Ces squelettes étaient ceux de typhiques ou de dysentériques. 4. Le système concentrationnaire et ses horreurs ne sont pas une spécificité du national-socialisme. 5. Les révisionnistes ont souvent fait remarquer qu'on s'est mis à croire aux chambres à gaz à partir du moment où on a découvert des camps... sans chambres à gaz (les camps de l'Ouest).

– R. Rémond en a-t-il dit plus sur le sujet dans des interviews ?

Oui. Au moment de l'affaire du détail, dans *La Vie* du 23 septembre 1987, mais son embarras y est manifeste. Il déclare :

> « Y a-t-il eu ou non chambres à gaz ? Le Pen ne se prononce pas. Il estime que la question n'est pas tranchée. À la différence de ceux qu'on appelle les "révisionnistes", il ne dit pas qu'il n'y a pas eu de chambre à gaz. Mais il considère que ce n'est pas une vérité établie. »[646]

---

[641] P. Rassinier, *Le Mensonge d'Ulysse*, p. 125-136.
[642] R. Faurisson, *Mémoire en défense...*, p. 185-195.
[643] P. Vidal-Naquet, *Les Assassins de la mémoire*, p. 28.
[644] R. Rémond, *Notre siècle, de 1918 à 1988*, p. 348.
[645] *Id.*, p. 349.
[646] *La Vie*, 23 septembre 1987, p. 26.

R. Rémond ajoute alors un bref commentaire qui donne à entendre que, pour lui, ces chambres à gaz ont existé mais la raison qu'il donne n'en est pas une car, dans le choix de ses mots, il se produit un glissement de sens. Il dit :

> « Or le doute n'est pas possible. On ne peut pas nier le génocide. »[647]

Le paralogisme est évident : un génocide ou une extermination physique systématique n'implique pas obligatoirement l'existence et l'emploi de vastes abattoirs chimiques appelés chambres à gaz. La preuve en est qu'un peu plus loin R. Rémond parle du « génocide » perpétré dans le Goulag et que le glissement de sens se confirme quand il déclare alors :

> « Je trouve déconcertant que Le Pen tienne ces propos après le procès Barbie. Car les débats de Lyon ont renforcé la conviction de tous ceux qui les ont suivis quant à la réalité du génocide nazi. »

Le Pen ne parlait pas de génocide mais de chambres à gaz. À Paul-Jacques Truffaut qui lui demandait : « Six millions de morts, c'est un point de détail ? » il répondait : « La question qui a été posée est de savoir *COMMENT* ces gens ont été tués ou non. » Le Pen ne contestait pas l'existence d'un génocide (ni de rescapés dudit génocide), il se posait des questions sur l'existence d'une arme, d'un instrument du crime : « Je n'ai pas pu moi-même en voir. » Le tribunal du procès Barbie a présupposé l'existence des chambres à gaz et du génocide ; à l'exemple du Tribunal de Nuremberg, il a « tenu pour acquise » cette existence (article 21 du statut du TMI). Il faut demander à R. Rémond pourquoi, à son avis, *La Vie* a accompagné ses propos d'une photo représentant « Le four crématoire de Natzwiller »[648] ; pourquoi pas la chambre à gaz du Struthof-Natzweiler, classée monument historique ?

Dans le reste de ses propos, R. Rémond dit des révisionnistes qu'ils :

> « ne sont pas des historiens, mais des polémistes ou des pamphlétaires. »

Il convient de lui demander si R. Faurisson, avec qui il a correspondu et qu'il a reçu à deux reprises, est un polémiste, un pamphlétaire ou un

---

[647] *Id.*, p. 26-27.
[648] *Id.*, p. 26.

auteur qui, selon Hilberg lui-même[649], a contribué à faire avancer le débat historique ; selon Michel de Boüard, R. Faurisson est l'auteur d'« études très serrées » dont il faudrait tenir compte pour écrire l'histoire de la déportation.[650]

R. Rémond admet que :

> « […] personne ne peut trouver la trace écrite de la décision, qui semble avoir été prise à la conférence de Wannsee (en 1942, près de Berlin), de ce qu'on appelle "la solution finale". Ça ne figure pas dans les archives. Mais les effets sont là. »

Commentaire : R. Rémond met-il en doute l'authenticité de ce qu'on a pris l'habitude d'appeler « le procès-verbal de Wannsee » ? Sait-il que les révisionnistes ont été les premiers à mettre en doute l'authenticité de cet ensemble de quinze pages dépourvu d'en-tête et de référence, non daté et non signé ? Sait-il qu'on y parle d'« évacuation » et non d'extermination ? Sait-il qu'il y est prévu qu'après la guerre les juifs seront remis en liberté (*Freilassung*) et formeront la cellule germinative d'un renouveau juif (*Keimzelle eines neuen jüdischen Aufbaues*) ? Sait-il que la « solution finale » est une expression qui était souvent accompagnée de l'adjectif « territoriale » et que « le plan de Madagascar » entrait dans le cadre de cette solution définitive d'un problème aussi vieux que le peuple juif : le problème juif, qui se pose encore aujourd'hui au Proche-Orient ?

R. Rémond admet-il qu'il n'y a ni ordre, ni plan, ni instructions, ni mesures de contrôle, ni budget pour l'une des plus formidables entreprises militaro-industrielles qu'on ait jamais envisagée, mise au point, lancée et menée à bien ?

R. Rémond continue en parlant de témoignages :

> « Les témoignages aussi [sont là]. Et qu'on ne s'étonne pas du faible nombre de témoins : l'opération consistait précisément à les supprimer ! »

Quels sont ces témoignages ? Des noms ! M. Nyiszli, auteur présumé de *Médecin à Auschwitz* ? Martin Gray, auteur d'*Au nom de tous les miens* ? Filip Müller, auteur de *Trois ans dans une chambre à gaz d'Auschwitz* ?

---

[649] Interview du *Nouvel Observateur*, 3-9 juillet 1982.
[650] Interview d'*Ouest-France*, 2-3 août 1986.

R. Rémond sait-il qu'aucun de ces ouvrages n'est plus retenu par les historiographes : aucun, par exemple, n'est mentionné dans l'*Encyclopædia of the Holocaust*.

S'il n'y a pas de documents et pas ou peu de témoins, devant quoi l'historien se trouve-t-il ?

Comment peut-on écrire qu'une opération dont on ne sait ici à peu près rien consistait à supprimer les témoins ? Où sont les preuves ?

R. Rémond est tenté comme tous les exterminationnistes de dire : « chambre à gaz ou pas, quelle importance ? » C'est un raisonnement qu'il ne peut utiliser car il a déclaré dans *La Vie* :

> « Mais il n'y a pas [dans le génocide soviétique] l'équivalent du massacre systématique des femmes et des enfants, *surtout si l'on tient compte du caractère atroce de moyens tels que les chambres à gaz.* »

Ce que nous soulignons ici est d'une grande importance.

Il faudra constamment rappeler cette phrase à R. Rémond pour éviter qu'il se dérobe au débat sur les chambres à gaz : ce sujet est au centre du procès Costa.

IV. Questions à R. Rémond sur chambres à gaz et génocide

Il faudra tout faire pour enfermer R. Rémond dans la magique chambre à gaz hitlérienne. Il cherchera à en échapper. Il fera valoir qu'il n'est pas spécialiste ou bien encore que, « chambre à gaz ou pas », le résultat est le même.

Peu importent, pour l'instant, ces deux échappatoires auxquelles il est facile de parer.[651] Ce qui importe, c'est de l'amener à prendre la mesure de son ignorance sur ce point précis. Il faut qu'il soit conduit à accumuler

---

[651] S'il dit qu'il n'est pas un spécialiste, lui demander qui, à son avis, en France, *peut être appelé devant un tribunal* comme spécialiste ayant décrit avec précision, à l'aide de photos, de dessins, de maquettes, ce qu'est une chambre à gaz et comment celle-ci fonctionne. Par ailleurs, même s'il n'est pas un spécialiste, il est un historien qui a pris la responsabilité d'écrire que chambres à gaz et génocide ont existé. Comment a-t-il pu écrire cela ?

S'il dit que « chambre à gaz ou pas », le résultat est le même, lui demander si, pour lui, il s'agit d'un « détail » et lui rappeler ce qu'il a lui-même déclaré (*La Vie*, 23 septembre 1987, p. 27) : « Mais il n'y a pas [dans le génocide soviétique] l'équivalent du massacre systématique des femmes et des enfants, surtout si l'on tient compte du caractère atroce de moyens tels que les chambres à gaz. »

des réponses du type : « *Je ne sais pas* », « *Je ne connais pas* ». Et, à la fin, il sera intéressant de récapituler *ce qu'il ne sait pas et ce qu'il ne connaît pas, de son propre aveu.* Il faudra lourdement souligner que cet éminent historien, membre autrefois du Comité d'histoire de la seconde guerre mondiale (absorbé par l'Institut d'histoire du temps présent) avec, je crois, une responsabilité particulière dans la commission de l'histoire de la déportation et président actuellement de l'Institut d'histoire du temps présent, dont François Bédarida est le directeur, NE SAIT RIEN sur l'arme spécifique du crime spécifique attribué par le Tribunal des vainqueurs au vaincu de la seconde guerre mondiale.

Je suggère un interrogatoire *sur le fond* en quatre temps : 1. La chambre à gaz : décrivez. 2. Les témoins : nommez. 3. La bibliographie spécialisée : citez. 4. Questions diverses.

1. La chambre à gaz : décrivez

– Quels camps avez-vous visités et examinés ? Dans lesquels avez-vous vu une chambre à gaz soit « à l'état d'origine », soit « reconstituée [**à l'identique**] », soit « en ruines » (des ruines sont parlantes).

– Décrivez ce que vous avez vu. Décrivez aussi le fonctionnement. Comment introduisait-on le Zyklon B ? Comment réalisait-on les conditions nécessaires à son expansion et à sa répartition dans tous les recoins (conditions de température assurées comment ?) ? Comment procédait-on à **l'aération** du lieu avant d'y pénétrer ? Comment pouvait-on faire l'effort physique nécessaire au transport de ces cadavres ? Comment pouvait-on toucher des centaines ou des milliers de cadavres cyanurés ?

[Ce gaz est « long et difficile à ventiler vu qu'il adhère fortement aux surfaces » : document de Nuremberg NI-9098. Il pénètre les corps et s'y installe.]

– Savez-vous ce qu'est le Zyklon B ?

[C'est un insecticide à base essentiellement de gaz ou d'acide cyanhydrique.]

– Savez-vous quand il a été utilisé pour la première fois ? [1922]

– Savez-vous s'il est en usage aujourd'hui ? [Oui]

– En quoi la présence d'une boîte d'insecticide prouve-t-elle une intention homicide ?

[Le livre *Chambres à gaz, secret d'État* comporte pour toute photo la photo de deux boîtes de Zyklon, en couverture.]

– Savez-vous comment on utilise le Zyklon :

– pour désinfecter un local ? [Équipe masquée, filtre J, …]

– en chambre à gaz autoclave Degesch ?

[Système d'intromission, d'évacuation, chauffage, équipe masquée...]

– Savez-vous comment on exécute un condamné aux États-Unis avec de l'acide cyanhydrique ?

[Habitacle de verre et d'acier, porte de sous-marin, pilier de soutènement, ventilateurs orientables, hotte d'aspiration, barboteur pour neutraliser, évacuation par très haute cheminée. Pas luxe américain mais nécessités vitales. Équipe masquée. Lavage très soigneux du cadavre : son extrême danger.]

– Vu l'extrême complication de la machinerie nécessitée pour l'exécution d'un seul homme, avez-vous une idée de la machinerie qu'il aurait fallu aux Allemands pour exécuter des foules humaines (huit cents à la fois au Krema-I d'Auschwitz I ou deux mille à la fois dans les Kremas d'Auschwitz-II ou Birkenau) ? Comment expliquez-vous qu'il ne reste pas le moindre vestige d'une telle machinerie alors qu'il existe des milliers de vestiges des fours crématoires jouxtant les « chambres à gaz » ?

– Comment les Allemands auraient-ils pu employer un gaz explosible à proximité de fours à 800° ?

– Pourquoi ne peut-on plus visiter la chambre à gaz du Struthof, pourtant classée monument historique ?

– Connaissez-vous l'expertise du professeur René Fabre ?

[En décembre 1945, conclut négativement au sujet de la chambre à gaz et au sujet des cadavres entreposés à l'hôpital civil de Strasbourg et réputés être les cadavres de gazés.]

– Connaissez-vous une expertise de l'arme du crime concluant à chambre à gaz homicide ?

– Connaissez-vous un rapport d'autopsie concluant à meurtre par gaz-poison ?

[On a trouvé de nombreux cadavres ; les autopsies ont conclu à typhus, etc.]

– Connaissez-vous un rapport de gendarmerie militaire française ou alliée, PV de gendarmerie, examen *in situ*, scellés ? [Dans le cas de Dachau, l'enquête du capitaine Fribourg est restée inachevée.]

– En 1960, Martin Broszat dit : pas de gazages dans l'ancien Reich (frontières de 1937) et ne cite pas Majdanek-Lublin. En 1968, Olga Wormser-Migot dit : « Auschwitz-I [...] sans chambre à gaz »[652] or il s'agit de « la » chambre à gaz que visitent tous les touristes d'Auschwitz ! En 1988, Arno Mayer écrit : « Les sources pour l'étude des chambres à gaz sont à la fois rares et douteuses ».[653] Qu'en pensez-vous ? Que

---

[652] O. Wormser-Migot, *Le Système concentrationnaire...*, p. 157.
[653] A. Mayer, *The « Final Solution »*, p. 362.

pensez-vous des « témoignages », « documents », « aveux » en sens contraire ?

– Connaissez-vous les expertises suivantes : Leuchter (1988), de Cracovie (1990), Walter Lüftl, président de la chambre des ingénieurs autrichiens[654], Germar Rudolf ? Toutes vont dans le même sens : il n'y a pas de traces de ferri-ferro-cyanures dans les locaux baptisés chambres à gaz homicides, mais seulement dans les chambres à gaz de désinfection.

2. Les témoins : nommez

Dans vos propos recueillis par *La Vie*, vous dites : « Les témoignages aussi [sont là]. Et qu'on ne s'étonne pas du faible nombre de témoins : l'opération consistait précisément à les supprimer. »[655]

– Comment savez-vous que « l'opération consistait précisément à les supprimer » ?

– Quels sont les noms de ces témoins ?

– Qu'ont-ils écrit ?

– Qu'ont-ils dit *précisément* dans leurs écrits sur la chambre à gaz et son mode de fonctionnement ?

– Y a-t-il eu chez ces témoins des affirmations démenties par la simple disposition des lieux qu'ils prétendent décrire ?

[Chambre à gaz au niveau du sol et raccordée à la salle des fours par une ligne de wagonnets alors qu'en réalité la pièce baptisée après coup « chambre à gaz » est en sous-sol : affirmation de Rudolf Vrba à propos des Kremas-II et III de Birkenau ; dimensions totalement fantaisistes…]

Noter que nous ne parlons pas ici de contradictions dans les témoignages, ce qui est une constante des témoignages.

– Avez-vous lu les quatre principaux témoignages :

– Gerstein sur Belzec (sept à huit cents personnes dans 25 m2 = vingt-huit à trente-deux personnes au m2) ;

– Miklos Nyiszli dans *Médecin à Auschwitz* ;

– Martin Gray dans *Au nom de tous les miens* [Treblinka] ;

– Filip Müller dans *Trois ans dans une chambre à gaz d'Auschwitz*.

– Savez-vous ce qu'Henri Roques a découvert au sujet du premier ? [Abondance de récits délirants et contradictoires.]

– Savez-vous qu'aucun des trois ouvrages n'est plus mentionné dans les encyclopédies juives et, en particulier, dans l'*Encyclopædia of the Holocaust* publiée par Yad Vashem en 1990 ?

---

[654] *Le Monde*, 17 mars 1992, p. 4.
[655] *La Vie*, 23 septembre 1987, p. 27, lignes 13-17.

– Comment réagissez-vous quand vous lisez dans le périodique *Le Déporté*, mensuel de l'UNADIF et de trois autres associations, « En pages centrales de ce numéro [d'octobre 1991] Première partie du poignant témoignage de Henri Bily, l'un des rares rescapés d'un *Sonderkommando* » ?

[La seconde partie est parue dans la livraison, suivante, de novembre 1991. Dans la livraison de décembre est parue une « Mise au point après l'insertion dans nos colonnes du texte d'Henry Bily » se terminant par les mots suivants : « Il résulte de cette analyse qu'il n'est possible, en aucune manière, de considérer le texte d'Henry Bily comme un témoignage original et personnel ».]

– Comment réagissez-vous au fait que ce déporté racial, originaire de Nice et Cannes, a vu toute une presse à grand tirage diffuser son faux témoignage ? Comment se fait-il qu'aucune « mise au point » ne soit parue dans cette presse ? Que pensez-vous du fait que ce faux témoin se soit fait une spécialité d'aller de lycées en collèges pour y raconter une histoire mensongère ?

– Que pensez-vous de l'attitude de MM. Costa et Faurisson qui dénoncent ces faux témoins et mettent *Le Déporté* au défi de publier un meilleur témoignage que celui d'Henry Bily ?

3. La bibliographie spécialisée : citez des ouvrages sur les chambres à gaz

– Où trouverait-on une photo, un dessin, une maquette d'ensemble qui donnerait une idée de ce que pouvait être une chambre à gaz hitlérienne ?

Voici quatre ouvrages :

1) Georges Wellers, Les chambres à gaz ont existé. Des documents, des témoignages, des chiffres.

[Photos de plans de crématoires d'Auschwitz, découverts par R. Faurisson ; photos aériennes prises par les Alliés au-dessus d'Auschwitz : elles montrent avec grande précision un camp, ses annexes, ses crématoires avec jardinets bien tracés, non piétinés par foules humaines ; aucune vue de foules humaines près des crématoires ; une photo avant p. 99 abusivement présentée ainsi : « Incinération des corps de victimes gazées, dans des fosses ouvertes. »]

2) Eugen Kogon, Hermann Langbein, Adalbert Rückerl et vingt et un autres auteurs, *Les Chambres à gaz, secret d'État*.

[Rien sinon, en couverture, la photo de deux boîtes de Zyklon.]

3) Raul Hilberg, La Destruction des juifs d'Europe.[656] [Rien]

---

[656] Trad. franç., 1988.

4) Jean-Claude Pressac, *Auschwitz: Technique and Operation of the Gas Chambers.*

[Un paradoxe : énormément sur désinfection, Zyklon, incinération, crématoires, etc. ; pas une seule photo, un seul dessin, une seule maquette d'ensemble. Si Pressac avait découvert une seule preuve, un seul document, la presse du monde entier aurait reproduit cette preuve ou ce document ; or, le silence sur ce livre paru il y a trois ans est à peu près total ; il n'est pas même traduit en français.]

– Comment expliquez-vous cette absence ? Comment expliquez-vous titres prometteurs et fallacieux ?

4. *Questions diverses*

I. Questions sur Olga Wormser-Migot, Léon Poliakov et Raul Hilberg

(a) Olga Wormser-Migot, dans sa thèse sur *Le Système concentrationnaire nazi (1933-1945)*, dit qu'à Auschwitz-I il n'y avait pas de chambre à gaz.[657]

– Qu'en pensez-vous, compte tenu du fait que c'est la chambre à gaz que visitent des millions de touristes ? Et compte tenu du fait qu'au procès de Francfort (1963-1965) des accusés allemands ont été condamnés pour l'avoir, dit-on, utilisée ? O. Wormser-Migot ne tomberait-elle pas aujourd'hui sous le coup de la loi Fabius-Gayssot ?

– Dans la section intitulée « Le Problème des chambres à gaz »[658], elle montre qu'il existe un problème sur le point de savoir s'il a vraiment existé des chambres à gaz là où, selon témoignages et même aveux, il y en aurait eu. Pour vous, existe-t-il un tel problème ? Pourquoi ne faut-il plus croire aux gazages de Dachau malgré « preuves » et « témoins » (dont de nombreux ecclésiastiques) et pourquoi faudrait-il continuer à croire aux gazages d'Auschwitz ? [Au procès de Nuremberg, la seule chambre à gaz qu'on ait un peu montrée dans un film est celle de Dachau].

– Elle ne croit pas aux chambres à gaz de Mauthausen, de Ravensbrück (en dépit du « témoignage » de Germaine Tillion) et de Sachsenhausen. Qu'en pensez-vous ? Quel est votre critère pour dire qu'il y a eu ou qu'il n'y a pas eu gazage homicide en tel ou tel camp ? Votre liste de camps avec gazages ?

(b) À propos du génocide des juifs, Léon Poliakov a écrit dans son *Bréviaire de la haine* :

---

[657] O. Wormser-Migot, *Le Système concentrationnaire...*, p. 157.
[658] *Id.* p. 541-544.

« Les archives éventrées du IIIᵉ Reich, les dépositions et récits de ses chefs, nous permettent de reconstituer dans leurs moindres détails la naissance et le développement de ses plans d'agression, de ses campagnes militaires et de toute la gamme des procédés par lesquels les Nazis entendaient recréer le monde à leur façon. Seule, la campagne d'extermination des Juifs reste, en ce qui concerne sa conception, ainsi que sous bien d'autres aspects essentiels, plongée dans le brouillard. Des inférences et considérations psychologiques, des récits de troisième ou de quatrième main, nous permettent d'en reconstituer le développement avec une vraisemblance considérable. Certains détails, cependant, resteront inconnus à tout jamais. En ce qui concerne la conception proprement dite du plan d'une extermination totale, les trois ou quatre principaux acteurs se sont suicidés en mai 1945. Aucun document n'est resté, n'a peut-être jamais existé. Tel est le secret dont les maîtres du IIIᵉ Reich, aussi vantards et cyniques qu'ils aient été à d'autres occasions, ont entouré leur crime majeur. »[659]

Quarante ans plus tard, le même L. Poliakov a écrit :

« Quant aux intentionnalistes, dont je suis, on peut élever à leur égard d'autres suspicions, en premier lieu une sorte de passion dénonciatrice : n'ai-je pas écrit pour ma part, sur la foi de quelques témoignages de deuxième ou troisième main, que l'ordre du génocide fut donné par Hitler à Himmler *"au début de 1941"* ? »[660]

– Comment peut-on parler d'une quelconque destruction physique des juifs, concertée, programmée, systématique (et, en cela, différente des massacres inhérents à toute guerre) ?
– Connaissez-vous un ordre d'exterminer les juifs ?
un plan ?
des instructions ?
des mesures de contrôle ?
un budget ?
(c) Raul Hilberg est considéré par les historiens officiels (= ceux qui ne risquent pas de tomber sous le coup de la loi Fabius-Gayssot publiée au *Journal officiel de la république française* le 14 juillet 1990) comme la plus haute autorité en matière d'histoire du génocide des juifs. Il a

---

[659] L. Poliakov, *Bréviaire…*, p. 171.
[660] L. Poliakov, « Histoires et polémiques : à propos du génocide », p. 203.

publié son ouvrage en 1961. Il l'a profondément révisé en 1985. Il a résumé sa position dans une conférence où il a dit :

> « Mais ce qui commença en 1941 consista en une procédure de destruction non planifiée à l'avance, non organisée ni centralisée par aucune agence. Il n'y eut pas de projet et il n'y eut pas de budget pour les mesures de destruction, lesquelles furent prises étape par étape, une à une. Ainsi se réalisa-t-il moins un plan qu'une incroyable rencontre des esprits, une transmission de pensée, par consensus, au sein d'une vaste bureaucratie. »[661]

– Que signifie pour vous ce jargon ? Comment expliquez-vous ces querelles théologiques entre intentionnalistes et fonctionnalistes et que le premier des historiens du génocide des juifs en soit réduit à tout expliquer par un phénomène de transmission de pensée au sein de la bureaucratie qui était peut-être la plus bureaucratique du monde ?

– S'il n'y a ni documents, ni preuves, ni témoignages, comment un historien peut-il affirmer quoi que ce soit ?

II. Questions sur le procès de Nuremberg

– Connaissez-vous la teneur des articles 19 et 21 du statut :

> Art. 19 :
> Le Tribunal ne sera pas lié par les règles techniques relatives à l'administration des preuves. Il adoptera et appliquera autant que possible une procédure rapide [en anglais : « expeditious », dont le véritable sens est : « expéditive »] et non formaliste et admettra tout moyen qu'il estimera avoir une valeur probante.
>
> Art. 21 :
> Le Tribunal n'exigera pas que soit rapportée la preuve de faits de notoriété publique, mais les tiendra pour acquis. Il considérera également comme preuves authentiques les documents et rapports officiels des Gouvernements des Nations Unies, y compris ceux dressés par les Commissions établies dans les divers pays alliés pour les enquêtes sur les crimes de guerre ainsi que les procès-verbaux des audiences et les décisions des tribunaux militaires ou autres tribunaux de l'une quelconque des Nations Unies.

---

[661] R. Hilberg, « The Holocaust in Perspective », p. II-3. Propos confirmés par R. Hilberg au procès Zündel à Toronto en 1985.

– Savez-vous que, dans les cent quatre-vingt-sept pages du jugement, seul l'équivalent d'une page est consacré aux chambres à gaz, au génocide et aux six millions (fragments des pages 264-266) ?

– Aucune source n'est indiquée pour les chambres à gaz sinon un « aveu » de l'ex-commandant d'Auschwitz Rudolf Höss. Nous savons depuis 1983 dans quelles conditions Höss a signé, le 15 mars 1946 à 2 h 30 du matin, le texte *en anglais* de sa confession. Il avait été torturé pendant près de trois jours par des membres de la sécurité militaire britannique. Connaissez-vous le récit de ses tortionnaires, tel que reproduit par l'auteur antinazi Rupert Butler dans *Legions of Death* ?[662]

[Dans cette confession Höss dit qu'à Auschwitz « du 1er mai 1940 au 1er décembre 1943 » [le camp ne fut libéré qu'en janvier 1945] deux millions et demi de personnes ont été exterminées et cinq cent mille ont péri de maladie ou de faim. Le tribunal cite ce passage. Or, aujourd'hui le chiffre – d'ailleurs non prouvé – retenu par les historiens est d'environ un million :

« […] un million de morts à Auschwitz [de mai 1940 à janvier 1945]. Un total corroboré par l'ensemble des spécialistes, puisque aujourd'hui ceux-ci s'accordent sur un nombre de victimes oscillant entre neuf cent cinquante mille au minimum et un million deux cent mille au maximum. »][663]

– Comment expliquez-vous que le tribunal de Nuremberg ait ainsi retenu le chiffre de trois millions pour cette période et le chiffre de quatre millions de morts pour toute la durée d'existence du camp (doc. URSS-008 à valeur de preuve authentique en vertu de l'article 21 du statut) ?

– Comment expliquez-vous que, dans le même jugement, le total des victimes juives soit évalué à six millions alors qu'en 1979, Martin Broszat, directeur de l'Institut d'histoire contemporaine de Munich, reconnaîtra que ce chiffre n'avait qu'une valeur « symbolique » ?

– Savez-vous l'origine de ce chiffre faux, que vous citez comme vrai ?

[Un Allemand, collaborateur des Américains, Wilhelm Höttl, avait écrit qu'en août 1944, à Budapest, c'est-à-dire alors que la guerre allait encore durer neuf mois, Eichmann lui avait dit ce chiffre. La déposition de Höttl date du 26 novembre 1945. Elle est lue le 14 décembre 1945 devant le tribunal par un procureur. Un avocat allemand demande la comparution de Höttl, qui se trouve à Nuremberg même. Cette comparution ne lui sera jamais accordée. Mieux : le tribunal ose, dans

---

[662] R. Butler, *Legions of Death*, p. 234-238.
[663] Voy. François Bédarida, directeur de l'Institut d'histoire du temps présent, « Le Crime et l'Histoire », *Le Monde*, 22 juillet 1990, p. 7.

son jugement[664], dire que c'est Eichmann lui-même qui a fait cette estimation, alors que c'est, tout au plus, Eichmann selon une affirmation non prouvée de W. Höttl.]

– Savez-vous qu'Eichmann a nié avoir jamais tenu tel propos et que Höttl, qui vit toujours, a révélé en 1987, dans un journal allemand, qu'il convenait de se méfier des propos tenus par Eichmann ce jour d'août 1944 à Budapest car... il était ivre.[665]

– Si vous avez visité Auschwitz-Birkenau, vous avez dû voir le monument sis à Birkenau où il est indiqué en dix-neuf langues qu'il est mort dans ce camp quatre millions de victimes. Les plaques devant lesquelles se sont inclinés Jean-Paul II et bien des puissants de ce monde ont été retirées en avril 1990 sur décision des autorités du musée d'Auschwitz parce que le chiffre de quatre millions n'était plus soutenable. On a généralement admis que 90 % des victimes étaient juives. Comment dans ce cas maintenir le total de six millions de juifs morts à Auschwitz et ailleurs ?

– Savez-vous que, dans son jugement, le tribunal dit que les Allemands firent des essais en vue de se servir de la graisse des victimes pour la production industrielle du savon ?[666]

[Ce mythe est dénoncé aujourd'hui par tous les historiens officiels, en particulier par G. Wellers dans les termes les plus sévères.]

Quelle confiance peut-on accorder aux juges de Nuremberg pour dire l'histoire ?

III. Questions sur le révisionnisme historique et R. Faurisson

R. Hilberg a rendu hommage à « Faurisson et d'autres » dans l'entretien qu'il a accordé en 1982 au *Nouvel Observateur* dans les termes suivants :

> « Je dirai que, d'une certaine manière, Faurisson et d'autres, sans l'avoir voulu, nous ont rendu service. Ils ont soulevé des questions qui ont eu pour effet d'engager les historiens dans de nouvelles recherches. Ils ont obligé à rassembler davantage d'informations, à réexaminer les documents et à aller plus loin dans la compréhension de ce qui s'est passé. »[667]

Le professeur Michel de Boüard a rendu hommage aux « études très serrées » des révisionnistes ».[668] Des hommes comme Paul Rassinier ont

---

[664] *TMI*, I, p. 266.
[665] *Welt am Sonntag*, 8 mars 1987, p. 2.
[666] *TMI*, I, p. 265-266.
[667] R. Hilberg, « Les Archives de l'horreur », p. 7.
[668] M. de Boüard, *Ouest-France*, 2-3 août 1986.

eu raison bien avant les historiens officiels sur l'absence de chambres à gaz dans une série de camps, sur la non-valeur des prétendus témoignages de Gerstein ou de Nyiszli, sur les formidables exagérations de chiffres, sur le vrai sens de certains documents (lettre de Göring à Heydrich, procès-verbal de Wannsee...), sur les responsabilités de la seconde guerre mondiale, sur le procès de Nuremberg etc. Comment expliquez-vous le retard des historiens officiels à admettre ces vérités ? David Irving a été violemment attaqué pour avoir dit qu'il n'existait pas d'ordre de Hitler d'exterminer les juifs ; aujourd'hui, c'est chose admise. Pourquoi ce retard ? Les révisionnistes n'ont-ils pas découvert de nombreux documents essentiels, à commencer par les plans des crématoires d'Auschwitz censés contenir des chambres à gaz ? Pourquoi n'avait-on pas publié ces plans découverts et publiés par R. Faurisson ? Pourquoi est-ce aux révisionnistes que nous sommes redevables d'expertises qui auraient dû être exigées dès 1945 par les historiens officiels ?

R. Faurisson a été accablé de procès. Le 26 avril 1983, la cour de Paris a déclaré n'avoir découvert chez lui ni légèreté, ni négligence, ni ignorance délibérée, ni mensonge, et cela pour des recherches étendues sur quatorze ans. Pensez-vous que beaucoup d'historiens pourraient avoir droit à un tel hommage si on passait au crible leurs recherches sur quatorze années ?

La cour a conclu : « La valeur des conclusions défendues par M. Faurisson [sur le problème des chambres à gaz] relève donc de la seule appréciation des experts, des historiens et du public ». Qu'en pensez-vous ?

P. Vidal-Naquet a écrit : « Le procès intenté en 197[9] à Faurisson par diverses associations antiracistes a abouti à un arrêt de la cour d'appel de Paris en date du 26 avril 1983, qui a reconnu le sérieux du travail de Faurisson, ce qui est un comble, et ne l'a, en somme, condamné que pour avoir agi avec malveillance en résumant ses thèses en slogans. »[669] Qu'en pensez-vous ?

Le 16 décembre 1987, le tribunal de grande instance de Paris a jugé que les *Annales d'histoire révisionniste* développaient sur les chambres à gaz *et le génocide* des thèses relevant « de la libre expression des idées et des opinions et d'un débat public entre historiens » et le tribunal a ajouté qu'il n'avait pas, « en l'état, à exercer un contrôle sur une discussion de cette nature ». Qu'en pensez-vous ? Et que pensez-vous du fait qu'en appel les magistrats en aient jugé autrement ?

P. Vidal-Naquet a écrit : « Il y a dans la façon dont a été traitée, dans l'Université et hors de l'Université, l'affaire Faurisson quelque chose de

---

[669] P. Vidal-Naquet, *Les Assassins de la Mémoire*, p. 182.

mesquin et de bas. Que l'Université ait prétendu qu'il n'a rien publié – si elle a vraiment prétendu cela et a été suivie par le Conseil d'État – me paraît lamentable. »[670] Qu'en pensez-vous ?

Qu'avez-vous fait pour venir en aide à votre collègue persécuté ? Pourquoi n'avez-vous pas répondu aux lettres où il vous lançait, à plusieurs reprises, un appel en ce sens ? Lui avez-vous manifesté votre sympathie ou avez-vous élevé une protestation publique lors des graves agressions physiques dont il a été la victime à l'Université et hors de l'Université ?

IV. Questions sur les magistrats juges de l'histoire et sur la loi Fabius-Gayssot

– Les magistrats peuvent-ils se faire ou être faits juges de l'histoire ? Ont-ils compétence, par exemple, pour dire si les chambres à gaz ont existé ou non ? Ce procès contre P. Costa ne repose-t-il pas, au fond, sur un présupposé non formulé qui est que les chambres à gaz ont existé car, s'il en était autrement et si, par exemple il était admis que celles-ci n'ont pas existé, ce procès deviendrait *ipso facto* inconcevable ?

– Au fait, à supposer que les chambres à gaz n'aient pas existé, faut-il le dire ou le cacher ? [Question qu'il faut, à tout prix, empêcher R. Rémond d'esquiver.]

– Le tribunal correctionnel de Paris a déclaré :

> « Des critiques peuvent, à juste titre, être développées concernant l'*organisation*, la *structure* et le *fonctionnement* du Tribunal Militaire International de Nuremberg, tant sur le plan *juridique* qu'*historique* ou *philosophique*. »[671]

Êtes-vous d'accord ?

Comme Philippe Costa ne critique ce tribunal que sur une infime partie de sa décision (les quelques lignes, dans un jugement de cent quatre-vingt-sept pages, portant sur les chambres à gaz et, éventuellement, le génocide), comment pourrait-on lui en faire grief ?

– A-t-il existé, pour l'historien que vous êtes, dans la législation française, des lois républicaines absurdes, scandaleuses ou désuètes ? S'il en a existé autrefois, pourquoi n'en existerait-il pas aussi aujourd'hui ? Ne serait-ce pas le cas de la loi Fabius-Gayssot dénoncée par la Ligue des droits de l'homme, Simone Veil et Jacques Toubon ? Si oui, quel peut être le comportement d'un Français, magistrat ou non, à l'égard d'une telle loi ?

---

[670] *Id.*, p. 84.
[671] Tribunal correctionnel, Paris, XVIIe chambre, président Grellier, affaire Faurisson, 18 avril 1991.

– Admettez-vous qu'on puisse être envoyé en prison ou mis à l'amende parce qu'on ne croit pas aux chambres à gaz, des chambres à gaz que vous, personnellement, vous êtes dans l'incapacité de décrire (forme et fonctionnement) ?

– Connaissez-vous un seul autre point d'histoire (de l'histoire mondiale, depuis quatre mille ans) qui ne puisse pas être contesté sous peine de prison ou d'amende ?

***

13 mai 1992

CONDAMNATION EN APPEL DE DEUX JEUNES INGÉNIEURS RÉVISIONNISTES FRANÇAIS

L e 10 avril 1992, la cour d'appel de Caen (Calvados) a confirmé la condamnation de deux jeunes ingénieurs pour diffusion de tracts et autocollants révisionnistes contestant l'existence de chambres à gaz homicides dans les camps de concentration du IIIe Reich.

La cour était présidée par Jean Passenaud, assisté de Baptiste Leseigneur et de Pierre Lepaysant, en présence de Pierre Clouet, substitut du procureur.

Les parties civiles étaient quatre associations de déportés juifs et autres.

La loi invoquée était celle du 13 juillet 1990 (parue au *Journal officiel* du 14 juillet 1990, jour de la fête nationale française) réprimant la contestation des « crimes contre l'humanité », c'est-à-dire essentiellement des crimes contre les juifs.

Vincent Reynouard, ingénieur chimiste sans emploi, a vingt-trois ans ; Rémi Pontier, ingénieur informaticien, est également sans emploi parce qu'il effectue actuellement son service militaire (en France, ce service est obligatoire pour les hommes). Le premier est condamné à une peine d'emprisonnement de deux mois avec sursis tandis que le second est condamné à une peine d'emprisonnement de quinze jours avec sursis. Tous deux devront verser à chacune des quatre associations un franc de dommages-intérêts et mille cinq cent francs (total : six mille francs). Ils devront, en outre, payer la publication de l'essentiel du jugement dans *Ouest-France*. Enfin, ils devront payer les dépens (1.676 F). Cette sanction financière est d'autant plus lourde que ces jeunes gens, dépourvus de toute fortune et de tout revenu, ont déjà dû assumer des frais considérables pour leurs procès en première instance et en appel.

La législation française interdit qu'on aide une personne à payer une amende mais il est toujours permis de participer au fonds de défense d'un accusé.

Les deux jeunes gens ont l'intention de se pourvoir en cassation et même, s'il le faut, auprès de la Cour européenne des droits de l'homme à Strasbourg, s'ils trouvent l'argent nécessaire pour ces procédures.

***

26 mai 1992

L'AVENTURE RÉVISIONNISTE

Sauf exception, un chercheur révisionniste n'est pas un intellectuel confiné dans son cabinet de travail. Même s'il aspire à vivre dans une sorte de Thébaïde, la société se chargera de l'en sortir.

Pour commencer, il doit être homme de terrain et se rendre partout où l'exigent ses recherches. Et comme personne ne l'aidera dans ces recherches-là – bien au contraire –, il lui faudra apprendre à ruser avec l'adversité et à contourner cent obstacles pour parvenir à ses fins. Il sera à l'école de la vie. Il lui faut, par ailleurs, multiplier les contacts, à travers le monde, avec d'autres révisionnistes parce qu'aucun chercheur ne peut s'isoler dans son propre travail. Personnellement, le révisionnisme m'aura, comme on dit, fait voir du pays, en particulier les États-Unis, le Canada et l'Allemagne, mais aussi la Grande-Bretagne, les Pays-Bas, la Belgique, la Norvège, la Suède, l'Autriche, la Suisse, l'Espagne, l'Italie, la Pologne et quelques autres pays encore. Il n'est pas jusqu'à l'Australie ou la Nouvelle-Zélande, l'Ukraine et le Japon, la Tunisie, l'Afrique du Sud, l'Iran ou le Pérou qui ne figurent parmi les pays où se développe aujourd'hui le révisionnisme historique. C'est à l'occasion de tels contacts qu'on découvre les différences des mentalités anglo-saxonne, germanique, latine, arabe, juive, catholique, protestante, musulmane ou athée devant l'un des plus puissants tabous que l'histoire ait connus : celui de l'« Holocauste » des juifs. Le révisionnisme, qui dévoile ce tabou, agit alors comme un révélateur de ces mentalités.

Il révèle aussi le fond des individualités et le mécanisme de fonctionnement des institutions. J'aime à scruter le visage de l'homme, de la femme, du vieillard ou de l'adolescent qui frémit en entendant, pour la première fois de sa vie, le propos sacrilège d'un révisionniste. Chez les uns, le visage se colore et une lumière s'allume dans l'œil : leur curiosité s'éveille. Chez les autres on blêmit : chez ces derniers, celui qui se croyait tolérant se découvre intolérant et tel qui ouvrait facilement son cœur le ferme tout aussi vite. Devant le révisionnisme, les institutions se révèlent pour ce qu'elles sont : le résultat d'arrangements circonstanciels auquel le temps a fini par donner un air de respectabilité. L'institution judiciaire, par exemple, prétend défendre la justice (une vertu !) ou la loi (une nécessité) et elle tient à nous faire croire que, dans leur ensemble, les magistrats se soucient de vérité. Or, quand les magistrats se trouvent dans l'obligation de juger un révisionniste, il fait beau voir comme ils jettent par-dessus bord les scrupules dont ils s'honorent. Pour eux, avec un révisionniste, il n'y a plus ni foi, ni loi, ni droit. L'institution judiciaire dévoile ici toute sa précarité. Quant au petit monde du journalisme et de la communication, il se révèle, plus que tout autre, soucieux de ne laisser passer que les idées ou les marchandises autorisées ; son rôle s'apparente à celui d'amuseurs publics chargés de faire croire à la libre circulation des idées et des opinions.

Le révisionniste vit dangereusement. Gendarmes, juges et journalistes le guettent. La prison peut l'attendre. Ou l'hôpital. Il risque de se retrouver sur la paille et sa famille avec lui. Peu lui importe. Il vit, il rêve, il imagine. Il se sent libre. Ce n'est pas qu'il se berce d'illusions sur la portée de ses découvertes. Ces découvertes font peur à tous et elles contrarient trop d'idées reçues. Elles se heurtent à deux grands mystères de l'homme : le mystère, général, de la peur et le mystère, particulier, du besoin de croire à n'importe quoi.

À un historien qui venait d'achever une *Histoire de l'humanité* en cinq volumes, on avait un jour demandé : « En fin de compte, quel est le principal moteur de l'histoire des hommes ? » La réponse, après une longue hésitation, avait été : « La peur ». Il est de fait que la peur est d'une présence écrasante et qu'elle prend chez l'homme, encore plus que chez l'animal, aussi bien les formes les plus manifestes et parfois les plus saugrenues que les déguisements les plus trompeurs. Chez beaucoup d'hommes, mais certainement pas chez tous, le mystère de la peur se combine avec un autre mystère : celui, comme je l'ai dit, du besoin, du désir ou de la volonté de croire pour croire. Les Anglais ont, pour en parler, une expression malheureusement intraduisible : « *the will to believe.* » Céline disait : « Le délire de mentir *et de croire* s'attrape comme la gale ». La Fontaine, avant lui, avait noté :

> « L'homme est de glace aux vérités,
> Il est de feu pour les mensonges. »

Le révisionnisme peut corriger l'histoire mais il ne corrigera strictement rien de l'homme. En revanche, l'avenir lui donnera raison sur le plan de l'historiographie. Trop d'éléments sont déjà là qui prouvent que le révisionnisme progresse inexorablement. Il restera inscrit dans l'histoire comme « la grande aventure intellectuelle de la fin de ce siècle ».

Rappel : Les révisionnistes ne *nient* pas l'existence du génocide et des chambres à gaz. C'est une erreur. Galilée ne *niait* pas que la terre fût fixe ; il *affirmait,* au terme de ses recherches, que la terre n'était pas fixe mais qu'elle tournait sur elle-même et autour du soleil. De la même façon, les révisionnistes *affirment,* au terme de leurs propres recherches, que génocide et chambres à gaz n'ont pas existé mais que la « solution finale de la question juive » consistait en l'émigration des juifs, si possible, et en l'évacuation des juifs, si nécessaire.

Les révisionnistes cherchent à dire *ce qui s'est passé ;* ils sont positifs, tandis que les exterminationnistes s'acharnent à nous raconter *ce qui ne s'est pas passé ;* leur travail est négatif.

Les révisionnistes sont pour la réconciliation des belligérants dans la reconnaissance de *ce qui s'est vraiment passé.*

***

12 mai 1992

ÉDITORIAL DE LA *REVUE D'HISTOIRE RÉVISIONNISTE* N°6

Cette sixième livraison de la *Revue d'histoire révisionniste* sera provisoirement la dernière.

Après consultation de groupes et de personnalités révisionnistes en France et à l'étranger, l'équipe de la *RHR* prend la décision, provisoire, de plonger dans la clandestinité. Nous avons les moyens et les talents nécessaires à la poursuite de nos publications mais des raisons de circonstance nous obligent à interrompre toute activité au grand jour.

On peut être optimiste pour le révisionnisme et pessimiste pour les révisionnistes. Autant nos idées progressent partout dans le monde, en particulier aux États-Unis, en Scandinavie, dans le monde germanique et dans certains milieux arabo-musulmans (voy. notre rubrique « Le révisionnisme à travers le monde »), autant la répression judiciaire et médiatique s'aggrave-telle à proportion, particulièrement en France.

Aujourd'hui, écrire librement sur certains points d'histoire, c'est s'exposer aux coups de la justice française quand ce n'est pas aux violences physiques du Bétar, du Tagar ou d'autres milices juives. Quand il s'agit de s'en prendre aux révisionnistes, il n'y a plus ni foi, ni loi, ni droit. L'incroyable série de procès intentés au professeur Faurisson pour une seule interview donnée dans *Le Choc du Mois* de septembre 1990 en est une illustration. Les procès Vincent Reynouard (à Caen), Philippe Costa (à Fontainebleau), Fabrice Robert (à Nice), Pierre Guillaume (à Amiens) et quelques autres encore prouvent que les magistrats français n'ont pas le courage, à de rares exceptions près, de faire jouer la clause de conscience et de répondre à ceux qui ont improvisé la loi Fabius-Gayssot : « *Non possumus :* en conscience, nous ne pouvons réprimer ces hérétiques ; nous n'avons pas la preuve matérielle que ces chambres à gaz ont existé ; nous ne savons même pas comment elles étaient faites. »

Loin de constituer un « détail » de l'histoire, l'existence de la magique chambre à gaz forme un obstacle qui empêche toute recherche sérieuse sur l'histoire de la seconde guerre mondiale. Elle va jusqu'à déformer notre vision du monde actuel. On la sent présente dans le débat politique. Il faut en finir avec elle. « Le roi est nu. » Cette horreur n'a jamais existé. Elle n'a d'ailleurs plus grande consistance dans les esprits de ceux qui en parlent. Elle meurt. Elle est même morte.

Le mythe de la chambre à gaz est mort à Paris le 2 juillet 1982 au terme du colloque international de la Sorbonne sur « L'Allemagne nazie et le génocide juif ». Annoncé à grand bruit, ce colloque devait infliger un démenti aux révisionnistes, qui, en France particulièrement, commençaient à souligner que l'existence des prétendues chambres à gaz nazies se heurtait à des impossibilités tout simplement physiques et chimiques. Ce colloque, présidé par François Furet et Raymond Aron, allait, nous disait-on, être suivi d'une retentissante conférence de presse. Après quatre journées d'un colloque *in camera*, réservé aux historiens orthodoxes, vint le jour de la conférence de presse. Seuls se présentèrent devant les journalistes, les deux organisateurs incapables de dissimuler leur embarras : on n'avait pas, malgré les recherches les plus érudites, trouvé un ordre de Hitler d'exterminer les juifs et les procès intentés à leur collègue R. Faurisson étaient des procès de sorcellerie ; quant aux chambres à gaz, pas le moindre mot. Elles venaient de mourir. Six ans plus tard, l'historien américain Arno Mayer, d'origine juive, qui avait été présent au colloque, devait écrire : « Les sources pour l'étude des chambres à gaz sont à la fois rares et douteuses. »[672]

---

[672] A. Mayer, *The "Final Solution"*, p. 362.

Si, pour bien des historiens, le mythe des chambres à gaz avait ainsi expiré le 2 juillet 1982, on voit que le grand public n'en a rien su. C'est que depuis près de dix ans on lui cache la nouvelle : une bonne nouvelle, au fond, pour les Allemands et pour les juifs, mais une mauvaise nouvelle, évidemment, pour ceux qui ont exploité cette affreuse invention de la propagande de guerre et de haine.

On imagine une stèle funéraire. Elle porterait l'inscription suivante : « Mythe de la chambre à gaz – Né à Londres le 22 mars 1916 – Mort à Paris le 2 juillet 1982. » Ce mythe n'aura vraiment vécu que pendant soixante-six ans, soit l'espace de deux générations, s'il est vrai qu'un siècle compte trois générations.

Le 22 mars 1916 en effet, le *Daily Telegraph* de Londres avait titré sur l'assassinat de sept cent mille Serbes par les Allemands, les Autrichiens et les Bulgares ; le journal ajoutait qu'on avait employé des gaz asphyxiants dans des églises ou ailleurs.[673] À la fin de 1941, ce bobard de guerre pourtant abandonné dès les années vingt, était recyclé aux mêmes fins de propagande : simplement, les juifs remplaçaient les Serbes.

La vérité historique fait son chemin. Au lieu de la servir au grand jour, les membres de l'équipe de la *RHR* ont d'ores et déjà organisé sa défense dans la clandestinité. La répression entraîne cette forme de résistance et la justifie.[674]

12 mai 1992
[Publié dans la *RHR*, n° 6, mai 1992.]

***

Mai 1992

En marge de « l'arrêt Touvier »

« L'arrêt Touvier », long de deux cent quinze pages, a été rendu par la première chambre d'accusation de la cour d'appel de Paris le 13 avril 1992. Il est porté devant la cour de cassation. En marge de cet arrêt, on pourrait inscrire trois observations sur ses auteurs :

---

[673] Voy. *RHR*, n° 5, p. 165-172, en particulier sur les faux établissements d'épouillage.
[674] [Note de la *RHR* : La *RHR*, interdite à l'exposition, à la vente et interdite de publicité en vertu d'un arrêté signé de Pierre Joxe, ministre de l'Intérieur, le 2 juillet 1990, n'a pas fait jusqu'ici l'objet de poursuites judiciaires, mais des membres de son équipe ont été ou sont actuellement poursuivis, ce qui revient au même.]

1) Ils sont souvent accusés de révisionnisme ; or, il ne sauraient être tenus pour des révisionnistes à proprement parler puisque, aussi bien, ils font état de l'« extermination » des juifs comme s'il s'agissait d'un fait avéré (en quoi ils se trompent) ;

2) Sur le maréchal Pétain, ils font une observation qui a le mérite de la clarté, de la brièveté et de l'exactitude :

> « Aucun des discours du maréchal Pétain ne contient de propos antisémites (p. 201 de l'arrêt). »

Cette constatation fait partie des évidences qu'on a tendance à négliger. Dans une récente communication présentée au colloque du CDJC de Paris sur le thème : « Il y a cinquante ans : le statut des juifs de Vichy », l'historien Pierre Laborie en faisait lui-même la remarque.[675] Il notait aussi à ce propos :

> « Jean-Claude Barbas (Philippe Pétain, *Discours aux Français, 17 juin 1940-20 août 1944*, Albin Michel, 1989) signale un fait intéressant. Dans un des projets de l'allocution du 9 octobre 1940 destinée à présenter aux Français le premier bilan de l'action du gouvernement, les six lignes consacrées au statut des juifs ont été rayées avec, en marge, une annotation manuscrite non identifiée : "Pas encore. Le pays n'est pas antisémite et Paris se contente de mesures contre avocats et médecins juifs." »[676]

Ajoutons que pas une seule affiche murale de l'État français n'attaquait les juifs ni même ne faisait mention des juifs. Les secrétaires d'État ou ministres de l'Information, y compris Philippe Henriot, semblent également n'avoir émis aucune affiche murale antijuive. L'affiche de l'exposition antijuive du Palais Berlitz était le fait de la Ligue antijuive. Nous ne parlons pas ici, évidemment, de l'iconographie des brochures ou de celle des tracts, des guides d'exposition…[677]

Le 15 décembre 1940, le père jésuite « Gaston Fessard stigmatis[ait] publiquement le culte de la race à l'église Saint-Louis de Vichy, paroisse du maréchal Pétain ».[678] Bien d'autres « petits faits vrais », connus des vieux habitants de Vichy, surprendraient les jeunes générations qui ont une vision par trop simpliste du sort des juifs français pendant la guerre. Il ne s'agit pas de minimiser mais d'être exact ;

---

[675] P. Laborie, « Le Statut des juifs et l'opinion française », p. 64.
[676] *Id.*, p. 64-65, n. 12.
[677] Voy. Christine Bergeron, *Le Régime de Vichy à travers l'affiche.*
[678] P. Laborie, *op. cit.*, p. 68.

3) Ils ne pourraient sans doute pas être désavoués par la cour de cassation sans de graves conséquences pour certains des milieux, précisément, qui attaquent « l'arrêt Touvier ». Certes, autant ils exposent de façon magistrale les raisons pour lesquelles aucune des accusations portées par un impressionnant ensemble de prétendus témoins n'a, en définitive, la moindre valeur, autant leur dissertation sur le fait que l'État français n'était pas un « état pratiquant une politique d'hégémonie idéologique » sent la copie d'élève. Ils ont manifestement raison sur le fond mais leur analyse historique est maladroite. Les magistrats ne devraient décidément pas avoir à se prononcer en matière d'histoire. Mais, en la circonstance, l'aberrante définition rétroactive (1985 !) du crime contre l'humanité faisait obligation à ces trois magistrats de s'interroger sur le point de savoir si le régime du maréchal Pétain était aussi tyrannique que celui du chancelier Hitler (il n'était pas question de s'interroger sur celui du maréchal Staline !). Si la cour de cassation, devant laquelle le dossier est porté, venait à conclure que l'État français était un « état pratiquant une politique d'hégémonie idéologique », elle renforcerait l'idée que cet état a joui d'une existence bien réelle et non d'une sorte d'existence plus ou moins factice comme on s'efforce généralement de nous le faire croire aujourd'hui, en particulier dans certains des milieux qui attaquent « l'arrêt Touvier ».

[Publié dans la *RHR,* n° 6, mai 1992, p. 83-85. Article signé Jessie Aitken.]

***

Mai 1992

WANNSEE : « UNE HISTOIRE INEPTE »

Un communiqué de l'Agence télégraphique juive, publié dix jours *après* la célébration, dans le monde entier, de l'anniversaire du « procès-verbal » de Wannsee du 20 janvier 1942, annonçait que, pour Yehuda Bauer, professeur à l'université hébraïque de Jérusalem, la réunion de Wannsee ne pouvait avoir la signification que persistaient à lui attribuer les médias et selon laquelle les Allemands auraient, ce jour-là, décidé d'exterminer les juifs. Y. Bauer estimait qu'il s'agissait même là d'une « histoire inepte » *(silly story).* Dès le début des années quatre-vingt, la thèse dite de Wannsee avait été progressivement délaissée par les historiens et elle fut définitivement abandonnée au colloque de Stuttgart (3-5 mai 1984). Mais le grand public est maintenu dans l'ignorance de ces rectifications, qui constituent autant d'hommages involontaires aux révisionnistes.

En France, le battage fait autour de Wannsee continue de trouver un écho jusque dans le calendrier des Postes de l'année 1992 ; dans le répertoire des dates historiques, on découvre :

> « 20 janvier [1942] : Les nazis adoptent "la solution finale" pour les Juifs qu'ils déportent et exécutent massivement. »[679]

Mais voici, dans son intégralité, le communiqué de l'Agence télégraphique juive (Londres) tel que reproduit dans le *Canadian Jewish News* du 30 janvier 1992, sous le titre : « Importance de Wannsee rejetée » :

> « Un professeur israélien en Holocauste discrédite la conférence de Wannsee à laquelle avaient, dit-on, participé des responsables nazis de haut niveau en 1942 dans une villa de la banlieue de Berlin pour mettre au point le projet de la "Solution finale".
>
> Selon le professeur Yehuda Bauer de l'Université hébraïque de Jérusalem, Wannsee était certes une réunion, mais "à peine une conférence" et "peu de ce qu'on y a dit a été exécuté dans les détails". »
>
> Bauer a pris la parole lors de la session d'ouverture d'une conférence internationale qui s'est tenue [à Londres] pour marquer le cinquantième anniversaire de la décision d'exécution de la « Solution finale ». Mais, a déclaré le professeur (né en Tchécoslovaquie), cette décision n'a pas été prise à Wannsee.
>
> "Le public répète encore, jour après jour, l'histoire inepte [*the silly story*] qui veut que ce soit à Wannsee que l'extermination des juifs ait été décidée. Wannsee n'était qu'une étape dans le déroulement du processus du meurtre de masse", a-t-il déclaré.
>
> Bauer a également réaffirmé que les craintes de voir disparaître avec le temps les souvenirs de l'Holocauste sont infondées.
>
> "Qu'on le présente de manière authentique ou de manière inauthentique, avec compassion et compréhension ou comme un kitsch monumental, l'holocauste est devenu un symbole majeur de notre culture.
>
> "Il ne se passe guère de mois sans qu'il y ait une nouvelle émission de télévision, un nouveau film, une nouvelle pièce, un

---

[679] *L'Almanach du facteur*, Eyrolle, 1992.

certain nombre de livres nouveaux, en prose ou en poésie qui traitent de ce sujet.

"Contrairement aux juifs vivants, les juifs morts ont très souvent bénéficié de commisération et de compassion ou fourni l'occasion d'un examen de conscience", a déclaré le professeur. »

Le 14 février 1990, les juges Diet, Pluyette et Breillat avaient débouté R. Faurisson de sa plainte contre G. Wellers. Notre revue avait fait état[680] de la manipulation à laquelle s'étaient livrés les juges dans leur prétendue reproduction du « procès-verbal » de Wannsee, et cela pour accréditer une thèse abandonnée depuis 1984 et aujourd'hui qualifiée d'« inepte » par une sommité de l'école exterminationniste.

On aimerait connaître la réaction de MM. Robert Diet, Gérard Pluyette et Yves Breillat à la déclaration de Y. Bauer.

[Publié dans la *RHR*, n° 6, mai 1992, p. 157-158.]

***

Mai 1992

LE FAUX TÉMOIGNAGE D'HENRY BILY

Le 15 février 1992, le professeur Faurisson écrivait au directeur responsable de la publication Le Déporté pour la liberté *(8, rue des Bauches, 75016 Paris) la lettre suivante, qui ne recevra pas de réponse. Cherchant à faire la leçon à ceux qui ne croient pas aux chambres à gaz nazies, des associations d'anciens déportés avaient fait appel au témoignage d'Henry Bily. Ce dernier s'est révélé être un faux témoin. Créateur, avec son beau-frère Éric Breuer, d'une fabrique de cravates à Nice et habitant Cannes, H. Bily avait fabriqué son récit à partir d'un faux depuis longtemps dénoncé par Paul Rassinier :* Médecin à Auschwitz, *de Miklos Nyiszli.*

Monsieur le Directeur,

Le Déporté pour la liberté se présente comme le mensuel de l'Union nationale des associations de déportés, internés et familles de disparus (UNADIF) et de trois autres associations de même caractère.

Dans vos récentes livraisons d'octobre et de novembre 1991, vous avez publié ce que vous appeliez le « poignant témoignage de Henry

---

[680] *RHR* n° 3, p. 204-205 et n° 4, p. 192-193.

Bily, l'un des rares rescapés d'un *Sonderkommando* [préposé aux chambres à gaz d'Auschwitz] ».

Dès qu'il a été publié dans *Nice-Matin*, *Corse-Matin* et en brochure, j'ai immédiatement classé ce témoignage dans la section des « faux témoignages sur Auschwitz », et dans la sous-section des « plagiats de Miklos Nyiszli ».

En 1951, Jean-Paul Sartre avait reproduit, dans *Les Temps modernes*, l'absurde « témoignage » du Dr. Miklos Nyiszli. En 1961, sous le titre de *Médecin à Auschwitz*, Julliard l'avait publié deux ans après avoir publié un autre faux : *Le Commandant d'Auschwitz parle*.

Beaucoup d'imposteurs se sont, à leur tour, inspirés de ces deux faux. Encore récemment, le 4 décembre 1991, un sieur Badache, « ancien déporté juif d'Auschwitz », débitait devant un tribunal un récit des gazages homicides d'Auschwitz manifestement inspiré, non de sa propre expérience comme il voulait le faire croire, mais du roman de Nyiszli. Ce tribunal était celui de Caen. On y jugeait un jeune ingénieur chimiste, Vincent Reynouard, qui avait commis le délit de ne pas croire à la magique chambre à gaz. Il refusait d'ajouter foi aux absurdités chimiques d'une arme qui – vous le noterez en passant – n'a jamais pu être décrite ; personne n'est capable de nous dessiner cet extraordinaire abattoir chimique ; j'ajoute que ce qui se visite à Auschwitz ou ailleurs n'a rien à voir avec des chambres à gaz homicides, ainsi que l'ont prouvé les rapports Leuchter et d'autres expertises. Les trois juges qui ont prêté une oreille complaisante aux extravagances du sieur Badache et qui laissaient interrompre et insulter soit Vincent Reynouard, soit votre serviteur venu témoigner en faveur du jeune révisionniste, ont des noms qui passeront à la postérité : ils s'appellent Dominique Ricard, Anne Bertrand et Virginie Lureau. Ils ont lourdement condamné Vincent Reynouard.

Vous-même, vous menez un combat sans merci contre les révisionnistes. Vous décrivez ces derniers comme des racistes, des nostalgiques du nazisme, des antisémites.

Or, dans votre livraison de décembre 1991, vous voici contraint de publier, en page 5, une mise au point d'où il ressort qu'en fin de compte H. Bily a abusé de votre bonne foi ; vous le dénoncez comme un plagiaire et, qui pis est, comme le plagiaire d'une œuvre (*Médecin à Auschwitz*) qui contient sur les chambres à gaz ce que, pudiquement, vous appelez des « erreurs ».

Je reproduis votre texte :

MISE AU POINT
après l'insertion dans nos colonnes du texte d'Henry Bily

Le Déporté a publié dans ses numéros 461 d'octobre 1991 et 462 de novembre un témoignage d'Henry Bily sur le camp d'Auschwitz-Birkenau où il a été déporté le 20 novembre 1943 (matricule 164 444).

Henry Bily, d'après ses propres termes, indique qu'il s'agit d'un récit sur son histoire qui « *tout en étant la relation d'événements vécus, est une histoire extraordinaire* ». Ce serait donc un témoignage sur des faits vus personnellement par l'auteur.

La parution de ce texte a suscité de la part de nombreux lecteurs des réactions et des critiques extrêmement sérieuses.[681] Un examen approfondi du document a permis de déterminer de manière irréfutable qu'il était dans sa plus grande partie la copie intégrale, sans aucune mention de référence, de passages (notamment des chapitres 7 et 28) du livre du Dr Miklos Nyiszli : « *Médecin à Auschwitz* », écrit en 1946 et traduit et publié en 1961 aux éditions René Julliard. Malencontreusement, les erreurs commises à l'origine par le Dr Nyiszli ont été, elles aussi, reprises ; enfin, l'emprunt le plus long porte sur la description du fonctionnement du *Sonderkommando* d'Auschwitz-Birkenau, dans lequel Henry Bily déclare avoir travaillé.

Il résulte de cette analyse qu'il n'est possible, en aucune manière, de considérer le texte d'Henry Bily comme un témoignage original et personnel.

La Direction et la Rédaction de la Publication

Et maintenant, ne venez surtout pas prétendre que, si le témoignage d'Henry Bily est faux, il existe en revanche des témoignages authentiques sur les chambres à gaz. *Je vous mets au défi de trouver et de publier* un seul autre témoignage qui ait plus de valeur que celui-là.

En vérité, il n'existe *aucun* témoignage sur les chambres à gaz qui résiste tant soit peu à l'analyse. Vous remarquerez d'ailleurs qu'en un demi-siècle de procès aucun témoin n'a été soumis à l'épreuve du contre-interrogatoire sur la *matérialité* des faits de gazage auxquels il prétendait avoir assisté. Il y a eu une exception, en 1985, à Toronto. Au procès d'un révisionniste, un avocat que je conseillais a contre-interrogé le témoin n° 1 des gazages d'Auschwitz, Rudolf Vrba, auteur du best-seller *I Cannot Forgive* (1964). R. Vrba s'est effondré ; il a fini par reconnaître qu'il avait fait appel à… « la licence poétique ».

---

[681] [Note du *Déporté pour la liberté*] : Nous nous réservons par ailleurs la possibilité de vous faire part de celles-ci dans un prochain numéro.

Vous avez quarante ans de retard sur Paul Rassinier, ancien déporté, qui dès 1950 nous avait fourni toutes les armes nécessaires pour confondre les adeptes du « mensonge d'Ulysse », c'est-à-dire les faux témoins qui, tels Nyiszli et consorts, osaient parler de gazages homicides.

Vous avez trente ans de retard sur ce professeur Faurisson que vous dénoncez comme un être malfaisant, un faussaire, un homme sans cœur et sans conscience. Vous m'avez poursuivi devant les tribunaux. J'ai été accablé d'outrages et de condamnations. Vous avez pris part à une campagne de haine et de diffamation qui m'a valu sept agressions physiques en douze ans. On s'en est pris à ma personne dans ma vie privée, familiale, professionnelle. Et je ne suis pas le seul révisionniste dans ce cas.

Vous avez cinq ans de retard sur le professeur Michel de Boüard, ancien déporté et spécialiste de l'histoire de la déportation, qui, vous le savez bien, a fini par rendre hommage aux travaux des révisionnistes.

Lorsque je disais et répétais que j'avais du *respect* (j'insiste sur ce mot) pour les vraies souffrances des vrais déportés, vous avez affecté de voir là un faux semblant, une dérobade, une habileté de prétoire, comme si j'étais homme à travestir mes pensées.

Mes recherches, et mes découvertes, honorent, figurez-vous, l'université française tandis que vous, vous vous êtes déshonoré en participant à la curée générale. Vous avez usé et abusé de la souffrance des déportés. Paul Rassinier et moi, ainsi que tant d'autres révisionnistes en France et à l'étranger, nous aurons, en fin de compte, respecté, d'un même mouvement, à la fois les souffrances des déportés et les contraintes de l'exactitude historique.

Je vous invite à en faire autant.

P.S. *Abyssus abyssum invocat :* ici, le mensonge appelle le mensonge. Pour illustrer le témoignage de celui que vous appelez « notre camarade », vous avez publié, comme s'il s'agissait d'une chambre à gaz homicide, la photographie d'une chambre à gaz de désinfection située à Dachau. Visitez le camp : vous y constaterez que ce que j'avance là est clairement signalé aux visiteurs auxquels, par ailleurs, un panneau indique aussi qu'il n'y a jamais eu de gazages homicides dans la prétendue « chambre à gaz ». Pourtant, au procès de Nuremberg, je vous le rappelle, les gazages homicides de Dachau étaient un « fait établi », films, « preuves » et « témoignages » à l'appui !

[Publié dans la *RHR*, n° 6, mai 1992, p. 190-194.]

***

Mai 1992

À PROPOS DE L'ARRÊT TOUVIER, L'AFFAIRE DES « JUIFS BRUNS »

P rès de cinquante ans après la guerre, l'Épuration se poursuit en France et à l'étranger. Animée par Serge Klarsfeld, Simon Wiesenthal, Élie Wiesel et un grand nombre d'organisations juives dont le Congrès juif mondial, dirigé par Edgar Bronfman, et, en France, le Conseil représentatif des institutions juives de France (CRIF) dirigé par Jean Kahn, cette Épuration suscite encore aujourd'hui de nombreuses procédures judiciaires à l'encontre d'individus réputés avoir commis des « crimes contre l'humanité », c'est-à-dire, pour parler clairement, des crimes contre les juifs. Ces procédures donnent lieu, sur le plan médiatique, à des « affaires » : affaire Demjanjuk, affaire Finta, affaire Arthur Rudolf, affaires Barbie, Leguay, Papon, Bousquet, Touvier… La liste est longue. Les pays les plus concernés par ce type d'affaires sont les États-Unis, le Canada, l'Allemagne, l'Autriche, la France, l'Angleterre, l'Écosse et l'Australie. La chasse aux « collabos », comme on appelle ceux qui ont collaboré avec l'Allemagne nationale-socialiste, reste ouverte mais la chasse aux « collabos » juifs, la chasse aux « juifs bruns » reste obstinément fermée.

Les historiens juifs accusent la terre entière d'avoir soit commis, soit laissé se commettre de 1941 à 1945 le plus grand crime de l'histoire : le prétendu assassinat programmé de millions de juifs, notamment par le moyen de gigantesques abattoirs chimiques appelés chambres à gaz. Le musée du Centre Simon Wiesenthal de Los Angeles illustre le sens et la portée de cette accusation. Le visiteur du musée est d'abord conduit à voir dans Hitler et les siens les auteurs mêmes du crime. Puis, poursuivant sa visite, il découvre les complices du crime : Roosevelt, Churchill, Staline, le pape Pie XII (et le Comité international de la Croix-Rouge). Par la disposition des lieux et par la mise en scène, c'est plus sur les complices que sur les auteurs du crime que l'attention du visiteur est appelée par les organisateurs du musée. Nous sommes ainsi invités à comprendre que « sans l'indifférence et le silence du monde entier » génocide et chambres à gaz n'auraient pas pu exister. Il est de fait que Roosevelt, Churchill et Staline, non plus que Truman, de Gaulle ou Eisenhower, n'ont dénoncé l'existence et le fonctionnement de chambres à gaz homicides dans les camps de concentration du IIIᵉ Reich. Certes, ils ont décrit l'Allemagne nationale-socialiste comme l'empire du mal et, selon l'usage, ont accusé l'ennemi de pratiquer une politique d'*extermination* mais ils ne sont jamais allés jusqu'à mentionner les « chambres à gaz » ; un chef d'État responsable sait à quoi s'en tenir sur ses propres services de propagande et ne va pas en entériner les inventions et les fabrications. Quant au pape Pie XII et au Comité international de la Croix-Rouge, ils étaient trop informés de la situation réelle des camps de concentration allemands pour cautionner un mythe qui n'était, après tout, que le produit de recyclage d'un bobard de la première guerre mondiale : celui du gazage des civils serbes par les Allemands, les Autrichiens et les Bulgares.[682]

Il reste que, dans leur volonté de chercher partout des suspects à traduire devant les tribunaux, les justiciers juifs s'abstiennent de mettre en cause ce que Maurice Rajsfus a pu appeler « une véritable internationale juive de la collaboration nécessaire [selon les Conseils juifs] avec les nazis ».[683]

À l'exemple de Philippe Pétain et de Pierre Laval, beaucoup de responsables juifs ont collaboré par nécessité. La France avait, avec l'Angleterre, pris l'initiative d'entrer en guerre contre l'Allemagne ; l'Allemagne nous avait d'abord vaincus puis, deux ans plus tard, elle appelait tous les Européens à la croisade contre le communisme international qui, il faut bien le reconnaître, était largement d'inspiration juive.[684] La signature d'une convention d'armistice, la nécessité de

---

[682] Voy. J. Aitken, « L'origine du mythe », p. 166-172.

[683] M. Rajsfus, *Une Terre promise...*, p. 27.

[684] Aujourd'hui que le communisme est discrédité, on tend à oblitérer le fait que les juifs ont une lourde responsabilité dans la révolution bolchevique et dans les crimes du communisme. Il arrive cependant que, lorsqu'ils se retrouvent entre eux, les intellectuels juifs admettent cette réalité. Le 6 mai 1989, *Le Figaro-Magazine* publiait la seconde partie d'un débat sur « Être juif » (p. 121-124, 126, 128, 130, 132). Participaient à ce débat sept intellectuels juifs : Roger Ascot, Raphaël Draï, Marek Halter, Bernard-Henri Lévy, Guy Sorman, Adolphe Steg et Pierre Weill. Pierre Weill déclarait, sans se le voir contester : « Ce sont quand même les juifs qui ont construit l'Union soviétique. Finalement, Staline était le seul *goy* [non juif] à l'époque... » (p. 124). Et d'ajouter : « Ce sont *des juifs* qui ont construit un des plus grands délires du XXe siècle ! » Sur quoi B.-H. Lévy confesse : « La grande énigme, en effet, l'exception à ce que je viens de dire, c'est l'histoire de 1917, c'est la participation d'un certain nombre d'intellectuels juifs à la construction du bolchevisme. C'est ce qui complique un peu l'affaire. On a probablement assisté là à une perversion du sens de l'universel » (p. 126).

Pour B.-H. Lévy, les juifs auraient un sens particulièrement aigu de ce qu'il appelle « l'universel ». Pendant la guerre civile d'Espagne, les juifs communistes ont joué un rôle important dans les Brigades internationales et, en particulier, au titre de commissaires politiques (responsables de nombre de crimes et d'excès). De même en France, pour l'Épuration. En 1945, partout en Europe où se sont installés des régimes communistes et spécialement en Pologne, les staliniens ont trouvé chez les juifs de fervents collaborateurs ; en Pologne notamment, où la communauté juive se reformait, Staline ne pouvait compter ni sur l'armée (décimée à Katyn et en d'autres camps), ni sur la bourgeoisie, ni sur les catholiques mais essentiellement sur les juifs dont il allait truffer la police de Jacob Berman. L'antisémitisme polonais reprenait vie. En URSS, le « complot des blouses blanches » fut d'inspiration clairement antisémite mais il est faux

survivre, la pensée lancinante des Français retenus prisonniers en Allemagne, la lutte contre le communisme et ses méthodes terroristes, toutes ces raisons et quelques autres encore conduisaient Pétain et Laval à pratiquer une politique faite de constantes tractations avec plus fort que soi. De son côté, l'Union générale des israélites de France (UGIF) cherchait, elle aussi, à composer avec les Allemands.

Pendant l'été 1944, alors que se poursuivaient les exécutions sommaires des « collabos », commença la saison des juges, avec une justice à plusieurs vitesses : rapide pour la collaboration politique, lente pour la collaboration économique, nulle pour la collaboration juive.

Pendant qu'une justice expéditive permettait de fusiller notamment des écrivains et qu'une justice selon les normes prenait tout son temps pour examiner le dossier des constructeurs du mur de l'Atlantique, de Gaulle et les communistes toléraient qu'à de rarissimes exceptions près les juifs se jugent entre eux pour faits de collaboration. Des « tribunaux d'honneur » étaient constitués pour juger et finalement acquitter tous les juifs. Dans ces tribunaux figuraient des juifs qui avaient passé toute la guerre aux États-Unis ou en Suisse.

L'affaire de l'UGIF

L'Union générale des israélites de France (UGIF) fut fondée le 29 novembre 1941. L'UGIF-Nord commença à fonctionner en janvier 1942 et l'UGIF-Sud en mai 1942. Les responsables les plus connus en furent André Baur, Georges Edinger, Raymond Geissmann, Gaston Kahn, Raymond-Raoul Lambert, Albert Lévy et Marcel Stora. Elle fut en rapports constants avec la « Gestapo », c'est-à-dire, en fait, avec le Service de sûreté allemand (notamment Theodor Dannecker et Aloïs Brunner) et avec le Commissariat général aux questions juives établi par le gouvernement du maréchal Pétain (avec, pour responsables successifs, notamment Xavier Vallat et Louis Darquier de Pellepoix).

En 1943, certains responsables de l'UGIF furent internés à Drancy pour diverses raisons, puis déportés et ne revinrent pas de déportation mais d'autres exercèrent leurs responsabilités jusqu'à la dissolution de l'UGIF en septembre 1944, après le départ des Allemands de Paris. En

---

que, par la suite, les dirigeants de l'URSS aient persécuté les juifs. Contrairement à une allégation complaisamment répétée, les juifs formaient la seule population de l'Union soviétique à bénéficier du plus envié des privilèges, celui de pouvoir quitter le pays. C'était à qui se découvrirait une ascendance juive pour obtenir ce privilège. Lazare Kaganovitch, le « bourreau de l'Ukraine », allait, jusqu'à sa mort, jouir de tous les avantages de la *nomenklatura*. Il n'était pas le seul juif dans ce cas, en particulier dans les médias soviétiques.

août 1944, Georges Edinger fut interné quelques jours à Drancy comme suspect de collaboration puis relâché.

On pouvait – et on peut encore – reprocher à l'UGIF d'avoir contrôlé la population juive de France pour le compte des Allemands, d'avoir incité les juifs à l'obéissance aux lois allemandes et de Vichy, d'avoir coopéré à la préparation des rafles (sans en prévenir les intéressés) et d'avoir, en particulier, aidé les Allemands à se saisir des enfants juifs qui étaient hébergés dans des homes placés sous son contrôle (ce fut le cas, par exemple, pour les enfants d'Izieu).

À la date du 9 février 1943, l'effectif de l'UGIF-Nord comptait, à elle seule, neuf cent dix-neuf employés ; parmi les diverses catégories de personnel appointées en zone nord se trouvaient... vingt huissiers. En 1942, l'UGIF possédait des bureaux en quatorze villes de la zone nord, dont Paris, et en vingt-sept villes de la zone sud, dont Vichy. Il fallait également compter, à Paris et en banlieue, quelques dizaines d'établissements à caractère social (cantines, ouvroirs, dispensaires, écoles, patronages, etc.) et, en zone sud, de nombreux homes d'enfants et des fermes-écoles, particulièrement dans la Creuse.

Les fonds, considérables, provenaient, pour la zone nord, principalement des biens confisqués aux juifs par les autorités allemandes ou françaises et, pour la zone sud, principalement de l'argent distribué, en pleine guerre, par le fameux *American Jewish Joint Distribution Committee*. Plus connu sous le nom de « Joint » (Joseph Schwartz à Lisbonne et Saly Mayer à Berne), ce comité distribua, pendant toute la guerre, avec l'assentiment des Allemands, de considérables sommes d'argent aux juifs, y compris aux juifs de Berlin en 1944 et il envoya des colis aussi bien dans des camps de concentration que dans des ghettos. Le « Joint » avait été fondé en 1914 par le banquier Felix Warburg. L'UGIF reçut également des subsides de l'État français et bénéficia de l'aide du syndicat des banques françaises. Ce fut le cas, par exemple, à la suite d'une sanction financière d'un milliard de francs imposée par les Allemands à cause d'une série de graves attentats perpétrés contre des membres de la Wehrmacht : l'UGIF obtint un prêt qui lui permit de ne pas taxer les juifs et de ne pas recourir à son propre argent ; en fin de compte, elle ne versa aux Allemands que le quart du prêt[685] et conserva par devers elle le reste de l'argent.

---

[685] Phillippe Boukara, « French Jewish Leadership during the Holocaust », p. 50. Il s'agit du compte rendu d'un livre du meilleur spécialiste de la question, Richard Cohen : *The Burden of Conscience, French Jewish Leadership during the Holocaust* [Le Poids de la conscience : Les dirigeants de la communauté juive française pendant l'Holocauste]. R. Cohen y montre « l'habileté financière [de l'UGIF-Nord] ».

Après la Libération, l'affaire de l'UGIF sera étouffée et le procès public évité. Un jury d'honneur se réunira sous la présidence de Léon Meiss, président du CRIF. Il acquittera les accusés en première instance et en appel. Les pièces du procès n'ont jamais été publiées. Personne ne sait ce que sont devenus les sept cent cinquante mille francs que s'est appropriés l'UGIF : le CRIF se les est-il, à son tour, appropriés ?

Que peut bien penser Jean Kahn, qui préside aujourd'hui le CRIF, du fait que des Français non juifs ont été accusés, jugés, condamnés et fusillés pour des actes et parfois pour de simples propos favorables à la Collaboration tandis que des Français juifs, sur lesquels pesaient de terribles accusations, ont été soustraits à la justice de leur pays et, par la suite, pour certains d'entre eux, comblés d'honneurs ?

L'affaire du consistoire central

Le Consistoire central des israélites de France, fondé en 1808, quitta Paris pour Lyon en 1940. Il refusa d'abord toute représentation au sein de l'UGIF et voulut sauvegarder son indépendance et la maîtrise de ses propres fonds. Il conserva des liens privilégiés avec l'Aumônerie générale israélite et le grand rabbinat. Son président, Jacques Helbronner, entretint des rapports suivis avec le maréchal Pétain qu'il rencontra à vingt-sept reprises et en qui il voyait le « père de la patrie ».[686] Il fut arrêté par les Allemands le 19 octobre 1943 pour des raisons obscures ; il fut déporté et ne revint pas de déportation. Son successeur fut Léon Meiss (1896-1966) qui fonda le CRIF en 1944. Le Consistoire multiplia, bien sûr, interventions et protestations en faveur des juifs mais tint jusqu'au bout à observer une attitude légaliste qui, à bien des

Français non juifs, devait valoir, pour « collaboration avec l'ennemi », l'exécution sommaire, la potence ou la prison. On lui attribue parfois une protestation datée du 25 août 1942 mais ce texte, que publie S. Klarsfeld dans son *Mémorial de la déportation des juifs de France* (d'après des documents du CDJC de Paris), est hautement suspect ; il ne porte, en particulier, ni en-tête, ni signature ; il s'agit d'un texte dactylographié anonyme et manifestement incomplet.

Les archives du Consistoire central sont actuellement soustraites à la communication pour la période postérieure à 1937. Il faudrait, semble-t-il, attendre l'an 2037 pour les voir ouvrir aux chercheurs. Elles ont été

---

[686] J. Helbronner approuvait en novembre 1940 certaines mesures prises par l'État français contre les étrangers et parlait de « normal antisémitisme » (Denis Peschanski, « Les statuts des juifs du 3 octobre 1940 et du 2 juin 1941 », p. 19).

déposées aux Archives des Hauts-de-Seine (à Nanterre) avec, peut-être, une copie à l'Université hébraïque de Jérusalem. Maurice Moch, archiviste du Consistoire central, aurait écrit un ouvrage sur le Consistoire central pendant les années 1939-1944 mais ce texte, truffé de documents, nous dit-on, n'a pu encore voir le jour.[687]

L'affaire de Drancy

En 1939, le gouvernement Daladier avait ouvert cent quatre camps d'internement en France pour les civils allemands, y compris au stade Yves-du-Manoir à Colombes et au stade Roland-Garros. Au Vel' d'hiv', douze mille femmes allemandes et autrichiennes étaient internées. En août 1944, des milliers de Français suspects de collaboration allaient à leur tour être conduits au Vel' d'hiv' – dans des conditions, parfois, de grande violence. Les photographies, bien connues, de « juifs parqués au Vel' d'hiv' » sont d'ailleurs en réalité des photographies de « collabos », prises par l'AFP ou l'agence Keystone en août 1944.[688] Il en va ainsi de toutes les guerres : les ressortissants d'une puissance belligérante hostile sont internés et l'ennemi réel ou potentiel est « neutralisé » en attendant d'être expulsé, jugé ou relâché. Les bâtiments de Drancy avaient été prévus, avant la guerre, pour être occupés par des gendarmes et leurs familles ; après la Libération, ils allaient servir à l'internement de prisonniers allemands ou de « collabos ». Entretemps, de 1941 à 1944, Drancy avait servi de camp de transfert pour la déportation des juifs de France vers l'Est. Parmi les soixante-sept mille juifs ainsi déportés, seuls huit mille cinq cents ont été des Français de souche et, parmi ces derniers, figuraient des « sujets français » (c'est-à-dire des juifs d'Algérie) et des « protégés français » (c'est-à-dire des juifs du Maroc ou de Tunisie). On doit ces précisions à Maurice Rajsfus dont le livre sur *Drancy, un camp de concentration très ordinaire 1941-1944* développe la thèse selon laquelle les juifs ont une large part de responsabilité dans l'internement de leurs coreligionnaires à Drancy, dans l'organisation et le fonctionnement du camp et dans la préparation des convois de déportés.

L'auteur reproche avec raison à Georges Wellers et surtout à Serge Klarsfeld d'avoir soit atténué, soit gommé des réalités déplaisantes pour la réputation des juifs.

Progressivement, les juifs élimineront les autorités françaises et s'empareront des leviers de commande du camp de Drancy ; ils traiteront directement avec les AA (autorités allemandes) et il s'ensuivra une

---

[687] Voy. *Le Monde juif*, octobre-décembre 1987, p. 200.
[688] Voy. Gérard Le Marec, *Les Photos truquées*, p. 124-127.

étonnante collaboration dont Aloïs Brunner, en particulier, ne pourra que se féliciter.

Drancy comptera successivement sept commandants juifs : le tricoteur Asken qui sera libéré en novembre 1942 avec les grands malades ; Max Blanor ; François Montel ; Georges Kohn, de mai 1942 à juin 1943 ; Robert Félix Blum ; Georges Schmidt ; Oscar Reich et Emmanuel Langberg. Le Bureau des effectifs est juif ; il établit notamment les listes de déportation. Le personnel juif se répartit en une trentaine de services. Une police juive et un tribunal juif s'installent. Une prison est sous la garde et la responsabilité de juifs. Le 24 octobre 1942 sont créés les M.S., c'est-à-dire les membres du service de surveillance. Les cadres juifs portent un brassard blanc et les policiers juifs un brassard rouge ; trois brigades sont formées avec, pour chacune, un brigadier et sept hommes. Ces autorités juives peuvent au besoin faire appel aux gendarmes français qui, eux, gardent l'enceinte du camp. Des juifs sont, par d'autres juifs, mis à l'amende ou tondus à la suite d'une décision – affichée – du tribunal juif présidé par Pierre Masse et Paul Léon. Ils peuvent être inscrits sur la prochaine liste de déportés. Les juifs eux-mêmes en viennent à parler de « Milice sémitique » ou de « Gestapolack ». Quand Robert Félix Blum constituera son directoire, on pourra dire : « Le ministère Blum II est constitué » par allusion au ministère constitué par Léon Blum en 1936. Les permissions ou les libérations peuvent dépendre du CDP (Chef de la police juive). On crée des « missionnaires », c'est-à-dire un corps de juifs chargés d'aller trouver, à l'extérieur du camp, les familles d'internés et de les convaincre d'aller rejoindre volontairement les internés à Drancy ; ces « missionnaires » sont aussi appelés familièrement des « rabatteurs » ou des « piqueurs ». René Bousquet, responsable de la police de Vichy, apprend la nouvelle et s'indigne auprès d'Oberg de pareilles méthodes (on comprend ici qu'un procès Bousquet risquerait de conduire à bien des révélations). Des « physionomistes » juifs s'emploient à repérer des juifs ; « *Ost fayer ?* » (en yiddish : « As-tu du feu ? »), telle est, par exemple, la question que pose le « physionomiste » à un juif probable ; si l'homme répond, c'est qu'il est juif. En 1943, la Côte d'Azur est devenue le refuge de très nombreux juifs. Les Allemands, qui redoutent de voir de pareils ensembles d'ennemis potentiels se constituer dans une zone de plus en plus sensible vu le développement de la guerre en Méditerranée, la situation militaire et politique en Italie et la possibilité d'un débarquement dans le sud de la France, décident de lancer des opérations de police. Aloïs Brunner se fait accompagner d'Abraham Drucker, le médecin-chef du camp de Drancy, et de spécialistes juifs chargés de vérifier, sous les porches des immeubles, si les hommes interpellés sont circoncis ou non (après la guerre, des médecins alliés feront se dévêtir des suspects pour voir s'il ne s'agit pas de SS portant sous le bras la marque de leur groupe sanguin). Brunner est à tel point satisfait de l'administration juive du camp qu'il fait supprimer barbelés et matraques. La vie s'organise de mieux en mieux avec d'incessantes constructions nouvelles. À Drancy, on célèbre le culte ashkénaze et le culte sépharade. Il y a une école, un jardin d'enfants, des ateliers. Il y a « de l'argent dans le camp, beaucoup d'argent ».[689]

Il importe de plaire à la « hiérarchie juive » du camp, dispensatrice de faveurs et de sanctions. Si l'on déplaît, on risque la déportation pour ceux qui la redoutent ou la non-déportation pour ceux qui la souhaitent. On peut demeurer à Drancy ou en être libéré ; on peut obtenir une permission ou se faire détacher dans l'une des trois annexes où la vie n'est pas trop rude : « Austerlitz », « Lévitan » ou « Rue Bassano » dans le XVIe arrondissement. À l'hôpital Rothschild, il semble que la collaboration avec les autorités allemandes ait été particulièrement satisfaisante pour ces dernières.

Après la guerre, Oscar Reich sera condamné à mort et exécuté mais les autres responsables de Drancy ne connaîtront guère d'ennuis avec les nouvelles autorités françaises et les instances juives. Pour les non-juifs, il en va tout autrement. Les gendarmes de Drancy passeront en jugement et, pour certains d'entre eux, seront condamnés. Les policiers français auront des comptes à rendre. Aujourd'hui encore, René Bousquet, déjà jugé, pourrait à nouveau être jugé, un demi-siècle après les faits.

Le plus étonnant est que les avocats de Bousquet, de Papon, de Touvier n'auraient nul besoin de forger de savantes plaidoiries pour leurs clients respectifs : ces plaidoiries se trouvent toutes écrites dans les ouvrages où des auteurs juifs, rappelant l'histoire de l'UGIF, du Consistoire ou de Drancy, sont conduits à énumérer les arguments qui peuvent justifier la collaboration ou la coopération des juifs eux-mêmes avec l'ennemi. Il fallait, nous disent-ils, composer. Il fallait donner pour recevoir. Il fallait « sauver les meubles ». On n'était « pas comptable de l'honneur juif mais du sang juif ». Et, par-dessus tout, on ignorait que l'internement puis la déportation conduisaient à l'extermination en chambres à gaz.

Les avocats de Bousquet, de Papon et de Touvier n'osent pas utiliser cet argument décisif, par crainte de paraître « révisionnistes ». On leur conseillera de lire un article d'Anne Grynberg paru dans *Le Monde Juif*

---

[689] Voy. sur le camp de Royallieu à Compiègne : « Le soir, à la lueur des chandelles, après le couvre-feu officiel, ils jouaient de grosses sommes au baccara, au poker ou aux petits paquets. Des fortunes indécentes s'étalaient sur les tables » (Adam Rutkowski, *Le Monde Juif*, octobre-décembre 1981, p. 143).

de juillet-septembre 1988 et intitulé : « Une découverte récente : le fonds d'archives de la Commission des camps (1941-1943) ». Plaidant en faveur du grand rabbin René Hirschler, créateur de la Commission des camps d'internés juifs, et cherchant à défendre tous les responsables juifs qui, pendant la guerre, ont en quelque sorte collaboré pour la bonne cause, A. Grynberg insiste sur le danger de ce qu'elle appelle les « analyses récurrentes ».[690] Elle veut dire que, pour juger ces hommes et ces femmes, il ne faut pas faire état de ce que nous avons appris sur la « Shoah ». L'argument vaudrait tout aussi bien pour Bousquet, Papon ou Touvier qu'on ne cesse aujourd'hui de présenter comme des pourvoyeurs de la chambre à gaz. Ajoutons, pour notre part, que ce qu'A. Grynberg pense avoir « appris » *après la guerre* n'a tout simplement pas existé.

Les conseils juifs en Europe

Dès la fin de 1939, les Allemands imposèrent la création de « Conseils juifs » pour l'administration des communautés juives de Pologne par villes, ghettos ou provinces. Certains Conseils s'efforcèrent de contrarier la politique allemande, mais la plupart apportèrent une importante contribution à l'effort de guerre allemand. Elles fournirent main-d'œuvre et produits manufacturés. Cette politique de collaboration résolue fut suivie par le fameux Mordechaï Chaïm Rumkowski, le « roi de Lodz », qui alla jusqu'à frapper sa propre monnaie, Jacob Gens de Vilno, Moshe Merin de Sosnowiec en Silésie et Efraïm Barasz de Bialystok. Ces Conseils juifs réprouvaient la lutte armée contre les Allemands et *certains allèrent jusqu'à combattre les résistants*. L'Allemagne eut sa « Représentation des juifs allemands du Reich », la France son « Union générale des Israélites de France », la Belgique une « Association des juifs en Belgique ». La Hollande, la Slovaquie, la Hongrie, la Roumanie et, en Grèce, Salonique eurent leurs Conseils juifs. Ceux de Hollande, de Slovaquie et de Hongrie furent particulièrement coopératifs. Grâce à leur collaboration avec les Allemands, beaucoup de juifs assurèrent largement leur subsistance ; certains comme Joinovici et, surtout, Skolnikoff bâtirent de colossales fortunes.

Sionisme et national-socialisme

Sionisme et national-socialisme avaient assez de points communs pour être dénoncés par les communistes, les trotskystes et certains

---

[690] A. Grynberg, « Une découverte récente : le fonds d'archives… », p. 116.

milieux arabes comme des frères, même si, souvent, ces frères allaient se comporter en frères ennemis.

Dès août 1933, l'Agence juive pour la Palestine et les autorités du IIIe Reich concluaient discrètement le « Pacte de transfert » (« *Haavara Agreement* » ou « *Transfer Agreement* ») qui permettait de sauver l'économie allemande mise en péril par la décision de boycottage des marchandises allemandes prise par les organisations juives mondiales en mars 1933. Ce pacte facilitait l'émigration de juifs allemands en Palestine. La législation allemande antérieure à l'arrivée de Hitler au pouvoir interdisait le transfert de capitaux à l'étranger, mais Hitler contourna cette interdiction et permit aux juifs d'exporter d'importantes sommes vers la Palestine et cela jusqu'à peu de mois après le commencement de la guerre de 1939.

Pendant la guerre, les contacts entre certains milieux sionistes et les Allemands persistèrent. En 1941, l'Irgun (Organisation militaire nationale) ou « Groupe Stern » ou « Lehi » alla jusqu'à proposer une alliance militaire à l'Allemagne contre la Grande-Bretagne. Un émissaire rencontra à Beyrouth le diplomate Otto Werner von Hentig mais l'offre fut déclinée, peut-être parce que l'Allemagne ne voulait pas « se prêter à une manœuvre tendant à permettre aux juifs de chasser le noble et vaillant peuple arabe de sa mère-patrie, la Palestine ».[691] Shamir, actuel premier ministre d'Israël, fit partie du Lehi au moins à partir de 1944 et, à cette époque, consacra toutes ses forces à la lutte contre la Grande-Bretagne (qui exerçait un protectorat sur la Palestine) et non contre l'Allemagne. En novembre 1944, ce groupe assassina au Caire Lord Moyne, ministre d'État britannique pour le Moyen-Orient. La lutte contre l'armée britannique prit les formes habituelles du terrorisme : les juifs allèrent jusqu'à faire enlever, fouetter et pendre des militaires britanniques. L'explosion de l'hôtel King David, dû au même groupe terroriste juif, causa quatre-vingt-onze morts.

Le crime de Touvier

Replacé dans le contexte général d'une période pleine de bruit et de fureur, le crime qu'on reproche à Touvier n'a certainement pas les proportions que les organisations juives cherchent aujourd'hui à lui donner. En représailles de l'assassinat de Philippe Henriot le 28 juin 1944, le colonel Knab, commandeur du SD de Lyon, exigea l'exécution d'une centaine de juifs. Sur intervention du capitaine Victor de Bourmont, responsable de la Milice, ce chiffre fut ramené à trente. Puis,

---

[691] *La Persécution des juifs dans les pays de l'Est présentée à Nuremberg*, p. 168-169.

sur l'intervention de Touvier, à sept. Ces sept juifs – en réalité, six juifs et un inconnu – furent exécutés près de Lyon, à Rillieux-la-Pape. Ce que les médias omettent en général de rappeler, c'est la raison pour laquelle les Allemands exigeaient des victimes juives. Les juifs jouaient un rôle important dans ce que les troupes d'occupation appelaient le terrorisme et que nous avons pris l'habitude de nommer la Résistance. Qu'on se rappelle, en particulier, l'importance des juifs dans les activités du parti communiste clandestin (voy. « l'Orchestre rouge », « l'Affiche rouge »…). Dans le cas de l'assassinat de Philippe Henriot, les juifs avaient leur part de responsabilité. Dans *La Grande Histoire des Français sous l'Occupation*, Henri Amouroux écrit :

> « Philippe Henriot était un adversaire si redoutable [surtout par son éloquence] que, fin mai 1944, Alger avait donné à la Commission d'action militaire (COMAC) rattachée au Conseil National de la Résistance, ordre de l'enlever ou de l'exécuter. »[692]

Les chefs de la COMAC étaient au nombre de trois : Ginsburger (dit Pierre Villon), Kriegel (dit Valrimont) et Jean de Vogüe (dit Vaillant). Les deux premiers étaient juifs. Et parmi les exécutants figurait au moins un juif, Jean Frydman, qui devait devenir après la guerre le patron d'un important groupe de presse.[693] Même si les Allemands ont peut-être ignoré ces précisions, ils savaient le rôle actif de la résistance juive dans la préparation et l'exécution des attentats.

La paille et la poutre

Au terme de l'affreuse boucherie de 1939-1945, on se demande qui pouvait s'ériger en juge et faire la leçon aux autres.

Les Alliés comptaient tant d'horreurs à leur actif (en particulier, Katyn, « le Goulag », Dresde, Hiroshima et la déportation de millions d'Allemands) qu'il fallait beaucoup d'impudence pour instituer la parodie judiciaire de Nuremberg. Les démocraties mènent la guerre de façon aussi cruelle que les dictatures, et même plus cruellement encore quand elles disposent d'une économie plus puissante. En ce demi-siècle de guerre, aucune force militaire n'a tué plus d'enfants que l'US Air Force, bras armé de la démocratie américaine : en Allemagne, en France, dans toute l'Europe occupée par les Allemands, au Japon, en Corée, en Indochine, en Irak, au Guatemala et ailleurs encore. Des puissances

---

[692] Tome 8, 1988, p. 417.
[693] Maurice Rajsfus, *Drancy*, p. 330, n. 43.

coloniales comme la France, la Grande-Bretagne, les États-Unis et, à sa façon, l'URSS auraient dû s'abstenir d'accuser l'Allemagne et le Japon.

Les juifs, c'est-à-dire l'État d'Israël ainsi que les organisations juives ou les individualités qui prétendent parler au nom des juifs, seraient bien inspirés de cesser leurs campagnes de haine contre les vaincus de la seconde guerre mondiale. Comme nous l'avons fait remarquer au début de cette étude, les maximalistes juifs, les Simon Wiesenthal, les Élie Wiesel, les Serge Klarsfeld, en sont venus à accuser la terre entière du malheur des juifs, un malheur suffisamment tragique pour qu'on n'ait pas à le grossir démesurément avec des inventions comme celle du génocide et des chambres à gaz. À force d'en appeler sans cesse à la répression, on risque de voir s'ouvrir un jour, au lieu du procès Touvier, du procès Bousquet ou du procès Papon, le procès des « juifs bruns », le procès de ce que M. Rajsfus appelle « l'internationale juive de la collaboration ».

Somme toute, mieux aurait valu qu'à la Libération, tous les magistrats français eussent été conduits à pouvoir prendre exemple sur leur collègue, le président Léon Meiss, et donc à passer l'éponge. N'avions-nous pas l'exemple de Churchill qui, à part quelques discrètes sanctions administratives, se refusa à toute mesure de répression à l'égard de ses compatriotes des îles anglo-normandes, qui, pendant près de cinq ans, avaient coopéré avec les Allemands sans leur opposer de résistance armée ?

La France aurait pu s'engager dans la voie de la réconciliation générale des Français…

Pour la rédaction de cet article, j'ai tenu à me limiter essentiellement aux informations fournies par l'*Encyclopedia of the Holocaust,* ainsi que par les ouvrages suivants de Maurice Rajsfus : *Des Juifs dans la Collaboration. I – L'UGIF 1941-1944, II –Une Terre promise ? 1941-1944* et *Drancy – Un camp de concentration très ordinaire 1941-1944.*

[Publié dans la *RHR,* n° 6, mai 1992, p. 69-82.]

***

Mai 1992

LE RÉVISIONNISME ENTRE AU « LAROUSSE »

RÉVISIONNISME : n.m. **1.** Comportement, doctrine remettant en cause un dogme ou une théorie, notamment, celle d'un parti politique. **2.** Remise en cause d'une loi, d'une constitution ou d'un jugement (comme la condamnation d'Alfred Dreyfus). **3.** Position idéologique des marxistes partisans de la révision des thèses révolutionnaires en fonction de l'évolution politique, sociale ou économique. **4.** Remise en question de l'histoire de la Seconde Guerre mondiale, tendant à nier ou à minimiser le génocide des juifs par les nazis.

Le révisionnisme historique fait, enfin, son entrée au *Petit Larousse*. Pour les révisionnistes, c'est un succès mais la définition proposée est contestable parce que subjective. Cette définition présente le génocide des juifs par les nazis comme une réalité historique que les révisionnistes tendent à nier ou à minimiser.

Galilée *ne niait pas* que la terre fût plate. Il *affirmait*, au terme de ses recherches, que la terre était ronde. De même, les révisionnistes *ne nient pas* ou *ne minimisent pas* le fait que les « nazis » auraient procédé au génocide des juifs. Ils *affirment*, au terme de leurs recherches, que les « nazis » se sont efforcés de trouver une solution finale à la question juive par l'émigration, si possible, ou par l'évacuation, si nécessaire.

Encore le mot de « nazis » est-il impropre. Il faudrait écrire « nationaux-socialistes » (qui n'est pas polémique) ou – mieux – « Allemands », car c'est l'ensemble des Allemands qui est accusé d'avoir, dit-on, exterminé ou laissé exterminer les juifs. D'ailleurs, c'est encore aujourd'hui le peuple allemand tout entier qui verse, en conséquence de son « crime », des réparations financières aux juifs ; il devra en verser jusqu'à l'an 2030.

Bref, s'il fallait corriger la définition du *Petit Larousse*, on pourrait écrire :

> « Remise en question de l'histoire de la seconde guerre mondiale, concluant, en particulier, à l'inexistence du génocide des juifs par les Allemands. »

ou :

> « Remise en question de l'histoire de la seconde guerre mondiale, concluant, en particulier, que les Allemands ont cherché une solution finale à la question juive par l'émigration ou par l'évacuation. »

[Publié dans la *RHR*, n° 6, mai 1992, p. 159-160.]

***

Juin 1992

CONCESSIONS FAITES AUX RÉVISIONNISTES

« Le Dossier des chambres à gaz », *L'Histoire*, juin 1992, p. 42-51, à propos de l'ouvrage de J.-C. Pressac, *Auschwitz, Technique and Operation of the Gas Chambers*, New York, The Beate Klarsfeld Foundation, 1989.

Ce dossier de la revue *L'Histoire* comprend essentiellement « Une histoire scientifique d'Auschwitz » par l'historien P. Burin, « Pour en finir avec les négateurs » par J.-C. Pressac, « Les historiens et le génocide » par l'historien F. Bédarida et « En mémoire des victimes » par l'historien P. Vidal-Naquet. Certains articles sont disposés sur trois colonnes (A, B, C).

I– Philippe Burrin

« Leur tâche [celle des révisionnistes] a été, il faut le dire, aidée par la défaillance partielle des historiens. »[694]

« [...] établissant de manière parfaitement irresponsable un bilan de quatre millions de victimes [pour Auschwitz]. »[695]

« Grâce à l'étude de ces archives, on dispose enfin d'une étude précise et systématique. »[696]

« Les recherches de Jean-Claude Pressac [...] contribuent à fonder une histoire scientifique d'Auschwitz. »[697]

II– Présentation de l'étude de J.-C. Pressac

« On verra ici que Jean-Claude Pressac a passé au crible des *documents jusqu'alors négligés par les historiens*. »[698]

III– J.-C. Pressac

---

[694] « Le Dossier des chambres à gaz », *L'Histoire*, p. 44-B.
[695] *Ibid.*
[696] *Ibid.*
[697] *Ibid.*
[698] *Id.*, p. 45.

« Certains survivants eurent tendance à *exagérer*. Les accusés *furent contraints* d'adopter des tactiques de défense classique […]. »[699]

« Il en résulta que [lors des procès] *le côté "technique" des gazages homicides fut pratiquement escamoté.* »[700]

« *Cette pénurie documentaire* […] *à* l'Est […] *conduisit souvent à déformer le sens d'une pièce en la produisant hors de son contexte.* À l'Ouest, *le manque de documents* […] *conduisit les historiens occidentaux à une méthode substitutive, dite du "codage". Elle permettait de rendre "criminel" un texte ou un plan qui ne l'était pas, en supposant que tel mot avait été "codé" par les SS et possédait une signification différente de celle usuelle.* »[701]

« *L'histoire ainsi édifiée de 1950 à 1970-1980 manquait de rigueur. En sus dès 1945, une erreur avait été commise* [on avait inventé des chambres à gaz là où il n'y en avait pas eu]. »[702]

« […] *c'était toujours le même scénario "gazeur"* [de fiction] *qui était évoqué et que retint l'inconscient collectif.* Il correspond à un *amalgame* […] le fonctionnement *supposé* de la chambre à gaz de Dachau qui, en réalité, ne fut jamais mise en service. »[703]

« […] cette *"histoire-témoignage"* [où on pourrait relever] de *multiples contradictions* [et où on pourrait ne voir] *qu'une "histoire-légende".* »[704]

« Les survivants de l'extermination juive […], après avoir constaté [vers 1980] la relative impuissance des historiens traditionnels à faire taire ces virulentes critiques [des révisionnistes], s'adressèrent à la Justice. *Mais ce qu'on croyait facile à démontrer ne le fut pas.* »[705]

« [Au sujet des "journaux" enterrés par les membres du *Sonderkommando*] Ceux qui furent retrouvés sont *quasi muets sur l'aspect technique.* »[706]

« Le film soviétique *Chroniques de la libération du camp*, 1945, que les télévisions occidentales présentèrent récemment comme un document inédit, était projeté depuis trente ans et l'est

---

[699] p. 46 A.
[700] *Ibid.*
[701] *Id.*, p. 46 B.
[702] *Id.*, p. 46 A, B.
[703] *Id.*, p. 47 A.
[704] *Id.*, p. 47 B.
[705] *Ibid.*
[706] *Id.*, p. 47 C.

toujours, plusieurs fois par jour et en différentes langues, dans une salle de cinéma à l'entrée du musée d'Auschwitz. »[707]

« Pour montrer la fiabilité ou, en fait, *la fragilité des témoignages*, quatre exemples seront évoqués :

1) Rudolf Vrba raconte […]. Vrba affirme […]. Vrba témoigna sous serment devant les tribunaux […]. [Or, cela était faux.]

2) Le caporal-chef SS Pery Broad […] travailla ensuite pour [les Britanniques]. Il rédigea à leur attention une déposition dont le style adopte le « langage du vainqueur » [définition de P. Vidal-Naquet], forme probablement conseillée par un Polonais de Londres en contact avec le SS. [Or, cela était faux.]

3) Le docteur hongrois Miklos Nyiszli [fournit trop d'indications] *sans rapport avec la réalité. Son manuscrit original [de* Médecin à Auschwitz*] n'a jamais été retrouvé.*

4) Nombre de survivants juifs, déportés en 1943-1944 et ayant séjourné à Birkenau, déclarent […] [Or, cela était faux.].[708]

« *Or, il n'existe ni film ni photo représentant un gazage homicide. Aucun document ne mentionne précisément le processus d'une telle opération. Les seules preuves disponibles sont des* « traces » ou « bavures » criminelles. »[709]

« […] de nombreuses archives allemandes, polonaises et russes n'ont *jamais été étudiées à fond* ou dans cette optique particulière faute de temps, d'argent, de personnel qualifié, voire de motivation. *Contrairement aux apparences, l'étude détaillée de l'extermination des Juifs, simple dans son principe, mais complexe dans sa machinerie, a commencé récemment et, semble-t-il, bien trop tardivement.* »[710]

IV– *François Bédarida*

« […] archives jusqu'ici inexplorées […]. »[711]

« […] ce que Salo Baron a appelé [par opposition à une histoire scientifique] une "conception larmoyante" de l'histoire. »[712]

---

[707] *Id.*, p. 48 A.
[708] *Id.*, p. 48 C, 49 A, B (ces références concernent les quatre exemples cités).
[709] *Id.*, p. 49 B.
[710] *Id.*, p. 50 B.
[711] *Id.*, p. 51 A.
[712] *Id.*, p. 51 C.

« [...] des questions [jusqu'ici] mal élucidées ou qui ont donné lieu à de fâcheuses confusions : ainsi le nombre réel des victimes d'Auschwitz »[713]

V– Pierre Vidal-Naquet

« [A propos de la "déclaration d'historiens" rédigée avec Léon Poliakov, refusant "l'idée même d'une interrogation technique", *Le Monde* du 21 février 1979, p. 23] *Nous avions assurément tort, au moins dans la forme, même si le fond de notre interrogation était juste.* »[714]

« On a, admettons-le, *gonflé la notion de codage.* »[715]

VI– En résumé

En conclusion, pour les historiens orthodoxes ou officiels et pour J.-C. Pressac lui-même dont l'ouvrage au titre (fallacieux)d'*Auschwitz : Technique and Operation of the Gas Chambers* est paru en 1989, l'historiographie des prétendues chambres à gaz hitlériennes d'Auschwitz était jusqu'à cette date entachée par :
- – la défaillance partielle des historiens ;
- – telle affirmation parfaitement irresponsable ;
- – l'absence d'une étude précise ;
- – l'absence d'une histoire d'Auschwitz scientifiquement fondée ;
- – le fait que les historiens ont négligé des documents ;
- – la tendance chez certains survivants à exagérer ;
- – la contrainte exercée sur les accusés ;
- – l'escamotage, pour ainsi dire, de la question technique ;
- – la pénurie documentaire ;
- – la fréquente déformation du sens d'une pièce ;
- – le manque de documents à l'appui d'une affirmation ;
- – telle méthode abusive permettant de dénaturer le sens réel d'un texte ;
- – le manque de rigueur ;
- – l'usage de tel stéréotype (scénario « gazeur »), l'amalgame, la supposition ;

---

[713] *Ibid.*
[714] *Id.*, p. 51 B.
[715] *Ibid.*

- le recours à une « histoire-témoignage » avec de multiples contradictions ;
- le recours à une sorte d'« histoire-légende » ;
- l'impuissance à répondre aux révisionnistes ;
- le recours contre les révisionnistes à la Justice mais « ce qu'on croyait facile à démontrer ne le fut pas » ;
- des « témoignages » quasi muets sur l'aspect technique ;
- la fragilité des témoignages le plus souvent cités : Vrba, Broad, Nyiszli et autres ;
- les faux témoignages de nombre de survivants juifs ;
- l'absence de tout film ou photo représentant un gazage homicide ;
- l'absence de tout document mentionnant le processus d'un tel gazage ;
- des archives jamais étudiées à fond ;
- des archives inexplorées ;
- une « conception larmoyante » de l'histoire ;
- des questions mal élucidées ou qui ont donné lieu à de fâcheuses confusions ;
- le tort de refuser jusqu'à l'idée même d'une investigation technique ;
- l'abus de telle notion permettant une interprétation arbitraire (« codage »).

Quant à l'étude de J.C. Pressac, elle n'apporte en fait de preuves que ce que l'auteur appelle lui-même, ici et dans son ouvrage même, des « traces » ou des « "bavures" criminelles » ![716]

***

7 juillet 1992.

PRÉFACE

J'aime à citer l'histoire de la dent d'or telle que nous la conte Fontenelle. Je le ferai ici, une fois de plus, tant l'aventure de Pierre Marais ressemble à celle de l'orfèvre qui découvrit la supercherie de cette dent que de doctes universitaires jugeaient, sans

---

[716] Voyez R. Faurisson, « *Auschwitz: Technique and Operation of the Gas Chambers…* ».

l'avoir vue, « mi-naturelle mi-miraculeuse ». En 1593, nous dit Fontenelle,

> « le bruit courut que les dents étant tombées à un enfant de Silésie, âgé de sept ans, il lui en était venu une d'or à la place d'une de ses grosses dents. »

Se fiant à la rumeur, d'éminents historiens s'empressèrent de disserter sur le sens et la portée de ce prodige survenu au XVIe siècle dans la région d'Auschwitz. Pendant plusieurs années, ils écrivirent des ouvrages où, se copiant les uns les autres, ils pratiquèrent ce que David Irving appelle « l'inceste entre historiens ».

> « Quand un orfèvre l'eut examinée, il se trouva que c'était une feuille d'or appliquée à la dent avec beaucoup d'adresse ; mais on commença par faire des livres et puis on consulta l'orfèvre. »

Fontenelle conclut que « rien n'est plus naturel que d'en faire autant sur toutes sortes de matières », aussi bien dans les sciences qu'en histoire.

Comme leurs prédécesseurs des siècles passés, les historiens de notre temps n'ont que trop tendance à commenter des faits qui ne sont pas même établis ; ils vivent dans le papier ; ils sont insuffisamment terre à terre et matérialistes. À l'exemple de P. Marais et des révisionnistes, ils devraient toujours se demander si la chose qu'ils rapportent et sur laquelle ils glosent est physiquement possible et, à supposer qu'elle le soit, si elle a réellement existé et sous quelle forme précise ; ils devraient, bien entendu, nous décrire cette forme.

Prenons l'exemple des prétendues chambres à gaz d'exécution dans lesquelles les Allemands auraient, paraît-il, exterminé des millions de juifs. Les historiens auraient dû nous décrire avec précision, en s'aidant de rapports techniques, la forme et le fonctionnement de ces gigantesques abattoirs chimiques. Ils ne l'ont jamais fait. Personnellement, depuis trente ans, j'attends toujours qu'on me montre une photographie, un dessin ou une maquette de chambre à gaz hitlérienne. J'attends toujours qu'on m'explique comment l'équipe chargée de retirer deux mille cadavres cyanurés pouvait, peu après l'exécution, pénétrer, sans même se munir de masques à gaz, dans un océan de gaz cyanhydrique pour en retirer, à grand ahan, deux mille corps qui seraient devenus autant de sources de poison. Le Zyklon B est un insecticide à base d'acide cyanhydrique qui présente l'inconvénient d'adhérer fortement aux surfaces, d'être long et difficile à ventiler ; s'il pénètre un corps humain, il s'y installe à demeure et il continue d'en émaner. D'où la complication extrême des chambres à gaz dont se servent les Américains pour exécuter, à l'acide cyanhydrique, certains de leurs condamnés à mort. Ni une sommité de l'histoire de l'« Holocauste » comme Raul Hilberg, ni de moindres sires comme Pierre-Serge Choumoff ou Jean-Claude Pressac, ne nous ont encore fourni une représentation matérielle de la chambre à gaz hitlérienne. C'est qu'ils ne le pourraient pas. On ne décrit pas une réalité matérielle qui, dans les faits, contreviendrait à toutes les lois de la physique et de la chimie.[717]

P Marais, lui, s'intéresse depuis de longues années au mystère des camions à gaz nazis. Il est orfèvre en matière de mécanique automobile. Comme tout le monde, il sait qu'on peut se suicider, dans son garage, avec le gaz d'échappement de sa voiture, à condition que celle-ci possède un moteur à explosion et non un moteur Diesel. Mais, comme peu de personnes, il sait également qu'il ne faut pas extrapoler d'un gazage suicidaire ou accidentel à un gazage d'exécution. De toutes les armes, le gaz est la moins maniable. Il sait qu'il y a loin d'un suicide individuel dans un espace relativement dégagé et dépourvu d'une réelle étanchéité à l'exécution d'un groupe d'hommes dans une étroite enceinte hermétique. Il n'ignore pas que la mécanique a ses lois et ses contraintes.

Il a d'abord demandé à voir l'un de ces camions. Première surprise : on n'a pas pu lui en montrer. Il a ensuite voulu en examiner une pièce ou un fragment. Deuxième surprise : on ne possède pas le plus petit vestige. Troisième surprise : on ne trouve ni photographie, ni plan, ni dessin, ni maquette de ces mystérieux camions. Bien d'autres étrangetés attendaient notre enquêteur. Renseignements pris, dans les milliards (et non : dans les millions) de feuillets dont sont constituées les archives laissées par le RSHA et le SS-WVHA[718] – les deux organismes les plus impliqués dans la déportation et la concentration des ennemis du IIIₑ Reich – on ne découvre pas trace de la multitude de documents qu'auraient nécessités le lancement, la fabrication et l'emploi de cette arme sans précédent : pas

---

[717] Les historiens, et même, aujourd'hui, les journalistes, savent que les locaux qu'on présente à Auschwitz ou dans d'autres camps de concentration à la curiosité des touristes ne sauraient avoir été des chambres à gaz d'exécution (pour les historiens, voyez, par exemple, Olga Wormser-Migot, qui, déjà dans sa thèse de 1968, reconnaissait qu'il n'avait pas existé de chambre à gaz à Auschwitz-I (*Le Système concentrationnaire...*, p. 157) et, pour les journalistes voyez, par exemple, un article sur *Shoah,* film de Claude Lanzmann, où il est écrit : « Il n'existe aucune photographie des chambres à gaz » (*Le Nouvel Observateur,* 26 avril 1985, p. 33). D'où leur répugnance à nous en fournir des reproductions photographiques intégrales. Quant à la maquette du Krematorium-II qu'on expose au block 4 du musée d'Auschwitz, elle prouve, en fait, l'impossibilité physique d'une exécution au gaz. Aussi n'en parle-t-on jamais, sinon pour la critiquer (voy. Jean-Claude Pressac, *Auschwitz : Technique and Operation...*, p. 377-378).

[718] Office central de Sûreté du Reich et Office central SS de l'administration et de l'économie.

un ordre général, pas une étude, pas une commande, pas un devis, pas une ouverture de crédits, pas une autorisation pour la délivrance de produits contingentés ; pas une instruction, pas un mode d'emploi, pas une mesure de contrôle technique ou budgétaire, pas un essai ; aucun document d'époque ne permet de dire quels médecins et quels ingénieurs auraient conçu, quelles usines auraient construit, ni quelles unités militaires ou de police auraient utilisé ces extraordinaires camions gazeurs.

Ce n'est pas qu'ici ou là on n'ait parfois tenté de faire croire à l'existence de photographies, de dessins, d'indices ou de documents mais, à deux exceptions près, il s'agissait de pitoyables subterfuges.[719] Ces exceptions sont constituées par deux documents bizarres et obscurs : la lettre Becker et la lettre Just. P. Marais, ainsi qu'on le verra, les examine avec le plus grand scrupule. Sa conclusion est formelle : ces lettres n'apportent pas le moindre élément de preuve. Il faut croire que certains historiens s'en doutaient qui reproduisaient telle de ces lettres en la dénaturant ou bien préféraient la passer sous silence. Aujourd'hui, la fable des camions à gaz hitlériens n'a plus guère qu'une utilité : elle sert de succédané, d'ersatz ou de substitut à la fable des chambres à gaz hitlériennes. Quand ils se sentent en difficulté sur le chapitre de la chambre, les tenants de la religion de l'« Holocauste » se rabattent parfois sur la thèse du camion. Comme il m'est arrivé de le dire sur le mode familier : « C'est ainsi qu'au musée des horreurs, à défaut de pouvoir nous enfermer dans la chambre à gaz, on nous promène en camion à gaz. » L'immense littérature holocaustique ne traite qu'en passant de ces camions à gaz et ne contient aucun livre sur le sujet. L'étude de P. Marais est le premier livre au monde qui traite des « camions à gaz ». Là encore, les révisionnistes font œuvre de pionniers.

Dans les cent quatre-vingt-sept pages du jugement de Nuremberg[720], on ne souffle pas mot de ces camions et aucune juridiction française ou internationale n'a puni quelqu'un pour l'emploi de ces prétendus engins de mort. Par conséquent, sauf artifice de juge et sauf nouvelle bassesse de la justice française, la loi Fabius-Gayssot du 13 juillet 1990 qui réprime la contestation du jugement de Nuremberg et la contestation des « crimes contre l'humanité » punis par de telles juridictions ne peut s'exercer contre le présent ouvrage de P. Marais.

Des procès soviétiques ou allemands ont bien été intentés à des soldats ou à des officiers allemands sur le sujet mais, lors de ces procès, aucun procureur, aucun expert, aucun tribunal n'a apporté la preuve de l'existence de ces camions. Cette existence était admise d'office ; elle

---

[719] Voy., par exemple, le dessin Falborski, p. 276.
[720] *TMI*, I, p. 181-367.

était présupposée ou sous-entendue comme autrefois, dans les procès de sorcellerie, on admettait d'avance l'existence du diable et de ses instruments. Aucun accusé, y compris parmi ceux qui se sont prêtés au jeu de l'accusation, n'a fourni le moindre dessin. Je n'exclus pas qu'un tel dessin ait été obtenu, mais, dans ce cas, il faut croire que le résultat n'en a pas été assez convaincant pour qu'on le publie.

En 1944, au procès de Krasnodar, les Soviétiques arrachèrent, bien entendu, des confessions ; cependant, selon l'usage qui veut qu'un haut responsable politique soit le dernier à croire aux inventions de ses services de propagande, même Staline se serait montré sceptique : en privé, il aurait confié que ce procès servait sa propagande mais que la substance en était « exagérée ».[721]

De la mince cohorte des historiens de cour qui se sont particulièrement déshonorés en propageant la fable des « camions à gaz » émerge la figure de l'Américain Christopher Browning, auteur d'un petit recueil d'articles intitulé *Fateful Months* [Mois fatidiques] : *Essays on the Emergence of the Final Solution*. Je recommande la lecture des pages, involontairement désopilantes, qu'il consacre à l'histoire d'un camion à gazer les juifs... en Serbie.[722] C'est dans ce même recueil que figurent deux photographies d'un inoffensif camion avec la légende suivante : « Camion à gaz : deux photos prises par un photographe polonais après la libération (Archives de Yad Vashem). » En 1988, lors d'un énorme procès intenté à Toronto au révisionniste Ernst Zündel, Ch. Browning eut l'aplomb de venir témoigner à charge (et à grand prix !). L'expérience se révéla cuisante pour l'universitaire américain qui, contre interrogé par l'avocat Douglas Christie que j'avais eu la charge de conseiller, se révéla d'une stupéfiante ignorance dans les domaines historiques de sa compétence.

P. Marais, lui, parle de ce qu'il connaît et, comme on le verra, en parle bien. Son enquête – passionnante à suivre jusque dans les détails techniques – est tout simplement celle d'un honnête homme.

[Préface à l'ouvrage de Pierre Marais, *Les Camions à gaz en question*]

***

8 juillet 1992

---

[721] J. A. Bishop, *F. D. Roosevelt's Last Year*, p. 33.
[722] Le mythe des gazages des populations civiles est une invention serbe qui remonte à... 1916 (voy. Jessie Aitken, « L'Origine du mythe... »).

Lettre à Claude Malhuret Maire de Vichy

Monsieur,

Pour les archives de la Ville, car je tiens à prendre date.

Vous aggravez votre cas et, par voie de conséquence, celui de Vichy.

Vous écrivez au *Point* (4 juillet 1992, p. 83) :

> « Mes prises de position constantes et répétées contre le révisionnisme ou contre la banalisation des actes du gouvernement de collaboration sont, je pense, connues de tous. »

Voilà qui tend à confirmer ce que je vous reprochais lorsque, à l'occasion de votre tournée électorale, vous vous étiez trouvé inopinément à mon domicile. Faisant allusion à vos prises de position (quel fol courage !) contre le révisionnisme et, en particulier, à vos efforts en vue de mettre au point une loi antirévisionniste, je vous avais dit que vous hurliez avec les loups. À deux reprises vous m'aviez piteusement répondu : « C'est pas moi [*sic*], c'est Pasqua ! » Je vous avais alors demandé ce que signifiait, de toute façon, la solidarité ministérielle.

Par la suite, j'ai failli être tué par trois nervis juifs dans un parc de Vichy. Ce fait, à lui seul, devrait vous interdire des « prises de position constantes et répétées contre le révisionnisme ». Le sort de votre ville et le sort des révisionnistes de Vichy vous est-il indifférent au point que vous accumuliez ces derniers temps les initiatives et les déclarations les plus irresponsables ? Rien ne vous obligeait à la servilité dont vous avez fait preuve à l'égard des résistantialistes et des juifs venus faire étalage à Vichy de leurs sentiments de haine et de vengeance. Vous êtes allé jusqu'à financer, indirectement, une énorme gerbe portant : « À la mémoire des victimes de Pétain ». Où est la gerbe portant : « Aux victimes de l'épuration » ?

Vous êtes un pleutre. Un irresponsable. Et un lâche. On n'accable pas des compatriotes et même des concitoyens qui tombent déjà sous le coup de la loi stalinienne que vous prépariez contre les révisionnistes et qui, en fin de compte, a été votée par vos amis communistes et socialistes grâce à l'exploitation, crapuleuse, de l'affaire du cimetière de Carpentras.

Vous mentez. En donnant clairement à entendre que, pour vous, les prétendues chambres à gaz hitlériennes ont existé, vous propagez un gigantesque mensonge, une calomnie, une diffamation.

Vous manquez de caractère. Vous cédez aux maîtres-chanteurs. Vous n'avez pas l'idée de rétorquer aux maximalistes juifs que, s'ils insistent pour qu'on *rouvre* les dossiers de la collaboration, les Français vont un jour demander qu'on *ouvre* le dossier de la collaboration juive. Vichy, pendant la guerre, a été un tel haut-lieu de la collaboration juive que les juifs y affluaient et faisaient littéralement le siège de Philippe Pétain et de Pierre Laval. L'Union générale des Israélites de France était financée par « Vichy ». La rafle du Vel' d'hiv' (tout pays procède à la rafle des étrangers qui, en temps de guerre, présentent un danger : **y compris les enfants**) n'a été possible que grâce à la collaboration des employés de l'UGIF (qui a caché la date de la rafle et fait préparer ficelles, étiquettes et paquets). À travers toute l'Europe il a existé une vivace « internationale juive de la collaboration » (Maurice Rajsfus).

Qu'attendez-vous pour remettre à leur place les Klarsfeld (auteur de *Vichy-Auschwitz*, maître-chanteur capable de se payer un sicaire) et J. Pierre-Bloch (qui doit tant à une parente de Laval) ? Après d'ignominieuses « réparations verbales », ils exigeront de Vichy des « réparations » en espèces sonnantes et trébuchantes.

Votre attitude à leur égard manque de dignité et de clairvoyance. La ville de Vichy le retiendra, et l'histoire.

P.J. : A – « Pétain, le film » *(Le Choc du mois,* juillet-août 1992, p. 6) sur l'escroc Kirsner, que vous vous êtes contenté d'égratigner.

B – Votre lettre au *Point,* 4 juillet 1992, p. 83.

Je vous rappelle que les juifs collabos ont eu le privilège, en 1944-45, de passer devant des jurys d'honneur qui les ont <u>acquittés</u> (président : Léon Meiss, du CRIF).

Le Choc du mois, juillet 1992, p. 6.
A – Pétain, le film

Il se tourne actuellement à Vichy, Allier, un film sur le maréchal Pétain, destiné à raconter « *l'histoire d'un régime fasciste français occulté dans l'histoire de France* ».

Le producteur de cette œuvre – qui fut récemment le coproducteur de *Diên Biên Phu…* – répond actuellement au nom de Jacques Kirsner. « Actuellement », car il eut son heure de gloire, non pas sous son identité réelle de Charles Stobnicer, mais sous son autre faux nom de Charles Berg.

En ce temps-là, c'était dans les années soixante soixante-dix, Charles Berg défrayait la chronique comme l'un des principaux responsables trotskystes français, dirigeant de l'Organisation communiste internationaliste (OCI) et de l'Alliance des jeunes pour le socialisme (AJS).

L'aventure révolutionnaire durera jusqu'en 1979. Cette année-là, le XXIIᵉ congrès de l'OCI décide « *d'extirper la tumeur* ». En clair : d'exclure Berg. Motifs, tels qu'ils ressortent du réquisitoire prononcé par Stéphane Just : 1. En tant que responsable de la commission province de l'OCI, Berg a gonflé le nombre des adhérents ; 2. Cette astuce lui permettait de pratiquer *« la dilapidation à usage personnel des fonds de l'OCI »*. Stéphane Just explique :

« Le système utilisé était celui, classique, de la cavalerie financière, comblant les trous de trésorerie par des emprunts ou des détournements de fonds, mais dont les seuls résultats étaient de creuser des trous plus importants, et ainsi de suite. En tout état de cause, au bout, il y avait la culbute. Berg a reconnu les faits et signé les procès-verbaux les établissant »[723]

Le film de Kirsner-Stobnicer-Berg aura mis six ans à voir le jour. L'auteur n'a pu boucler son budget (cinquante-huit millions de francs annoncés) que grâce à l'aide que Jack Lang et Michel Charasse lui ont apportée. *Pétain* devrait être programmé dans les salles, et amplement commenté par l'ensemble des médias, au printemps 1993. Soit à la veille des élections législatives...

Lang et Charasse, en effet, pouvaient bien l'aider.

B – Vichy
Lettre de Claude MALHURET, maire de Vichy
Le Point, 4 juillet 1992, p. 83

Dans un article de son dernier numéro, votre journal me prête les propos suivants, en réponse à une question sur la vente de francisques chez un libraire-antiquaire de Vichy : *« Que voulez-vous que j'y* fasse ? *François Mitterrand en a bien une, de francisque. »*

Je n'ai jamais tenu de tels propos. Mes prises de position constantes et répétées contre le révisionnisme ou contre la banalisation des actes du gouvernement de collaboration sont, je pense, connues de tous. Et je souhaite qu'il n'y ait pas le moindre doute sur une éventuelle désinvolture de ma part vis-à-vis de ce problème (comme le suggère la phrase *« Que voulez-vous que j'y fasse ? »),* et encore moins sur la volonté de l'utiliser aux fins d'une polémique déplacée avec le président de la République.

***

---

[723] *La Vérité,* Organe du Comité central de l'Organisation communiste internationaliste, n° 586, avril 1979.

24 juillet 1992

L'« HOLOCAUSTE » DES JUIFS EUROPÉENS A-T-IL VRAIMENT EXISTÉ ?

Préface au livre de Barbara Kulaszka

Est-il vrai que les Allemands ont, durant la seconde guerre mondiale, ordonné, planifié et perpétré une politique de destruction physique des juifs européens ? En particulier, ont-ils, pour cela, conçu, réalisé et utilisé des chambres à gaz d'exécution ? Ont-ils ainsi provoqué la mort de milliers de juifs ?

À ces questions, la plupart des auteurs répondent oui ; ils croient à l'« Holocauste » des juifs européens ; ces auteurs, nous les appellerons « exterminationnistes » parce qu'ils défendent la thèse de l'extermination physique des juifs. À ces mêmes questions, d'autres auteurs répondent non ; on les appelle révisionnistes ; mais il va de soi que les révisionnistes ne contestent pas le fait que, dans un conflit mondial qui a provoqué de quarante à cinquante millions de morts, beaucoup de juifs (le chiffre approximatif reste à déterminer) ont trouvé la mort.

Qui a raison ? Les exterminationnistes ou les révisionnistes ?

Pour le profane, il existe, en principe, trois moyens principaux de se forger une opinion personnelle au sujet d'une controverse historique.

Le premier moyen est de lire les écrits de l'une et l'autre parties, mais, dans le cas particulier, cela nécessiterait beaucoup de temps et il est souvent difficile de se procurer la littérature révisionniste.

Le deuxième moyen est d'assister à un débat public entre les deux parties : la partie orthodoxe (celle des exterminationnistes) et la partie hérétique (celle des révisionnistes). Malheureusement, les exterminationnistes ont toujours refusé le débat public que leur proposaient, et que continuent de leur proposer, les révisionnistes. Dans certains pays comme la France et l'Autriche, les partisans de la thèse exterminationniste ont même récemment obtenu la création d'une loi spéciale qui punit le révisionnisme de lourdes peines de prison et d'amende pour « contestation » de l'existence de l'« Holocauste » et des chambres à gaz.

Reste heureusement un troisième moyen qui est de lire les minutes d'un procès où les deux parties se sont trouvées face à face devant un juge et un jury. Dans le cas qui nous intéresse, c'est ce qui s'est produit à deux reprises, en 1985 et en 1988, lors des procès intentés au révisionniste Ernest Zündel, à Toronto, par des exterminationnistes appartenant à une organisation juive.

Le remarquable ouvrage de Barbara Kulaszka s'appuie sur les minutes du procès de 1988. Il permettra au profane de se faire une idée précise de la controverse historique autour de l'« Holocauste » des juifs et de se forger une opinion. Je dois cependant exprimer ici une réserve et lancer une mise en garde au lecteur : un tribunal n'est pas un endroit approprié pour un débat historique ; un procès a ses règles propres et il est très limité dans le temps ; la liberté d'expression n'y est pas entière puisque l'une des parties cherche à obtenir une condamnation et que l'autre partie tente d'éviter cette condamnation ; enfin un juge et un jury, même s'ils écoutent des experts, n'ont pas les moyens ni la compétence nécessaires pour trancher un point d'histoire.

J'ai successivement participé, en 1984, au pré-procès d'E. Zündel, puis, en 1985, au premier procès Zündel (cassé pour vices de forme et de fond) et, enfin, en 1988, au second procès Zündel. J'ai publié un compte rendu de toute l'affaire.[724] Je me permets d'y renvoyer le lecteur mais je voudrais revenir ici sur un passage de cet article et le commenter à la lumière de ce qui s'est passé depuis 1988. Ce passage concerne essentiellement ma propre découverte, dans les années soixante-dix, de l'impossibilité chimique des « gazages » d'Auschwitz et la confirmation par Fred Leuchter de cette impossibilité. J'écrivais donc :

« À mon tour, je déposais à titre d'expert pendant près de six jours. J'insistais particulièrement sur mes enquêtes à propos des chambres à gaz américaines. Je rappelais que le Zyklon B est essentiellement du gaz cyanhydrique et que c'est avec ce gaz que certains pénitenciers américains exécutent leurs condamnés à mort. En 1945, les Alliés auraient dû demander à des spécialistes des chambres à gaz américaines de venir examiner les locaux qui, à Auschwitz et ailleurs, étaient censés avoir servi à gazer des millions de détenus. Dès 1977, mon idée était la suivante : quand on a affaire à un vaste problème historique comme celui de la réalité ou de la légende de l'Holocauste, il faut s'efforcer de trouver le centre de ce problème ; en la circonstance, le centre est le problème d'Auschwitz et, à son tour, le cœur de ce problème-là peut se limiter à un espace de 275 m_2 : soit, à Auschwitz, les 75 m_2 de la « chambre à gaz » du crématoire-I et, à Birkenau, les 210 m_2 de la « chambre à gaz » du crématoire-II. En 1988, mon idée restait la même : expertisons les 275 m_2 et nous aurons une réponse au

---

[724] R. Faurisson, « Le révisionnisme au Canada. Les procès Zündel ».

vaste problème de l'Holocauste ! Je montrais au jury mes photos de la chambre à gaz du pénitencier de Baltimore ainsi que mes plans des « chambres à gaz » d'Auschwitz et je soulignais les impossibilités physiques et chimiques de ces dernières.

Un coup de théâtre : le rapport Leuchter

Ernst Zündel, en possession de la correspondance que j'avais échangée en 1977-1978 avec six pénitenciers américains disposant de chambres à gaz, avait chargé l'avocate Barbara Kulaszka de se mettre en rapport avec les gardiens-chefs de ces pénitenciers afin de voir si l'un d'entre eux accepterait de venir expliquer devant le tribunal le mode de fonctionnement d'une vraie chambre à gaz. Bill Armontrout, gardien-chef du pénitencier de Jefferson City (Missouri), accepta de venir témoigner et signala que nul aux États-Unis ne connaissait mieux la question du fonctionnement de ces chambres à gaz qu'un ingénieur de Boston : Fred A. Leuchter. J'allais rendre visite à cet ingénieur les 3 et 4 février 1988. F. Leuchter ne s'était jamais posé de questions sur les « chambres à gaz » des camps allemands. Il croyait jusque-là à leur existence. Dès que je commençai à lui ouvrir mes dossiers, il prit conscience de l'impossibilité matérielle et chimique de ces « gazages ». Il accepta de se rendre à Toronto pour y examiner nos documents.

Puis, aux frais d'E. Zündel, il partit pour la Pologne avec une secrétaire (sa femme), son dessinateur, un vidéo-cameraman et un interprète. Il en revint pour rédiger un rapport de cent quatre-vingt-douze pages (annexes comprises) et avec trente-deux échantillons prélevés, d'une part, dans les crématoires d'Auschwitz et de Birkenau à l'emplacement des « gazages » homicides et, d'autre part, dans une chambre à gaz de désinfection de Birkenau. Sa conclusion était nette : il n'y avait eu aucun « gazage » homicide ni à Auschwitz, ni à Birkenau, ni d'ailleurs à Majdanek.

Les 20 et 21 avril 1988, F. Leuchter déposa à la barre du tribunal de Toronto. Il fit le récit de son enquête et développa sa conclusion. Je dis que, ces deux jours-là, j'ai assisté à la mort en direct du mythe des chambres à gaz, un mythe qui, pour moi, était entré en agonie au colloque de la Sorbonne sur « l'Allemagne nazie et l'extermination des Juifs » (29 juin 2 juillet 1982).

Dans la salle du tribunal de Toronto, l'émotion était intense, en particulier chez les amis de Sabina Citron. Les amis d'E. Zündel étaient bouleversés mais pour d'autres raisons : ils voyaient enfin se déchirer le voile de la grande imposture. Pour moi, je ressentais soulagement et mélancolie : soulagement parce qu'une thèse que je défendais depuis tant d'années trouvait enfin sa pleine confirmation, et mélancolie parce que j'avais eu la paternité de l'idée ; j'avais même, avec la maladresse d'un littéraire, exposé des arguments d'ordre physique, chimique, topographique et architectural que je voyais reprendre par un scientifique étonnamment précis et didactique. Se rappellerait-on un jour le scepticisme que j'avais rencontré, y compris auprès de certains révisionnistes ?

Juste avant F. Leuchter, B. Armontrout était venu à la barre et il avait, en tout point, confirmé ce que j'avais dit au jury sur les difficultés extrêmes d'un gazage homicide (à ne pas confondre avec un gazage suicidaire ou accidentel). De son côté, un spécialiste des photographies aériennes, Ken Wilson, avait montré que les « chambres à gaz » homicides d'Auschwitz et de Birkenau ne possédaient pas les cheminées d'évacuation des gaz qui auraient été indispensables. Il montrait aussi que j'avais eu raison d'accuser Serge Klarsfeld et Jean-Claude Pressac d'avoir falsifié le plan de Birkenau dans *L'Album d'Auschwitz*.[725] Ces auteurs, pour faire croire au lecteur que les groupes de femmes et d'enfants juifs surpris par le photographe entre les crématoires II et III ne pouvaient pas aller plus loin et allaient donc finir dans les « chambres à gaz » de ces crématoires, avaient tout bonnement coupé là un chemin qui, en réalité, se poursuivait jusqu'au grand établissement de douches (situé au-delà de la zone des crématoires) où se rendaient ces femmes et ces enfants.

James Roth, directeur d'un laboratoire du Massachusetts, vint ensuite à la barre pour y rendre compte de l'analyse des trente-deux échantillons, dont il ignorait la provenance : tous les échantillons prélevés dans les « chambres à gaz » homicides contenaient une quantité de cyanure qui était soit indécelable, soit infinitésimale tandis que l'échantillon de la chambre à gaz de désinfection de Birkenau, prise pour référence, contenait, par comparaison, une quantité vertigineuse de cyanure (la quantité infinitésimale détectée dans le premier cas peut s'expliquer par le fait que les prétendues chambres à gaz homicides étaient en fait des chambres froides pour la conservation des cadavres ; de telles chambres froides avaient pu faire l'objet de désinfections au Zyklon B).[726]

---

725 J.-C. Pressac, *L'Album d'Auschwitz*, p. 42.
726 R. Faurisson, *op. cit.* p. 44 à 47.

Cela se passait en 1988. Quatre ans plus tard, le rapport Leuchter s'est trouvé confirmé par trois autres rapports : d'abord, celui de l'institut de criminologie de Cracovie, puis celui de l'Allemand Germar Rudolf et, enfin, celui de l'Autrichien Walter Lüftl. Le plus étonnant de ces trois rapports est celui de Cracovie ; il avait été réclamé par les autorités du musée d'Auschwitz avec l'espoir qu'il apporterait un démenti aux conclusions du rapport Leuchter ; c'est le contraire qui se produisit et, malgré des explications embarrassées pour tenter de minimiser le sens de leurs propres examens, les auteurs du rapport de Cracovie ont bel et bien confirmé – involontairement – que Fred Leuchter avait pleinement raison. Aussi les exterminationnistes préfèrent-ils passer sous silence ce rapport de l'institut de criminologie de Cracovie.

En 1989, le pharmacien Jean-Claude Pressac publia, sous l'égide de la Beate Klarsfeld Foundation de New York, un énorme ouvrage intitulé *Auschwitz, Technique and Operation of the Gas Chambers*. J'ai rendu compte de cette tentative exterminationniste dans la *Revue d'histoire révisionniste*. J'y ai montré que la « montagne exterminationniste » avait accouché d'« une souris révisionniste ». L'occasion m'a été ainsi offerte de souligner à nouveau ce que j'appelle volontiers « l'un des plus grands paradoxes du XXe siècle » : des milliards d'hommes, hébétés par une incessante propagande médiatique, croient aux chambres à gaz nazies *sans en avoir jamais vu une seule, sans avoir la moindre idée précise de ce qu'aurait pu être cette arme aux prouesses fantastiques, sans être capables d'en décrire la forme et le fonctionnement.* La chambre à gaz nazie ne pourrait être, par définition, qu'une réalité matérielle... Or, personne ne nous en a fourni une représentation matérielle ! Cette chambre à gaz est immatérielle et magique. Personne, et surtout pas J.-C. Pressac dans son ouvrage au titre mensonger, n'a pu en un demi-siècle nous en fournir une photographie, un dessin industriel ou une maquette. Les rares tentatives en ce sens se sont soldées par des échecs. Dans leurs ouvrages, les Poliakov, les Wellers, les Hilberg ou les Pressac n'osent pas – et pour cause – reproduire une photographie complète des prétendues « chambres à gaz » qu'on fait visiter au touriste dans certains camps de concentration. Ils ne reproduisent pas non plus la grande maquette que ce touriste peut voir au Block 4 du musée d'Auschwitz, car ils savent qu'il ne s'agit là que de grossières attrapes. Aussi, depuis des dizaines d'années, le défi que je lance aux adeptes de la religion de l'« Holocauste » est-il resté le même : « Je serai éventuellement prêt à croire à la chambre à gaz nazie, pilier central de la religion de l'« Holocauste », le jour où vous serez capable de me décrire une seule de ces chambres à gaz. » Il m'arrive d'ajouter : « Mais vous en êtes incapable, car ces abattoirs chimiques, où l'on aurait pu, d'après vous, entrer impunément pour retirer d'un océan d'acide cyanhydrique des milliers de corps (intouchables car cyanurés) sont une impossibilité physicochimique. On ne peut pas plus décrire ou dessiner une prétendue "chambre à gaz" d'Auschwitz qu'on ne saurait décrire ou dessiner un cercle carré ou un carré circulaire ! »

Notre siècle se croit sceptique et matérialiste. Il se dit le siècle de l'image et de la télévision. Or, il croit à une chose matérielle dont il n'a pas la moindre représentation matérielle et jamais ni le livre, ni le cinéma, ni la télévision ne nous ont fourni une image de cette chose matérielle. Le meilleur moyen de berner les foules est la suggestion, qui entraîne l'autosuggestion. La télévision ne peut ni montrer ni décrire une chambre à gaz nazie mais elle en *suggère* l'idée ; par exemple, elle montre un bâtiment et le commentaire affirme : « Bâtiment contenant une chambre à gaz » ; ou bien elle montre un pan de mur et prononce : « Voici une chambre à gaz » ; ou bien encore il lui suffit de fixer notre vue sur une simple pomme de douche et – tels des chiens de Pavlov – nous voici conditionnés et nous « voyons » une « chambre à gaz ». D'autres fois, on nous apitoiera sur des « cheveux de gazés », des « valises de gazés », des « voitures d'enfants gazés ». Et c'est ainsi que, de la suggestion, nous passerons à l'autosuggestion.

Le mythe des gazages de civils dans des lieux clos remonte à 1916 ; déjà, à cette époque, on accusait les Allemands, les Autrichiens ou les Bulgares de gazer des hommes, des femmes et des enfants serbes. Ce mythe rejoignit vite, après la guerre, celui des enfants belges aux mains coupées par les uhlans ; il disparut, mais pour reparaître vingt ans plus tard : les victimes, cette fois-ci, n'étaient plus les Serbes mais les juifs. Et c'est ce mythe, absurde et lancinant, qu'en cette fin du XXᵉ siècle, on persiste à nous imposer.

Dans les siècles passés, on croyait, de la même façon, au diable sous sa forme physique, à ses pals et à ses grils, à ses cris et à ses odeurs. Des tribunaux, présidés par des magistrats qui s'estimaient intelligents et éclairés, posaient en principe (*judicial notice*) que tout cela était vrai, si évidemment vrai qu'il n'y avait pas lieu de le démontrer. Or, c'était faux. En plein milieu du XXᵉ siècle, dès 1945-1946, les diableries sont revenues et des magistrats, qui s'estimaient plus intelligents et plus éclairés que leurs prédécesseurs des siècles passés, ont posé en principe (*judicial notice* à nouveau !) que les diaboliques chambres à gaz nazies avaient bel et bien existé. À Toronto, en 1988, le juge Ron Thomas prit « *judicial notice* » de l'« Holocauste » en dépit du fait que c'était là le sujet même d'un procès où il s'agissait de savoir si E. Zündel propageait ou non une fausse nouvelle en diffusant un écrit révisionniste intitulé *Did Six Million Really Die ?*

J'ai été témoin judiciaire et extra-judiciaire d'E. Zündel. Cet homme est une figure héroïque de notre temps. Il honore le peuple allemand dont il est issu. Il honore le Canada où il est venu s'établir. Mais l'Allemagne et le Canada, comme à plaisir, s'acharnent sur lui à l'instigation des responsables de la communauté juive mondiale. C'est une disgrâce. Comme l'a si bien dit l'historien David Irving, la communauté juive mondiale doit faire son examen de conscience : elle propage quelque chose qui n'est pas vrai.

Sous des dehors simples, E. Zündel a la profondeur d'un visionnaire. Ce paysan d'origine souabe, cet artiste, cet homme d'affaires porte un regard pénétrant sur l'histoire, la société, la politique, les institutions et les hommes. Dans l'article, déjà cité, que j'avais consacré à ses procès, ma conclusion avait été la suivante :

> « E. Zündel avait promis que son procès serait "le procès du procès de Nuremberg" ou "le Stalingrad des exterminationnistes". Le déroulement de ces deux longs procès lui a donné raison, et cela même si le jury, "instruit" par le juge et sommé de tenir l'Holocauste pour un fait établi "que nulle personne raisonnable ne peut mettre en doute" en est venu à le déclarer coupable. E. Zündel a déjà gagné. Il lui reste à le faire savoir au Canada et au monde entier. Pour le procès de 1988, le black-out des médias a été à peu près complet. Les organisations juives avaient fait campagne pour obtenir ce black-out et avaient été jusqu'à dire qu'elles ne voulaient pas d'un compte rendu impartial. Elles ne voulaient d'aucun compte rendu. Le paradoxe est que la seule publication qui se soit fait l'écho du procès dans des conditions relativement honnêtes soit l'hebdomadaire *The Canadian Jewish News*.
>
> Ernst Zündel et le rapport Leuchter sont entrés dans l'Histoire ; ils ne sont pas près d'en sortir. »

J'ajouterais aujourd'hui que le destin d'Ernst Zündel me paraît à la fois encore plus tragique et encore plus enviable qu'en 1988. Il est encore plus tragique parce que les responsables de la communauté juive mondiale ne laisseront, je le crains, plus aucun répit à un homme de cette envergure, capable non seulement de discerner ce qu'il appelle la vérité, la liberté et la justice mais de lutter avec tant d'habileté et de courage pour cette vérité, cette liberté et cette justice. D'une façon générale, je suis pessimiste sur l'avenir des révisionnistes. Mais je suis optimiste pour l'avenir du révisionnisme : l'œuvre entreprise par Paul Rassinier et couronnée par le génial ouvrage de l'Américain Arthur R. Butz, *The Hoax of the Twentieth Century*, a connu, grâce à E. Zündel, une si forte expansion que plus aucun obstacle ne pourra en entraver le cours. Et c'est en ce sens qu'on peut envier le destin d'E. Zündel, malgré tout.

[Texte, inédit en français, de la préface au livre de Barbara Kulaska, Did Six Million Really Die ? Report of the Evidence in the Canadian "False News" Trial of Ersnt Zündel – 1988]

***

5 octobre 1992

TROIS PROCÈS CONTRE *LE CHOC DU MOIS* DE SEPTEMBRE 1990

(Molière, Courteline et Kafka à la XVIIe chambre)

Le Choc du mois de septembre 1990 (directeur responsable : Patrice Boizeau) avait publié deux textes :

- Premier texte (p. 5-7) : « Contre l'inquisition cosmopolite, contre l'oppression, contre l'imposture, refusons le bâillon », de François Brigneau ;
- Second texte (p. 9) : « Entretien avec le professeur Faurisson : les historiens révisionnistes hors-la-loi » ; propos recueillis par Catherine Barnay.

Trois plaintes s'ensuivaient :

Première plainte (citation contre R. Faurisson du 29 octobre 1990). L'Amicale des déportés du camp de Buna-Monowitz (responsable : Georges Wellers) portait plainte contre P. Boizeau, R. Faurisson et les Éditions Choc (mais non contre C. Barnay) pour « contestation de crimes contre l'humanité » dans le second texte ;

Deuxième plainte (citation contre R. Faurisson ce même 29 octobre 1990). La LICRA (responsable : Jean Pierre-Bloch) et, à titre personnel, Jean Pierre-Bloch lui-même portaient plainte contre P. Boizeau, F. Brigneau et les Éditions Choc (mais non contre C. Barnay) pour « diffamation raciale », pour « provocation raciale » et pour « diffamation contre un particulier » dans le premier texte ; la LICRA portait également plainte contre P. Boizeau, R. Faurisson et les Éditions Choc (mais non contre C. Barnay) pour « diffamation raciale » dans le second texte ;

Troisième plainte (citation contre R. Faurisson le 7 décembre 1990). Le ministère public (Marc Domingo) portait plainte contre P. Boizeau, F. Brigneau et les Éditions Choc pour « diffamation raciale » et « provocation raciale » dans le premier texte ; il portait également plainte contre P. Boizeau, R. Faurisson, C. Barnay et les Éditions Choc pour « diffamation raciale » et pour « contestation de crimes contre l'humanité » dans le second texte.

Ces trois plaintes allaient entraîner trois procès devant la même XVIIᵉ chambre du tribunal correctionnel de Paris. Le premier procès allait être présidé par Claude Grellier et les deux autres procès par Jean-Yves Monfort.

Premier procès : Il a été plaidé les 21 et 22 mars 1991. Référence : P. 90 302 03 25/0. À l'Association des déportés du camp de Buna-Monowitz se sont jointes dix autres associations.

Le 18 avril 1991, les magistrats Claude Grellier, Alain Laporte et Mᵐᵉ Claude Marlier ont condamné P. Boizeau, R. Faurisson et les Éditions Choc à diverses peines financières s'élevant à un total d'environ 427.000 francs dont cent mille avec sursis.

Deuxième procès : Il a été plaidé le 9 avril 1992. Référence : P. 90 302 03 24/1. À la LICRA et à J. Pierre-Bloch s'est jointe la Ligue française pour les droits de l'homme et du citoyen.

Pour le jugement, voyez le troisième procès.

Troisième procès : Il a été plaidé le 10 avril 1992. Référence : P. 90 271 07 80/1. Au ministère public (Gilbert Cervoni) se sont jointes huit associations. Le 15 mai 1992, les magistrats Jean-Yves Monfort, Mᵐᵉ Martine Ract-Madoux et Mme Sylvie Menotti, épouse Hubert, ont décidé de joindre les procédures des deux affaires plaidées le 9 et le 10 avril 1992. Ils ont condamné, à cause du premier texte, P. Boizeau, F. Brigneau et les Éditions Choc à diverses peines financières s'élevant à un total d'environ cent vingt mille francs. Ils ont débouté J. Pierre-Bloch de sa plainte. Ils ont ordonné la suppression par bâtonnement d'une expression employée par Me Éric Delcroix dans les conclusions qu'il avait déposées en faveur des prévenus. Pour le second texte, ils ont décidé le sursis à statuer dans les cas de P. Boizeau, R. Faurisson et C. Barnay en attendant la conclusion de l'appel interjeté contre le jugement de condamnation dans l'affaire de la première plainte (condamnation par C. Grellier du 18 avril 1991).

Le premier procès en appel : Ce procès sera plaidé le 21 et le 28 octobre 1992 à 13 h 30 devant la XIᵉ chambre de la cour d'appel de Paris. L'arrêt sera probablement rendu vers la fin novembre. Jean-Yves Monfort attend cet arrêt pour reprendre la procédure du deuxième et du troisième procès.

Conclusion provisoire

Pour s'en tenir au cas du professeur Faurisson, ce dernier supporte le poids de trois procès là où il ne devrait y avoir qu'un seul procès pour une seule interview. Un adage bien connu du monde judiciaire (*Non bis in idem*) prononce qu'une personne ne peut être poursuivie deux fois pour le même délit. Or, le professeur est poursuivi trois fois pour le même délit. C'est comme si une personne accusée du vol d'une bicyclette était successivement poursuivie, en trois procès différents, pour le vol du guidon, pour le vol de la roue avant et pour le vol de la roue arrière. Lors du deuxième procès, l'artifice est devenu évident lorsqu'on a vu le président Jean-Yves Monfort essayer de choisir devant tout le monde les passages de l'interview à examiner ce jour-là (pour « diffamation raciale ») et les passages à examiner le lendemain, lors du troisième procès (pour « diffamation raciale » et pour « contestation de crimes contre l'humanité »). Le président opérait ses choix au petit bonheur et sans la moindre conviction comme dans une comédie de Molière ou de Courteline où on chercherait à fabriquer deux procès là où il n'y a de matière que pour un procès.

L'impression d'artifice a été renforcée par le jeu de masques et de rôles auquel se sont livrées les associations, les ligues et le ministère public. On changeait de masques, on échangeait les rôles mais les acteurs restaient les mêmes. Si une association prenait l'initiative d'un procès, aussitôt les autres ligues et associations se portaient en foule au secours de cette association et se joignaient à cette dernière pour réclamer encore plus de condamnations et encore plus d'argent. Puis survenait le ministère public qui exigeait sa livre de chair (cas de la procureuse Édith Dubreuil, enfiévrée de haine). Si, dans tel autre procès, le ministère public (cas du procureur Gilbert Cervoni, surpris en flagrant délit de manipulation de textes) prenait l'initiative, ligues et associations se précipitaient à la curée. Dans ce tohu-bohu où s'entendaient les arguments les plus contradictoires, les juges ont navigué à l'estime.

Au lieu de payer un avocat, le professeur Faurisson est obligé de payer trois avocats ou trois fois le même avocat. Et cela en première instance et, éventuellement, en appel et en cassation. Qui plus est, avec le sursis à statuer, un même procès peut se rejouer à plus d'une reprise. Les frais encourus jusqu'ici sont déjà considérables et les frais à venir – sans compter les condamnations – le seront encore plus.

***

Novembre 1992

LETTRE À QUELQUES MEMBRES DE L'« UNION DES ATHÉES »

Vous voudrez bien, je vous prie, trouver ci-jointe, une copie de la correspondance que m'a adressée Madame Madalyn O'Hair, fondatrice d'« American Atheist ».

Voici la traduction d'un passage de sa lettre à Albert Beaughon en date du 18 août 1992 :

> « Nous considérons comme un sujet qui intéresse l'athéisme l'invasion et l'occupation du territoire palestinien, suivi de l'établissement de l'État sioniste d'Israël [...].
>
> Comme il n'y a pas de dieu, il ne peut y avoir de « peuple élu » auquel ce territoire appartiendrait en vertu d'un prétendu « don » de ce territoire fait il y a quelques milliers d'années par ce dieu qui n'existe pas. Il est manifeste (*obvious*) qu'en vue de réaliser l'instauration de cet État religieux on a fabriqué le puissant mythe de l'assassinat délibéré de six millions de juifs seulement parce qu'ils étaient juifs. »

Albert Beaughon insiste pour que je donne ma démission de l'Union des Athées. Mme O'Hair lui demande s'il lui serait possible de reconsidérer sa position.

Bien à vous.

[Publié dans *L'Anarchie*, n° 193, novembre 1992, p. 3.]

***

9 décembre 1992

RÉVISIONNISME : CONDAMNATION DU *CHOC DU MOIS* ET DU PROFESSEUR FAURISSON

Par un arrêt de la XIe chambre de la cour d'appel de Paris en date du 9 décembre 1992, le responsable de la revue *Le Choc du mois* et le professeur Faurisson sont condamnés à verser 373.000 francs pour une interview du professeur publiée dans *Le Choc du mois* de septembre 1990. Cette somme comprend soixante mille francs d'amende et 373.000 francs de dommages-intérêts (et frais de publication) à verser à onze associations juives et autres. La cour était présidée par M_{me} Françoise Simon, assistée de M_{me} Dominique Guirimand et de M. François Chanut ; la représentante de l'État était M_{me} Brigitte Gizardini. Pendant toute la déposition du professeur, la présidente avait détourné ostensiblement son regard ; elle avait refusé au professeur le droit de lire le moindre document, y compris un extrait du « procès de Nuremberg ».

C'est au nom de la loi Fabius-Gayssot du 13 juillet 1990, instituant le délit de révisionnisme historique (« contestation de crimes contre l'humanité ») qu'a été prise la décision de la cour présidée par M_{me} Simon.

Les frais déjà encourus par la revue et par le professeur pour le procès en première instance (condamnation par le juge Claude Grellier) et pour ce procès en appel ont été considérables.

Il faut savoir, par ailleurs, que cette même interview fait l'objet de *trois* procès alors qu'en principe il ne peut y avoir qu'un procès pour un seul crime ou délit ! On peut donc s'attendre à deux autres condamnations.

Que faut-il de plus aux consciences de ce pays pour protester contre de telles atteintes à la liberté de recherche historique et à la liberté d'expression ?

***

9 décembre 1992

MON SECOND SÉJOUR EN SUÈDE (3-6 DÉCEMBRE 1992)

Mon premier séjour en Suède avait eu lieu du 17 au 22 mars 1992. Les médias avaient créé une atmosphère d'hystérie antirévisionniste. À mon arrivée, j'avais été retenu à l'aéroport de Stockholm pour un interrogatoire par la police des frontières. Mon hôte, Ahmed Rami, deux jeunes Suédois qui nous accompagnaient et moi-même avions été attaqués le soir de mon arrivée par une horde de manifestants mobilisés par les étudiants juifs de la ville. La meute de journalistes à laquelle j'avais donné une conférence de presse n'allait, par la suite, pour ainsi dire rien rapporter de mes propos. En particulier, elle allait passer sous silence mon « défi aux médias suédois » que j'avais développé en trois pages intitulées : « Montrez-moi ou dessinez-moi une chambre à gaz nazie ». J'avais précisé que, depuis trente ans, je cherchais, mais en vain, à me faire une idée de ce qu'aurait bien pu être cette magique chambre à gaz qui aurait eu la particularité d'enfreindre toutes les lois de la physique et de la chimie. Je voulais voir si on aurait l'aplomb de nous montrer à la télévision ou dans un journal l'un de ces inoffensifs locaux qu'on présente aux touristes d'Auschwitz ou d'autres camps sous la dénomination de « chambre à gaz » pour l'exécution des détenus. Mon défi, je le répète, ne fut ni relevé, ni même mentionné dans la centaine d'articles qui me présentaient, par ailleurs, comme un « prophète nazi ».

Mon second séjour s'annonçait sous les plus sombres auspices. A. Rami avait révélé depuis une dizaine de jours qu'un congrès international *antisioniste* (et non : révisionniste) allait se tenir en Suède les 28 et 29 novembre. Il n'avait précisé ni l'emplacement exact ni les noms des participants. Il s'était contenté de dire que, parmi les participants, se trouveraient deux musulmans d'importance et que, pour ma part, je serais présent à cette conférence au titre de « consultant sur le révisionnisme historique », étant entendu qu'un « consultant représentant la thèse historique officielle » me serait opposé. Les médias, saisis de panique et désireux d'alarmer l'opinion publique, annonçaient alors un « congrès *révisionniste* » où se retrouveraient, à côté de sommités du monde arabe, musulman ou palestinien, des nazis et des révisionnistes. Des noms étaient jetés en pâture comme ceux de Fred Leuchter, de David Irving, de Walter Ochensberger, de Christian Worch. Malheureusement, D. Irving, déjà sous le coup de son expulsion du Canada, ajoutait foi à cette invention des journalistes et dénonçait alors en A. Rami un menteur. Les médias faisaient des gorges chaudes de cette « dissension » parmi les révisionnistes et de cette dénonciation d'A. Rami, leur bête noire depuis plusieurs années. En réalité, les seuls menteurs avaient été des journalistes suédois. Devant les menaces de violences physiques et de troubles de l'ordre public, A. Rami décidait de transférer hors de Suède l'emplacement du congrès. Pour ma part, je renonçais au congrès mais je décidais de me rendre à Stockholm quelques jours plus tard pour une visite privée à mon ami A. Rami. Je savais que ma venue en Suède m'exposait aux risques les plus graves.

À mon arrivée à l'aéroport de Paris m'attendaient un journaliste de l'*Expressen* (Ulf Nilson) et un photographe (Niclas Hammarström). Le journaliste désirait un entretien pendant le voyage. Je lui rappelais que, lors de mon premier séjour en Suède, j'avais eu la surprise de découvrir qu'il avait inventé de toutes pièces une interview qu'il prétendait avoir obtenue de moi dans l'avion. Je lui demandais, par ailleurs, de quel droit il me traitait dans ses écrits de « prophète nazi ». Sa réponse fut que « tout le monde en Suède » m'appelait ainsi. Je lui fis donc savoir que je n'avais pas pour habitude d'adresser la parole aux mythomanes et aux perroquets.

Dans l'avion, une demi-heure avant l'atterrissage à Stockholm, le photographe vint se planter près de mon siège et se mit en demeure de me photographier. Je m'y opposais dans les termes les plus vifs et, devant son refus de me laisser en paix, je dus appeler un membre du service de l'équipage. Le lendemain, j'allais découvrir dans l'*Expressen* une photographie où l'on me voyait dans une attitude menaçante (je brandissais un stylo !) : le photographe avait tout simplement utilisé un système de prises de vue automatique.

À l'aéroport de Stockholm, j'étais retenu par deux employés du service d'immigration qui, après quelques questions sur les motifs de ma venue en Suède et sur mes antécédents judiciaires, alertaient les autorités supérieures, lesquelles décidaient de me laisser libre de mes mouvements. La question de savoir si on m'autoriserait l'accès au territoire suédois était depuis longtemps débattue au parlement et dans la presse. Dès qu'avait été connue la nouvelle d'un « congrès international antisioniste », les responsables de la communauté juive suédoise étaient repartis en campagne et avaient essayé de chauffer à blanc l'indignation des hommes politiques et du public par une véritable mise en scène médiatique autour de la profanation successive de deux cimetières juifs peu avant la date qui avait été prévue pour l'ouverture du congrès. Dans l'après-midi du 3 décembre, la radio avait tenu ses auditeurs au courant de mon arrivée à l'aéroport de Roissy-Charles de Gaulle, de mon départ de France, de l'atterrissage de mon avion en Suède, et cela par des bulletins d'informations se succédant d'abord toutes les cinq minutes, puis toutes les trois minutes. De toute évidence on avait cherché à mobiliser le plus de manifestants possibles, quitte à provoquer de nouvelles violences physiques. Relâché par le service d'immigration, j'allais me retrouver devant une foule de journalistes et de photographes. Je refusais de répondre aux questions, toutes plus agressives les unes que les autres. Je me contentais d'une brève déclaration où je rappelais mes deux défis : celui du 17 mars (« Montrez-moi ou dessinez-moi une chambre à gaz ») et celui, plus récent, où je proposais à la télévision suédoise d'organiser un débat en direct où j'aurais à affronter un « témoin » ou un « historien » de l'« Holocauste ».

À ma grande surprise, les manifestants se trouvèrent piteusement au nombre de… deux, qui brandissaient une pancarte où se lisait : « À bas le racisme ! » L'embarras de ces deux manifestants et de la presse fut d'autant plus grand que j'étais accueilli par des Arabes (dont A. Rami en personne) et un Somalien. Durant mon bref séjour, A. Rami improvisa un certain nombre de rencontres particulièrement intéressantes sur lesquelles on comprendra que j'observe ici toute discrétion.

Si l'on met à part deux agressions nocturnes contre le domicile d'A. Rami, ce bref séjour à Stockholm s'est déroulé sans incident majeur. La démonstration a été faite, une fois de plus, du caractère artificiel de ces campagnes d'hystérie médiatique et politique. « Une fois de plus Rami et Faurisson ont gagné... » devait écrire un journaliste. Le public suédois peut, à la rigueur, se mobiliser contre le racisme mais il répugne, semble-t-il, à pratiquer l'amalgame, tant souhaité par certains, du racisme et du révisionnisme. Il est sûr que même la communauté juive éprouve quelque mal à recruter dans son sein les activistes dont ses dirigeants auraient si grand besoin pour faire croire à des mouvements de masse.

Ces dirigeants viennent de déposer une plainte contre les autorités suédoises coupables, à leurs yeux, d'avoir laissé pénétrer en Suède un professeur révisionniste venu de France et décrit par un présentateur de la télévision suédoise comme « le plus grand soulier de merde (*sic*) qui soit jamais entré en Suède ».

Je ne saurais terminer ce bref rapport sans rendre un nouvel hommage à Ahmed Rami, à son courage indomptable, à son savoir-faire, à son efficacité et à son désintéressement.

***

15 décembre 1992

RÉVISIONNISME : CONDAMNATIONS PRONONCÉES PAR Mme FRANÇOISE SIMON

Le 9 décembre 1992, le professeur R. Faurisson a été condamné en appel, à Paris, à un ensemble de peines s'élevant à 187.000 F pour une interview publiée en septembre 1990 dans le mensuel *Le Choc du mois*. Le responsable de ce mensuel a, lui aussi, été condamné à 187.000 F. Total : 374.000 F.[727]

Dans cette interview, le professeur était interrogé sur la loi Fabius-Gayssot du 13 juillet 1990, publiée au *Journal officiel de la République*

---

[727] Ces 374.000 F se décomposent comme suit : 30.000 F d'amende pour le directeur du *Choc du mois* et 30.000 F d'amende également pour le professeur Faurisson : 23.000 F à verser solidairement à chacune des onze associations juives et autres qui ont porté plainte contre le professeur et contre le magazine ; 60.000 F à verser à ces associations pour qu'elles publient dans deux journaux un résumé de l'arrêt ; frais de procès à verser à l'État.

française le 14 juillet 1990.[728] Cette loi interdit expressément de « contester les crimes contre l'humanité »[729] tels qu'ils ont été définis en 1945 par les vainqueurs de la seconde guerre mondiale et tels qu'ils ont été punis par le Tribunal militaire international de Nuremberg. Cette loi visait R. Faurisson et, dans les milieux judiciaires, elle est parfois appelée « lex Faurissonia ».

Dans son interview, le professeur avait déclaré qu'il continuerait, en dépit de cette loi dogmatique, à proclamer le résultat de ses recherches : 1° Il n'a jamais existé d'ordre ou de plan pour exterminer les juifs ; 2° Il n'a jamais existé ni pu exister de chambres à gaz homicides dans les camps de concentration du IIIe Reich, et cela essentiellement pour des raisons d'ordre physique, chimique, topographique et architectural ; 3° Enfin, le chiffre d'environ six millions de morts juives est extravagant ; aucune enquête n'a encore été faite pour déterminer le nombre probable des juifs morts par tous faits de guerre (exécutions, épidémies dans les camps et les ghettos, etc.). Le professeur ajoutait qu'il refusait toute crédibilité à des vainqueurs jugeant des vaincus. Il donnait enfin quelques exemples de « vérités » édictées par le Tribunal de Nuremberg et qui ont été dénoncées comme fausses quelques années plus tard par la totalité des historiens, juifs et non juifs. Il disait qu'il n'obéirait pas plus à cette loi qu'à une loi qui ordonnerait de croire que deux et deux font cinq ou que la terre est plate.

En première instance, R. Faurisson et le responsable du *Choc du mois* avaient été condamnés, le 18 avril 1991, à un ensemble de peines s'élevant à 387.000 F (peine *ferme*) et à 100.000 F (peine *avec sursis*). Le tribunal était alors présidé par Claude Grellier.

En appel, ainsi qu'on le voit, le total des peines s'élève donc à 374.000 F (peine *ferme*). Le tribunal était présidé par Mme Françoise Simon, assistée de François Chanut et de Mme Dominique Guirimand. Pendant toute la déposition orale du professeur, la présidente avait ostensiblement détourné son regard ; elle avait refusé au professeur le droit de lire le moindre document, y compris un extrait du « procès de Nuremberg ». L'hostilité de la présidente était tellement spectaculaire qu'à plusieurs

---

[728] Le 14 juillet ou fête de la Bastille ou fête des Droits de l'homme. Un an plus tard, jour pour jour, le président François Mitterrand (socialiste) répondait, lors d'une conférence de presse dans les jardins du Palais de l'Élysée, à un journaliste qui l'interrogeait sur l'espèce de tabou entourant l'histoire de la seconde guerre mondiale, qu'un tel tabou n'existait pas et qu'en France tout le monde pouvait s'exprimer librement sur le sujet ! Laurent Fabius, député socialiste, d'origine juive, a revendiqué publiquement l'initiative de la loi antirévisionniste tandis que Jean-Claude Gayssot, député communiste, n'a fait que donner son nom à cette loi (officiellement « loi Gayssot »).

[729] « Crimes contre l'humanité » signifie *dans la pratique* « crimes contre les juifs ».

reprises une bonne partie du public de l'audience avait manifesté son indignation.

Le professeur Faurisson renonce à introduire un pourvoi en cour de cassation à cause des frais d'avocat et parce que, si cet arrêt était cassé (hypothèse tout à fait improbable vu l'atmosphère de terreur et de lâcheté dans laquelle vivent les magistrats français depuis un récent épisode de l'affaire Touvier), le dossier serait probablement à rejuger, ce qui entraînerait de nouveaux frais pour un résultat sans doute identique.

Cet arrêt de la cour d'appel de Paris, en date du 9 décembre 1992, est tout à fait exceptionnel. Il entrera dans l'histoire.

En effet, pour la première fois au monde, un professeur d'université est expressément condamné par des juges pour avoir fait état de ses recherches sur un sujet dont il est expressément défendu de contester la version officielle.

Des milliers de professeurs et de chercheurs ont, à travers les siècles, terriblement souffert pour avoir, par la publication du résultat de leurs recherches, enfreint l'orthodoxie de leur temps, mais on notera que les condamnations judiciaires ou autres dont ils ont été les victimes ont toujours été indirectes et hypocrites. Pour condamner ces professeurs ou ces chercheurs, on leur reprochait de porter atteinte, par exemple, à la foi religieuse, à l'intérêt national ou à une idéologie politique. Parfois, comme cela a été le cas auparavant pour le professeur Faurisson lui-même, on les condamnait pour « diffamation » d'une personne ou d'un groupe, pour « incitation à la haine raciale », pour « dommage à autrui ». Un professeur révisionniste comme Maurice Bardèche a été jeté en prison à la fin des années quarante sous prétexte d'« apologie de crimes ». Des révisionnistes peuvent être condamnés sous prétexte de « propagation de fausses nouvelles », etc. En Allemagne, où, contrairement à ce qu'on dit parfois, il n'existe pas de loi spécifiquement antirévisionniste[730], les révisionnistes sont condamnés au nom de lois réprimant, par exemple, l'« atteinte à la mémoire des morts ».

Ce qui constitue l'originalité de la loi Fabius-Gayssot, ou *lex Faurissonia*, c'est qu'elle est dénuée d'hypocrisie. Elle est d'un parfait cynisme. Elle établit franchement un dogme historique. Même un dictateur comme Staline n'avait jamais édicté de loi pareille. Quand Staline poursuivait les ennemis du biologiste faussaire Lyssenko[731], ce

---

[730] En Allemagne, la loi abusivement dite « du mensonge d'Auschwitz » (article 194) n'a pas du tout la même signification que la loi Fabius-Gayssot même si, bien entendu, on en fait hypocritement usage pour condamner les révisionnistes. L'Autriche vient de prendre modèle sur la France. La Belgique et la Suisse s'apprêtent à en faire autant.

[731] Il se trouve que le faussaire Trophim Lyssenko a été l'un des quatre membres de la Commission d'enquête soviétique qui a décrété que le massacre de Katyn était dû aux

n'était pas au nom d'une loi dogmatique stipulant que seule la théorie de Lyssenko était conforme à la science et il n'a jamais existé de loi soviétique interdisant expressément de contester la « vérité » de Lyssenko, tandis que l'étonnante loi Fabius-Gayssot interdit expressément de contester « les vérités » de Nuremberg. Cette loi n'est pas stalinienne : elle est pire.

Le député Jacques Toubon a eu le courage de demander, mais en vain, la suppression de cette loi qu'il a, pour sa part, qualifiée de stalinienne. Le 21 juin 1991, il a évoqué à l'Assemblée nationale la manière dont s'était déroulé le procès du professeur Faurisson en première instance. Il en a conclu : « La démonstration est faite du caractère inapplicable de cette loi (Fabius-Gayssot) qui, j'en suis sûr, ne sera plus appliquée. Plus aucun avocat ne viendra citer sur cette base. »[732] J. Toubon se trompait. Bien d'autres révisionnistes sont actuellement poursuivis en France sur le fondement de cette loi inique. C'est le cas à Paris, à Nice, à Fontainebleau, à Caen, à Amiens (et peut-être à Nancy). D'ailleurs le premier révisionniste qui ait été, à ce jour, condamné en appel n'est pas le professeur Faurisson mais un jeune ingénieur chimiste de Caen, Vincent Reynouard. Il ne fait malheureusement pas de doute qu'à Nice et à Fontainebleau les condamnations de première instance seront confirmées en appel.

Les journaux français, et en particulier *Le Monde,* ont passé sous silence ou ont à peine mentionné le verdict – pourtant historique – du 9 décembre 1992. Selon un usage consacré, l'AFP a considérablement minimisé le montant des condamnations financières dont sont victimes les révisionnistes et n'a mentionné que les amendes. Pour *Le Figaro,* les 374.000 F se réduisent à… « trente mille francs d'amende pour le professeur Faurisson ». Les organisations juives souhaitent que le professeur Faurisson et sa famille, ne disposant d'aucune fortune, soient accablés de lourdes peines financières mais, en même temps, elles

---

Allemands. Le rapport de cette commission (doc. URSS-054) a eu valeur de « preuve authentique » pour les juges du tribunal de Nuremberg en vertu d'une disposition de l'article 21 du statut de ce tribunal. Il est donc erroné de prétendre, comme on le fait parfois aujourd'hui, que les juges de Nuremberg n'ont pas attribué ce massacre aux Allemands. Parmi les trois compères de l'académicien T. Lyssenko figuraient l'académicien Burdenko et le métropolite Nicolas : ces deux derniers ont fait partie de la commission d'enquête soviétique qui a décrété que les Allemands avaient utilisé à Auschwitz des chambres à gaz homicides et que dans ce camp il était mort quatre millions de détenus (doc. URSS-008). Les juges de Nuremberg ont également considéré que ce rapport avait valeur de « preuve authentique ». Depuis 1990, le chiffre des morts d'Auschwitz a été ramené à un million-un million et demi, ce qui constitue encore une énorme exagération.

[732] *Journal officiel,* Débats parlementaires, 22 juin 1991, p. 3572.

tiennent à ce que ces sanctions restent cachées. Elles ne veulent pas que le grand public soit amené à découvrir ceci :

> « Un professeur à salaire unique et sans fortune personnelle a dit quelque chose d'exact et qu'il peut prouver : en conséquence, la justice française le condamne à verser à de riches menteurs une somme, pour lui, exorbitante. »

Ces organisations livrent une guerre sans pitié au *Choc du mois*, magazine de haute qualité, dépourvu de ressources publicitaires et croulant déjà sous le poids d'énormes condamnations financières.

Mais il y a un comble à tant d'infamies : par une série d'artifices juridiques, R. Faurisson et *Le Choc du mois* font face, pour une seule interview, c'est-à-dire pour un seul « délit », à… trois procès au lieu d'un. En effet, ce procès qui vient de s'achever par une condamnation à 374.000 F n'est que le premier d'un ensemble de trois procès. En principe, il ne peut y avoir qu'un procès pour un seul et même crime ou délit. En principe seulement ! En fait, pour prendre une comparaison, tout se passe comme si, accusés du vol d'une bicyclette, les inculpés étaient jugés successivement pour le vol du guidon, puis pour le vol de la roue avant et, enfin, pour le vol de la roue arrière !

R. Faurisson et *Le Choc du mois* peuvent donc s'attendre à deux autres condamnations financières en plus de la présente condamnation.

Il ne saurait être question pour les révisionnistes du monde entier d'abandonner à leur sort des personnes qui ont tout sacrifié pour le révisionnisme historique. En France, il est interdit d'aider quiconque à s'acquitter d'une amende ; aussi R. Faurisson et *Le Choc du mois* devront-ils payer de leurs propres deniers les soixante mille francs d'amende. Mais il reste permis de les aider pour toutes les autres peines financières ainsi que pour les frais considérables de leur défense.

[Comité de défense des révisionnistes]

✳✳✳

16 décembre 1992 à l'AFP

NOUVELLE CONDAMNATION D'UN RÉVISIONNISTE

Monsieur le directeur,

Le 9 décembre, une dépêche de votre agence annonçait que j'étais condamné en appel à payer trente mille francs d'amende et que la publication *Le Choc du mois* était, elle aussi, condamnée à payer trente mille francs d'amende. Au total : soixante mille francs. La réalité était toute différente : le total des peines s'élevait à 374.000 F.

Vous aurez à cœur, je l'espère du moins, de rapporter avec plus d'exactitude la condamnation, ce jour, de Pierre Guillaume et de *Nationalisme et République* pour un article paru sous le titre « Révisionnisme : déconstruire un délire », paru le 1er juin 1992. Le total des peines décidées par le tribunal d'Amiens s'élève à cent trois mille francs qui se décomposent comme suit : amende pour la publication 30.000 F amende pour l'auteur 30.000 F frais de publication forcée 8.000 F dommages-intérêts à une association juive 35.000 F.

Cela sur le fondement de la loi Fabius-Gayssot « sur la liberté de la presse » publiée au *JO* le 14 juillet 1990.

Le 14 décembre 1992, Me Charles Korman, se faisant le porte-parole des avocats plaidant contre les révisionnistes, a demandé une révision de cette loi afin d'empêcher tout révisionniste d'exposer, pour sa défense, à la barre d'un tribunal, une argumentation révisionniste (sous peine de « récidive »).

***

19 décembre 1992

LETTRE À RENÉ RÉMOND

Monsieur,

Le 23 novembre 1978, lors de notre première rencontre, vous m'aviez déclaré d'emblée :

> « Pour les chambres à gaz, soit, je suis prêt à vous suivre ; mais pour le génocide, etc. (voyez ma lettre du 9 juin 1989). »

Le 11 décembre 1979, lors de notre seconde entrevue, vous m'aviez dit que je travaillais « bien » (en insistant sur le mot « bien »).

Le 20 octobre 1992, à *L'Heure de vérité,* émission télévisée, vous avez, paraît-il, inscrit sur le livre d'or :

> « Tout homme a droit à la vérité et la vérité a des droits sur nous. »

Vous voudrez bien, je vous prie, trouver ci-joint un « Appel en faveur du professeur Faurisson » (9 décembre 1992, une page) et un texte intitulé « Révisionnisme : condamnations prononcées par M_{me} Françoise Simon » (15 décembre 1992, trois pages).

Je vous demande, plus que jamais, de sortir de votre silence et de dénoncer vigoureusement les abominables condamnations judiciaires dont les révisionnistes sont victimes à Paris (dix procès ?), à Caen, à Fontainebleau, à Nice, à Lyon, à Amiens…

[Le professeur René Rémond a laissé cet appel sans réponse.]

***

22 décembre 1992

LETTRE À HENRI AMOUROUX

Cher Monsieur,

Vous voudrez bien, je vous prie, trouver ci-joint une documentation sur ma condamnation et celle du *Choc du mois* par la cour d'appel de Paris le 9 décembre 1992.

Dans votre article du *Figaro-Magazine* (5 mai 1990, p. 81-82) intitulé « La modification de la loi sur la liberté de la presse. Mise en garde à Michel Rocard et à quelques autres… », vous disiez que la loi Fabius-Gayssot était pernicieuse. Vous écriviez : « M. Le Pen, qui me paraît visé […]. » Vous n'aviez fait nulle mention des dispositions de cette loi qui visaient les révisionnistes. Au téléphone, je vous avais exprimé ma surprise et j'avais précisé que, de toute évidence, si certains étaient visés, ce ne pouvait être que les historiens révisionnistes.

Les faits nous ont malheureusement donné raison. Jusqu'à présent, je n'ai pas connaissance d'un seul procès contre Le Pen sur le fondement de cette loi. En revanche, je connais plus de dix procès antirévisionnistes au nom de la loi Fabius-Gayssot. Et la LICRA demande aujourd'hui un « réaménagement » de cette loi pour que les juges nous interdisent, sous peine de « récidive », l'emploi, à la barre et pour notre défense, d'arguments révisionnistes !

Je vous renouvelle donc ma demande d'intervenir en faveur de la liberté de recherche et d'expression des historiens et des auteurs révisionnistes.

Je profite de l'occasion pour vous signaler que, dans *Le Figaro littéraire* du 15 mars 1992 (p. 36), dans un article intitulé « Nuremberg vu du côté droit », vous montrez que vous ajoutez foi au témoignage de

Hermann Gräbe (« Quelle déposition pathétique que celle d'Hermann Gräbe ! […] »). Or, ce témoignage partout cité est celui d'un homme qui, par la suite, allait se révéler être un faux témoin professionnel. Recherché par la justice allemande, il s'enfuyait aux États-Unis où il est mort à San Francisco à l'âge de quatre-vingt-cinq ans. À l'époque du procès de Nuremberg, il était employé par les Américains à Francfort. Ses fameuses deux déclarations sous serment du 10 novembre 1945 sur les prétendus massacres de juifs à Rowno et à Dubno et sa déclaration complémentaire du 13 novembre 1945 auraient dû automatiquement entraîner sa comparution pour interrogatoire et contre-interrogatoire. Mais, comme dans le cas de Wilhelm Höttl (« Eichmann et les *six* millions » !), les Américains allaient éviter à leur collaborateur cette épreuve qui lui aurait été fatale. Permettez-moi de vous dire que les récits de massacres de Rowno et de Dubno **puent** le faux témoignage, de toute façon (voyez *Der Spiegel* du 29 décembre 1965, p. 26-28, sur ce qui a trahi Gräbe auprès de la justice allemande).

Je vous demande instamment de réagir à l'abominable répression qui s'abat sur les révisionnistes.

[Henri Amouroux a laissé cette demande sans réponse.]

***

26 décembre 1992

LETTRE EN DROIT DE RÉPONSE À MONSIEUR LE DIRECTEUR RESPONSABLE DE *LIBÉRATION*

Monsieur le directeur,

Vous m'avez mis en cause dans votre livraison du 10 décembre 1992 (p. 37), dans un article intitulé : « NÉGATIONNISTE » (*sic*). En conséquence, je vous prie et, au besoin, je vous requiers de vouloir bien faire paraître dans les conditions prévues par la loi du 29 juillet 1881 (article 13) le texte ci-dessous en « droit de réponse » ; je vous signale que ce texte est paru dans *Le Quotidien de Paris* du 24 décembre 1992 (p. 4) ; il répondait à une mise en cause à peu près identique à la vôtre, vu que vos sources étaient les mêmes : une dépêche **erronée** de l'AFP. *Le Figaro* a également publié un droit de réponse.

Dans votre livraison du 10 décembre [1992], vous dites avec raison que, pour avoir contesté l'existence des chambres à gaz nazies, j'ai été condamné en appel à une amende de trente mille francs. Vous ajoutez, ce qui est également exact, que le directeur du *Choc du mois*, qui avait publié mes propos, a été condamné à la même peine. Mais la dépêche de l'AFP dont vous vous faites l'écho a omis de mentionner qu'en plus de ces amendes nous avons, le directeur de ce magazine et moi-même, à payer trois cent treize mille francs à un ensemble de onze associations au titre des dommages-intérêts, des publications de l'arrêt, etc. J'ajoute que, contrairement au principe *non bis in idem,* deux autres procès sont en cours pour la même interview. Nos frais ont été jusqu'ici considérables. L'ensemble des peines et des frais dépassera vraisemblablement un million de francs. Dans le passé on a déjà saisi mon salaire. Je suppose que mon salaire (unique) sera saisi pour le restant de mes jours. Le silence des intellectuels de ce pays me paraît assourdissant.

[*Libération* refusa de publier cette lettre en droit de réponse.]

* * *

26 décembre 1992

GAZAGES HOMICIDES À AUSCHWITZ D'APRÈS LE PROCÈS DES GRANDS CRIMINELS DE GUERRE À NUREMBERG

(Esquisse)

Le 14 décembre 1945, le commandant William F. Walsh, procureur adjoint des États-Unis, déclare :

> « Je présente maintenant comme preuve le document L-22 (USA-294). C'est un rapport officiel du gouvernement des États-Unis, émanant du bureau exécutif du président des États-Unis, Service des réfugiés de guerre, concernant les camps de concentration allemands d'Auschwitz et de Birkenau, daté 1944. À la page 33 de ce compte rendu on montre que beaucoup de juifs furent tués par les gaz à Birkenau en deux ans, d'avril 1942 à avril 1944. On m'a affirmé que le chiffre figurant ici n'est pas une erreur : il est d'un million sept cent soixante-cinq mille. »[733]

[**Commentaire :** Ledit rapport est le fameux *War refugee Board Report* publié en novembre 1944 par l'*Executive Office of the President.* Il forme un ensemble de soixante pages dont la partie principale est due

---

[733] *TMI*, III, p. 571.

à Rudolf Vrba et Alfred Wetzler. Il est intéressant de noter que Walsh et le TMI n'en retiennent qu'une partie de la page 33.[734] On y voit que, rien que pour la France, le total des « Jews gassed in Birkenau between April, 1942, and April, 1944 » est estimé à cent cinquante mille ! Confronté avec le chiffre de 75.721 juifs déportés de France durant tout la guerre, R. Vrba, témoin de l'accusation au premier procès Zündel de Toronto, en 1985, a déclaré que ce chiffre ne pouvait provenir que d'un nazi ; il provient de Serge Klarsfeld dans son *Mémorial*.]

Le 28 janvier 1946, Marie-Claude Vaillant-Couturier, journaliste communiste qui avait été déportée à Auschwitz et à Ravensbrück, émaille sa longue déposition de mots ou d'expressions comme « gazer » ou « la chambre à gaz » (au singulier) ou « le gaz » ou « les gaz » mais il en ressort qu'elle rapporte des propos sur le sujet. La seule précision qu'elle prenne vraiment à son compte est la suivante : à la libération, elle s'est rendue là où on lui avait dit que se trouvait la chambre à gaz de Ravensbrück ; elle a « visité la chambre à gaz qui était une baraque en planches hermétiquement fermée et, à l'intérieur, il y avait encore l'odeur désagréable des gaz. »[735]

[**Commentaire :** Edgar Faure et Olga Wormser-Migot ont montré le peu de crédit qu'il convenait d'accorder à cette journaliste communiste.[736] Le contre-interrogatoire mené par l'avocat allemand Dr Hans Marx permet de conclure dans le même sens mais, malheureusement, comme d'habitude, il n'y a pas de contre-interrogatoire sur la matérialité des faits de « gazage ». Au sujet de Marie-Claude Vaillant-Couturier, E. Faure écrit :

> « Dans le nombre figurait Marie-Claude Vaillant-Couturier, député communiste et ancienne déportée. Elle portait notamment le témoignage de certains de ces détails qui, se sur-imprimant à l'atrocité, semblent pires que l'atrocité elle-même, laquelle pourtant se suffit, mais parle moins vivement à notre sensibilité. Ainsi, les cris de ces enfants qui, la fourniture de gaz étant défaillante, furent précipités vifs dans le brasier ; ainsi, de façon plus générale, le recroquevillement des corps qui révélait la souffrance ultime des suppliciés. »[737]

---

[734] Cette partie de page constitue le doc. L-22 reproduit in *TMI*, XXVII, p. 433.
[735] *TMI*, VI, p. 211-239 ; p. 233.
[736] E. Faure, *Mémoires II*, p. 36 ; O. Wormser-Migot, *Le système concentrationnaire...*, p. 541-544.
[737] E. Faure, *ibid.*

Pour ce faux-témoignage de Marie-Claude Vaillant-Couturier, voir *TMI*, VI, p. 225.]

Pour le reste, voyez la déposition de R. Höss du 15 avril 1946 avec ses formidables extravagances dues, on le sait depuis longtemps, à ses interrogateurs britanniques et la déposition de Morgen des 7 et 8 août 1946[738] qui, à sept reprises, situe le camp d'extermination d'Auschwitz à Monowitz : p. 535, 540 (deux fois : « Il se trouvait sur un vaste terrain industriel »), p. 541, 542, 546 (deux fois). Morgen dit qu'apprenant à l'étranger que les Américains le recherchaient, il est revenu en Allemagne se présenter à la VIIe Armée et qu'il se déclara « prêt à collaborer à la recherche de ces crimes ».[739] Enfin, voyez le peu qui est rappelé dans le texte du jugement final : simple reprise d'un fragment de la déposition de R. Höss.[740]

Au total : Rien de **matériel** mais seulement un **récit mensonger** de deux juifs slovaques, les **bavardages haineux** d'une communiste française, les **élucubrations** d'un Allemand désireux de collaborer avec ses geôliers américains et surtout la **confession extravagante** d'un Allemand torturé par ses geôliers juifs britanniques.

***

Décembre 1992

LES CHAMBRES À GAZ DANS LE TEXTE DU JUGEMENT DE NUREMBERG

Le texte du jugement de Nuremberg s'étend sur cent-quatre-vingt-sept pages. Chaque page compte 45 lignes de 10 mots = 450 mots. Le jugement compte donc environ 84.000 mots. Environ 52 lignes x 10 mots = 520 mots sont consacrés aux chambres à gaz, soit 1/160e du jugement. L'expression « chambre à gaz » ne figure que trois fois. On relève aussi une fois « installation d'extermination » (trad. d'*extermination plant*), une fois « lieux d'extermination » (trad. impropre d'*exterminated*) et une fois « la chambre de mort ».

« Un certain nombre de camps de concentration possédaient des chambres à gaz pour l'exécution massive des prisonniers, dont

---

[738] *TMI*, XX, p. 521-553.
[739] *TMI*, VI, p. 550.
[740] *TMI*, I, p. 264-265.

les corps étaient ensuite brûlés dans des fours crématoires. Ces camps furent en fait utilisés à la "solution finale" du problème juif par l'extermination. Quant aux prisonniers non juifs, ils étaient presque tous astreints au travail, mais les conditions dans lesquelles celui-ci s'effectuait faisaient des mots travail et mort des synonymes. Les détenus malades ou incapables de travailler étaient, soit tués dans les **chambres à gaz**, soit envoyés dans des infirmeries spéciales où ils ne recevaient pas de soins médicaux ; ils y recevaient une nourriture encore pire que celle des prisonniers qui travaillaient et on les y laissait mourir. »[741]

« Comme moyen d'aboutir à la "solution finale", les Juifs furent réunis dans des camps où l'on décidait de leur vie, ou de leur mort selon leur condition physique. Tous ceux qui le pouvaient encore devaient travailler ; ceux qui étaient hors d'état de le faire étaient exterminés dans des chambres à gaz, après quoi l'on brûlait leurs cadavres. Certains camps de concentration, tels que Treblinka et Auschwitz, furent principalement choisis à cette fin. En ce qui concerne Auschwitz, le Tribunal a entendu le témoignage de Höss, qui en fut le commandant, du 1er mai 1940 au 1er décembre 1943. À son avis, dans ce seul camp et pendant cette période, deux millions cinq cent mille personnes furent exterminées et cinq cent mille autres périrent de maladie ou de faim. Höss a décrit la manière dont étaient choisis ceux qui allaient être exterminés :

"Nous avions à Auschwitz deux médecins SS de service, dont la mission était de procéder à l'examen physique des prisonniers, dès l'arrivée des convois. Les prisonniers devaient défiler devant [p. 265] l'un des médecins qui prenait sa décision immédiatement, à mesure qu'ils passaient. Ceux qui étaient capables de travailler étaient envoyés au camp. Les autres étaient immédiatement envoyés aux installations d'extermination (*extermination plants*). Dans tous les cas, les enfants en bas âge étaient tués, car leur âge les rendait inaptes au travail. Au système en vigueur à Treblinka nous avions même apporté l'amélioration suivante : à Treblinka, les victimes savaient presque toujours qu'elles allaient être exterminées, mais, à Auschwitz, nous essayâmes de les induire en erreur et de leur faire croire qu'elles allaient être soumises à l'épouillage. Bien entendu, elles comprenaient souvent nos véritables intentions et nous avons parfois eu des révoltes et éprouvé diverses difficultés. Très souvent, des femmes cachaient

---

[741] *TMI*, I, p. 247 (*IMG*, I, p. 263) ; id. in *TMI*, XXII, p. 508.

leurs enfants sous leurs vêtements, mais, évidemment, lorsque nous les trouvions, ils étaient expédiés vers les lieux d'extermination" (*we would send the children into be exterminated.*). »[742]

(Ce dernier paragraphe est à peu près le texte de *TMI*, XI, p. 428 lu au Tribunal par le colonel Amen.)

Quant aux exterminations mêmes, il les décrivit en ces termes :

> « Il nous fallait de trois à quinze minutes pour tuer les victimes dans la chambre de mort (*death chamber*), le délai variant suivant les conditions atmosphériques. Nous savions qu'elles étaient mortes quand elles cessaient de crier. En général, nous attendions une demi-heure avant d'ouvrir les portes et d'enlever les cadavres, que nos commandos spéciaux dépouillaient alors de leurs bagues et de leurs dents en or. »

(Ce paragraphe est à peu près le texte de TMI, XI, p. 427-428 lu par le colonel Amen. Le Tribunal omet : « I used Cyklon B, which was a crystallized Prussic Acid which we dropped into the death chamber from a small opening. [It took from 3 to 15 minutes…] »)

Commentaire

Une fois débarrassé de ses répétitions ou de ses scories, le texte nous apprend essentiellement qu'un certain nombre – indéfini – de camps de concentration, tels que Treblinka et Auschwitz, possédaient des chambres à gaz. En ce qui concerne Treblinka, le texte ne dit rien d'autre touchant aux chambres à gaz. En ce qui concerne Auschwitz, aucune preuve n'est fournie, ni aucune référence à un document présenté comme apportant une preuve. On ne fait état d'aucune expertise de l'arme du crime. On invoque un témoignage et un seul, celui du commandant Höss. Le Tribunal ne précise pas, pour sa part, combien de personnes sont mortes ou ont été gazées ou exterminées à Auschwitz pour toute la durée d'existence du camp. Il ne fournit là-dessus ni documents, ni estimations. Il donne ce qu'il appelle l'« *avis* » de Höss sur le nombre de ces victimes pendant la seule période du 1er mai 1940 au 1er décembre 1943[743] : deux millions et demi ont été exterminés et cinq cent mille sont morts.

---

[742] *TMI*, I, p. 264-265, (*IMG*, I, p. 282-283) ; idem in *TMI*, XXII, I, p. 526-527.

[743] Le camp d'Auschwitz s'est ouvert le 20 mai 1940 et Liebehenschel a pris la succession de Höss le 11 novembre 1943. Le camp a fonctionné jusqu'au 18 janvier 1945.

Sur le fonctionnement de ces abattoirs chimiques et sur le processus de mise à mort, puis sur les opérations suivant la mise à mort, le jugement fournit si peu de précisions que les questions ci-dessous énumérées restent sans réponse :

1. Quel gaz utilisait-on ? 2. Comment l'introduisait-on dans l'abattoir ? 3. Quelles étaient les quantités utilisées ? 4. Y avait-il vraiment des portes (pluriel) et non pas une porte (singulier) ? 5. Combien tuait-on de victimes par fournée ? 6. Qui dirigeait l'opération ? 7. Sur quels ordres, venus d'où ? 8. Est-ce vraiment à l'oreille, à l'estime en quelque sorte, qu'on jugeait que les victimes étaient mortes ? 9. Avant d'entrer, n'y avait-il vraiment ni aération, ni ventilation ? 10. Les commandos spéciaux ne couraient-ils aucun risque soit à pénétrer dans un lieu plein de gaz mortel, soit à toucher des cadavres imprégnés de ce gaz ? 11. Où, dans le camp, ces chambres à gaz étaient-elles situées ? 12. Quel était leur nombre ? 13. Combien y avait-il de fournées par jour ? 14. De qui ces « commandos spéciaux » étaient-ils composés ?

***

30 décembre 1992

F. MITTERRAND CONTRE LES RÉVISIONNISTES

Faisant allusion aux révisionnistes, François Mitterrand, président de la République française, écrit :

> « Déjà certains sont à l'œuvre pour absoudre les assassins et déshonorer les victimes. »[744]

Rappelons que, lors d'une interview donnée le 14 juillet 1991, F. Mitterrand avait eu le front de déclarer qu'en France il n'y avait pas de tabou en matière d'histoire et que les historiens étaient libres d'écrire ce qu'ils voulaient. Un an auparavant – le 14 juillet 1990 – était parue sous sa signature au *Journal officiel de la République française* la loi « sur la liberté de la presse » (loi Fabius-Gayssot) créant le délit de révisionnisme (délit de « contestation de crimes contre l'humanité »).

---

[744] Sabina Zlatin, *Mémoires de la « Dame d'Izieu »*, p. II. Avant-propos de François Mitterrand.

DÉJÀ PARUS

OMNIA VERITAS

OMNIA VERITAS LTD PRÉSENTE :

ÉCRITS RÉVISIONNISTES de ROBERT FAURISSON

LE DEVOIR DE MÉMOIRE EN **4** VOLUMES

Redécouvrons le sens de l'exactitude historique !

OMNIA VERITAS

OMNIA VERITAS LTD PRÉSENTE :

ROBERT FAURISSON

"Il ne nie pas mais il vise à affirmer avec plus d'exactitude. Les révisionnistes ne sont pas des «négateurs» ou des «négationnistes » ; ils s'efforcent de chercher et de trouver là où, paraît-il, il n'y avait plus rien à chercher ni à trouver"

ROBERT FAURISSON
ÉCRITS RÉVISIONNISTES
I

1974-1983

ÉCRITS RÉVISIONNISTES
I
1974-1983

Le révisionnisme est une affaire de méthode et non une idéologie

---

OMNIA VERITAS

OMNIA VERITAS LTD PRÉSENTE :

ROBERT FAURISSON

Les organisations juives ou sionistes, à travers le monde, sont en train de vivre un drame. Un mythe, dont elles ont cherché à tirer profit, est en train de se dévoiler : le mythe du prétendu «holocauste des juifs durant la seconde guerre mondiale».

ROBERT FAURISSON
ÉCRITS RÉVISIONNISTES
II

1984-1989

ÉCRITS RÉVISIONNISTES
II
1984-1989

Les révisionnistes n'ont jamais nié l'existence des camps

OMNIA VERITAS

"La question de l'existence des chambres à gaz nazies est d'une considérable importance historique, car si elles n'ont existé, nous n'avons plus aucune preuve que les Allemands ont entrepris l'extermination physique des juifs…"

OMNIA VERITAS LTD PRÉSENTE :

ROBERT FAURISSON

ÉCRITS RÉVISIONNISTES IV

1993-1998

ROBERT FAURISSON

ÉCRITS RÉVISIONNISTES IV 1993-1998

D'où les sanctions judiciaires qui s'abattent sur ceux qui en contestent l'existence

OMNIA VERITAS

Omnia Veritas Ltd présente :

LES ŒUVRES DE PAUL RASSINIER

LE MENSONGE D'ULYSSE & ULYSSE TRAHI PAR LES SIENS

LE DISCOURS DE LA DERNIÈRE CHANCE & LE VÉRITABLE PROCÈS EICHMANN

LE DRAME DES JUIFS EUROPÉENS & LES RESPONSABLES DE LA 3ème GUERRE MONDIALE

J'avais pensé que, sur un sujet aussi délicat, il convenait d'administrer la vérité à petites doses

OMNIA VERITAS

OMNIA VERITAS LTD PRÉSENTE :

ŒUVRES & ÉCRITS de CHARLES MAURRAS

ŒUVRES & ÉCRITS de CHARLES MAURRAS I L'ACTION FRANÇAISE & LA POLITIQUE

ŒUVRES & ÉCRITS de CHARLES MAURRAS II L'ACTION FRANÇAISE & LE VATICAN

ŒUVRES & ÉCRITS de CHARLES MAURRAS III POÉSIES & VÉRITÉS

ŒUVRES & ÉCRITS de CHARLES MAURRAS IV ANTISÉMIS & LES AMANTS DE VENISE

ŒUVRES & ÉCRITS de CHARLES MAURRAS V PRINCIPES

ŒUVRES & ÉCRITS de CHARLES MAURRAS VI CHEMIN DE PARADIS

ŒUVRES & ÉCRITS de CHARLES MAURRAS VII INSCRIPTIONS SUR NOS RUINES

7 VOLUMES POUR RETROUVER LE SOUFFLE DE L'ESPRIT FRANÇAIS

Pour sortir de la domination cosmopolite, célébrons Maurras !

OMNIA VERITAS Omnia Veritas Ltd présente :

LES PAMPHLETS de LOUIS-FERDINAND CÉLINE

« ... que les temps sont
venus, que le Diable
nous appréhende, que
le Destin s'accomplit. »

HF Céline

Un indispensable devoir de mémoire

OMNIA VERITAS Omnia Veritas Ltd présente :

Lucien Rebatet

Les décombres

Les décombres

Lucien Rebatet

La France est gravement malade, de lésions profondes
et purulentes. Ceux qui cherchent à les dissimuler, pour
quelque raison que ce soit, sont des criminels.

Mais que vienne donc enfin le temps de l'action !

OMNIA VERITAS Omnia Veritas Ltd
présente :

Lucien Rebatet

**Pierre-Antoine
Cousteau**
Dialogues
Lucien Rebatet **de "vaincus"**

Dialogues

de "vaincus"

Pierre-Antoine
Cousteau

«Pour peu qu'on décortique un peu le système, on
retrouve toujours la vieille loi de la jungle, c'est-à-dire le
droit du plus fort.»

Le Droit et la Justice sont des constructions métaphysiques

OMNIA VERITAS
Omnia Veritas Ltd présente :
LA CONTROVERSE DE SION
de
Douglas Reed
Les racines multiséculaires et l'agenda caché du sionisme.
L'ouvrage-clef non-censuré
enfin disponible en français !

OMNIA VERITAS
Omnia Veritas Ltd présente :
Nuremberg
Nuremberg ou la terre promise
Nuremberg II ou les faux-monnayeurs
par
MAURICE BARDÈCHE
Je ne prends pas la défense de l'Allemagne. Je prends la défense de la vérité.
Nous vivons sur une falsification de l'histoire

OMNIA VERITAS
Omnia Veritas Ltd présente :
MON TESTAMENT
POLITIQUE & PRIVÉ
Un homme ne doit jamais perdre contact avec le sol sur lequel il a eu le privilège de naître. Il ne doit s'en éloigner que temporairement et toujours avec l'idée d'y revenir.
1933 ~
Un peuple qui veut prospérer doit rester lié à sa terre

OMNIA VERITAS

Omnia Veritas Ltd présente :

LE PASSÉ, LES TEMPS PRÉSENTS ET LA QUESTION JUIVE

Quel est le peuple, quelle est la nation qui devrait être la première du monde par ses vertus, par son passé, par ses exploits, par ses croyances ?

Que s'est-il passé pour ce qui devrait être ne soit pas ?

OMNIA VERITAS

Omnia Veritas Ltd présente :

L'ÂGE DE CAÏN

par JEAN-PIERRE ABEL

« Ce livre n'est pas un roman. Je ne fais qu'y conter des événements dont j'ai été le témoin... »

PREMIER TÉMOIGNAGE SUR LES DESSOUS DE LA LIBÉRATION DE PARIS

Abel qui renaît à chaque génération, pour mourir encore par la grande haine réveillée

OMNIA VERITAS

Omnia Veritas Ltd présente :

LE JUIF SECTAIRE ou la TOLÉRANCE TALMUDIQUE

PAR LÉON-MARIE VIAL

Ce volume est l'esquisse, à grands traits, de la tolérance des juifs, à travers dix-neuf siècles, à l'égard des chrétiens, spécialement des chrétiens français.

La France est perdue si elle ne brise à bref délai le réseau des tyrannies cosmopolites...

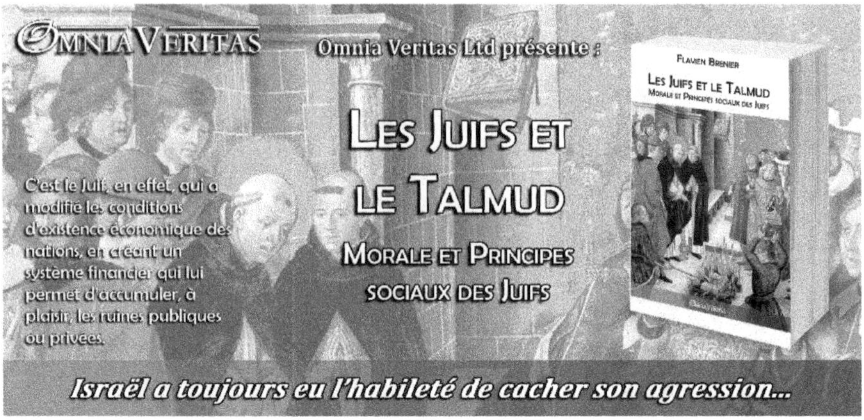

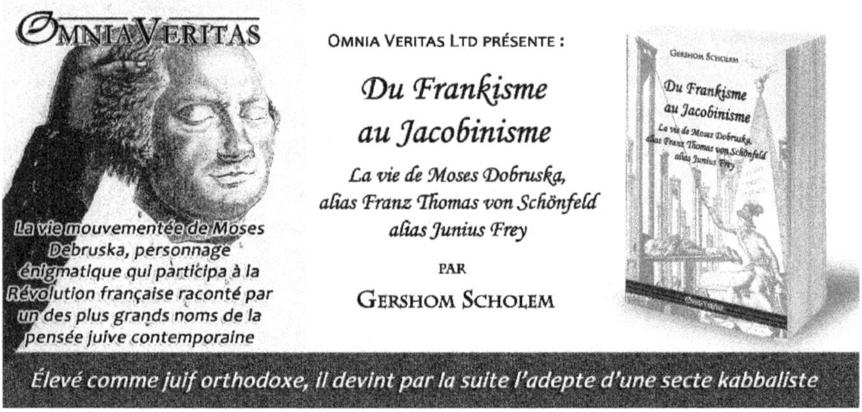

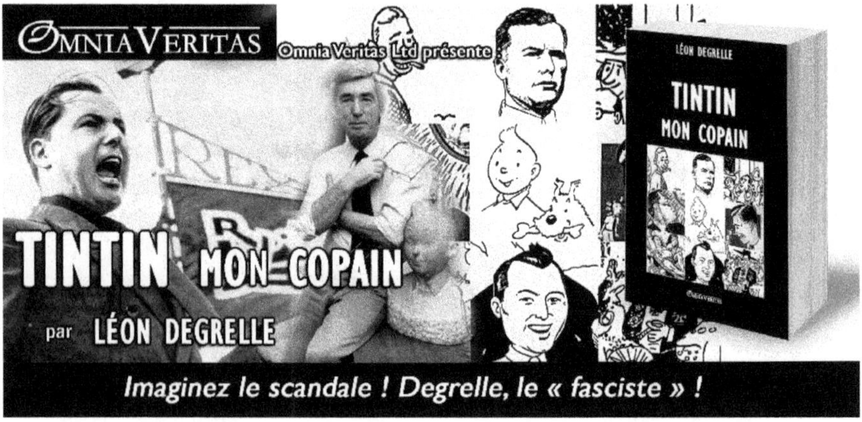

www.omnia-veritas.com

www.ingramcontent.com/pod-product-compliance
Lightning Source LLC
Chambersburg PA
CBHW060320100426
42812CB00003B/831